हिन्द पॉकेट बुक्स

मृत्यु

सद्‌गुरु एक आधुनिक गुरु, दिव्यदर्शी, और एक योगी हैं। विश्व शांति और खुशहाली की दिशा में निरंतर काम कर रहे सद्‌गुरु के रूपांतरणकारी कार्यक्रमों से दुनिया के करोड़ों लोगों को एक नई दिशा मिली है। 2017 में भारत सरकार ने सद्‌गुरु को पद्मविभूषण पुरस्कार से सम्मानित किया।

सद्‌गुरु ने योग के गूढ़ आयामों को आम आदमी के लिए इतना सहज बना दिया है कि हर व्यक्ति उस पर अमल कर के अपने भाग्य का स्वामी खुद बन सकता है। सद्‌गुरु जितनी गहराई से आंतरिक अनुभव एवं ज्ञान से जुड़े हैं, उतनी ही गहराई से सांसारिक मुद्दों से भी। अध्यात्म के ऊपर सद्‌गुरु की दक्षता उनके गहन आंतरिक अनुभव का ही परिणाम है, जिससे वे अध्यात्म की खोज करने वालों का मार्गदर्शन करते हैं।

सद्‌गुरु को दुनिया के प्रतिष्ठित मंचों पर मानवाधिकार, कारोबार मूल्यों और सामाजिक, पर्यावरण और अध्यात्म संबंधी विविध मुद्दों पर बोलने के लिए बुलाया जाता है। एक प्रमुख वक्ता के रूप में, सद्‌गुरु ने संयुक्त राष्ट्र संघ के मुख्यालय में मानव कल्याण जैसे मुद्दों को संबोधित किया है। इसके अतिरिक्त वे मैसाचुसेट्स इंस्टीट्यूट ऑफ टेक्नोलॉजी, लंदन बिज़नेस स्कूल, वर्ल्ड प्रेसिडेंट आर्गेनाइजेशन, हाउस ऑफ़ लॉर्ड्स (यूके) संयुक्त राष्ट्र संघ मिलेनियम शांति सम्मेलन और विश्व शांति कांग्रेस का भी प्रतिनिधित्व कर चुके हैं।

सद्‌गुरु ईशा फाउंडेशन के संस्थापक भी हैं, जो पिछले तीन दशकों से व्यक्तिगत और विश्व कल्याण को समर्पित एक गैर लाभकारी संगठन है।

सद्‌गुरु जीवन के हर पहलू को एक उत्सव की तरह जीते हैं। उनकी रूचि जीवन के लगभग हर क्षेत्र में है — शिल्प और डिज़ाइन, काव्य और चित्रकला, खेल और संगीत, पर्यावरण और कृषि। ईशा योग केंद्र में स्थापित कई भवनों के वे डिज़ाइनर हैं, जो अपनी अनूठी कलात्मकता के लिए विख्यात हैं। एक योगी व दिव्यादर्शी के रूप में, उन्होंने इस पूरे योग केंद्र की प्राण प्रतिष्ठा की है, जो आत्म-रूपांतरण के लिए एक पवित्र स्थान है।

प्राचीनता से आधुनिकता में सहज विचरते हुए, ज्ञात और अज्ञात के बीच एक सेतु बन कर, सद्‌गुरु अपने सान्निध्य में आने वाले हरेक व्यक्ति को जीवन के गहरे आयामों को खोजने और उनका अनुभव करने के लिए सामर्थ्य बनाते हैं।

app.sadhguru.org
sadhguru.org/in/hi
https://facebook.com/SadhguruHindi
https://youtube.com/SadhguruHindi
https://twitter.com/SadhguruJV

मृत्यु

जानें एक महायोगी से

सद्गुरु

हिन्द पॉकेट बुक्स

पेंगुइन रैंडम हाउस इम्प्रिंट

हिन्द पॉकेट बुक्स

यूएसए | कनाडा | यूके | आयरलैंड | ऑस्ट्रेलिया
न्यूज़ीलैंड | भारत | दक्षिण अफ्रीका | चीन | सिंगापुर

हिन्द पॉकेट बुक्स, पेंगुइन रैंडम हाउस ग्रुप ऑफ़ कम्पनीज़ का हिस्सा है,
जिसका पता global.penguinrandomhouse.com पर मिलेगा

पेंगुइन रैंडम हाउस इंडिया प्रा. लि.,
चौथी मंजिल, कैपिटल टावर 1, एमजी रोड,
गुरुग्राम 122002, हरियाणा, भारत

पेंगुइन
रैंडम हाउस
इंडिया

प्रथम अंग्रेजी संस्करण, 2020 में
पेंगुइन रैंडम हाउस इंडिया द्वारा प्रकाशित
यह हिन्दी संस्करण हिन्द पॉकेट बुक्स में पेंगुइन बुक्स द्वारा 2021 में प्रकाशित

कॉपीराइट © सद्‌गुरु

अनुवाद : ईशा हिंदी पब्लिकेशन

सर्वाधिकार सुरक्षित

20 19 18 17 16

ISBN 9780143453635

टाइपसेटिंग : डीजीअल्ट्राबुक्स प्रा.लि., नई दिल्ली
मुद्रक : रेप्लिका प्रेस प्रा. लि., इंडिया

www.penguin.co.in

MIX
Paper | Supporting responsible forestry
FSC
www.fsc.org
FSC™ C016779

अनुक्रम

भाग II : मृत्यु की शालीनता
बन जाओ, जो मैं हूँ!

भाग III : मृत्यु के बाद जीवन
शाश्वत अंधकार

मृत्यु: एक सदमा या संभावना?

हम सभी चाहते हैं कि हम एक अच्छा जीवन जिएं और समय आने पर हमारी एक अच्छी मृत्यु भी हो। अधिकांश मानवीय आकांक्षाओं का यही सार है। इंसान के अधिकतर प्रयत्न जीवन को अच्छी तरह से जीने के बारे में होते हैं, और अगर हम नतीजों पर गौर करें तो वो इसे साबित करते हैं। मानव जाति ने अच्छा जीवन जीने के लिए बहुत कुछ किया है। पिछली किसी भी पीढ़ी की तुलना में आज हम अपना जीवन अधिक आरामदेह और सुविधाजनक बनाने में कामयाब रहे हैं। लेकिन जब मृत्यु की बात आती है तो यह नहीं कहा जा सकता कि हम इस मामले में किसी भी तरह अपने पूर्वजों से बेहतर हैं। ऐसे बहुत से तथ्य हैं, जो बताते हैं कि इंसान जीवन को बेहतर ढंग से जीने में सफल तो रहा है, पर मरने में नहीं। इसका मूल कारण यह है कि हमने मृत्यु को कभी उतना महत्व नहीं दिया, जितना जीवन को दिया है।

विश्व में हर जगह जीवन का जश्न मनाया जाता है और मृत्यु का शोक, जीवन को सफलता के रूप में देखा जाता है तो मृत्यु को एक विफलता के रूप में, जीवन के लिए शोर है, तो मृत्यु के लिए मौन। क्या यह विचित्र नहीं है कि जीवन अनित्य है, क्षणिक है, पर मृत्यु नहीं, फिर भी दुनिया में मृत्यु का शोक मनाया जाता है? मृत्यु शब्द के उच्चारण मात्र से बातचीत के दौरान खामोशी छा जाती है। बच्चों को अक्सर सिखाया जाता है कि वे कभी इस शब्द को न बोलें, क्योंकि कदाचित यह भय होता है कि इस शब्द के उच्चारण मात्र को ही यमराज अपने लिए निमंत्रण न समझ लें। इतना ही नहीं, सयाने लोग भी मृत्यु के लिए अपेक्षाकृत मधुर शब्द ईजाद करने की कोशिश में लगे रहते हैं, जो इस घटना के रूखेपन को ढंकने की एक व्यर्थ कोशिश है।

ऐसा कहा जाता है कि लोग मृत्यु के बारे में ज़्यादा नहीं जानते, क्योंकि वे जीवन के बारे में ही पर्याप्त रूप से नहीं जानते। ऐसा माना जाता है कि मृत्यु, लम्बे जीवन के अंत में होने वाली एक छोटी-सी घटना है। लेकिन एक पूरा जीवन जी लेने के बाद भी लोग जीवन से जुड़े सरल सवालों के प्रति भी अनजान होते हैं — जैसे, हम कहाँ से आए हैं और कहाँ जाने वाले हैं? ऐसे में मृत्यु को लेकर भ्रम का होना स्वाभाविक है। हालांकि, इसे स्वीकार करना होगा कि आधुनिक समय में मानव जाति अपनी पुरानी सोच — 'जीवन ईश्वर का उपहार है और मृत्यु उसका श्राप' — से वाकई

काफी आगे निकल चुकी है। लेकिन एक आम मानव के लिए मृत्यु आज भी एक रहस्य ही है।

परंपरागत रूप से, इस रहस्य से पर्दा उठाने के लिए लोग केवल धर्म की ओर देखते थे। मृत्यु से संबंधित मामलों पर आधिकारिक तौर पर कुछ कहने का हक समाज ने ओझाओं, तांत्रिकों, पंडितों व पादरियों को सौंप रखा था। पिछले कुछ सौ सालों में, चिकित्सा के क्षेत्र में, पूरे विश्व में बहुत सारी खोज की गईं, जिनका स्वास्थ्य और मृत्यु दर पर काफी असर पड़ा है। परिणामस्वरूप लोगों ने मृत्यु से सम्बंधित प्रश्नों के उत्तर के लिए आधुनिक विज्ञान की ओर देखना शुरू कर दिया। इंसान की बढ़ती औसत आयु और घटती शिशु-मृत्यु-दर को आधुनिक विज्ञान की सफलता के रूप में देखा गया। इस धरती पर 7.75 अरब की फलती-फूलती आबादी से बेहतर आधुनिक चिकित्सा की सफलता की गवाही भला और क्या हो सकती है। विज्ञान के उत्तरोत्तर विकास के साथ आधुनिक चिकित्सा ने जीवन और मृत्यु के सभी मामलों को आधिकारिक तौर पर अपने हाथों में लेकर बाकी चीजों को मज़बूती से दरकिनार कर दिया।

निष्पक्षता और सार्वभौमिकता के गुणों वाले आधुनिक विज्ञान ने मृत्यु को नए नजरिये से देखने में लोगों को सक्षम बनाया है। हालांकि, आधुनिक विज्ञान ने अपनी इस सफलता के पीछे विनाश के काले धब्बे भी छोड़े हैं। आधुनिक विज्ञान द्वारा मृत्यु को संभालने का एक बड़ा परिणाम है — मृत्यु का 'चिकित्सकीयकरण'। कई देशों में, खास तौर पर अधिक विकसित देशों में, मृत्यु को अब एक प्राकृतिक घटना के रूप में न देखकर, एक चिकित्सीय स्थिति के रूप में देखा जाता है; यहाँ तक कि जीवन की साधारण घटनाओं और परिस्थितियों को खतरा व बीमारी मानकर उसके इलाज की पेशकश की जाती है। परिणामतः मृत्यु से पहले, मरते इंसान को अति-आधुनिक चिकित्सीय उपकरणों की सहायता से लंबे समय तक 'लाइफ सपोर्ट' पर रखना एक नया आदर्श बन गया है।

दरअसल इंसान अपनी नश्वर प्रकृति को सहजता से कभी स्वीकार कर नहीं पाया। नतीजा यह हुआ कि चिकित्सा विज्ञान की सफलता से अमरता की ऐतिहासिक खोज में एक बार फिर से नई जान आ गई। आधुनिक विज्ञान के कंधों पर सवार होकर, लोगों ने अब यह सोचना शुरू कर दिया है कि क्या मृत्यु को टाला नहीं जा सकता? विज्ञान ने लोगों को यह सोचने के लिए प्रोत्साहित किया कि मृत्यु सिर्फ़ एक और बीमारी जैसी है, जिसका इलाज ढूंढ़ा जा सकता है। लोगों को लगने लगा है कि सफ़ेद कोट पहने हमारे महान खोजकर्ता हमारे जीते जी कोई न कोई उपाय जरूर ढूंढ़ लेंगे। जीवन की मूल प्रक्रिया में दखल देने की हमारी बढ़ती क्षमता ने निस्संदेह इसमें हमारे रुझान को बढ़ा दिया है।

मृत्यु को, ठीक जीवन की ही तरह, तीन भागों में रखकर समझा जा सकता है। एक जैविक (बायोलॉजिकल) भाग है, दूसरा मनोवैज्ञानिक, और तीसरा अभौतिक है। इस अभौतिक के कारण ही जैविक और मनोवैज्ञानिक जीवन घटित होते हैं। हाल के दिनों में मृत्यु के जैविक पहलू को लेकर हमारी समझ बहुत अधिक बढ़ी है। आज, हमें उस स्थिति की बेहतर समझ है जहाँ, जैविक रूप से, जीवन समाप्त होता है और मृत्यु शुरू होती है। मनोविज्ञान के क्षेत्र में भी बहुत अधिक तरक्की हुई है। कौन से घटक व्यक्ति का निर्माण करते हैं — प्रकृति या पोषण? दोनों की क्या भूमिका है? इन पहलुओं की भी काफी समझ बढ़ी है। लेकिन ज़्यादा गहरे सवाल, जैसे जीवन या मृत्यु क्यों और कैसे घटित होते हैं, अभी भी काफी हद तक अनसुलझे हैं। वैज्ञानिकों का जीवन के प्रति दृष्टिकोण कुछ वैसे ही निर्मित हुआ है जैसे कुछ नेत्रहीन लोगों ने एक हाथी के अलग-अलग अंगों को छूकर हाथी के बारे में राय बनाने की कोशिश की थी। अलग-अलग हिस्सों को सही पहचानकर भी संपूर्ण से चूक जाना स्वाभाविक है।

दुर्भाग्यवश विज्ञान की पहुँच दो सीमा-रेखाओं के बीच है – जहाँ से शरीर का निर्माण शुरू होता है और जहाँ शरीर खत्म होता है। विज्ञान इस संभावना को स्वीकार तक नहीं करता कि जीवन से पहले या मृत्यु के बाद भी कुछ हो सकता है। तत्वों के अनंत जोड़-तोड़ से भरे इस विशाल ब्रह्माण्ड में जीवन के एक महज़ संयोग होने की परिकल्पना में कई ख़ामियाँ नजर आती हैं। एक अनदेखी शक्ति, यूँ ही आचानक जीवन को कुछ समय के लिए शुरू कर देती है, और फिर यूँ ही उसे अचानक ख़त्म कर देती है, आखिर क्यों? यह सरल सा तथ्य विज्ञान के मानदंडों के अनुसार भी एक गहरी खोज की माँग करता है। लेकिन विज्ञान तो शरीर के खत्म होने के साथ ही थम जाता है। वहीं दूसरी तरफ दुनियाभर के धर्म अटकलों से भरे पड़े हैं कि मृत्यु के बाद क्या होता है। और हम इन दोनों के बीच खुद को खोया हुआ पाते हैं। ऐसे समय में सद्गुरु जैसे योगी व दिव्यदर्शी की मौजूदगी मूल्यवान हो जाती है — जो परंपरा या धर्मग्रंथ या पुस्तकों से नहीं, बल्कि अपने आंतरिक अनुभव से इन पहेलियों को सुलझाते हैं।

सद्गुरु एक आधुनिक गुरु, दिव्यदर्शी और एक योगी हैं, जिन्होंने जीवन के प्रति अपनी अनूठी अंतर्दृष्टि और आत्म-रूपांतरण के साधनों से दुनिया भर में करोड़ों लोगों के जीवन को रूपांतरित किया है। लगभग 40 साल पहले, सद्गुरु को, जो तब एक अल्हड़ नवयुवक थे, बहुत ही गहरा आध्यात्मिक अनुभव हुआ, जिसने दुनिया के प्रति उनके दृष्टिकोण और उनके खुद के जीवन को पूरी तरह बदल दिया। 'जिसे मैं जीवनभर "मैं" समझता रहा था, अचानक वह अब चारों तरफ हर जगह मौजूद था। मैं यह नहीं जान पा रहा था कि कौन मैं हूँ और कौन मैं नहीं हूँ।' इस अनुभव ने उन्हें परमानंद की गहरी अवस्था में पहुंचा दिया। अगले कुछ महीनों में, उनका यह

अनुभव और ज़्यादा स्थिर होता गया और उनके लिए एक जीवंत सच्चाई बन गया। यह गहन आध्यात्मिक बोध, उनके पिछले जन्मों की सारी यादें और जीवन-मृत्यु की प्रक्रिया की एक गहरी समझ भी अपने साथ लाया। इस अनुभव ने सद्गुरु को प्रेरित किया कि वे अपनी ही तरह दुनिया को भी खुशी और परमानंद के साथ जीना सिखाएंगे, और इसे साकार करने की दिशा में कदम उठाएँगे।

पिछले चार दशकों में, उनके द्वारा किए गए प्रयासों ने विश्व स्तर पर एक आंदोलन का रूप ले लिया है, जिसका उद्देश्य आत्म-रूपांतरण है। पर सद्गुरु को तो आम तौर पर आनंदमय जीवन का विशेषज्ञ माना जाता है, फिर उन्हें मृत्यु जैसे विषय का भी ज्ञाता कब से माना जाने लगा? क्या यह तब हुआ जब उन्हें अपने पिछले जन्म स्पष्ट रूप से याद आने लगे? क्या यह पच्चीस साल पहले हुआ, जब सद्गुरु ने पहली बार ध्यानलिंग की प्राण-प्रतिष्ठा को (ध्यानलिंग बहुत से सिद्ध योगियों का सपना रहा है, जिसका बीड़ा उनके गुरु द्वारा उन्हें तीन जन्मों पहले सौंपा गया था) अपने वर्तमान जीवन के एकमात्र उद्देश्य के रूप में स्पष्ट किया? या फिर यह तब हुआ, जब अनायास ही, उनके आस-पास के कुछ लोगों में, अपने पिछले जन्मों में सद्गुरु के साथ रहे संबंधों की यादें उमड़ने लगीं? यह ठीक-ठीक पता नहीं, पर लोगों ने समय के साथ, मृत्यु जैसे विषयों पर सद्गुरु का आश्रय लेना शुरू कर दिया।

वैसे सद्गुरु मृत्यु से सम्बंधित विषयों पर हमेशा चर्चा नहीं करते, शायद किसी को यह भी लग सकता है कि वे इस विषय को टालना चाहते हैं या इससे बचने की कोशिश करते हैं। जब किसी ने गहन रहस्य को जानने के लिए सद्गुरु से पूछा — 'सद्गुरु, मृत्यु के बाद क्या होता है?' तो उसे निराशा ही हाथ लगी। ऐसे सवालों के उत्तर में वे अक्सर कह देते हैं, 'कुछ चीजों को अनुभव से ही बेहतर जाना जा सकता है!' जिन लोगों ने यह जानना चाहा कि मृतकों से कैसे संपर्क किया जाए, उन लोगों को पहले जीवित लोगों से संपर्क बनाने की सलाह दी गई। जिन लोगों ने सोल (आत्मा) के अस्तित्व के बारे में पूछा, उन्हें जवाब मिला कि सबके पास दो हैं — हर पाँव के नीचे एक सोल (तलवा)। फिर भी उनकी सभी शिक्षाएँ और साधना मृत्यु की झलक दिए बिना पूरी नहीं होतीं।

सद्गुरु शायद धरती पर एकमात्र व्यक्ति हैं, जो भरी सभा में, लोगों से बेधड़क, भावहीन लहजे में मृत्यु पर बातें करते हैं। कई आवासीय कार्यक्रमों के दौरान, वे कार्यक्रम की शुरुआत भी इसी बात से करते हैं। फिर वे मृत्यु का प्रत्यक्ष अनुभव कराने के लिए प्रतिभागियों को एक निर्देशित ध्यान की प्रक्रिया से गुज़ारते हैं। वे शायद एकमात्र व्यक्ति हैं, जो लोगों को मृत्यु सरीखा अनुभव देने वाली ध्यान की प्रक्रिया में दीक्षित करके, 'जीवन जीने का सहज तरीका' सिखाते हैं। वे ऐसे महत्वाकांक्षी व्यक्ति

हैं जो दुनिया में हर किसी को आनन्दमय जीवन जीने का तरीका सिखाना चाहते हैं। पर खुद को अपने लक्ष्य से दूर पाकर, व्यावहारिक कदम उठाते हुए, वे यह कोशिश करते हैं कि लोग अगर अच्छी तरह से जी नहीं सकते तो कम से कम वे शांतिपूर्वक मरें। और वे लोगों को यह भरोसा भी देते हैं, 'अगर आपने मुझसे दीक्षा ली है, या आपने एक पल के लिए भी मेरे साथ पूर्ण रूप से बैठने की गलती की है, तो आपके लिए कोई पुनर्जन्म नहीं है।'

एक बार एक डीवीडी बनाने के मकसद से सद्‌गुरु के वीडियो शूट के दौरान किसी ने उनसे पूछा, 'ऐसा क्यों है कि भारतीय संस्कृति में मृत्यु के क्षण को बड़ी पवित्रता से देखा जाता है? ऐसा क्यों है कि मृत्यु के समय को आध्यात्मिक दर्जा दिया जाता है?' सद्‌गुरु ने वीडियो के विषय-वस्तु से अलग हटकर, एक अनोखे अंदाज में कहा कि अगर मृत्यु के पल को सही तरीके से संभाला जाए, अगर मृत्यु की उचित तैयारी की जाए, उचित मार्गदर्शन दिया जाए और उस पल कुछ बाहरी मदद भी मिल जाए — तब आध्यात्मिक अर्थों में, जो चीज शायद पूरे जीवनकाल में नहीं हुई, मृत्यु के पल में संभव हो सकती है। मेरे लिए यह किसी राज़ के खुलने जैसा था। इसके पहले मैंने किसी को मृत्यु को एक आध्यात्मिक संभावना बताते हुए नहीं सुना था।

इसके बाद थोड़ी और चर्चा हुई, लेकिन चूंकि यह शूट किए जा रहे वीडियो की विषय-वस्तु से अलग था, सद्‌गुरु ने इस पर ज़्यादा विस्तार से नहीं बोला। पर इससे मेरी उत्सुकता बहुत अधिक बढ़ गई। क्या सद्‌गुरु का यह कहना था कि मृत्यु जैसे भयानक पहलू की आड़ में भी एक बड़ी आध्यात्मिक संभावना छुपी हुई है, जिससे हम पूरी तरह अनजान हैं? अगर ऐसा है तो हमने इसके बारे में पहले क्यों नहीं सुना? इसके बारे में ज़्यादा बात क्यों नहीं की जाती? लोगों को हम इस बारे में जागरुक क्यों नहीं करते? क्या सद्‌गुरु इसकी तैयारी के लिए ज़रूरी मार्गदर्शन दे सकते हैं, क्या वे 'बाहरी मदद' कर सकते हैं? बेशक वे कर सकते हैं। लेकिन क्या वे ऐसा करेंगे? क्या इस विषय पर लोगों को विस्तार से बताने के लिए उन्हें मनाया जा सकता है? बेशक, सद्‌गुरु इसके लिए इच्छुक थे, लेकिन इस पुस्तक का संकलन उतना आसान नहीं था जितना मैंने शुरू में सोचा था। मुझे लगा था कि यह एक आसान काम होगा क्योंकि, आख़िरकार, अगर कोई कुछ जानता है तो उसे स्पष्ट रूप से अभिव्यक्त करने में भला क्या मुश्किल होगी? लेकिन ऐसा सोचना मेरी नादानी साबित हुई। कोई भी व्याख्या हमें ज्ञात से अज्ञात की ओर ले जाती है। और इस बार ज्ञात और अज्ञात के बीच का फासला, हौसला तोड़ने वाला था।

जीवन की शानदार प्रक्रिया को सिर्फ़ जन्म और मृत्यु के बीच के दौर के रूप में ही नहीं देखा जा सकता, जैसा कि आधुनिक विज्ञान देखता है। यह सृष्टि की शुरुआत

से आरंभ होकर सृष्टि के निरंतर विस्तार तक फैला हुआ है। लिहाज़ा, मृत्यु को लेकर बनाई गई कोई भी समझ जो इस तथ्य को नजरंदाज करती है, वह निश्चित रूप से अधूरी और ग़लत होगी।

पुस्तक के पहले भाग — 'जीवन और मृत्यु एक साँस में' — में सद्गुरु ने जीवन और मृत्यु की मौलिक प्रक्रिया को कई नज़रियों से समझाया है। वे मृत्यु पर योग के नज़रिए को समझाने के लिए साबुन के बुलबुले के उदाहरण का इस्तेमाल करते हैं। वे विभिन्न प्रकार की मृत्यु के बारे में बात करते हैं और यह भी बताते हैं कि मृत्यु को लेकर हमारे पास क्या विकल्प हैं। वे पहले भाग को यह बताते हुए समाप्त करते हैं कि आखिर मृत्यु का सबसे श्रेष्ठ रूप क्या है?

जीवन और मृत्यु की बुनियादी प्रक्रिया को समझाने के अलावा, इस पुस्तक का एक उद्देश्य व्यक्ति को 'अच्छी' मृत्यु पाने में मदद करना भी है। पुस्तक के दूसरे भाग — 'मृत्यु की शालीनता' — में सद्गुरु यह स्पष्ट करते हैं कि एक 'अच्छी' मृत्यु क्या है और हम इसके लिए क्या तैयारियाँ कर सकते हैं। वे समझाते हैं कि जब कोई व्यक्ति मर रहा होता है, तब वह सबसे ज़्यादा कमज़ोर हालत में होता है, वह खुद की सहायता नहीं कर सकता, ऐसी हालत में उसकी क्या मदद की जा सकती है, और उससे मरने वाले व्यक्ति के ऊपर क्या असर पड़ता है। वे कुछ आसान सी चीजों के बारे में बताते हैं, जो मरने वाले व्यक्ति की आगे की यात्रा में मददगार होती हैं। वे मृत्यु पर होने वाले दुःख पर भी अनमोल अंतर्दृष्टि साझा करते हैं और यह बताते हैं कि हम इससे कैसे सार्थक रूप से निपट सकते हैं।

क्या मरणोपरांत भी जीवन होता है? पुस्तक के तीसरे भाग— 'मृत्यु के बाद जीवन' — में बहुत ग़लत समझे गए और बदनाम पहलू के बारे में सद्गुरु गहराई से बताते हैं। यहाँ, सद्गुरु भूत-प्रेतों के बारे में, उनका मूल और उनके जीवन के बारे में बताते हुए यह भी समझाते हैं कि भूत-प्रेत हमारे साथ क्या कर सकते हैं और क्या नहीं, और हम खुद को उनसे कैसे बचा सकते हैं? वे पुनर्जन्म की प्रक्रिया को अधिक स्पष्ट करते हुए यह बताते हैं कि हम एक जन्म से दूसरे जन्म में क्या लेकर जाते हैं और क्या पीछे छोड़ जाते हैं। वे इस बात की भी जाँच करते हैं कि क्या पिछले जन्मों की हमारे वर्तमान जीवन में कोई प्रासंगिकता होती है? इस सन्दर्भ में, सद्गुरु अपने पिछले जन्मों की बात करते हैं और लोगों द्वारा अक्सर पूछे जाने वाले इस सवाल का जवाब देते हैं — क्या वे फिर वापस आएंगे?

मृत्यु के बारे में, वो सब कुछ जो हम जानना चाहते हैं, उसे प्रस्तुत करने में यह पुस्तक किसी भी तरह से पूर्ण नहीं है। न ही इसमें वो सब कुछ है जो सद्गुरु हमें दे सकते हैं। लेकिन हम उम्मीद करते हैं कि यह पुस्तक दुनिया में मृत्यु के बारे में फैली

ग़लतफ़हमियों को दूर करने में बेहद प्रभावशाली साबित होगी। पुस्तक का सबसे महत्वपूर्ण पहलू यह है कि सद्गुरु द्वारा दिए गए साधन और हमारे बीच उनकी मौजूदगी, हमारी मृत्यु को ज़्यादा शालीन और आध्यात्मिक रूप से अर्थपूर्ण बनाने में हमारी मदद कर सकती है। मृत्यु के बारे में इतनी चर्चा के बाद यह उम्मीद की जाती है कि पुस्तक का यह मुख्य उद्देश्य पाठकों के लिए खोया नहीं है।

स्वामी निसर्ग

भाग I

जीवन और मृत्यु एक साँस में

मृत्यु

जीवन और मृत्यु हैं मुझमें साथ-साथ रहते
नहीं माना कभी भी, एक को दूसरे से श्रेष्ठ
दूर खड़ा होता है जब कोई, जीवन देता हूँ मैं
निकटता में, केवल मैं मृत्यु बांटता हूँ
सीमित की मृत्यु में
मौजूद रहेगा मृत्युहीन
अपने इस निष्कलंक दोष को
कैसे बताऊँ उन्हें
जो हैं, मूर्खता में लीन।

अध्याय 1

मृत्यु क्या है

जबकि, मृत्यु सबसे मौलिक प्रश्न है। फिर भी, लोग इसे अनदेखा करते हैं, इससे बचते हैं और अपनी अज्ञानता में केवल इसलिए जीते हैं क्योंकि धर्म के नाम पर दुनिया में हर तरह की बेतुकी कहानियों का प्रचार किया गया है।

मृत्यु: सबसे बुनियादी सवाल

क्या आप जानते हैं कि एक दिन आप मर जाएंगे? वैसे, मैं आपको लम्बे जीवन का आशीर्वाद देता हूँ, लेकिन फिर भी, आप एक दिन मरेंगे ही। हम आपके जीवन में दूसरी बातों के बारे में निश्चित नहीं हो सकते। हम नहीं जानते कि आपकी शादी होगी या नहीं, या आपको कोई नौकरी मिलेगी या नहीं, आप कामयाब होंगे या नहीं, लेकिन यह एक घटना आपके जीवन में होनी निश्चित है: आप सीधे अपनी कब्र या चिता पर जाएंगे! मनुष्य की सबसे बड़ी नादानियों में से एक है, मृत्यु को केवल दूसरे लोगों से जोड़कर देखना, मानो यह कोई काल्पनिक घटना है जो दूसरों के साथ होती है, हमारे साथ नहीं। क्या आप जानते हैं दुनिया में लगभग 1,60,000 लोग, जो कल ज़िंदा थे, आज हमारे बीच नहीं हैं? हर सेकंड, संसार में दो लोग मर जाते हैं। और एक दिन, ये आपके और मेरे साथ भी होगा। इसे जानने के लिए किसी भारी शोध, या बुद्धि, यहाँ तक पढ़ाई की भी आवश्यकता नहीं है। यह ज्ञान हर मनुष्य में पहले से ही मौजूद है। फिर भी, हमें लगता है कि हमारे पास असीमित जीवन है। इस स्थिति को भारतीय महाकाव्य महाभारत में सबसे अच्छी तरह व्यक्त किया गया है।

पाँच पांडव राजकुमार, जो इस महाकाव्य के नायक थे, जंगल में भटक गए थे। भूख से पीड़ित और मुरझाए हुए, वे भोजन और पानी के लिए आस-पास के पहाड़ों में भटक रहे थे। तभी उन्हें एक तालाब नज़र आया और, जब वे उससे पानी

3

पीने की कोशिश करने लगते हैं तो एक सफेद सारस के रूप में उनका सामना एक *यक्ष* (एक दिव्य प्राणी) से होता है। वह यक्ष ज़ोर देता है कि वे पहले उसके द्वारा पूछे जाने वाले सवालों का उत्तर दें। केवल एक पक्षी के कहने पर रुकने से इन्कार करते हुए, एक-एक करके वे तालाब से पानी पीने की कोशिश करते हैं और मृत्यु को प्राप्त होते हैं। उनमें केवल युधिष्ठिर बचते हैं, जो सबसे बड़े हैं। सदा से ही विनम्र और सदाचारी युधिष्ठिर अपनी प्यास को भूलकर यक्ष को जवाब देने लगते हैं, जो जीवन के विषय में उन पर सवालों की झड़ी लगा देता है। उनमें से एक सवाल होता है, 'जीवन का सबसे बड़ा आश्चर्य क्या है?' बिना झिझके युधिष्ठिर सुप्रसिद्ध उत्तर देते हैं, 'हर पल सैंकड़ों, हज़ारों लोग मरते हैं, फिर भी मूर्ख मनुष्य अपने आपको अमर समझता है और मृत्यु के लिए तैयार नहीं होता। यही जीवन का सबसे बड़ा आश्चर्य है।' यक्ष उनके उत्तर से इतना संतुष्ट हो जाता है, कि वह उन्हें तालाब से पानी पीने की अनुमति तो देता ही है, उनके भाइयों के प्राण भी लौटा देता है। यह सब 5000 साल पहले हुआ था, लेकिन मृत्यु को लेकर तब से अब तक मानवीय मानसिकता में बहुत ही कम बदलाव हुआ है।

मृत्यु एक बहुत ही मौलिक प्रश्न है। दरअसल, मृत्यु के बारे में जो आँकड़े दिखाए जाते हैं, उससे वह हमारे कहीं अधिक करीब है। हमारे भीतरी अंगों और कोशिकाओं के स्तर पर मृत्यु हर पल घट रही है। तो इस तरह, आपके भीतर एक बार देख लेने पर ही आपका डॉक्टर जान लेता है कि आप कितने साल के हैं। वास्तव में तो, जन्म लेने से पहले ही हमारे भीतर मृत्यु घटित होना शुरू हो जाती है। अगर आप इसके प्रति अनजान या अनभिज्ञ बने रहते हैं तो ही आपको लगता है कि आपके लिए मृत्यु बाद में किसी दिन आएगी। यदि आप जागरूक हैं तो आप देखेंगे कि जीवन और मृत्यु हर पल घटित हो रहे हैं। अगर आप थोड़ा और सचेतन होकर साँस लें तो आप पाएंगे कि हर आती हुई साँस में जीवन है, और हर जाती हुई साँस में मृत्यु। जन्म लेते ही सबसे पहला काम जो एक बच्चा करता है, वो है साँस लेना। और जो आखिरी काम आप अपने जीवन में करेंगे, वो होगा साँस छोड़ना। अभी आप साँस छोड़ें, और अगर अगली साँस न ले पाएं तो आप मर जाएंगे। अगर आप इसे समझ नहीं पाए हैं तो एक साँस लीजिए, अपनी नाक को बंद कीजिए और अगली साँस मत लीजिए। कुछ ही पलों में, आपके शरीर की हर कोशिका जीवन के लिए तड़पना शुरू कर देगी। जीवन और मृत्यु का क्रम हर पल हो रहा है। हर साँस में वे दोनों एक साथ मौजूद हैं, उन्हें अलग नहीं किया जा सकता। उनका रिश्ता तो साँसों से भी आगे जाता है। साँस की प्रक्रिया तो केवल सहायक की भूमिका कर रही है; असली प्रक्रिया तो जीवन ऊर्जा या प्राण की है, वही भौतिक अस्तित्व को नियंत्रित करती है। प्राणों पर कुछ विशेष

महारत हासिल करके, कोई व्यक्ति लम्बे समय के लिए साँस लिए बिना रह सकता है। साँस की आवश्यकता थोड़ी तात्कालिक है, लेकिन यह उसी श्रेणी में आती है जिसमें खाना और पानी।

मृत्यु एक बहुत ही मूलभूत पहलू है, क्योंकि एक छोटी-सी घटना और हो सकता है कि आप कल सुबह न उठें। कल सुबह ही क्यों — कभी कुछ हो सकता है और अगले ही पल आपके जीवन की लौ बुझ सकती है। अगर आप किसी दूसरे प्राणी की तरह होते, तो शायद आप यह सब सोचने में समर्थ न होते, लेकिन जब आप मानव बुद्धि से संपन्न होते हैं तो आप जीवन के इतने महत्त्वपूर्ण पहलू को अनदेखा कैसे कर सकते हैं? आप कैसे इससे बच सकते हैं और ऐसे जी सकते हैं मानो आप यहाँ हमेशा रहने वाले हैं? ऐसा कैसे है कि यहाँ लाखों सालों से रहने के बाद, मनुष्य अभी भी मृत्यु के बारे में कुछ खास नहीं जानते? वैसे, देखा जाए तो वे जीवन के बारे में भी कुछ नहीं जानते। हम जीवन के तमाम ताम-झाम के बारे में तो जानते हैं, लेकिन हम जीवन के बारे में क्या जानते हैं?

मौलिक रूप से, यह स्थिति इसलिए पैदा हुई क्योंकि आप भूल गए हैं कि इस ब्रह्माण्ड के परिदृश्य में आप कौन हैं और आपकी भूमिका क्या है। अगर हमारा यह सौरमंडल, जिसमें हैं, कल सुबह अचानक अदृश्य हो जाए तो इतनी बड़ी सृष्टि में इस पर किसी का ध्यान भी नहीं जाएगा। यह इतना छोटा है कि केवल एक कण मात्र है। सौरमंडल के इस कण में, पृथ्वी एक बहुत ही छोटा कण है। इस बहुत छोटे कण में, आपका शहर बहुत-बहुत छोटा-सा कण है। और इसमें मौजूद आप एक बड़े आदमी हैं। यह बड़ी भारी समस्या है। जब आप अपने अस्तित्व का परिदृश्य पूरी तरह खो चुके हैं, तो आप कैसे सोच सकते हैं कि जीवन और मृत्यु की प्रकृति के बारे में कुछ भी समझ पाएंगे?

लोगों का मृत्यु को अनदेखा करते हुए अपनी अज्ञानता में जीने का एक कारण यह भी है कि दुनिया के धर्मों ने जीवन और मृत्यु के बारे में सभी तरह की बेतुकी कहानियाँ फैला दी हैं। उन्होंने हर चीज के लिए मूर्खतापूर्ण और बचकाने स्पष्टीकरण बना दिए हैं। 'मेरा जन्म कैसे हुआ?' 'एक सारस तुम्हें लेकर आया'। 'मरने के बाद तुम कहाँ जाओगे?' 'स्वर्ग को'। यह स्पष्टीकरण बहुत ही सरल है लेकिन बेतुका है। कम से कम वे सारस से ज़्यादा कुशल परिवहन के साधन का तो चुनाव कर सकते थे। सारस केवल एक खास मौसम में ही प्रवास करते हैं, तो सभी बच्चों को केवल उसी मौसम में पैदा होना चाहिए था, दूसरे किसी समय में नहीं! इसके अलावा, अगर लोग इतने निश्चित हैं कि मरने के बाद वे स्वर्ग ही जाएंगे तो मैं उनसे पूछता हूँ, 'फिर आप अपने प्रस्थान में देरी क्यों कर रहे हैं? अभी क्यों नहीं चले जाते?' इन सभी बेतुकी

कहानियों ने जीवन और मृत्यु के विषय में मनुष्य की मौलिक जिज्ञासा को बुझा दिया है। वरना अगर जीवन के दुःख और विपत्तियों ने ऐसा नहीं किया होता, तो सच्ची जिज्ञासा ही बहुत से लोगों को इस बुनियादी सवाल का जवाब खोजने के लिए प्रेरित करती।

नश्वर प्रकृति

लोग हमेशा सोचते हैं कि स्वयं को भगवान की याद दिलाते रहने से वे आध्यात्मिक हो जाएंगे। बिलकुल नहीं। अगर आप ईश्वर के बारे में सोचते या उसे मानते रहेंगे तो आप अपना काम ठीक से नहीं कर पाएंगे, आपको लगेगा कि आपको इसके अच्छे नतीजे मिलेंगे। आप परीक्षाओं के लिए पढ़ाई नहीं करेंगे और सोचेंगे कि आपकी प्रार्थना के कारण आप क्लास में प्रथम आ जाएंगे। ऐसी सोच के लोग जीवन को लेकर दूसरों के मुकाबले ज़्यादा निडर हो जाते हैं क्योंकि अब उनके पास भगवान की शक्ति है। सदा से, जो लोग यह मानते थे कि भगवान उनके साथ है, उन्होंने इस धरती पर सबसे हिंसात्मक कार्यों को अंजाम दिया है। 'भगवान मेरे साथ है,' कथन आपको एक नया आत्मविश्वास देता है; जो कि बहुत खतरनाक है। अगर आप भगवान के बारे में इस तरह सोचते हैं, तो आप आध्यात्मिक नहीं हो सकते — इससे आप वास्तव में बहुत ही निडर और मूर्ख बन सकते हैं।

एक बार ऐसा हुआ: दो बहुत ही शैतान लड़के थे। और जब लड़के बहुत शैतान होते हैं, तो वे हमेशा किसी न किसी मुसीबत में पड़ते रहते हैं। ऐसा ही इन दो लड़कों के साथ भी हुआ। उनके माता-पिता उनके कारण बहुत शर्मिंदा रहते थे क्योंकि पूरे समाज में उनके लड़कों की चर्चा होती रहती थी। हारकर, उन्होंने उन लड़कों को सुधारने के लिए स्थानीय पादरी के पास ले जाने का फैसला किया। चूंकि दोनों लड़कों को एक साथ सँभालना मुश्किल हो जाता तो माता-पिता ने उन्हें एक-एक करके पादरी के पास ले जाना तय किया। पहले वे छोटे लड़के को लेकर गए, उसे पादरी के कार्यालय में बैठाया और बाहर आ गए। पादरी अपना लम्बा लबादा पहने भीतर दाखिल हुआ और गंभीर चेहरा बनाए कमरे में कुछ देर इधर-उधर टहलता रहा। लड़का शैतानी में अपनी आँखों की पुतलियों को उसकी चहल कदमी के संग घुमाता हुआ वहाँ बैठा रहा।

वहाँ चक्कर काटते हुए पादरी ने एक योजना बनाई। उसने सोचा, 'अगर मैं इस लड़के को यह याद दिला दूँ कि भगवान इसके भीतर है, तो इसकी सारी शरारतें दूर हो जाएंगी।' तो वह नाटकीय ढंग से बीच ही में रुका और, भारी आवाज में लड़के से पूछा, 'भगवान कहाँ है?' लड़का घबरा गया और चारों ओर देखने लगा क्योंकि

उसे लगा कि भगवान ज़रूर पादरी के कमरे में कहीं होने चाहिए। पादरी ने देखा कि लड़के को बात समझ नहीं आई। यह सोचते हुए कि उसे लड़के को कोई संकेत देना चाहिए कि भगवान उसके भीतर है, पादरी मेज पर झुका और छोटे लड़के की ओर इशारा करते हुए फिर से गरजती-सी आवाज में पूछा, 'भगवान कहाँ है?' लड़का और भी घबरा गया और मेज के नीचे देखने लगा। पादरी ने देखा कि लड़के को अभी भी समझ नहीं आ रहा है। तो वह घूमकर छोटे लड़के के एकदम पास आ गया और उसकी छाती पर थपकी देते हुए फिर गरजा, 'भगवान कहाँ है?' इस बार लड़का खड़ा हुआ और कमरे से बाहर सरपट दौड़ा। वह भागकर अपने बड़े भाई के पास गया और बोला, 'हम सच में मुसीबत में पड़ गए हैं।' बड़े भाई ने पूछा, 'क्यों? क्या हुआ?' उसने कहा, 'उनके भगवान खो गए हैं और उन्हें लगता है कि यह काम हमने किया है।'

ईश्वर के होने बारे में सोचते हुए, आपको लगता है कि आप जीवन में बेवकूफ़ी से भरी बातें कर सकते हैं, और एक प्रार्थना करने से सब कुछ सही हो जाएगा। यह आध्यात्मिक होना नहीं है। जिस समय आप जागरूक हो जाएंगे कि आप भी नश्वर है तो, आप आध्यात्मिक हो जाएंगे। जब नश्वरता का यह बोध आप में समाएगा, तभी आप भीतर की ओर मुड़ेंगे। जब आप अपने अस्तित्व की नश्वर प्रकृति पर ध्यान देंगे, तब आपमें इस जीवन के स्रोत के बारे में जानने की इच्छा भी जागेगी। आपमें यह जानने की तीव्र लालसा पैदा होगी कि यह सब आखिर है क्या, और इस सब के परे क्या है। यह एक सहज खोज बन जाएगी। और यही आध्यात्मिक प्रक्रिया है।

अगर लोग यह नहीं जानते कि वे मरेंगे तो कोई भी आध्यात्मिकता की खोज नहीं करता। जब आप जवान होते हैं तो आपको लगता है कि आप अमर हैं। धीरे-धीरे, जैसे-जैसे आप बूढ़े होते जाते हैं, तो कम से कम आपका शरीर आपको ज़रूर याद दिला देता है कि आप नश्वर हैं। और जब मृत्यु से आपका सामना होता है या आपके किसी प्रियजन की मृत्यु हो जाती है तब निश्चित रूप से आपको हैरानी होती है कि आखिर यह सब क्या है। अगर आपको अपने जीवन की नश्वर प्रकृति का बोध है तो आपके पास समय ही कहाँ होगा किसी पर गुस्सा करने का या किसी से झगड़ा करने या जीवन में कुछ भी मूर्खतापूर्ण करने का? जब एक बार आप मृत्यु को स्वीकारते हैं और जागरूक हैं कि आपकी मृत्यु होगी, तब आप अपने जीवन के हर पल को जितना हो सके सुंदर बनाना चाहेंगे। जो लोग अस्तित्व की नश्वर और अस्थाई प्रकृति के प्रति लगातार जागरूक रहते हैं, वे एक पल को भी खोना नहीं चाहते; वे स्वाभाविक रूप से जागरूक रहेंगे। वे किसी भी चीज को महत्त्वहीन नहीं समझ सकते; वे बहुत ही अर्थपूर्ण ढंग से जीवन जीते हैं। केवल वे लोग जिन्हें लगता है कि वे अमर हैं, लड़ सकते हैं और मरने-मारने को तैयार रहते हैं।

भारतीय परम्परा में, श्मशान भूमि को हमेशा ही बहुत पवित्र जगह माना जाता है। जब कोई मरता है, भले ही आप उसे न जानते हों फिर भी यह आपके अन्तर्मन पर कहीं चोट करता है। किसी भी सच्ची आध्यात्मिक साधना में, मृत्यु की गंध हमेशा होती है। अगर आप इसमें पर्याप्त गहराई में जाते हैं तो यह आपको याद दिला देगा कि आप नश्वर हैं। जो भी साधना हम आपको ईशा योग केंद्र में सिखाते हैं दरअसल उन सब में, चाहे वह शून्य हो, या शक्ति चालन क्रिया, या शाम्भवी महामुद्रा — और सम्यमा में तो और भी अधिक— मृत्यु की एक झलक होती है। अगर इसमें मृत्यु की झलक न हो तो वहाँ कोई आध्यात्मिकता भी नहीं होगी; फिर यह बस एक मनोरंजन होगा। अगर किसी ने आपको सतही तौर पर मन बहलाने वाला अभ्यास सिखाया है तो यह आपको अच्छा तो महसूस करा सकता है लेकिन इसमें इससे ज़्यादा कुछ नहीं होगा।

परंपरागत रूप से, हर योगी ने श्मशान भूमि में ही अपनी आध्यात्मिक खोज की शुरुआत की। असल में, बहुत से गुरुओं ने इसका उपयोग एक आध्यात्मिक प्रक्रिया के रूप में किया है। गौतम बुद्ध ने अपने भिक्षुओं के लिए इसे अनिवार्य बना दिया था। उनके पास आने वालों को दीक्षा देने से पहले, वे उन्हें तीन महीनों के लिए सबसे व्यस्त श्मशान भूमि में जाकर बैठने और केवल जलती हुई लाशों को देखने के लिए कहते थे। आज भी, अगर आप वाराणसी में मणिकर्णिका घाट जाएं, तो वहाँ किसी भी समय कम से कम आधा दर्जन शवों को जलते हुए पाएंगे। और वहाँ, यह सब उनके लिए बहुत ही साधारण-सी बात है। इन दिनों उनके पास लाशों को पूरी तरह जलाने के लिए समय ही नहीं होता, क्योंकि किसी भी देह के पूरी तरह जलने से पहले ही दूसरी देह आ जाती है। इसलिए वे उस अधजले शरीर को नदी में फेंक देते हैं। दरअसल यह देखना आपके लिए बहुत अच्छा है कि लोग एक दिन आपके साथ भी ऐसा ही व्यवहार करेंगे।

जब मैं छोटा था तब मुझे इन सब चीजों का कोई ज्ञान नहीं था। लेकिन आठ साल की उम्र से लेकर सत्रह तक मैंने श्मशान भूमि में बहुत अधिक समय बिताया। इसने मुझे उत्सुकता से भर दिया। हर कोई वहाँ होने वाली बहुत-सी भयानक चीजों के बारे में बात करता था; मैंने कहानियाँ सुनी थी कि आत्माएँ वहाँ पेड़ों पर उल्टी लटकी रहती हैं। मैं यह सब खुद देखना चाहता था। इसलिए मैंने कई दिन और रातें श्मशान भूमियों में बिताए। एक तो हमारे घर के बहुत ही पास थी और दूसरी चामुण्डी पहाड़ी की तलहटी में थी। चामुण्डी पहाड़ी वाली भूमि तो बहुत ही व्यस्त होती थी। आप किसी भी समय वहाँ जाकर कम से कम चार या पाँच मृत शरीरों को जलते हुए देख सकते थे। जब भी मैं ट्रेकिंग के लिए जाता तो रातें वहीं गुजारता था, क्योंकि पहाड़ों में तो ठण्ड होती थी लेकिन वहाँ हरदम आग जलती रहती थी। तो मैं आग के पास बैठ जाता और बस जलते हुए शवों को देखता रहता था।

चिता के आस-पास बहुत सारी गतिविधियाँ होती रहती थीं। अक्सर, जब लोग किसी मृत शरीर को लेकर श्मशान आते तो वे सब इस तरह रोते मानो उन्होंने जीवन में अपना सब कुछ खो दिया हो। उसके बाद वे उस शरीर को आग लगा देते। वहाँ आधा-पौना घंटा रुकते और उसके बाद वहाँ से चले जाते। आग अभी भी जल रही होती, लेकिन वे चले जाते थे। शायद उनके पास करने को और भी काम थे, लेकिन मैं वहाँ बैठा रहता, बस यूँ ही देखते हुए। अगर आपने चिता पर जलते हुए शरीर को ध्यान से देखा है, तो सबसे पहले जलने वाली चीज होती है गर्दन, क्योंकि यह शरीर का पतला भाग होता है। जब ऐसा होता है और अगर उन्होंने बहुत सारी लकड़ियों का इन्तज़ाम नहीं किया होता है और उन्हें अच्छी तरह नहीं जमाया होता है, तो आधा जला हुआ सिर किसी फुटबॉल की तरह चिता से लुढ़ककर गिर जाता है। यह थोड़ा डरावना लगता है — चिता से लुढ़का हुआ सिर! लेकिन या तो चिता की लकड़ी महँगी होती थी, या उनके पास सही तरीके से चिता सजाने का पर्याप्त अनुभव नहीं होता था, इसलिए ऐसा अक्सर होता रहता था। ऐसा चिता जलाने के साढ़े तीन से चार घंटों के बाद होता था। उस समय तक कोई भी रिश्तेदार वहाँ मौजूद नहीं होता था, तो वो मैं ही था जो उन सिरों को उठाता और चिता पर वापस रख देता था।

मैंने श्मशान भूमियों में कई दिन और रात बस यूँ ही बैठकर देखते हुए और उन शरीरों को पूरी तरह जलने में मदद करते हुए बिताईं। इसने मेरे भीतर एक पूरी तरह से अलग तरह की प्रक्रिया को शुरू कर दिया। मुझे पता है कि आप इससे बचना चाहेंगे, लेकिन मृत देहों को लगातार जलते हुए बैठकर देखना अच्छा है। अपने घर के आराम भरे माहौल में रहते हुए यह सोचना कि आप अमर हैं, बहुत आसान है। लेकिन जब आपके सामने एक शरीर जल रहा होता है, तो यह देखना अधिक मुश्किल नहीं होता कि उस शरीर की जगह कल आप भी हो सकते हैं। मानसिक और भावनात्मक रूप से प्रतिक्रियाएँ भी हो सकती हैं, लेकिन सबसे जरूरी बात यह है कि आपका शरीर जीवन को अपने नज़रिए से देखता है। किसी दूसरे जलते हुए शरीर का दृश्य आपके शरीर को गहराई से बेचैन कर देता है। यह आपके भीतर एक अलग तरह की जागरुकता और समझ लाता है। अगर आप वहाँ बैठते हैं, और जो होता है उसे देखते हैं तो बहुत सारी चीजें जिनकी आपने अपने बारे में कल्पना की थी, वे सब श्मशान भूमि में जल जाएंगी।

जब आप शवों को जलते हुए देख रहे हों तो आपको इसके बारे में सोचना नहीं चाहिए। सिर्फ इसकी ओर देखिए; बस देखिए और देखिए और देखते रहिए। कुछ समय बाद आप देखेंगे कि बस आप ही हैं। सामने का दृश्य कुछ अलग नहीं है। यह आपका अपना ही शरीर है। जब आप उस शरीर को अपने शरीर से बदल

सकें और फिर भी वहाँ बैठे रहें, तो वह मृत्यु की एक गहरी स्वीकृति होगी। यह कोई मनोवैज्ञानिक प्रक्रिया नहीं है। जब आपका अपना शरीर अपने अस्तित्व की क्षण-भंगुरता देख लेता है, तब एक गहरी राहत और स्वीकृति उभर आती है। एक बार जब मृत्यु की गहरी स्वीकृति आ जाती है, तब जीवन आपके साथ बहुत बड़े पैमाने पर घटित होता है। लेकिन क्योंकि आप अब तक मृत्यु को दूर रखने की कोशिश करते रहे, इसलिए जीवन भी आपसे दूर ही रहा। यही कारण है कि लगभग हर योगी ने अपने जीवन के किसी न किसी पड़ाव पर श्मशान भूमियों में बहुत ज़्यादा समय बिताया है।

मृत्यु को जानने की चेष्टा

जब मैं स्कूल में था तब एक घटना घटी जिसने मृत्यु के प्रति मेरे कौतूहल को बहुत गहरा कर दिया। उस समय मैं तेरह साल का था। स्कूल में मैं काफी असामान्य बच्चा था लेकिन, आमतौर पर मुझे कोई तंग नहीं करता था क्योंकि मैं उनकी पिटाई कर देता था। लेकिन वहाँ सुचरिता नाम की एक लड़की थी जो थोड़ी अजीब-सी थी और, किसी कारण से वो मुझे चिढ़ाती रहती थी, 'जग्गी महान! जग्गी महान!' मैं चिढ़ जाता था, लेकिन अनसुना कर देता था। एक बार छुट्टियाँ खत्म होने के बाद वह स्कूल वापस नहीं आई। हर दिन, जब हाज़िरी के लिए उसका नाम पुकारा जाता तो हम में से कोई मज़े के लिए लड़कियों की आवाज निकालकर उसकी हाज़िरी लगाने की कोशिश करता। ऐसा कुछ दिनों तक चला। उसके बाद उस लड़की के भाई ने, जो उसी स्कूल में हमसे दो साल पीछे था, हमें बताया कि छुट्टियों के दौरान उसकी बहन निमोनिया होने से मर गई थी। इस बात से मैं हिल गया। इसलिए नहीं कि कोई मर गया था, बल्कि इसलिए कि कोई इंसान जो ज़िंदा था और हमारे बीच मौजूद था, वो बस ऐसे ही गायब हो गया था।

इस बात ने मुझ पर बहुत गहरा असर डाला। वह लड़की मेरी ही उम्र की थी, क्लास में बहुत कुछ करती थी और अब अचानक से वो चली गई थी। उन्होंने कहा कि वह मर गई लेकिन मैं जानना चाहता था कि वो कहाँ जा सकती थी। उससे पहले तक मुझे लगता था कि केवल बूढ़े लोग ही मरते हैं। लेकिन मेरी हमउम्र उस लड़की ने मृत्यु को मेरे दरवाज़े पर ला खड़ा किया था। अब यह कोई कौतूहल का सवाल नहीं रह गया था, बल्कि इसने अस्तित्व पर एक सवालिया निशान लगा दिया था। मैं जानना चाहता था कि मरने के बाद आखिर लोग जाते कहाँ हैं और मृत्यु के बाद होता क्या है। इस घटना के होने से पहले भी मैं यह सवाल कई लोगों से पूछ चुका था। मैंने कस्बे में श्मशान भूमियों में भी बहुत सारा समय बिताया था, लेकिन अभी भी मुझे नहीं पता

था कि मृत्यु के बाद होता क्या है। तब मैंने सोचा कि मैं खुद मृत्यु तक की यात्रा करूँगा और देखूँगा कि क्या होता है।

मेरे पिता एक चिकित्सक हैं, इसलिए घर में उनके पास दवाओं की एक अल्मारी थी। मुझे पता था कि उसमें बहुत सारी दवाएँ होती थीं। उनके बीच मुझे गार्डेनल सोडियम की एक शीशी मिल गई। यह नींद लाने वाला एक कार्बनिक यौगिक है, जिसकी अधिक मात्रा जानलेवा हो सकती है। उस शीशी में सौ गोलियाँ होनी चाहिए थीं, लेकिन जब मैंने उन्हें बाहर निकालकर गिना तो वहाँ सिर्फ अठानवे थीं। किसी ने उसे खोल दिया था और दो गोलियाँ इस्तेमाल कर ली थीं। मैंने सोचा कि अठानवे गोलियाँ मेरी मृत्यु का कारण बनने के लिए काफी होंगी। इसके बाद मैंने अपनी अल्मारी को टटोला। मेरे पास कुछ पैसे और कंचे, गुलेल और कुछ पालतू पक्षियों जैसी बहुत-सी निजी संपत्ति थी, जो सभी एक लड़के के लिए बहुत कीमती थीं। मैंने उन सबको बाँट देने का फैसला किया क्योंकि मैं तो वैसे भी मरने वाला था। कुछ चीजें मैंने अपने भाई को दे दीं, बाकी मैंने अपने नज़दीकी दोस्तों में बाँट दीं। मैंने उन्हें कहा कि मैं जा रहा हूँ। उन सबको लगा कि यह कोई मज़ाक कर रहा हूँ। फिर एक दिन मैंने फैसला किया कि मैं उस रात इस काम को अंजाम दूँगा। मैंने उस रात खाना नहीं खाया क्योंकि मैं जानता था कि अगर खाना मेरे पेट में होता तो हो सकता था कि चीजें ठीक तरह से न हों। मैंने परिवार से कहा कि मुझे भूख नहीं है और गोलियाँ लेकर छत पर चला गया। फिर मैंने वे सभी अठानवे गोलियाँ निगल लीं और सोने चला गया, इस उम्मीद से कि अब मुझे पता चल जाएगा कि मरने के बाद लोग कहाँ जाते हैं।

सुबह मेरे परिवार ने मुझे जगाने की हर संभव कोशिश की, लेकिन मैं नहीं उठा। आमतौर पर किसी भी सुबह मुझे जगाना थोड़ा मुश्किल ही हुआ करता था, लेकिन इस बार तो मैं बिलकुल भी नहीं हिल रहा था। फिर मेरे पिता ने देखा कि मेरे अंग ढीले पड़ चुके हैं। सभी बहुत डर गए और मुझे अस्पताल लेकर गए जहाँ उन्होंने मेरा पेट साफ किया, ऑक्सीजन लगाया और बहुत कुछ किया, लेकिन मैं नहीं जागा। तीन दिन तक मैं लगभग निर्जीव स्थिति में रहा और गहरी नींद सोता रहा। तीसरे दिन, मैं धीरे-धीरे चेतन हुआ। बिस्तर पर लेटे हुए मैंने धीरे-धीरे अपनी आँखें खोली। जो पहली चीज मैंने देखी वह थी बिस्तर के ऊपर छत में लगे हुए शहतीर। मैं उसी समय पहचान गया कि मैं कहाँ था। मैंने उन शहतीरों (छत को मज़बूती देने वाले बम्बू) पहले भी कई बार देखा था जब मैं रेलवे अस्पताल में अपने पिता से मिलने जाता था, वे वहीं काम करते थे। तो मैं वहाँ था, अस्पताल के बिस्तर पर पड़ा हुआ और मुझमें अलग-अलग तरह की नलियाँ लगी हुई थीं। यह बहुत ही निराशाजनक था क्योंकि मैंने यह सब इसलिए किया था कि मैं यह देख पाऊँ कि आदमी मरने के बाद कहाँ

जाता है, लेकिन मैंने बस देखे रेलवे अस्पताल के शहतीर!

यह जानने का वह एक अति साहसिक प्रयास था कि मृत्यु के बाद क्या होता है, लेकिन मैं उस बारे में कुछ नहीं जान पाया। एकमात्र तसल्ली यह थी कि मैंने जाना कि इसे जानने का यह तरीका नहीं है। बाद में, मुझे अपने दोस्तों को बाँटी गई अपनी संपत्ति को वापस लेने में बहुत संघर्ष करना पड़ा, और फिर जीवन आगे बढ़ गया! इस सबके काफी सालों बाद, जब मैं एक अल्हड़ नौजवान था, तब बिना चाहे ही एक बहुत गहरा अनुभव हुआ जिसने जीवन व मृत्यु के प्रति मेरा दृष्टिकोण पूरी तरह बदल दिया।

सितम्बर की एक गर्म दोपहर को, चामुण्डी पर्वत की एक चट्टान पर मैं अकेला यूँ ही बैठा था। मेरी आँखें पूरी तरह खुली थीं कि अचानक मेरे साथ कुछ होने लगा। मैं जिसे जीवन भर 'मैं' समझता था वह मेरे चारों ओर था — मेरा भीतर और बाहर एक हो गया था। मुझे पता ही नहीं चल रहा था कि कौन मैं हूँ और कौन मैं नहीं हूँ। वह हवा जिसमें मैं साँस ले रहा था, वह चट्टान जिस पर मैं बैठा था, मेरे चारों ओर का वातावरण — सब कुछ मैं ही बन गया था। यह बहुत विचित्र था क्योंकि जो हो रहा था वह वर्णन से परे था। मेरा अस्तित्व, जो मैं था, वह इतना विशाल हो गया था कि वह हर जगह था। मुझे लगा कि यह सब कुछ मिनटों तक ही चला, लेकिन जब मैं अपनी सामान्य स्थिति में आया तब तक सूरज डूब चुका था और अंधेरा हो गया था। मेरी आँखें खुली थीं। मैं पूरी तरह से जागा हुआ था, लेकिन जिसे मैं आज तक 'मैं' समझता रहा था वो अब नहीं रहा था, कहीं गायब हो गया था। जब मैं आठ साल का था तब से लेकर आज तक मैंने एक आँसू भी नहीं बहाया था। लेकिन अब, बैठे-बैठे ही, मेरी आँखों से इतने आँसू बह रहे थे कि मेरी शर्ट गीली हो गई थी। मैं हमेशा शांत-मन और खुश रहा हूँ — मेरे लिए यह कभी कोई समस्या नहीं रही है। लेकिन यहाँ अब मैं पूरी तरह एक अलग ही किस्म के आनंद में डूबा हुआ था। शाम के 7:30 बजे का समय था। लगभग साढ़े-चार घंटे इसी हालत में बीत चुके थे।

मेरे घर वापस जाने के बाद भी इस तरह के अनुभव बार-बार होते रहे। बल्कि अब और भी अधिक हो गए। कुछ समय के लिए तो, यादों की बाढ़ के साथ होते हुए इस अद्भुत अनुभव और मेरी प्रचण्ड बुद्धि के बीच किसी युद्ध जैसी हालत हो गई थी। बुद्धि संघर्ष करती रही; वह हार नहीं मान रही थी। एकमात्र चीज जो मेरा मन मुझे बता सकता था वो यह था कि मैं अपना संतुलन खो रहा था। यह पूरी तरह विलक्षण था, लेकिन साथ ही कहीं न कहीं मैं यह भी सोच रहा था कि यह किसी तरह का पागलपन भी हो सकता है क्योंकि यह इतना जबरदस्त अनुभव था कि इसे वास्तविक मानना बहुत कठिन था।

मृत्यु के बारे में कोई प्रश्न भी मन में नहीं उठा क्योंकि जीवन काफी बड़े पैमाने पर घटित हो रहा था। लेकिन इस अनुभव ने मुझे एहसास दिला दिया कि लोग मरते

नहीं हैं। वे आपकी दृष्टि से ओझल हो जाते हैं। वे जीवित ही रहते हैं। मुझमें पिछले जन्मों की यादें और अनुभव जाग रहे थे, जिनसे मुझे एहसास हुआ कि मेरे पिछले कुछ जीवनकाल एक ही स्थान पर, एक ही काम पर आधारित थे, और कुछ हद तक मेरे साथ जुड़े लोग भी वही थे! जीवन (और मृत्यु) की यही वो समझ थी जिसने उसके बाद से मेरे जीवन को आकार दिया। एक तरह से, मृत्यु एक काल्पनिक चीज है जो अज्ञानी लोगों द्वारा रची गई है। मृत्यु एक अनभिज्ञ इंसान का सृजन है, क्योंकि अगर आप जागरूक हैं तो यह बस जीवन है, और जीवन के सिवा कुछ नहीं है — जिसे हम मृत्यु कहते हैं वह तो बस अस्तित्व के एक पहलु से दूसरे पहलु की ओर जाना है।

क्या मृत्यु कोई हादसा है

लोगों को लगता है कि मृत्यु एक त्रासदी है, जबकि यह नहीं है। लोगों द्वारा जीवन को अनुभव किए बिना ही पूरा जीवनकाल बिता देना एक त्रासदी है। अगर आप मरते हैं तो उसमें वास्तव में कोई त्रासदी नहीं है। यह तो एक तरह से आपके जीवन में आ रही समस्याओं का अंत ही है। लेकिन अगर आप जीवित हैं और जीवन को उसकी पूर्णता में अनुभव नहीं कर रहे हैं, तो यह सही मायनों में एक त्रासदी है। इसे संस्कृत के एक छंद में बहुत सुंदरता से अभिव्यक्त किया गया है, जो कहता है, 'जननम सुखदम मरणम करुणम।' 'जननम' का अर्थ है जन्म या जीवन। अर्थात जीवन सुखद है। और सच में ऐसा ही है। अगर आप अपने शरीर और मन को सही तरह से संभालना सीख जाएँ, तो आपके जीवन का अनुभव सुखद ही होगा। लेकिन 'मरणम' या मृत्यु, 'करुणम' यानी दया है। मृत्यु करुणा है क्योंकि यह आपको मुक्त कर देती है।

इस समय, लोगों में जीवन का एक विकृत दृष्टिकोण है। वे मरना नहीं चाहते। उन्हें यह एहसास नहीं है कि अगर उन्हें कभी अमरता का श्राप मिल जाए, या यूँ कहें कि मृत्यु को आपसे दूर कर दिया जाए, तो यह आपके साथ होने वाली सबसे भयानक घटना होगी। आपका जीवन चाहे कितना भी सुंदर क्यों न बन जाए, अगर मृत्यु आपके लिए सही समय पर आती है, तो आप बहुत भाग्यशाली हैं। अगर यह देरी से आती है, अगर जीवन स्वयं को एक निश्चित सीमा से आगे खींचता है, तो वह सबसे अधिक कष्टदायक कल होगी। तब आप पाएंगे कि जब मृत्यु आपके दरवाज़े पर आएगी, तो वह आपके लिए बहुत बड़ी राहत की बात होगी। जीवन को जारी रखने के लिए एक विशेष में तनाव की आवश्यकता होती है, लेकिन मृत्यु में केवल राहत होती है, आराम होता है। वास्तव में, मृत्यु सर्वोच्च आराम है। हालांकि, अगर आप जीवित रहते हुए ही मृत्यु के आराम को जान जाएँ, तो जीवन एक निपट सहज, सरल प्रक्रिया बन जाता है।

अगर हम जीवन और मृत्यु को आपके अनुभव के संदर्भ में होता हुआ देखें, तो आपका साँस लेना जीवन है और साँस छोड़ना मृत्यु। आप प्रयोग करके देख सकते हैं: एक लम्बी साँस लें और देखें कि आपका मन और शरीर कैसा है। अब एक गहरी साँस छोड़ें और मन व शरीर की स्थिति को फिर से देखें। आपको किसमें अधिक आराम महसूस हुआ? असल में, जब भी आप में तनाव निर्मित होता है, तब शरीर की स्वाभाविक प्रणाली साँस छोड़ना चाहती है। इसे ही आप आह भरना कहते हैं। यह आपको थोड़ा आराम देता है। जीवन को एक निश्चित तनाव की जरूरत होती है। वरना, आप इसे जारी नहीं रख सकते। मृत्यु पूर्ण आराम है। यह स्वाभाविक रूप से ऐसा ही रहता अगर आपके मन ने मृत्यु को बुरा बताकर किनारे न कर दिया गया होता।

अगर आपकी परम्पराओं और संस्कृतियों ने आपको यह नहीं सिखाया होता कि मृत्यु एक बुरा घटना या आपदा है जिससे दूर रहना चाहिए, तो मुझ पर विश्वास कीजिए, आप पूरी तरह एक अलग ही दुनिया में साँस ले रहे होते। अगर आप इस समय अपने आस-पास के लोगों को ध्यान से देखेंगे, तो आप पाएंगे कि लगभग 99 प्रतिशत लोगों की साँस छोड़ने की प्रक्रिया कभी पूरी तरह नहीं होती। उनके मन ने मृत्यु को नकार दिया है, इसलिए उनकी साँस छोड़ने की प्रक्रिया संपूर्ण नहीं होती। वे साँस भीतर तो लेते हैं, लेकिन उसे बाहर निकालने का काम पूरी तरह नहीं करते। यही उन कारणों मे से एक है कि क्यों, कुछ समय बाद, आप अपने तंत्र में इतना तनाव निर्मित कर लेते हैं कि मानसिक और शारीरिक रूप से वह सीमा पार कर जाता है।

मानव मन की सबसे बड़ी आपदा यह है कि वह मृत्यु विरोधी है। जिस पल आप मृत्यु को नकारते हैं, आप जीवन को भी नकार देते हैं। आप सोचते हैं कि जीवन सही है और मृत्यु गलत। ऐसा नहीं है। जीवन जो है, वह वैसा इसीलिए है क्योंकि मृत्यु का वजूद है। एक नदी का अस्तित्व हमेशा दो किनारों के बीच ही होता है। लेकिन आप दाएँ किनारे पर खड़े होकर कहते हैं, 'मुझे बायाँ किनारा पसन्द नहीं है, उसे अदृश्य हो जाना चाहिए।' अगर बायाँ किनारा गायब हो जाता है तो नदी भी गायब हो जाएगी, दायाँ किनारा भी गायब हो जाएगा। अगर दाएँ किनारे को वहाँ होना है, तो बाएँ किनारे को भी वहाँ होना पड़ेगा। यह ऐसा है जैसे अंधकार के बिना प्रकाश नहीं हो सकता। जो मृत्यु को गले नहीं लगाता, वह जीवन को नहीं जान सकता। अगर आप यहाँ बैठकर कहें, 'मैं मरना नहीं चाहता, मैं मरना नहीं चाहता,' तो यही होगा कि आप जीवन नहीं जिएंगे। आप मरेंगे तो वैसे भी, लेकिन मृत्यु से इन्कार करके आप उसके आने तक ठीक से जी भी नहीं पाएंगे। अगर आपको मृत्यु से डर लगता है तो आप केवल जीवन से ही दूर होंगे; आप मृत्यु से दूर नहीं हो सकते, वह अवश्य आएगी।

कुछ संस्कृतियों में अभी भी मृत्यु का जश्न मनाया जाता है, उसका शोक नहीं किया जाता। आखिरकार, आप कहीं न कहीं से तो इस धरती पर इस वातावरण में आए हैं। इसके भीतर आप चाहे जितना बड़ा स्थान हासिल कर लें, यह अभी भी एक छोटा कैदखाना ही है। लेकिन मृत्यु एक अनंत संभावना है। तो इसे लेकर जन्म से कहीं अधिक आनंद, कहीं अधिक उत्साह होना चाहिए। जो व्यक्ति इस संभावना के प्रति जागरूक है, उसके लिए जीवन और मृत्यु जैसी कोई चीज नहीं है। जीवन मृत्यु है, और मृत्यु जीवन है; उनमें कोई भिन्नता नहीं है।

असल में, मृत्यु, जीवन का एक बहुत ही गहन स्वरूप है। जिन लोगों ने अपने जीवन में बहुत बड़े संकटों का सामना किया है, वे इस बात को स्पष्ट रूप से जानते होंगे। एक बार ऐसा हुआ: दो बूढ़े आदमी इण्डियाना, अमेरिका, के एक छोटे से कस्बे में एक स्थानीय बार में मिले। दोनों अलग-अलग मेजों पर उदासीन भाव से बैठे हुए पी रहे थे। एक ने दूसरे व्यक्ति की ओर देखा और पाया कि उसकी कनपटी पर एक पैदाइशी निशान है। तो वह उसके पास गया और बोला, 'हे जोशुआ, क्या ये तुम हो?' 'हाँ, तुम कौन हो?' 'तुमने मुझे नहीं पहचाना? मैं मार्क हूँ। हम युद्ध में साथ थे।' उसने कहा, 'हे भगवान!' और वे अचानक खिल उठे। वे दूसरे विश्व युद्ध में साथ-साथ थे और इस बात को पचास साल हो चुके थे।

तो वे एक ही मेज पर बैठ गए और शराब पीना, बातें करना, खाना शुरु कर दिया। उन्होंने यूरोप में दूसरे विश्व युद्ध की उन जोखिम भरी खंदकों में लगभग चालीस मिनट की कार्यवाही को देखा था। चालीस मिनट का भीषण हमला। उन्होंने दो घंटों तक हर तरह से उन चालीस मिनटों की जीवंत चर्चा की। जब वे इस बारे में काफी बात कर चुके तब एक ने दूसरे से कहा, 'तब से आज तक तुम क्या करते रहे?' वह बोला, 'ओह, मैं बस एक सेल्समैन हूँ।' युद्ध के चालीस मिनट, और उन्होंने इसके बारे में इतने उत्साह के साथ दो घंटों तक बात की, लेकिन जीवन के पचास सालों को, 'मैं बस एक सेल्समैन हूँ!' में ही समेट दिया; ऐसा ही होता है।

संकट के पल, वो पल होते हैं जब आप जीवन और मृत्यु, दोनों को एक साथ, एक ही समय पर अनुभव करते हैं। यही वो पल होते हैं जब आपको एहसास होता है कि जीवन और मृत्यु दोनों एक साथ हैं और अभी हैं। वे दोनों अलग नहीं हैं। वे एक दूसरे के भीतर ही समाहित हैं। पूरा जीवन इसी तरह गुँथा हुआ है। सृष्टि और सृष्टा, जीवन और मृत्यु — सभी एक दूसरे में समाए हुए हैं। इसे देखने के लिए ध्यान देने की, बहुत अधिक ध्यान देने की आवश्यकता है। वरना, व्यक्ति सिर्फ सतह पर ही जीवन जीता है, उसे आधा जीवन कहना चाहिए। अगर आप एक ही समय में जीवन और मृत्यु को नहीं जानते, तो आप जीवन के आधे भाग को ही जानते हैं। आधा जीना

हमेशा कष्टकारी होता है।

अगर आप एक भरपूर जीवन जीना चाहते हैं, तो किसी विशेष उम्र पर नहीं, बल्कि हर रोज आपको अपनी नश्वर प्रकृति की ओर देखना चाहिए। जीवन के हर दिन आपको जागरूक रहने की आवश्यकता है कि आप नश्वर हैं। ऐसा नहीं है कि आप यह कहें कि मैं आज ही मरना चाहता हूँ, लेकिन अगर मैं मरूँ तो भी मैं इसकी ओर सहज भाव रखूँ। अपने आप को सुरक्षित रखने के लिए, अपने पालन-पोषण के लिए, अपना ख्याल रखने के लिए मैं सब कुछ करूँगा, लेकिन अगर मुझे आज ही मरना है, तो भी यह भी मेरे लिए ठीक है, मैं सहज हूँ। जब आप ऐसे होंगे तभी खुलकर जी सकेंगे; नहीं तो, आप जी नहीं सकेंगे।

बंद करें मृत्यु को निमंत्रण देना

अगर मृत्यु से बचना जीवन से बचना है, तो जीवन से कतराना मृत्यु को बुलाना है। अधिकतर लोगों के लिए, अगर जीवन दुखी और बोझिल हो जाता है, तो जाने-अनजाने वे जीवन से कतराने लगते हैं। एक बार आप जीवन से कतराने लगते हैं तो साफ-साफ मृत्यु को न्यौता देते हैं। मृत्यु को न्यौता देने के अलावा जीवन से कतराने का दुनिया में कोई बेहतर तरीका नहीं है। आप ऐसा चाहे पूरे होश में करें या अनजाने में। इन दिनों दुनिया में दिखाई देने वाली बहुत सारी जटिल बीमारियों में दिया जाने वाला बहुत बड़ा योगदान यह है कि लोग जीवन को चकमा देने की कोशिश कर रहे हैं और, इस प्रक्रिया में मृत्यु को निमंत्रण दे रहे हैं। शरीर तो केवल इसमें सहयोग कर रहा है। शरीर तो सिर्फ आपके मृत्यु के न्यौते की इच्छा को पूरी कर रहा है। आप माँगिए, और यह पूरी होगी!

लोग जीवन से बचने की कोशिश इसलिए कर रहे हैं क्योंकि उन्हें लगता है कि यह असुरक्षित है। आपको पता होना चाहिए कि धरती पर सबसे सुरक्षित स्थान आपकी कब्र है। वहाँ कुछ नहीं होता। जीवन में कोई सुरक्षा नहीं है। जैसा कि मैंने पहले कहा कि कल सुबह आप मर भी सकते हैं, चाहे जितनी भी सुरक्षा कर लें, इससे कोई फर्क नहीं पड़ता। मैं आपके लिए ऐसी कामना नहीं कर रहा, लेकिन इससे कोई फर्क नहीं पड़ता कि इस समय आप कितने स्वस्थ हैं, कितनी अच्छी तरह से हैं, आप कल मर सकते हैं। यह एक असल संभावना है। तो जीवन में सुरक्षा जैसी कोई चीज नहीं है। जिस पल आप सुरक्षा खोजने लगते हैं, स्वाभाविक रूप से, आप मृत्यु की ओर रुख कर लेते हैं। अनजाने में, आप मृत्यु खोजेंगे।

भारत में, यह एक परम्परा है कि जब कभी आप किसी संत या ऋषि को देखें, तो आपको उनका आशीर्वाद लेने के मौके से नहीं चूकना चाहिए। बहुत बार, लोग मेरे

पास आते हैं और कहते हैं, 'सद्‌गुरु, कृपया मुझे आशीर्वाद दें कि मुझे कुछ न हो।' सच में, यह किस तरह का आशीर्वाद है? मेरा आशीर्वाद है आपके साथ सब कुछ हो! हर चीज जो जीवन है, वह सब आपके साथ घटित हो। आप यहाँ जीवन से बचने आए हैं या उसे अनुभव करने आए हैं? अगर आप जीवन से बचना चाहते हैं, तो मेरे पास इनर इंजीनियरिंग[1] से बेहतर तकनीक है। अगर आप जीवन से बचना चाहते हैं, तो बस दो मीटर लम्बी रस्सी की आवश्यकता होगी जिससे आप स्वयं को छत से लटका सकें। और इसमें ज़्यादा खर्च भी नहीं है! मैं कुशलता की बात कर रहा हूँ; जीवित रहते हुए जीवन से बचना बहुत ही नकारात्मक है। हमारा जीवित होना एक बहुत ही संक्षिप्त घटना है लेकिन हम बहुत लम्बे समय तक मृत रहेंगे। तो अपने प्राण ले लेना वास्तव में कोई विकल्प नहीं है। यह तब होता है जब हम मानसिक द्वंद को अस्तित्वगत जीवन मान लेते हैं।

जिस पल आप सुरक्षा के बारे में सोचते हैं, आप मृत्यु की सहायता कर रहे होते हैं। मैं चाहता हूँ कि आप यह जान लें: मृत्यु को आपकी सहायता की आवश्यकता नहीं है। मृत्यु पूरी तरह सक्षम है। वहीं दूसरी ओर, जीवन को आपके सहयोग की आवश्यकता है। अगर आप ध्यान दें: जो कुछ भी आप जीवन में करते हैं, आप जीवन के साथ चाहे कितना भी करें, तो भी और अधिक करने की संभावना हमेशा रहती है। जीवन को आपके पूरे ध्यान और कोशिशों की आवश्यकता है। मृत्यु को आपकी सहायता की जरूरत नहीं है। यह तो वैसे भी होगी और पूरी कुशलता से होगी। वहाँ कोई असफलता नहीं है, क्योंकि सब गुजर ही जाएंगे।

लोग सोचते हैं कि उनके साथ कुछ नया घटित नहीं होना चाहिए, लेकिन वे एक रोमांचक जीवन चाहते हैं। ऐसा कैसे संभव है? आप अपने लिए प्रतिकूल परिस्थिति का निर्माण कर रहे हैं। आपके साथ ज़्यादा से ज़्यादा क्या हो सकता है? ज़्यादा से ज़्यादा, आप मर जाएंगे। इससे ज़्यादा आपके साथ कुछ नहीं हो सकता। और आपके जीवन में चाहे जो कुछ भी हो, आप यहाँ किसी निवेश के साथ नहीं आए हैं। आप खाली हाथ आए थे। आप इस जीवन में कुछ हार नहीं सकते। देखिए यह कितनी शानदार बात है! जो भी हो, आप फायदे में ही हैं, तो आप किस बारे में शिकायत कर रहे हैं?

यह लगभग दस साल पहले हुआ। उस समय, भारत में स्टॉक बाजार नीचे गिर रहा था। मुम्बई से कुछ लोग मेरे पास एक व्यक्ति को लेकर आए। शुरू में उसके शेयरों की कीमत लगभग 25 करोड़ रुपए थी। बाद में स्टॉक बाजार में उसे घाटा हुआ, और आठ महीनों के दौर में ही उनकी कीमत केवल 3 करोड़ रुपए रह गई

---

1 आध्यात्मिक अभ्यास जो सद्‌गुरु द्वारा सिखाया जाता है

थी। अब वह आदमी टूटा हुआ, निराशा में डूबा था और आत्महत्या करना चाहता था क्योंकि उसके पास केवल 3 करोड़ रुपए ही बचे थे। उसकी हालत खराब थी, इसलिए वे चाहते थे कि मैं उसकी मदद करूँ। मुझे यह सब बहुत विचित्र लगा, क्योंकि, बहुत सारे भारतीयों के लिए 3 करोड़ रुपए स्वर्ग से भी बढ़कर हैं। अगर आप उन्हें स्वर्ग और तीन करोड़ रुपयों के बीच चुनाव करने के लिए कहेंगे तो वे 3 करोड़ रुपयों को ही चुनेंगे। लेकिन यह आदमी उदास था और आत्महत्या करना चाहता था क्योंकि उसके पास बस 3 करोड़ रुपए ही थे! यह केवल उसी के बारे में नहीं है; आप भी अपने साथ हर समय ऐसा ही कर रहे हैं!

आप अपने साथ नई घटनाओं को होने दें। अगर आप अपने भीतर 'मुझे कुछ नहीं होना चाहिए' तरह की स्थिति का निर्माण करते हैं, तो आपमें ठहराव आ जाएगा। ठहराव मृत्यु है। अगर जीवन आगे नहीं बढ़ता, अगर आपके भीतर नई संभावनाएँ जन्म नहीं लेतीं, तो आप मुर्दे की तरह जी रहे हैं। यही कारण है कि लोगों के जीवन में कुछ गलत न होने पर भी, आप सड़क पर बहुत सारे उदास चेहरे देख सकते हैं। उनमें से अधिकांश के लिए जीवन उनकी कल्पना से कहीं बेहतर रहा है। सांसारिक रूप से हम अपनी पिछली पीढ़ियों से बहुत बेहतर जीवन जी रहे हैं। लेकिन अभी भी लोग चेहरा लटकाए घूमते हैं। ऐसा इसलिए नहीं हो रहा कि कुछ गलत हो गया है। यह ठहराव के कारण है। आप ठहराव के साथ नहीं जी सकते क्योंकि यह मृत्यु को जीने के समान है।

एक 'जीवित मृत्यु' होना एक शानदार अनुभव है लेकिन जीवित होते हुए मरे समान होना बहुत कष्टकर है। अगर आप जीवित हैं तो यह बहुत अच्छा है। अगर आप मृत हैं, तो हम आपको लेकर परेशानी नहीं है। यहाँ बहुत सारे मुर्दा लोग घूम रहे हैं, इसी कारण से इस धरती पर इतना दुःख है। एक समय पर वे सभी खिले हुए और जीवंत थे; लेकिन अब, धीरे-धीरे, वे आधे कब्र में पहुँच चुके हैं। हाँ, यह अलग बात है कि समय के साथ यह भौतिक शरीर क्षीण होगा। इसीलिए अगर केवल मानसिक और शारीरिक प्रक्रियाएँ ही आपका अनुभव हैं, तो यह स्वाभाविक ही है कि गुजरते समय के साथ आप क्षीण होते जाएंगे। अगर मौलिक जीवन ऊर्जा आपके अनुभव में है, अगर जीवन प्रक्रिया के बारे में सही चीजें की जाती हैं, तो उम्र के साथ आपका क्षय नहीं होगा, बल्कि आप उन्नत होते चले जाएंगे।

तो यह केवल जीवन ही है जिसे लगातार सुधारा जाना चाहिए। मृत्यु को निमंत्रण देने या उसका अभ्यास करने की आवश्यकता नहीं है, क्योंकि मृत्यु को आपकी सहायता आवश्यकता नहीं है।

अध्याय 2

मृत्यु की प्रक्रिया

आप जिसे जीवन कहते हैं, अभी, वह साबुन के बुलबुले जैसा है। पूरी यौगिक प्रक्रिया या सम्पूर्ण आध्यात्मिक प्रक्रिया का सार इस बुलबुले को इतना झीना करना है, ताकि जिस दिन यह फूटे तो पीछे कुछ भी बाकी न रहे और यह अस्तित्व के बंधन से अनस्तित्व की स्वतंत्रता, या निर्वाण की ओर बढ़ जाए।

वो चीज जो हमें चलाती है

अगर आप बुनियादी रूप से समझना चाहते हैं कि जीवन और मृत्यु कैसे काम करते हैं, तो आपको यह समझना होगा कि सृष्टि कैसे काम करती है, और सृष्टि में मौजूद विभिन्न स्मृतियों या यादों की क्या भूमिका है। जब मैं स्मृति कहता हूँ, तो इसका अर्थ केवल यह नहीं है जो आप याद रखते हैं। स्मृति की परतें कहीं गहरी होती हैं। योग प्रणाली के अनुसार, स्मृति मूल रूप से छाप का ढेर है। इसके अलावा, सृष्टि में मूल रूप से आठ तरह की यादें होती हैं। इन यादों में सबसे मूलभूत होती है तात्विक याद या 'एलीमेन्टल मेमरी'। योग प्रणाली के अनुसार, अव्यक्त से व्यक्त की ओर पहला चरण पंच-भूत, या पाँच तत्वों का बनना है। ये तत्व हैं: पृथ्वी, जल, अग्नि, वायु और आकाश। ये नाम एक विशेष गुण को दर्शाते हैं, न कि पदार्थ को। इन मूलभूत तत्वों के अलग-अलग लक्षण होते हैं और ये सृष्टि के सभी पहलुओं में अभिव्यक्त होते हैं, और ये सम्पूर्ण सृष्टि का सबसे मौलिक आधार हैं।

इनमें से एलीमेन्टल मेमरी वह स्मृति है जो तय करती है कि ये पाँच तत्व किस तरह एक दूसरे को प्रभावित करेंगे और कैसे व्यवहार करेंगे। सृष्टि की अगली परत भौतिक पदार्थ के रूप में है, जिससे कि ब्रह्माण्ड बना है। उसका व्यवहार किस तरह

का होगा, इसका निर्णय आणविक स्मृति (एटॉमिक मेमरी) में निहित है। आजकल स्कूल में हर बच्चे को परमाणु सिद्धांत सिखाया जाता है। अंग्रेजी का शब्द 'एटम' ग्रीक शब्द एटोमोस से आता है, जिसका अर्थ है अविभाज्य, जिसका विभाजन न किया जा सके। जब आधुनिक विज्ञान ने परमाणु की खोज की, तो यह माना जाता था कि परमाणु अविभाज्य होते हैं और ब्रह्माण्ड के सबसे बुनियादी आधार हैं। आज हम निश्चित रूप से जानते हैं कि ऐसा नहीं है। दो दर्जन से भी अधिक सूक्ष्माणु कणों (सब-एटॉमिक पार्टिकल) की खोज की जा चुकी है और अधिक पाए जाने की संभावना भी है। आणविक स्मृति बताती है कि किस तरह सूक्ष्माणु कण, परमाणु और उसके परिणाम स्वरूप विभिन्न भौतिक पदार्थों के अणुओं (मॉलिक्यूल्स) का निर्माण होता है, और वे कैसा व्यवहार करते हैं। तात्विक स्मृति और आणविक स्मृति, दोनों मिलकर निर्जीव स्मृति का निर्माण करते हैं। यह स्मृति जीवन के निर्जीव (जड़) पहलुओं का संचालन करती है। स्मृति के दूसरे प्रकार सजीव जीवन से जुड़े हैं और उसे सजीव स्मृति कहा जा सकता है।

इनमें से, स्मृति की सबसे बुनियादी परत है विकास-मूलक स्मृति (इवॉल्यूशनरी मेमरी), जो जीवन के क्रमिक विकास को निर्धारित करती है। यह आपमें दो आँखें, दो हाथ, और मानव शरीर का ही आकार लेना, किसी दूसरे जीव का नहीं, और इस तरह की प्रक्रियाओं को तय करने का काम करती है। इस परत के ऊपर आनुवांशिक स्मृति (जेनेटिक मेमरी) होती है, जो आपके माता-पिता से आपको सौंपी जाने वाली आनुवांशिक सामग्री से आती है। यही आनुवांशिक सामग्री सभी दूसरे मनुष्यों के बीच आपको उनसे अलग बनाती है। यह स्मृति यह तय करती है कि आपकी त्वचा का रंग कैसा होगा, आप की नाक कैसी होगी और इस तरह की और चीजें। इससे अगली परत है कर्मों की स्मृति (कार्मिक मेमरी), जो न केवल इस जन्म बल्कि सभी पूर्व जन्मों से आपके द्वारा इकट्ठा की गई छापों, और क्रमिक विकास की प्रक्रिया का संग्रह है। यह सब कुछ आपके जीवन में इतने अलग-अलग तरीकों से व्यक्त होता है जो व्यक्ति की समझ से परे होता है।

स्मृति की अगली तीन परतें आपके मानसिक शरीर से जुड़ी छाप या संग्रह हैं। स्मृति का एक बहुत बड़ा हिस्सा ऐसा है जिससे आप पूरी तरह से अनजान हैं, उसे हम अचेतन स्मृति (अनकॉन्शस मेमरी) कह सकते हैं। उसके बाद स्मृति का एक और हिस्सा है जो सचेतन स्मृति (कॉन्शस मेमरी) के ठीक नीचे होता है, जिसे हम अवचेतन स्मृति (सबकॉन्शस मेमरी) कहते हैं। और, अंत में, सचेतन स्मृति है, जिसे आप अपनी स्मृति में वापस ला सकते हैं और व्यक्त कर सकते हैं। ये सभी आठ प्रकार की स्मृतियाँ आपके रोजमर्रा के जीवन में, आपके द्वारा जमा की गई छापों और आपकी

परिस्थितियों के अनुसार कार्य करती हैं। मोटे तौर पर कहें तो स्मृति की यही परतें आपको वह जीव बनाती हैं जो आप हैं।

अब, जीवन की मौलिक प्रकृति को देखने के बहुत से तरीके हैं। उनमें से एक है कि हमारा जीवन दो बीजों से बना है। एक बीज हमारे माता-पिता द्वारा रोपा जाता है, जिससे हमें यह शरीर मिलता है, और दूसरा बीज वह है जो सृष्टिकर्ता द्वारा रोपा जाता है, जो हमारे भीतर जीवन का संचार करता है। यही दो प्रकार के बीज हैं या, दूसरे शब्दों में, प्रकृति के दो अलग आयाम हैं। पहले की योजना निश्चित है, जबकि दूसरे में अनेक संभावनाएँ छुपी हैं। शरीर भौतिक है और इसके अस्तित्व में एक तरह की निश्चितता है। आपका भौतिकता से परे का जीवन अधिकतर लोगों के लिए बहस का विषय है; अधिकांश तो अपने अस्तित्व की प्रकृति के बारे में अनिश्चित हैं।

भौतिकता का जो बीज हमारे माता-पिता द्वारा दिया गया है, उसके कुछ निश्चित नियम, लक्षण और विवशताएँ हैं। प्रकृति का यह पहलू केवल अस्तित्व में बने रहने की कोशिश करता है। जीवित रहने की प्रक्रिया में प्रजनन भी शामिल है। यह हमेशा उससे बचने की कोशिश करता है जो इसके अस्तित्व के लिए खतरा है। अब, हमारे माता-पिता ने केवल बीज दिया था जो एक शरीर बन गया। लेकिन सृष्टि के स्रोत ने हमें जो दिया था वह उस मायने में बीज नहीं था। उसने स्वयं को ही दे दिया है। यही कारण है कि वे सारी संभावनाएँ जो सृष्टि के स्रोत में हैं, एक तरह हमारे भीतर भी समाई हुई हैं। अब सवाल बस यह है कि कोई व्यक्ति उस संभावना को पहचानता है या नहीं, लेकिन संभावना वहाँ हमेशा मौजूद होती है।

इन दो बीजों के साथ जब एक मनुष्य जन्म लेता है तो उसके भीतर जैसे एक निश्चित सॉफ्टवेयर स्थापित हो जाता है। यह सॉफ्टवेयर समय, ऊर्जा और पूर्व जन्मों से अपने साथ लाई गई जानकारी का मिश्रण होता है। ये तीनों साथ मिलकर एक व्यक्ति के जीवन के विभिन्न पहलुओं को तय करते हैं। लाई गई जानकारी के अनुसार ही जीवन के अलग-अलग पहलुओं को ऊर्जा आवंटित होती है, जिसके बारे में हम आगे बात करेंगे। भारत में, इस जानकारी को कर्म कहा जाता है। एक व्यक्ति की सम्पूर्ण स्मृति या उसके समस्त कर्मों के भंडार में से क्रमिक विकास की स्मृति केवल उसकी शारीरिक बनावट के लिए ही महत्त्वपूर्ण है। चलिए उसे हम छोड़ देते हैं। लेकिन, अगर सारी आनुवांशिक स्मृति, कर्म स्मृति, अचेतन और अवचेतन स्मृति को अभी एक साथ आपकी सचेतन स्मृति में डाल दिया जाए, तो आप उसे सँभाल नहीं पाएंगे। ये अत्यधिक तीव्र हो जाएंगी। तो प्रकृति के पास, आपके लिए इस पूरे भंडार में से एक सीमित हिस्से को आवंटित करने का तरीका है जिससे आप इसे, विभिन्न प्रकार की गतिविधियों के रूप में, इस जन्म में सँभाल सकें या उसका क्षय कर सकें।

भारतीय संस्कृति में, परंपरागत रूप से, एक व्यक्ति की कर्म स्मृति के पूरे संग्रह को संचित कर्म कहा जाता है। आप कह सकते हैं कि संचित कर्म किसी व्यक्ति द्वारा ढोए जाने वाले कर्मों का पूरा भंडार हैं। इस भंडार में से, एक खास हिस्सा किसी विशेष जीवन के लिए आवंटित किया जाता है। इसे 'प्रारब्ध कर्म' कहा जाता है, यह वो कर्म हैं जो उस जीवन के लिए आवंटित किए गए हैं, जिनका उस जन्म के हिसाब से ज़्यादा महत्त्व है और बाकी के ढेर से ज़्यादा अनिवार्य हैं। जो चीज अत्यधिक जटिल थी, उसको छोटे चरणों में सरल बनाकर संभालने का यह प्रकृति का तरीका है। इसलिए जन्म होने पर, प्रारब्ध कर्म मनुष्य की प्रवृत्ति को बनाते हैं और संचित कर्म विभिन्न चीजों के प्रति उसकी अचेतन प्रवृत्ति तय करते हैं। हालांकि, आप रोज कितने कर्म करते हैं और कितनी जागरुकता के साथ करते हैं, उसी के अनुसार आपके प्रारब्ध और संचित कर्म या तो कम होते हैं या बढ़ते हैं। संक्षेप में, यही चीजें तय करती हैं कि एक व्यक्ति किस तरह और कितने समय तक जिएगा।

जीवन के स्वाभाविक दौर में, अगर कोई बेखबरी में भी जीता है, तो भी उसके प्रारब्ध कर्म किसी तरह क्षय होते रहते हैं। यहाँ-वहाँ थोड़े कष्ट और थोड़ी खुशहाली, थोड़ी पीड़ा और थोड़े सुख के साथ व्यक्ति अपने प्रारब्ध कर्म को काट लेगा। मनुष्य को बस यह सीखने की आवश्यकता है कि वह किस तरह इस जीवन में नए कर्मों का निर्माण न करे, यही सब कुछ है। इस तरह, अगली बार जब प्रारब्ध कर्मों की एक दूसरी खेप आवंटित की जाएगी, तो वह भी कट जाएगी। यह जन्म दर जन्म चलता रहेगा। अब, प्रारब्ध कर्म अपने आप में बाहरी स्थिति को तय नहीं करते, लेकिन वे निश्चित रूप से बाहर की बहुत सारी चीजें व्यवस्थित करते हैं क्योंकि आपकी भीतरी स्थिति हमेशा ही बाहरी परिस्थितियों में अभिव्यक्ति पाती है। तो भारत में, जब कोई किसी को कष्ट उठाते हुए देखता है तो वह कहता है, 'अय्यो, प्रारब्ध!' यह एक आम अभिव्यक्ति हुआ करती थी, क्योंकि पीड़ा मुख्य रूप से भीतर से ही आती है। अधिकतर मामलों में, पीड़ा इस बात का परिणाम होती है कि व्यक्ति किस तरह अपनी स्मृति को ढो रहा है, स्मृति में मौजूद चीजें उतनी अहम नहीं हैं, जितना कि उसे ढोने का तरीका। इसलिए, आध्यात्मिक प्रक्रिया के माध्यम से व्यक्ति के जीवन के संदर्भ को ठीक करने की आवश्यकता है, न कि स्मृति में मौजूद चीजों को।

अगर आप देखना चाहते हैं कि कैसे विभिन्न लोग विभिन्न कर्म संग्रह के साथ आते हैं, तो आपको शिशुओं को देखना चाहिए। एक ही उम्र के बच्चों में कोई अधिक हाथ-पैर चलाता है तो कोई कम। ये माता-पिता अलग होने की वजह से नहीं है। असल में, एक ही माँ के गर्भ में उसके एक बच्चे और दूसरे बच्चे की हलचल में ही

बहुत फर्क होता है। आमतौर पर, इन सबका माता-पिता से बहुत ही कम लेना-देना होता है। यदि, अगर आप ध्यान देंगे तो देखेंगे कि, बहुत से सुस्त माता-पिता के अति सक्रिय बच्चे होते हैं। यह बच्चों के रवैये और मनोवैज्ञानिक सीमाओं के कारण भी नहीं है। ये चीजें बाद में विकसित होती हैं। ऐसा इसलिए है क्योंकि हर 'प्राणी' एक निश्चित ऊर्जा के स्तर के साथ आता है, जिससे उसकी सक्रियता निर्धारित होती है और यह आवंटन जन्म के साथ ही हो जाता है।

अब, हर व्यक्ति के जन्म पर आवंटित ऊर्जा के अंदर ही, यह विभिन्न पहलुओं में आगे बंट जाती है। मान लीजिए, आपकी कर्म संरचना के अनुसार, आप ऊर्जा की 1000 इकाइयों के साथ पैदा हुए। इसमें से, 250 इकाइयाँ आपके शारीरिक क्रियाकलापों के लिए हो सकती हैं, उसमें भी 100 इकाइयाँ अनैच्छिक गतिविधियों और 150 इकाइयाँ बाहरी स्वैच्छिक क्रियाकलापों के लिए हो सकती हैं। बाकी में से, 300 इकाइयाँ मानसिक गतिविधियों के लिए हो सकती हैं और दूसरी 200 भावनात्मक गतिविधियों के लिए, इत्यादि। यह आवंटन इस बात पर निर्भर करता है कि आपके पास किस तरह का सॉफ्टवेयर है। यही कारण है कि जीवन के विभिन्न पहलुओं के लिए आप हर व्यक्ति में ऊर्जा का विशेष स्तर देखते हैं। बच्चों में, जिन पर अभी अधिक बाहरी प्रभाव नहीं पड़ा है, यह बहुत ही साफ दिखाई देता है। आप इसे वयस्कों में भी देख सकते हैं, लेकिन वयस्कों में, जीवन में पड़ने वाले बहुत से प्रभावों को भी इसका कारण ठहराया जा सकता है।

अब, जिस प्रकार आवंटित ऊर्जाओं की आपके भीतर खपत होती है, उसका आपके जीवन और मृत्यु से काफी गहरा संबंध होता है। आज की दुनिया में, टेक्नोलॉजी के असर के कारण शारीरिक गतिविधियों के लिए आवंटित ऊर्जा लोगों द्वारा अधिकतर उपयोग में नहीं ली जाती। अगर आप इस धरती पर 200 साल पहले होते, तो दैनिक आवश्यकताओं को पूरा करने के लिए आपके द्वारा स्वाभाविक रूप से की जाने वाली शारीरिक गतिविधियों का स्तर आज के मुकाबले कम से कम बीस गुना अधिक होता। ईशा योग केन्द्र के पास के आदिवासी गाँव में किसी को नींद न आने की बीमारी नहीं है। वे शारीरिक रूप से इतना परिश्रम करते हैं कि सोने के समय तक वे लगभग मरने वाली स्थिति में होते हैं। अगर वे केवल तकिए पर अपना सिर टिका लें तो वे सो जाएंगे।

अगर आप भारतीय सड़कों पर यात्रा करते हैं तो भरे हुए ट्रकों के ऊपर मजदूरों को बैठकर जाते हुए देखना एक आम बात होगी। वे पत्थर या ईंटें या कोई दूसरा सामान ट्रकों में भरते हैं और खुद भी उसी ट्रक में सफर करते हैं ताकि मंजिल पर पहुँचकर उसे खाली कर सकें। बहुधा, आप उन्हें तपती दोपहरी में भी चलते हुए ट्रक

में लदी ईंटों या पत्थरों या किसी दूसरे सामान पर सोता हुआ देखेंगे। ऐसा इसलिए है क्योंकि उनकी शारीरिक गतिविधि का स्तर इतना अधिक है कि उन्होंने अपनी सारी आवंटित ऊर्जा का उपयोग कर लिया होता है। अब, अगर आप उन्हें ध्यान की दीक्षा देंगे तो वे आसानी से ध्यान कर लेंगे। आप देखेंगे कि ये सिर्फ पढ़े-लिखे लोग ही हैं जो सो नहीं सकते या ध्यान नहीं कर सकते या एक जगह बैठ नहीं सकते, क्योंकि वे अपनी आवंटित शारीरिक ऊर्जा का उपयोग नहीं करते। जब तक वे उसका पूरा उपयोग नहीं करते, वे एक जगह टिककर नहीं बैठ सकते। आजकल, आप ट्रेकिंग, साइकिल चलाने, दौड़ने जैसी गतिविधियों की एक होड़-सी देखते हैं। ये केवल स्वस्थ या फिट रहने के लिए नहीं है। बहुत लोगों को इस बात का एहसास है कि शारीरिक श्रम वाली गतिविधियाँ करने से वे बेहतर सोएंगे, बेहतर सोचेंगे और बेहतर तरीके से काम कर पाएंगे। इससे रिश्तों और काम के लिए उनका उत्साह और ऊर्जा बढ़ जाती है। एक तरह से, वे अपनी चेतना में शरीर की चिंताओं को एक ओर रखने में सफल रहते हैं।

यही कारण है कि एक बार आपके आध्यात्मिक मार्ग पर होने पर, हम चाहते हैं कि आप अपनी शारीरिक गतिविधि के लिए आवंटित ऊर्जाओं को अति शीघ्रता से समाप्त कर दें। मान लीजिए, आपको शारीरिक गतिविधि के लिए ऊर्जा की 500 इकाइयाँ मिली हैं। हम उसे दस सालों में समाप्त कर देना चाहेंगे, ताकि उसके बाद जब आप बैठें, तो आपका शरीर बस बैठा ही रहे। फिर उसे हिलने की आवश्यकता न रह जाए। हिलने-डुलने की लालसा के अभाव में, यह बस आराम से बैठा रहेगा। अधिकतर लोग पर्याप्त शारीरिक गतिविधि के बिना ध्यान नहीं कर सकते। इसलिए, ईशा योग केन्द्र में जब हम लोगों को काम बांटते हैं, तो इसे हम बहुत सावधानी से करते हैं। कुछ लोग दिन में चार घंटे काम करते हैं, कुछ छह घंटे, कुछ चौदह घंटे, जबकि कुछ लोग ऐसे भी हैं जो दिन में अट्ठारह से बीस घंटे काम करते हैं। इसका इरादा उनकी शारीरिक ऊर्जा को व्यय कराने का है।

हालांकि, अगर आप पूरी तरह से आध्यात्मिक मार्ग पर हैं, अगर आप एक ब्रह्मचारी हैं, तो हम न केवल आपके प्रारब्ध कर्म को, बल्कि आपके संचित कर्म को भी व्यय कर देना चाहते हैं, या यूँ कहिए पूरे भंडार के लिए ही हम ऐसा चाहते हैं। आध्यात्मिक मार्ग पर होने के पीछे सोच यह है कि जीवन की गति को बहुत बढ़ा कर दिया जाए। हम नहीं चाहते कि स्मृति के इस भंडार को समाप्त करने के लिए आपको और दस जन्म लेने पड़ें। हम चाहते हैं कि आप इसे अभी समाप्त कर दें। इसलिए हम आपमें स्मृति के दूसरे आयाम भी खोलने की कोशिश करते हैं। योग साधनों में इतना अधिक अनुशासन बनाए रखने का एक कारण यह है कि जब

आपमें ऐसी चीजें उभरने लगें, जो सामान्य स्थिति में आपको विह्वल कर सकती हैं, तो आपको उन्हें संभालने में सक्षम होना चाहिए। अगर आपके भीतर ऐसे आयाम खुल जाएँ जिनके लिए आप तैयार नहीं हैं, तो कर्म आपको पूरी तरह समाप्त कर सकते हैं।

जब एक बार आप पूरी तरह से आध्यात्मिक मार्ग पर होते हैं, तब उसे संभालने के लिए हम आपको साधना करने के लिए देते हैं। आप मुश्किल सहने के तैयार हैं। यानी आप मुसीबत से बचने की और अधिक कोशिश नहीं कर रहे। लोग अपने जीवन में दुखदाई चीजों से बचना चाहते हैं क्योंकि वे उन्हें संभाल नहीं पाते। जब हम यह जान जाएँ कि आप अपने प्रारब्ध कर्म को अच्छी तरह संभाल सकते हैं, तब हम आपकी स्मृति के पूरे भंडार को खोल सकते हैं। यही कारण है कि जब व्यक्ति आध्यात्मिक मार्ग पर चलता है और अगर स्थिति को ठीक से संभाल नहीं पाता, तो वह दूसरों से कहीं अधिक पीड़ा भोगता है। दूसरे लोग उतना ही संभालते हैं जो उनके लिए आवंटित किया गया है, जबकि यह व्यक्ति सम्पूर्ण भंडार को एक साथ व्यय कर लेने की कोशिश करता है।

जो लोग योग केन्द्र में हैं, उनमें से कुछ इन चरणों से गुजर चुके हैं: जब वे आए थे तब हमने उन्हें बहुत सारे काम दिए थे। वे कुछ समय के लिए इस प्रक्रिया से गुजरे और फिर निढाल हो गए। कुछ समय तक वे कुछ नहीं कर सके। उन्हें लगा कि वे शारीरिक रूप से बीमार हो गए हैं। वे विभिन्न डॉक्टरों के पास भी गए, हालांकि मैंने उनसे कहा, 'किसी भी डॉक्टर के पास मत जाओ, बस कुछ समय के लिए आराम करो। कुछ और घटित होगा।' और उसके कुछ समय बाद, एक बार फिर से उन्हें काम में झोंक दिया गया क्योंकि हमने उनके भंडार का दूसरा दरवाजा भी खोल दिया था। जो कुछ उन्हें अपने अगले जन्म में करना चाहिए था, वे उसे अभी कर रहे थे। दरअसल, इसके और भी बहुत से पहलू हैं — मैं इसे बहुत सरल तरीके से आपके सामने रख रहा हूँ। हमारा मुख्य उद्देश्य यह है कि हम चाहते हैं कि वे इस सब को अभी पूरी तरह से समाप्त कर लें।

यही कारण है कि पूर्व में बहुत-सी आध्यात्मिक प्रणालियों में व्याकरण और गणित को जोड़ा गया था। योगी अपने शरीर और मन को विकसित करना चाहते थे क्योंकि अगर उन्हें फिर से जन्म लेना पड़े तो वे नहीं चाहते थे कि वे थोड़े से प्रारब्ध कर्म के साथ जन्म लें और यह सिलसिला अनेक जन्मों तक चले। वे इस काम में देरी नहीं करना चाहते थे; वे हर चीज को तेजी से पूरा करना चाहते थे। इसीलिए वे अपनी मानसिक क्षमताओं को बढ़ाना चाहते थे, जिससे कि अगर वे इस बार में कर्मों को समाप्त न कर पाए, तो भी उनके पास बहुत अधिक शारीरिक और मानसिक क्षमताएँ

बाकी रहेंगी, और जब वे अगली बार आएँगे तो उन्हें एक ज़्यादा बड़ा सॉफ्टवेयर मिलेगा। इस तरह उन्हें अधिक प्रारब्ध कर्म मिलेगा। इसलिए आध्यात्मिक प्रक्रिया के साथ-साथ लोग व्याकरण, संगीत, खगोल विज्ञान और गणित भी सीखते थे, क्योंकि वे अपनी बुद्धि का हर प्रकार से उपयोग करना चाहते थे।

अब, स्मृति और ऊर्जा के साथ एक तीसरा आयाम भी है – समय – जो व्यक्ति के जीवन और मृत्यु की प्रकृति और अवधि को तय करता है। जीवन और मृत्यु दोनों समय के विस्तार के भीतर घटित होते हैं। समय, हर समय चलता रहता है। आप इसे न तो धीमा कर सकते हैं और न ही तेज कर सकते हैं। आप अपनी ऊर्जा को सुरक्षित रख सकते हैं, आप इसे चारों ओर बिखेर सकते हैं, और आप इसे विकसित कर सकते हैं, आप इसे असाधारण रूप से विशाल या नीरस बना सकते हैं, लेकिन समय, यह बस फिसलता रहता है। इसकी अपनी बुद्धि होती है, और यह व्यक्ति के सिस्टम में उपलब्ध कर्म की जानकारी और ऊर्जा आवंटन के कुछ विशेष पहलुओं के अनुसार चलता जाता है। तो क्या हम इसके बारे में कुछ नहीं कर सकते? हम कर सकते हैं, लेकिन यह दूसरे दो आयामों की तुलना में कहीं अधिक मुश्किल से नियंत्रण आता है। बाकी दोनों को जीवन में काफी आसानी से संभाला और प्रकट किया जा सकता है। मनचाहे रूप से ऊर्जा को पैदा करना और उसका उपयोग करना; अपनी प्रवृत्तियों को अपने विचारों, भावनाओं और गतिविधियों की प्रकृति को निश्चित न करने देना, समय पर नियंत्रण पाने से कहीं अधिक सरल है। यहाँ तक कि आदियोगी ने भी समय का नियंत्रण तभी हाथ में लिया, जब वे कुछ विशेष अवस्थाओं में थे। जब वे ऐसी अवस्थाओं में रहे जहाँ उन्होंने समय को अपने हाथ में लिया, हमने उन्हें कालभैरव कहा।

जिसे अपनी जानकारी पर, या जानकारी से पैदा होने वाली प्रवृत्तियों पर महारत हासिल है, उसे अपने जीवन की गुणवत्ता पर भी महारत हासिल है। वह यह तय कर सकता है कि उसकी आंतरिकता सुखद है या दुखद। जिसकी अपनी ऊर्जाओं पर महारत है, वह इस बात को तय कर सकता है कि उसकी गतिविधियों की प्रकृति कैसी होगी और वह कैसे जिएगा। उसकी अपने जीवन पर पूर्ण दक्षता होती है, लेकिन अपनी मृत्यु पर नहीं। लेकिन जिसकी समय पर महारत है, वह अपने जीवन और मृत्यु दोनों की प्रकृति तय करता है। वह यह तय कर सकता हैं कि उसे जीवित रहना है या मरना है। तो इस तरह ये तीन आयाम, जो आपके जीवन का निर्माण करते हैं, आपकी मृत्यु से जुड़े हैं।

जीवन और मृत्यु का बुलबुला

लोग जीवन और मृत्यु को दो अलग-अलग स्थितियों के रूप में सोचते हैं। या तो आप जीवित हैं या मृत। आप या तो चल रहे हैं, बातें कर रहे हैं या फिर आप मर गए हैं और जा चुके हैं। यह जीवन और मृत्यु को समझने का बहुत ही सतही और एकतरफा तरीका है। वास्तव में, यह गलत है।

आमतौर पर, जीवित होने की मानवीय समझ यह रही है कि अगर किसी से खून निकलता है तो ही वह जीवित है वरना नहीं। लेकिन अब ऐसा नहीं रहा। धीरे-धीरे, जैसे-जैसे विज्ञान आगे बढ़ रहा है, इस बात को लेकर हमारा नजरिया बदल रहा है कि क्या जीवित है और क्या नहीं। अब हम जानते हैं कि न केवल पेड़-पौधे और जानवर बल्कि पत्थर और मिट्टी भी जीवित हैं। हवा जीवित है, पानी जीवित है, जिस जमीन पर आप चलते हैं वह जीवित है और पूरा अंतरिक्ष जगत जीवित है। आज, विज्ञान यह दावा कर रहा है कि पानी की अपनी स्मृति और बुद्धि होती है। किसी दिन, जब विज्ञान बहुत आगे निकल जाएगा तब वे पाएंगे कि इस ब्रह्माण्ड में ऐसा कुछ नहीं है जो जीवित नहीं है। महत्त्वपूर्ण सवाल यह है कि इसे देखने-समझने के लिए क्या आप पर्याप्त रूप से जीवंत हैं?

मेरे लिए, एक पत्थर भी पूरी तरह जीवंत है। इसकी अपनी ऊर्जा है और मैं देखता हूँ कि समय के साथ यह अपनी स्मृति भी हासिल कर लेता है। यह उसके साथ जीता है। इसी के आधार पर ध्यानलिंग को प्रतिष्ठित किया गया है। इसी के आधार पर भारत में देवी-देवताओं का अस्तित्व है। अगर हम ऊर्जा और स्मृति के इस संयोग को एक निश्चित मात्रा में ऊर्जा से जीवंतता प्रदान करते हैं, तो धीरे-धीरे यह अपनी एक बुद्धि विकसित कर लेगा। एक बार जब इसमें ये तीनों साथ होते हैं, तब यह अपना एक उद्देश्य या इरादा रख सकता है। एक बार इरादे के होने पर, और अगर उसे सहारा देने के लिए आवश्यक ऊर्जा मौजूद हो, तो यह क्रियाशील होने में सक्षम हो जाता है। जीवन भी इसी तरह है।

अभी, मृत्यु के बारे में हमारी धारणा इस तरह है: जब लोग कहते हैं कि कुछ मर गया है, तो इसका केवल यही अर्थ लगाया जाता है कि उस का अस्तित्व एक गतिशील रूप से निष्क्रिय रूप में चला गया है। हम जीवन को मनुष्य में गतिशीलता, इरादे और कार्यक्षमता के एक निश्चित स्तर के रूप में पहचानते हैं। अगर यह गतिशीलता एक स्तर से नीचे चली जाती है तो हम कहते हैं कि वह मर गया है क्योंकि, जहां तक हमारी समझ और हमारे काम करने की बात आती है, हम एक मनुष्य से जिन चीजों की उम्मीद करते हैं, वे अब उसके लिए संभव नहीं हैं। वह मरा हुआ व्यक्ति सड़ सकता

है, कीड़ों का आहार बन सकता है, खाद बन सकता है और उससे एक आम या एक नारियल का पेड़ भी उग सकता है। ये सभी जीवन ही हैं, लेकिन हम उन्हें अब भी जीवित नहीं मानते क्योंकि वे मनुष्यों की तरह स्वयं को अभिव्यक्त नहीं कर पाते।

वास्तव में, शून्य से अनंत तक गतिशीलता का एक मापदंड है। (दरअसल, कुछ भी शून्य नहीं है, यही तो सारी समस्या है!) मान लीजिए शिव – वह जो नहीं है – शून्य हैं, और जिन्हें हम दिव्य या ईश्वरीय कहते हैं, वह गतिशीलता का सबसे ऊँचा स्तर है। मनुष्यों में भी गतिशीलता के बहुत से स्तर हैं। मान लीजिए किसी को भूलने की बीमारी (अल्ज़ाइमर) है। उन्हें कुछ भी याद नहीं रहता, लेकिन इसका यह मतलब नहीं कि उनमें स्मृति नहीं है। वह वहीं मौजूद है, लेकिन स्मृति की गतिशीलता चली गई है। वह निष्क्रिय हो गई है। लेकिन अगर स्मृति पूरी तरह चली जाए, तो आपका शरीर खड़े-खड़े बिखर जाएगा क्योंकि जिसे आप 'शरीर' कहते हैं, वह केवल स्मृति द्वारा ही एक सूत्र में बंधा हुआ है।

अगर कोई आदमी आम खाता है, तो वह आम वह आदमी बन जाएगा। अगर कोई स्त्री आम खाती है, तो वही आम एक स्त्री बन जाएगा। आप वही आम किसी गाय को दीजिए, वह उस गाय के अन्दर जाकर गाय बन जाएगा। क्या यह आम की चतुराई है? नहीं। दरअसल आपकी स्मृति संरचना इतनी ताकतवर है कि आप जो भी खाएँ, आपकी स्मृति यह पक्का करेगी कि वह आप ही बने, कोई दूसरा व्यक्ति नहीं। इसीलिए अगर आप एक आम खाते हैं, तो उसका एक हिस्सा आपकी त्वचा के रूप में बदल जाता है। और उसका रंग आपकी त्वचा के रंग जैसा ही हो जाता है। चूंकि आपने जो आम खाया था वो पीले रंग का था, तो त्वचा पीला रंग नहीं लेती।

इसके अलावा, जैविक रूप से भी, सभी अंगों, कोशिकाओं और अणुओं को हमारे जीवित रहने के निश्चय के साथ बांधकर रखने के लिए स्मृति को एक खास स्तर की गतिशीलता की आवश्यकता है। इस समय, आपके शरीर में खरबों कोशिकाएँ हैं जो आपकी इच्छानुसार काम कर रही हैं क्योंकि एक प्रबल निश्चय है जो उन्हें एक साथ रखे हुए है। लेकिन अगर आप इस इरादे को खो देते हैं, जो दूसरे शब्दों में इन अणुओं और कोशिकाओं से आपके अनुसार काम करवाने की आपकी क्षमता है, तो हम कहेंगे कि आप मर गए। इसके बाद शरीर का क्षय होना शुरू होता है। शरीर एक खास विघटन से गुजरता है, लेकिन यह धरती या ब्रह्माण्ड के विशाल जीवन का एक हिस्सा बन जाता है। जैसे-जैसे शरीर की उम्र बढ़ती है, वह अपना निश्चय खोने लगता है। अगर आप अपना निश्चय खो दें, तो धीरे-धीरे, पहले आपकी क्रियाशीलता जाएगी, फिर सचेतन स्मृति सिमटने लगेगी और उसके बाद आपकी ऊर्जाएँ समाप्त हो जाएंगी।

हवा जीवित है, एक चट्टान जीवित है, एक पेड़ जीवित है, एक जानवर जीवित है, एक पक्षी जीवित है और एक मनुष्य भी जीवित है। फर्क बस इतना है कि इन सबके इरादों का स्तर अलग है, बुद्धिमत्ता का स्तर अलग है और, सबसे बढ़कर, स्मृति[2] के भिन्न आयाम हैं। यही पूरी बात है। आपके निश्चय की दृढ़ता इस बात से तय होती है कि आप कितनी मात्रा में सचेतन स्मृति रखने में सक्षम हैं। एक अमीबा (एक सेल का जीवाणु) से लेकर एक मनुष्य तक, सवाल केवल जटिलता का है। हर जीव का निश्चय होता है, लेकिन यह मुख्य रूप से अचेतन इरादा है। केवल मनुष्यों में ही सचेतन निश्चय होता है। यही बात हमें सबसे अलग करती है। इस समय, मेरा अचेतन निश्चय हो सकता है कि मैं भोजन करना चाहता हूँ, लेकिन मेरा सचेतन निश्चय इस किताब को लिखने का है। कोई दूसरा जीव इस तरह नहीं सोच सकता। उनके लिए, जो भी उनका अचेतन निश्चय है वही मुख्य रूप से उनका निश्चय है। हो सकता है कुत्ते और दूसरे कुछ जानवर छोटे स्तर पर सचेतन निश्चय रखने में सक्षम हों, लेकिन, उसके अलावा सब कुछ अचेतन निश्चय ही है। लेकिन अगर कोई मनुष्य इच्छुक हो, तो हम विभिन्न स्तरों पर उपलब्ध स्मृति के भंडारों से लेकर बहुत बड़ा सचेतन निश्चय विकसित कर सकते हैं, क्योंकि इस जीवन का आधार बहुत ही विशाल है।

अगर आप कोई उपमा चाहते हैं तो इस पर ध्यान दीजिएः जिसे आप अभी जीवन कहते हैं, वह एक तरह से साबुन के उड़ते बुलबुलों की तरह है। एक पत्थर, एक पौधा और एक मनुष्य भाँति-भाँति के साबुन के बुलबुलों जैसे हैं। साबुन के बुलबुले की बाहरी सतह विभिन्न स्मृतियों का एक जटिल मिश्रण है — अलग-अलग तरह की स्मृतियाँ। इन अर्थों में, हिन्दू परम्परा में जिन नौ अवतारों की बात की जाती है, वे बस विकासमूलक, आनुवांशिक, कर्म, अचेतन, अवचेतन और सचेतन स्मृतियाँ हैं।

एक 'मानव बुलबुले'[3] और एक 'पत्थर बुलबुले' में बस यही अंतर है कि एक पत्थर का बुलबुला अधिकतर भौतिक है, जिसके बाहरी सतह मोटी है और भीतर कम हवा है, क्योंकि वहाँ सारा कुछ भौतिक पदार्थ ही है। निर्जीव स्मृति के कारण केवल उसकी भौतिक अखंडता ही उसे बाँधे रखती है, यह उतना सचेतन जाल नहीं है। आप इसे हथौड़े से तोड़ सकते हैं और ये खत्म हो जाएगा। लेकिन अगर आप एक मानवीय बुलबुले को हथौड़े से तोड़ते हैं, तो केवल शरीर ही समाप्त होगा। भीतर स्थित कर्म की स्मृति का जाल ऐसा है कि यह हमेशा दूसरा बुलबुला या भौतिक शरीर बनाने का कोई उपाय ढूँढ़ लेगा। पूरी योग प्रक्रिया या पूरी आध्यात्मिक प्रक्रिया का सार इस बुलबुले को इतना झीना कर देना है कि जिस दिन यह फूटे तो पीछे कुछ भी बाकी न रहे। तब यह अस्तित्व के बंधन

---

2   यहाँ 'स्मृति' का अभिप्राय केवल न्यूरोलॉजिकल नहीं है। यहाँ अतीत से जुड़े किसी भी प्रभाव को स्मृति माना गया है।

3   यहाँ उस जीवन ऊर्जा का ज़िक्र किया जा रहा है जो एक रूप लेती है जैसे मानव या पत्थर

से अनस्तित्व की स्वतंत्रता या निर्वाण की ओर जाता है।

जो मैं कह रहा हूँ वह बहुत से लोगों को निराश कर सकता है क्योंकि मैं जो आपसे कह रहा हूँ उसका, दूसरे शब्दों में, यह अर्थ है कि आवरण में बंद जीवन जैसी कोई चीज नहीं है। आत्मा के बारे में कही जाने वाली सारी बातें और दूसरी आकर्षक बातें लोगों को दिलासा देने के लिए रची गई हैं। अगर आप उन्हें यह बताएँ कि उनके भीतर इस तरह की कोई चीज नहीं है तो वे बुरी तरह से डर जाएंगे। अब सवाल उठता है कि अगर ऐसा है तो व्यक्ति या व्यक्तित्व क्या है? 'व्यक्ति' जैसा कुछ नहीं होता। यह केवल स्मृति का एक मकड़जाल है जो 'इस व्यक्ति' के होने का भ्रम पैदा करता है। यही कारण है कि जब किसी तरह व्यक्ति की स्मृति मिट जाती है, जैसे अल्ज़ाइमर बीमारी या कुछ और, तो उसी समय उसके व्यक्तित्व की भी मृत्यु हो जाती है। अचानक से वह अब वही व्यक्ति नहीं रह जाता। लेकिन अभी भी उनकी अपनी प्रवृत्ति होती हैं। यह कुछ ऐसा है जैसे एक बिच्छू की प्रवृत्ति एक झींगुर से अलग होती है। इसी तरह, जिन लोगों ने अपनी स्मृति खो दी है उनकी अलग प्रवृत्तियाँ होंगी, लेकिन कोई व्यक्तित्व नहीं होगा। अगर सचेतन, अवचेतन और अचेतन स्मृतियाँ चली जाएँ, अगर वे अव्यवस्थित भी हो जाएँ या शायद खत्म हो जाएँ, तो ऐसे में आनुवांशिक स्मृति प्रभावी हो जाएगी। अगर आनुवांशिक स्मृति मिट जाए, तब विकासमूलक स्मृति कार्य करेगी। तब भी, जीवन पूरी तरह समाप्त नहीं होगा क्योंकि यह अभी पूरी तरह से भंग नहीं हुआ है।

अगर आप सभी स्मृतियों को पूरी तरह हटा दें, अगर आप उसका प्लग खींच दें, तो यह पूरी तरह ढह जायेगा और तब बुलबुला हवा को रोककर नहीं रख पाएगा। यहाँ, जिसे हम हवा कह रहे हैं वह बुनियादी जीवन ऊर्जा है। आप इसे चेतना कह सकते हैं। चेतना एक गुण है, पदार्थ नहीं। यह ब्रह्माण्ड की प्रकृति है। आपने बस एक बुलबुला बनाया और ऊर्जा की कुछ मात्रा उसमें पकड़ ली। सचेतन रूप से जीने या साधना में हम ज़्यादा से ज़्यादा हवा को पकड़ने की कोशिश कर रहे हैं ताकि आप एक बड़ा बुलबुला बन जाएँ, और उस बुलबुले की दीवार बहुत ही पतली हो जाए। आप एक छोटा सा बुलबुला नहीं होना चाहते — आप एक बड़ा बुलबुला बन जाना चाहते हैं क्योंकि पर्याप्त रूप से बड़े बुलबुले के विलय हो जाने की संभावना सबसे अधिक है।

साधना से आप एक विशाल बुलबुला फुलाते हैं। आप इसे इस तरह फुलाना चाहते हैं कि यह स्मृति के उस स्वरूप में फिर कभी कहीं भी न रहे। इसके लिए, आपको इसे बहुत बड़ा करना होगा। वास्तव में, बुलबुले को बड़ा करने का अर्थ उसकी सतह को ज़्यादा से ज़्यादा से पतला करने कि चेष्टा करना है। साधना के माध्यम से

आप इसे भीतर से घिसते हैं, इसे खींचकर बढ़ाते हैं। आप इसे इतना खींचते हैं कि एक दिन यह फट जाएगा। आप इसे इतना बढ़ा देते हैं कि स्मृति खिंचकर इतनी अधिक महीन हो जाती है कि जब यह टूटती है तो पूरी तरह समाप्त हो जाती है। मान लीजिए, किसी ने किसी तरह — जीवन के अनुभव या बुद्धि या ज्ञान या जिस किसी भी कारण से — एक बड़ा बुलबुला बनाया, और इसे अब और अधिक अनदेखा नहीं किया जा सकता। जिस पल ऐसा जीवन माँ के गर्भ से बाहर आएगा, क्योंकि यह बस एक बड़ा बुलबुला है इसलिए वह कुछ निश्चित लक्षणों को दर्शाएगा। और सभी की दृष्टि इस पर रहेगी। सैंकड़ों दूसरे बुलबुले आस-पास उड़ते रहेंगे, लेकिन सभी उसी की ओर देखेंगे। ऐसे ही बुलबुलों को हम उन्नत प्राणी कहते हैं।

यह महत्त्व नहीं रखता कि वह आध्यात्मिक गुरु बन जाए या साधारण जीवन जिए। वह जहाँ भी होगा, लोग उस अस्तित्व को अनदेखा नहीं किया जा सकता क्योंकि वहाँ एक खास स्तर की क्रियाशीलता और निश्चय होगा।

अब, इस उपमा का उपयोग करके हम बात करते हैं कि जब कोई मरता है तब क्या होता है? आपका भौतिक अस्तित्व मुख्य रूप से आनुवांशिक स्मृति और विकासमूलक स्मृति का संग्रह है। इसमें, स्मृति के दूसरे आयाम इतने ज़्यादा नहीं हैं। मुख्य रूप से, उन स्मृतियों को ऊर्जा शरीर धारण करता है। इसलिए जब मृत्यु होती है, तब सतह पर आपने जो भी स्मृति जमा की होती हैं — आनुवांशिक, विकासमूलक और दूसरी स्मृतियाँ — वे समाप्त हो जाती हैं लेकिन कर्म की स्मृति की गहरी परत बनी रहती है। इसलिए, यह आपके अनुभव में लगभग शाश्वत प्रतीत होती है। इसी संदर्भ में कहा जाता है कि आत्मा अमर है। यह अमर नहीं है, लेकिन आपके अनुभव में, अगर कोई चीज आपके शरीर से आगे भी जाती है तो आप उसे अमर कहते हैं। इसलिए, आप में रहने वाली यह दीर्घकालिक स्मृति, जो मृत्यु के माध्यम से आगे बढ़ जाएगी, जो आपके आने वाले जीवन और अनुभव की प्रकृति तय करेगी, वह शाश्वत है।

जो आठ प्रकार की स्मृतियाँ आप धारण करते हैं, उनमें से सात प्रकार की स्मृतियाँ आपकी मृत्यु के साथ चली जाएंगी। विकासमूलक स्मृति, जो आपको यह मानवीय आकार देने का जरिया है, चली जाएगी। आनुवांशिक स्मृति, जो आपकी त्वचा का रंग, आपकी नाक का आकार जैसी चीजों को निर्धारित करती है, वह भी चली जाएगी। सचेतन, अवचेतन और अचेतन स्मृतियाँ भी चली जाएंगी। शरीर छूट जाने पर, यह मुख्य रूप से कर्म स्मृति ही है जो आपके अस्तित्व को थामे रखती है। मृत्यु या देहमुक्त होने की प्रक्रिया में, और जीवन प्रक्रिया के जारी रहने में, हमें समझना चाहिए कि केवल एक स्मृति बची रहती है, जिसे हम कर्म स्मृति कहते हैं। इसके भीतर, आप कुछ हिस्से को संचित कर्म की श्रेणी में रख सकते हैं और कुछ को प्रारब्ध कर्म की श्रेणी में, लेकिन,

असल में, यह कर्म ही है जो शेष रहते हैं। इस बुलबुले को संभालने का एक तरीका है बहुत अधिक मात्रा में जीवन को स्वयं में समेट लेना। अब, अगर आपने अपने कर्मों को नष्ट करने के लिए कुछ ज़्यादा नहीं भी किया, तो भी कर्म की सतह बहुत महीन इसलिए हो जाएगी क्योंकि 'जीवन-आकार' बड़ा हो गया है।

दूसरा तरीका है कि कर्म की दीवार को घिसकर कमजोर बना दिया जाए। जिनकी कर्म की सतह ठीक से कायम है, उनमें बहुत ही कम लोग ऐसे हैं जो जानते हैं कि कैसे इस सतह को तोड़ें और एक दिन चले जाएँ। आध्यात्मिक मार्ग पर, आमतौर पर भारी मात्रा में गतिविधियाँ निर्धारित करने का कारण यही है कि अगर आप अपने बुलबुले को भीतर से फुलाकर पतला नहीं कर सकते, तो आप इसे बाहर से घिसने की कोशिश करते हैं। चाहे जैसे भी, आप सतह को जितना हो सके पतला करने की कोशिश करते हैं। लोगों का यह कहना कि आपको ध्यानलिंग जैसे पवित्र या किसी दूसरे ऊर्जान्वित स्थान में जाकर बैठना चाहिए, या आपको यात्राओं पर जाना चाहिए, वगैरह, इसके पीछे मकसद है आपके कर्म शरीर को ठीक करना। कर्म शरीर पर चीजों का असर पड़ता है क्योंकि यह विभिन्न प्रभावों के संग्रह से ही घटित हुई है। इसलिए आप कर्म शरीर को सही तरह के असर के सहारे, या सही स्थानों पर रहकर, या सही लोगों की संगत और सही तरह के वातावरण में रहकर समाप्त कर सकते हैं।

आध्यात्मिक जीवन को एक खास तरीके से चलाने के पीछे यही सोच है कि व्यक्ति लगातार सक्रिय रहे, लेकिन यह स्वयं के बारे में नहीं हो। जिस पल यह स्वयं के बारे में होगा, कर्म बढ़ जाएंगे; उसी पल कर्म सतह पर चीजें जमा हो जाएंगी। उसकी सतह और मोटी होती चली जाएगी। जिस पल यह 'मेरे' बारे में होता है, तुरंत मेरी पसन्द और नापसन्द हावी हो जाती है — मैं यह कर सकता हूँ, मैं यह नहीं कर सकता; मैं इस आदमी से बात कर सकता हूँ, मैं उस आदमी से बात नहीं कर सकता; मैं इस व्यक्ति से प्रेम रखना चाहता हूँ, उस आदमी से मैं नफरत करना चाहता हूँ, इत्यादि। जिस पल यह मेरे बारे में होता है, इस तरह की चीजें मेरा स्वाभाविक हिस्सा बन जाएंगी।

भारत में पूरे आध्यात्मिक मार्ग को इस तरह से बनाया गया है कि कर्म की सतह चीजों को इकट्ठा न करे। साथ ही, आप इकट्ठा की हुई जीवन की मात्रा को बढ़ाते चले जाते हैं। इससे कोई फर्क नहीं पड़ता कि आपका मस्तिष्क कितना तेज है, या आपके पास कितना ज्ञान है, आपके जीवन का महत्त्व हमेशा आपके द्वारा इकट्ठा किए गए जीवन की मात्रा से निर्धारित होता है। तो विचार यह है कि जीवन के असली पदार्थ को बढ़ाया जाए, जिससे कि बाहरी सतह अप्रासंगिक हो जाए। जब वह अप्रासंगिक हो जाएगी, तो उसका विलय हो जाएगा। जब उसका विलय

होता है, तो यह पदार्थ जिसे बुलबुले में जकड़ा हुआ था, जो आपसे संबंध नहीं रखता और जो वैसे भी हर जगह मौजूद है, आप उसी का एक हिस्सा बन जाते हैं।

जब अपके पास एक मोटी दीवार होती है तो आप एक गोल्फ की गेंद की तरह होते हैं, क्योंकि वहाँ थोड़ा-सा ही जीवन होता है, बाकी सब कर्म होते हैं। अब, अगर कोई चीज आपको थोड़ा-सा भी धक्का देती है तो आप हर जगह उछलते रहेंगे। लेकिन अगर आप एक बड़ा बुलबुला बन जाते हैं, और कोई चीज उसे धक्का देती है, तो वह बस थोड़ा-सा खिसक जाएगा। ऐसा नहीं होगा कि वह पहले इस दीवार से टकराए, फिर उस दीवार से टकराए और हर जगह उछलता फिरे। लोगों के साथ जीवन ऐसे ही घटित हो रहा है; जो लोग अपनी कर्म संरचना की दासता में फँसे हैं, अगर आप उनके कंधे पर एक थपकी भी मारेंगे, तो वे हर जगह उछलते फिरेंगे। लेकिन जो व्यक्ति एक विशेष ढंग से विकसित हो गया है, उस पर कैसी भी चोट हो, अगर एक बस भी उसे टक्कर मारे, तो वह हर जगह उछलता नहीं फिरेगा, वह बस दूर खिसक जाएगा।

देखिए, आध्यात्मिक प्रक्रिया या साधना करने वाले हर व्यक्ति को आत्मबोध प्राप्त नहीं होगा। लेकिन उनके इस तरह जीने का कारण है कि वे अपने कर्म शरीर को क्षीण कर रहे हैं। समय आने पर, जब बुलबुला आनुवांशिक स्मृति और विकासमूलक स्मृति को धारण करने में असमर्थ हो जाएगा, तब यह नया शरीर ग्रहण नहीं कर पाएगा। तब शरीर धारण करना संभव नहीं होगा; यह खत्म हो चुका होगा। हो सकता है कि ये पूरी तरह से समाप्त न हो, लेकिन बुलबुले की वापस आने की क्षमता समाप्त हो चुकी होगी।

अगर आप बुलबुले को पूरी तरह नष्ट कर देते हैं, तो इस चक्र से पूरी तरह बाहर निकल जाना मुमकिन है। फिर हम उसे मृत्यु नहीं कहेंगे। यह जीवन का चरम अंत है। ऐसा करने के लिए, अगर यह एक बड़ा बुलबुला है, आप बस इसे छू दीजिए और यह पूरी तरह समाप्त हो जाएगा। इसके लिए कुछ अधिक करने की आवश्यकता नहीं है। अपनी ही प्रकृति से यह फट सकता है। जब साबुन का बुलबुला छोटा हो और आप उसे कोंचते हैं, तो वह केवल आपके हाथ से चिपक जाएगा लेकिन फटेगा नहीं। इसे फोड़ने के लिए अधिक काम करना होगा, लेकिन बड़े बुलबुले छूने मात्र से या अपने आप भी फट जाते हैं। इसी कारण बहुत से आध्यात्मिक मार्ग केवल इतना ही करने की कोशिश करते हैं: वे हर नए जन्म के साथ जीवन के बुलबुले को बड़े से बड़ा करते जाते हैं ताकि एक दिन यह अपने आप ही फट जाए। लेकिन बुलबुले के छोटे होने और उसकी सतह मोटी होने के बाद भी, अगर लोग महत्त्वपूर्ण ज्ञान और निश्चय हासिल कर लेते हैं, या फिर वे बहुत शक्तिशाली आध्यात्मिक प्रक्रियाओं पर

होते हैं, तो वे इसे मौजूदा जीवनकाल में ही फोड़ सकते हैं। इसे बहुत बड़ा बनाने के लिए उन्हें अनेक जन्मों तक इन्तज़ार नहीं करना पड़ता।

जीवन और मृत्यु को समझें

अगर आप जानना चाहते हैं कि मृत्यु के दौरान क्या होता है, तो आपको मानव निर्माण प्रक्रिया की कुछ समझ होना जरूरी है। योग में, हम हर चीज को — पूरे प्राणी को — एक शरीर के रूप में देखते हैं। यह शरीर पाँच परतों का संगठन है। ये पांच परतें, या पांच कोष हैं — जैसे कि इन्हें कहा जाता है — अन्नमय कोष, मनोमय कोष, प्राणमय कोष, विज्ञानमय कोष और आनंदमय कोष। हर कोष का एक खास उद्देश्य और गुण होता है।

मनुष्य की सबसे बाहरी परिधि या सबसे बाहरी कोष उसका भौतिक शरीर है। इसे अन्नमय कोष कहा जाता है। अन्न का अर्थ है भोजन, इसलिए हम इसे भोजन से बना शरीर कहते हैं। जब आप पैदा होते हैं तो आपका वजन सिर्फ 2.5 या 3 किलो के आसपास होता है। अब आपका भार लगभग बीस गुना ज़्यादा है। यह सब उस भोजन और पोषण से आया जो आपने खाया है। तो जिसे आप 'शरीर' कहते हैं वो बस इकट्ठा किया गया खाने का एक ढेर है। इसी तरह से इसका नाम पड़ा।

दूसरी परत मनोमय कोष है। यह मानसिक शरीर है। इसमें आपके विचार, भावनाएँ और दोनों सचेतन और अचेतन मानसिक प्रक्रियाएँ शामिल हैं। आज, डॉक्टर बहुत-सी बीमारियों की मनोदैहिक प्रकृति के बारे में बात करते हैं। इसका मतलब यह है कि मन या दिमाग में जो भी घटित होता है, वह शरीर की अवस्था को प्रभावित करता है। मन के स्तर पर होने वाली हर हलचल की शरीर में एक रासायनिक प्रतिक्रिया होती है, और बदले में शरीर में होने वाला हर रासायनिक बदलाव मन के स्तर पर एक हलचल पैदा करता है। जब हम 'मन' कहते हैं, तो आमतौर पर लोग सोचते हैं कि यह किसी एक जगह मौजूद है। लेकिन ऐसा नहीं है। मन किसी एक जगह मौजूद नहीं है। मन की एक पूरी शारीरिक संरचना है। आपके शरीर की हर कोशिका में स्मृति और बुद्धि मौजूद है। मन का एक पूरा शरीर है जिसे हम मनोमय कोष कहते हैं, यही पूरा मानसिक शरीर है।

भौतिक और मानसिक शरीर आपके हार्डवेयर और सॉफ्टवेयर की तरह हैं। हार्डवेयर और सॉफ्टवेयर तब तक कुछ नहीं कर सकते जब तक आप उसे अच्छी ऊर्जा प्रदान नहीं करते। इसलिए 'स्वयं' की एक तीसरी परत है जिसे प्राणमय कोष कहते हैं। प्राण जीवन ऊर्जा है। यही ऊर्जा-शरीर है जो अन्नमय कोष और मनोमय कोष को ऊर्जा देता है और उन्हें चलाता है।

भौतिक शरीर, मानसिक शरीर और ऊर्जा शरीर, ये तीनों ही प्रकृति में भौतिक हैं। यह समझना सरल है कि अन्नमय कोष भौतिक है क्योंकि आप इसे देख सकते हैं और महसूस कर सकते हैं। लेकिन मनोमय कोष और प्राणमय कोष भी प्रकृति में भौतिक हैं। यह इस तरह है: आप साफ तौर पर देख सकते हैं कि एक बिजली का बल्ब भौतिक है, इसमें दौड़ने वाली बिजली भी भौतिक है। और इससे निकलने वाली रोशनी भी भौतिक है। तीनों भौतिक हैं। ठीक इसी तरह, भौतिक शरीर स्थूल ढंग से भौतिक है, मानसिक शरीर थोड़ा सूक्ष्म है, जबकि ऊर्जा शरीर और भी अधिक सूक्ष्म है लेकिन फिर भी भौतिक ही है। आप इस समय स्वयं के केवल इन्हीं तीनों आयामों से अवगत हैं। जीवन के इन तीनों भौतिक आयामों के साथ कर्म या कर्म की स्मृति की छाप जुड़ी होती है। कर्म शरीर, मन और ऊर्जा पर अंकित होता है। यह कर्म संरचना ही है जो प्राणी को एक साथ थामे रखती है।

'स्वयं' की चौथी परत को विज्ञानमय कोष कहा जाता है, जो ज्ञान से संबंधित है। विशेष ज्ञान या विज्ञान का अर्थ है असाधारण ज्ञान या वह ज्ञान जो इंद्रिय बोध से परे है। यह आकाशीय शरीर है। यह एक अस्थिर या क्षणिक शरीर है — भौतिक से अभौतिक के बीच की स्थिति में है। यह न तो भौतिक है और न ही अभौतिक। यह दोनों के बीच एक संपर्क की तरह है। यह आपके मौजूदा अनुभव के स्तर पर नहीं है क्योंकि आपका अनुभव पाँच इंद्रियों तक सीमित है और ये इंद्रियाँ अभौतिक को अनुभव नहीं कर सकतीं। अगर आप इस आयाम को सचेतन रूप से छू लेते हैं, तो ब्रह्माण्डीय घटनाओं को जानने की आपकी क्षमता में बहुत बड़ा परिवर्तन आ जाएगा।

पाँचवें कोष को आनंदमय कोष कहा जाता है। इसका जीवन के भौतिक आयामों से कोई लेना-देना नहीं है। केवल भौतिक ही यहाँ और वहाँ हो सकता है। जो अभौतिक है वह न तो यहाँ है और न ही वहाँ। यह 'सब कुछ' है और 'कुछ नहीं' भी है। तो सबसे गहरी परत वह आयाम है जो भौतिक से परे है। यह कुछ नहीं होना है। जब मैं कहता हूँ कुछ नहीं (नथिंग), तो आपको 'कुछ' और 'नहीं' के बीच एक 'हाइफन' लगा देना चाहिए, कुछ-नहीं (नो-थिंग)। यह कोई चीज नहीं है, यह भौतिक नहीं है। यह भौतिक प्रकृति से परे है। इसका वर्णन या परिभाषा नहीं दी जा सकती। इसलिए इसके बारे में योग केवल अनुभव के संदर्भ में ही बात करता है। जब हम भौतिक से परे इस आयाम को छूते हैं, हम आनंद में डूब जाते हैं। इसलिए आनंदमय कोष को 'आनंद शरीर' कहा गया है। इसका मतलब यह नहीं है कि आनंद का एक बुलबुला आपकी भौतिक संरचना के भीतर मौजूद है। ऐसी कोई चीज नहीं है। केवल इतना है कि जब आप इस अवर्णनीय आयाम को छूते हैं, तो यह आनंद का

एक जबरदस्त अनुभव पैदा करता है। इसका अपना कोई आकार, कोई रूप नहीं है।

जब किसी की मृत्यु होती है तो केवल उसके सबसे बाहरी कोष — अन्नमय कोष और मनोमय कोष का सचेतन हिस्सा — ही समाप्त होते हैं। व्यक्ति पूरी तरह नहीं मरता। बाकी की संरचना वैसी ही रहती है; यह फिर एक दूसरा गर्भ तलाश करेगी और भौतिक दुनिया में खुद को दोबारा व्यक्त करेगी। इसीलिए मृत्यु प्राणी का विलय हो जाना नहीं है — आप कुछ ही समय में दोबारा प्रकट हो जाएंगे। लेकिन अगर ऊर्जा शरीर, मानसिक शरीर और भौतिक शरीर को हटा दिया जाए, तो आनंद शरीर ब्रह्माण्ड का एक हिस्सा बन जाएगा। अगर ऊर्जा शरीर, मानसिक शरीर और भौतिक शरीर अपने स्थान पर हैं, सिर्फ तभी वे आनंद शरीर को अपने स्थान पर थाम सकते हैं। जब वे नहीं रहते, तो आनंद शरीर भी नहीं रहता। अब, वे पूरी तरह से नहीं हैं। यही जीवन, मृत्यु और विलय की पूरी कहानी है।

पंच प्राण

अगर आप यह और आगे समझना चाहते हैं कि मृत्यु के समय भौतिक शरीर का अलग होना कैसे होता है, तो आपको प्राणमय कोष, या जीवन का संचालन करने वाली उन महत्त्वपूर्ण ऊर्जाओं को थोड़ा और समझना होगा। योग में, हम इसे प्राण कहते हैं। यह स्वयं को पाँच मूलभूत आयामों में व्यक्त करता है। इन्हें पंच वायु या पंच प्राण कहा जाता है। इसके दूसरे रूप भी हैं, लेकिन उनमें जाना थोड़ा अधिक जटिल हो जाएगा। तो हम इन पाँच आयामों को ही देखेंगे।

ये पंच प्राण, आपके शरीर में विभिन्न गतिविधियों या प्रक्रियाओं के लिए उत्तरदायी हैं। इनमें पहला है समत प्राण या समान वायु। यह समान वायु आपके शरीर के तापमान को बनाए रखने का काम करती है। समान वायु को सक्रिय करके आप अपनी ऊर्जाओं को इस तरह सक्रिय कर सकते हैं कि आप प्रकृति में बाहरी तत्वों के लिए कम से कम उपलब्ध हों। अगर आपने हिमालय के कुछ विशेष हिस्सों की यात्रा की है, खास तौर पर अगर आप गोमुख या तपोवन जैसे स्थानों पर गए हैं, तो आपने वहाँ कुछ साधुओं को कड़ाके की ठंड में भी नंगा या कम से कम कपड़े पहनकर रहते देखा होगा। ये इलाके बर्फीले, शून्य से नीचे तापमान वाले हैं, लेकिन इन साधुओं को वहाँ नंगे पाँव चलते-फिरते देखा जा सकता है। ऐसा इसलिए संभव है, क्योंकि कुछ विशेष क्रियाएँ करने से या विशेष मंत्रों पर महारत प्राप्त कर लेने से, आप समान वायु को सक्रिय कर सकते हैं, और अपने चारों ओर एक कवच का निर्माण कर सकते हैं। आप अपनी ही ऊर्जा का एक सुरक्षा कवच बना सकते हैं जिसके बाद बाहरी तत्व आपको परेशान नहीं करते। ऐसा केवल ठंड के विषय में

ही नहीं है; गर्मी भी आपको विचलित नहीं करेगी। यह ऐसा है मानो आपके भीतर 'एयर कंडीशनिंग' मौजूद है जहाँ सर्दी और गर्मी दोनों अब आपको इतना परेशान नहीं कर सकते।

शरीर में गर्मी पैदा करना समान वायु का एक पहलू है, लेकिन इसकी प्रकृति ठीक करने वाली भी है। अगर आपकी समान वायु उच्च अवस्था में हो तो आपकी उपस्थिति-मात्र दूसरों के लिए ठीक करने वाली हो जाती है। समान वायु आपकी पाचन प्रक्रिया को भी संभालती है। अगर आपकी समान वायु प्रबल है, तो आप पाएंगे कि आप कुछ भी खाएँ, आपका पेट लगभग डेढ़ घंटे में खाली हो जाएगा। आपका पेट हमेशा खाली ही होना चाहिए क्योंकि जब पेट खाली होता है, सिर्फ तभी आपका शरीर और मन दोनों सर्वश्रेष्ठ तरीके से काम करते हैं। इसलिए योगी हमेशा अपने पेट को खाली रखना चाहते हैं। खाली पेट का यह मतलब नहीं कि आप अपने आप को भूखा रखें। इसका अर्थ बस यही है कि जितना जल्दी हो सके आप खाने को पचा लें।

समान वायु का संबंध सूर्य से भी है, जो ऊर्जा और तापमान का बुनियादी स्रोत है। सूर्य इस पृथ्वी और हमारे शरीर के ताप का स्रोत है। समान वायु इसलिए महत्त्वपूर्ण है क्योंकि व्यक्ति का जीवन और उसकी आयु सूर्य के चक्रों से संबंधित है। सूर्य के माध्यम से, पृथ्वी भी अपने आप में गर्मी का स्रोत, या एक छोटा सूर्य बन गई है। तो धरती से एक गहरा संबंध कायम करना, ऊर्जा और प्राणशक्ति के संदर्भ में एक आयुहीन अस्तित्व की ओर ले जाएगा। इस के साथ, एक योगी सौर चक्रों[4] के पार जा सकता है और उसकी पकड़ से मुक्त हो सकता है। वह सौरमंडल में जीवन के भौतिक स्रोत से स्वतंत्र हो सकता है। ऐसे योगी के जीवन और मृत्यु का साक्षी बनना सबसे दिलचस्प होगा, क्योंकि, बिना किसी अतीन्द्रिय गुण के, वह मृत्यु को एक साँस की सरलता से संभालेगा।

प्राण का अगला पहलू है प्राण वायु, जो आपकी साँस लेने की (श्वसन) प्रक्रिया और आपकी विचार प्रक्रिया को संचालित करती है। अगर आप ध्यान से देखें तो पाएंगे कि आपको आने वाले हर प्रकार के विचार के साथ आपकी साँस भी सूक्ष्म रूप से बदल जाएगी। आप यहाँ बैठकर समुद्र के बारे में सोचेंगे, तो आप देखेंगे कि आपकी साँस एक तरह से चलेगी। आप पहाड़ों के बारे में सोचेंगे, यह दूसरी तरह चलेगी। आप एक शेर के बारे में सोचेंगे, तो यह किसी और तरह होगी। विचार और श्वसन का इतने सीधे तौर पर जुड़े होने का कारण यह है कि दोनों एक ही ऊर्जा द्वारा

---

4 एक सौर्य चक्र मनुष्य के 4356 दिनों के या करीब बारह सालों के बराबर होता है। इस चक्र का जीवन के उस समय में गहरा प्रभाव पड़ता है।

संचालित किए जाते हैं, जिसे प्राण वायु कहते हैं। प्राण वायु पृथ्वी से संबंधित है। इसकी प्रकृति संसारिक है। हमारे सौरमंडल में यही एकमात्र ग्रह है जिसका वातावरण साँस लेने योग्य है और इसलिए यहाँ श्वसन की संभावना है। तो यह अकेला ग्रह है जहाँ सक्रिय बुद्धि या विचार प्रक्रिया मौजूद है।

प्राण के अगले पहलू को उड़ान वायु कहा जाता है। उड़ान का अर्थ है उड़ना। वजन नापने की मशीन पर आपका वजन 70 या 80 किलोग्राम हो सकता है, लेकिन आप अपने ऊपर 70 या 80 किलो का भार महसूस नहीं करते क्योंकि उड़ान वायु गुरुत्वाकर्षण के खिलाफ उछाल पैदा करके आपको हल्का महसूस कराती है। इसे सक्रिय करने के लिए योग साधनाएँ उपलब्ध हैं। चीन में उड़ान वायु के पूरे गुरुकुल हुआ करते थे, जहाँ इस प्राण पर महारत हासिल करने वाले थोड़ा बहुत इधर-उधर उड़ सकते थे। आपने फिल्मों में यह सब देखा होगा, जहाँ इसे थोड़ा बढ़ा-चढ़ाकर दिखाया जाता है। लेकिन शरीर हल्का बन जाता है क्योंकि शरीर में उछलने की क्षमता अधिक हो जाती है।

एक मार्शल आर्ट लड़ाकू के लिए उछलकर हवा में बने रहना महत्त्वपूर्ण होता है। बहुत से ऐसे उदाहरण हैं जहाँ कुछ बैले नर्तकों, फुटबॉल खिलाड़ियों और मार्शल आर्ट के विशेषज्ञों ने अविश्वसनीय ऊँचाइयों तक छलाँग लगाकर वह कर दिखाया जो भौतिक वैज्ञानिकों की दृष्टि में असंभव था। उन्होंने शरीर में बस अधिक उछाल पैदा करके गुरुत्वाकर्षण को मात दे दी। अगर आपको उड़ान पर पूरी महारत है, तो कहा जाता है कि आप उड़ भी सकते हैं। लेकिन इससे भी महत्त्वपूर्ण बात यह है कि अगर आप उड़ान को सक्रिय करते हैं, तो आप गुरुत्वाकर्षण को कम से कम उप्लब्ध होंगे। वजन उतना ही होगा, लेकिन आपको महसूस होगा जैसे आपका शरीर बहुत हल्का हो गया है। आपको इसे ढोने की जरूरत नहीं होगी, बल्कि ऐसा लगेगा जैसे यह हवा में उड़ रहा है। शरीर के आपके आभास को कम करने का यह एक दूसरा तरीका है।

उड़ान वायु आपकी संचार करने की क्षमता को भी संभालती है। अब, अगर आपकी उड़ान वायु सक्रिय है तो आपमें लोगों के साथ संचार करने की क्षमता स्वाभाविक रूप से आ जाएगी। उड़ान वायु का संबंध चंद्रमा से है। चंद्रमा के चक्र विशेष रूप से स्त्री शरीर के साथ जुड़े हुए हैं। हमारी माताओं के शरीरों का चंद्रमा के चक्रों से तालमेल होने के कारण ही हम पैदा हुए। चंद्रमा, इस धरती पर जीवन के स्त्रैण आयाम, और जीवन निर्माण के मंच का संचालक होने के कारण, यह तय करता है कि कब किसी शरीर का वास्तविक अंत आ सकता है। उड़ान वायु के शरीर छोड़ देने पर, जीवन के लिए आवश्यक आधार प्रदान करने वाला वह मंच, जिस पर जीवन ने स्वयं का निर्माण किया है, र्निअस्तित्व रह जाता। इसलिए, इस क्षण से, अगले गर्भ

की गंभीरता से तलाश शुरू हो जाती है।

प्राण का अगला पहलू अपान वायु है। अपान वायु आपके अशुद्धि विसर्जन तंत्र और इंद्रियों के काम को संभालती है। जब कोशिकीय स्तर पर विसर्जन प्रणाली दक्ष होगी सिर्फ तभी आपके पास इंद्रिय बोध के लिए आवश्यक संवेदनशीलता होगी। और इसीलिए शुद्धिकरण के पहलू को योग में इतना महत्त्व दिया जाता है।

जब मैं विसर्जन कहता हूँ, तो मेरा मतलब केवल पाचन के परिणाम से ही नहीं है, बल्कि कोशिकीय स्तर पर आवश्यक विसर्जन से भी है। हर पल, कोशिकीय स्तर पर कोशिकाएँ अशुद्धियों को बाहर निकालती रहती हैं। यह विसर्जन प्रणाली तभी कुशलता से काम करेगी जब पेट खाली होगा। जब पेट में खाना होता है और उसका पाचन हो रहा होता है, तब विसर्जन तंत्र धीमा पड़ जाता है। तो अगर विसर्जन सही तरह से नहीं हुआ तो शरीर अशुद्ध हो जाएगा। जब शरीर अशुद्ध होगा, तो आलस्य और दूसरी तरह की सुस्ती घर कर लेगी। एक बार शरीर में इस तरह की जड़ता आ जाने पर वह धीरे-धीरे मन तक भी पहुँच जाएगी। तो, अपान वायु हमारे तंत्र को बड़े स्तर पैमाने पर साफ करता है।

प्राण के अगले पहलू को व्यान वायु कहा जाता है। व्यान वायु वह है जो इन अरबों कोशिकाओं को एक साथ बुनकर एक प्राणी का रूप देती है। ऐसे योगियों के कुछ उदाहरण हैं जिनकी मृत्यु के महीनों बाद भी, उनके शरीरों के क्षय होने के कोई संकेत नहीं दिखाई दिए, जबकि उन्हें सुरक्षित रखने की कोई कोशिश भी नहीं की गई थी। खास तौर पर तिब्बती भिक्षुकों के बीच यह एक आम बात है। ऐसा इसलिए संभव है क्योंकि जब वे मरते हैं, तो वे व्यान प्राण की कुछ मात्रा शरीर में छोड़ देते हैं, जो उसे लम्बे समय तक सुरक्षित रखता है।

आपने देहांतरण (देह-परिवर्तन) के बारे में सुना होगा, जहाँ लोग अपने शरीर को त्यागकर दूसरे शरीर में प्रवेश कर जाते हैं। अगर व्यक्ति की अपने व्यान पर महारत हो, तो वह अपनी इच्छा से शरीर छोड़ सकता है। अब, यह शरीर का छोड़ना योग की चरम सीमा नहीं है; यह योग का एक साधारण पहलू है। अगर आप अपने शरीर में व्यान वायु को सक्रिय कर लें, तो आप अपने शरीर के भीतर धीरे-धीरे ढीले हो जाएंगे। अब, शरीर के साथ स्वयं की पहचान जोड़ने का सवाल आपके भीतर नहीं उभरेगा। यह जीवन में आपको एक पूरी तरह अलग स्वतंत्रता का आभास देगा क्योंकि यह बोध कि 'मैं शरीर नहीं हूँ' आप में ही सहज आ जाएगा। यह कुछ ऐसा है कि अगर आपके कपड़े बहुत तंग हैं, तो धीरे-धीरे आपको लगने लगेगा कि यह आप ही हैं। लेकिन अगर आप ढीले कपड़े पहनते हैं, तो आप अधिक जागरूक रहेंगे कि ये कपड़े हैं, मैं नहीं।

अब, व्यान का दूसरा पहलू है कि यह आपकी गति और आपकी चलने-फिरने की क्षमता को भी संभालती है। आप देखेंगे कि जब आपकी व्यान वायु उच्च होगी तो आपकी चलने की क्षमता बहुत ही सहज हो जाएगी, भले ही आप चलने-फिरने के इतने आदी न हों। व्यान वायु आध्यात्मिक उन्नति का बहुत महत्त्वपूर्ण पहलू है। यह आपकी सहज-ज्ञान प्रकृति को भी बढ़ाती है।

प्राणों या वायु के और भी बहुत से पहलू हैं, लेकिन मूल रूप से ये भौतिक शरीर को इसी प्रकार से प्रभावित करते हैं। मृत्यु की घटना को समझने के लिए प्राणों की बुनियादी समझ होना आवश्यक है, क्योंकि मृत्यु के समय प्रत्येक प्राण अलग तरीके से निकलता है और ये मृत व्यक्ति को अलग-अलग तरीके से प्रभावित करते हैं। मृत्यु की प्रक्रिया या देहमुक्त होने की प्रक्रिया साँस बंद होने के बाद भी काफी देर तक चलती रहती है।

मृत्यु के चरण

आधुनिक विज्ञान की प्रगति के लिए परिभाषाएँ मुख्य हैं। किसी भी चीज का अध्ययन करने के लिए, उन्हें सबसे पहले उसको परिभाषित कर पाना चाहिए। लेकिन जब मृत्यु की परिभाषा करने की बात आती है तो आधुनिक विज्ञान खुद ही उलझ जाता है। मृत्यु के लिए उनके पास सर्वश्रेष्ठ परिभाषा है 'जीवन की अनुपस्थिति'। लेकिन फिर उनके पास जीवन के लिए भी कोई परिभाषा नहीं है। जीवन और मृत्यु से जुड़े सामाजिक, चिकित्सकीय और कानूनी पहलुओं के कारण, मृत्यु की परिभाषा करना या मृत्यु के समय को सही ढंग से तय करना एक आवश्यकता है।

पहले उन्होंने कहा कि अगर साँस रुक गई है तो व्यक्ति मर गया है। लेकिन फिर कुछ लोग, जो इस परिभाषा के अनुसार 'मृत' घोषित कर दिए गए थे, फिर से जीवित हो गए और बवाल मच गया। तो वे एक कदम और आगे बढ़े और कहा कि अगर नाड़ी बंद हो जाती है, अर्थात दिल धड़कना बंद कर देता है, तो यह मृत्यु है। लेकिन फिर से, साँसें और दिल के रुक जाने पर भी लोगों में जीवन वापस लौट आया। आज, उनके पास पारिभाषिक शब्दों का एक संग्रह है — नैदानिक (क्लीनिकल) मृत्यु, दिमागी मृत्यु, दैहिक मृत्यु, दिल-फेफड़े की विफलता, पूरे दिमाग की मृत्यु, उच्चतर दिमागी मृत्यु, इत्यादि — जिससे कि वे मृत्यु को परिभाषित करने की अपनी अयोग्यता के पीछे छुप सकें। वास्तव में यह समस्या इसलिए है क्योंकि वे केवल मृत्यु प्रक्रिया की अभिव्यक्ति को देख रहे हैं, उसके कारण को नहीं, जो कि पंच प्राणों का भौतिक शरीर से प्रस्थान है।

यह कई सालों पहले हुआ। एक शोध संस्थान ने मुझे आमंत्रित किया क्योंकि वे मेरी गामा तरंगों की जाँच करना चाहते थे। जाहिर है कि ये मस्तिष्क में स्नायु कंपन के

स्वरुप हैं जो मस्तिष्क की गतिविधि को दर्शाते हैं। उस समय मुझे नहीं पता था कि ये गामा तरंगें क्या हैं या वे मेरे मस्तिष्क में हैं भी या नहीं। आमतौर पर मैं इस तरह के अपमान से नहीं गुजरता, लेकिन उस दिन, वायदे के कारण मैं मान गया।

उन्होंने मुझसे चौदह इलेक्ट्रोड जोड़ दिए और मुझसे ध्यान करने को कहा। मैंने कहा, 'मुझे नहीं पता ध्यान कैसे किया जाता है।' वे थोड़े आश्चर्य में पड़ गए। उन्होंने कहा, 'लेकिन आप सबको ध्यान सिखाते हैं।' 'हाँ, मैं सिखाता हूँ। लेकिन मैं लोगों को ध्यान इसलिए सिखाता हूँ क्योंकि उन्हें यह नहीं पता कि निश्चल होकर कैसे बैठें।' वास्तव में, ध्यान जैसी कोई चीज नहीं होती। केवल निश्चलता है, जिसके बहुत सारे स्तर हैं। क्योंकि लोगों को निश्चलता सिखाना बहुत मुश्किल है, तो 'ध्यान' को एक मध्यवर्ती शब्द की तरह इस्तेमाल किया जाता है। तो मैंने कहा, 'अगर आप चाहते हैं तो मैं निश्चल होकर बैठ जाऊँगा। सभी स्तरों पर पूरी तरह निश्चल।' इसके बाद वे बोले, 'ठीक है, निश्चल होकर बैठिए।' तो मैं बैठ गया।

लगभग पन्द्रह मिनटों बाद, उन्होंने किसी धातु की चीज से मेरे घुटनों पर चोट करनी शुरु कर दी। उसके बाद उन्होंने मेरे टखनों पर कोशिश की और फिर मेरी कोहनियों पर आ गए — आप जानते ही हैं, वह विशेष स्थान जहाँ सबसे ज़्यादा दर्द होता है। मैंने सोचा, 'यह उनके प्रयोग का एक हिस्सा होगा,' और चुप रहा। लेकिन यह लगातार किया जा रहा था और दर्दनाक बन गया। तब मैंने धीरे से अपनी आँखें खोली और पूछा, 'क्या मैंने कुछ गलत कर दिया?' सबने मुझे अजीब सी नजरों से देखा। मैंने कहा, 'आप सब मेरी तरफ इस तरह क्यों देख रहे हैं?' उन्होंने कहा, 'हमारे मॉनिटरों में कोई संकेत नहीं आ रहा है, वे कोई गतिविधि नहीं दिखा रहे। हमारी मशीनों के अनुसार, आप मर चुके हैं।' मैंने कहा, 'यह आपकी जांच का सबसे बड़ा नतीजा है!' उसके बाद उन्होंने दूसरी राय रखी। वे बोले, 'या तो आप मर चुके हैं या आपका दिमाग मर चुका है।' मैंने कहा, 'मैं पहले वाला मान लेता हूँ। मैं मर चुका हूँ, यही मेरे लिए यह ठीक है। लेकिन मुझे दिमागी तौर पर मरा हुआ मत कहिए, यह अपमानजनक है।' यही होता है जब आप मशीनों को मृत्यु का फैसला करने देते हैं। मॉनिटरों पर आपकी साँस का रुकना, दिल का रुकना या आपके मस्तिष्क का संकेतहीन हो जाना मृत्यु नहीं है। जब भौतिक शरीर से पंच प्राण पूरी तरह निकल जाते हैं, केवल तभी वह मृत्यु है।

जब साँस बंद हो जाती है, या जिसे हम मृत्यु कहते हैं, वह हो जाती है, तो प्राणों का निकास समय के साथ धीरे-धीरे होता है। सभी प्राण एक ही पल में शरीर को नहीं छोड़ते। उनके निकलने का एक निश्चित स्वरूप होता है। इसे कुछ सरल तरीकों से देखा जा सकता है। उदाहरण के लिए, यह अच्छी तरह दर्ज किया गया

है कि अगर आप एक मृत शरीर को दो से तीन दिनों तक रखें, तो आप देखेंगे कि उसके बाल बढ़ेंगे। अगर वह एक आदमी रहा हो और दाढ़ी बनाता हो, तो आप इसे उसके चेहरे के बालों से देख सकते हैं। उसके नाखून भी बढ़ेंगे। इसलिए, जिन देशों में वे मृत शरीरों को लम्बे समय के लिए सुरक्षित रखते हैं, तो देखभाल करने वाले नाखूनों को काटते हैं और दाढ़ी बनाते हैं। ऐसा इसलिए नहीं है क्योंकि चमड़ी सूख गई है या सिकुड़ गई है। इन चीजों का थोड़ा योगदान हो सकता है, लेकिन मुख्य रूप से ऐसा इसलिए होता है क्योंकि बाल और नाखून एक तरह से खास हैं, क्योंकि शरीर के उन हिस्सों में आपके जीवित रहते हुए भी कोई संवेदना नहीं होती। इन हिस्सों में संवेदना नहीं होने का कारण है कि आपके जीवित रहते हुए भी उनमें प्राण वायु नहीं होती, लेकिन दूसरी सभी वायु वहाँ मौजूद रहती हैं। इसलिए मृत्यु के तुरंत बाद, जब प्राण वायु शरीर से निकल जाती है, तो शरीर के इन भागों पर अधिक असर नहीं पड़ता। यही कारण है कि जब तक शरीर से दूसरे प्राण भी न निकल जाएँ, आप वहाँ पर थोड़ी बढ़त देखेंगे।

ऐसा केवल इसलिए है क्योंकि प्राणों की निकासी की प्रक्रिया समय के साथ धीरे-धीरे होती है, उस समय तक बाहरी दखल और कुछ जोड़-तोड़ करने के अवसर होते हैं, जिनसे कभी-कभी मृत व्यक्ति को 'पुनर्जीवित' किया जा सकता है। केवल इसी कारण से, मृत्यु के बाद आगे की यात्रा में मृत व्यक्ति की सहायता करना संभव है या देहांतरण जैसी प्रक्रियाओं की गुंजाइश है। हम अध्याय चार में इस विषय पर और अधिक विस्तार में बात करेंगे।

प्राणों की निकास प्रक्रिया का सार निम्न तालिका में प्रस्तुत किया जा रहा है:

समान वायु	एक बार साँस रुकने पर, शरीर से पंच प्राणों की बाहर निकलने की धीमी प्रक्रिया शुरु हो जाएगी। इनमें से, समान वायु शरीर के तापमान को नियंत्रित करने का काम करती है। मृत्यु के बाद सबसे पहले शरीर ठंडा होना शुरु होता है। क्योंकि वायुमण्डलीय तापमान और शारीरिक तापमान के बीच पर्याप्त अंतर होता है, इसलिए समान वायु प्राण वायु की तुलना में अधिक शीघ्रता से बाहर निकलती है। साँस रुकने के इक्कीस से चौबीस मिनटों के भीतर समान वायु शरीर से पूरी तरह निकल जाती है।

प्राण वायु	साँस रुकते ही प्राण वायु भी शरीर से बाहर निकलने लगती है। जिसका अर्थ है कि प्राण वायु की निकासी के साथ ही श्वसन क्रिया और विचार प्रक्रिया भी बंद होना शुरू हो जाएगी। मृत्यु की प्रकृति के आधार पर, साँस रुकने के अड़तालीस से नब्बे मिनटों के भीतर प्राण वायु पूरी तरह शरीर से निकल जाती है। अगर यह बुढ़ापे से हुई एक प्राकृतिक मृत्यु है, तो इसे चौसठ मिनट के भीतर समाप्त हो जाना चाहिए। लेकिन अगर यह एक जवान और भरपूर ऊर्जावान शरीर है, तो यह समय नब्बे मिनट तक बढ़ सकता है। इस समय तक, श्वसन और विचार प्रक्रिया चालू रहती है, अगर सामान्य तौर पर नहीं से नहीं, तो एक अस्पष्ट तरीके से। इसीलिए दाह संस्कार को कम से कम डेढ़ घंटे तक टाला जाना चाहिए। जिस व्यक्ति की साँसें थम गई हैं, अगर आप उसे धरती या खुली मिट्टी पर रखते हैं, तो थोड़े बाहरी हस्तक्षेप से उसके फिर से जीवित होने की संभावना होती है। अगर उसके तंत्र के दूसरे पहलू अनुकूल हैं, तो मिट्टी और तत्व मिलकर, जीवन को फिर से जगाने के लिए आवश्यक ऊर्जा पैदा कर सकते हैं। यही कारण है कि पुराने दिनों में मरणासन्न लोगों को, पुनर्जीवन की आशा से, घर से बाहर धरती पर रखा जाता था। लेकिन, आजकल, शरीर को चारपाई या पक्के फर्श पर रखे जाने से पुनर्जीवन की संभावना बहुत कम होती है।
उडान वायु	साँस रुकने के छह से बारह घंटों के बीच उडान वायु शरीर छोड़ देती है। उडान वायु के चले जाने के बाद, शरीर की प्लवनशीलता (उछाल) भी चली जाती है। अचानक, शरीर बहुत भारी हो जाता है। वजन बढ़ता नहीं है, लेकिन आपको बहुत ज़्यादा भार महसूस होता है, ऐसा सिर्फ इसलिए है क्योंकि उडान वायु ने शरीर छोड़ दिया है। यही कारण है कि एक जीवित व्यक्ति को ढोने और एक मृत व्यक्ति को ढोने में लोगों को बहुत ज़्यादा फर्क महसूस होता है।

अपान वायु	साँस रुकने के आठ से अठारह घंटों के बीच में अपान वायु शरीर से निकल जाती है। अपान वायु जब बड़े स्तर पर कम होने लगती है तो शरीर का संवेदनशीलता का पहलू खत्म हो जाता है। व्यक्ति की साँस बंद हो जाने पर और उसके मृत घोषित कर दिए जाने पर भी, वह संवेदनाएँ महसूस कर सकता है। बहुत से मामले ऐसे हुए हैं जहाँ मृत शरीर के थोड़ा बहुत हिलने के कारण लोग डर गए। संवेदना प्रक्रिया के अभी भी चालू रहने के कारण शरीर में हल्की ऐंठन हो सकती है।
व्यान वायु	व्यान वायु, जो कि प्राण की रक्षक प्रकृति है, शरीर छोड़ने में सबसे धीमी है। अगर मृत्यु बुढ़ापे और जीवन के क्षीण हो जाने के कारण हुई है तो ग्यारह से चौदह दिनों तक इसका निकास जारी रहेगा। अगर मृत्यु किसी हादसे के कारण हुई जब जीवन अभी भी भरपूर ऊर्जावान था, और अगर शरीर बुरी तरह कुचला न गया हो तो इस प्राण का स्पंदन लगभग अड़तालीस से नब्बे दिनों तक जारी रहेगा। उस अवधि के दौरान, कुछ प्रक्रियाएँ जारी रहेंगी और जीवन के कुछ तत्व अभी भी मौजूद होंगे। उस दौरान, कुछ चीजें हैं जो आप उस जीवन की सहायता के लिए कर सकते हैं। भारतीय संस्कृति में मृतक संस्कार इसी अवसर का उपयोग करने का प्रयास करते हैं।

तो इस समझ के साथ, आप मृत्यु को किस तरह परिभाषित करेंगे? मूल रूप से, जिसे हम मृत्यु कहते हैं वह देहमुक्त होने की प्रक्रिया में एक खास स्थिति या एक खास चरण है। उस संदर्भ में, यह ठीक है कि अंग्रेजी भाषा में आप किसी को मृतक की तरह नहीं पहचानते, बल्कि आप उसे मृत घोषित करते हैं। जब कोई आपके उकसाने का जवाब नहीं देता, या जब आपकी उस तक पहुँच नहीं रहती, तो आप उसे मृत घोषित कर देते हैं।

अगर कोई पुकारने और दूसरे किस्म की शारीरिक जाँच का जवाब न दे, तो एक साधारण व्यक्ति मान सकता है कि वह मर गया है। लेकिन एक पेशेवर चिकित्सक इसे स्वीकार नहीं करेगा। उनके पास जीवन की अधिक परिष्कृत समझ है और उनके पास अधिक सूक्ष्म उपकरण और जाँच के तरीके हैं। वे जानते हैं कि उचित हस्तक्षेप से जीवन को पुनः सक्रिय जा सकता है, और व्यक्ति को शरीर में वापस लाया जा

सकता है। लेकिन देहमुक्त होने की प्रक्रिया अगर एक खास स्तर को पार कर चुकी है, तो वह व्यक्ति इन चिकित्सकीय प्रयासों का भी जवाब नहीं देगा। ऐसे व्यक्ति को चिकित्सकीय रूप से मृत घोषित कर दिया जाएगा, लेकिन योग परम्परा में अभी भी इसे आध्यात्मिक मृत्यु नहीं माना जाएगा।

वह व्यक्ति जो योग और तंत्र में अच्छी तरह निपुण है, उसके पास जीवन की और भी अधिक सूक्ष्म समझ होती है। उसके पास जीवन तक पहुँचने और संभवतः उसे वापस लाने में सक्षम होने के लिए बहुत ही सूक्ष्म साधन और तकनीकें होती हैं। हालांकि, अगर देहमुक्त होने की प्रक्रिया एक खास सीमा से आगे बढ़ गई है, तब वे भी उस शरीर में जीवन नहीं लौटा सकेंगे। अब, सभी व्यावहारिक उद्देश्यों के लिए, वह व्यक्ति पूरी तरह जा चुका है — अब उसे बिलकुल भी वापस नहीं लाया जा सकता। अब केवल उसकी आगे की यात्रा में[5] सहायता की जा सकती है, बस।

तो 'किसी व्यक्ति की मृत्यु कब होती है?' इस सवाल का जवाब काफी हद तक इस पर निर्भर करता है कि इस घोषणा का उद्देश्य क्या है और देहमुक्त होने के विभिन्न चरणों में उस जीवन के साथ दखल देने की किसी व्यक्ति की क्या क्षमता है। आप जितने अधिक क्षमतावान होंगे आपके पास उस स्थिति के साथ उतनी ही गुंजाइश होगी।

चक्रः शरीर से निकलने के द्वार

शरीर की प्राण प्रणाली में विभिन्न ऊर्जा नाड़ियाँ और उनके मिलने के बिंदु, जिन्हें चक्र कहते हैं, शामिल हैं। ऐसे कुल 114 चक्र हैं, उनमें से 112 शरीर में स्थित हैं और दो शरीर से बाहर हैं। शरीर में मौजूद चक्रों को सात मुख्य श्रेणियों में बाँटा गया है, जिनमें हर श्रेणी में सोलह चक्र हैं। जीवन में, इन चक्रों की सक्रियता के स्तर तय करते हैं कि एक व्यक्ति द्वारा जिए जाने वाले जीवन की गुणवत्ता क्या होगी। परिणामस्वरूप, मृत्यु में इन चक्रों से ऊर्जा जिस तरह गुजरती है, वह मृत्यु की गुणवत्ता को भी तय करती है। इसलिए हर मृत्यु की प्रकृति केवल इस बात से तय नहीं होती कि प्राण किस तरह शरीर से निकले हैं, बल्कि इस बात से भी तय होती है कि किस चक्र या किन चक्रों से प्राण निकले हैं।

भले ही आप अपने से भीतर मुक्त हो चुके हों, अगर आपने अपने भीतर एक खास अवस्था प्राप्त कर भी ली हो, तब भी भौतिक शरीर को सचेतन रूप से छोड़ने के लिए आपको बहुत अधिक निपुणता की आवश्यकता होगी। जीवन और शरीर आपस में कैसे जुड़े हैं और इन्हें अलग करने के लिए आपको क्या करना है, इसके

---

5 देखें अध्याय 8: कायाहीन प्राणियों की सहायता

विज्ञान को आपको जानने की जरूरत है। वरना, आप शरीर को सचेतन रूप से छोड़ने में सक्षम नहीं हो पाएंगे। योग के मार्ग पर चलने वाले व्यक्ति खुले में बैठकर बस यूँ ही प्रस्थान सकते हैं — ठीक वैसे जैसे कोई अपने कपड़े उतारे और चला जाए, क्योंकि वे शरीर छोड़ने का विज्ञान जानते हैं। हर मृत्यु के आस-पास की स्थिति अलग होगी, जो इस पर आधारित होगी कि व्यक्ति कितनी कुशलता और कितनी स्वतंत्रता से शरीर छोड़ता है और किस चक्र से वह ऐसा करता है। सरलता के लिए, अधिकतर हम केवल शरीर में सात मुख्य चक्रों के बारे में ही बात करते हैं।[6] हर एक को एक नाम दिया गया है और उनके विशेष गुण होते हैं।

दुनिया में एक बहुत ही लिप्त व्यक्ति के लिए, या ऐसा व्यक्ति जो डर में प्राण छोड़ता है, उसके लिए — जैसा कि बहुत से लोगों के साथ होता है — वे मूलाधार चक्र से प्राण छोड़ते हैं, जो गुदाद्वार के निकट स्थित होता है। यही कारण है कि आप देखेंगे कि मृत्यु पर, बहुत से लोगों का मल और मूत्र त्याग थोड़ा बलपूर्वक निकल जाता है। यह बदपरहेज़ी के कारण नहीं होता, जैसा कि लोग सोचते हैं, बल्कि प्राण के मूलाधार चक्र से निकलने के कारण होता है। यह मरने का अच्छा तरीका नहीं है। अगर हम अपनी इच्छा से शरीर नहीं छोड़ सकते, तो कम से कम हमें मृत्यु का स्वागत करने के योग्य होना चाहिए और इसका प्रतिरोध करने और डरकर संघर्ष करने के बजाए, इसे घटित होने देना चाहिए। आमतौर पर, अगर कोई मूलाधार से जाता है तो इसे बहुत ही निम्न स्तर का प्रस्थान माना जाता है। लेकिन दुर्लभ मामलों में, जो व्यक्ति पूरी चेतना में मूलाधार चक्र से जाता है, वह असाधारण गुह्य शक्तियों के साथ वापस आता है।

जो जननांगों के ठीक ऊपर स्थित स्वाधिष्ठान चक्र से जाता है, वह असाधारण रचनात्मक कौशल के साथ जन्म ले सकता है। जो नाभि से ठीक नीचे स्थित मणिपूरक चक्र से शरीर छोड़ता है, वह बहुत ही सुनियोजित कार्यक्षमता वाला हो सकता है। वह बहुत महान व्यवसायी या महान सेनानायक हो सकता है। मुख्य रूप से, वह अपने अगले जन्म में संगठन या व्यवस्था में निपुण व्यक्ति हो सकता है। जो पसलियों के मिलने के स्थान पर स्थित अनाहत चक्र से निकास करता है, वह संगीत या कला में विलक्षण प्रतिभा से संपन्न हो सकता है। वह बहुत ही संवेदनशील कवि या एक भक्त बन सकता है जो बहुत से दूसरे लोगों को प्रेरित कर सकता है। अनाहत चक्र में दूसरे सभी आयामों तक पहुँचने की संभावना भी छुपी होती है, तो ऐसे व्यक्ति के लिए कई विषयों के एक बड़े विद्वान बनने की संभावना होती है।

कंठ के गड्ढे में स्थित विशुद्धि चक्र से जाना किसी व्यक्ति के लिए बहुत दुर्लभ है। लेकिन अगर ऐसा होता है तो उस व्यक्ति के पास इस दुनिया और इससे परे का

6   योगिक विज्ञान के अनुसार सात ऊर्जा केंद्र

एक अविश्वसनीय बोध होगा। ऐसा व्यक्ति पूर्ण अनासक्ति के भाव में भी रहेगा और जीवन के सभी पहलुओं में उसकी निडर भागीदारी होगी। उसमें स्पष्टता का एक असाधारण भाव प्रबल रहेगा। भौहों के बीच स्थित आज्ञा चक्र ऊँचे स्तर का है। लोगों में विशुद्धि चक्र के मुकाबले आज्ञा चक्र से देह त्यागना अधिक आम है।

जो व्यक्ति पूरी तरह सचेतन है, वह सिर के ऊपर स्थित सहस्रार चक्र से शरीर त्याग करेगा। यह जाने का सर्वश्रेष्ठ तरीका है। साधारणतः प्राण बस निकल जाते हैं, लेकिन कभी-कभी मृत्यु के क्षण में यह वास्तव में एक असली छेद छोड़ जाते हैं। अगर आप जानते हों, तो शिशुओं में कुछ समय के लिए सिर के शीर्ष पर खोपड़ी का एक हिस्सा कोमल होता है। उसी स्थान को ब्रह्मरंध्र कहते हैं। कुछ लोगों में, शरीर छोड़ने के बाद उस स्थान पर एक वास्तविक छेद देखा जा सकता है। जब कोई अपने सहस्रार चक्र से देह छोड़ता है तो इसका अर्थ होता है कि वह पूरी तरह सचेतन था।

अगर आप चाहते हैं कि मृत्यु के पल में आप पूरी चेतना में हों, तो आपको एक सचेतन जीवन जीना होगा। वरना, उस पल में आप किसी भी तरह सचेतन नहीं रह सकते। जो सचेतन है, वह जिस तरह चाहे प्राण त्याग सकता है। लेकिन, जो अचेतन हैं उन्हें तय मार्ग से ही जाना होता है — क्योंकि उनका जीवन एक बंधन था, इसलिए मृत्यु भी एक बंधन होती है। अगर मृत्यु के पल में, व्यक्ति शत प्रतिशत जागरुक रह सकता है तो उसे पुनर्जन्म से नहीं गुजरना पड़ेगा। वह दूसरा शरीर धारण नहीं करेगा — वह मुक्त हो जाएगा।

अध्याय 3

मृत्यु की क्वालिटी

इस दुनिया में कोई भी दो व्यक्ति एक-सा जीवन नहीं जीते। इसी तरह, कोई भी दो लोग एक से तरीके से नहीं मरते। लोग एक-सी स्थिति में मर सकते हैं, एक से कारण से मर सकते हैं, लेकिन फिर भी वे एक से ढंग से नहीं मरते।

मृत्यु के प्रकार

अब प्रश्न यह है कि क्या मृत्यु को अच्छा या बुरा माना जा सकता है? आपको यह ज्ञान होगा इस दुनिया में कोई भी दो व्यक्ति ऐसे नहीं हैं जो एक-सा जीवन जीते हों। एक ही घर में रहने वाले और एक जैसी चीजें करने वाले, सहोदर (एक ही माँ से जन्मे) हो सकते हैं, लेकिन उनके जीवन का अनुभव एक-सा नहीं होगा। इसी तरह, कोई भी दो व्यक्ति एक ही तरीके से नहीं मरते। लोग एक जैसी स्थिति में मर सकते हैं, एक ही कारण से मर सकते हैं, लेकिन फिर भी वे एक से ढंग से नहीं मरते। अगर इसी समय हमारे सिर पर आसमान टूट पड़े और और हम सब उसके नीचे दबकर मर जाएँ, तो भी हम एक समान तरीके से नहीं मरेंगे।

एक बार ऐसा हुआः एक अमीर आदमी ने अपने परिवार के लिए एक बड़ा घर बनाया। भारत में यह परम्परा रही है कि जब आप नया घर बनाते हैं, तो आप अपने घर में किसी साधु, संत या योगी को आमंत्रित करते हैं। अब बहुधा ऐसा नहीं होता क्योंकि आज-कल आवास बहुत अधिक हैं और योगी उतने नहीं हैं। तो इस आदमी ने एक योगी को अपने घर आमंत्रित किया। उन्होंने उनका एक राजा की तरह स्वागत किया और पाद पूजा की, और भी बहुत सारी पूजाएँ की। उसके बाद उन्होंने उन्हें बहुत अच्छा भोजन कराया। फिर जब उनके जाने का समय आया तो परम्परानुसार

पति-पत्नी उनके आगे झुके और आशीर्वाद देने को कहा। योगी ने अपना हाथ उठाया और कहा, 'सबसे पहले तुम्हारे पिता की मृत्यु हो, फिर तुम्हारी मृत्यु हो और उसके बाद तुम्हारे बच्चों की मृत्यु हो।' ऐसा सुनकर आदमी आग-बबूला हो गया। वह बोला, 'यह क्या बकवास है! हमने आपको अपने नए घर में आमंत्रित किया, आपका एक राजा के सामान स्वागत किया, इतना अच्छा भोजन कराया और आप कहते हैं कि पहले मेरे पिता को मरना चाहिए, फिर मुझे मरना चाहिए, और फिर मेरे बच्चों को मरना चाहिए? यह आप क्या बोल रहे हैं?' वह योगी हैरान थे, बोले 'क्यों, क्या मैंने कुछ गलत कह दिया? क्या यह अच्छा नहीं होगा अगर पहले तुम्हारे पिता की मृत्यु हो, फिर तुम्हारी और उसके बाद तुम्हारे बच्चों की? इसका अर्थ है कि जीवन अपने स्वाभाविक क्रम में घटित होगा। अगर तुम्हारे पिता के मरने से पहले तुम मर गए तो यह अच्छा नहीं होगा। तुम्हारे मरने से पहले, अगर तुम्हारे बच्चे मर गए तो वह और भी अच्छा नहीं होगा। इसलिए पहले तुम्हारे पिता को पहले मरना चाहिए, फिर तुम्हें मरना चाहिए, और उसके बाद तुम्हारे बच्चों को।'

आज के समय में, मृत्यु की गुणवत्ता के बारे में जागरुकता बढ़ रही है, और जिस तरह जीवन-गुणवत्ता की श्रेणियाँ हैं, उसी तरह लोगों ने मृत्यु-गुणवत्ता की श्रेणियाँ भी बनाई हैं। इसके अलावा, जैसे लोग अपने लिए 'जीवन-लक्ष्य' निर्धारित करते हैं, वैसे ही इस बात की जागरुकता भी बढ़ी है कि व्यक्ति को 'मृत्यु-लक्ष्य' भी स्थापित करना चाहिए। यह एक स्वागत योग्य परिवर्तन है; हालांकि वे मृत्यु की गुणवत्ता की बहुत ही सतही समझ के साथ काम कर रहे हैं। लोग सोचते हैं कि अगर कोई दर्द और कष्ट से मुक्त है, अगर कोई मृत्यु से संघर्ष नहीं करता, अगर कोई अचानक नहीं मरता और अगर कोई अकेला नहीं मरता बल्कि मरते समय प्रियजनों से घिरा रहता है, तो यह एक अच्छी मृत्यु है। वहीं दूसरी ओर, वे सोचते हैं कि अगर कोई अचानक या हिंसात्मक ढंग से मरता है, तो यह एक बुरी मृत्यु है। ऐसी सोच बहुत ही चिकित्सकीय और सामाजिक है। लेकिन अस्तित्व के मामले में यह अधिक महत्त्वपूर्ण नहीं हैं।

भारत में, विभिन्न प्रकार की मृत्यु का वर्गीकरण, मृत्यु होने के तरीकों के गहरे और अस्तित्वगत कारकों को ध्यान में रखते हुए किया गया है। यह महत्त्वपूर्ण है क्योंकि मृत्यु के बाद क्या होता है और मृत व्यक्ति को किस प्रकार की सहायता प्रदान की जा सकती है, इन चीजों पर इस बात का बहुत असर पड़ता है। भारत में पारम्परिक रूप से, मृत्यु को लोग केवल दो वर्गों में विभाजित करते हैं – सामयिक मृत्यु (सु-मृत्यु) और असामयिक मृत्यु (अकाल मृत्यु)। अगर एक योगी ने अपना शरीर तीस साल की उम्र में पूरी जागरुकता के साथ छोड़ा है, तो हम नहीं कहते कि यह असमय है। यह उसके लिए सामयिक मृत्यु है, क्योंकि उसने खुद समय निश्चित किया था।

हम किसी मृत्यु को अकाल मृत्यु तब कहते हैं जब किसी की जीने की इच्छा बाकी रह गई होती है, मतलब उस व्यक्ति के प्रारब्ध कर्म अभी काटने के लिए बाकी थे, लेकिन अचानक उसे कुछ हुआ और वह मर गया। जब इरादा या इच्छा भरपूर थी तब उसका शरीर ढह गया यह अकाल मृत्यु है। अगर इच्छा जा चुकी होती तब यह असमय नहीं होती; फिर यह उस जीवन के लिए समय से ही घटित हुई होती। व्यक्ति की आयु, चाहे आप पैंतीस साल के हों या पैंसठ या पिचानवे साल के, वह कोई मुद्दा नहीं है। इसकी कसौटी यही है कि इच्छा चली गई है। फिर, जीवन के अर्थों में, यह सामयिक मृत्यु ही होगी। मैं आपको सही-सही प्रतिशत तो नहीं बता सकता, लेकिन मुझे लगता है कि अब 80 प्रतिशत से अधिक लोग स्वाभाविक मृत्यु या सामयिक मृत्यु को प्राप्त नहीं होते हैं। उनकी मृत्यु अस्वाभाविक या असमय होती है क्योंकि वे जब मरते हैं तो उनकी जीने की इच्छा अभी बनी रहती है। यह दुर्भाग्यपूर्ण है, और यह इस बात पर असर डालता है कि मृत्यु कैसे होती है और उसके बाद क्या होता है।

एक स्वाभाविक या सामयिक मृत्यु में, प्रारब्ध कर्म, या वह जानकारी जो जीवन को चलाती है, समाप्त हो जाती है और जीवन क्षीण पड़ जाता है। जब जानकारी समाप्त होती है, तो जीवन धीरे-धीरे समाप्त हो जाता है और वह यातनापूर्ण नहीं होता। यह बहुत ही सुन्दर होता है। जब आपके प्रारब्ध कर्म खत्म होते हैं, भले ही आपने एक खराब जीवन जिया हो, लेकिन आखिरी कुछ पल बहुत ही शांतिपूर्ण, शानदार और बोधपूर्ण हो जाएंगे। अचानक, आप देखेंगे कि वे लोग बहुत ही समझदार हो गए हैं। उन्हें अपने आस-पास की किसी भी चीज का मोह नहीं रहा; वे ऐसी असाधारण परिपक्वता का दर्शाएँगे, जो कि वे अपने पूरे जीवनकाल में करने में नाकाम रहे। ऐसा इसलिए है क्योंकि यह स्वाभाविक मृत्यु है। स्वाभाविक मृत्यु खराब मृत्यु नहीं है। यह उनके लिए और जिन्हें वे पीछे छोड़कर जा रहे हैं, दोनों के लिए एक अच्छी बात है, क्योंकि उन्हें शरीर से जबरदस्ती बाहर नहीं निकाला जा रहा। ऐसा होने के लिए, शरीर के थककर कमजोर पड़ने से पहले ही आपको अपने प्रारब्ध कर्म खाली करने होंगे।

आप जितनी जल्दी जीवन के एक पहलू से दूसरे की ओर बढ़ते हैं, उतनी ही तेजी से आप अपने प्रारब्ध कर्म समाप्त करते हैं। अगर आप अस्सी साल के हैं और अभी भी एक किशोर की तरह सोचते हैं जो किसी के साथ प्रेम प्रसंग चलाना चाहता है, तो आपके प्रारब्ध कर्म समाप्त नहीं होंगे। अगर, अस्सी के होने पर आपने उन चीजों से पीछा नहीं छुड़ाया है जिन्हें आपको सोलह या अठारह की उम्र में कर लेना चाहिए था, और आप अभी भी सड़क किनारे बैठकर गुजरती महिलाओं को घूरना चाहते हैं, तो आपके प्रारब्ध कर्म समाप्त नहीं होंगे। अब, इसमें यह महत्ता नहीं रखता

कि आप सौ साल जिएँ, आप फिर भी एक अस्वाभाविक मृत्यु ही पाएंगे क्योंकि शरीर तो खत्म होगा, लेकिन प्रारब्ध कर्म खत्म नहीं होंगे। अगर कोई व्यक्ति स्वाभाविक मृत्यु पाता है तो वह साफ जान जाता है कि वह मरने जा रहा है, और आप पाएंगे कि वह असाधारण समझदारी का प्रदर्शन करेगा। यह संभावना तथाकथित आधुनिक समाज में पूरी तरह विलुप्त हो रही है क्योंकि हर कोई किसी भी कीमत पर अमर हो जाने की कोशिश कर रहा है, और वे लोग इसी कारण से एक खराब मृत्यु पाएंगे। आप अच्छी मृत्यु तभी पा सकते हैं जब आप अपनी नश्वरता को स्वीकार कर लेते हैं।

एक दूसरी तरह की मृत्यु भी है, जिसे इच्छा मृत्यु कहते हैं। एक तरह से यह मृत्यु नहीं है, बल्कि जीवन और मृत्यु के चक्र से पार निकल जाना है। यह तब संभव है जब कोई व्यक्ति आध्यात्मिक साधना में होता है और अपनी ऊर्जाओं पर इतनी महारत हासिल कर चुका होता है कि वह अपनी ऊर्जाओं को, भौतिक शरीर को नुकसान पहुँचाए बिना, उससे अलग कर सकने की क्षमता रखता हो। वह व्यक्ति समझ चुका होता है कि उसकी कर्म संरचना की कुंजियाँ कहाँ हैं और वह उसे पूरी तरह ढहा देने के योग्य हो जाता है। ऐसा व्यक्ति फिर सच में नहीं रहता। इसे सर्वश्रेष्ठ मृत्यु माना जाता है। इसी को हिन्दू परम्परा में महासमाधि कहा जाता है और बौद्ध परम्परा में महापरिनिर्वाण। अंग्रेजी में, हम बस इसे लिबरेशन कहते हैं, जिसका अर्थ है व्यक्ति जीवन प्रक्रिया जन्म और मृत्यु से मुक्त हो गया है। शरीर और मन की बुनियादी संरचना या कर्म संरचना से, जो इन्हे बांधे रखती है, उससे वह व्यक्ति मुक्त हो गया है। पहले वाली उपमा का प्रयोग करें तो उस व्यक्ति ने बुलबुले को पूरी तरह फोड़ दिया है। हर आध्यात्मिक साधक का यही परम लक्ष्य होना चाहिए।

मृत्यु की भविष्यवाणियाँ

ज्योतिषियों या भाग्य बताने वालों से पूछे जाने वाले सबसे आम सवाल हैं: 'मेरा जीवन कितना लम्बा होगा?', 'मेरी मृत्यु कब होगी?' अगर जीवन एक खास तार्किक तरीके से चलता है तब क्या यह तय करना भी संभव है कि यह कब खत्म होगा? अगर अधिक सटीकता से कहें, तो हमने देखा है कि कर्म, जो जीवन का सॉफ्टवेयर है, किस तरह से जीवन की अवधि और प्रकृति को तय करता है। तो क्या यह संभव है कि इसे किसी तरह पढ़ा जा सके और मृत्यु की भविष्यवाणी की जा सके?

जिस प्रकार आपके भौतिक शरीर और मानसिक शरीर पर कर्म अंकित होते हैं, उसी प्रकार यह आपके ऊर्जा शरीर पर भी अंकित होते हैं। जैसे-जैसे आवंटित कर्म, या प्रारब्ध कर्म पूरे होने लगते हैं, वैसे-वैसे प्राण शरीर की भौतिक शरीर को थामे रखने की क्षमता क्षीण होने लगती है। जीवन, जैसा आप जानते समझते हैं भौतिक

है, अपनी जीवंतता खोने लगेगा। साथ ही, सूक्ष्म शरीर अधिक जीवंत हो जाता है क्योंकि भौतिक शरीर सूक्ष्म पर अपनी पकड़ खो रहा होता है। यही कारण है कि आपने देखा होगा कि कभी-कभी एक स्थूल जीवन जीने वाले व्यक्ति में भी अपनी मृत्यु से कुछ दिनों पहले के समय में एक अलौकिक शांति आ जाती है। आप देखेंगे कि ऐसा व्यक्ति अचानक से समझदार हो जाता है। ऐसा आमतौर पर उन लोगों के साथ होता है जिनकी जागरूकता तीव्र हो गई हो। हालांकि, अगर कोई स्वाभाविक मृत्यु को प्राप्त हो रहा है तो थोड़ी ही जागरूकता से कम से कम छह से आठ महीने पहले ही वह उसे साफ तौर पर आती हुई दिखाई दे सकती है। दरअसल, बहुत से लोग अनजाने में ही इसके बारे में बातें करने लगते हैं। वे अलग हटकर बातें बोलना शुरु कर देते हैं और विचित्र व्यवहार करते हैं। यह मनोवैज्ञानिक विकृति के कारण नहीं होता है; वे अनजाने में ही बड़बड़ाने लगते हैं। उसके बाद, उनके मर जाने पर लोग पीछे मुड़कर देखते हैं और कहते हैं कि उसने ऐसा कहा था या ऐसा किया था जो इस बात का संकेत था कि वह आने वाली मृत्यु के प्रति सजग था। मेरे एक चाचा तो अपनी मृत्यु की ठीक तारीख और समय भी जानते थे।

मृत्यु कोई अचानक होने वाली घटना नहीं है; यह समय के साथ बढ़ती है। अक्सर, शरीर इस प्रक्रिया को आगे बढ़ाता है। हो सकता है कि व्यक्ति इस ओर पूरी तरह सजग न हो — हो सकता है कि मन इसे पकड़ने के लिए पर्याप्त सचेतन न हो, लेकिन शरीर इसके बारे में विभिन्न तरीकों से बताता है। स्पष्ट है कि अपराध या दुर्घटनाओं जैसे हिंसात्मक तरीके से मारे गए लोगों के खून की जाँच को लेकर कुछ अध्ययन हुए हैं। उनकी रक्त जाँच यूँ ही या केवल संयोगवश, या किसी दूसरे कारण से उनकी मृत्यु से कुछ समय पहले ही हुई थी कोई नहीं जानता था कि वे मरने वाले हैं, लेकिन ऐसा संयोग से किया गया था। और उनकी जाँच रिपोर्ट को पूरी तरह गड़बड़ पाया गया; वह बिलकुल अलग मापदंड दिखा रही थी। मुझे नहीं पता कि यह कितना सही है, लेकिन यह संभव है कि इसका शारीरिक समस्याओं से कोई लेना-देना न हो। जब शरीर अपने अंत की ओर बढ़ता है, उस समय पूरा शरीर मृत्यु की भाषा बोलने लगता है।

तो क्या मृत्यु का पूर्वानुमान लगाना संभव है? हाँ, यह संभव है, लेकिन यह बहुत ही सीमित है और इसे बहुत अधिक बढ़ा-चढ़ाकर देखा जाता है। अगर मैं एक नारियल के पेड़ को देखूँ, तो उस पेड़ की उम्र और उसका स्वास्थ्य देखकर मैं बता सकता हूँ कि उसमें फूल कब आएंगे और कब वह फल देगा। मैं यह भविष्यवाणी भी कर सकता हूँ कि कब उसकी मृत्यु लगभग कब होगी, मैं आपको यह सब उसी समय बता सकता हूँ, लेकिन अभी और उस समय के बीच अगर आपने उस नारियल के पेड़

को काट दिया तो मेरी भविष्यवाणी गलत हो जाएगी। यही मनुष्यों के लिए भी लागू होता है। जन्म कुंडली चाहे कुछ भी कहे, कोई भी बस यूँ ही मर सकता है। दुनिया में बहुत सारे लोग कल किसी दुर्घटना में या किसी बीमारी से या किसी और कारण से मारे गए। क्या आपको लगता है कि उन सबकी कुंडलियों में लिखा था कि वे कल मर जाएंगे? नहीं। उन सबमें लिखा था 'लम्बा जीवन है,' लेकिन वे पच्चीस साल की उम्र में ही मर गए।

आपने शायद इसके बारे में सुना होगाः पारंपरिक रूप से भारत में, अपने बच्चों की किसी से शादी करने से पहले दोनों की जन्म कुंडलियों का आपस में मिलान क्या जाता है। यह इसलिए किया जाता हैं क्योंकि परिवार ये सुनिश्चित करना चाहते हैं कि दोनों के स्वभाव एक दूसरे से मेल खाते हों। वे यह भी सुनिश्चित करना चाहते हैं कि उनके बच्चे दीर्घायु और समृद्ध हों। इसके बावजूद, ऐसा बहुत बार हुआ है कि यह सब करने के बाद भी जिस आदमी से उनकी बेटी की शादी हुई थी, वह कुछ ही दिनों में मर गया। अगर उन्हें मालूम होता कि वह तीन दिन में ही मरने वाला है तो वे अपनी बेटी की शादी उससे कभी नहीं करते। इसका मतलब यह कहना नहीं है कि इन गणनाओं का कोई आधार नहीं है। बात बस इतनी है कि इन गणनाओं का दायरा बहुत सीमित है और इनके महत्त्व को बढ़ा-चढ़ाकर बताया जाता है।

व्यक्ति की मृत्यु साधारणतया उसके सौर चक्रों के संबंध से तय की जाती है, और एक चक्र लगभग बारह साल का होता है। दूसरे शब्दों में, सौर चक्र के जिस दौर या खंड में आपकी मृत्यु होगी वह काफी हद तक तय है। दिन और समय अधिक प्रासंगिक नहीं हैं क्योंकि ऐसा जरूरी नहीं कि यह ठीक उसी तरह घटित हो। आप कुछ और साँसें ले सकते हैं, या कोई चिकित्सक आपमें कुछ ऐसा डाल सकता है जिससे आप थोड़े और समय तक जीवित रह पाएँ। ये सारी बातें हो सकती हैं। लेकिन अगर आपके पास आवश्यक ज्ञान हो और आप उस व्यक्ति की ओर देखें, तो यह आसानी से जाना जा सकता है कि सौर चक्र के किस खंड में उसकी मृत्यु होगी। ऐसा हुआ है कि जब ऐसा लगता था कि कोई व्यक्ति अमुक समय पर मरने वाला है, यहाँ तक कि उसके चिकित्सकीय मानदंड भी मृत्यु का ही संकेत कर रहे थे, लेकिन फिर भी मैंने कहा कि वह अभी नहीं मरेगा। ऐसा इसलिए है क्योंकि वे उस समय मरने के लिए अपने सौर चक्र के गलत खंड में था। अगर अपने मृत्यु के खंड में होते हुए भी वह उस बीमारी या स्थिति से उबर जाएँ, तो हो सकता कि उनकी मृत्यु न हो क्योंकि मृत्यु कुछ और खंडों तक के लिए आगे खिसक सकती है।

ऐसी बहुत-सी भारतीय ऐतिहासिक कहानियाँ हैं जहाँ लोगों ने जाने के लिए निश्चित समय को चुना। न केवल सिद्ध योगीजनों ने बल्कि राजाओं और आम

लोगों ने भी अपने मरने का समय चुना है। मुझे यकीन है कि सबने भीष्म के बारे में अवश्य सुना होगा। महाभारत युद्ध के दौरान उन्हें पूरी तरह तीरों से बेध दिया गया था। (यह बात कि वे तीरों की शय्या पर लेटे रहे थे, एक काव्यात्मक अभिव्यक्ति अधिक है क्योंकि उनमें बहुत ज़्यादा तीरों के घाव थे) फिर भी वे अपने इच्छित समय तक जीवित रहे क्योंकि उनका खंड अभी नहीं आया था। वे उत्तरायण में देह छोड़ने के इच्छुक थे क्योंकि वे एक निश्चित सौर खंड में जाना चाहते थे।

भविष्यवाणियाँ मूल रूप से किसी घटना की संभावना का अनुमान लगाने के बारे में होती हैं, जो कुछ मापदंडो पर आधारित होती हैं और सटीक भी निकल सकती हैं। इस समय, मैं आसमान की ओर देखकर बता सकता हूँ कि आज बारिश होगी या नहीं। 90 प्रतिशत समय मैं सही रहा हूँ लेकिन कभी-कभी मैं गलत भी था। ठीक यही बात जीवन के साथ है। कोई भी अनुमान अचूक नहीं होता, लेकिन आप जितने अधिक जानकार होंगे आपके अनुमान उतने ही सटीक होंगे। मृत्यु की भविष्यवाणी करना भी इसी तरह की प्रक्रिया है।

यह ऐसे है कि यदि आप गति, कोण, वातावरण इत्यादि जैसे अन्य मापदंडों को ध्यान में रखते हैं, तो आप कुछ निश्चितता के साथ बता सकते हैं कि प्रक्षेपित (फेंकी या दागी गई) चीज कहाँ जाकर गिरेगी। रॉकेट, मिसाइल, तोप का गोला या एक गोल्फ़ की गेंद सभी के लिए प्रक्षेप के कोण और गति को तय किया जाता है। इसी तरह, आपकी ऊर्जा और किस तरह आप अपने प्रारब्ध कर्म को क्षय कर रहे हैं और आपके दूसरे विभिन्न पहलुओं के अध्ययन से हम बता सकते हैं, 'ठीक है, आपके जीवन का प्रक्षेप पथ इस तरह का होगा।' इसी पर आधारित, इस संस्कृति में, इन चीजों से अच्छी तरह वाकिफ एक व्यक्ति के लिए यह आम बात थी कि वह किसी की ओर देखकर यह बता दे कि उसकी मृत्यु निकट आ रही है। ऐसे लोगों को वे कहते, 'अब तुम्हारे लिए काशी जाना बेहतर होगा।' लेकिन कुछ लोग काशी गए और वहाँ बीस या तीस साल और जीवित रहे। ऐसा भी हुआ है।

विस्तृत रूप से गणना करके कोई बता सकता है कि आपका शरीर कितने सालों तक रहेगा। लेकिन इसके बीच में अगर आप इनर इंजीनियरिंग करना शुरु कर देते हैं तो आप भविष्यवाणी करने वाले व्यक्ति को हैरानी में डाल सकते हैं, क्योंकि ये साधनाएँ आपके जीवन के मार्ग को बदल सकती हैं और वह इसका कारण नहीं जान पाएगा। इसी कारण, पारम्परिक रूप से, ज्योतिषियों ने कहा है: 'अगर आप आध्यात्मिक मार्ग पर हैं तो हम आपके लिए भविष्यवणी नहीं करेंगे।' क्योंकि आध्यात्मिक साधनाओं से आप इन गणनाओं के साथ छेड़छाड़ कर रहे हैं। आप

जल्दी भी मर सकते हैं और देर से भी। और इसलिए उनके द्वारा कही गई दूसरी भविष्यवाणियाँ हो भी सकती हैं या नहीं भी हो सकती हैं।

भविष्यवाणियाँ सटीक हो सकती हैं या एकदम गलत भी हो सकती हैं, लेकिन जब मृत्यु निकट होती है तो इसे कई तरीकों से देखा जा सकता है। अगर आप जानवरों के आस-पास रहते हैं, तो आप देखेंगे कि कुछ जानवर मृत्यु के आने का आभास कर सकते हैं। कुत्ते, बिल्लियाँ, कोबरा (नाग) और दूसरे माँसाहारी जानवर भी मृत्यु को सूंघ सकते हैं क्योंकि, मृत्यु की एक गंध होती है। भौतिक जगत के सभी सूक्ष्म पहलुओं की अपनी गंध होती है। सभी माँसाहारियों में गंध की एक विशेष इंद्रिय होती है क्योंकि उनकी सम्पूर्ण जीवित रहने की क्षमता उनके नथुनों में होती है। उनके पास सुनने और देखने की क्षमता भी है, लेकिन वो उनकी सूंघने की योग्यता जितनी पैनी नहीं हैं। अगर उन्हें कुछ जानना हो तो वे देखते नहीं बल्कि सूंघते हैं। चूंकि उनकी सूंघने की इंद्रिय बहुत संवेदनशील होती है, अधिकतर माँसाहारी जानवर मृत्यु की शुरुआत को जानते हैं। वे मृत्यु को समय से पहले ही सूंघ सकते हैं। महीनों पहले तो नहीं, लेकिन अड़तालीस दिनों के भीतर इसे निश्चित रूप से महसूस किया जा सकता है। मनुष्य भी इसे जान सकते हैं। उदाहरण के लिए, जिस तरह का भोजन हमारे ब्रह्मचारी करते हैं, उससे बहुत सरलता से ऐसी चीजों के लिए एक तीव्र बोध विकसित किया जा सकता है।

जब वायु शरीर छोड़ना शुरु करती हैं, तब उनकी एक निश्चित गंध होती है। यह कुछ ऐसा है जिसका आधुनिक विज्ञान भी पता लगा रहा है। उन्होंने पाया है कि मनुष्यों में एक विशेष 'मृत्यु-गंध' होती है, जिसका इस्तेमाल कुत्तों को मानव शवों को खोजने का प्रशिक्षण देने के लिए किया जा सकता है। उन्होंने कुछ आठ प्रमुख रासायनिक यौगिकों को अलग किया है जो मृत्यु की मानव गंध बनाते हैं। किन्हीं कारणों से वे कहते हैं कि, मनुष्यों की यह मृत्यु-गंध सुअरों की गंध के समान होती है!

आप एक भूत को भी सूंघ सकते हैं क्योंकि भूत केवल एक सूक्ष्म भौतिक रूप है और उसे सूंघा जा सकता है। सभी कुत्ते ऐसा कर सकते हैं। जहाँ कोई भूत होता है, वहाँ वे भौंकना शुरु कर देते हैं क्योंकि वे भूत को सूंघ सकते हैं। वे देख नहीं सकते, लेकिन वे इसे सूंघ सकते हैं, इसलिए वे भ्रमित हो जाते हैं। वे किसी कोने में जाकर बैठ जाते हैं, और पूँछ को अपनी टाँगों के बीच दबाकर भौंकते हैं। वे देख सकते हैं कि आस-पास कुछ हो नहीं रहा है, लेकिन कोई न कोई गतिविधि जरूर हो रही है जो उन्हें बहुत परेशान कर देती है।

फिर भी गंध मृत्यु की एकमात्र संकेतक नहीं हैं। आप मृत्यु को आता हुआ देख भी सकते हैं। ऐसा योग केन्द्र के हमारे एक निवासी के साथ हुआ। ईरोड में

एक बड़े आयोजन से ठीक पहले, उसकी व्यवस्था के बारे में मैं केंद्र के तीन या चार शिक्षकों के साथ चर्चा कर रहा था। यह निवासी भी एक शिक्षक था और वहीं खड़ा था। उसकी पत्नी भी एक शिक्षिका थी, और वह भी वहीं थी। मैंने उसकी ओर देखा, लेकिन कुछ किया नहीं। मैंने उसे बस अनदेखा कर दिया। मैं किसी भी व्यक्ति को देखने के बाद उसे नज़रअंदाज़ नहीं करता। यह प्रकृति मुझमें है ही नहीं। वे जो कोई भी हों, कम से कम मैं उनकी ओर सिर हिलाऊँगा या नमस्कारम करूँगा या उनकी ओर मुस्कुराऊँगा। मैं किसी न किसी रूप में निश्चित ही उनकी उपस्थिति को स्वीकार करूँगा। उस आयोजन के बाद अचानक यह घटना मेरे मस्तिष्क में कौंध गई, 'मैंने ऐसा क्यों किया? मैंने उसका अभिवादन नहीं किया था।' मैंने सोचा, 'क्यों?' अगली सुबह मैंने पूछा, 'वह कहाँ है?' तो पता चला कि वह हिमालय चला गया है। मैंने इस बात को जाने दिया, कोई विशेष ध्यान नहीं दिया। आप जानते हैं, ईशा में जिस गति से चीजें होती हैं, उसे देखते हुए हमारे जीवन में किसी भी चीज पर विचार करने का समय ही नहीं है। अगर इस पर विचार करने का थोड़ा समय होता, तो बात कुछ और होती। मैंने इस बारे में सोचा और छोड़ दिया। तीन दिनों बाद, वह हिमालय की एक जलधारा में डूब गया।

जब वह मेरे सामने था तो उसकी मौजूदगी में एक विशेष प्रकार की कमी थी, जो इतनी तीव्र थी कि उसके शारीरिक रूप से मेरे सामने खड़े रहते हुए भी मैंने उसका उत्तर नहीं दिया। जब मृत्यु निकट होती है तो शरीर की निर्धारित सीमाएँ कुछ हद तक धुंधली हो जाती हैं, जो किसी की शारीरिक मौजूदगी को हमारी नज़रों में फीका कर देती हैं। भौतिक का अनुभव वास्तव में उसकी निर्धारित सीमाओं के कारण है; जब वो धुंधली होती हैं तो हमारा दृश्य अनुभव कम हो जाता है। अगर मेरा ध्यान आयोजन के लिए मंच पर जाने की ओर नहीं होता, अगर मैंने उसकी ओर थोड़ा और ध्यान दिया होता तो मैंने उसे बता दिया होता। और आमतौर पर कम से कम उस समय तक ऐसा था अगर कोई हिमालय या ऐसे स्थानों में जाना चाहता तो वह हमेशा मुझे बताकर ही जाता था। लेकिन इन लोगों ने उसने और उसकी पत्नी और कुछ दूसरे लोगों ने मुझे बताए बिना जाने का फैसला कर लिया। उसकी मृत्यु अचानक ही हो गई, लेकिन अगर यह इस तरह नहीं हुई होती तो किसी और तरीके से होती। वह इसकी ओर बढ़ रहा था, और वह साफ दिखाई दे रही थी, लेकिन उस समय मैंने पर्याप्त ध्यान नहीं दिया।

तो फिर क्या ऐसे संकेत हैं जिन्हें एक साधारण मनुष्य देख सकता है और किसी की मृत्यु की भविष्यवाणी कर सकता है? हाँ, निश्चित रूप से ऐसा है। जीवन से मृत्यु की ओर जाना, गतिशीलता के एक स्तर से जड़ता के एक स्तर तक जाना है। जब

ऐसा होता है, तब कुछ बातें होती हैं जिन्हें आप यकीनन अपने भीतर महसूस कर सकते हैं। कुछ संकेत अचूक होते हैं जो आपको इसकी सूचना दे सकते हैं, लेकिन यह इतनी जटिल प्रक्रिया है कि इसमें हमेशा गलती की संभावना होती है। इसके कठिन होने का दूसरा कारण यह है कि लोग अब अपने शरीर की प्रतिदिन की अभिव्यक्तियों की ओर संवेदनशील नहीं रहे। शरीर हर समय बदलता रहता है यहाँ तक कि प्रतिदिन ऐसा होता है, एक दिन के भीतर भी शरीर में हर समय बदलाव होता है। आज हम आधुनिक हो गए हैं, इसलिए हम इन पहलुओं के बारे में कुछ नहीं जानते। अधिकतर लोग पंचांग (कैलेण्डर) में देखे बिना यह तक नहीं बता सकते कि पूर्णिमा कब है। लेकिन शरीर साफ तौर पर इन चीजों को जानता है। अगर आप उसकी अभिव्यक्तियों को जान सकें, तो आप निश्चित रूप से जान जाएंगे कि शरीर किस ओर बढ़ रहा है।

कुछ बहुत ही सरल संकेत ज्ञानेन्द्रियों में देखे जा सकते हैं। उदाहरण के लिए, जिस व्यक्ति का मृत्यु की ओर प्रस्थान शुरु हो गया है वह अपनी नाक की नोंक को नहीं देख पाएगा। यहाँ तक कि एक छोटी नाक वाला व्यक्ति भी सामान्य परिस्थितियों में अपनी नाक की नोंक को देख सकता है, क्योंकि जब मृत्यु की प्रक्रिया शुरु हो जाती है तो आपकी आँखें केंद्रित नहीं कर पातीं। जो भ्रूमध्य साधना[1] का अभ्यास कर रहे हैं, वे अचानक देखेंगे कि आँखों की पुतलियाँ इस तरह घूमेंगी मानो वे ढीली पड़ गई हों। वे वहाँ नहीं पहुँच सकते। साँस के साथ इसे भी अच्छी तरह देखा जा सकता है। साँस लेते समय, अगर आप ध्यान से देखेंगे तो पाएंगे कि मृत्यु की प्रक्रिया पास आने पर आपकी साँस फेफड़ों के निचले हिस्से में नहीं जाएगी। आप खासकर फेफड़ों के बीच के और ऊपरी हिस्से से ही साँस लेंगे। यह भीतरी अंगों की एक-एक करके बंद होने में मदद करने के लिए है। लेकिन हो सकता है कि आप दमे के रोगी हों, या ऐसे व्यक्ति हों जो ज़्यादातर समय उथली साँस ही लेता है, इसलिए आपको यह सोचने की आवशकता नहीं है कि 'मैं मरने वाली हूँ'।

अगर आप शरीर में विभिन्न अग्नियों के प्रति काफी सचेत हैं, तो अग्नि के कुछ आयामों के चले जाने पर आपको मालूम हो जाएगा। एक बार यह चली गई, तो आप जानते ही हैं कि फिर केवल एक सीमित समय की ही बात रह जाती है। चार से छह महीनों पहले ही मृत्यु को देख लेने की संभावना बहुत ज़्यादा है। तो उस समय, अगर आप ध्यानमय बन जाते हैं तो आप शांति और आनंद से जाएंगे, और शरीर के शांत होने की प्रक्रिया अच्छी तरह होगी। इसके विपरीत, अगर आप इससे संघर्ष करते हैं

1 ब्रह्मचारियों को सिखाई जाने वाली साधना जिसमें आँखों की पुतलियाँ भँवों के बीच में केंद्रित होती हैं।

और ऐसा-वैसा कुछ करते हैं, तो आप अप्रिय तरीकों से जाएंगे; यह दुखदाई और अशांति से भरा हो सकता है।

मैं इसके बारे में कुछ और बातें कह सकता हूँ, लेकिन हमें हमारे द्वारा कही जाने वाली बातों के परिणाम को भी समझना चाहिए। ये हो सकता है कि लोग इसे अपने तक ही नहीं रखें। वे किसी की ओर देखेंगे, और अगर उसकी दाढ़ी में थोड़ा-सा भी पीलापन दिखेगा तो वे भविष्यवाणी कर देंगे कि यह व्यक्ति तीन दिन में मर जाएगा, क्योंकि किसी ने उन्हें बताया था कि यह मृत्यु का एक संकेत है। वे चुप नहीं रहेंगे। वे उस व्यक्ति और उसके आप-पास सबको बताएंगे कि वह तीन दिन में मरने वाला है। और शायद वे अपनी भविष्यवाणी को सही होता देखने के लिए उसके आस-पास इकट्ठा भी हो जाएंगे। उनके द्वारा पैदा गलतफहमी बहुत बड़ी होगी! और अगर वह व्यक्ति नहीं मरा तो शायद उन्हें लगेगा कि उन्हें उसकी मदद करनी चाहिए! मैं यह नहीं कह रहा कि किसी की मृत्यु कब होगी, इसे जानने की कोई प्रासंगिकता नहीं है। हम इससे लोगों की थोड़ी और मदद भी कर सकते हैं। लेकिन यह नहीं कहा जा सकता कि लोग इन चीजों का कैसे उपयोग या दुरुपयोग करेंगे या खुद को ही पूरी तरह भ्रमित कर लेंगे। खासकर, अगर वे खुद में कुछ लक्षण देखेंगे सही या गलत जो भी तो वे सोच सकते हैं कि वे तीन दिन में मरने वाले हैं और, शांत व स्थिर होने की जगह वे डर जाएंगे। यह सब कुछ संभव है।

इसीलिए कहा जाता है कि आपको जीवन के हर पल में मृत्यु के लिए तैयार रहना चाहिए। आपको अपना जीवन इस तरह जीना चाहिए कि अगर आपको अगले ही पल मरना हो, तो भी आप जीवन अच्छी तरह समाप्त कर सकें। आखिरी पल में मृत्यु से निपटने का प्रयास करना सही नहीं है। इसके अतिरिक्त, आप यदि यह समझते हैं कि आप नश्वर हैं तो आप हर समय मृत्यु की ओर देखेंगे। और अगर आप हर समय उसकी ओर देखते हैं तो आप उसे पहचान जाएंगे। जब समय आएगा, तो आपको पता होगा कि कैसे अनुकूल स्थान पर बैठना और प्राण छोड़ने हैं। यही सबसे अच्छा तरीका है।

अशुभ ऊर्जाएँ

किसी को हानि पहुँचाने के लिए नकारात्मक ऊर्जाओं का प्रयोग करना इस दुनिया में बहुत प्राचीन प्रथा है। भारत में, इसे एक पूरा विज्ञान बना दिया गया है। चारों वेदों में, पूरा अथर्व-वेद गुह्य प्रथाओं के बारे में है। यह इस बारे में भी विस्तार से बताता है कि अपने फायदे और दूसरों के नुकसान के लिए ऊर्जाओं का कैसे उपयोग करें। यह बताता है कि अगर किसी को इस पर महारत हासिल है, तो इसके प्रयोग से किसी को भयानक कष्ट

और यहाँ तक कि मृत्यु भी प्रदान की जा सकती है। इस बारे में कोई संदेह नहीं है। दूसरों को चोट पहुँचाने का एक सरल तरीका है कि उन्हें श्राप दे दिया जाए। अब सवाल है कि यह श्राप क्या है? यह एक खास स्तर का काला, नकारात्मक विचार है जिसे आपकी ओर छोड़ा जाता है। इसकी वजह से आप बीमार पड़ जाते हैं। जब ऐसा होता है, और अगर आपको एक अच्छा चिकित्सक नहीं मिलता, तो आप मानसिक रूप से अस्थिर हो सकते हैं और मर भी सकते हैं। पुराने दिनों में, मानसिक रूप से अस्थिर हो जाने वाले लोगों में से अधिकतर की थोड़े समय में मृत्यु हो जाती थी, क्योंकि वे कुछ ऐसा कर बैठते जो उनके लिए खतरनाक साबित होता था। या तो ऐसा होता था या वे कुछ-भी खाते नहीं थे और कमजोरी से मर जाते थे। केवल ख़ास तरह के लोग, जो शांतिपूर्ण या सुखद पागलपन की अवस्था में होते थे, वे लम्बे समय तक जीवित रहते थे।

श्राप के मामले में यह भी संभव है कि वह श्राप देने वाले को भी मार सकता है। अगर उन्हें यह नहीं पता कि अपने ही पैदा किए गए जहर को कैसे बाहर निकालें, तो वह उन्हें भी मार सकता है। या वह किसी और को मार सकता है। मान लीजिए, अभी कोई आपको श्राप से मारना चाहता है। उसने अपने मन में एक निश्चित मात्रा में कालापन पैदा किया और उसे बाहर छोड़ दिया, लेकिन आप उससे थोड़ा दूर हैं, या किसी तरह आप उसके लिए उपलब्ध नहीं हैं। दूसरा व्यक्ति, जो पास ही में है, वह इस श्राप को ग्रहण कर सकता है और आपकी जगह वह मर सकता है। यह ऐसे है जैसे आप किसी व्यक्ति की ओर लक्ष्य साध कर बंदूक चलाएँ और गोली उसे न लगकर पास खड़े किसी व्यक्ति को लग जाए। वास्तव में, वह अधिकतर पास खड़ा व्यक्ति ही होता है जिसे गोली लगती है।

कुछ लोग किसी स्थान पर जाकर आने के बाद अवर्णनीय स्तर की त्रासदी या अशांति भोगते हैं। उनके जीवन में सब कुछ गलत होने लगता है। फिर, अचानक वे एक दिन इस सबसे उबर जाते हैं और सब ठीक हो जाता है। ऐसी चीजों के बारे में बात करना बहुत खतरनाक है क्योंकि इसके बाद लोग चीजों की कल्पना करना शुरु कर देंगे और इसे लेकर एक बड़ा हंगामा खड़ा कर देंगे। लेकिन साथ ही, यह भी संभव है कि दूसरे प्रभावों ने उन्हें छुआ हो जिसके प्रति वे अनजान हों।

आज, आपको यह सोचकर ज़्यादा घबराने की जरूरत नहीं है कि कोई आपको इस तरह नुकसान पहुँचाएगा, क्योंकि गुह्य या काली विद्याओं के जानकार व्यक्ति अब अधिक नहीं हैं। आजकल ऐसी चीजों का दावा करने वाले लोगों की क्षमताएँ संदेह के घेरे में हैं। पुराने समय में, हर परिवार का एक ओझा हुआ करता था, ठीक उसी तरह जैसे पारिवारिक डॉक्टर या वकील होते थे। दक्षिण भारत में ऐसा था और कुछ हद तक उत्तर भारत में भी लोग उनसे सलाह लिए बिना कुछ भी नहीं करते थे। यह परम्परा कमोबेश पूरी तरह समाप्त हो चुकी है।

इन चीजों के बारे में आज जो हम देखते हैं वह ज़्यादातर अतिरंजित भय और इस परम्परा की कम समझ है। मानव कल्पना पर कोई नियंत्रण नहीं है, और दुर्भाग्यवश बहुत से झाड़-फूंक करने वाले हैं जो डर को कुँजी की तरह इस्तेमाल कर रहे हैं। अगर डर मौजूद है तो नकारात्मक प्रभाव पड़ता रहेगा, क्योंकि डर अपने आप में काली कला है। वरना, लोग क्यों डरावनी फिल्में देखते हुए डर जाते हैं? वे चिल्लाते हैं, डर के मारे एक दूसरे का हाथ पकड़ लेते हैं, कुछ तो उठकर भाग जाते हैं, जबकि हम सभी जानते हैं कि फिल्म केवल प्रोजेक्टर से परदे पर गिरता प्रकाश है। अगर आप केवल अपना हाथ प्रोजेक्टर के आगे रख दें तो भूत का ख़ात्मा हो जाएगा। ये सभी जानते हैं; फिर भी ये सारा नाटक होता रहता है। लोग डरने का नाटक नहीं करते; यह उनके साथ सच में होता है। तो इस तरह, बहुत-सी बातों में, डर अपने आप में ही काले जादू की तरह काम कर सकता है आपको कुछ अधिक करने की आवश्यकता नहीं।

दरअसल, पूरा अथर्ववेद इसी बारे में है कि अपनी ऊर्जाओं का उपयोग किसी की भलाई के लिए या उसके जीवन को बर्बाद करने के लिए किस तरह करें। क्योंकि ये विद्याएँ दुधारी तलवार की तरह हैं; आप इसे दोनों ओर से चला सकते हैं। रोग, मृत्यु या विपदा को जन्म देना या उनसे बचना भी संभव है। किसी को इस तरह मारने में सक्षम होना इतना आसान नहीं है। किसी को मृत्यु देने के लिए बहुत कुछ दाँव पर लगाना पड़ता है, बशर्ते किसी तरह उसके खाने में कुछ न डाल दिया गया हो। मेरा मतलब किसी रासायनिक ज़हर से नहीं है; ऊर्जा से आवेशित या सक्रिय की गई कुछ संरचनाएँ या रूप होते हैं जिन्हें भोजन में डाला जा सकता है, जो बाद में शारीरिक तंत्र में चले जाते हैं। आप इनके प्रति जितने कमजोर होते हैं, उतनी ही शीघ्रता और तीव्रता से ये चीजें आपके भीतर बढ़ती हैं। जैसे-जैसे ये व्यक्ति में बढ़ती हैं, धीरे-धीरे उसकी हर चीज को नष्ट करती चली जाती हैं। अंत में यह मृत्यु का कारण बन सकती हैं। लेकिन ऐसा करने के लिए व्यक्ति के खाने तक पहुँच बनानी पड़ेगी। उसके बिना, किसी को मृत्यु देना बहुत कठिन है। मुझे लगता है कि आज दुनिया में केवल मुट्ठीभर लोग ही होंगे जो ऐसा कर सकते हैं; क्योंकि ऐसी योग्यताएँ हासिल करने के लिए बहुत ज़्यादा संघर्ष करना पड़ता है और इसमें स्वयं के स्वास्थ्य और जीवन के लिए भी बहुत जोखिम होता है। सौभाग्य से, यह एक हतोत्साहित करने वाला कारण है। इनमें से अधिकतर लोग काम निकालने के लिए मनोवैज्ञानिक भय का प्रयोग करते हैं, लेकिन वे निश्चित रूप से बहुत अधिक गड़बड़ी कर सकते हैं। मनोवैज्ञानिक पहलुओं से परे, वे ऊर्जा तंत्र में, और परिणामस्वरूप शरीर में गड़बड़ी पैदा कर सकते हैं।

गड़बड़ी के संदर्भ में, लोगों को मानसिक रूप से अशांत करना अपेक्षाकृत आसान है। विशेष रूप से स्त्रियों के लिए ऐसा किया जा सकता है। शारीरिक रूप

से, बच्चे को धारण करने में और मानव जाति को चलाने में एक स्त्री की ज़िम्मेदारी अधिक होती है, इसलिए वह अपने शरीर में बदलावों के विभिन्न चरणों से गुजरती है, जो कुछ खास मौकों पर उसे असुरक्षित बना देते हैं।

नुकसान के संदर्भ में देखें तो शरीर को नुकसान पहुँचाना इतना आसान नहीं है। शरीर एक जीव है जो प्रतिदिन बहुत से तरीकों से अपना पुनर्गठन करता रहता है। मान लीजिए आप एक किलोग्राम भोजन करते हैं, इस एक किलो में से कम से कम 300-400 ग्राम शरीर बन जाएगा। तो इस तरह शरीर में एक खास मात्रा में पुनर्गठन व रिसाइक्लिंग हो रही है। क्योंकि यह हर रोज एक खास तरह से अपना पुनर्गठन कर रहा है, इसलिए शरीर की अपनी एक सुरक्षा प्रणाली है। अगर आप शरीर को कुछ करना चाहते हैं, मान लीजिए किसी व्यक्ति को बीमार करना चाहते हैं तो ऐसा करने के लिए, किसी को मानसिक रूप से डराने या पागल करने की तुलना में, बहुत अधिक काबिलियत चाहिए। मन की गतिविधियाँ पुरानी चीजों पर ही घूमती रहती हैं, इसलिए किसी को मानसिक रूप से परेशान कर देना सबसे सरल काम है।

हमारे शरीर का निर्माण करने वाले पंच तत्वों में से एक जल है। अपनी तरल प्रकृति के कारण इसे प्रभावित करना सबसे सरल है। भूत शुद्धि के विज्ञान में, विचार, भावना और रक्त ये सभी जल तत्व के द्वारा संभाले जाते हैं। इनकी भेद्यता को देखते हुए, बुरे इरादों के लिए हमारे शरीर में जल तत्व को लक्ष्य बनाना स्वाभाविक है। अगर कोई शारीरिक रूप से कुछ करना चाहता है, तो सबसे सरल है रक्त को प्रभावित करना। अगर कोई किसी प्रकार की नकारात्मक ऊर्जा के प्रभाव में है तो उनकी रक्त व्यवस्था में गड़बड़ी आ जाएगी। यह केवल एक संकेत है। यह किसी भी प्रकार अंगों के कार्यों से नहीं जुड़ा है। हर दिन, यह अलग तरह से घटित होगा क्योंकि रक्त आपके अस्तित्व का प्रवाहित होने वाला हिस्सा है। मन के बाद रक्त सबसे अधिक संवेदनशील वस्तु है। अगली प्रभावित होने वाली चीज आपका यकृत (लिवर) या आपके गुर्दे (किडनी) हो सकते हैं क्योंकि, फिर से, कुछ द्रव इनसे होकर बहते हैं। लेकिन किसी को दिल का दौरा देना बहुत मुश्किल है, क्योंकि दिल केवल पंप करता है, इसमें कोई रासायनिक प्रक्रिया नहीं है। कभी-कभी, कुछ ऐसे लोग भी होते हैं जो तंत्रिका संबंधी विकार भी दे देते हैं। लेकिन कुल मिलाकर, यही मुख्य किस्म के नुकसान हैं जो किसी को पहुँचाए जा सकते हैं।

इक्कीसवीं सदी में यह विश्वास करना बहुत कठिन है कि ऐसी चीजें संभव हैं, लेकिन दुर्भाग्य से इनका अस्तित्व है। इस सब मे सबसे अधिक डर ज़िम्मेदार होता है आमतौर पर अगर कोई, भक्ति से या ध्यान से, निर्भीक हो जाता है तो ऐसी निकृष्ट विद्याओं से ऊपर का यही सबसे सरल तरीका और उपाय है।

नकारात्मक प्रभावों से कैसे छुटकारा पाएँ

अगर कोई काली विद्या के बुरे प्रभावों से पीड़ित है तो स्वयं को इसके प्रभावों से मुक्त करने का सबसे अच्छा उपाय क्या है? इन स्थितियों से निपटने के बहुत सारे उपाय हैं; एक सरल तरीका है ध्यानलिंग के आस-पास तीन दिन रहना। आप ध्यान देंगे तो पाएंगे कि ध्यानलिंग के प्रवेश-द्वार पर ही दो मंदिर हैं वनश्री मंदिर और पतंजलि मंदिर। ये दोनों साथ मिलकर ध्यानलिंग के साथ 15-डिग्री का कोण बनाते हैं। इसे इस तरह बनाया गया है कि इससे पहले कि लोग कुछ और खोजें, उस स्थान में प्रवेश करते ही ये नकारात्मक प्रभाव खत्म हो जाते हैं। अगर लोग इस स्थान में ध्यानलिंग की ओर लगभग 60 या 70 फीट चलें तो ये नकारात्मकताएँ दूर हो जाती हैं।

मानव मन ऐसी संरचना है जिसमें लाखों प्रकोष्ठ हैं। जब कोई अनजाने ही अपने मन के एक नए हिस्से में उतर जाता है तो जो कुछ वह जानता है या जो कुछ नहीं जानता है वह सब, और उनकी मूल प्रकृति बदल सकती है; कभी-कभी नई भाषाएँ भी सतह पर आ सकती हैं। और इसे आसानी से किसी अनजान ताकत का कब्जा समझने की भूल की जा सकती है। जिन्हें लगता हो कि उन पर किसी शक्ति ने कब्जा कर लिया है या उन पर गुह्य विद्या का प्रयोग किया गया है और ऐसी ही किसी समस्या की चपेट में आ गए हैं, उन लोगों को ध्यानलिंग के गुम्बद में प्रवेश करने के बाद ध्यानलिंग के सामने या पीछे 15-डिग्री के कोण के भीतर बैठना चाहिए। वह स्थान विशेष रूप से ऐसे प्रभावों को समाप्त करने के लिए ही बनाया गया है। जो लोग इन नकारात्मक प्रभावों से पीड़ित हैं उन्हें ध्यानलिंग के पास तीन दिनों में विशेषकर आना चाहिए अमावस्या से एक दिन पहले, अमावस्या के दिन और अमावस्या के अगले दिन। उन्हें तीनों दिन ध्यानलिंग को एक नींबू अर्पित करना चाहिए। वे लिंग भैरवी[2] मंदिर में भी बैठ सकते हैं और अभिषेक करा सकते हैं, और इससे यह बुरा प्रभाव समाप्त हो जाएगा।

एक लिंग भैरवी यंत्र[3] निश्चित रूप से इसे संभाल सकता है। अगर किसी के घर में ऐसा शक्तिशाली ऊर्जा रूप है तो कोई चिंता की बात नहीं है। लेकिन लिंग भैरवी यंत्र का एक सीमित दायरा है जिसका प्रभाव केवल लगभग 2000-2500 वर्ग फीट तक रहता है। यह घर की बनावट पर भी निर्भर करता है। मान लीजिए आपका घर आड़े-तिरछे आकार का है तो घर के कोने उसके दायरे से बाहर हो सकते हैं। लिंग भैरवी अविघ्न यंत्र 4000 वर्ग फीट तक काम कर सकता है, लेकिन अधिकतम लाभ के लिए इसे भी घर के केन्द्रीय स्थान में ही रखना चाहिए। अगर लोग इसके सम्पर्क में रहते हैं तो व्यक्तिगत रूप से नकारात्मक ऊर्जाएँ उन्हें प्रभावित नहीं करेंगी। ऐसा निश्चित जानिए।

---

2 देवी शक्ति का स्वरुप जिसे सद्‌गुरु ने ईशा योग सेण्टर के निकट प्रतिष्ठित किया है।

3 एक ऊर्जा का स्वरुप जो विशेष तौर पर स्वास्थ्य, समृद्धि और आध्यात्मिक विकास के लिए सद्‌गुरु द्वारा प्रतिष्ठित किया गया है ।

सभी के लिए लिंग भैरवी यंत्र या अविघ्न यंत्र पाना संभव नहीं है। इसलिए एक सरल उपाय है कि वे आकर ध्यानलिंग में कुछ समय बिताएँ। यह एक बड़ा यंत्र है। लोग आकर इसका लाभ ले सकते हैं। अगर कुछ बहुत ही गंभीर बात है, जहाँ हमें लगता हो कि उनके साथ कुछ अप्रिय घट सकता है तो हम कोई दूसरा यंत्र तैयार कर सकते हैं, लेकिन ऐसा हमने केवल एक या दो बार ही किया है। इसे करने के लिए बहुत उद्यम करना पड़ता है। यह कोई अच्छा काम नहीं है, और मुझे यह पसन्द नहीं है। एक आदियोगी या एक देवी या ऐसी ही किसी ऊर्जा को प्रतिष्ठित करना प्रसन्नता का काम है। पर ऐसी चीजें करना अच्छा तो नहीं लगता है, लेकिन ये उपयोगी हैं।

अगर किसी की साधना में गहराई है तो उसे इन सब चीजों की चिंता करने की कोई आवश्यकता नहीं है। उदाहरण के लिए, अगर ब्रह्मचारी सिद्धासन में बैठें तो ये असर सब दो मिनट में ही चला जाएगा। उसके बाद कोई जाकर श्मशान में भी सो सकता है और उसे कुछ नहीं होगा। लोग कहते हैं कि यह बताने के लिए शिव हमेशा श्मशान भूमि में ही सोते थे कि जब व्यक्ति अपने भीतर पूर्ण ऊर्जा से भरा हो तो इससे कोई फर्क नहीं पड़ता कि वह कहाँ है और कहाँ नहीं। लेकिन साधारण व्यक्तियों के लिए, जो लगातार अपने चारों ओर के वातावरण से प्रभावित होते रहते हैं, समय-समय पर शुद्धिकरण आवश्यक है। वरना, धीरे-धीरे एक अवांछित ठहराव आने लगेगा।

ये कोई बड़ी बात नहीं हैं। लेकिन ये छोटी-छोटी बातें लोगों को सुस्त कर सकती हैं। ऐसा लोगों के साथ अक्सर होता रहता है। आप नहीं जानते लेकिन इसे आपने बहुत-सी जगहों से ग्रहण किया होगा। जो भोजन आप खाते हैं, जिन जगहों पर आप जाते हैं, जिस हवा में आप साँस लेते हैं, यह कहीं से भी आ सकता है। यह कहीं भी आ सकती है, जहाँ आप गए थे वहाँ के वातावरण में या किसी निश्चित स्थान में, इत्यादि। यह जीवन को मुश्किल बना सकती है क्योंकि यह जड़ता लाती है। यह अतिरिक्त भार है, बस इतना ही। लेकिन अगर आप पर बस थोड़ा-सा ही अधिक भार हो तो आप देखेंगे कि अचानक सब कुछ बहुत ही अधिक प्रयासपूर्ण हो जाएगा। तो सबसे अच्छा उपाय यही है कि आप इन प्रभावों की समय-समय पर शुद्धि करते रहें।

पारम्परिक रूप से, इस समाज में कुछ व्यवस्थाएँ थी जहाँ लोग समय-समय पर शुद्धिकरण से गुजरते थे। भारत में सभी पवित्र स्थानों पर नदी में डुबकी लगाने का यही महत्त्व है। आप जाकर नदी के बहते पानी में तीन बार डुबकी लगाएँ तो यह एक बड़ा शुद्धिकरण होता है। यह एक कारण है कि लोग नदियों में नहाते थे। इन प्रभावों से स्वयं से शुद्ध करने का यह एक सरल तरीका है। आज आप नदी में डुबकी नहीं लगा सकते क्योंकि बहती हुई नदियाँ बहुत कम रह गई हैं, और जो हैं वे बहुत अधिक प्रदूषित हो चुकी हैं। लेकिन अगर कोई अच्छी नदी है और आप उसमें रोज नहाते हैं, तो यह हर

चीज को धो लेने का यह आसान तरीका है। यह क्लेश नाशन है, जहाँ अग्नि की जगह शुद्धि के लिए आप पानी का इस्तेमाल कर रहे हैं। एक फव्वारा इसमें अधिक प्रभावी नहीं है क्योंकि, अधिकांश जगहों में फव्वारे में पानी की मात्रा इतनी नहीं होती जिससे कोई अंतर पड़ सके। कम से कम एक मग या बाल्टी का इस्तेमाल करना बेहतर है। तीर्थकुण्ड ईशा योग साधना केन्द्र में स्थापित पवित्र जलाशय भी जरूर यह काम करेगा। बरसात भी एक अच्छी क्लेश नाशन है। बरसात का पानी आपकी ऊर्जा में चमत्कारिक प्रभाव डाल सकता है। ये कुछ ऐसे साधारण उपाय हैं जिनके द्वारा अनजाने ही जमा हो जाने वाले छोटे-मोटे नकारात्मक प्रभावों से व्यक्ति स्वयं को बचा सकता है।

आत्महत्या पर एक नज़र

आत्महत्या मृत्यु का एक वर्गीकरण है जो हमारे समय की एक बढ़ती महामारी बन गई है, जबकि हमारी पीढ़ी के लोगों के पास मानव इतिहास में सबसे अधिक आराम और सुविधा उपलब्ध है। आज बहुत से अध्ययन बताते हैं कि आबादी के एक बड़े हिस्से ने कम से कम एक बार जीवन में आत्महत्या का विचार किया है। इनमें से भी बहुत से लोगों ने कम से कम एक बार आत्महत्या करने की कोशिश की है। वर्तमान में, संयुक्त राज्य अमेरिका में हर साल हत्या और युद्ध दोनों को मिलाकर मरने वालों की संख्या से आत्महत्या से मरने वालों की संख्या अधिक है। और आज के समय में, लोग सड़क हादसों से अधिक आत्महत्या से मर जाते हैं। यह इस बात का संकेत है कि मानवता के साथ गंभीर समस्या में हैं। तो क्या इतने अधिक लोगों में आत्महत्या करने की भावना के पीछे कोई कारण है? वैसे, देखा जाए तो आत्महत्या करने वाले को कोई अच्छा या बुरा कारण नहीं होता। उन्हें एक कारण चाहिए, बस। और अगर आप चाहें तो ऐसा करने के लिए किसी भी कारण को पर्याप्त रूप से अच्छा मान सकते हैं। अगर आप चाहें तो आज सुबह से लेकर शाम तक, आप सैकड़ों कारण ढूँढ़ सकते हैं कि आपको क्यों जीवित नहीं रहना चाहिए। मैं हमेशा जीने का कारण खोजता रहता हूँ। वरना मेरे पास कोई कारण नहीं है।[4] तो यह बड़े या छोटे कारण का सवाल नहीं है; बस इतना ही है कि लोग कोई न कोई कारण ऐसा खोज लेते हैं जो उन्हें ऐसा करने की ओर प्रोत्साहित में काफी होता है।

अधिकतर लोगों में आत्महत्या की भावना इसलिए आती है क्योंकि जीवन उस तरह घटित नहीं हो रहा है जैसे वे चाहते हैं। चिकित्सकीय कारणों को छोड़कर, बाकी अधिकतर मामलों में ऐसा अवास्तविक अपेक्षाओं के कारण होता है। आप इस सृष्टि

---

4   सद्गुरु यहाँ अपनी उस दुविधा की बात कर रहे हैं जिसमें अपनी कर्म की संरचना को पूरी तरह से ढहाने के बाद उन्हें अपने शरीर को रखने का प्रयास करना पड़ता है।

में एक छोटे से कण मात्र हैं। अगर आप संपूर्ण सृष्टि के सन्दर्भ में अपने आप को देखें तो आप कुछ भी नहीं हैं। अगर आप समझते हैं कि आप कुछ भी नहीं हैं तो जिस हद तक भी चीजें हो रही हैं उनसे आपको प्रसन्नता ही होगी। आप बहुत खुश होंगे क्योंकि जब आप कुछ नहीं हैं जब आप कुछ नहीं जानते और इस विशाल अस्तित्व के विस्तार में आप इस पृथ्वी पर बैठे हैं तो कम से कम आप साँस ले रहे हैं, आपका दिल धड़क रहा है, आप जिंदा हैं और सब कुछ ठीक चल रहा है। आप कुछ नहीं जानते, न ही आप इसे नियंत्रित कर सकते हैं, लेकिन फिर भी यह अच्छी तरह हो रहा है। अब अगर आप जीवन के वास्तविक सन्दर्भ को समझें तो आप केवल जीवित होने पर ही बहुत प्रसन्न रहेंगे।

एक बार ऐसा हुआः एक सेल्समैन ने एक नए आवासीय इलाके में जाकर प्रयास करने का फैसला किया। उसने सोचा कि वहाँ कोई दूसरा सेल्समैन नहीं गया होगा क्योंकि वह एक नया आवासीय विकास था। वह वहाँ जाने वाला सबसे पहला सेल्समैन बनना चाहता था। तो उसने वहाँ सबसे पहले घर पर जाकर दस्तक दी। एक महिला ने आकर दरवाजा खोला। उसे बोलने का कोई भी मौका दिए बिना वह घर में घुस गया, अपने बैग में से बहुत-सा गाय का गोबर निकाला और नई दरी पर डाल दिया। फिर वह बोला, 'देखिए! मेरे पास एक करामाती वैक्यूम क्लीनर है। इसे देखिए, मैं इससे दरी को बिना किसी दुर्गन्ध के साफ कर दूँगा। अगर मैं ऐसा नहीं कर पाया तो इस गोबर को खुद खाऊँगा।' महिला ने पूछा, 'क्या तुम उसके साथ थोड़ा-सा टमाटर का सॉस लेना पसन्द करोगे? बात यह है कि अभी इस घर में बिजली नहीं आई है।' अगर आपको लगता है कि आपके जीवन में कोई बुरा सौदा हुआ है, और आपको इसके कारण आत्महत्या कर लेनी चाहिए, तो असल में आपको बस थोड़े से टमाटर के सॉस की आवश्यकता है। सिर्फ गोबर खाना हो तो आप मरने का विचार करेंगे? टमाटर की चटनी के साथ इसका स्वाद बढ़ जायेगा है, और यह आपको जीवन जीने के लिए प्रेरित करेगा। बहुत से लोग हैं जिनके जीवन में मनचाहा नहीं हो रहा है, लेकिन वे आत्महत्या का विचार नहीं करते क्योंकि उन्हें उम्मीद है कि कल चीजें बेहतर होंगी। सड़क पर गरीब आदमी लॉटरी का टिकट खरीदता है, इसलिए उसे कम से कम एक महीना जीवित रहना होगा, जब तक कि उसका परिणाम नहीं आ जाता। उसे उम्मीद है कि जब वह लॉटरी जीतेगा तो वह एक राजा की तरह रहेगा। परिणाम के आ जाने के बाद, वह अगली लॉटरी का इंतजार करता है। इसी तरह वह चलता रहता है। वह आत्महत्या के बारे में नहीं सोचता। लेकिन अमीर आदमी के लिए लॉटरी पहले ही लग चुकी है, और उसे पता है इससे कोई ज़्यादा फर्क नहीं पड़ता यह एक गहरी निराशा का भाव है। ऐसा नहीं है कि आपको जानबूझकर आत्महत्या

के कारण खोजने हैं। आपका रुझान मृत्यु की ओर इसलिए हो जाता है क्योंकि आपके जीवन का अनुभव अप्रिय हो गया है। यह स्वाभाविक है कि आप हर उस चीज से बचने की कोशिश करेंगे जो अप्रिय है। इसीलिए, जब तक कि आप अपने जीवन अनुभव को बहुत मधुर नहीं बनाते, आप स्वाभाविक रूप से मृत्यु-उन्मुख बन जाएंगे, जीवन-उन्मुख नहीं।

मूल रूप से देखा जाए तो लोग आत्महत्या इसलिए करना चाहते हैं क्योंकि वे यह नहीं जानते कि अपने जीवन को कैसे संभालें। यह जीवन की किसी अस्थायी स्थिति के लिए एक स्थायी समाधान खोजने जैसा है। बस इतनी-सी ही बात है। या तो वे यह नहीं जानते कि अपनी भावनाओं, विचारों, शारीरिक विकारों, आर्थिक या पारिवारिक स्थिति को कैसे संभालें कुछ ऐसा है जिसे उन्हें संभालना नहीं आता। जब आप ऐसी स्थिति में फँसे होते हैं तो आपकी समझ के अनुसार आपको दुनिया ही समाप्त होती दिखाई देने लगती है। सार यह है कि आप नहीं जानते कि अपने जीवन के पहलू विशेष को कैसे संभालें। तो आप सोचते हैं अपने जीवन को समाप्त कर लेना ही सबसे अच्छा उपाय है। यह अज्ञानता है, जीवन की प्रकृति के बारे में अज्ञानता।

मेरी समझ में, मैं कहूँगा कि लगभग 5 प्रतिशत लोग ऐसी लाइलाज बीमारियों की वजह से आत्महत्या कर लेते हैं जिनके बारे में उन्हें यह नहीं पता कि वे उन्हें कैसे संभाला जाए। ऐसी बीमारी को सहना इतना मुश्किल हो जाता है कि उन्हें मर जाना ही बेहतर लगने लगता है। दूसरे 2-3 प्रतिशत लोग इसलिए आत्महत्या कर लेते हैं क्योंकि वे विषम परिस्थितियों में फँस जाते हैं या तो वे युद्ध क्षेत्र में होते हैं, या दुश्मन के हत्थे चढ़ जाते हैं, या किसी ऐसी जगह जहाँ उनका भयंकर शोषण होता है और वहाँ से निकलने का और कोई रास्ता नहीं होता। दूसरे 10-15 प्रतिशत वे लोग हो सकते हैं जो आर्थिक कारणों से आत्महत्या करते हैं, क्योंकि वे ऐसे समाज में खुद को फँसा हुआ पाते हैं, जो पैसों से संचालित है। हो सकता है कि उनका एक परिवार हो और उनके पास पैसे न हों, और उन्हें कुछ नहीं सूझ रहा कि वे क्या करें। उन्हें लगता है कि वे सड़क पर आ जाएंगे और उनका जीवन घोर संकटों से भर जाएगा। वे जीवनयापन के लिए अपने आप को किसी बेघर इंसान की तरह सड़क पर धक्के खाते और भीख माँगते हुए नहीं देख सकते; वे उस अपमान के बारे में सोच भी नहीं सकते। तो वे आत्महत्या कर लेते हैं।

तो आत्महत्या करने वालों में से लगभग 20 प्रतिशत लोगों से करुणा के साथ बर्ताव करने की आवश्यकता है क्योंकि जीवन किसी न किसी रूप में उनके साथ क्रूर रहा है। ये वो लोग हैं जिनका दुनिया उत्पीड़न कर रही है। यह दुनिया उनके प्रति करुणा नहीं रखती, और वे किसी प्रकार की तोड़ डालने वाली परिस्थितियों में फँस

जाते हैं। बदनसीबी से, वे अपना जीवन समाप्त करने का फैसला कर लेते हैं, क्योंकि अगर वे जीवित रहे तो यह और भी बुरा होगा। ऐसे लोगों के लिए, उनकी बजाए दुनिया को ठीक होने की आवश्यकता है। इस दुनिया में बहुत अधिक सुधार की आवश्यकता है क्योंकि कभी-कभी लोग एक दूसरे के प्रति अत्यधिक क्रूर हो जाते हैं।

लोगों का छोटा वर्ग ऐसा भी है जो अपने जीवन को बिना किसी कारण बस ऐसे ही खत्म कर देना चाहता है। उनके पास आज करने के लिए कुछ और नहीं है, इसलिए वे इसे खत्म कर देना चाहते हैं। मेरा यकीन मानिए, ऐसे लोग हैं! मैं ऐसे जीवन के बारे में बात कर रहा हूँ जो बस समाप्त हो जाना चाहता है। उन्हें कोई कष्ट, कोई तनाव, कुछ नहीं है। बस उन्हें लगता है कि उन्हें मर जाना चाहिए। मैं बिना किसी आशंका के कह सकता हूँ कि लगभग 2-5 प्रतिशत लोगों में ऐसी प्रवृत्ति है। यह एक दूसरी प्रकार है।

फिर ऐसे लोग हैं जो आध्यात्मिक मार्ग पर हैं और सोचते हैं कि उन्हें जीवन समाप्त कर लेना चाहिए। जब कोई आध्यात्मिक रूप से विकसित हो रहा होता है तो ऐसा एक समय आता है, क्योंकि आपकी बुद्धि आपको होने वाले अनुभव की गहराई को समझने में सक्षम नहीं हो पाती। मान लीजिए, आज आप ध्यान में बैठें और आपको लगा कि आप पूरी तरह देह-हीन हो गए हैं। तब आपके मन में पहली बात यह आएगी, 'शायद मैं जाने के लिए तैयार हूँ।' वह इसका कुछ ऐसा अर्थ लगाने की कोशिश करेगा, 'बस बहुत हुआ, सब कुछ हो चुका है।' सच में! योग केन्द्र में ऐसे लोग हैं जो मुझे हर छह महीनों में लिखते रहते हैं, और कहते हैं, 'मुझे लगता है कि मैं जाने के लिए तैयार हूँ।' लेकिन जब मैं उन्हें एक समय का भोजन खाने से मना करता हूँ तो वे इसके लिए भी संघर्ष करते दिखाई पड़ते हैं!

इन लोगों को समझना चाहिए कि हो रही घटनाओं की उनकी व्याख्या पूरी तरह गलत है क्योंकि उनकी बुद्धि में अभी इतनी क्षमता विकसित नहीं हुई है जो उनके भीतर होते परिवर्तनों को समझ सके। थोड़े से देह से परे अनुभव होने के बाद आपका मन या आपकी बुद्धि कहने लग सकती है, 'अरे, मैं तो मरने के लिए तैयार हूँ।' नहीं, आप मरने के लिए तैयार नहीं हैं। केवल इतना है कि भौतिकता से परे के हर अनुभव के लिए आप सोचते हैं कि यह मृत्यु है। आप यह नहीं समझ पाते कि अस्तित्व का एक पूरा आयाम है जो शरीर से परे है, जो जीवित के लिए है, मृत के लिए नहीं। यह एक अलग बात है कि दुर्भाग्यवश, अधिकतर लोग उस आयाम में मृत्यु के बाद ही पहुँचते हैं। लेकिन बुद्धि की प्रकृति कुछ ऐसी है 'ठीक है, अगर यह जीवन नहीं है तो और क्या है? यह निश्चित रूप से मृत्यु ही होगी।' इसलिए इन लोगों को लगता है कि उन्हें मर जाना चाहिए।

आध्यात्मिक मार्ग पर चलने वाले जो व्यक्ति जब-तब यह सोचते हैं कि उनका समय आ गया है, उन्हें ठोस मार्गदर्शन की आवश्यकता होती है। यही कारण है कि आध्यात्मिक प्रक्रियाओं को हमेशा दृढ़ता से एक गुरु की देखरेख में ही संचालित किया जाता था। आपकी आध्यात्मिक प्रक्रिया आपकी नहीं है, आपके गुरु की है। यह इक्कीसवीं सदी में डराने वाला विचार हो सकता है, लेकिन आध्यात्मिक साधकों में उतना अनुशासन बनाए रखने की आवश्यकता है जिससे वे अपने विकास की प्रक्रिया में किसी गलत निष्कर्ष के कारण मुसीबत में न पड़ जाएँ। आपको जान लेना चाहिए कि अगर आपको जीवन का उचित अर्थ नहीं मिल पा रहा है, तो यह स्पष्ट है कि आपमें पर्याप्त समझ नहीं है। यह समझने के बजाए कि 'मुझमें समझ की कमी है', आप यह समझ रहे हैं कि जीवन का कोई अर्थ नहीं निकल रहा।

बाकी व्यक्तियों में से, ऐसे लोग हैं जो खुद को इसलिए मारना चाहते हैं क्योंकि आत्महत्या की ओर उनका रुझान है। वे जीवन को समाप्त कर देना चाहते हैं, भले ही ऐसा करने के लिए उनके जीवन में कोई बाहरी कारण न हो। अगर आप ध्यान दें तो पाएंगे कि आबादी का एक छोटा हिस्सा हमेशा ही आत्महत्या करना चाहता है, फिर चाहे आप कुछ भी करें इससे कोई फर्क नहीं पड़ता। चाहे आप उन्हें कैसी भी सीख दें या उनका जो भी इलाज करें, वे बार-बार आत्महत्या करने की ओर ही बढ़ेंगे। इन लोगों के, किसी कारणवश, कार्मिक सॉफ्टवेयर में कोई खराबी आ गई होती है, और यह बार-बार शट-डाउन (बंद होने) का प्रयास करता रहता है। यह लोगों का एक अलग प्रकार है। बाकी लोगों के लिए, आत्महत्या करने की इच्छा मूल रूप से उनकी अज्ञानता में निहित है।

आमतौर पर, मुश्किल हालातों में कठोर संघर्ष करने वाले लोग कभी आत्महत्या नहीं करेंगे। भले ही हजारों चीजें उनके मन के विपरीत हों, वे और कठिन परिश्रम करेंगे, लेकिन आत्महत्या नहीं करेंगे। लेकिन जो लोग एक जगह बैठे रहते हैं और सोचते हैं कि जीवन उनके अनुसार नहीं घट रहा, वे आत्महत्या कर लेना चाहते हैं क्योंकि वे उसी के बारे में सोचते रहते हैं। शायद, आपके जीवन की तुलना में मेरे जीवन में ज़्यादा चीजें ऐसी हैं जो उस तरह नहीं हो रहीं जैसे मैं चाहता हूँ। लेकिन मैं उनके बारे में नहीं सोचता क्योंकि मेरे पास करने के लिए और हजारों दूसरी चीजें हैं। अगर आप एक कमरे में अकेले बैठकर यही सोचते रहें कि कितनी चीजें आपके अनुसार नहीं हो रहीं तो आपके मन में अपने जीवन को खत्म कर लेने का ही विचार आएगा। यह ऐसे ही होता है।

हालांकि, अधिकतर लोगों के लिए, अपने जीवन को समाप्त कर लेने की बात बस उनके द्वारा किया जाने वाला नाटक भर है। कृपया इसे समझिए, जब भी आपके

मन में मरने का ख्याल आता है, तो ऐसा इसलिए होता है क्योंकि जीवन वैसा नहीं घट रहा जैसा आप चाहते हैं। आज, अगर जीवन आपके मन के अनुसार नहीं घटित होता तो आप उसे समाप्त कर देना चाहते हैं। लेकिन अगर अगली सुबह चीजें थोड़ी बेहतर हो जाए, तो आप भविष्य की योजना बनाना शुरू कर देंगे, अगली सुबह, अगर चीजें ठीक से चलने लगें, तो आप इतना लम्बा जीना चाहते हैं कि अपने तीसरे बच्चे के सपने देखने लगते हैं। यहाँ तक कि पोते-पोतियों के बारे में सोचने लगते हैं। लेकिन जब सब कुछ निराशाजनक दिखाई देता है, आप आत्महत्या की सोचते हैं। यह एक आत्मघाती खेल है जो आप अपने मन में खेल रहे हैं; इसका कोई अस्तित्वगत आधार नहीं है।

आत्महत्या करने वाले की मदद

अगर आप इसे ईमानदारी से देखें, तो चीजों के इतने विशाल पैमाने पर इस अस्तित्व में आपका कुछ भी महत्त्व नहीं है। हवा में एक हजार बुलबुले उड़ें या 999, कौन सा बड़ा अंतर है? मेरे और आपके जैसे कितने मनुष्य आए और चले गए। लेकिन कुछ लोग सोचते हैं कि उनके पास ईश्वर-प्रदत्त उद्देश्य है और ईश्वर ने उन्हें विशेष रूप से किसी चीज के लिए बनाया है। अब, जब चीजें उस तरह से नहीं होतीं तो वे घबरा जाते हैं, क्योंकि उनके स्वयं के बारे में बहुत महान विचार थे, वे अपनी विचार प्रक्रिया में बहुत ज़्यादा महत्त्वपूर्ण हो गए थे। जब आप अपनी ही विचार प्रक्रिया में बहुत अधिक महत्त्वपूर्ण हो जाते हैं तो आप किसी तानाशाह जैसे हो जाते हैं, अति आत्मविश्वासी और आडंबरपूर्ण। जब एक संकोची व्यक्ति ऐसी परिस्थिति में आता है, तो वह उसी कारण से दुखी होता है। तो दोनों में, कौन ज़्यादा मूर्ख है? मुझे लगता है कि दुखी व्यक्ति अधिक मूर्ख है। लेकिन एक तानाशाह अधिक पीड़ा दे सकता है। दुखी व्यक्ति स्वयं को ही कष्ट पहुँचाएगा, लेकिन आडंबरयुक्त व्यक्ति बाकी सबको दुखी करेगा। अरे, मैं आपकी मूर्खता के लिए आपको ताड़ना नहीं दे रहा, क्योंकि मूर्ख शब्द का सरल-सा अर्थ है सुन्न हो जाना। जब कोई अपने मानसिक दायरे में होने वाले खेल से स्तब्ध हो जाता है, तो वह जीवन प्रक्रिया का जबरदस्त मूल्य खो देता है। तो, अपने ही मनोवैज्ञानिक खेल से चकित मत होइए।

जो लोग आत्महत्या करना चाहते हैं उनमें से अधिकतर ऐसा इसलिए नहीं करते क्योंकि दुनिया उन्हें यातना दे रही है; बल्कि इसलिए करते हैं क्योंकि वे अपने विचारों और भावनाओं के माध्यम से खुद को ही यातना दे रहे होते हैं। वे ही स्वयं अपने आप को इस ओर धकेल देते हैं। इसका सरल-सा कारण यह है कि उन्होंने अपने अस्तित्व की मूल प्रकृति और अपनी जीवन प्रक्रिया के बारे में जानने की कोई चेष्टा

नहीं की है। उनके द्वारा बुने गए मूर्खतापूर्ण छोटे-छोटे विचार और भावनाएँ अपने आप में एक दुनिया बन जाते हैं। और जब उनकी सृष्टि ढहने लगती है तो वे सोचते हैं कि उन्हें अपना जीवन समाप्त कर लेना चाहिए। ऐसा केवल इसलिए है कि उनमें 'असतो मा सद्गमय' का भाव नहीं आया है। वे 'असत' में ही रहते हैं; उन्होंने अंधकार में जीने का फैसला कर लिया होता है। आप उन्हें चाहे कुछ भी दें, इससे उन्हें कोई फर्क नहीं पड़ता, वे उसे भी अंधकार में बदल देंगे, एक समस्या बना देंगे। आप उन्हें आध्यात्मिक प्रक्रिया दीजिए, वे उसे भी एक समस्या का रूप दे देंगे। उनकी शादी कर दीजिए, वे उसे समस्या बना देंगे। उन्हें शिक्षा दीजिए, वह भी समस्या बना दी जाएगी। उन्हें अशिक्षित छोड़ दीजिए, वह भी समस्या का रूप ले लेगी। गरीबी, धन-दौलत और हर चीज को वे एक समस्या बना देंगे क्योंकि वे अज्ञानता में हैं। यही सत्य है।

इस संदर्भ में अज्ञानता का अर्थ यह नहीं कि आप परमाणु विज्ञान के बारे में नहीं जानते। यहाँ अज्ञानता का अर्थ है कि आप अपने जीवन की प्रकृति के बारे में कुछ नहीं जानते। यहाँ आप अपने जीवन की प्रकृति की कोई खोज-बीन किए बिना ही जीने की कोशिश कर रहे हैं। आप अपने चारों ओर बुने गए अपने ही विचारों, भावनाओं, अपनी छोटी-छोटी मूर्खतापूर्ण बातों में ही व्यस्त हैं। आप अपनी अलग ही दुनिया में जी रहे हैं। आपको समझना चाहिए कि आपकी अलग दुनिया जैसी कोई चीज नहीं है। आपकी दुनिया एक भ्रम है। तो इसलिए मैं सबको आशीर्वाद देता हूँ कि जितनी जल्दी आपका भ्रम टूटे उतना ही आपके लिए अच्छा है। लोग कहते हैं, 'अरे, मेरा भ्रम टूट गया,' मानो यह कोई त्रासदी हो। नहीं, यह एक महान संभावना है। मोहभंग के साथ आपके सारे भ्रम नष्ट हो जाते हैं। क्या यह बढ़िया नहीं है? मोहभंग के लिए दूसरा सकारात्मक शब्द है ज्ञानोदय। ज्ञानोदय तब होता है जब भ्रम की दीवार ढह जाती है। इस समय, आप कुछ विशेष भ्रमों को मन में स्थान देते हैं और कुछ को आप ढहा देते हैं। अगर सब कुछ ढह जाए तो आप बुद्ध हो जाएंगे। अगर आप अपने मोहभंग को आनंदपूर्वक संभालना सीख लेते हैं, तो आत्महत्या का कोई विचार नहीं आएगा।

आत्महत्या की धमकी देने वाले बहुत से लोग केवल ध्यान आकर्षित करने के लिए ऐसा करते हैं। कभी-कभी यह गलत मोड़ ले लेता है उन्होंने तो बस हर किसी को परेशान करने की कोशिश की थी लेकिन गड़बड़ हो गई होती है। यह एक भयानक बात है। यह बात भी सही है कि आत्महत्या करने से पहले लोग जिस स्थिति से होकर गुजरते हैं, वह आने वाली मृत्यु से बहुत बुरी होती है। तो अगर कोई आत्महत्या करना चाहता है तो लोग सोचते हैं, 'अरे, उन्हें हमदर्दी की जरूरत है।' लेकिन अगर आप हमदर्दी दे देते हैं, तो हर बार छोटी-सी मुश्किल आने पर लोग खुद को मारने

की कोशिश करेंगे। किसी भी छोटी कठिनाई से सामना होने पर वे सोचेंगे कि यह सबसे कठिन स्थिति है और वे स्वयं को समाप्त करना चाहेंगे। जिस पल आप इसे सामाजिक बात स्वीकृति देंगे बहुत से लोग आत्महत्या की सोचेंगे। सबसे अच्छा यही है कि लोग इस बात को समझें: आपने इस जीवन को नहीं बनाया है, तो आपको इसे खत्म करने का भी कोई हक नहीं है चाहे यह आपका जीवन हो या किसी और का। यह सरल-सी बात है। जीवन में कई परिस्थितियाँ आती हैं; कुछ ठीक होती हैं, कुछ ठीक नहीं होती, कुछ भयानक होती हैं। फिर भी, इससे आपको किसी जीवन को समाप्त करने का अधिकार नहीं मिल जाता, क्योंकि आप जीवन का निर्माण करने में समर्थ नहीं हैं। आत्महत्या करने की इच्छा करने वाले लोगों को कभी-कभी सहानुभूति की आवश्यकता होती है, लेकिन अधिकतर उन्हें थोड़े इलाज की और सावधानीपूर्वक प्रताड़ना की आवश्यकता होती है।

एक बार ऐसा हुआः एक स्थानीय कॉलेज में एक जवान लड़का और लड़की एक दूसरे के प्रेम में पड़ गए। उनका प्रेम बहुत ही भावुक और गहरा हो गया। उसके बाद, जैसा कि होता है, पारम्परिक परिवारों से होने के कारण उनके माता-पिता बीच में आ गए क्योंकि वे भिन्न जातियाँ से थे। उनसे कहा गया, कि अगर तुम एक होते तो हमारा मारा मुँह देखोगे। अक्सर, माता-पिता यह बात बोलते है। यह बस एक धमकी है; वे मरेंगे नहीं। अगर परिवार वाले विरोध न करें तो अधिकतर प्रेम-संबंध आप बिखर जाएंगे। लेकिन जिस पल परिवार इनका विरोध करते हैं, यह एक मुद्दा बन जाता है। मानो वे किसी अन्याय के खिलाफ लड़ रहे हों और लोगो को उनका समर्थन करना चाहिए। तो यह किस्सा भी बढ़ता गया और समाज में बदनामी का कारण बन गया। जब ऐसा हुआ तो प्रेमी जोड़े ने सोचा कि ये सारी परेशानी उनके ही कारण है, इसलिए उन्होंने फैसला किया कि वे अपने जीवन का अन्त कर लेंगे। ऐसा सोचकर वे वेल्लियांगिरि पर्वत पर चले गए।

इस पर्वत की चोटी पर एक स्थान है जहाँ आप देह त्याग कर सकते हैं। वहाँ से, 700-800 फीट की निर्बाध खाई है जो बीच में बिना किसी चीज को छुए व्यक्ति को तेजी से नीचे ले जाती है और पत्थरों पर गिरते ही उसके चीथड़े उड़ जाते हैं। कुछ लोगों ने जागरुक होकर अपने शरीरों को छोड़ा है जबकि कुछ गिरकर मर गए हैं। तो लड़का और लड़की चोटी पर पहुँच गए और हाथों में हाथ पकड़कर वहाँ खड़े हो गए। वे बस कूदने ही वाले थे कि लड़की बोली, 'राजू, मुझे बहुत डर लग रहा है। पहले तुम कूदो।' (पता नहीं क्यों हर रूमानी फिल्मों में उस मूर्ख का नाम राजू ही होता है!) लड़का पूरे आवेग में था, इसलिए वह बोला, 'आओ, मेरा हाथ पकड़ो और कूद जाओ।' वह बोली, 'नहीं, तुम पहले जाओ, उसके बाद मैं आऊँगी। मैं ठीक तुम्हारे

पीछे रहूँगी।' लड़के ने बहुत सारी हिंदी फिल्में देखी थीं, इसलिए वह कूद गया। लड़की किनारे पर खड़ी होकर चिल्लाई, 'राजू, मैं तुमसे प्यार करती हूँ!' उसके बाद वह बहुत व्यावहारिक ढंग से सोचने लगी, 'अब तो राजू चला गया है। मेरा प्यार चला गया है। सारी समस्या चली गई है। जब समस्या ही समाप्त हो गई तो एक और जीवन को बर्बाद क्यों किया जाए।' तो वह नीचे चली आई, और क्योंकि वह घर वापस नहीं जा सकती थी इसलिए वह ईशा योग केन्द्र में आकर रहने लगी। बहुत से लोगों के लिए, जो आत्महत्या करने के कगार पर पहुँच जाते हैं, उनके लिए केवल एक पल का ध्यान भंग ही इस कदम को रोकने के लिए काफी होता है। अधिकतर लोग जो इस एक पल से किसी तरह उबर गए, वे काफी लम्बे समय तक जिए।

जो लोग सच में आत्महत्या करना चाहते हैं, वे आमतौर पर चुप हो जाते हैं। योग परम्पराओं में वे कहते हैं: अगर कोई व्यक्ति किसी कमरे में दिया जलाए बिना या बिना बिजली की रोशनी के अंधेरे में अकेला बैठा है तो या तो वह आत्महत्या करने वाला है या फिर एक योगी बनने वाला है। दोनों एक तरह से आपस में जुड़े हैं। 'मैं एक योगी बन गया' का अर्थ है, एक तरह से सचेतन रूप से मैंने स्वयं को मार दिया। यहाँ तक कि जो व्यक्ति आत्महत्या करता है उसकी भी शरीर को मारने की कोई इच्छा नहीं होती। वह अपने आप को मारना चाहता है। क्योंकि उसे पता नहीं कि इसे कैसे किया जाए, क्योंकि वह सोचता है कि यह शरीर ही वह है, तो वह शरीर को फाँसी लगा देता है। वरना, उसने केवल अपने व्यक्तित्व को फाँसी लगाई होती। इसलिए अगर कोई आँखें खोलकर, बिना रोशनी के अकेला बैठता है तो अधिकांशतः वह आत्महत्या की ओर बढ़ रहा होता है। अगर ऐसा दुनिया में होता है तो शायद 1 प्रतिशत मौकों पर, लेकिन अगर ऐसा योग केन्द्र में होता है तो हम कहेंगे कि 10 प्रतिशत मौकों पर, वे किसी दूसरी चीज की ओर बढ़ रहे हैं जो एक ज़्यादा बड़ी संभावना है। हो सकता है कि वे सम्यमा साधना कर रहे हों!

अब, ऐसे लोगों के लिए क्या किया जा सकता है जो लम्बे समय से आत्महत्या का विचार कर रहे हों? पश्चिमी विज्ञान आत्मघाती प्रवृत्तियों की ओर केवल मनोविज्ञान और शरीर-विज्ञान की दृष्टि से देखता है। हालांकि स्थिति के साथ उनके ये प्रयत्न बेहतर हो रहे हैं लेकिन वे स्वाभाविक रूप से उनकी सोच इन्हीं दो दायरों में सीमित हैं। योग में, शरीर-विज्ञान और मनोविज्ञान किसी अधिक गहरे आयाम का परिणाम दिखते हैं। लेकिन केवल परिणाम का इलाज करना बीमारी को छोड़कर लक्षणों का इलाज करने जैसा है। योग में, आत्मघाती प्रवृत्ति को व्यक्ति के ऊर्जा स्तर पर भटकाव या विकृति का परिणाम माना जाता है। ऐसे लोगों की ऊर्जाओं को एक खास स्तर तक उन्नत से बनाकर उन्हें इस स्थिति से बाहर निकाला जा सकता है। ऐसा करने के लिए साधन

और पद्धतियाँ मौजूद हैं, और अधिकतर लोगों को इससे बाहर निकाल पाना संभव है। समय, ऊर्जा और व्यवस्था ही इसके लिए अवरोध हैं।

यदि उनकी ऊर्जाओं को तुरंत उन्नत बनाना संभव नहीं है, तो अगला सबसे अच्छा काम जो आप कर सकते हैं वह यह कि आप खुद को उल्लासपूर्ण बना सकते हैं। क्या यह सच नहीं है कि अगर आप किसी नीरस कार्यालय में उदास से बैठे हों और उठकर किसी सुंदर बगीचे में चले जाएँ तो सब कुछ बहुत अच्छा लगने लगता है और आप का मन प्रफुल्लित हो जाता है? तो कृपया उनके लिए सुंदर फूल बनिए। थोड़ी-सी सुगंध और सुंदरता के साथ उदासी मन और दुखी लोग भी दुःख से ऊपर उठ सकते है। अवसाद, दुख और खुशी सभी संक्रामक हैं। आपको तय करना है कि आप दुनिया को किस चीज से संक्रमित करना चाहते हैं। अगर आप प्रफुल्लित हैं और वे लोग आपके साथ हैं, तो यह बहुत बड़ा बदलाव ला सकता है। लेकिन आज आपकी मदद सिर्फ एक फोन लाइन तक सीमित है। एक हद तक यह भी सहायता कर सकता है।

जैसा कि मैंने पहले कहा था, आप इस जीवन को दे नहीं सकते। तो आपको इसे समाप्त करने की बात भी नहीं करनी चाहिए, जब तक कि एक अलग प्राणी के रूप में आपकी पहचान खत्म न हो गई हो और आप सृष्टि के स्रोत के साथ एक न हो गए हों। अगर आप साधना की उस पराकाष्ठा तक पहुँच गए हैं तो आप अपने शरीर को पूरी चेतना के साथ छोड़ सकते हैं। फिर आपको ऐसा करने की अनुमति है। लेकिन शरीर को क्षति पहुँचाकर या उसे किसी पेड़ से लटकाकर आपको ऐसा करने की अनुमति नहीं है। आपके मर जाने के बाद आपको किसी पेड़ के नीचे दफनाने में हमें कोई दिक्कत नहीं होगी, लेकिन किसी पेड़ से लटक जाना, न तो आपके लिए अच्छा है और न ही पेड़ के लिए। इसके अतिरिक्त, अगर आपके पास एक बड़ा ध्येय है तो जीवन चाहे एक अच्छा सौदा हो या बुरा, सब कुछ आपको उस परम कल्याण की ओर ले जाने की ओर है ।

अब, हर किसी का जीवन उनके लिए अनमोल है। ऐसा होना एक स्वाभाविक बात है। लेकिन अगर किसी ने उससे परे जाकर अपना जीवन मिटाने का प्रयास किया है, और अगर वह अब भी जीवित है तो मैं आत्महत्या के लिए दृढ़ता से से 'नहीं' कहूँगा। लेकिन अगर ऐसा हो चुका है, तो हमें उनके निर्णय का सम्मान करना चाहिए और इस बात को वहीं छोड़ देना चाहिए। सबसे अनमोल वस्तु होने के बाद भी अगर कोई अपना जीवन मिटाने का कड़ा कदम उठा चुका हो, तो चाहे यह कितना ही मूर्खतापूर्ण क्यों न लगे, हमें उनके फैसले का सम्मान करना चाहिए क्योंकि वह है जो है। लेकिन जो लोग जीवित हैं, उनके लिए यही कहूँगा कि आपको ऐसा करने का कोई हक नहीं है।

किसी व्यक्ति की कर्म संरचना के संदर्भ में, एक प्राणी के आध्यात्मिक विकास के संदर्भ में, आत्महत्या 100 प्रतिशत अनुचित है, इसमें कोई संदेह नहीं। आपको किसी भी परिस्थिति को, उसमें उलझन समझने की बजाए, एक कदम परम कल्याण की ओर बढ़ने की एक संभावना के रूप में देखना होगा। अगर आप हर स्थिति को एक सोपान की तरह देखते हैं तो आत्महत्या का प्रश्न ही नहीं उठेगा। अगर समाज में यह आध्यात्मिक प्रक्रिया सक्रिय हो जाती है, तो आत्महत्या मानसिक विक्षिप्तता के मामलों को छोड़कर, लगभग पूरी तरह खत्म हो सकती है। ऐसे लोग ऐसा कुछ कर सकते हैं क्योंकि उनकी गतिविधियाँ उनके नियंत्रण में नहीं होती।

आत्महत्या के परिणाम

आत्महत्या से मरना किसी व्यक्ति के लिए जाने का एक भयावह तरीका है। लेकिन जीवन के संदर्भ में, उसके बाद उनका क्या होता है, क्या इसमें कोई अंतर है? आपको पता होना चाहिए कि जीवन के संदर्भ में, चाहे वह आत्महत्या हो या स्वाभाविक मृत्यु या कोई हादसा या जो भी हो, यह मायने नहीं रखता कि आपने अपना शरीर कैसे नष्ट किया है। चाहे किसी ने अपना शरीर खाने की बुरी आदतों से नष्ट किया हो, या चाहे अधिक धूम्रपान से, या अधिक शराब पीने से, या किसी के प्यार में पड़कर दिल टूटने के कारण, या बस खुद को गोली मार ली हो — अस्तित्व को इससे कोई अंतर नहीं पड़ता कि यह कैसे हुआ। उन्होंने अपने शरीर को तब नष्ट किया जब प्रारब्ध कर्म अभी भी बाकी थे। जीवन का संबध केवल इससे है।

हालांकि, यह महत्त्वपूर्ण है कि किसी ने इसकी ओर कैसे कदम बढ़ाया। मान लीजिए, किसी ने अपनी मर्ज़ी से खुशी-खुशी धूम्रपान किया और मर गया। कोई दूसरा आर्थिक परेशानी से गुजर रहा था और बहुत अधिक दुःख से उसका दिल टूट गया और उसने स्वयं को मार लिया। यहाँ दोनों मौतें बहुत अलग हैं। धूम्रपान करने वाला बेहतर स्थिति में है क्योंकि उसने खुशी से ऐसा किया, जबकि दूसरे व्यक्ति ने दुखी होकर ऐसा किया। समाज इस बात को पसन्द नहीं करेगा कि एक धूम्रपान करने वाला, शराब पीने वाला या कोई दूसरा नशे से मरने पर उससे बेहतर स्थिति में हो, जो अंतहीन कड़ी मेहनत करता रहा है। लेकिन वैसा हो सकता है क्योंकि इस ओर कोई कैसे बढ़ता है यही महत्त्वपूर्ण है। अस्तित्व के पास कोई नैतिक मापदंड नहीं है। यह जीवन और जीवन के तत्वों के बारे में है, सामाजिक या मनोवैज्ञानिक धारणाओं के बारे में नहीं। आप सोच सकते हैं कि सामाजिक रूप से दूसरे दस लोगों से बढ़कर होना एक बढ़िया बात है, लेकिन जीवन इस तरह नहीं सोचता। आप इससे अपने लिए सुखद अनुभव का निर्माण कर रहे हैं, या दुखद अनुभव का — जीवन बस इस बात

में जुड़ा है और उसी के अनुसार ही परिणाम होते हैं।

आपको यह समझने की आवश्यकता है कि वह चाहे आत्महत्या हो या किसी और तरह की मृत्यु, आप केवल भौतिक शरीर को मार रहे हैं। आप केवल भौतिक शरीर को मार सकते हैं, लेकिन उसके साथ, आप बस अन्नमय कोष और मनोमय कोष के सचेतन हिस्से को ही समाप्त कर रहे हैं, बस इतना ही। आप इसे पूरी तरह खत्म नहीं कर सकते। उसके लिए, आपको शरीर के अधिक सूक्ष्म अंशों को विलीन करना होगा, जिसके लिए पूरी तरह कुछ अलग करने की आवश्यकता है। अब, अगर आप भौतिक शरीर को मारते हैं तो बाकी जीव, जो अभी भी कायम है, एक दूसरा भौतिक शरीर खोजने का प्रयास करेगा। इसकी अपना ही कार्य क्षेत्र और सीमाएँ होंगी — उसी के अनुसार वह नए शरीर का चुनाव करेगा। वह तत्काल भी चुन सकता है, या दस साल बाद चुन सकता है, या फिर यह सौ साल बाद भी चुन सकता है। यह अवधि कुछ कारणों पर निर्भर है। जब तक कुछ चीजें खत्म नहीं हो जातीं, यह अटका रहेगा; दूसरे शरीर की तलाश नहीं कर सकेगा। वह यहाँ-वहाँ इसलिए नहीं अटका रहता क्योंकि मृत्यु आत्महत्या से हुई या हादसे से या दिल के दौरे से, बल्कि इसलिए क्योंकि उसके आवंटित कर्म मृत्यु से पहले समाप्त नहीं हुए।

मान लीजिए कि आपकी आत्महत्या का समय इस प्रकार था कि आपके प्रारब्ध कर्म लगभग खत्म हो चुके थे, तो यह स्वाभाविक मृत्यु जितनी ही अच्छी है। अगर आप इसे उस स्तर पर देखते हैं, तो जहाँ तक इस शरीर का संबंध है, चाहे कोई आपको मार दे या आप खुद को मार लें, या अगर ज़्यादा खाने से आपको दिल का दौरा पड़ जाए, या जो भी हो — यह सब महत्त्व नहीं रखता। अगर आप ढंग से जीवन नहीं जीते, तो आपको कोई बीमारी लग जाएगी और आप मर जाएंगे। तो क्या इसको आत्महत्या कहेंगे? समाज इसे आत्मघाती कहता है। जब कोई शान से धूम्रपान करता है तो वे इसे 'आत्मघाती' कहते हैं, लेकिन आत्महत्या नहीं। लेकिन अगर आप पहाड़ से कूद जाएँ या खुद को फाँसी लगा लें, सिर्फ तभी हम इसे आत्महत्या कहते हैं। लेकिन ये केवल सामाजिक, तकनीकी और कानूनी शब्दावली हैं। जीवन के संदर्भ में, यही मायने रखता है कि आपने अपने प्रारब्ध कर्म समाप्त किए हैं या नहीं। यही एकमात्र कारक है जो मायने रखता है और तय करता है कि उसके बाद क्या होगा।

यह लगभग तीस साल पहले हुआ था। उस समय, मेरे पास नारियल और आम का बागान था जिसे मैंने एक सुदूर स्थान पर शून्य से शुरु किया था। मेरे खेत के सामने एक बहुत ही सुन्दर झील थी। सब कुछ अच्छा चल रहा था। वहाँ रहने के लिए कोई पक्का मकान नहीं था, इसलिए मैं जब भी वहाँ जाता एक टेन्ट लगा लेता और उसी में रहता। मुझे इस तरह रहना पसन्द था, यह अच्छा था। वे मेरे मोटरसाइकिल वाले

दिन थे। मेरे पास जो सहायक था, कभी-कभी वह मेरे लिए खाना बना देता था; दूसरे मौकों पर मुझे खाने के लिए पास के एक गाँव में एक छोटे से भोजनालय तक पाँच किलोमीटर मोटरसाइकिल पर जाना पड़ता था। एक सुबह, मैं मोटरसाइकिल पर जा रहा था और भोजनालय के बहुत नजदीक पहुँच चुका था, तभी मैंने देखा कि कुछ लोग एक कुएँ के चारों ओर इकट्ठा थे। मैं यह जानने के लिए रुक गया कि वहाँ क्या हो रहा था। उन्होंने कहा कि सुबह करीब 3:30 या 4:00 बजे एक स्त्री ने कुएँ में कूदकर अपनी जान दे दी थी।

मैं मोटरसाइकिल पर बैठे हुए ही सोचने लगा कि उस स्त्री के मन में ऐसा क्या उठा होगा जिसकी वजह से वह उस समय अंधेरे में अपने घर से निकली और आकर कुएँ में कूद गई। उसने जरूर मन में संघर्ष किया होगा कि उसके बाद उसके छोटे बच्चों का क्या होगा और बाकी सब भी सोचा होगा। वह जिस भी पीड़ा से गुजर रही थी, वह बहुत बड़ी रही होगी कि वह इस फैसले तक पहुँच गई। मुझे यकीन है कि वह निश्चित रूप से कुएँ में कूदने के बारे में सोचकर डरी होगी। लेकिन फिर भी वह आगे बढ़ी और इसे अन्जाम दिया, शायद वह कुएँ की दीवार से इधर-उधर टकराई होगी या पानी में गिरकर धीरे-धीरे डूब गई होगी। नहीं पता कि यह किस तरह हुआ होगा।

उसके मृत शरीर को बाहर निकालने के लिए किसी ने भी कुएँ में उतरने की कोशिश नहीं की थी, तो मैंने खुद नीचे उतरना तय किया। मैं एक रस्से की सहायता से कुएँ में लगभग 85-90 फीट नीचे उतरा और उसके शरीर को पानी की सतह से तीन फीट नीचे तैरता हुआ पाया। वह बहुत ही युवा स्त्री थी, शायद अपने बीसवें दशक के अंत में थी। उसे बाहर निकालने में ज़्यादा मेहनत नहीं करनी पड़ी मैंने बस इतना ही किया कि मैंने उसके शरीर से रस्से को बाँध दिया और ऊपर आ गया। गाँव के लोगों ने उसे खींचकर बाहर निकाल लिया।

उसके बाद, मैं अपना नाश्ता करने चला गया। छोटी उम्र से ही, भोजन चबाने के मेरे पल हमेशा ही मेरे लिए बहुत अधिक गहराई के पल रहे हैं। तब कुछ महत्त्वपूर्ण घटित हो रहा होता है — जो भोजन आप खाते हैं, वह धीरे-धीरे आपका ही एक हिस्सा बन जाता है। कुछ ऐसा जो आप नहीं थे, वह आप बन जाता है। वह चीज जो कहीं और जमीन में थी, बाजार में थी, किसी बर्तन में थी, चूल्हे पर थी, अब वह अचानक आपका एक हिस्सा बन रही है। वास्तव में यह एक बहुत बड़ा प्रेम संबंध है। वे पल हमेशा से ही मेरे लिए अत्यंत गहराई के पल रहे हैं।

तो मैं वहाँ बैठकर धीरे-धीरे चबाते हुए अपना दोसा खाने लगा। उस समय, वह स्त्री अभी भी मेरे मन को घेरे थी। मैं उसके साथ गहराई से जुड़ गया था। दरअसल मैं उसकी जीवन प्रक्रिया से गुजर रहा था — उसकी पीड़ा, उसका भय, कष्ट, और

सब कुछ। इसका वर्णन करना बहुत ही मुश्किल है। लगभग साढ़े-तीन दिनों तक मैं खेत में बिना कुछ किए बैठा रहा। अधिकांश समय मैं एक पेड़ के नीचे बैठा रहा, मुझे खाने-पीने और सोने की कोई सुध नहीं रही। जब मेरे लिए काम करने वाले लोगों को लगता कि मुझे खाने की आवश्यकता है तो वे मेरे लिए कुछ खाने को ले आते और मेरे सामने रख देते। वरना, दिन-रात मैं बस पेड़ के नीचे ही बैठा रहता; और वह स्त्री मेरे मन पर छाई रहती।

जब युवा आत्महत्या करते हैं, विशेष रूप से बहुत अधिक पीड़ा में, तो वे बहुत लम्बे समय तक आस-पास भटकते रहते हैं। आमतौर पर लोग ऐसी जगहों पर जाने या वहाँ से गुजरने तक से डरते हैं जहाँ इस तरह की मृत्यु हुई होती है। लेकिन यह जगह की बात नहीं है; यह उस व्यक्ति की बात है। अगर हम उस व्यक्ति को संभाल लेते हैं तब वह जगह साफ हो जाती है। इन्हीं स्थितियों में, कालभैरव कर्म अनुष्ठान, जिसके बारे में हम बाद में बात करेंगे, बहुत महत्त्वपूर्ण हो जाता है।

अध्याय 4

क्या मृत्यु के साथ खेला जा सकता है ?

जब शरीर अभी भी मजबूत हो, तो जो होना लिखा है, उससे हमेशा परे जाया जा सकता है।

मृत्यु को धोखा देना

इस विचार ने, कि मृत्यु एक विपत्ति है, जिससे हर कीमत पर बचना चाहिए, लोगों को अजीबो-गरीब तरीके अजमाने पर मजबूर कर दिया है। इस आशा से, कि हम मृत्यु को धोखा दे सकते हैं या किसी को मृत्यु के मुँह से बचा सकते हैं। इस बारे में लोगों में बहुत सारी भ्रांतियाँ हैं जो पुराने किस्से कहानियाँ सुन-सुनकर बनी हैं। इन कहानियों ने लोगों में बहुत सारी आकांक्षाएँ पैदा कर दी हैं कि संभवतः मृत्यु को धोखा दिया जा सकता है। कुछ हद तक, ये अंतरिक्ष यात्राओं कि कहानियों से भी प्रेरित हैं, जहाँ शरीर को किसी फ्रीजर में रख दिया जाता है या उसे नींद की अवस्था में रखते हैं और फिर वह पूरी तरह एक अलग युग में जागता है। लेकिन, बुनियादी रूप से कुछ प्रक्रियाओं से आप इसे थोड़ा आगे बढ़ा सकते हैं, लेकिन आप मृत्यु को धोखा नहीं दे सकते; आप इससे बच नहीं सकते।

भारत में, यह मान्यता है कि अगर कोई मृत्यु-शय्या पर है तो आपको महामृत्युंजय मंत्र का जाप या मृत्युंजय हवन करना चाहिए, जिससे उसकी मृत्यु टल जाएगी। मृत्युंजय का अर्थ है मृत्यु पर विजय। तो यह मंत्र और हवन आपको मृत्यु पर विजय दिलाने वाले हैं। हालांकि, लोग हजारों सालों से मृत्युंजय हवन कर रहे हैं, लेकिन इतने सभी सालों के दौरान कोई नहीं बच पाया है! किसी ने भी मृत्यु पर जीत हासिल नहीं की है। यह एक मूर्खतापूर्ण समझ है कि मृत्यु पर विजय पाने का अर्थ

शारीरिक रूप से हमेशा जीवित रहना है। अभी तक उसमें कोई सफल नहीं हुआ है। लेकिन जो शरीर से परे है, उसने मृत्यु पर विजय हासिल कर ली है।

मैं इस अनुष्ठान को पूरी तरह खारिज करने की कोशिश नहीं कर रहा हूँ। लेकिन यह कैसे किया गया, किसके द्वारा किया गया और कितने लोगों को वास्तव में इससे लाभ हुआ, इस पर सवाल उठाया जा सकता है। निश्चित रूप से, कुछ हद तक, कुछ हुआ होगा, कुछ स्थितियों को टाल दिया गया होगा, इसमें कोई संदेह नहीं है। लेकिन हमें 'जय' को जीत की तरह नहीं लेना चाहिए। मृत्युंजय का अर्थ हो सकता है कि आपने मृत्यु के भय को पार कर लिया। अगर आपने मृत्यु के भय को जीत लिया, तो एक तरह से, मृत्यु कोई महत्त्व नहीं रखती। मैंने इस अनुष्ठान का विस्तार से अध्ययन नहीं किया है, लेकिन मेरी समझ में, शायद पुराने समय में, वे लोग व्यक्ति को मृत्यु के भय से मुक्त करने के लिए इसे किया करते थे। फिर कहीं न कहीं, इसका प्रचार-प्रसार और व्यावसायिक पहलू हावी हो गया और उन्होंने कहना शुरु कर दिया कि अगर आप इसे करेंगे तो कभी मरेंगे नहीं ।

लगभग पंद्रह साल पहले, कुछ ऐसी ही घटना हमारे सामने आई। कोयम्बतूर में एक व्यक्ति किसी मकसद से अपनी जन्म-कुण्डली लेकर एक ज्योतिषी के पास पहुँचा। कुण्डली देखकर ज्योतिषी अचंभित हुआ और बोला, 'यह व्यक्ति तो पहले ही मर चुका है, आप इसे मेरे पास क्यों लेकर आए?' व्यक्ति यह सुनकर बड़ा परेशान हो गया, तो उसने कुछ और ज्योतिषियों से भी सलाह की। उन सभी ने वही बात दोहराई — जिस व्यक्ति की वह जन्मपत्री थी उसे मृत होना चाहिए था। अंत में, कोई उसे हमारे पास लेकर आया।

उस व्यक्ति की ऊर्जाओं को देखने के बाद, मैंने उसके ऊर्जा तंत्र के कुछ पहलुओं को सशक्त करने के लिए ध्यानलिंग में उन जगहों के बारे में बताया जहाँ उसे बैठना चाहिए। उसने वैसा किया और घर चला गया। यह उन दुर्लभ जन्मकुण्डलियों में से एक थी जहाँ किसी ने पहले ही देख लिया था कि वह उस समय मर जाएगा। लेकिन इस जीवन में उसके कर्मों या उसकी साधना या उसके जीवन जीने के तरीके या जो भी कारण रहा हो, वह मृत्यु के पूर्वज्ञात समय से आगे निकल चुका था। कुछ मायनों में वह एक जीवित मृत व्यक्ति था। तो मैंने कहा, 'चाहे जैसे हो, तुमने एक लकीर पार कर ली है, चलो एक और पार कर ली जाए,' और उसे ध्यानलिंग में विभिन्न स्थानों पर बैठने के लिए कहा, जिन्हें हमने उसके लिए चिन्हित किया था। बिना कोई सवाल पूछे वह वहाँ जाकर बैठ गया। अगर वह आज जीवित है और ठीक है, तो यह उसी का किया हुआ है।

हाल ही में मुझे पता चला कि वह अभी जीवित है और अच्छा है, और उसे अंदाजा भी नहीं है कि वह कैसे बच गया। यह खबर फैल गई और लोग पूछने लगे,

'क्या ध्यानलिंग में बैठने से मृत्यु को टाला जा सकता है?' देखिए, लोग अलग-अलग कारणों से मरते हैं। और मैं चिकित्सकीय कारणों के बारे में बात नहीं कर रहा हूँ। मान लीजिए, दो लोग एक ही बीमारी से मरने वाले हैं — मुमकिन है गुर्दे की विफलता से। लेकिन, संभव है कि ऊर्जा की दृष्टि से वे एक समान कारण से न मर रहे हों। वे दो अलग-अलग ऊर्जा कारणों से मर रहे हो सकते हैं — संभव है कि उनकी ऊर्जा दो अलग तरीकों से बाहर निकल रही हो।

सिद्ध योगी कभी-कभी अपने मृत्यु के क्षण को टालने के लिए कुछ प्रक्रियाएँ करते हैं। वे अपने तंत्र में सब कुछ धीमा करके और समाधि की अवस्था में जाकर ऐसा करते हैं। लोग कहते हैं कि भारतीय संत शिरडी साईं बाबा के जीवन में भी ऐसा हुआ था। वे दमे से गंभीर रूप से पीड़ित थे, और एक दिन उनको प्रचण्ड दौरा पड़ा जब उन्हें लगा कि वे मरने वाले हैं। तो उन्होंने समाधि में जाकर इस बीमारी से पूरी तरह पीछा छुड़ाने का निश्चय किया। उन्होंने अपने शिष्यों से कहा कि उनका शरीर कुछ समय के लिए निर्जीव लगेगा और वे उनके शरीर की तीन दिन तक रक्षा करें। अगर तीन दिन बाद उनके लौटने का कोई संकेत न दिखाई दे तो वे उनके शरीर को उनकी बताई जगह पर दफना दें। उस रात वे समाधि में चले गए। उनकी साँसें और नाड़ी दोनों रुक गईं। अगले दिन कुछ गाँव वाले आए तो उन्हें लगा कि वे जीवित नहीं हैं, इसलिए उन लोगों ने उन्हें उनके द्वारा इंगित किए गए स्थान पर उन्हें दफनाना चाहा। सौभाग्य से, साईं बाबा को एक शिष्य ने उन्हें ऐसा करने से दृढ़ता से रोक दिया। इस सारे घटनाक्रम के दौरान वह अपने स्वामी का शरीर अपनी गोद में लिए बैठा रहा। आखिरकार, तीन दिन बाद बाबा ने जीवित होने के संकेत दिए और फिर से सामान्य स्थिति में आ गए। उसके बाद वे बत्तीस साल और जिए, क्योंकि वे समाधि में जाकर अपने प्राण तंत्र को पुनः ऊर्जान्वित बनाकर, नियत समय पर आई मृत्यु को टालने में सफल रहे थे।

समाधि की अवस्थाओं में आपका समय का बोध चला जाता है, क्योंकि इसे केवल भौतिक की प्रगति और उसके चक्रों से मापा जाता है। मान लीजिए, आप किसी वातानुकूलित हॉल में बैठे हैं जिसमें सुबह से शाम तक एक जैसी रोशनी रहती है। उस स्थिति में आप केवल शरीर की थकान के कारण ही समय का एहसास कर पाएंगे। जैसे-जैसे दिन गुजरता है, आपका शरीर समय का हिसाब रखता है। हर तीन या चार घंटों में वह आपको बताएगा कि आपको बाथरूम जाना है। वह आपको बताएगा कि आपको प्यास लगी है। बस इसी एक तरीके से आप समय को जान पाएंगे। शरीर के चक्रों के बिना आप समय को नहीं जानते। तो अगर आप समाधि में जाकर शरीर के चक्र को धीमा कर देते हैं, तो आप समय के बोध को खो सकते हैं, और फिर, आपके

अनुभव में समय नहीं होगा। तो जो समय दूसरे लोगों के लिए दस साल है, वह आपके लिए घटकर एक साल बन सकता है क्योंकि आपने अपने शरीर के चक्र को दस गुणा धीमा कर लिया है।

तो बाहर लगी घड़ी को आपने धोखा दे दिया। लेकिन आपने समय को नहीं छला क्योंकि समय घड़ी में नहीं है। घड़ी आपके मूत्राशय की तरह है। यह आपके भीतर होने वाली चीजों का हिसाब रखती है। ऐसा नहीं है कि घड़ी समय को पैदा कर रही। यह एक पूरी तरह अलग आयाम है। केवल भौतिक चक्र होने के कारण, पृथ्वी के घूमने के कारण, ग्रहों द्वारा सूर्य के चारों ओर चक्कर काटने के कारण आप उन भौतिक अभिव्यंजनाओं या भौतिक अभिव्यक्तियों के जरिए समय का हिसाब रख रहे हैं। लेकिन, वास्तविकता में, अगर कोई ग्रह न होता तो भी समय होता। सृष्टि के अस्तित्व में होने के लिए समय एक मंच है। बिना इसके, सृष्टि अस्तित्व में नहीं रहेगी।

अब, अगर आप अपनी उपापचय (मेटाबोलिज़्म) को धीमा कर लेते हैं, अगर आप एक मिनट में कम से कम बार साँस लेते हैं तो आप लम्बा जिएंगे। तब आप समय को धोखा नहीं देंगे; आप बस इतना ही करेंगे कि शरीर को धीमा कर लेंगे और समय को लम्बा खींच देंगे। अगर आप स्वयं के और शरीर के बीच दूरी बना लेते हैं, तो समय को धोखा दे देते हैं। समाधि इसी तरह काम करती है। लेकिन अगर आप शरीर को शीत में जमा देते हैं, तो आप जीवन को अनुभव किए बिना ही उससे गुजरते रहेंगे। मान लीजिए, आपने शरीर को सौ साल तक के लिए जमा दिया और उसके बाद आप जागे। आपको जीवन में कोई बढ़त नहीं होगी क्योंकि आपने उन सौ सालों तक जीवन को नहीं जिया। अगर आपने उन सौ सालों में जीवन को जिया होता तो इसका कोई अर्थ होता। आप मौजूद ही नहीं थे, लेकिन सौ साल बाद बस प्रकट हो गए — यह इस तरह है जैसे किसी कैदी ने जेल में बीस साल बिताए हों और फिर बाहर आया हो। उसमें कोई वास्तविक लाभ नहीं है। जब प्रजनन करना और एक नया शरीर बनाना इतना सरल है तो आप पुराने शरीर को सँभालकर क्यों रखना चाहते हैं? इसकी क्या तुक है? यह बस मिस्र के लोगों के सपने जैसा है। आपको देखना चाहिए कि उन "ममियों" का अब कैसा हाल है — बस सूखा मलबा।

अब, कुछ दूसरी विशेष परिस्थितियाँ या कार्यक्रम हैं जहाँ हम लोगों को बताते हैं, 'चिंता न कीजिए, अगले कुछ दिनों या सप्ताहों तक, हम यह सुनिश्चित करेंगे कि आप मरें नहीं।' एक बार ऐसा हुआ कि मैं किसी कार्यक्रम के बीच में था, और वे एक ब्रह्मचारी को लेकर आए जिसे साँप ने काट लिया था। मैंने कहा, 'यह व्यक्ति सिर्फ इसलिए नहीं मरेगा क्योंकि इसे एक साँप ने काटा है। हमने उस हद तक जीवन को

अपने हाथों में लिया है।' और वह बच गया। इस तरह की और भी कई परिस्थितियाँ रही हैं; तो, समय के साथ कुछ लोगों ने पूछना शुरु कर दिया, 'सद्‌गुरु क्या आप मृत्यु को धोखा दे सकते हैं?'

हम मृत्यु को धोखा नहीं दे रहे हैं। हम केवल यह सुनिश्चित कर रहे हैं कि जीवन घटित होता रहे, बस इतना ही! इस समय, मेरे अपने तंत्र को स्थिर करने के लिए मैं बाहर से कुछ मदद ले रहा हूँ, एक खास तरीके से, ताकि मैं वैसा कर सकूँ। इसी तरह, ईशा में उन्नत आध्यात्मिक कार्यक्रमों में, मैं हर चीज के लिए एक खूँटी (आधार) की तरह काम करता हूँ क्योंकि उस समय हर दूसरी चीज मेरे साथ जुड़ी होती है। इसीलिए कार्यक्रमों के दौरान हम हर छोटी चीज के लिए बहुत सतर्क हैं। हम इस बात को लेकर सतर्क हैं कि लोग कहाँ बैठते हैं, कहाँ खड़े होते हैं, कब वे अन्दर आते हैं, कब बाहर जाते हैं, और तमाम ऐसी चीजें। अगर वे शौचालय जाने के लिए भी उठते हैं, तो हम उन्हें नहीं जाने देते, क्योंकि अगर हम अनुशासित वातावरण नहीं बनाए रखेंगे तो हम वह खूँटी, वह आधार नहीं बन पाएंगे जो थामकर रखती है और सहारा देती है। हम चाहते हैं कि सब कुछ एक खास तरीके से हो, क्योंकि अगर एक बार स्थिति ढीली पड़ जाए तो उसे सँभालना लगभग असंभव हो जाता है। जब सभी लोग एक दिशा में केंद्रित हों तो हम उनके साथ जो करना चाहते हैं, वह आसान हो जाता है। जब हमारे पास जरूरी बुनियादी ढाँचा नहीं था और हम इन कार्यक्रमों को बाहरी जगहों में संचालित करते थे, तब मेरी रीढ़ पर नींबू के आकार की बड़ी-बड़ी गांठें उभर आती थीं। ये दो या तीन दिन तक रहती थीं, क्योंकि शरीर इस तरह का तनाव झेल रहा होता था। अब जब हमने अपने स्थान बना लिए हैं, तो कम से कम इसके एक पहलू को सँभाला जा चुका है। ऐसी जगहों के बजाए जहाँ हर रोज कुछ नया होता रहता है, इन कार्यक्रमों को वहाँ करना ज़्यादा आसान है जो उन्हीं के लिए समर्पित है।

अब, किसी के जीवन और मृत्यु को अपने हाथों में लेना काफी हद तक एक संभावना है। अगर आप इसकी ओर इस तरह देखें, तो आप कह सकते हैं कि हर जीवन का अपना एक (प्रक्षेप) पथ होता है कि वह कब जन्म लेता है, कैसा जीवन जीता है, किन घटनाओं से गुजरता है, इत्यादि। आध्यात्मिक प्रक्रिया का सार यह है हर एक को एक ही पथ पर लाया जाए, ये नहीं कि हर कोई अपने ही पथ पर चलता रहे। विशेष रूप से किसी कार्यक्रम में, सबसे बुनियादी चीज यही होती है कि सभी को एक ही रेखा पर ले आया जाए। अगर आप सभी का ध्यान इस तरह केंद्रित करा देते हैं, कि उस पल उन सभी के जीवन एक ही पथ बन जाते हैं, तो उन्हें थामकर रखना आसान होता है। तब यह सुनिश्चित करना आसान हो जाता है कि उनके लिए जीवन एक खास तरह से घटित हो। हम इन कार्यक्रमों में यही सुनिश्चित करते हैं। यदि वे

सभी अपनी-अपनी ही रेखाओं पर चलते रहें, तो आप 500 लोगों को एक साथ थामकर नहीं रख सकते, और इन चीजों को सुनिश्चित नहीं कर सकते।

यह पूरी तरह से पक्का नहीं है, लेकिन यह खतरा उठाने के लिए पर्याप्त है। यह संपूर्ण नहीं है, लेकिन यह 99.9 प्रतिशत पूर्ण है। बाकी बातें स्थिति को संभालने पर निर्भर करती हैं। और केवल इतना ही नहीं है; और भी बहुत कुछ किया जा रहा है। केवल इतना है कि अगर मैं इसके बारे में बात करूँगा तो बहुत समझ नहीं आएगा।

मृत्यु-शय्या पर पड़े लोगों की कम से कम एक दर्जन तस्वीरें लगभग हर रोज मेरे पास आती हैं। लोग जानना चाहते हैं कि वे मरेंगे या नहीं, या क्या उनके ठीक होने के लिए कुछ किया जा सकता है, क्या यह उनके लिए सही समय है, या क्या उनके लिए कुछ और किया जा सकता है। तो बिना किसी लपेट के इस सबके साथ निपटा जाता है। आप इस सबके बारे में स्वांग कर सकते हैं और महामानव जैसा बनने की कोशिश कर सकते हैं। लेकिन मैं शांति से बाहर जाकर गोल्फ खेलना चाहता हूँ। तो मेरे लिए यह इसी तरह से बेहतर है।

पहले एक अध्याय में, मैंने बताया था कि किस तरह हमारा एक शिक्षक हिमालय गया और वहाँ जाकर उसकी मौत हो गई। अगर कुछ मामलों में मृत्यु को टालना या उसे आगे खिसका देना संभव है, तो क्या उसकी मृत्यु को टाला जा सकता था? यदि आप ऐसे हस्तक्षेपों का प्रयास करते हैं, तो आपको बहुत सारी चीजें करनी होंगी। आज की दुनिया में, विभिन्न सांस्कृतिक और बदलती सोच के कारण, आपके लिए लोग उस आयाम में उपलब्ध नहीं हैं। हो सकता है कि योग केन्द्र में कुछ हद तक लोग उपलब्ध हों, और आप उनके साथ कुछ कर सकें। लेकिन, यहाँ तक कि वे भी पूरी तरह से उपलब्ध नहीं हैं। इस आधुनिक जीवन की सबसे खराब बात यह है कि हर चीज को समझाए जाने की आवश्यकता है। जीवन इस तरह काम नहीं करता। मुझे बताइए, आप किस तरह जीवित हैं? अपने पूरी वैज्ञानिक जानकारी के जरिए, मुझे यह बताइए कि वह क्या है जो इस समय आपको जीवित रखे हुए है? मैं आपको दिखाऊँगा कि आपके स्पष्टीकरण में कितनी कमियाँ हैं।

चूंकि आपको हर चीज समझानी होती है, इसलिए ऐसी बहुत सारी प्रक्रियाएँ हैं जो हम आप लोगों के साथ नहीं कर सकते। लोग हर एक बात को अपनी सीमित तार्किक दृष्टि से देखेंगे और अपने अलग निष्कर्ष निकालेंगे। आप केवल कुछ ही लोगों के साथ कुछ तरीकों का हस्तक्षेप कर सकते हैं। बाकी लोगों को आप छू भी नहीं सकते, क्योंकि बिना किसी तार्किक स्पष्टीकरण के आप कुछ नहीं कर सकते। आज के जीवन की प्रकृति ही ऐसी है। उससे सिर्फ इतना कहना 'वहाँ मत जाइए,' से काम नहीं चलता।

तो क्या ऐसा होना ही था? नहीं, जरूरी नहीं है। जब शरीर मजबूत हो, तो जो होना लिखा है, उससे हमेशा परे जाया जा सकता है। शायद मैं उसे लम्बी साधना करने के लिए कहता, लेकिन हो सकता है कि सिर्फ मेरे कहने भर से वह इस बात को न मानता। अगर मैं उसे पैंतालीस दिनों के लिए मौन में चले जाने को कहता, तो हो सकता है उसे लगता कि उसे सजा दी जा रही है और वह चुपचाप बिना बताए चला जा सकता था और मृत्यु दूसरे बहुत से तरीकों से हो सकती थी।

आज की दुनिया में, आप किसी से नहीं कह सकते, 'बस यह करो'। आपको उन्हें इसे समझाना होगा, लेकिन इन बातों को समझाना संभव नहीं है, क्योंकि हो सकता है कि यह तर्कसंगत न लगें; दूसरे, यह इतना स्पष्ट भी नहीं है। आपके बोध में भी, ऐसा नहीं है कि यह 100 प्रतिशत है कि यह व्यक्ति मरने वाला है, निश्चित ऐसा लगता है कि वह मरेगा। कुछ ऐसे संकेत हैं जो कहते हैं कि मृत्यु नजदीक है, तो मुझे लगता है कि वे मर सकते हैं। लेकिन हो सकता कि वे न भी मरें। आप कोई संदेहास्पद लक्षण देखते हैं, आपको संकट दिखाई देता है और आप पीछे हट जाते हैं। इतना ही है। आप यह नहीं कह सकते, 'ऐसा ही है; यह निश्चित रूप से होगा'। कुछ मामले ऐसे हैं जहाँ आप ऐसा कह सकते हैं, लेकिन वैसे मामले बहुत कम हैं। जीवन उस तरह नहीं है, उसमें हमेशा एक बीच की अस्पष्ट अवस्था होती है।

अब, कोई गुरु या ऐसा कोई जो हस्तक्षेप करने में समर्थ है, वह आखिर हस्तक्षेप क्यों करेगा? अगर आध्यात्मिक कारण हैं, तो हम हस्तक्षेप करेंगे। या किन्हीं करुणा के पलों में हम हस्तक्षेप कर सकते हैं। लेकिन हर समय हस्तक्षेप करना अच्छा नहीं है क्योंकि, आखिरकार, आप मृत्यु से बच नहीं रहे, आप बस उसे थोड़ा टाल रहे हैं। जब आप ऐसा करते हैं, तो हो सकता है आगे आने वाला घटनाक्रम उतना अच्छा न हो जितना कि अभी है। तो आपको हर समय दखल देने की आवश्यकता नहीं है। लेकिन आज, इक्कीसवीं सदी की नैतिकता ऐसी है कि वे कहेंगे, 'आप दखल दे सकते थे, लेकिन आपने नहीं दिया। यह हत्या के बराबर है।' इक्कीसवीं सदी के लोग सोचते हैं के वे सभी अमर हैं; मरेंगे नहीं। जब तक आप उनका शोक समाचार नहीं छापते, वे मरे नहीं हैं! लोग अपनी नश्वरता को नकारने की इस स्थिति तक पहुँच चुके हैं।

मृत्यु का तांडव

अधिकतर व्यक्तियों को मरे हुए को जीवित करना, बेहद आकर्षित करता है। उनके लिए, यह किसी की आध्यात्मिक शक्तियों की चरम परीक्षा है। अधिकांश लोग तो वैसे भी मरे हुओं की तरह ही जी रहे हैं, क्योंकि वे अपने भीतर की बहुत-सी चीजों के प्रति अचेतन हैं। अगर लोग अचेतन होकर जी रहे हैं, तो वह मरे हुए के समान

होना ही है। तो, एक प्रकार से, संपूर्ण आध्यात्मिक प्रक्रिया मरे हुए को जीवित करने
के बारे में है। उस अर्थ में, मरे हुओं को जीवित करना मेरा काम है, लेकिन लोग इस
बारे में नहीं पूछ रहे हैं। वे यह जानने के लिए उत्सुक हैं कि क्या मैं किसी लाश को
फिर से जीवित कर सकता हूँ। यह बहुत ही अपरिपक्व इच्छा है जो किन्हीं जानी-मानी
ऐतिहासिक घटनाओं से उपजी है।

संयुक्त राज्य अमेरिका की अपनी पहली यात्रा पर मैं वहाँ एक सभा को
संबोधित कर रहा था, तभी एक कट्टर धार्मिक व्यक्ति खड़ा हुआ और उसने पूछा,
'क्या आप मरे हुओं को जीवित कर सकते हैं?' मैंने कहा, 'मैं ऐसा मूर्खतापूर्ण काम
क्यों करूँगा?' यह मूर्खता ही है क्योंकि क्या मृतकों को मृत ही नहीं रहना चाहिए?
अगर सारे मरे हुए लोग वापस आ गए, तो क्या हम यहाँ रह पाएंगे? क्या हमें खुशी
नहीं है कि वे सभी मर चुके हैं? आप शायद एक व्यक्ति के बारे में सोच रहे हैं —
आपके पति या आपकी पत्नी या आपके पिता या आपकी माता या कोई करीबी।
लेकिन मैं उन अरबों जीवों और प्राणियों की बात कर रहा हूँ जो इस ग्रह पर आज
तक मरे हैं, जिनमें डायनासोर भी शामिल हैं। वे मर चुके हैं इसलिए हमारा यहाँ रहना
संभव है। और वह किस तरह का मूर्ख होगा जो मरे हुओं को वापस लाएगा? केवल
वही व्यक्ति जीवन प्रक्रिया में दखल देकर मरे हुए को वापस लाएगा, जिसे जीवन की
कोई समझ नहीं है, जीवन का कोई बोध नहीं है। अपने आप को रूपांतरित करना
एक बात है, और अपने आस-पास के जीवन में दखल देना और उससे छेड़छाड़
करना दूसरी बात है। जीवन की एक निश्चित प्रक्रिया है, जो आपकी समझ सकने
की क्षमता से भी गहरी है। तो मूर्खतापूर्ण चीजें करके इसमें बाधा मत डालिए, इसमें
छेड़छाड़ मत कीजिए।

एक बार ऐसा हुआ: टेक्सास में एक बुजुर्ग दम्पति का सपना था कि वे जेरुस्लम
की पवित्र भूमि जाएँ। तो उन्होंने उसकी यात्रा की और वहाँ अपने हर पल का आनंद
उठाया। वे उस रास्ते पर भी चले जहाँ ईसा सूली को लेकर चले थे और उस स्थान
पर भी गए जहाँ वे पानी के ऊपर चले थे, और भी बहुत कुछ देखा। दुर्भाग्य से, इस
सभी उत्तेजना के बीच पत्नी को दिल का दौरा पड़ गया और उसकी मौत हो गई। अब,
स्थानीय अंतिम संस्कार का निदेशक आया और पति के सामने एक प्रस्ताव रखा,
'देखिए, हम केवल 6000 डॉलर में आपकी पत्नी के लिए सभी धार्मिक क्रियाकर्म
कर सकते हैं। लेकिन अगर आप इन्हें टेक्सास वापस ले जाना चाहते हैं तो आपको
24,000 डॉलर खर्च करने पड़ेंगे, और हम नहीं जानते कि टेक्सास में अंतिम संस्कार
में कितने पैसे और लगेंगे।' बूढ़े ने इसके बारे में सोचा और कहा, 'नहीं, मैं इसे वापस
टेक्सास लेकर जाऊँगा।' उन्होंने पूछा, 'क्यों? यह पवित्र धरती है, यह इन्हें दफनाने

के लिए सबसे अच्छी जगह है, और यह सस्ता भी है।' उसने इस बारे में फिर से विचार किया और कहा, 'नहीं, मैं इसे टेक्सास लेकर जा रहा हूँ।' उन्होंने पूछा, 'क्यों? इसमें क्या समझदारी है? आप ऐसा क्यों करना चाहते हैं?' बूढ़े ने जवाब दिया, 'टेक्सास में, मृत व्यक्ति मृत ही रहते हैं।'

ऐतिहासिक रूप से, ऐसे बहुत से लोग हुए हैं जिन्हें मरा हुआ करार दे दिया गया था, लेकिन वे थोड़े समय बाद जीवित हो गए। कभी-कभी तो ऐसा हुआ है कि उनकी अंत्येष्टि के दौरान वे ताबूत से अपने आप ही बाहर आ गए। तो यह भी एक कारण है कि लोग क्यों अपने मरे हुए प्रियजनों को वापस जीवित करने के लिए किसी चमत्कार की तलाश में रहते हैं। लेकिन ये मामले चमत्कारों या जीवन में किसी की दखल के नहीं थे, बल्कि जांच के गलत नतीजों के थे। आज, मृत्यु की परिभाषा एक बड़ी चुनौती है क्योंकि विज्ञान ने यह जान लिया है कि मृत्यु कोई घटना नहीं है बल्कि एक प्रक्रिया है जो बीच में रोकी जा सकती है या विभिन्न कारणों से उलट भी सकती है। वास्तव में, चिकित्सकीय रूप से उनके पास इसके लिए एक शब्द भी है — वे इसे लाज़रस फ़िनॉमिनन की घटना कहते हैं। जब बिना किसी स्पष्ट कारण के, कोई व्यक्ति, जिसे मृत घोषित कर दिया गया है, कुछ समय बाद वापस जीवित हो जाता है।

भारत में, ऐसी कई घटनाएँ हैं जहाँ लोग किसी मृत को किसी योगी या ऐसे ही किसी व्यक्ति के पास ले गए और फिर वह जीवित हो गया। लेकिन सच्चे अर्थों में यह भी पुनर्जीवित होने के मामले नहीं हैं। बल्कि एक भिन्न डॉक्टर के पास उन्हें ले जाने से सम्बंधित है। ये सभी मृत्यु अधिकतर सर्पदंश से हुई थीं। जब किसी को साँप काटता है तो प्राण शरीर छोड़ने में बहुत ज़्यादा लम्बा समय लेते हैं। उस दौरान, अगर ज़हर का असर खत्म हो जाए या अगर बाहर से प्राण डाल दिए जाएँ, तब व्यक्ति का फिर से जीवित होना संभव है। सर्पदंश पर काम करने वाले डॉक्टरों ने यह देखा होगाः कुछ प्रकार के सर्पदंशों, विशेष रूप से कोबरा या नाग परिवार के, जब सब कुछ किया जा चुका होता है और पीड़ित व्यक्ति तब भी होश में नहीं आया होता है तो, कभी-कभी अगर आप उन्हें वेंटिलेटर पर रख दें, तो कुछ समय बाद, वे बस ऐसे ही ठीक हो जाते हैं।

मैं अपने जीवन में ऐसा ही कुछ अनुभव कर चुका हूँ। कम से कम पाँच या छह बार नागों ने मुझे काटा है। एक बार तो मैं लगभग मर ही गया था। मैंने एक कोबरा को उठाया था, लेकिन मुझे पता नहीं था कि वहाँ दो नाग आपस में लिपटे हुए थे। वह प्रजनन ऋतु नहीं थी, लेकिन किसी कारण से वे साथ थे और, जब मैंने एक को उठाया तो दूसरा मेरे पैर पर गिर गया और मुझे चार बार काट लिया। उसका ज़हर मुझमें फैलने लगा। पहली एक-दो बार में उसके दाँत निश्चित ही मेरी हड्डी से टकराए

होंगे, इसलिए वह तब तक वार करता रहा जब तक माँस में उतरने और जहर छोड़ने में कामयाब नहीं हुआ। जब जहर आपके शरीर में प्रवेश करता है तो आपको एक अलग ही तरह का दर्द महसूस होता है। यह काटने या चुभन जैसा दर्द नहीं है। यह किसी इंजेक्शन की तरह है — जब सूई आपके शरीर में उतरती है, तो एक तरह का दर्द होता है; जब वे दवाई अन्दर डालते हैं तो दूसरी तरह का दर्द होता है। तो मैंने उस नाग को झटका और चोट पर ध्यान दिया।

मैं जानता था कि चाहे जो हो जाए मुझे सोना नहीं है। यह एक दूरवर्ती इलाके में हुआ जहाँ आस-पास लोग नहीं थे। मेरे पास मेरी साइकिल थी, इसलिए मैं उसे लेकर चल पड़ा और जो भी सबसे पहला घर मुझे मिला, वहाँ रुक गया। वहाँ एक महिला थी। मैंने उसे बताया कि एक नाग ने मुझे काट लिया है, इसलिए मुझे बहुत सारी चाय की आवश्यकता है। वह थोड़ी घबरा गई लेकिन इतनी समझदारी दिखाई कि मेरे लिए बिना दूध की चाय की एक केतली बना दी। मैंने उसे पिया और किसी तरह सोए बिना और अपनी चेतना खोए बिना सचेत रहने में कामयाब रहा। उसके बाद, मैं घर गया।

शुरू में, मैंने सोचा कि मैं अपने पिता को बता दूँ क्योंकि वे एक डॉक्टर थे और वे मुझे अस्पताल लेकर जा सकते थे। लेकिन फिर मेरे भीतर से आवाज आई, 'छोड़ो! देखो तो क्या होता है।' तब मुझे ठीक ही लग रहा था, लेकिन मेरी पलकें कुछ भारी हो रही थीं। मैं अपने माता-पिता को डराना भी नहीं चाहता था या यूँ कहिए कि अपनी गतिविधियों की ओर उनका बेकार में ध्यान आकर्षित भी नहीं कराना चाहता था। तो मैं बस बैठ गया और थोड़ा बहुत योग का अभ्यास किया। मैं योग ज़हर को बेअसर करने के लिए लिए नहीं कर रहा था, बल्कि इसलिए कर रहा था क्योंकि मुझपर सुस्ती छा रही थी। उसके बाद, मैंने रात का खाना जल्दी खा लिया और सोने चला गया। सुबह, थोड़ा नशा-सा लग रहा था, मेरी पलकें सूजी हुई और भारी थीं, लेकिन मैं बच गया था।

ऐसा इसलिए हुआ होगा क्योंकि नाग शायद अपने ज़हर की पूरी मात्रा मुझमें संचारित नहीं कर पाया होगा, या फिर शायद जागते रहने और सक्रिय रहने से उसके ज़हर का असर उतर गया होगा। इसमें जीवन के साथ कोई जोड़-तोड़ नहीं की गई थी। लेकिन, साधारण तौर पर, जब एक नाग दंश करता है तो पुनर्जीवन की संभावना अधिक होती है क्योंकि प्राण सामान्य से अधिक धीमे से प्राण छोड़ते हैं। हालांकि, उडान वायु के पूरी तरह शरीर से निकलने से पहले तक पुनर्जीवित होने की संभावना होती है, कम से कम सैद्धांतिक रूप से तो ऐसा है। ऐसा करने के लिए कुछ तांत्रिक प्रक्रियाएँ हैं। लेकिन उडान वायु के शरीर छोड़ देने के बाद किसी को पुनर्जीवित करने की बिलकुल भी संभावना नहीं होती।

मृत को पुनर्जीवित करना पूर्व में इतनी बड़ी बात नहीं है, लेकिन भारत में किसी शव को उठाकर चला देना तांत्रिक पद्धति में हमेशा बड़ी बात रही है। एक बार शरीर छूट जाने पर, एक बार पैरों के निष्क्रिय हो जाने पर, आप चल नहीं सकते। एक मृत व्यक्ति चल नहीं सकता, है न? लेकिन यह सच नहीं है। उन्हें चलाया जा सकता है। ऐसा इसलिए है क्योंकि, जैसा कि हम पहले ही देख चुके हैं, मृत्यु धीरे-धीरे घटित होती है — जीवन की प्रक्रिया कदम दर कदम सिमटती है। जब फेफड़े, हृदय, और मस्तिष्क की गतिविधि रुक जाती है, तो वे आपको मृत घोषित कर देते हैं, लेकिन जीवन प्रक्रिया अभी भी जारी रहती है और आप उसे फिर से जगा सकते हैं। इसी का इस्तेमाल करके तांत्रिक शवों को चलाते हैं। कभी-कभी, ऐसा जलती चिता पर रखे हुए शवों के साथ भी किया जाता है।

मैंने स्वयं इसे नहीं देखा है लेकिन मैं ऐसे लोगों को जानता हूँ, ऐसे लोग जो ऐसी बातों को लेकर झूठ नहीं बोलेंगे, जिन्होंने देखा है कि चिता पर जलते हुए शवों को उठाकर चलाया गया है। ऐसा इसलिए होता है क्योंकि, उस समय जब शव बाहर से जलना शुरु होता है, तो जीवन सिमटने लगता है और फिर एक जगह केन्द्रित हो जाता है जहाँ उस समय जीवन अधिक तीव्रता से घटित हो रहा होता है। कुछ लोग उसका उपयोग करने में सक्षम होते हैं और शारीरिक तंत्र को फिर से इस तरह जागृत कर देते हैं कि अचानक शव खड़ा हो जाता है और कुछ कदम चल पड़ता है। कुछ समय के लिए, वह इस तरह व्यवहार करता है मानो जीवित हो और जब बचा जीवन समाप्त हो जाता है तो वह फिर से गिर जाता है। ऐसा संभव है क्योंकि जब शव को दाह संस्कार के लिए लाया जाता है, तो उसमें अभी भी थोड़ी जीवन ऊर्जा बाकी रहती है। यह इतनी तो नहीं होती कि दिल धड़का सके, रक्त संचार कर सके, दिमाग को सक्रिय कर सके या और कुछ कर सके, लेकिन कोशिकीय स्तर पर ऊर्जा मौजूद होती है, वहाँ काफी ऊर्जा रहती है। जब अग्नि उसे छूती है, तो वह इसे एक खास तरह से भड़का देती है। अब, शव में एक निश्चित मात्रा में ऊर्जा डालकर आप किसी गुह्य विद्या के उद्देश्य से उससे कोई काम करा सकते हैं — जैसे आपके फोन की बैटरी खत्म हो जाती है लेकिन फिर भी आप एक एसओएस (SOS) कॉल कर सकते हैं।

सभी तांत्रिक और अघोरी प्रथाओं की प्रासंगिकता केवल इसी घटना के कारण है। नहीं तो, किसी मृत देह पर बैठकर यह सब करने का क्या मतलब है? अगर मृत का अर्थ पूर्णतया मृत है, तो हड्डियों और माँस के साथ वहाँ करने के लिए क्या है? वे मृत शरीर को जीवित करने के लिए उस पर नहीं बैठते। उन्हें देह को जीवित करने में उनकी कोई दिलचस्पी नहीं है। वे इस थोड़े से आवेग या ऊर्जा का प्रयोग खुद को किसी स्थिति में ले जाने के लिए करते हैं। वे उस थोड़े से जीवन को निकालकर उसका

उपयोग करने की चेष्टा करते हैं। पशु बलियों का यही आधार है। अब, जब बलि देना संभव नहीं होता, तो वे ताजा मृत शरीर का इस्तेमाल करते हैं। यह ऐसा नहीं है कि मृत व्यक्ति को वापस जीवित किया जा रहा है, न ही इसका कुछ खास आध्यात्मिक महत्त्व है।

अब, पश्चिम में कुछ लोगों ने एक योजना शुरु की है जहाँ अगर आप उन्हें एक बड़ी धनराशि का भुगतान करते हैं, तो आपके शरीर को बहुत कम तापमान पर जमा दिया जाएगा (क्रायोजैनिक) और आपकी मृत्यु के बाद उसे बरकरार रखा जायेगा। उम्मीद यह है कि भविष्य में, जब शरीर को पुनर्जीवित करने की कोई तकनीकी सफलता हाथ लगेगी, तो आप फिर से जीवित हो सकते हैं। यह निरी मूर्खता और अपरिपक्वता है।

आमतौर पर, किसी चोट से या ऐसा कुछ होने पर, जब कोई व्यक्ति बेहोशी की गहरी अवस्था में चला जाता है, तो वह दर्द और पीड़ा से बचने के लिए शरीर की अपनी प्रक्रिया होती है क्योंकि हो सकता है कि वह उस समय इतना मजबूत न हो कि उसके सदमे और दर्द दोनों को सहन कर सके। यह एक तरह का सुरक्षा तंत्र है जो सब कुछ बंद कर देता है। जब शरीर जीवन को धारण करने में पर्याप्त सक्षम हो जाता है, तो ऐसा व्यक्ति फिर होश में आ सकता है। लेकिन, जहाँ जीवन ने शरीर पूरी तरह छोड़ दिया है या कोमा में गए शरीर को कई सालों से कृत्रिम रूप से जीवित रखा गया है, ऐसे मामलों में शरीर में कोई प्राणी मौजूद नहीं होता। आप बस एक दिल, दो किडनियों और कुछ और अंगों को जीवित रखे हुए हैं। यह वास्तव में जीवन नहीं है। यह ऐसा है जैसे जब कोई अपनी किडनी दान करता है, और उस किडनी को कुछ घंटों तक कहीं और जीवित रखा जाता है — किसी के शरीर में नहीं, बल्कि बाहर। इसे कृत्रिम रूप से जीवित रखा जाता है। कोमा की स्थिति भी इसी तरह है। चाहे आप एक किडनी या दो किडनी, और उसके साथ दिल, और इस और उस अंग को जीवित रखें, यह लगभग एक ही बात है। वह कोई प्राणी नहीं है।

शरीर को जीवित रखने के लिए अब तकनीक उपलब्ध है, और हो सकता है कि आप भविष्य में उसमें जीवन को पुनः जगा पाएँ। लेकिन आप का अपना जीवन वहीं वापस आकर उसी शरीर को चुने, यह बहुत दूर की बात है। दूसरे शब्दों में, पच्चीस सालों बाद वापस आकर उसी शरीर को धारण करना निरी बकवास है। अगर कभी ऐसी चीज होती भी है, तो भी वह वही व्यक्ति नहीं हो सकता। संयोग से, ऐसा हो सकता है कि कोई दूसरी चेतना या देहमुक्त प्राणी उसमें प्रवेश कर जाए। बस इतना ही है। लेकिन पैसा कमाने का या तरीका जबरदस्त है। तब मिस्त्र के राजा शव को सुरक्षित रखने के लिए ममी बनवाने में धन खर्च किया करते थे। लेकिन, आज भी, यह

एक अच्छा व्यापार है क्योंकि आप पहले ही पैसे का भुगतान कर देते हैं, पुनर्जीवित होने के बाद नहीं! दुर्भाग्य से, ममी बन जाने की स्थिति का कोई लाभ नहीं है।

कभी ऐसी होगा इसका मुझे संदेह है, लेकिन इसके जैसा कुछ किसी अलग ढंग से हो सकता है। आपने ऐसे योगियों के बारे में सुना होगा जो अपना शरीर छोड़कर कहीं और चले जाते थे और वापस आकर उसे फिर से धारण कर लेते थे। कभी-कभी, ऐसा भी होता है कि उस योगी के आने से पहले ही कोई दूसरा योगी उसके शरीर को धारण कर चला जाता है। यह ऐसे है जैसे आप अपनी मोटरसाइकिल खड़ी करके कहीं चले जाएँ, और इस बीच, कोई दूसरा आकर उसे ले जाए! ऐसी चीजें हो सकती हैं, लेकिन इसकी संभावना बहुत ही कम होती है।

परकाया प्रवेश

पूर्वी और नेटिव अमेरीकी संस्कृतियाँ देहांतरण के मामले में बहुत विकसित थीं — एक ऐसी प्रक्रिया जिसमें कोई दूसरे के शरीर को धारण करता है, आमतौर पर एक हाल ही में मरे हुए व्यक्ति के शरीर को। भारत में इसे 'परकाया प्रवेश' कहा जाता है, जिसका सीधा अर्थ है दूसरी काया या देह में प्रवेश करना। इसे अष्टसिद्धियों में से एक माना जाता है। भारतीय कथाओं में देहांतरण की बहुत सारी घटनाएँ हैं। एक प्रसिद्ध घटना आदि शंकर की है।

प्राचीन भारत में, न तो धर्म विरोधी थे और न ही कोई अपनी व्यक्तिगत मान्यताओं के लिए लोगों का उत्पीड़न करता था। जब भी लोगों को किसी नए विचार का प्रचार प्रसार करना होता, तो वे विपरीत मत रखने वालों के साथ वाद-विवाद करते थे। अपने समय में, आदि शंकर एक दुर्जेय वादी-विवादी थे। उनका तर्क बोध बहुत ही दक्ष था। आप ऐसे व्यक्ति के साथ बहस नहीं करना चाहेंगे। लेकिन एक बार एक बहुत ही प्रसिद्ध धार्मिक विद्वान ने आदि शंकर को विवाद की चुनौती दी और हार गया। उसके बाद उस व्यक्ति की पत्नी ने होशियारी से खुद को विवाद में शामिल कर लिया। आप जानते ही हैं कि स्त्रियाँ अपनों कि रक्षा के लिए कुछ भी कर सकती हैं। उसने कहा, 'आपने मेरे पति को हरा दिया, लेकिन वे सम्पूर्ण नहीं हैं। मैं इनकी अर्धांगिनी हूँ। तो आपको मेरे साथ भी तर्क-वितर्क करना होगा।' भला इस तर्क को आप कैसे नकार सकते हैं?

तो उस स्त्री के साथ वाद-विवाद शुरु हो गया। जब उसने देखा कि वह हार रही है तो उसने शंकर से कामशास्त्र पर सवाल पूछने शुरु कर दिए। इसके बावजूद भी शंकर ने उससे बहस जारी रखी। उसके बाद वह और अधिक गहराई में चली गई और तब उसने चुनौती दी, 'आप अपने अनुभव से क्या जानते हैं?' यह एक चाल थी

क्योंकि शंकर एक ब्रह्मचारी थे। उन्हें समझ आ गया कि यह उन्हें हराने के लिए है। वे बोले, 'मुझे एक महीने का समय चाहिए। हम वाद-विवाद को यहीं बीच में रोकते हैं और एक माह बाद यहीं से आरंभ करेंगे।' उसके बाद वे एक एकांत गुफा में चले गए। उन्होंने अपने शिष्यों से कहा, 'चाहे कुछ भी हो जाए, किसी को भी इस गुफा में मत आने देना क्योंकि मैं कुछ समय के लिए अपना शरीर छोड़कर कोई दूसरी संभावना तलाशने जा रहा हूँ।'

उसी समय एक राजा को नाग ने काट लिया था और वह मर गया। साधारणतः में जब कोई मरता है तो, साँस रुकने के पल से लेकर, प्राण वायु को शरीर से पूरी तरह निकलने में लगभग डेढ़ घंटा लगता है। दूसरे प्राण अभी भी मौजूद होंगे और धीरे-धीरे निकलेंगे, लेकिन प्राण वायु तब तक पूरी तरह निकल चुकी होगी। लेकिन जब मृत्यु का कारण नागदंश हो, तो इसमें साढ़े चार घंटे तक का समय बीत जाता है। तो यह किसी के शरीर में प्रविष्ट होने के लिए यह एक आदर्श स्थिति है।

शंकर ने राजा का शरीर लेने के लिए अपना शरीर छोड़ दिया। उन्होंने अपनी व्यान वायु शरीर में ही छोड़ दी क्योंकि उनके वापस आ सकने के लिए उनके शरीर को रख-रखाव की आवश्यकता थी। उन्होंने उस स्त्री के सवालों का अनुभव के आधार पर उत्तर देने के लिए राजा का शरीर धारण कर लिया और वे उस प्रक्रिया से गुजरे। जब राजा के आस-पास कुछ बुद्धिमान लोगों ने देखा कि जिस व्यक्ति को उन्होंने मृत घोषित कर दिया था, वह अचानक उठ गया है और ऊर्जा से भरपूर है तो उन्हें संदेह हुआ। वे उसके व्यवहार से पहचान सकते थे कि यह वही व्यक्ति नहीं था। यह स्पष्ट हो गया था कि उस शरीर में कोई और ही था। उन्होंने पूरे राज्य में मृत शरीरों को खोजने और उन्हें उसी समय जला देने के लिए सैनिक भेजें। उनका मानना था कि अब जब कि राजा जीवित हो गया है, तो उसे वापस नहीं जाना चाहिए। इससे क्या फर्क पड़ता है कि यह कोई दूसरा व्यक्ति है? वह दिखता तो राजा ही है। और राज्य के लिए भी उनके राजा का होना महत्त्वपूर्ण था। इसलिए सैनिकों को सभी मृत शरीरों को खोज कर जलाने के लिए चारों ओर भेजा गया।

सैनिकों ने गुफा में शंकर का शरीर खोज निकाला और उसे जलाना चाहा। उनके शिष्यों ने यह कहकर उन्हें बहलाने की कोशिश की कि उनके गुरु मरे नहीं हैं, बल्कि शवासन में हैं और जल्दी ही उठ जाएंगे। सैनिकों नहीं माने। उन्होंने गुफा में ही एक चिता बना ली और शंकर के शरीर को उस पर रख दिया। जैसे ही वे चिता को आग लगाने वाले थे, शंकर ने स्थिति को भाँप लिया और राजा के शरीर को छोड़कर तुरंत अपने शरीर में वापस आ गए। राजा एक बार फिर मर गया और शंकर ने वापस जाकर अधूरी छोड़ी बहस पूरी की और उसे जीत लिया।

जो व्यक्ति अपनी ऊर्जाओं के साथ इस तरह का खेल करता है, वह साधारणतः उसके बाद अधिक समय तक जीवित नहीं रहता, क्योंकि इसमें बहुत भारी मात्रा में ऊर्जा व्यय हो जाती है। ऐसा कहा जाता है कि इस घटना के थोड़े समय बाद ही, बत्तीस साल की उम्र में शंकर ने अपना शरीर छोड़ दिया। वास्तव में, कोई नहीं जानता कि कैसे और कहाँ उन्होंने अपना शरीर छोड़ा। उन्हें अंतिम बार केदारनाथ में देखा गया था। हो सकता है कि इस घटना के कारण वे शीघ्र चले गए हों।

एक योगी से जुड़ी एक और प्रसिद्ध घटना है, जिन्हें बाद में तमिलनाडु में थिरुमूलर के नाम से जाना गया। उनका वास्तविक नाम सुन्दरनाथार था। वे दक्षिणी तमिलनाडु से थे और उन्होंने कैलाश पर्वत की यात्रा की थी। ऐसा कहा जाता है कि उनको स्वयं शिव ने दीक्षित किया था। कैलाश में कई वर्ष बिताने के बाद, वे अपने मित्र अगस्त्य मुनि से, जो तमिलनाडु में बस गए थे, मिलने दक्षिण की ओर वापस चल पड़े। उस समय जब वे एक जंगल से गुजर रहे थे तो उन्हें गायों के रोने की आवाज सुनाई दी। उनका चरवाहा तभी सर्पदंश के कारण मर गया था। गायों के दुःख से द्रवित होकर उन्होंने मरे हुए चरवाहे के शरीर को कुछ देर के लिए प्रवेश करके गायों को दिलासा देने का निश्चय किया। उन्होंने अपना शरीर एक पेड़ के कोटर में छुपा दिया और चरवाहे के शरीर में प्रवेश कर गए।

गाएँ प्रसन्न हो गईं और वे उन्हें हाँककर गाँव की ओर वापस ले गए। उसके बाद वे अपने शरीर को फिर से धारण करने के लिए वापस जंगल आए। लेकिन आश्चर्यजनक की बात यह हुई कि उन्हें अपना शरीर कहीं नहीं मिला। इसलिए वे उस चरवाहे के शरीर में ही रहने लगे। गाँव में लोग यह देखकर हैरान थे कि एक सरल-सा चरवाहा अब आध्यात्मिक शिक्षाएँ देने लगा है और बहुत सारे आध्यात्मिक गीत भी रचता है। उसका नाम मूलर था, इसलिए सम्मान देने के लिए वे उसे थिरुमूलर कहने लगे (थिरु तमिल में एक सम्मानसूचक शब्द है), और वे उसी नाम से प्रसिद्ध हो गए। थिरुमूलर को 3000 से ज़्यादा आध्यात्मिक रचनाओं का श्रेय दिया जाता है और उन्हें आज भी गाया जाता है।

क्या ऐसी चीजें संभव हैं? बिलकुल संभव हैं। भारत में देहांतरण के और भी बहुत उदाहरण हैं। क्या यह कोई अद्भुत काम है? वास्तव में तो नहीं। केवल इस बात की थोड़ी समझ चाहिए होती है कि जीवन की प्रक्रिया आपके भीतर किस तरह घटित होती है। अब, अगर कोई किसी ऐसे व्यक्ति के शरीर में प्रवेश करना चाहे जो जीवित हो, तो इसके लिए बहुत अधिक उद्यम करना पड़ेगा। जिसके शरीर में आप प्रवेश करना चाहते हैं, या तो वह व्यक्ति इतना सिद्ध होना चाहिए कि वह दूसरे व्यक्ति के लिए स्थान बना सके, या फिर बीमारी या किसी और वजह से वह बहुत ज़्यादा कमजोर होना चाहिए और ऐसा होना चाहिए जैसे वह अधमरा हो। अगर यह एक पूर्ण शरीर है और उसमें किसी

प्रकार की कोई जागरूकता नहीं है, तब यह संभव नहीं है।

यह सब गुह्य विद्या है। इसका वास्तव में कोई आध्यात्मिक महत्त्व नहीं है। कभी-कभी यह अपने आप को या दूसरों को यह बताने करने का तरीका है कि ऐसी चीजें की जा सकती हैं। या कभी-कभी ये चीजें कुछ ऐसे काम करने के लिए की जाती हैं जिन्हें आप अपने शरीर में रहकर नहीं करना चाहते। इसके विभिन्न कारण हो सकते हैं। अपने गुरु के सपने को पूरा करने के एक अति-साहसिक प्रयास में सद्‌गुरु श्री ब्रह्मा ने भी अपने जीवन के अन्तिम समय में कुछ ऐसा भी किया था।

अमरता की खोज

अमर होने की चाहत हमेशा ही संपन्न लोगों को आकर्षित करती रही है। जब लोग साधन-संपन्न हो जाते थे तो उन्हें लगता था कि उनके पास सब कुछ है, लेकिन फिर भी उनके लिए जीवन में कभी है। इसलिए वे और जीना चाहते थे। अमर होना, संसार में दुखी लोगों की अभिलाषा भी रही है। यह एक गलतफहमी है कि जो लोग खुश हैं, जो बहुत अच्छा जीवन जीते हैं, वे मरने के अनिच्छुक हैं और अमर रहना चाहते हैं। यदि आप आनंदित हैं, तो हो सकता है कि दूसरी चीजों का आपके जीवन में स्थान न रहे। अगर आप ध्यान दें तो पाएंगे कि जब आप जब आनंदित होते हैं तो आपमें लालच नहीं रहता। आप बहुत दयालु हो जाते हैं। उस पल में आप कुछ भी दे देंगे। जब आप दुखी होते हैं, तभी आप लालची होते हैं। जो लोग आनंद में हैं वे जीवन की डोर से हल्के से बँधे हैं। वे किसी भी समय उसे छोड़ने के लिए तैयार रहते हैं। लोग हमेशा सोचते हैं कि दुखी लोग मरना चाहते हैं। ऐसा नहीं है। दूसरों की तुलना में दुखी लोग जीवन से अधिक चिपके होते हैं। वे जितने अधिक दुखी होंगे, उतना ही अधिक वे अपनी आस-पास की चीजों से चिपके होंगे। अगर वे सौ सालों तक भी जीते हैं, तो वे और अधिक से अधिक चिपकते जाएंगे क्योंकि वास्तव में वे कभी जिए ही नहीं। हर समय वे अपने ही क्लेशों में इतने डूबे रहे कि उन्हें जीने का कभी समय ही नहीं मिला।

एक प्रसन्न व्यक्ति किसी से नहीं चिपकता। जब कोई व्यक्ति अपने जीवन से आनंदित रहता है, तो वह चिंता नहीं करता कि उसका पुनर्जन्म होगा या नहीं। ऐसे व्यक्तियों को यह चिंता तक नहीं होती कि वे कल जीवित रहेंगे भी या नहीं। वे इतने आनंद में रहते हैं। जब आप वास्तव में प्रसन्न होते हैं, तो आपको किसी की आवश्यकता नहीं होती। पति को पत्नी की, और पत्नी को पति की आवश्यकता नहीं होती। अपने भगवान की आवश्यकता नहीं होती। जब आप बहुत आनंद में होते हैं, तो सभी देवताओं को भूल जाते हैं। भगवान दुखी लोगों का सृजन है। क्योंकि दुनिया में बहुत सारे दुखी लोग हैं, इसीलिए भगवान हैं। अगर यह दुनिया आनंदित

व्यक्तियों से भरी हो तो भगवान की क्या आवश्यकता? अगर हम सब सच में खुश हों, तो भगवान का दुनिया में कोई काम नहीं है। हम अपने आप को सँभाल सकते हैं। हमें भगवान की आवश्यकता केवल इसलिए है कि हमने अपने अन्दर बहुत अधिक अप्रसन्नता पैदा कर ली है और सबसे बढ़कर, कष्ट का बहुत बड़ा डर बैठा लिया है।

जब आप इतने प्रसन्न होते हैं कि उसे शब्दों में व्यक्त नहीं कर सकते, जब आपका मन इतना प्रफुल्लित होता है कि उसकी कोई सीमा नहीं होती, तब मृत्यु बाधा नहीं लगती। आप उसके लिए तैयार होते हो। आपको लगता है, 'बस हो गया; अब मैं अपने आपको विलीन करके चला जाना चाहता हूँ। आनंद आपको मृत्यु के लिए तैयार करता है। जब सब कुछ अच्छा हो और व्यक्ति बस मरने के लिए तैयार हो, तो इसका अर्थ है कि वह जीवन को देख चुका है। जिन प्रेमियों ने निकटता के आनंद का स्वाद चख लिया है, भले ही थोड़ी देर के लिए सही, वे मरने के लिए तैयार होते हैं। क्या आपने यह नहीं देखा है कि एक दुखी व्यक्ति मरने के लिए तैयार नहीं होता क्योंकि वह जीने में कंजूसी करता रहा है? वह कभी जिया ही नहीं, इसलिए वह सोचता है कि अगर उसे एक साल और मिल जाए तो वह बेहतर ढंग से जिएगा। अधिकतर लोग ऐसे ही होते हैं।

प्राचीन युग में, धरती पर हर राजा, हर शक्तिशाली व्यक्ति ने किसी तरह अमर हो जाने का प्रयास किया है। लेकिन, वास्तव में, अगर आप सच में किसी को श्राप देना चाहते हैं तो उनकी मृत्यु की कामना मत करिए; उनके लिए अंतहीन जीवन की कामना कीजिए। यह किसी के लिए भी सबसे बुरा अभिशाप होगा। इसके विपरीत, यदि कोई साधना में जीवन बिताता है, और साधना के माध्यम से वह अपने जीवनकाल को बढ़ा लेता है, तो यह एक अलग बात है। यह जीवन को जबरदस्ती खींचना नहीं है; बल्कि आप जीवन को और आगे उड़ान भरने के लिए आवश्यक सहयोग प्रदान कर रहे हैं। योग में, हम हमेशा कहते रहे हैं कि मनुष्य 160 सालों तक जीवित रह सकता है। लेकिन आज के समय में किसी को उस उम्र तक जीते हुए हमने शायद ही देखा हो।

आज औसत वैश्विक आयु उल्लेखनीय ढंग से बढ़ी है। यह मुख्य रूप से चिकित्सकीय देखभाल और लोगों द्वारा लिए जाने वाले पोषण-पूरकों (सप्लीमेंट्स) के कारण है। यह दूसरी समस्याएँ पैदा कर रहा है, लेकिन जीवन की अवधि को बढ़ा रहा है। व्यक्ति द्वारा लिए जाने वाले खनिजों और पोषक तत्वों (विटामिन और मिनरल) से बहुत से अंगों में स्फूर्ति आ जाती है। इसलिए वे कहते हैं कि अगर हम किसी तरह अगले पचास साल तक और जीवित रह जाते हैं, तो हम 500 सालों तक जी सकते हैं क्योंकि, तब तक तकनीक इतनी विकसित हो चुकी होगी कि हम प्रयोगशाला में नए दिल, नए लीवर, और नए गुर्दे बना सकेंगे और उन नए अंगों को हमारे शरीर में लगाया जा सकेगा।

कुछ लोग मुझे बता रहे थे कि कैसे वे 400 साल तक जीवित रहने वाले हैं। उन्होंने इसके लिए योजनाएँ बनाई हैं। वे प्रयोगशालाओं, डॉक्टरों के साथ अनुबंध कर रहे हैं, कि वे कब कौन से अंग को बदलेंगे, चाहे उस समय वह काम कर रहा हो या नहीं कर रहा हो। उन्होंने व्यक्ति की आनुवांशिक प्रवृत्तियों और दूसरे जैविक मापदंडों को देखकर यह सब पहले ही तय कर लिया है। उन्होंने पहले ही निश्चित कर लिया है कि अस्सी की उम्र में वे उनके दिल को बदलेंगे, पचासी साल में वे उनके गुर्दे, सारी हड्डियाँ और जोड़ों को बदलेंगे, इत्यादि। 400 सालों तक जीने के लिए उन्होंने इस तरह की योजनाएँ बनाई हैं। ऐसे लोगों को इसके लिए बहुत पीड़ा झेलनी पड़ेगी।

शरीर के जीवन को लम्बा करना संभव हो सकता है, लेकिन जब तक आपके जीवन में साधना नहीं है और आप अपने तंत्र पर एक विशेष स्तर की महारत हासिल नहीं कर लेते, तो अगर आप उतना लम्बा जीते हैं तो आपके पास दिमाग नहीं रह जाएगा। आप एक जिंदा लाश (ज़ॉम्बी) की तरह जिएंगे। आवश्यक साधना के बिना अगर आप शरीर को खींचेंगे तो दिमाग अलग हो जाएगा। आपको बहुत से लोग ऐसे मिलेंगे जिनके शरीर हृष्ट-पुष्ट हैं लेकिन उनका दिमाग खत्म हो चुका है क्योंकि उनके प्रारब्ध कर्म समाप्त हो चुके हैं। यह ऐसा है जैसे आपके पास हार्डवेयर तो है लेकिन उसे चलाने के लिए आवश्यक सॉफ्टवेयर खत्म हो चुका है। वे स्मृति के अगले आयाम को खोलने में असमर्थ होते हैं क्योंकि उन्होंने कोई साधना नहीं की है। वह बस एक खाली परदा मात्र रह जाता है।

लम्बा जीने की इच्छा कोई समस्या नहीं है। लेकिन जीवन की अवधि को इस तरह जबरन बढ़ाए जाने का विचार, जीवन के विरुद्ध अहंकार से पैदा होता है, जो मुझे पसन्द नहीं है। यह साल 2050 में ऐसा हुआः कुछ वैज्ञानिकों ने ईश्वर से मिलने का एक समय तय किया। वे उनसे मिले और कहा, 'श्रीमान जी, आपने सृष्टि के साथ बहुत अच्छा काम किया है; लेकिन जो कुछ भी आपने किया है, अब वह सब हम भी कर सकते हैं। इसलिए हम सोचते हैं कि अब आपके सेवानिवृत्त होने का समय आ गया है।' ईश्वर ने कहा, 'ओह, ऐसा है क्या? तो फिर ऐसा क्या है जो तुम कर सकते हो?' वे बोले, 'इसे देखिए'। उन्होंने अपनी परखनलियाँ (टेस्ट ट्यूब) और शंकु-आकार की बोतलें (कोनिकल फ्लास्क) और वैसी चीजें निकालीं। उन्होंने थोड़ी मिट्टी ली और उसके साथ विभिन्न चीजों को मिलाया और एक जीता-जागता बच्चा तैयार कर दिया और वह रोने भी लगा। 'यह देखिए, हम जीवन बना सकते हैं। तो अब आपकी आवश्यकता ही कहाँ है? आप सेवानिवृत्त हो सकते हैं।' इस पर ईश्वर बोले, 'बहुत अच्छी बात है, लेकिन पहले मिट्टी बनाकर दिखाओ।'

अगर आप अपने शरीर के जीवन के विस्तार पर काम करना चाहते हैं, तो कोई बाहरी मरम्मत करने के बजाए आपको ऐसा उचित साधना के माध्यम से करने की

आवश्यकता है। अगर आप सही तरह की साधना करते हैं, तो उसके साथ-साथ प्रारब्ध कर्म भी खुल जाएंगे। ये कर्म तत्त्व के दूसरे आयाम खोल देगा, और इसे जारी रखने के लिए भी तत्त्व मौजूद होगा। अगर प्राणी के लिए कोई तत्त्व नहीं है, लेकिन शरीर के लिए तत्त्व है तो आप एक प्रेत की तरह हो जाएंगे। कम से कम, एक प्रेत जगह नहीं घेरता और खाना भी नहीं खाता। आप खाना भी खाएंगे और जगह भी घेरेंगे, लेकिन आप एक प्रेत की तरह ही जिएंगे। अगर आप साधना करते हैं और 400 साल तक जीते हैं, तब आप दुनिया के लिए बहुत मूल्यवान सिद्ध होंगे। आपका मूल्य केवल इसलिए नहीं होगा क्योंकि आप लम्बा जिएंगे और आपके पास असीम ज्ञान होगा, बल्कि आप जो हैं और जो बन गए हैं उसी से सारी दुनिया को लाभ होगा। जीवन की परिपक्वता ऐसी होगी कि, यह अपने आप को आपके शरीर में उस तरह से व्यवस्थित कर लेगा। आपका 'जीव' या आप जो हैं, वह बिना किसी प्रयास के किसी बुलबुले की तरह यहाँ वहाँ घूमेगा।

साधना के संबंध में, हठ योग बहुत महत्त्वपूर्ण है क्योंकि आपको एक अच्छे शारीरिक आधार की आवश्यकता है। इसके अतिरिक्त, अगर आप अपने भीतर इस तरह की अवस्था में हैं कि जब आप आँखें बंद करते हैं तो आपको समय का बोध नहीं रहता, तब समय आपसे धोखा खा जाता है। अगर कोशिकीय जीवंतता को यौवन की स्थिति में रखा जाए, तो शरीर लम्बा चल सकता है क्योंकि यह खुद को फिर से नया कर सकता है। सबसे महत्त्वपूर्ण बात, अगर आप अपने कर्मों को पर्याप्त शीघ्रता से समाप्त कर रहे हैं, तो नए आयाम अपने आप खुल जाएंगे। साधना के बिना, आप बड़े कर्म तत्त्व या संचित कर्म में गहराई से नहीं उतर सकते। ऐसा व्यक्ति जीवन वृद्धि को संभाल नहीं पाएगा।

साथ ही, आपके जीवन का अनुभव भी केवल इसलिए बेहतर नहीं होगा क्योंकि आप अधिक सालों तक जीवित रहे। आप अपने जीवन की लम्बाई को खींच सकते हैं, लेकिन सिर्फ जीवन के सालों में वृद्धि करना आपके जीवन के अनुभव को किसी भी तरह से उन्नत नहीं बनाएगा। अगर आप कहते हैं, 'मैं 150 साल का हूँ,' तो दूसरे प्रभावित हो सकते हैं, लेकिन आपके अनुभव में क्या फर्क पड़ा है? आपको ही तय करना होगा कि जीवन आपके लिए एक बही-खाता है या एक घटना है। अगर यह एक बही-खाता है, तो संख्या मायने रखती है। अगर यह अनुभव है तो संख्या कोई मायने नहीं रखती।

अगले आयामों की तलाश

लोग यह सवाल पूछते हैं: यदि मेरा जीवन अच्छा चल रहा है, तो इसे अंतहीन रूप से जारी क्यों नहीं रखा जाए? हम कुछ और की तलाश क्यों करें? अब, यह

इसलिए नहीं है कि हम इससे या उससे पीड़ा सह रहे हैं तो हम आगे बढ़ना चाहते हैं। प्राणी की प्रकृति ही ऐसी है कि वह अगले आयाम या अंतिम आयाम तक जाना चाहता है।

यह इस तरह है: आपके पैदा होने के बाद, आप चलना सीखते हैं। और यह उस समय आपके लिए सबसे रोमांचक होता है। और फिर आप बड़े हुए, उसके बाद आपकी शादी हुई, आपने पैसे कमाए, बच्चे पैदा किए और आप मर गए। और आप फिर से पैदा हुए, फिर से आप चलने को लेकर और साइकिल चलाने को लेकर उत्साहित थे और फिर से आप अपनी प्रेमिका से मिले और आप बहुत खुश थे और फिर आपको निराश हाथ लगी, तब आपने फिर से शादी कर ली। यह बार-बार हो रहा है। मान लीजिए कि आपको वास्तव में इस चीज का एहसास हो जाता है, इसलिए नहीं कि किसी ने आपको बताया, बल्कि इसलिए कि वास्तव में आपने देखा कि आप ऐसा हजारों बार कर चुके हैं और अभी भी उसी प्रक्रिया से बार-बार गुजर रहे हैं। ऐसे में क्या आप दोबारा उस सब से गुजरना चाहेंगे?

लोगों के अच्छे जीवन-यापन के बारे में: उन्हें लगता है कि अगर उनकी शादी हो गई है, अगर उनके पास एक घर और बच्चे हैं और अगर उनके पास बैंक में बहुत सारा पैसा है, तो वे अच्छी तरह जी रहे हैं। लेकिन ऐसा नहीं है। अच्छी तरह जीने का अर्थ है कि आपने जीवन के सभी पहलुओं को समझ लिया है। अगर आपने जीवन के बारे में जानने योग्य सब कुछ जान लिया है, तब आपने स्मृति के उन बुलबुलों को फोड़ दिया है, जिनमें आप इन विभिन्न घटनाओं को इकट्ठा कर रहे थे। अगर आपमें यह सब फूट जाता है, तो निश्चित रूप से आप अगले आयाम की ओर जाना चाहेंगे। एक बार जब आपको एहसास होता है कि आप उन्हीं चीजों को दोहरा रहे हैं, तो आपको पीड़ा होगी। फिर आप अगले आयाम की ओर बढ़ना चाहेंगे।

या इसे इस तरह से देखिए — मान लीजिए हम आपको आपकी पसंदीदा फिल्म बार-बार दिखाएँ। अगले एक महीने के लिए, प्रतिदिन, दिन में सात बार। आखिर, यह एक बहुत ही अच्छी फिल्म है और आपको सबसे ज्यादा पसन्द भी है। जब आप इसे पहली पाँच या दस बार देखेंगे तो आप भावुक होकर रोएंगे। जब तक कि आपको पूरी तरह से ज्ञान न हो जाए कि यह तो प्रकाश और ध्वनि का एक खेल मात्र है। जब आप इसमें लिप्त होना बंद कर देंगे, तो आप आराम से बैठकर इसकी ओर देखेंगे। मान लीजिए, इसके अलावा, मैं आपको प्रोजेक्टर के कमरे में भी ले जाता हूँ, और यह आपके अंदर पूरी तरह से बैठ जाता है कि यह सारा तो बस दो चक्कों और एक बिजली के बल्ब का खेल मात्र है जो आपको विस्मित दे रहा था, जो आपके भीतर इतनी भावनाएँ पैदा कर रहा है और आपको इस सब पर विश्वास करने

के लिए मजबूर कर रहा है। तब आप फिर भी एक फिल्म का आनंद उठा सकते हैं, लेकिन अब आप उसमें लिप्त नहीं होंगे।

अगले आयाम की ओर बढ़ने की लालसा अति आवश्यक तब हो जाती है, जब आप पीछे देखते हैं और आपको एहसास होता है कि आप उसी फिल्म में लम्बे समय से उलझे हुए हैं। मौजूदा आयाम 'यह' और 'वह' के बारे में है। आपकी वर्तमान मानसिक अवस्था में, इस समय 'यह और वह' या 'वह और वह' आकर्षण पैदा कर रहा है। लेकिन अगला आयाम केवल 'यह और यह और केवल यह' है। जो अभी 'कई' लग रहा है, वह सब 'एक' बन जाएगा। हो सकता है कि अभी आपको यह आकर्षक न लगे क्योंकि आप केवल उसी आयाम से सोच, समझ, महसूस, और आगे प्रक्षेपित कर सकते हैं जहाँ आप हैं। लेकिन यह है इसी तरह। जितनी जल्दी आपको एहसास हो जाता है कि आप कब से उसी आयाम में अटके हैं, उतना ही अधिक आपको उससे परे जाने की लालसा होगी। तब तक, यह आपको नीरस लगेगा।

अध्याय 5

महासमाधि

महासमाधि इस खेल का अंतिम चरण है। चक्र पूरा हो जाता है। पुनर्जन्म का कोई प्रश्न नहीं रहता; यह पूर्ण विलय है। आप कह सकते हैं कि वह व्यक्ति अब सचमुच नहीं रहा।

समाधि और मृत्यु

लोग अक्सर समाधि और मृत्यु के बीच एक संबंध स्थापित कर देते हैं। उन्हें लगता है कि समाधि का अर्थ है मृत्यु जैसी स्थिति। जबकि सच इससे बहुत अलग है। 'समाधि' शब्द को काफी हद तक गलत समझा गया है। यह 'सम' और 'धि' शब्दों से मिलकर बना है। सम का अर्थ है समभाव और धि का अर्थ है बुद्धि। अगर आप बुद्धि की समभाव अवस्था में पहुँच गए हैं, तो इसे समाधि कहते हैं।

बुद्धि का मूल स्वभाव है विभेद या अंतर समझने कि क्षमता। यह अंतर करने की क्षमता जीवित रहने के लिए बहुत महत्त्वपूर्ण है। आप एक पेड़ और एक व्यक्ति के बीच अंतर समझने में केवल इसलिए सक्षम हैं क्योंकि आपकी बुद्धि काम कर रही है। अगर आप एक पत्थर को तोड़ना चाहें तो आपको अपनी उंगली और पत्थर के बीच का अंतर समझना करना पड़ेगा, नहीं तो आप अपनी उंगली को तोड़ लेंगे। यह विभेद करने की क्षमता एक साधन या उपकरण है जो आपकी हर कोशिका में मौजूद अस्तित्व में बने रहने की प्रवृत्ति को सहारा देती है और उसे चलाती है। अगर आप बुद्धि से परे चले जाएँ, तो आप समभाव में आ जाएंगे। लेकिन इसका अर्थ यह नहीं है कि आप अंतर समझने की क्षमता को खो देंगे। अगर आप विभेद-क्षमता खो देते हैं तो आप अपना मानसिक संतुलन खो देंगे।

समाधि की अवस्था में आपकी विभेद-क्षमता अपने स्थान पर ही रहती है,

लेकिन साथ ही, आप उससे परे भी चले जाते हैं। आप कोई भेद-भाव नहीं करते — आप बस मौजूद रहते हैं और जीवन को अपने वास्तविक रूप में काम करते हुए देखते हैं। जिस पल आप बुद्धि को हटा देते हैं या उससे परे चले जाते हैं, उस समय भेदभाव नहीं रह सकता। सब कुछ 'एक संपूर्ण' बन जाता है, जो एक वास्तविकता है। इस तरह की अवस्था आपको अस्तित्व के एकत्व का अनुभव प्रदान करती है, हर चीज जो है उसका एक हो जाना। इस अवस्था में, कोई समय या स्थान नहीं रहता। समय और स्थान आपके मन की उपज हैं। जब आप उस मन से परे चले जाते हैं, जिसकी कि एक सीमा है, तब समय और स्थान का आपके लिए अस्तित्व नहीं रहता। जो यहाँ है, वही वहाँ है; जो अब है, वही तब है। आपके लिए कोई भूत या भविष्य नहीं होता। सब कुछ यहीं है, इसी पल में है।

समाधि समभाव की वह अवस्था है जहाँ बुद्धि भेद करने के अपने सामान्य तरीके से परे चले जाती है। परिणाम स्वरूप, व्यक्ति इस भौतिक शरीर से दूर हो जाता है। आप जो हैं, उसके और आपके शरीर के बीच एक दूरी पैदा हो जाती है। मृत्यु का अर्थ है कि भौतिक शरीर को पूरी तरह गंवा दिया जाय। अब भौतिक शरीर के साथ कोई संपर्क नहीं रहता। समाधि का अर्थ है कि भौतिक शरीर कायम है, लेकिन उसके साथ संपर्क बहुत कम क्षीण हो गया है।

इसे समझने के लिए, लोगों ने समाधियों को आठ अलग प्रकार या स्तरों में विभाजित किया है। इन आठ में से, उन्हें मोटे तौर पर सविकल्प और निर्विकल्प समाधियों में बांटा गया है। सविकल्प समाधियाँ गुणों या लक्षणों से युक्त हैं। वे बहुत सुखद, आनंदमय और भावविभोर करने वाली हैं। निर्विकल्प समाधियाँ बिना किसी गुण या लक्षण वाली हैं। वे सुखद या अप्रिय अनुभूतियों से परे हैं। जो व्यक्ति निर्विकल्प समाधियों की अवस्था में चले जाते हैं, उन्हें हमेशा सुरक्षित अवस्था में रखा जाता है क्योंकि शरीर से उनका संपर्क न के बराबर होता है। छोटा-सा व्यवधान, जैसे कोई आवाज या सूई का चुभना भी, उन्हें उनके शरीर से अलग कर सकता है। स्वयं के और शरीर के बीच एक दृढ़ अंतर स्थापित करने के लिए इन अवस्थाओं को कुछ समय तक कायम रखा जाता है। यह व्यक्ति की आध्यात्मिक उन्नति में एक महत्त्वपूर्ण कदम है, लेकिन फिर भी यह अंतिम सीमा नहीं है।

जैसे कि मैंने पहले कहा, कभी-कभी योगी कुछ समय के लिए समाधि की गहरी अवस्थाओं में चले जाते हैं क्योंकि वे अपने भीतर कुछ स्थितियों को टालना चाहते हैं, या अपने कर्मों को समाप्त करने के लिए कुछ और समय चाहते हैं। मान लीजिए, एक योगी जानता है कि उसके जीवन की स्थिति ऐसी है कि अगले दिन उसे अपना शरीर छोड़ना पड़ेगा, लेकिन अभी तक उसके कर्मों का हिसाब पूरा नहीं हुआ

है; उसके कर्म का लेखा-जोखा समाप्त नहीं हुआ है। तो वह जाना नहीं चाहता। इसके बजाए, वह, समझिए, एक सप्ताह या दस दिन के लिए समाधि में चला जाता है। अब, उसे उस चीज को खत्म करने के लिए थोड़ा समय मिल जाता है जो वह करना चाहता है। यह घड़ी को पीछे घुमाने का, समय की प्रक्रिया को धोखा देने का एक तरीका है। जब कोई स्वयं को शरीर और दिमाग से परे कर लेता है, यानी वह न तो शरीर रहता है और न ही दिमाग, तो वह कालचक्र या समय के चक्र से बच जाता है। तो वह व्यक्ति समय को झांसा देकर यहीं रहता है और उसे अपने लिए अतिरिक्त समय मिल जाता है।

आत्मबोध, या 'स्वयं' की असली प्रकृति को जानने के संबंध में समाधियों का अपना कोई महत्त्व नहीं है। गौतम बुद्ध के बहुत से शिष्य काफी लम्बी समाधियों में गए। वे सालों तक बाहर नहीं आए। लेकिन गौतम ने खुद ऐसा कभी नहीं किया क्योंकि उन्हें यह अनावश्यक लगा। उन्होंने आत्मज्ञान से पहले सभी आठ प्रकार की समाधियों का अभ्यास किया और उनका अनुभव करने के बाद उन्हें त्याग दिया। उन्होंने कहा, 'यह अंतिम सीमा नहीं है। यह तुम्हें आत्मज्ञान के पास लेकर नहीं जाने वाला। यह बस अनुभव के एक अधिक ऊँचे स्तर पर जाना है और तुम इसमें फँस सकते हो क्योंकि यह वर्तमान वास्तविकता से अधिक सुंदर है।'

अगर आपका लक्ष्य निर्धारित है, अगर आपने जीवन में आत्मज्ञान को सर्वोच्च प्राथमिकता दी है, तब बाकी हर चीज, जो आपको एक कदम भी उसके निकट नहीं ले जाती, अर्थहीन है।

आत्मज्ञान और मृत्यु

मृत्यु और आत्मज्ञान का आपस में क्या संबंध है? मृत्यु और आत्मज्ञान इस मायने में गुंथे हुए हैं कि अगर जीवन ऊर्जाएँ बहुत अधिक तीव्र हो जाएँ तो आप शरीर को थामे नहीं रह सकते। साथ ही, अगर जीवन ऊर्जाएँ बहुत अधिक धीमी पड़ जाएँ, तो भी आप शरीर को थामकर नहीं रख सकते। जब ऊर्जाएँ तीव्रता के एक खास दायरे के अंदर सीमित होती हैं तो, केवल तभी आप शरीर को बनाए रख सकते हैं। अगर आप तीव्रता को एक खास सीमा से आगे बढ़ा देते हैं, तो आपको आत्मज्ञान हो जाएगा और आप चले जाएंगे। अगर आप इसे एक खास स्तर से नीचे गिरा देते हैं, तो आप मर जाएंगे। यह स्वाभाविक प्रक्रिया है। अधिकतर आत्मज्ञानी प्राणी, जब तक कि वे शरीर के साथ कोई तिकड़म न करें, वे उसे थामकर नहीं रख पाते। या तो उन्हें शरीर की कार्य प्रणाली का ज्ञान होना चाहिए या फिर उन्हें लगातार सचेतन कर्म पैदा करते रहना चाहिए — जैसे कोई इच्छा या कोई लालसा, जो उनके जीवन में

बेतुकी लगेगी क्योंकि वह उनके बाकी व्यक्तित्व से बिलकुल मेल नहीं खाती। लोगों को लग सकता है कि वे पागल हैं, लेकिन अपने शरीर को चलाते रहने के लिए उन्हें यह सब करते रहना पड़ता है।

यही कारण है कि अगर आप अपने कर्मों को चरण दर चरण समाप्त करना चाहते हैं तो साधना अनिवार्य है। ईशा में, हम आकस्मिक आत्मज्ञान में विश्वास नहीं करते। अगर आकस्मिक आत्मज्ञान होता है, तो संभव है बहुत से लोग इसे संभाल न पाएँ। इससे या तो मृत्यु हो सकती है या व्यक्ति पूरी तरह अंतर्मुखी बन सकता है। शायद आप यह नहीं जानते कि हजारों लोग दुनिया में आत्मज्ञान प्राप्त करते हैं, लेकिन उनमें से 90 प्रतिशत आत्मज्ञान के पल में ही शरीर छोड़ देते हैं। जिस पल व्यक्ति को ज्ञान होता है, 'मैं यह नहीं हूँ,' वह शरीर में और नहीं रह सकता, क्योंकि उनके पास न तो परिपक्वता होती है और न ही टिके रहने और कार्य करते रहने की समझ होती है। तो जिस पल आत्मज्ञान होगा, उसी पल वे शरीर से बाहर फिसल जाएंगे; वही अंत होता है। इसी कारण से अधिकतर आत्मज्ञानी व्यक्तियों का पता नहीं चल पाता। वे बहुत ही विरले कुछ लोग हैं जो एक निश्चित स्तर की समझ हासिल करते हैं, जिससे आत्मज्ञान के साथ इस शरीर को थामकर रखने में सफल हो पाते हैं।

यहाँ, ईशा में बहुत अधिक साधना होती रहती है। वास्तविक गतिविधि के संबंध में, मेरे लिए, ये सभी कार्यक्रम मेरे जीवन का एक बहुत छोटा हिस्सा हैं, हालांकि वे बहुत सारा समय लेते हैं। यहाँ गतिविधि बहुत अलग है। यहाँ बहुत सारे लोग ऐसे हैं, जिन्हें अगर मैं आगे जाने दूँ तो वे पूर्ण रूप से आत्मज्ञानी प्राणी बन जाएंगे। लेकिन उनके पास अपने शरीर को बनाए रखने के लिए अपने तंत्र पर पर्याप्त महारत नहीं है। अगर मैंने उन्हें जाने दिया तो वे अपने शरीर छोड़ देंगे। तो, आमतौर पर, हम आखिरी चरण में उन्हें बांधे रखते हैं, जिससे उनका शरीर स्वाभाविक गति से चलता रहे। उन्हें बाँधकर रखना कोई अच्छा नहीं है, लेकिन आप जानते हैं कि हमने सामाजिक जिम्मेदारियाँ ली हुई हैं। तो अंतिम चरण में मैं हमेशा उन्हें बाँध देता हूँ और उनके शरीर के स्वाभाविक दौर को चलने देता हूँ। जब वह एक निश्चित चरण समाप्त कर लेंगे, तब हमें इसे उन पर छोड़ देना होगा।

तो, अंतिम चरण पर पहुँचकर शरीर को कायम रखने के लिए, या तो व्यक्ति को शरीर की तकनीक की समझ होनी चाहिए या फिर बने रहने के लिए उसे किसी तरह का स्वांग खेलना चाहिए। लोग मुझसे पूछते हैं, 'शरीर को कायम रखने की आपकी क्या तरकीब है?' मेरी कोई मजबूरियाँ नहीं हैं। मेरे पैर में एक कड़ा है जो दरअसल एक बेड़ी जैसा है। यह केवल एक कड़ा नहीं है, यह एक लगाम की तरह है। इसे एक

विशेष प्रकार से बनाया गया है। इसमें पारा भरा गया है और इसके साथ कुछ विशेष प्रक्रियाएं की गई हैं। यह एक जीवंत चीज है। अगर आप किसी दिन यह कड़ा मेरे पैर में न देखें, तो समझ जाइए कि अब बहुत कम समय बचा है।

मुक्ति और महासमाधि

भारतीय जीवन पद्धति में, ईश्वर या स्वर्ग तक पहुँचना जीवन का सबसे ऊँचा लक्ष्य नहीं है। उसमें हमेशा जीवन के सर्वोच्च उद्देश्य के रूप में मुक्ति या जन्म-मृत्यु के चक्र से मुक्ति के बारे में बात की है। लेकिन अंग्रेज़ी में, जब आप 'फ्रीडम' या 'लिबरेशन' शब्द कहते हैं, तो लोग एक पक्षी बनकर आकाश में उड़ने की कल्पना करने लगते हैं। अगर आप पक्षी-प्रेमी हैं या आपने पक्षियों को उड़ते देखा है, तो आपको पता होगा कि सबसे शानदार पक्षी जैसे बाज़ या चील भी उड़ते हुए लगातार जमीन की ओर देखते रहते हैं। वे नीचे अपने भोजन की तलाश में देख रहे होते हैं। हो सकता है वे उड़ने का आनंद ही न लेते हों। उनके लिए, यह जीवित रहने की एक प्रक्रिया है, ठीक वैसे जैसे आपका काम के लिए दफ्तर जाना। तो, स्वतंत्रता का अनुवाद किए जाने पर यह व्यक्ति के मन में गलत छवि पैदा कर सकता है।

मोक्ष और निर्वाण शब्द भी मुक्ति की ओर ही संकेत करते हैं। निर्वाण अधिक उपयुक्त शब्द है क्योंकि निर्वाण का अर्थ है अन-अस्तित्व या अस्तित्वहीनता। इसका अर्थ है कि आप अस्तित्व में होने के बोझ से मुक्त हैं। जब मैं कहता हूँ कि आप अस्तित्व से मुक्त हैं, तो मैं अस्तित्व की बात एक परिमाण के रूप में नहीं कर रहा हूँ और आप उससे मुक्त हैं। आप अपने ही अस्तित्व से मुक्त हैं। आपका अस्तित्व समाप्त हो चुका है। जब कोई अस्तित्व नहीं है तो आप स्वतंत्रता से भी मुक्त हैं, क्योंकि स्वतंत्रता भी एक तरह का बंधन है। जब तक आप अस्तित्व में हैं, किसी न किसी तरह आप बंधन में होते हैं। अगर आप भौतिक रूप से अस्तित्व में है, तो यह एक प्रकार का बंधन है। अगर आप भौतिक शरीर को छोड़कर किसी और रूप में अस्तित्व में हैं, तो वहाँ भी दूसरे प्रकार का बंधन होगा। हर चीज जिसका अस्तित्व है, वह किसी न किसी नियम से संचालित है। अब, मुक्ति का अर्थ है कि आपने सभी नियम तोड़ दिए हैं, और उन्हें सिर्फ तभी तोड़ा जा सकता है जब आप अस्तित्वहीन हो जाएँ। यही स्वतंत्रता की चरम सीमा है।

अंततः हर साधक अस्तित्व के परे जाना चाहता है। वह अस्तित्व की प्रक्रिया में नहीं होना चाहता, जिसका अर्थ हो सकता है जन्म और मृत्यु या कायम रहना या जो और कुछ भी हो। चाहे आप भौतिक रूप से जन्म लें या न लें, जब तक आप अस्तित्व में हैं, किसी न किसी प्रक्रिया से गुजर रहे हैं। अस्तित्व सदा एक प्रक्रिया है। अस्तित्व

कोई चीज नहीं है। सूरज एक प्रक्रिया है, पूरा सौर-मंडल एक प्रक्रिया है, आकाशगंगा एक प्रक्रिया है, सभी आकाशगंगाएँ साथ मिलकर एक प्रक्रिया हैं। अगर आप सभी प्रक्रियाओं से मुक्त होना चाहते हैं, तो इसका अर्थ है कि आपको अस्तित्वहीन हो जाना चाहिए; कोई दूसरा तरीका नहीं है। वैसा, जैसा अस्तित्व को, जैसे आप इसे जानते हैं, समाप्त होना ही होगा; केवल तभी कोई प्रक्रिया नहीं रहेगी।

इसका क्या लाभ है? जब कोई अपने जीवन की ओर ध्यान से देखता है और महसूस करता है, 'इसका क्या लाभ है?' — यही एक विचार है जो व्यक्ति को मुक्ति की ओर प्रेरित करता है। इस समय, 'वजह क्या है?' की गहराई अभी भी लोगों को समझ नहीं आ रही है, क्योंकि लोग अभी भी बच्चों जैसे हैं। उनके शरीर वयस्क हो सकते हैं, लेकिन समझ के हिसाब से वे अभी भी बच्चे हैं। कभी वे इस चीज को देखना चाहते हैं, कभी वे उस चीज को देखना चाहते हैं। मान लीजिए, आपके भीतर सौ जन्मों की स्मृति खुल गई, तब आप देखेंगे कि आप बार-बार, हर बार उसी बकवास से गुजरते चले जा रहे हैं। फिर आप निश्चय ही यह सवाल पूछेंगे, 'इस सब की आवश्यकता क्या है? एक बार फिर किसी दूसरी औरत के गर्भ में जाना, एक और बार बच्चे के रूप में जन्म लेना, एक और तरह की बकवास से गुजरना — आखिर मतलब क्या है?' अगर आप इस प्रश्न को सबसे गहन तरीके से पूछते हैं तो मुक्ति के लिए आपकी तड़प असीम हो जाएगी।

मुक्ति का अर्थ है कि आप जीवन और मृत्यु की प्रक्रिया से मुक्त होना चाहते हैं, इसलिए नहीं कि आप कष्ट भोग रहे हैं। जो लोग कष्ट भोग रहे हैं, वे मुक्ति नहीं पा सकते। आप अच्छी तरह हैं, आप खुश हैं, लेकिन अब आपके लिए बच्चों का खेल बहुत हो चुका, अब आप आगे बढ़ जाना चाहते हैं। आपका स्कूली जीवन चाहे जितना सुन्दर रहा हो, क्या आप कॉलेज नहीं जाना चाहते थे? बस यही बात है। मृत्यु का अर्थ है भौतिक शरीर का अंत; हर दूसरी चीज जारी रहती है और जल्दी ही एक नया शरीर खोज लेती है; जबकि मुक्ति के साथ सब कुछ खत्म हो जाता है। मुक्ति एक तरह से, मृत्यु और जन्म दोनों का अंत है।

मुक्ति को महासमाधि भी कहा जाता है। महासमाधि का अर्थ है कि व्यक्ति अपने शरीर से सचेतन रूप से, उसे बिना कोई नुकसान पहुँचाए, बाहर निकल जाने में समर्थ है। आमतौर पर, अगर आप शरीर छोड़ना चाहते हैं, तो आप चाहे जो करें, आप उसे बिना कोई नुकसान पहुँचाए उससे बाहर नहीं आ सकते। जब तक आप शरीर को अपने भीतर मौजूद जीवन को सहारा देने के अयोग्य नहीं बना देते, जीवन उसे नहीं छोड़ेगा। जब जीवन में बुरी घटनाएँ घटती हैं, तो लोग कहते हैं, 'मैं मरना चाहता हूँ,' लेकिन वे नहीं मरते, क्योंकि वे मर नहीं सकते। महासमाधि का अर्थ है

कि बिना किसी बाहरी साधन का इस्तेमाल किए, आप शरीर को अपनी इच्छा से छोड़ें। किसी को ऐसा करने में समर्थ होने के लिए जबरदस्त ऊर्जा की आवश्यकता होती है। ऐसा व्यक्ति जानता है कि जीवन शरीर से कहाँ पर बंधा है, और वह उसे खोलकर चला जाता है।

महासमाधि तब होती है जब आप अंतर समझने से परे चले जाते हैं ताकि 'आप' और 'दूसरा' जैसी कोई चीज नहीं रह जाए। यह पूरी तरह खत्म हो जाता है। अब, जब आप यहाँ बैठे हैं तो आप हैं और दूसरे भी हैं। यह एक स्तर की वास्तविकता है। लेकिन महासमाधि का मतलब है कि व्यक्तिगत अस्तित्व समाप्त हो चुका है और आप जो हैं, वह अब अस्तित्व में नहीं है।

महासमाधि वास्तव में समभाव का वह आयाम है जो उस स्तर की तीव्रता धारण कर लेता है कि व्यक्ति भौतिक अस्तित्व की प्रकृति को सहजता से तोड़ सकता है। वह व्यक्ति केवल भौतिक शरीर, या अन्नमय कोष को ही नहीं तोड़ता, बल्कि मनोमय कोष, प्राणमय कोष, और विज्ञानमय कोष को भी तोड़ देता है। जब भीतर का जीवन और बाहर का जीवन मिलकर एक हो जाते हैं, तो स्वाभाविक रूप से यह विसर्जन होता है। जब ये चारों कोष विलीन हो जाते हैं, तो वह जीवन सच में बाकी नहीं रहता, क्योंकि पांचवा शरीर, आनंदमय कोष, या आनंद शरीर दरअसल चेतना है या यूँ कहें, वह मूलभूत जीवन तत्व है। अब वहाँ विसर्जन के लिए कुछ नहीं बचता। यह बस जीवन के साथ मिल जाएगा, जैसा इसने हमेशा किया है। यही खेल का अंत है। चक्र पूरा हो जाता है। अब पुनर्जन्म का कोई प्रश्न नहीं रहता, यह पूर्ण विसर्जन है। अब आप कह सकते हैं कि वह व्यक्ति सचमुच नहीं रहा। ईशा में साधकों का यह सौभाग्य है कि वे महासमाधि की उपस्थिति में रहे हैं। इसकी सुगन्ध और सार ईशा योग केन्द्र में व्याप्त है।

वास्तव में, मृत्यु अंत नहीं है क्योंकि मृत्यु जैसी कोई चीज ही नहीं होती। मृत्यु का अस्तित्व केवल उसी के लिए है जिसे जीवन की कोई जागरूकता नहीं है। केवल जीवन है, जीवन और सिर्फ जीवन है। लेकिन महासमाधि का अर्थ है असली अंत। हर आध्यात्मिक साधक का यही लक्ष्य होता है। यहाँ तक कि एक सिद्ध योगी भी इसके लिए संघर्ष करते हैं, क्योंकि यह सरल नहीं है। बल्कि यूँ कहें कि यह इतना सरल है कि दिमाग इसे शायद ही समझ पाए।

जीवसमाधि वह समाधि होती है जहाँ व्यक्ति स्वयं को एक कमरे में बंद करके अपना जीवन समाप्त करने का निश्चय करता है। ऐसा करने का एक कारण यह है कि वह व्यक्ति अपनी मृत्यु के बाद लोगों को परेशान नहीं करना चाहता। वह जाने से पहले अपने शरीर का प्रबंध स्वयं ही करना चाहता है। इस तरह इसकी शुरुआत हुई

थी। दूसरा कारण है कि ऐसे आत्मज्ञानी होते हैं जो एक विशेष प्रकार से अपने भीतर मुक्त होते हैं लेकिन वे यह नहीं जानते कि अपनी इच्छा से प्रस्थान कैसे करें। अगर आप भीतर से मुक्त हैं, अगर आपने अपने भीतर एक विशेष अवस्था प्राप्त कर भी ली है, तब भी, भौतिक शरीर को छोड़ने के लिए आपको कौशल की आवश्यकता होगी, आपको यह विज्ञान जानना होगा कि यह शरीर आपसे कैसे जुड़ा है और इससे अलग होने के लिए आपको क्या करने की आवश्यकता है। यह समझ होनी आवश्यक है, नहीं तो यह नहीं हो पाएगा। ऐसा व्यक्ति जो मुक्त है लेकिन स्वयं को शरीर से अलग नहीं कर सकता — वह अपने आप को एक कमरे में बंद कर लेगा, ताकि धीरे-धीरे उसकी साँसें थम जाएँ और वह शरीर छोड़ दे। लेकिन शरीर में कोई संघर्ष नहीं होना चाहिए। अगर थोड़ा-सा भी संघर्ष होता है, तो यह आत्महत्या करने के बराबर होगा।

योग मार्ग पर चलने वाले लोग ऐसा कुछ नहीं करेंगे। वे खुले में बैठेंगे और चले जाएंगे क्योंकि वे शरीर से बाहर निकलने का विज्ञान जानते हैं, और जानते हैं कि शरीर को कैसे छोड़ा जाता है। जैसे आप अपने कपड़े उतारकर जा सकते हैं, ठीक वैसे ही आप अपने शरीर को छोड़कर जा सकते हैं। ऐसा संभव है। यही महासमाधि है। एक और प्रकार की दीक्षा है जिसे दीक्षा मृत्यु कहते हैं, जहाँ गुरु व्यक्ति को मृत्यु में दीक्षा देता है। यह मृत्यु समान अनुभव नहीं है, बल्कि स्वयं मृत्यु ही है। अगर आपके पास हर किसी की अनुमति है और आप एक परिपक्व सोच वाले समाज में रहते हैं तो ऐसा करना बहुत ही अच्छा है। ऐसा आमतौर पर तब किया जाता है जब किसी के लिए गुरु को लगता है कि वह महासमाधि प्राप्त करने के योग्य है; ऐसा व्यक्ति जिसके पास क्षमता तो है लेकिन यह नहीं जानता कि इसे किया कैसे जाए। तो उसे इस तरह दीक्षित किया जाता है कि वह जा सके। यह एकदम ठीक है। वास्तव में, उस जीवन के लिए यह शानदार है। लेकिन आज के समाज में, ऐसी दीक्षा देने वाले के लिए यह एक मुसीबत बन जाएगी क्योंकि समाज में इसके विरुद्ध बहुत अधिक प्रतिक्रियाएँ होंगी।

महासमाधि की कहानियाँ

हम दो व्यक्तियों की महासमाधियों के साक्षी रहे हैं, जिन्हें हम जानते थे और वे हमें प्रिय थे। एक थे स्वामी निर्मलानंद, जिन्हें मैं लम्बे समय से जानता था, और दूसरी मेरी प्रिय पत्नी विज्जी थी।

स्वामी निर्मलानंद बिलिगिरि रंगन बेट्टा, या बीआर पर्वतमाला पर निवास करते थे, जो दक्षिणी भारत के कर्नाटक राज्य में है। अपनी युवावस्था में, निर्मलानंद ने काफी सालों तक भारत से बाहर यात्रा की थी, जहाँ वे सभी धर्मों के पवित्र व्यक्तियों

से मिले थे। दूसरे विश्व युद्ध के दौरान वे यूरोप में थे और वहाँ लोगों की पीड़ा ने उन्हें बहुत अधिक व्यथित कर दिया था। उसके बाद वे 1960 के दशक में भारत वापस आ गए और, अपने जीवन के अंतिम दौर में बीआर पर्वत पर एक आश्रम बना लिया। वहाँ उन्होंने ग्यारह साल मौन में बिताए।

मैं उनसे पहली बार तब मिला जब मैं लगभग इक्कीस साल का था। मैं बीआर पहाड़ियों में बहुत पैदल घूमता था, ज़्यादातर अकेले ही। एक बार पाँच या छह दिनों के लिए मैं जंगल में था। जब मैं बाहर आया तब मैं बहुत भूखा था। चौबीस घंटों से भी ज़्यादा समय से मैंने कुछ नहीं खाया था। मैं उस जगह वापस गया जहाँ मैंने अपनी मोटरसाइकिल खड़ी की थी, मैं उस पर चढ़ा और पहाड़ पर ऊपर जाने लगा। वहाँ एक भी भोजनालय नहीं था, लेकिन मैं जानता था कि निर्मलानंद का आश्रम वहाँ था और उनके पास खाने को कुछ होगा। आश्रम में एक छोटा-सा मंदिर था और वहाँ से लगभग पच्चीस सीढ़ियाँ चढ़कर एक छोटी कुटिया थी। उन दिनों, मैं अपनी मोटरसाइकिल से किसी भी चीज के लिए नहीं उतरता था। तो मैं मोटरसाइकिल को उन सीढ़ियों पर चढ़ाता हुआ ले गया और कुटिया की दीवार के सहारे उसे टिका दिया। जंगल की बारिश में कुछ दिन और रातें बिताने के बाद मैं कीचड़ और धूल से सना हुआ था। अपने कमरे के एकदम बाहर मोटरसाइकिल की आवाज सुनकर निर्मलानंद बाहर आए और मेरी तरफ देखा। उनके चेहरे पर हमेशा एक स्थिर मुस्कान रहती थी। वे अक्सर लम्बे समय तक मौन में चले जाते थे, तो उस दिन वे मौन में थे। मैंने उनसे कहा कि मुझे बहुत भूख लगी है। तब उन्होंने कुछ अजीब किया।

वे बाहर आए और उन्होंने मेरे पैर छू लिए। मैं ऐसा व्यक्ति था जो अपने पूरे जीवन में कभी किसी मंदिर तक में नहीं झुका था। मैं कभी किसी के पैर नहीं छूता था। मेरे लिए ऐसा सोचना भी असंभ्भव था। और यह व्यक्ति सीधा मेरे पास आया और मेरे जूते पकड़ लिए, जो धूल–कीचड़ में सने थे। मुझे बहुत अधिक संकोच हुआ। मैं जानता था कि लोग उन्हें एक महान व्यक्ति मानते थे, लेकिन मैं नहीं जानना चाहता था कि वे कितने महान थे — चाहे वे सन्यासी थे या आत्मज्ञानी या जो कुछ भी थे। मेरे लिए इसके कोई मायने नहीं थे। मुझे बस उनसे थोड़ा-सा खाना चाहिए था, लेकिन वे आए और मेरे पैर छू लिए। इस बात ने किसी तरह मुझे परेशान कर दिया। लेकिन, जो भी हो, मैं भूखा था, तो मैंने उनकी दी रोटी और शहद खा लिया।

उसके बाद, मैं काफी बार बीआर पहाड़ियों पर गया और उनसे मिला। हमारे बीच एक तरह का रिश्ता-सा बन गया था — हम एक तरह से एक दूसरे का आदर करते थे। (दरअसल वो मैं था जो उत्साहित हो जाता था — वे हमेशा हर किसी से स्नेह ही करते थे) वे अधिकतर मौन में ही रहते थे। कभी-कभी, वे मुझसे बोलते थे,

लेकिन अकसर वे लिखते थे और मैं बोलता था। इस के बाद, मेरी अपनी प्रक्रिया घटित हुई और मैं योग सिखाने लगा। काफी साल बीत गए और मैं दोबारा उनसे एक लम्बे समय के बाद मिला। तब तक, मैं पूरी तरह दाढ़ी रखने लगा था और मेरी पत्नी विज्जी भी मेरे साथ थी। उसे भी निर्मलानंद पसन्द आए और हम कुछ बार साथ में उनसे मिलने गए। उन यात्राओं के दौरान हमारे बीच लम्बी बातचीत हुआ करती थी।

अब, यह कोई अप्रैल या मई 1996 की बात है, मैं, विज्जी और मेरी बेटी राधे उनसे मिलने गए। हमारी बातचीत के दौरान वे अचानक बोले कि अगली जनवरी, उत्तरायण होने पर, वे शरीर छोड़ना चाहते हैं। मैंने पूछा, 'क्यों?' उन्होंने कहा, 'मैंने एक योगी की तरह जीवन जिया है, मैं किसी रोगी की तरह नहीं जीना चाहता।' वे तब तिहत्तर साल के थे। उनकी आँखों से आंसू बह रहे थे और उन्होंने मुझसे कहा कि उन्हें बिलकुल भी अंदाज़ नहीं है कि इसे कैसे किया जाए। उन्होंने पहले ही अपने लिए एक छोटी समाधि का निर्माण कर लिया था। उन्होंने कहा कि वे समाधि में बैठकर प्रस्थान करना चाहते हैं। उन्हें शंका थी कि यह होगा या नहीं और इसे लेकर उनके पास बहुत सारे सवाल थे।

अब अचानक स्थिति पूरी तरह बदल गई थी। अब यह कोई सामयिक मुलाकात नहीं रह गई थी। यह निर्मलानंद का आश्रम था। वह ऐसे व्यक्ति थे जिनसे सब मिलने आते थे और मैं भी अपनी पत्नी और बेटी के साथ वहाँ गया था, लेकिन अब वे मुझसे सलाह कर रहे थे। हालांकि मैं उनसे कई बार मिल चुका था, लेकिन अब वे अपने अंतिम चरण की ओर बढ़ रहे थे और थोड़ी असमंजस की स्थिति में थे। वे नहीं जानते थे कि इसे कैसे किया जाए। वे बस एक सरल और प्रसन्नचित्त व्यक्ति थे। उन्हें कुछ चीजों का बोध हुआ था, लेकिन अभी भी वे 'कैसे' की विधि नहीं जानते थे क्योंकि उन्होंने अपने तंत्र, अपनी प्रणाली की खोज नहीं की थी। वे बस जागरूक थे।

तो मैं उनके प्रति पूर्णतया एक अलग ही तरीके से खुल गया। हमने उन बातों की चर्चा शुरु कर दी जिनके बारे में मैंने कभी कहीं बात नहीं की थी। उन्हें क्या करना चाहिए, क्या नहीं करना चाहिए, मैंने उनसे इस बारे में बात की। क्योंकि मृत्यु हमेशा बीमारी या चोट के कारण शरीर के क्षतिग्रस्त होने से होती है, तो किसी के द्वारा धारण किए गए शरीर को किसी तरह की क्षति पहुँचाए बिना छोड़ने के लिए एक विशेष महारत की आवश्यकता होती है। तो मुझे इस बात के विस्तार में जाना पड़ा कि उन्हें किस तरह खुद को तैयार करने की आवश्यकता है। उस समय विज्जी वहीं थी। वह यह सब सुन रही थी और अचानक उसके आँसू फूट पड़े और वह लगातार रोने लगी। मैंने उसे बस अनदेखा किया और स्वामी से बात करना जारी रखा क्योंकि हो सकता था वह वह खुशी में रो रही हो, वह किसी भी कारण से रो रही हो सकती थी। किसी भी

तरह की तीव्रता ही उसे हमेशा रुला देती थी। वह ऐसी ही थी। मुझसे बात करते हुए, निर्मलानंद भी मेरी बातों से अभिभूत हो गए। वे भी रुक-रुककर रोते हुए मुझसे और सवाल किए जा रहे थे। तब हम जान गए कि निर्मलानंद अब चले जाएंगे।

चूंकि मुझे पता था कि वे जल्दी ही चले जाएंगे, तो दिसम्बर 1996 में हम साधकों का एक बड़ा दल लेकर उनसे एक आखिरी बार मिलने गए। उन्होंने बहुत से लोगों को पहले ही तारीख बता दी थी। उन्होंने उन सभी के नाम एक आखिरी पत्र लिखा जिनसे उनका पत्राचार था। यह खबर अखबारों में भी छप गई। तब तक कर्नाटक में इन तथाकथित 'तर्कवादी' लोगों ने उनके खिलाफ एक बड़ा प्रेस अभियान छेड़ दिया। उन्होंने कहा कि यह व्यक्ति आत्महत्या करने जा रहा है और हर तरह की बकवास से खुद को गरिमामय बनाने की कोशिश कर रहा है। वे चाहते थे कि सरकार इस आत्महत्या को रोक दे। यहाँ तक कि उन्होंने इसे रोकने के लिए आश्रम में दो पुलिस के सिपाही भी तैनात करा दिए।

जब मैं आखिरी बार उनसे मिला, तब वे फूट-फूटकर रोए। इस बात से उन्हें बहुत पीड़ा हुई थी। वे बहुत ही विनम्र प्राणी थे। अपने मंदिर के लिए उन्होंने कभी पौधों से फूल तक नहीं तोड़े थे। उन्होंने अपने भगवान की पूजा केवल धरती पर गिरे हुए फूलों से की थी क्योंकि वे पौधों को कष्ट नहीं पहुँचाना चाहते थे। वे किसी पेड़ से फल भी नहीं तोड़ते थे। वे फल तभी लेते जब वे नीचे गिर जाते। वह इस तरह के व्यक्ति थे। उन्होंने कहा, 'मैंने किसी पौधे से एक फूल तक नहीं तोड़ा, लेकिन उन्होंने मेरे ऊपर पुलिस बैठा दी,' और वे रोने लगे। मैंने कहा, 'आपको क्या समस्या है? पुलिस वहाँ बैठी है। आप इसकी चिंता मत कीजिए।' आखिरकार, पुलिस हटा ली गई, लेकिन कुछ लोग अभी भी बेंगलुरु और मैसूर में हंगामा कर रहे थे।

उन्हें 15 जनवरी को जाना था, लेकिन वे 10 को ही चले गए। वे पाँच दिन पहले चले गए क्योंकि उन्हें डर था कि कहीं तर्कवादी आकर हंगामा न खड़ा कर दें। उस दिन, वे अपनी कुटिया के बाहर एक बेंच पर बैठे गए। बारह बजने से कुछ ही मिनट पहले, एक छोटी-सी भीड़ के सामने उन्होंने प्रस्थान किया। निर्मलानंद ऐसे व्यक्ति थे जिन्हें दीक्षा मृत्यु की आवश्यकता थी; लेकिन इसके बजाय हमने उन्हें महासमाधि का एक विशेष बोध प्रदान किया।

मेरी पत्नी, विज्जी, निर्मलानंद की महासमाधि से बहुत गहराई से प्रभावित हुई थी। उसने महसूस किया कि अगर किसी को जाना हो तो उसे इस तरह ही जाना चाहिए। जो भी विज्जी से जुड़े थे वे जानते थे कि विज्जी उन लोगों में से नहीं है जो एक-एक करके कदम उठाते हैं। उसने योग में कोई कदम नहीं उठाए थे। उसने स्वास्थ्य के लिए भी योग नहीं किया था, उसने अपने भलाई के लिए योग नहीं किया

था। उसे अपनी भलाई की कोई चिंता नहीं थी। वह योग सिर्फ इसलिए करती थी क्योंकि उससे मेरा सम्बन्ध था। वास्तव में योग के उसके लिए कोई मायने नहीं थे। न जाने कितनी बार उसने लोगों से इस बारे में खुलकर कहा था। लोगों को लगता था कि अध्यात्म से उसका कोई जुड़ाव नहीं है। 'वह सद्गुरु की पत्नी है, और देखो वह क्या बकवास कर रही है?' वे ऐसा सोचते थे। लेकिन वह वही बोल रही थी जो उसके लिए सच था।

जब शरीर छोड़ने के बारे में निर्मलानंद के साथ अप्रैल-मई में ये सारी बातें हो रही थीं, तब वह वहाँ बैठी चुपचाप रो रही थी। पहाड़ से नीचे उतरते हुए, आधे रास्ते पर वन्यजीवों से भरी एक बहुत ही सुन्दर जगह है; जब हम वापस आ रहे थे तब मैंने गाड़ी वहाँ रोक दी। विज्जी अभी भी रो रही थी, तो मैं मजाक करता हुआ इधर-उधर की बातें कर रहा था। तब वह बोली, 'आप निर्मलानंद से जिस बारे में बात कर रहे थे, मुझे वह चाहिए'। इस पर मैंने मजाक में कहा, 'ओह! तुम जाना चाहती हो? यह तो बहुत अच्छी बात है। कब जाने वाली हो तुम?' मैंने इस तरह की और भी बातें कहीं। लेकिन वह बहुत गंभीर थी, और उसकी बात जोर पकड़ती जा रही थी। मैंने सोचा, 'यह अब मजाक नहीं रहा, यह बात बढ़ रही है।' तब मैंने कहा, 'ठीक है, देखते हैं कि तुम यह कर सकती हो या नहीं। तुम बस 'शम्भो' का जाप करो, मुझे देखने दो क्या होता है।' वह दृश्य अब भी मेरे जहन में एकदम साफ है। मेरी छोटी-सी कार सड़क के किनारे खड़ी थी। मैं वहाँ खड़ा था और राधे आस-पास खेल रही थी। वह एक सुनसान सड़क थी जहाँ केवल बीस या तीस मिनट में ही कोई वाहन गुजरता था। विज्जी सड़क के बीच में घुटनों पर बैठी थी और मुझसे कह रही थी कि वह जाना चाहती है। और मैंने कहा, 'ठीक है, "शम्भो" का जाप करो।' मैंने उसे बस इतनी ही साधना दी। मैंने उसे यह साधना यूँ ही दी थी। मैंने बैठकर उसे किसी असाधारण या विशेष प्रक्रिया में दीक्षित नहीं किया था।

जिस तरह उसने यह सब कर दिखाया, मैंने कभी नहीं सोचा था कि उसमें इस पर टिके रहने की लगन होगी। इसमें सब कुछ दाँव पर लगाना पड़ता है क्योंकि दिन के चौबीस घंटे आपका ध्यान इसी पर होना चाहिए। नहीं तो, आपमें ये चीजें विकसित नहीं होंगी। मैं जानता था कि उसमें कुछ विशेष गुण थे; जब वह अपने मन में कोई बात ठान लेती थी, तो वह अपने आप को पूरी तरह उसमें झोंक देती थी। लेकिन मैंने यह कभी नहीं सोचा था कि उसमें इस तरह जान लगा देने की दृढ़ता होगी। खास तौर पर, वह जिस तरह की भावुक व्यक्ति थी उसे देखते हुए — मेरे और राधे के प्रति उसकी भावनाएँ — मैंने सोचा कि वही उसे रोकने के लिए काफी होंगी। लेकिन उसकी साधना ने गति पकड़ ली। वह इतना वेग धारण करती जा रही थी कि थोड़े

समय में ही वह कहीं और पहुँच गई थी। अब वह वही व्यक्ति नहीं रही थी; वह दूर जा रही थी। अब वह मेरी पत्नी नहीं रह गई थी, बल्कि एक अत्यंत प्रचंड साधक बन गई थी।

मैंने उसे थोड़ा धीमा करने की कोशिश की क्योंकि कोई भी उस तरह की तीव्रता को अधिक समय तक सहन नहीं कर सकता। वह बुझ जाएगी। मैं कहता था, 'इतनी जल्दी किस बात की है?' हमारी बेटी अभी सात साल की भी नहीं हुई थी। विज्जी खुद अपने भीतर समस्याओं और संघर्षों के एक दौर से गुजर चुकी थी और अब एक शानदार संभावना में विकसित हो रही थी। तो मैंने कहा, 'तुम्हारे लिए भी चीजें काफी अच्छी तरह से हो रही हैं, तो अभी क्यों?' उसने जवाब दिया, 'अभी, मेरे भीतर सब कुछ बहुत सुंदर लग रहा है और बाहर हर कोई मेरे प्रति अच्छा है। यही समय है जब मैं जाना चाहती हूँ। अभी, मैं ऐसे स्थान में हूँ जहाँ मैं होना चाहती हूँ; मैं इसी स्थिति में जाना चाहती हूँ।' मैंने फिर कहा, 'लेकिन अभी इतनी जल्दी क्या है? तुम कुछ साल इंतजार कर सकती हो, इस सबका आनंद लो और फिर जाओ।' उसने उत्तर दिया, 'अभी, आप नहीं चाहते कि मैं जाऊँ, लेकिन कुछ साल बाद क्या आप मुझे जाने देंगे?' मुझे नहीं समझ आया कि उससे कैसे तर्क करूँ या कैसे उसे रोकूँ। मैंने उसे मनाने के हर तरीका आज़माया लेकिन कुछ काम नहीं आया।

वह ध्यानलिंग की प्राण-प्रतिष्ठा में पहले से ही शामिल थी। प्राण-प्रतिष्ठा से जुड़ी बहुत-सी चीजों को अन्जाम देना बिलकुल भी आसान नहीं था। 'कठिन' शब्द इसके लिए उपयुक्त नहीं है क्योंकि किसी सामान्य व्यक्ति के लिए इन चीजों को करना अत्यंत कठिन होता। लेकिन उसने अपने आप को इसमें झोंक दिया और बहुत बढ़िया योगदान दिया। उसने अपने प्रस्थान के लिए इस प्रक्रिया को आगे बढ़ाया। वह प्रतिष्ठा पूरी होने के बाद जाना चाहती थी। लगातार तीन पूर्णिमाओं को — दिसम्बर, जनवरी और फरवरी — वह ब्रह्मचारियों को भोजन बनाकर खिलाना चाहती थी। चम्मच से नहीं, बल्कि अपने हाथों से परोसना चाहती थी। अपने हाथों से परोसने की इच्छा रखना भारतीय संस्कृति का एक हिस्सा है। वह लगातार तीन पूर्णिमाओं को ऐसा करना चाहती थी, और फरवरी की पूर्णिमा को वह चली जाना चाहती थी।

प्राण-प्रतिष्ठा प्रक्रिया जिस तरह से चल रही थी, उससे यह तय था कि वह 23 जनवरी से पहले पूरी हो जाएगी। लेकिन मुझे पता था कि कुछ ऐसा होने वाला है जो सब चीजों को खतरे में डालकर सारी प्रक्रिया को बहुत आगे तक खिसका देगा। तो 14 जनवरी को मैंने इस प्रक्रिया में शामिल व्यक्तियों को शपथ दिलाई कि फरवरी में अगली पूर्णिमा तक हम इसे पूरा करेंगे। चाहे जो भी हो, चाहे कुछ भी दाँव पर लगे,

हम इसे पूरा करेंगे। उन्होंने कहा हाँ, लेकिन मैं बोला, 'यह काफी नहीं है, आपको सच में शपथ लेनी होगी।' मैंने असल में उनसे तीन बार कहलवाया कि हम इसे निश्चित अवधि में पूरा करेंगे। मैं अपने गुरु की इच्छा को पूरा करने के लिए इतना प्रतिबद्ध था कि मैं किसी के गर्भ में प्रवेश करने, जन्म लेने, उस स्त्री को इस सब से गुजारने, बड़ा होने के लिए तैयार था; और यह सब केवल एक लक्ष्य, एक चीज को पूरा करने के लिए था। मैं उतना प्रतिबद्ध था। ध्यानलिंग की प्राण-प्रतिष्ठा करना मेरे गुरु का सपना था और, किसी तरह इसे मुझे सौंपा गया था। इसे पूरा करने की कोशिश में मैंने और भी जन्म लगाए थे, और अब, जब हम इसे पूरा करने के इतने नजदीक थे, विज्जी के मेरे साथ रहते हुए ही मैं इसे पूरा करना चाहता था। उसके साथ न होने का अर्थ था, सब कुछ फिर से शुरू करना, और यह लगभग असंभव था।

जब प्राण-प्रतिष्ठा की तैयारियाँ चल रही थी, तो साथ-साथ विज्जी की जाने की योजना भी जारी थी। हम उसके माता-पिता और मेरे रिश्तेदारों से आखिरी बार मिल चुके थे। उसने परिवार को यही संदेश देने का प्रयास किया, लेकिन कोई उसे समझ नहीं पाया क्योंकि वह स्वस्थ थी और भली प्रकार से थी। जब उसने कहा कि यह उसकी अंतिम मुलाकात है तो उन्होंने सोचा कि वह उनसे नाराज हैं। हम काफी लम्बे समय बाद एक पारिवारिक शादी में भी शामिल हुए थे। मैं इन सामाजिक अवसरों पर इतना कम गया था कि बहुत से लोग तो विज्जी से पहली बार तभी मिले थे। फिर, 21 जनवरी को, हमने अपनी बेटी राधे को स्कूल में छोड़ा। पिछले कुछ समय से विज्जी राधे को पहले से ही बता रही थी कि वह चली जाएगी। राधे का जन्मदिन मार्च में आता है, तो विज्जी उसे बता रही थी वह उसके जन्मदिन पर मौजूद नहीं होगी, क्योंकि तब तक वह जा चुकी होगी। बच्ची और विज्जी बहुत ही तथ्यात्मक तरीके से बात कर रही थीं कि वह वहाँ नहीं होगी और कैसे मैं आऊँगा और सब कुछ करूँगा। मैंने कहा, 'तुम इस बच्ची के साथ ऐसा क्यों कर रही हो? उसे अकेला छोड़ दो।' उसने कहा, 'नहीं, नहीं। मुझे इसे बताना होगा। मैं नहीं चाहती कि वह यह सोचे कि मैं इसे बिना बताए चली गई।'

हम 21 जनवरी की शाम को ऊटी से वापस आ गए। और 23 की शाम को वह चली गई। उसने जिस चीज का होना फरवरी की पूर्णिमा के लिए सोचा था, वह एक महीने पहले ही हो गया था। उस दिन, अत्यंत दुर्लभ और सही ग्रह संरचना थी। कहा जाता है कि ऐसा 200 सालों में एक बार होता है। यह *थाईपूसम* का दिन भी था, एक ऐसा दिन जिसे अतीत के बहुत से ऋषि-मुनियों ने अपनी महासमाधि के लिए चुना। इस तरह इन चीजों ने भी उसके प्रस्थान में भूमिका निभाई।

विज्जी — एक ऐसी तीव्रता जिसे रोका नहीं जा सकता, महासमाधि से कुछ सप्ताह पहले।

उस शाम, जैसा कि हर पूर्णिमा को होता था, योग केन्द्र के लोगों का एक दल मंदिर में इकट्ठा हुआ था। विज्जी ने उनके लिए भोजन पहले बना लिया था। हम लोग साथ में ध्यान करने वाले थे और विज्जी उसके बाद उन्हें भोजन कराने वाली थी। सबके ध्यान में बैठने और आंखें बंद करने के कुछ मिनटों बाद ही वह उठी और बाथरूम चली गई। इस बात से मुझे थोड़ी चिढ़ हुई क्योंकि एक बार ध्यान में बैठने के बाद उठकर जाना तो दूर, कोई अपना एक अंग भी नहीं हिलाता था। लेकिन वह बाथरूम में गई और कुछ मिनटों बाद वापस आ गई। उसने अपनी सोने की चूड़ियाँ, कानों की बालियाँ और पैरों की बिछियाँ उतार दी थीं, और उन्हें बाथरूम में छोड़कर वापस आई थी। कुछ समय बाद, उसने बस तीन बार 'शम्भो' कहा और अपनी बाईं ओर लुढ़क गई। और बस। मुझे एक खालीपन-सा महसूस हुआ, तो मैंने एक ब्रह्मचारी से उसे देखने के लिए कहा, और एक दूसरा थोड़ा पानी ले आया। लेकिन तब तक वह जा चुकी थी।

उसने जो हासिल किया था वह कोई बच्चों का खेल नहीं था। यहाँ तक एक सिद्ध योगी भी इसे प्राप्त करने के लिए संघर्ष करता है। निर्मलानंद जैसे ज्ञानी ने भी, जिन्होंने अपना पूरा जीवन आध्यात्मिक साधना में बिताया था, इसे पाने के लिए संघर्ष किया था। शरीर को नुकसान पहुँचाए बिना जीवन को उससे बाहर निकाल लेना कुछ और ही माँगता है। इसके लिए व्यक्ति को जबरदस्त ऊर्जा पैदा करनी पड़ती है, जिसके लिए गहन साधना की आवश्यकता होती है। वह इसे पाने के तरीके जानती थी और इसकी ओर काम कर रही थी। लेकिन मैंने कभी कल्पना भी नहीं की थी कि मेरी सहायता के बिना वह आवश्यक ऊर्जा को पैदा करने में समर्थ हो सकेगी।

इसके अलावा, कुछ ऐसी चीजें करनी थीं जिन्हें जानने का उसके पास कोई साधन नहीं था। उदाहरण के लिए, जब हम लोगों को किसी साधना में दीक्षित करते हैं तो हम उन्हें पहनने के लिए धातु की अंगूठी या एक कड़े जैसा कुछ देते हैं। जब तक गुरु न कहे, उन्हें उसे हटाना नहीं होता है। ऐसा इसलिए है क्योंकि, कभी-कभी, उस साधना के दौरान आप संयोगवश शरीर से बाहर फिसल सकते हैं। अगर आपके शरीर के कुछ खास अंगों पर कोई धातु होगी तो वह उसे रोक देगी। मैंने उससे इस बात का जिक्र भी कभी नहीं किया था। फिर भी, किसी तरह, सहज ज्ञान से, उस समय उसने अपने गहने उतार दिए थे। उसने देख लिया होगा कि वे उसे जाने से रोक रहे थे।

कुछ लोग मुझसे पूछते हैं, क्या उसे रोका जा सकता था? प्राण-प्रतिष्ठा का काम अभी पूरा नहीं हुआ था। इसके अलावा, वह मेरी पत्नी थी और वह एक छोटी बच्ची को पीछे छोड़कर जा रही थी, तो मैंने उसे क्यों नहीं रोका? क्या मैं उसे रोक सकता था? मैं कहता हूँ, हाँ, यह संभव था। कोई भी उसे रोक सकता था। आपको पता होना चाहिए, न केवल एक गुरु, बल्कि कोई भी आपको रोक सकता है। आपने वे सभी प्राचीन कहानियाँ सुनी होंगी जहाँ कुछ ऋषि ध्यान कर रहे होते थे और कोई आकर

उनका ध्यान भंग कर देता था। वही लोग क्यों, स्वयं शिव का भी ध्यान भंग हुआ था। तो ध्यान का साधारण रूप से बंटना ऐसा कर सकता है। उनका ध्यान बंटाने के लिए किसी गुरु या किसी आध्यात्मिक क्षमता की आवश्यकता नहीं होती। बात बस इतनी है कि अगर वे एक खास मुकाम के पार चले गए हैं, तो फिर आप चाहे जो कीजिए, ऐसी चीजें उन्हें विचलित नहीं कर सकतीं। फिर भी, अगर एक गुरु चाहे तो उन्हें रोक सकता है, लेकिन, साथ ही, अगर वे इतने आगे निकल चुके हैं तो कौन उन्हें रोकना चाहेगा? उस सीमा तक जाने से पहले तक, आप उन्हें रोक सकते हैं, लेकिन अगर वे उस पराकाष्ठा पर पहुँच गए हैं तो आप उन्हें नहीं रोकेंगे। ऐसे व्यक्ति को रोकने का कोई औचित्य नहीं है; यह हमारे अस्तित्व की प्रकृति के विरुद्ध है।

महासमाधि को आत्महत्या समझने की भूल नहीं करनी चाहिए; जैसा मैंने समझाया है कि यह अलग है क्योंकि यह भौतिक शरीर को क्षति नहीं पहुँचाता। इसके अलावा, एक स्वस्थ, जीवंत शरीर से अलग हो जाने का अर्थ है आपको अपने जीवन को बनाने या उसे तोड़ने पर पर्याप्त महारत हासिल है। तो जब कोई ऐसी तीव्रता के साथ उस तरह से जाता है, तब आप उसे रोकने का प्रयास नहीं करते। फिर इससे कोई फर्क नहीं पड़ता कि वह कौन है, चाहे वह आपका पिता हो, आपकी माँ हो, आपकी पत्नी या बच्चा हो, इससे क्या अंतर पड़ता है? उस धरातल पर ऐसी चीजों का अर्थ नहीं है। किसी का पति या पत्नी होना केवल हमारे मानसिक और शारीरिक दायरे में ही सच्चाई है। हाँ, विज्जी मेरी प्रिय पत्नी थी, लेकिन जब वह एक विशेष अवस्था में पहुंच गई, तब मैंने उसे पत्नी की तरह नहीं देखा। वह एक ऐसी संभावना बन गई थी जो अति उत्कृष्ट बन गई थी और निजी संबंधों से परे थी।

उसका नाम विजया कुमारी था, जिसका अर्थ है 'विजय की बेटी'। किसी भी प्राणी के लिए सर्वोच्च संभव विजय उसकी बन चुकी थी। जीवन भर वह कहा करती थी कि उसे गर्व है कि वह मेरी पत्नी थी, लेकिन ऐसा करके उसने मुझे, उसके पति और गुरु के रूप में गौरवान्वित कर दिया।

विज्जी

वह प्रेम जानती थी
और कुछ नहीं
वह प्रेम थी
और कुछ नहीं
ईश्वर प्रेम मांगता है
और कुछ नहीं
उसने अपने प्रेम से
उन्हें लुभाया
और अब वह नहीं रही।

इस बात के और भी उदाहरण हैं कि कैसे लोगों ने इच्छा से अपने शरीर छोड़े हैं। ऐसा ही एक दिलचस्प मामला लेमैन पैंग और उनकी बेटी का है। लेमैन पैंग नौवीं सदी में चीन में एक प्रसिद्ध बौद्ध थे। वे एक धनी परिवार में पैदा हुए थे, लेकिन एक समय आने पर, उन्होंने, उनकी पत्नी, उनके बेटे और बेटी ने अपनी सारी संपत्ति का त्याग कर दिया था और आध्यात्मिक खोज में मगन रहते हुए एक घुमक्कड़ जीवन बिताने लगे थे। एक दिन, जब वह लगभग सत्तर साल के थे, उन्होंने अपना समय आया जानकर एक निश्चित दिन अपना शरीर छोड़ना तय किया। उस समय, केवल उनकी बेटी ही उनके साथ रहती थी। निश्चित दिन आने पर, दोनों ने मिलकर उनके प्रस्थान के लिए कमरे को तैयार किया। उन्होंने स्नान किया, अपना लबादा पहना और अपने बिस्तर पर पालथी लगाकर बैठ गए। वे ठीक दोपहर बारह बजे शरीर छोड़ना चाहते थे। उन्होंने अपनी बेटी को खिड़की से बाहर देखने और सूर्य सिर पर होने पर उन्हें बताने को कहा।

अपने पिता के संरक्षण में पली होने के कारण, लेमैन पैंग की बेटी, लिंग-चाओ, खुद भी एक सिद्ध आध्यात्मिक थी। लेमैन पैंग अक्सर लिंग-चाओ की चीजों को जल्दी ग्रहण कर लेने की क्षमता के बारे में बताते थे। उस दिन, वह बैठकर खिड़की से बाहर देखते हुए सूरज चढ़ने का इंतजार करने लगी। अचानक, उसने अपने पिता को बताया कि ग्रहण लग गया है। 'क्या ऐसा हुआ है?' लेमैन पैंग ने पूछा। 'हाँ, कृपया आकर खुद देख लीजिए,' उसने जवाब दिया। तब लेमैन अपने आसन से उठे और खिड़की से बाहर झाँका। तुरंत, लिंग-चाओ झपटकर अपने पिता के बिस्तर पर पहुँच गई और पालथी लगाकर बैठते हुए उसने अपने शरीर को एक पल में छोड़ दिया।

जब लेमैन पैंग वापस मुड़े और देखा कि क्या हुआ है, तो वे बोले, 'मेरी बेटी हमेशा से ही तेज थी। अब वह मुझसे पहले चली गई।' लोग कहते हैं कि लिंग-चाओ ने अपने पिता से पहले जाने के लिए उनके साथ चालाकी की। लेकिन हो सकता है कि ऐसा न हो। शायद, लेमैन पैंग ने इतना अच्छा वातावरण तैयार किया हो कि उसकी बेटी सहज ही उनके बिस्तर की ओर खींची चली गई हो और पैंग द्वारा निर्मित ऊर्जाओं की प्रकृति ही ऐसी हो कि चाओ, जो स्वयं भी एक साधक थी, उस पल में शरीर छोड़ने में समर्थ हो गई हो। लेमैन पैंग ने स्थिति को देखा और शांति से बाहर गए, उन्होंने लकड़ियाँ इकट्ठी कीं और बेटी का दाह-संस्कार किया। तब उन्होंने सात दिन का पारम्परिक शोक रखा, जिसके अंत में उस प्रांत का गवर्नर लेमैन पैंग के पास अपनी संवेदना व्यक्त करने आया। जब वे बातें कर रहे थे, तभी गवर्नर के पास बैठे-बैठे ही लेमैन पैंग ने अपना शरीर त्याग दिया।

भाग II

मृत्यु की शालीनता

बन जाओ, जो मैं हूँ!

अपनी माँ के गर्भ से पैदा हुआ मैं
पर उसने मेरी रचना नहीं की
मैं खाता हूँ नमक इस धरती का
पर इसका नहीं हूँ मैं
चलता-फिरता हूँ इस शरीर से
पर यह नहीं हूँ मैं
करता हूँ कांम मैं अपने मन के द्वारा
पर यह मुझे धारण नहीं कर सकता
जीता हूँ मैं समय और स्थान की सीमाओं में
परंतु इसने मुझे कभी असीमित से वंचित नहीं किया
तुम्हारी तरह जन्मा मैं, तुम्हारी तरह ही खाता हूँ,
तुम्हारी तरह सोता हूँ, और तुम्हारी ही तरह मैं मरूँगा भी
लेकिन सीमाओं ने मुझे कभी सीमित नहीं किया,
जीवन के बंधन मुझे बाँध नहीं सके हैं
जैसे-जैसे जीवन का नृत्य
आगे बढ़ता जा रहा है
यह रिक्तता, यह असीमता, इसकी मिठास
असह्य होती जा रही है
प्रेम बन जाओ और पहुंचो
आओ बन जाओ, जो मैं हूँ!

अध्याय 6

अच्छी मृत्यु की तैयारी

दुनिया में अधिकतर लोग यह मानते हैं कि अगर नींद में उनकी मृत्यु हो जाए, तो बहुत ही अच्छा होगा। यह जाने का कितना भयानक तरीका है!

मरने के लिए क्या तैयारी आवश्यक है?

अगर मृत्यु निश्चित है, तो इसके लिए तैयारी करने में समय और ऊर्जा नष्ट करने की क्या आवश्यकता है? आपको समझना चाहिए कि जिसे आप मृत्यु कहते हैं वह एक अनोखी घटना है। यह आपके जीवन का सबसे अंतिम पल है। आपके जीवन में लगभग हर चीज कई बार हो सकती है, लेकिन वह अंतिम पल जब आप अपने भौतिक शरीर की सीमाओं को पार करते हैं, आपके जीवन में केवल एक ही बार होगा। यह वह आखिरी चीज है जो आप अपने जीवन में करेंगे। भौतिक से अभौतिक की ओर जाना आपके जीवन का सबसे बड़ा पल है। तो क्या यह भी महत्त्वपूर्ण नहीं है कि आप इसे बड़ी शालीनता और शानदार ढंग से अंजाम दें?

इसके अलावा, मान लीजिए आप योग केन्द्र से कोयम्बतूर शहर जाना चाहते हैं। वह यहाँ से मात्र 30 किलोमीटर की दूरी पर है, तो, साधारण तौर पर, आप किसी वहाँ जाती हुई बस में चढ़ेंगे और चले जाएंगे। उसके लिए आप बस में दस दिन पहले कोई सीट आरक्षित नहीं कराएंगे, एक बड़ा सूटकेस साथ नहीं लेंगे, या अपना खाना और पानी की बोतल साथ नहीं पैक करेंगे। अगर कोई सवारी उपलब्ध न भी हो तो भी आप उतनी दूर पैदल चलकर जा सकते हैं। लेकिन अगर आप एक लम्बी यात्रा पर जाना चाहते हैं, तो आप अपनी टिकटें आरक्षित करेंगी, खाना, पानी, और वह सब कुछ लेंगे जो उस लम्बी यात्रा के लिए जरूरी हैं। अब, अगर आप अंटार्कटिका जाना चाहते हैं, तो आप जरूरत का लगभग हर सामान अपने साथ लेकर जाएंगे, है न?

आपको पता होना चाहिए, मृत्यु के बाद होने वाली आपकी यात्रा की तुलना में आपके जन्म से मृत्यु तक की यात्रा बहुत छोटी है। देहमुक्त अवस्था में प्राणी जितना समय बिताता है, उसकी तुलना में देहयुक्त अवस्था में बिताया गया समय कुछ भी नहीं है। आपने इस जीवन के लिए इतनी तैयारियाँ की हैं। आपने इतने कपड़े खरीद लिए हैं कि वे तीन जन्मों तक के लिए काफी हैं, आठ जन्मों तक पहन सकें इतने जूते ले लिए हैं, और भी न जाने क्या-क्या खरीद लिया है। लेकिन मृत्यु के बाद की यात्रा के लिए, जो बहुत लम्बी है, क्या आपको उचित तैयारियाँ नहीं करनी चाहिए?

अच्छी तरह मरना बहुत महत्त्वपूर्ण इसलिए है क्योंकि, जब कोई जीव देहमुक्त होता है तो उसका अनुभव स्वर्ग जैसा होगा या नर्क जैसा, यह काफी हद तक इस पर निर्भर करता है कि वह व्यक्ति किस तरह मरता है। पूरी तरह तो नहीं, लेकिन मुख्य रूप से ऐसा ही है। मृत्यु की तैयारी का मतलब किसी आने वाली चीज के बारे में बहुत सारी जानकारी इकट्ठी करना और अपनी जिज्ञासा को संतुष्ट करना नहीं है। अगर आप मृत्यु द्वारा दिए जाने वाले अवसर का उपयोग करना चाहते हैं तो आपको उसकी ओर डरकर नहीं बढ़ना चाहिए। यह कोई ऐसी वस्तु नहीं है जिसे आप अचानक से उसी पल में संभाल सकें। इसलिए यह महत्त्वपूर्ण है कि हम मृत्यु के लिए पहले से ही अनेक स्तरों पर तैयारी करें। अगर आप जीवन के इस अंतिम सचेतन पल को शालीनता से संभाल पाते हैं, तो कम से कम आप देहमुक्त अवस्था से अच्छी तरह गुजरेंगे। आप इसे नारकीय नहीं बनाएंगे।

दुर्भाग्यवश, अधिकतर लोग उस पल में डर पैदा कर लेते हैं। वे बस इसी बात से चिपके रहते हैं, कि 'मैं मरना नहीं चाहता'। कुछ लोग तो बिस्तर की चादर, या किसी के हाथ को या किसी चीज को अधीरता से कसकर थाम लेते हैं। यह जाने का अच्छा तरीका नहीं है। बस थोड़ी तैयारी, थोड़े मार्गदर्शन और थोड़ी सहायता के साथ, जिसे अभी तक एक विपत्ति समझा जाता रहा है, वह आध्यात्मिक संभावना के लिए एक बड़ा अवसर बन जाता है। आध्यात्मिक दृष्टिकोण से देखें, तो अगर मृत्यु को समझदारी से संभाला जाए, तो एक तरह से, जो चीज जीवनकाल में नहीं हुई वह शायद मृत्यु के पल में हो सकती है। ऐसा इसलिए है क्योंकि अंतिम पलों में हर उस चीज की गाँठ को खोलना बहुत आसान होता है जो आपने जीवनकाल में इकट्ठी की थीं। लेकिन अगर आप तैयार नहीं हैं या इसे लेकर डरे हुए हैं, या आप जीवन के तरीकों से अनजान हैं, तो आप इसमें रुकावट पैदा कर देंगे और उस संभावना से पूरी तरह चूक जाएंगे।

सबको यह पता होना चाहिए कि स्वयं प्राण कैसे त्यागे। मैं लोगों से कहता रहता हूँ कि जब मैं मरूँगा तो मैं यह सुनिश्चित करूँगा कि किसी को भी मुझे मेरी कब्र तक

ढोकर न ले जाना पड़े। मैं अपनी कब्र तक अपने आप चलकर जाऊँगा। क्या आप जानते हैं कि उन्होंने कई सालों पहले मेरे लिए योग केन्द्र में एक समाधि का निर्माण किया था? यह अभी भी योग केन्द्र में मौजूद है। हमने हमेशा योजना बनाई थी कि ध्यानलिंग का काम पूरा हो जाने पर, एक निश्चित समय पर मैं शरीर छोड़ दूँगा। तब हमने उसे बनाया था। उसे लेकर हमने काफी चर्चा भी की थी, जैसे 'इसमें ज़्यादा सीढ़ियाँ मत बनाना क्योंकि हो सकता है उस समय मैं इतनी सीढ़ियाँ न उतर पाऊँ,' वगैरह। दरवाजा कैसा होगा, उसका कुंडा कैसा होगा, और एक आखिरी बार, अंदर से बंद करने का मेरे लिए क्या तरीका होगा, हमने ऐसी बारीकियों पर भी बात की थी। हमने ऐसा इसलिए किया क्योंकि मैंने अपनी कब्र में खुद ही चलकर जाने की योजना बनाई थी ताकि उन चार लोगों की थोड़ी मेहनत बच सके। लेकिन समाधि की संरचना काम नहीं आई और पैसे बर्बाद हो गए यह अलग बात है।

तो हर किसी को मृत्यु के लिए तैयारी करनी चाहिए न केवल बाहरी तौर पर, बल्कि आंतरिक रूप से भी। आपमें इतनी क्षमता होनी चाहिए कि आप चुपचाप बैठकर अपने प्राण त्याग सकें। जब मृत्यु करीब होती है तब ज़्यादातर जंगली जानवर किसी एकांत जगह चले जाते हैं जहाँ वे बस बैठ सकें। वे कुछ नहीं खाते और प्राण त्याग देतें हैं। जब हर जानवर और रेंगने वाले जीव में अपनी मृत्यु को लेकर इतनी गरिमा है, तो मनुष्य अपने आस-पास इतना ताम-झाम क्यों चाहते हैं? जीवन में, उन्हें बहुत दिखावा चाहिए, लेकिन कम से कम मृत्यु को तो गरिमामय तरीके से संचालित करना चाहिए।

ये मेरा आदर्श है कि में सभी को यह सिखा सकूँ कि वे कैसे अपने जीवन के हर पल को सुन्दरता, और आनंद से जी सकें। तब, स्वाभाविक रूप से, व्यक्ति सर्वश्रेष्ठ संभव तरीके से प्रस्थान करेगा। लेकिन जैसे-जैसे मेरी उम्र बढ़ रही है, मुझे एहसास हो रहा है कि इसमें बहुत ज़्यादा समय और प्रयास लग रहा है। तो, अगर ऐसा संभव नहीं है तो कम से कम, मैं उन्हें यह जरूर सिखाना चाहूँगा कि अच्छी तरह कैसे प्राण त्यागें, ताकि वे अपने जीवन के अंतिम पल को समझदारी से संभाल सकें। मेरी यही इच्छा है कि अगर किसी कारणवश लोग आनंद से नहीं जी पाते, तो कम से कम उन्हें अच्छी तरह मरना जरूर चाहिए। लेकिन अगर कोई इस दिशा में प्रयास करता है तो और भी बहुत कुछ संभव है। यह संभावना केवल सिद्ध योगियों के लिए ही उपलब्ध नहीं है, बल्कि किसी ऐसे समझदार व्यक्ति के लिए भी है जो ऐसे निर्देशों पर अमल करने को तैयार है जो उसकी समझ से परे हैं।

आध्यात्मिक मार्ग पर चलने वाले लोग एक और कदम आगे बढ़कर अक्सर अपनी मृत्यु का समय, तारीख और स्थान भी चुन लेते हैं। वे इन्हें पहले ही तय करने

में समर्थ होते हैं और नियत समय पर चले जाते हैं, क्योंकि वे अपने भीतर आवश्यक जागरूकता पैदा कर लेते हैं ताकि, जब समय आए तो वे जीवन ऊर्जाओं को एकत्रित करके सचेतन रूप से प्रस्थान करें। इस शरीर को सचेतन रूप में छोड़ना और इसे बिना कोई नुकसान पहुँचाए इस तरह चले जाना, जैसे कोई अपने कपड़े उतारकर चला गया हो यही आपके जीवन की चरम संभावना है। अगर आपकी जागरूकता इस सीमा तक पहुँच गई है जहाँ आपको पता हो कि एक प्राणी के रूप में आप और आपके द्वारा इकट्ठा किया गया यह भौतिक शरीर कहाँ-कहाँ से जुड़ा हुआ हैं, तब आप सही समय आने आपको उससे अलग कर सकते हैं। यही वह चरम तैयारी है जो आप अपनी मृत्यु के लिए कर सकते हैं।

जब हम मृत्यु की तैयारी की बात करते हैं, तो लोग पूछते हैं, 'अगर मृत्यु अचानक आ जाए तब क्या होगा? ऐसा व्यक्ति अच्छी तरह कैसे मर सकता है?' मृत्यु कभी अचानक नहीं होती। हो सकता है आप इसका पूर्वानुमान न लगा पाएँ, लेकिन यह कभी अचानक नहीं होती। हो सकता है कि आपने इसे आते न देखा हो, लेकिन यह कभी अचानक नहीं आती। अकस्मात मृत्यु की भ्रांति को फैलाने में सबसे बड़ा दोष आज की फिल्मों का है। जब किसी को गोली लगती है, तो उन्हें लगता है कि जीवन अन्दर बैठी कोई ऐसी चीज है जो बस *फक्ख* से उड़ जाती है! लेकिन यह सच नहीं है। इसे इस तरह देखिएः मान लीजिए मैं अभी आपके सिर में गोली मार दूँ, तो क्या आपकी साँस एक ही झटके में चली जाएगी? नहीं, ऐसा धीरे-धीरे होगा। एक बार जब पसलियों की गति रुक गई तो यह धीरे-धीरे निकलेगी। इसी तरह, जीवन कुछ समय लेते हुए धीरे-धीरे निकलता है। लेकिन जिस पल शरीर निष्क्रिय हो जाता है, जीवन का आपका अनुभव चला जाता है। आपके शरीर का अनुभव और आपका इंद्रियबोध चला जाता है, लेकिन अनुभव अपने रूप में अभी भी रहता है। आपके सोते समय भी ऐसा ही होता है। एक अनुभव मौजूद होता है, लेकिन आप अन्तरमुखी होकर इस अनुभव तक नहीं पहुँच पाते। जब आपका इंद्रियबोध समाप्त हो जाता है, तो आपको शरीर और दुनिया का कोई अनुभव नहीं होता, लेकिन अपने होने का अनुभव फिर भी बना रहता है।

अब, मान लीजिए एक आदमी को सिर में गोली मार दी गई है, क्या उसके पास भी शांति से मरने का अवसर होगा? या फिर कहिए, एक आदमी छत से गिरा और मर गया। चूंकि वहाँ आप शरीर को टूटता हुआ देख रहे हैं, तो आपके नज़रिए से आपको लग सकता है कि यह एक हिंसात्मक मृत्यु है। लेकिन जो आदमी गिरा है, हो सकता है उसने अंतिम पलों में एक शांत मृत्यु पाई हो। या यह भी संभव है कि वह एक हिंसात्मक मृत्यु मरा हो। हिंसा शरीर के टूटने के तरीके में नहीं है। हिंसा उस तरीके में

है जिस तरह से वह व्यक्ति मरते समय उसे अनुभव करता है। एक बाहरी दर्शक के रूप में, आप शरीर के साथ हुई घटना के आधार पर हिंसा का निष्कर्ष निकाल रहे हैं। लेकिन आप यह नहीं जान सकते कि उस प्राणी के साथ क्या हुआ। इसे केवल वही जानता है, या आपको इसे जानने का कोई तरीका न मालूम हो।

कोई अपने परिवार से घिरा हुआ मर सकता है, लेकिन हो सकता है कि उस अंतिम पल में, उसने बस अपने दुष्ट रिश्तेदार को देखा हो। आपको लग सकता है कि वह अपने बिस्तर में शांति से मरा है, लेकिन हो सकता है कि वह डरा हुआ हो और एक हिंसात्मक मृत्यु मरा हो! कोई कार दुर्घटना में मर सकता है जहाँ उसके शरीर के चीथड़े हो गए हों, लेकिन संभव है आखिरी पल में उसने बस 'शिव' या कुछ और कहा हो और शांति से मरा हो, हम नहीं जानते। मृत्यु की हिंसात्मकता को हम शरीर के साथ होने वाली घटना से निर्धारित नहीं कर सकते; यह इस पर निर्भर करता है कि उस व्यक्ति के भीतर क्या घटित हुआ है।

सिर में गोली लगने से मरने वाला व्यक्ति, किसी बीमारी या बुढ़ापे या किसी और कारण से मरने वाले व्यक्ति की तुलना में किसी भी प्रकार से नुकसान में नहीं है। आपको यह समझने की आवश्यकता हैः मृत्यु चाहे जितनी अचानक हो चाहे वह दिल का दौरा हो, कार दुर्घटना हो, हवाई दुर्घटना हो या सिर में गोली लगना हो फिर भी, चोट और मृत्यु के बीच कुछ पल होते हैं। यहाँ तक कि अगर अचानक किसी का सिर काट दिया जाए, तो भी उसके पास उस चोट और मृत्यु के बीच कुछ पल होते हैं। अगर उस अपने जीवन में एक खास मात्रा में जागरूकता पैदा की है, तो वो कुछ पल जागरूकता के पल बन सकते हैं। वहीं दूसरी ओर, अगर किसी को सौ साल का जीवन दे दिया जाए, तो भी यह संभव है कि उन सौ सालों में भी वह जागरूक न बना हो। यही जीवन की सच्चाई है। अचानक गोली लग जाने वाले व्यक्ति के पास बस कुछ ही पल होते हैं, लेकिन फिर भी यह वही सच्चाई है। अगर आपने जागरूकता का जीवन जिया है, तो इसकी बहुत अधिक संभावना है कि अपने आखिरी पलों में भी आप जागरूक हो जाएँ। अगर ऐसा होना है तो आपको अपने जीवन में जागरूकता लानी ही होगी। केवल तभी आप अपनी मृत्यु में जागरूक रह सकते हैं।

इसीलिए यह महत्त्वपूर्ण है कि आप इस जागरूकता को अपने जीवनकाल में ही विकसित करें, ताकि इससे कोई फर्क न पड़े कि आपकी मृत्यु कैसे होती है आपके पास अच्छी तरह मरने की क्षमता होगी। कुछ लोग तभी अच्छी तरह जी पाते हैं जब उनकी परिस्थितियाँ अच्छी होती हैं। और कुछ लोग चाहे कैसी भी परिस्थिति आ जाए, अच्छी तरह ही जीते हैं। मृत्यु के साथ भी ऐसा है। अगर आप आवश्यक क्षमता विकसित कर लेते हैं, तो मृत्यु चाहे जिस भी तरह से आए, आप अपनी जागरूकता

को बनाए रख सकते हैं और अच्छी मृत्यु पा सकते हैं। अगर आपने एक जागरूक जीवन नहीं जिया है, तो मृत्यु जैसी चरम स्थिति में आपके अचानक जागरूक होने की कोई संभावना पैदा नहीं होगी। मान लीजिए, अगर डॉक्टर कहे, 'आपको कैन्सर है, आपके पास जीने के लिए बस एक महीना ही बचा है,' तो ऐसे कितने लोग होंगे जो जागरूक हो जाएंगे क्योंकि उनके पास तैयारी के लिए एक महीना है? ज्यादातर लोग डर से पागल हो जायेगें। केवल कुछ ही लोग जागरूकता की ओर बढ़ेगे और इस अग्रिम संकेत का उपयोग करेगें।

नींद, ओजस और मृत्यु

मृत्यु के लिए की जा सकने वाली कुछ तैयारियाँ ऐसी हैं जिसमें ओजस को पैदा करना और नींद शामिल हैं। अब, नींद और मृत्यु के बीच क्या कोई रिश्ता है? मूल रूप से, भौतिक की गतिशीलता को अभौतिक की जड़ता या निष्क्रियता को छूना होता है। यह शिव-शक्ति सिद्धांत है। शिव निष्क्रियता (स्थिरता) हैं, शक्ति गतिशीलता हैं। इस भौतिक ब्रह्माण्ड में हर चीज को इससे होकर गुजरना होता है। अस्तित्व में यह बहुत से तरीकों से हो रहा है। चाहे वह एक परमाणु हो, एक अमीबा या जीवाणु हो, एक मनुष्य हो, यह ग्रह हो, हमारा सौर मंडल, या यह ब्रह्माण्ड हो ये सभी गतिशीलता और जड़ता के इन चक्रों से गुजर रहे हैं क्योंकि यह सबसे बुनियादी चक्र है। जीवन की अवधि अलग-अलग होती है जो इस बात पर निर्भर करता है कि आप कौन हैं, आप क्या हैं, लेकिन वही सिद्धांत लागू हो रहा है। साँस लेना-साँस छोड़ना, जागना-सोना, दिन-रात, जीवन-मृत्यु, सृजन-विलय — सभी में मूल रूप से यही प्रक्रिया है।

एक तरह से, जिसे आप नींद कहते हैं वह भी मृत्यु की तरह है। आप मर जाते हैं, लेकिन आप उसी कम्बख़्त शरीर के साथ जागते हैं। दरअसल, अगर आप बहुत थके हुए हों और फिर सोएं, तो एक अच्छी नींद लेने के बाद ऐसा लगता है जैसे आप एक नए शरीर के साथ उठे हैं। मृत्यु तब है जब आप सो जाएँ और जागने पर पाएँ कि आपका शरीर सिकुड़कर बहुत छोटा हो गया है। आपको उसे फिर से बड़ा करना पड़ेगा! अब, गतिशीलता से जड़ता की अवस्थाओं से गुजरने के दौरान अगर आप सचेतन हैं तो आप इस सवारी से उतर सकते हैं। अगर आप पूरे सचेतन रहते हुए, जागे हुए से नींद की ओर जा सकते हैं, तो आप जीवन से मृत्यु की अवस्था में भी सहजता से पूरे सचेतन रूप से चले जाएंगे, क्योंकि मौलिक रूप से, दोनों में कोई अंतर नहीं है। यह बस गलिशीलता से जड़ता की ओर जाना है। अगर आप इन चक्रों में शक्ति से शिव की एक अवस्था से दूसरी अवस्था तक सचेतन होकर जाते हैं, तब आप बहुत सारी चीजों से परे जा चुके होते हैं।

आप आज रात अपनी नींद के साथ इसे आजमा सकते हैं। जब आपको नींद आने लगे, जब आप जागे हुए से नींद की अवस्था में जाने लगें, तो देखिए कि क्या आप उस पल में जागरूक रह सकते हैं। अगर आप उस पल में जागरूक रह सकते हैं, तब आप उस पल में भी जागरूक रह सकते हैं जब आप शरीर से देहहीन अवस्था की ओर जाते हैं। ज़्यादातर लोग बिना किसी जागरूकता के सोते हैं। लेकिन उस अंतिम पल में, जब आप जागे हुए से नींद की ओर बढ़ते होते हैं, अगर आप जागरूक रह सकें तो आप अपनी नींद में भी जागरूक रहेंगे। अगर आप इस जागरूकता को हासिल कर सकें तो आपके साथ कुछ जबरदस्त घटित होगा।

अब, अगर आप नींद आने के अंतिम पलों में सचेतन रूप से कोई गुणवत्ता लाते हैं, तो वह आपकी नींद में भी जारी रहेगी। मान लीजिए, आपने अपने भीतर नींद आने के पल को बहुत प्रेममय या सुखद बना लिया हो, तो आप देखेंगे कि वह गुणवत्ता नींद के दौरान भी जारी रहेगी। ठीक ऐसा मृत्यु के साथ भी होगा, लेकिन कहीं अधिक बड़े स्तर पर। अगर अंतिम पलों में एक खास गुणवत्ता को लाया जाए, तो वह गुणवत्ता जारी रहेगी।

सोते हुए जागना सीखने के बजाय, जो बहुत ज़्यादा मुश्किल है, आप जागते हुए सोने की कला सीख सकते हैं। यह अधिक आसान है। अगर आप कुछ साधना करते हैं, तो आप इसे प्राप्त कर सकते हैं। शून्य ध्यान में यही होता है आप जागे हुए होते हैं लेकिन आप सोते होते हैं। शरीर को लगता है कि आप सो रहे हैं, इसलिए वह रस-क्रिया (मेटाबॉलिज़्म) को धीमा कर देता है, लेकिन आप जाग रहे होते हैं। जब आप शून्य में बैठे होते हैं, तब अचानक, शरीर को लगता है कि आप जा चुके हैं और, आपके अनुभव में, आपके हाथ, आपके पैर, आदि गायब हो जाते हैं। आप शरीर में चोरी छुपे रहते हैं। शरीर को नहीं पता होता कि आप जाग रहे हैं, लेकिन अगर एक विचार आ जाए, तो अचानक, उसे एहसास होता है कि आप चुपके से बैठे हुए हैं और आपके हाथ पैर वापस आ जाते हैं। नींद में जागते रहने में बहुत उद्यम लगता है लेकिन जागते हुए सोना एक संभावना है। लेकिन अगर आप इन दोनों में से किसी एक परिवर्तन में भी जागरूकता कायम रखना सीख लें, तो यह देहयुक्त अवस्था से देहमुक्त अवस्था की ओर जाने में आपकी जबरदस्त मदद कर सकता है। इसमें आगे बढ़ने का एक बहुत ही सरल तरीका, जो इतना असरदार नहीं, वह ईशा क्रिया है।

अगर आप बहुत सारा ओजस पैदा करने या जमा करने में समर्थ हो जाएं, तो भी मृत्यु की प्रक्रिया को बहुत सहायता मिल सकती है। कुछ सुदूर पूर्वी संस्कृतियों में, एक आत्मज्ञानी व्यक्ति को *एंसो* कहा जाता है। एंसो शब्द का अर्थ है एक वृत्त या गोल। एक वृत्त ही क्यों? आपकी मोटर-गाड़ी के सारे पहिए गोल होने का कारण

क्या है? त्रिकोणाकार पहिए थोड़े ज़्यादा आकर्षक होते, है न? यह गोल ही क्यों है, त्रिकोणाकार या आयताकर या कुछ और क्यों नहीं है? क्योंकि गोलाकार चीजों में सबसे कम प्रतिरोध होता है। तो एक आत्मज्ञानी को 'एंसो' कहा जाता है, इसलिए नहीं कि उसका शरीर गोल-मटोल है बल्कि इसलिए क्योंकि उन्होंने पर्याप्त मात्रा में ओजस पैदा कर लिया है ताकि जीवन और मृत्यु से उनका गुजरना कम से कम प्रतिरोध के साथ होता है।

योग संस्कृति में, इसे चाव से या शरारतपूर्ण तरीके से पृथ्वी से चोरी करना कहा जाता है। यह शरीर एक उधार है जिसे आपने धरती माता से लिया है। वह देते समय बहुत उदार है, लेकिन जब इसे वापस लेने का समय आता है तो वह बहुत पक्की भी है। वह आपको स्मृतिचिन्ह के नाम पर एक परमाणु भी नहीं ले जाने देगी। वह हर परमाणु वापस ले लेगी। इसलिए योगियों ने सीखा कि इसे पृथ्वी से कैसे चुराया जाए। अर्थात, वे भौतिक को अभौतिक में बदल देते हैं। अब, वह इसे वापस नहीं ले सकती। वह इसे पहचान नहीं सकती। इस अभौतिक चीज को ओजस कहा जाता है।

कभी-कभी लोग कुछ विशेष प्रकार की साधना करते हैं और, उस समय, वे बहुत अधिक मात्रा में भोजन करते हैं। आमतौर पर, इसे एकांत में संचालित किया जाता है जिससे लोग ये चीजें न देखें। उनकी भोजन की मात्रा खा पाने की मानव शरीर की क्षमता से कहीं अधिक होती है। वे दस लोगों का भोजन अकेले खा जाते हैं, लेकिन उनका वजन एक छटांक भी नहीं बढ़ता और उन्हें किसी प्रकार की स्वास्थ्य समस्याएँ भी नहीं होतीं। अगर आप उतना खाना खाएंगे तो आपका पेट फट जाएगा। लेकिन उनका वजन बिलकुल भी नहीं बढ़ता, क्योंकि उस विशेष दौर में वे भौतिक को अभौतिक में बदल रहे होते हैं। साधारणत: जो भोजन आप करते हैं वह माँस और रक्त में बदल जाता है। लेकिन अगर आप अपने तंत्र में कुछ विशेष प्रक्रियाऐं करें, तो यह भौतिक को अभौतिक में रूपांतरित कर देगा। तब आप शरीर के बजाए ओजस विकसित करेंगे। अगर आपके चारों ओर पर्याप्त ओजस मौजूद है, तो जीवन और मृत्यु से आपका गुजरना बहुत सहज हो जाएगा। आप सम्पूर्ण प्रक्रिया से आसानी से निकल जाएंगे।

जब आप अपना शरीर खो देते हैं तो ओजस के होने से आपके पास एक विशेष प्रकार का शरीर होता है। जैसे आप पानी के लिए नहीं बने, आप एक मछली नहीं हैं; तो, अगर आप समुद्र में भटक गए हैं तो कम से कम आपके पास लकड़ी का एक टुकड़ा तो होना ही चाहिए। उन हालातों में लकड़ी का एक टुकड़ा भी बहुत मायने रखेगा। अगर आपके पास किसी नौका का एक टुकड़ा है, तो यह काफी होगा। अगर आपके पास नौका के दो टुकड़े हैं तो आप उन पर सवार होकर जहाँ चाहें जा सकते

हैं। तो जब आप अपना शरीर खो देते हैं, और अगर आपके पास शरीर का एक टुकड़ा हो, तो आप देखेंगे कि आप अपनी नाव को किसी भी दिशा में ले जा सकते हैं। ओजस विकसित करने के पीछे यही उद्देश्य है। अगर आपके पास ओजस है, तो आप अपने जीवन को भी संघर्षरहित बना लेते हैं, ताकि इस संसार से आपका गुजरना भी सरल हो जाए।

तो कोई ओजस को कैसे इकट्ठा कर सकता है? सुबह और शाम को आप जो क्रियाएँ करते हैं, वह ओजस पैदा करने का एक तरीका है। अगर आप कपालभाती करते हैं, और आप इसे पूरी शक्ति रूप से करते हैं तो ओजस विकसित होता है। अभी, अगर आप कपालभाति करें तो आपको चेहरे और सिर में सामान्य उष्मा महसूस हो सकती है। यह स्वास्थ्य और कल्याण के लिए ठीक है। अगर आप सही विधि से कपालभाति करते हैं तो यह एक स्थान पर केंद्रित हो जाएगी; उष्मा एक ही स्थान पर, केवल आपके सिर के ऊपरी भाग में पैदा होगी। अगर आप कपालभाति इस तरह से करते हैं तब ओजस विकसित होगा। अभी, ब्रह्मचारी सूर्य क्रिया की विभिन्न साधनाएँ कर रहे हैं। अगर आप वह करते हैं, तो ओजस विकसित होगा। जिस कुम्भक साधना का वे अभ्यास करते हैं, उससे भी बहुत ज़्यादा माला में ओजस विकसित होता है। जब आप ओजस विकसित कर लेते हैं, तब अगर आप ध्यान दें, तो आप देखेंगे कि आपकी छाया एकदम स्पष्ट नहीं बनेगी। ओजस के कारण प्रकाश भ्रमित या तितर-बितर हो जाता है। शारीरिक सीमाओं को मिटाना, इन्हें क्षतिग्रस्त करके नहीं, बल्कि स्वयं को ओजस से लपेटकर ऐसा करना भी योग या एकत्व हो जाना है।

लोग मृत्यु से क्यों डरते हैं

मृत्यु का डर अज्ञानता और अनभिज्ञता की एक विशेष भावना से आता है। अधिकतर लोग एक मृत शरीर को देखकर ही डर जाते हैं। मैं समझता हूँ कि जो लोग उनसे प्रेम करते थे, जो लोग उनकी परवाह करते थे, उनके लिए किसी प्रियजन को खो देना एक बड़ा नुकसान है। लेकिन लोग किसी मृत शरीर को देखने से क्यों डरते हैं? मैं समझता हूँ कि जीवित शरीर ज्यादा खतरनाक हो सकते हैं। वे आपके साथ बहुत कुछ कर सकते हैं। वे आपको पसन्द करने का दिखावा कर सकते हैं, और कल वे आपको मार भी सकते हैं। लेकिन मृत शरीर पूरी तरह सुरक्षित हैं, फिर भी लोग उनसे डरते हैं!

दुनिया के कई हिस्सों में बच्चों को बताया जाता है कि उन्हें घर के अन्दर 'मृत्यु' शब्द को बोलना भी नहीं चाहिए, क्योंकि उन्हें ये नासमझी भरी उम्मीद होती है कि अगर आप यह शब्द नहीं बोलेंगे, तो मृत्यु आपके घर में नहीं आएगी। मृत्यु की यह दहशत स्वाभाविक नहीं है। हो सकता है कि अधिकतर लोगों में यह डर बैठा हुआ

हो, यह एक अलग बात है, लेकिन डर एक स्वाभाविक प्रक्रिया नहीं है। हाँ, मृत्यु एक स्वाभाविक प्रक्रिया है। अगर जीवन घटित होता है, तो मृत्यु स्वाभाविक है। किसी स्वाभाविक घटना से डरना अस्वाभाविक है। मृत्यु का डर केवल इस कारण है कि हम वास्तविकता के सम्पर्क में नहीं हैं। मृत्यु का डर हममें इसलिए आया है क्योंकि हमने अपने आप को शरीर से बहुत गहराई से जोड़ लिया है। इस शरीर से हमारी पहचान इतनी पक्की हो जाने का कारण है कि हमने दूसरे आयामों की खोज नहीं की है। अगर हमने अनुभव के दूसरे आयामों को खोजा होता, अगर हमने अपने आप को अनुभव के दूसरे आयामों में स्थापित किया होता, तो यह शरीर इतना बड़ा मुद्दा न होता।

आप अपने शरीर के बारे में ऐसे बात करते हैं जैसे आप इसी के साथ आए थे, लेकिन ऐसा नहीं है। आपने बस इसे इकट्ठा किया है। आपने अपनी माँ के गर्भ में रहते हुए इसे इकट्ठा किया और जन्म के बाद भी इसे इकट्ठा करना जारी रखा। जो भी हम इकट्ठा करते हैं, उसके लिए हम कह सकते हैं, 'यह मेरा है'। लेकिन आप यह नहीं कह सकते, 'यह मैं हूँ'। अब, मैं जिस प्याले में पानी पीता हूँ उसे लेकर कहूँ, 'यह मेरा प्याला है,' तो आप सोचेंगे, 'लगता है सद्‌गुरु को कोई समस्या हो गई है। लेकिन चलो थोड़ा और सुनकर देखता हूँ, सब कहते हैं कि वे ज्ञानी हैं।' लेकिन थोड़ी देर बाद, अगर मैं कहूँ, 'यह (प्याला) मैं ही हूँ,' तब आप निश्चित तौर पर कहेंगे, 'मुझे इस आदमी से दूर चले जाना चाहिए।' लेकिन आप भी तो अपने शरीर के साथ यही कर रहे हैं, इसी कारण आप इसे छोड़ने को लेकर इतना झमेला खड़ा करते हैं।

मान लीजिए अगले कुछ सप्ताह तक आपने बहुत अधिक खाना खाया और बहुत सारा शरीर इकट्ठा कर लिया, और फिर बहुत सारी कसरत करके उस शरीर को थोड़ा घटा लिया, तो इसे आप मृत्यु नहीं कहेंगे। आपने कुछ इकट्ठा किया और उसे वापस छोड़ दिया, इसमें कोई बड़ी बात नहीं है। आप इसके बारे में परेशान नहीं होंगे, बल्कि खुशी और राहत महसूस करेंगे। ऐसा ही मृत्यु के साथ भी होना चाहिए। जिसे आप मृत्यु के रूप में जानते हैं वह बस थोड़ा शुद्धिकरण है। उम्र के साथ, हाड़मांस की आपकी यह देह अपनी स्फूर्ति खोने लगती है, इसलिए उसे साफ करने की आवश्यकता होती है। जो आपने उधार लिया है, उसे चाहे तो खुशी से वापस करें या रोते हुए, यह आप पर है। आपके पास यही विकल्प है। मृत्यु ऐसे है जैसे आपने एक फावड़ा भर मिट्टी ली और उसे वापस फेंक दिया। लेकिन, इसके बजाए, अगर आप इस एक फावड़ाभर मिट्टी को देखें और इसके प्रति बहुत आसक्त हो जाएँ, तो जब यह आपके फावड़े से वापस गिरेगी तो आप एक बच्चे की तरह रोएंगे। यह ऐसे है जैसे किसी बच्चे को कहीं से एक पत्थर मिल गया, वह उसे घर ले आया और थोड़ी देर में उसे खो दिया। उसका दिल टूट जाता है। वह दुखी होकर रोता है। अगर आपने सिर्फ शरीर को ही जाना है तब आपके साथ भी

यही होगा। लेकिन अगर आपने अपने जीवन में ऐसा कुछ जाना है जो शरीर से कहीं बढ़कर है, तब आपके लिए शरीर छोड़ना कोई बड़ी बात नहीं होगी।

जिसे आप जीवन कहते हैं वह वास्तव में किसी बैंक से मियादी ऋण की तरह है। वे आपको दस साल के लिए उधार दे सकते हैं, लेकिन वह आपका नहीं है; आपको उसे चुकाना ही पड़ेगा। कुछ चालाकियाँ करके आप उसे बारह साल तक बढ़ा सकते हैं। अगर आप बहुत तिकड़मबाज़ हैं, तो आप उसे पन्द्रह साल तक भी बढ़ा सकते हैं। अगर आप बहुत ही ज़्यादा चालाक हैं, तो हो सकता है आप इसे बीस साल तक खींच सकें। बस इतना ही। इससे आगे अभी तक इसे किसी ने नहीं खींचा है। लोग आपको कहानियाँ सुना सकते हैं कि कोई 4000 साल, या 10,000 साल तक जिया क्योंकि शायद वे एक फिल्म बनाना चाहते हैं, लेकिन किसी ने जीवन को उतना नहीं खींचा है। जीवन को सुप्त-अवस्था में रखने के उपाय हैं, जिससे आप शरीर से परे अपनी इच्छा को बनाए रख सकें और एक बार फिर से शरीर धारण करके वापस आ सकें। यह एक अलग मामला है। किन्तु यह अपने जीवन को खींचना नहीं है। यह स्वाभाविक चक्र को सचेतन रूप से संभालना है।

अब, आमतौर पर, समाज में, लोग आपको समझा रहे होते हैं कि, आखिरकार, मृत्यु का डर स्वाभाविक है। अधिकांश लोग जो भी करते हों, वे कहेंगे कि यह स्वाभाविक है। अगर ज़्यादातर लोग सिगरेट पीते हों, तो लोग कहेंगे की धूम्रपान स्वाभाविक चीज है, है न? पहले के समय में यही हो रहा था। हालांकि अभी भी कुछ लोग कहते हैं कि यह स्वाभाविक है। एक मनुष्य धूम्रपान करने के लिए नहीं बना है; आप कोई मोटर-गाड़ी नहीं है! आपके लिए धूम्रपान करना स्वाभाविक नहीं है। लेकिन लोग इसे स्वाभाविक बना देंगे।

जब मैं बड़ा हो रहा था, तब मुझे बिलकुल डर न लगने की वजह से मेरे पिता बहुत चिंतित रहते थे। वे कहते रहते थे, 'इस लड़के का क्या होगा? इसके मन में किसी चीज का डर ही नहीं है'। एक दिन, मैंने मुड़कर उनसे पूछा, 'डर एक सद्‌गुण कब से हो गया?' डर कोई गुण नहीं है, लेकिन लोगों ने इसे इतना स्वाभाविक बना दिया है कि अगर किसी को कोई डर नहीं है, तो उन्हें लगता है कि कोई कमी है। इसी तरह, अभी, समाज द्वारा मृत्यु के डर को स्वाभाविक बना दिया गया है।

कहीं न कहीं, कष्ट का डर, मृत्यु के डर के साथ मिल गया है क्योंकि बहुत से लोग सोचते हैं कि मृत्यु कष्टदायक होने वाली है। यही कारण है कि वे डॉक्टरों से आग्रह करते हैं कि उन्हें कुछ ऐसा दे दें जिससे वे बिना किसी पीड़ा के जा सकें। मृत्यु पीड़ादायक नहीं होती, मेरा विश्वास कीजिए। यह बहुत अच्छी होती है। यह किसी खास वजह से नहीं होती। यह तो हर समय घटित हो रही है। केवल इतना है कि

कभी लोगों को एहसास होता है कि यह उनके साथ हुई है, कभी उन्हें इसका पता नहीं चलता। शरीर का टूटना कष्ट दे सकता है। वह कष्टदायक हो सकता है, लेकिन मृत्यु नहीं। जिस बीमारी से मृत्यु होती है, वह बीमारी पीड़ादायक हो सकती है, मृत्यु का कारण बनने वाली चोट पीड़ादायक हो सकती है, लेकिन मृत्यु अपने आप में पीड़ादायक नहीं है। एक बार ऐसा हुआः शंकरन पिल्लई दूसरी मंजिल से गिर गया और चिल्लाया। लोग वहाँ इकट्ठा हुए और पूछा, 'क्या हुआ? क्या गिरने से तुम्हें चोट लगी?' उसने कहा, 'मूर्खों, गिरने से नहीं, गिरना रुकने से चोट लगी।' लोगों की समझ में, अक्सर एक बात दूसरी से उलझ जाती है।

पीड़ा का डर एक शारीरिक चीज है। पीड़ा के पूर्वानुमान में, शरीर इसे जीवन संरक्षण प्रक्रिया के रूप में खड़ा करता है। यह एक शारीरिक वास्तविकता है और आप उससे नहीं गुजरना चाहते क्योंकि आप जानते हैं कि यह कितना अप्रिय हो सकता है। लेकिन मृत्यु के डर का कोई आधार नहीं है क्योंकि मृत्यु पीड़ादायक नहीं है। फिर भी पता नहीं लोग मृत्यु से क्यों डरते हैं? मान लीजिए, आपने मुझसे एक मिलियन डॉलर उधार लिए, और दस साल के यह बढ़कर एक बिलियन डॉलर हो गए। अब, अगर मैं आपको बताऊँ कि मैं आपके घर आ रहा हूँ तो आप मेरा बहुत अच्छी तरह स्वागत करेंगे। अगर मैं अपने एक मिलियन डॉलर के लिए कहूँ तो आप खुशी से उन्हें लौटा देंगे और इसके ऊपर भी कुछ दे देंगे। आप मुझे अपना बहुत अच्छा दोस्त मानेंगे क्योंकि मैंने दस साल पहले आपको यह धनराशि दी थी। लेकिन अगर आपने मेरे दिए एक मिलियन डॉलरों को गंवा दिया है, और अगर मैं कहूँ कि मैं आपके घर आ रहा हूँ, तो मैं आपको मृत्यु जैसा लगूँगा। आप डर से काँपने लग जाएंगे। दरअसल, बहुत से लोगों के मन में अपनी मृत्यु के डर से ज़्यादा डर तो लेनदारों का होता है!

मृत्यु का डर भी कुछ ऐसा ही है। पृथ्वी आपको बता रही है कि आपके उधार चुकाने का समय आ गया है। कोई ब्याज नहीं, कुछ नहीं। अगर आपने इससे कुछ बहुत अच्छा बनाया है, तो आप इसे खुशी से लौटाकर चले जाएंगे। लेकिन अगर अपने जीवन को मानसिक रूप से जीने के अलावा आपने इससे अधिक कुछ और नहीं बनाया है, तो आप भयभीत हो जाएंगे। जिन्होंने इसका अच्छा उपयोग नहीं किया वे हमेशा बचने की कोशिश करेंगे। जो जीवन को पूरी तरह जानने और एक संपूर्ण जीवन जीने में सफल रहे हैं, वे बिना किसी समस्या के आनंद से इसे वापस लौटाने के लिए तैयार होते हैं। जिन्होंने केवल इसके बारे में सोचा और कभी सही मायनों में जिए ही नहीं, वे भयभीत होते है और घबरा जाते हैं।

वास्तव में देखा जाए तो आप भौतिक मृत्यु से उसी रूप में नहीं डरते। मान लीजिए आप बूढ़े हो गए और भगवान ने आपके सामने एक प्रस्ताव रखा, 'ठीक है,

तुम मुझे यह पुराना शरीर दे दो और मैं तुम्हें एक नया शरीर दे दूँगा।' अब, कौन ऐसा होगा जो इसे स्वीकार नहीं करेगा? तो आप वास्तव में शरीर खोने से नहीं डर रहे। मृत्यु का डर उस चीज बारे में है जो आपकी समझ से आप मरने पर खो देंगे। मृत्यु का डर असल में कुछ खो देने का डर है। अगर कोई अपनी नौकरी, या अपना सारा पैसा, या अपना कोई प्रियजन, या जिस पर वह बहुत निर्भर हो, उसे खोने वाला हो तो उसका डर ज़्यादा होगा। ऐसे में व्यक्ति जिस मानसिक परिस्थिति से होकर गुजरता है, वह उसके लिए मृत्यु से गुजरने के समान ही होता है। कई लोग तो इन सबसे गुजरने के बजाए अपने आप को ही मार लेते हैं। असली डर यह नहीं है कि एक दिन यह शरीर नष्ट होने वाला है। 'मेरा क्या होगा?' यह असली डर है।

मूल रूप से, एकमात्र चीज जिसे चोट लग सकती है, एकमात्र चीज जो कुचला हुआ महसूस कर सकती है, एकमात्र चीज जिसे अपमानित किया जा सकता है, वह आपका अहं, आपकी छवि या व्यक्तित्व है। आप हर समय केवल उस छवि को खोने से डरते हैं, जिसे आपने 'मैं' के रूप में बनाया है। यही सबसे बड़ी बाधा है, आप एक ऐसा बुलबुला हैं जिससे आप बाहर नहीं आना चाहते। हकीकत में, अगर किसी तरह से हम आपको लज्जित और अपमानित करने के तरीके निकाल लेते हैं, शारीरिक रूप से नहीं, बल्कि हर दूसरे तरीके से, तो आप सचमुच में उसके बदले मृत्यु की कामना करने लगेंगे। अब, मृत्यु एक उपहार होगी, उन यातनाओं से गुजरने के बजाए मृत्यु एक उपकार होगी।

कभी-कभी, यही डर कई अलग-अलग पहलुओं में बदल जाता है। एक व्यक्ति मृत्यु के डर को इस तरह बना देगाः 'मुझे मरने का डर नहीं है, लेकिन मेरे बच्चे, फिर वे कितने कष्ट उठाएंगे?' तो वह उस डर से पीड़ित रहेगा। कोई दूसरा, 'मैं मरना नहीं चाहता' जैसी चीज के डर से ग्रसित रहेगा, सिर्फ इसलिए क्योंकि वह उससे परे कुछ नहीं जानता। हर चीज जिसे मैं, 'मैं' और दुनिया और जीवन के रूप में जानता हूँ, यह उसे खोने का डर है। क्या आपने कभी गौर किया है कि, जिन लोगों को यह विश्वास होता है कि मृत्यु से उन्हें फायदा होने वाला है, वे इसमें बिना किसी डर के कदम रख देते हैं? अगर आप यह समझ जाते हैं कि खोने के लिए कुछ भी नहीं है, क्योंकि वैसे भी आप यहाँ कुछ लेकर नहीं आए थे, तो खोने के लिए है ही क्या, तो मृत्यु का डर असंगत हो जाएगा।

मृत्यु के डर से कैसे निपटें

अभी, जीवन का आपका पूरा अनुभव इस शरीर तक ही सीमित है। इससे कोई फर्क नहीं पड़ता कि दूसरे लोग आपको किस तरह की शिक्षाएँ देते हैं। कोई आपको बता

सकता है कि आप शरीर नहीं हैं या आप आत्मा हैं, या परमात्मा या जो कुछ भी हैं, लेकिन आपके अनुभव में यह शरीर ही आप हैं। चाहे वे आपको कितनी ही गीता या उपनिषद् सुनाएँ, आपका अनुभव फिर भी भौतिक शरीर तक ही सीमित रहेगा। तो आप इसे खोने से डरते हैं। लेकिन अगर आप अनुभव के दूसरे आयामों की खोज करते हैं और स्वयं को उनमें स्थापित कर लेते हैं, तो शरीर को संभालना एक आसान बात हो जाएगी। फिर जीवन या मृत्यु से इतना फर्क नहीं पड़ेगा। बुनियादी रूप से, मृत्यु का अर्थ है आपने भौतिक सामग्री और मानसिक सामग्री के संदर्भ में इस जीवन में जो कुछ भी इकट्ठा किया है उसे आप छोड़ रहे हैं। आप एक व्यक्ति के रूप में अपने बारे में कई बातें सोच सकते हैं, लेकिन जहाँ तक इस पृथ्वी का प्रश्न है, वह बस अपना पुनर्चक्रण कर रही है। वह आपको पैदा करती है और वापस खींच लेती है। पैदा होने पर, आपके पास इस पूरे चक्र से पार निकल जाने का मौका होता है। लेकिन आप इससे पार जाते हैं या नहीं, यह पूरी तरह से आपके ऊपर है।

इसके अलावा, जब आपका अनुभव भौतिक शरीर तक सीमित होता है, तब आप केवल मृत्यु से ही नहीं डरते बल्कि जीवन से भी डरते हैं और सुरक्षा के पीछे भागते हैं। और जीवन का यही डर परिणामस्वरूप आपकी मृत्यु को बुलाता है, क्योंकि सुरक्षा की चाह करना ही मृत्यु को बुलाना है। क्या आपने ध्यान दिया है कि, असुरक्षित लोग सिकुड़कर सोते हैं? वे गर्भ वाली स्थिति में चले जाते हैं। दरअसल हमें गर्भ में ही वापस जाने की जरूरत है। गर्भ असल में माँ में नहीं है; यह मृत्यु में है। भौतिक माँ तो बस उसकी एक छोटी-सी अभिव्यक्ति है, लेकिन वास्तविक मृत्यु गर्भ में है। जब लोग असुरक्षित महसूस करते हैं, तो वे पीकर सो जाना चाहते हैं क्योंकि नींद मृत्यु की मात्र एक छोटी-सी अभिव्यक्ति है। कुछ लोग पूरी तरह बेहोश होकर सोना चाहते हैं क्योंकि यह जीवन से आजादी देता है। यह 'मृत्यु को बुलावा' देने वाली पूरी बात सुरक्षा की जरूरत से आती है।

सबसे पहले, यह असुरक्षा कहाँ से आई? आप में असुरक्षा सीमित पहचान के कारण आती है। आप स्वयं को शरीर के रूप में पहचानते हैं, और केवल उसी के कारण यह सारी असुरक्षा है। आपका शरीर एक नाजुक बुलबुला है जिसको आपने फुलाया है। मृत्यु का डर सिर्फ इसलिए है क्योंकि आप इस विशाल अस्तित्व में एक नन्हें से व्यक्ति के रूप में मौजूद हैं। अगर आपने स्वयं में असीमितता का स्वाद चख लिया है, अगर आपने सचमुच स्वयं को शारीरिक और मानसिक सीमाओं से परे अनुभव किया है, तो आपको कोई डर नहीं होगा। इसीलिए भौतिक से परे को जानने के लिए अपने जीवन और समय का उपयोग करने पर इतना जोर दिया जा रहा है। इसी कारण आपको साधना करनी चाहिए। लेकिन बहुत सारे लोग जिन्हें मृत्यु का डर

है, वे अमर होने की कोशिश करते हैं। वे इसे हराने की कोशिश करते हैं। यह एक गलत दृष्टिकोण है। अगर आप मृत्यु से डरते हैं, तो आपको अभी देखना चाहिए कि इसका आधार क्या है। अपनी सीमित पहचान से ऊपर उठने के बजाए, अगर आप अमर होने का प्रयास करेंगे तो यह बस भटकाव है। यह आपको कहीं नहीं ले जाएगा।

अगर आपके जीवन का अनुभव भौतिक शरीर से परे स्थापित हो चुका है, तो इसे छोड़ना बहुत ही सरल काम है। जब आप अपने कपड़े बदलना चाहते हैं, तो बस उन्हें बदल लेते हैं, है न? अगर आपको वो पसन्द नहीं, आपका उनसे मन भर गया है, तो आप उन्हें छोड़कर नंगे जा सकते हैं। यह आप पर निर्भर है। आपको यह समझने की आवश्यकता है कि जब यह शरीर अपना समय पूरा कर लेता है, तो यह वैसे भी चला जाएगा, चाहे आपको यह अच्छा लगे या न लगे, चाहे आप इसे स्वीकार करें या न करें। जब तक यह मौजूद है, इसका अच्छी तरह ध्यान रखना निश्चित ही हमारा काम है। लेकिन अगर आप बीमारी या मृत्यु को लेकर परेशान हैं, तो आप इसका अच्छी तरह ध्यान नहीं रखेंगे। अपनी चिन्ता में, आप शरीर को नष्ट कर देंगे। इस शरीर के साथ क्या हो सकता है, यह परेशानी ही शरीर को नष्ट कर देगी।

अपनी मृत्यु के डर का सामना करना व्यक्ति के जीवन में जबरदस्त स्पष्टता और रूपांतरण ला सकता है। यह कुछ दशकों पहले हुआ। एक बार मैं बैंगलोर शहर में था और मैं सब्जी मण्डी गया। मैं वहाँ कुछ खरीदने के इरादे से नहीं गया था; मुझे बस सब्जियों के बाजार से होते हुए निकलना पसन्द है। मैं घूम रहा था और अचानक मैंने एक सब्जी वाले को देखा जिसका चेहरा आभा से दमक रहा था। मुझे यकीन नहीं हुआ कि इस तरह का व्यक्ति सब्जी बेच रहा है। मैंने उसकी ओर देखा, तुरंत हमारी आँखें मिलीं और मैं हँस पड़ा। वह भी हँसने लगा। फिर मैं उसके पास गया और हम यूँ ही बात करने लगे। फिर मैंने उससे पूछा, 'आपके जैसा आदमी यहाँ सब्जी कैसे बेच रहा है?' वह टालने की कोशिश करने लगा। उसने कहा, 'मैं तो बस यहाँ अपना काम कर रहा हूँ। हमने थोड़ा और हँसी-मजाक किया और आखिरकार मैंने जान ही लिया कि क्या हुआ था।

वह एक साधारण सब्जी बेचने वाला था। एक दिन वह बीमार पड़ गया, इतना बीमार कि उसे लगा कि वह मरने वाला है। लेकिन हर दिन, मृत्यु एक और दिन, एक और दिन टलती जाती थी। चार महीनों तक यह सिल-सिला चलता रहा – हर रोज वह सोचता, 'आज आखिरी दिन है!' लेकिन दिन के अंत में, वह फिर भी जिंदा होता। इन चार महीनों में, लगातार मृत्यु के साथ रहने से, उसके भीतर कुछ अद्भुत घटित हुआ। उसकी ऊर्जाएं पूरी तरह एक अलग ही अवस्था में फूट पड़ीं। वह इतना आनंदमय हो गया कि उसे रत्ती-भर भी परवाह नहीं रही कि उसका शरीर रहता है या नहीं। एक बार उसने परवाह करनी छोड़ दी, फिर उसका शरीर पूरी तरह ठीक हो गया।

मृत्यु इस नश्वर चक्र से मुक्ति है। इस इकट्ठा किए गए शरीर को 'मैं' मान लेना ही अज्ञानता का आधार है। उस भ्रम का टूट जाना आत्मज्ञान है। अब, वह अपनी सब्जी की दुकान पर वापिस आ गया और सब्जियाँ बेचने लगा। उसने देखा कि उसकी बीमारी ने उसके जीवन में बड़ा चमत्कार कर दिया था, तो जो भी उसकी दुकान से सब्जी लेने आता वह उसे आशीर्वाद देता: 'तुम भी मेरी तरह बीमार हो जाओ'। जब वह बीमारी शब्द का इस्तेमाल कर रहा था, तो वह आपका बुरा नहीं चाहता था। वह तो चाहता था कि अगर अच्छी सेहत से आपके साथ ऐसा नहीं हुआ हो, तो कम से कम खराब सेहत से आप जाग जाएँगे, क्योंकि उसके साथ भी ऐसा ही हुआ था।

तो यह चाहे जो भी हो – बीमारी, मृत्यु या और कोई आपदा जो आस-पास होती है – आप चाहें तो इसे स्वयं को मुक्त करने में इस्तेमाल कर सकते हैं या अपने आप को उलझाने में। आमतौर पर, जिसे आप जीवन समझते हैं, खास तौर से मृत्यु और बीमारियों जैसी विपत्तियाँ, वे उसकी सीमाओं के पार देखने के अद्भुत अवसर होते हैं। यह आपके साथ हो भी यह जरूरी नहीं है; अगर आप बुद्धिमान हैं तो आप दूसरों के अनुभवों से सीख सकते हैं। आपने गौतम के बारे में सुना ही होगा। उन्होंने बस एक बीमार आदमी, एक बूढ़े आदमी और मृत शरीर को ही देखा था, और उन्हें एहसास हो गया, 'मेरे साथ यह किसी भी दिन हो सकता है, तो इससे भागने का कोई वजह नहीं है।'

अगर कोई बीमार है, या कोई मर रहा है तो मैं चाहता हूँ कि आप उसके पास बैठें और देखें कि वह आप भी हो सकते थे और किसी भी दिन आप वह हो सकते हैं। किसी को होने वाली सबसे भयानक बीमारी – हम वे चाहते नहीं, हम उसकी कामना नहीं कर रहे – लेकिन आपको पता होना चाहिए कि किसी भी दिन, वह आपको भी हो सकती है। यह मायने नहीं रखता कि आप अट्ठारह साल के हैं या अस्सी के, आज या कल आप वह हो सकते हैं।

अब, अगर आप पहले से डरे हुए हैं और अपने जीवन के अन्त के पास हैं, तो क्या करेंगे? बुनियादी समस्या यह है कि हमें लगता है कि गुस्से के लिए एक समाधान है, डर के लिए दूसरा समाधान है, निराशा के लिए एक और समाधान है। नहीं, ऐसी चीजों का वैसे तो कोई इलाज नहीं है। यह साधारण बात लग सकती है, लेकिन मूल सच्चाई यह है कि आपका मन आपकी बात मान नहीं रहा है। मनुष्यों के पास दो महत्त्वपूर्ण क्षमताएँ हैं – स्मरण शक्ति और कल्पना शक्ति। डर का अर्थ है कि आपकी कल्पना शक्ति बेकाबू हो चुकी है। तो सवाल, अपने डर से लड़ने के बजाय, अपनी इन क्षमताओं को नियंत्रण में रखने का है। वास्तव में, डर जैसी कोई चीज नहीं है। दरअसल, आप ही इसका स्वयं निर्माण कर रहे हैं।

आमतौर पर लोग सोचते हैं कि अगर जीवन संरक्षण की प्रक्रिया मे बेहतरी हो जाएगी, अगर रोटी और मकान का इंतजाम हो जाए तो डर भी चला जाएगा। लेकिन समृद्ध समाज यह साफ साबित कर रहे हैं कि ऐसा नहीं है। उनको देखें तो लगता है : हमें चाहे कितना भी भोजन दे दो, चाहे कितना भी अधिक आश्रय दे दो, इससे कोई फर्क नहीं पड़ता, हम डरने की कोई और वजह निकाल लेंगे। एक युद्ध ग्रसित देश में लोग जिस आतंक से गुजरते हैं, वह बहुत ही भयानक होता है, लेकिन आप देखेंगे कि जब भी उन्हें बमबारी से छूट मिलती है तो वे सब खेलेंगे, गाएंगे, नाचेंगे और खुश होंगे, क्योंकि अचानक से उन्हें जीवन की कीमत का एहसास होता है। लेकिन संपन्न समाजों द्वारा महसूस किया जाने वाला डर स्थायी होता है; यह रात दिन बना रहता है।

डर किसी विशेष स्थिति के कारण नहीं है; इसका कारण केवल इतना है कि आपका मानसिक तंत्र आपके हाथों में नहीं है। वास्तव में, आप अपने मन को कैसे रखते हैं, यह उसकी प्रकृति है। दुर्भाग्य से, लोग कारण को समझे बिना परिणाम को संभालने की कोशिश करते हैं। डर आपके भीतर पैदा हुई किसी स्थिति का परिणाम है। जब आप अपने डर को संभालने की कोशिश करते हैं, तो आप परिणाम को संभालने की कोशिश करते हैं। आपको आवश्यकता है अपनी शारीरिक और मानसिक प्रक्रियाओं की कमान संभालने की, उस प्रक्रिया पर ध्यान देने की, कि हम कैसे विचार पैदा करते हैं, हम कैसे भावनाएं पैदा करते हैं, हम अपने शरीर को कैसे संचालित करते हैं और हम अपनी केमेस्ट्री को कैसे संभालते हैं।

लोग सोचते हैं कि मृत्यु के बारे में ज्यादा खुलकर बात करने, मृत्यु की घटनाओं को करीब से देखने से, उन्हें मृत्यु के डर से उबरने में सहायता मिलेगी। यह आंशिक रूप से सही है क्योंकि यह इस पर निर्भर है कि आप इसे करते कैसे हैं। जरूरी नहीं कि यह सभी के लिए काम करे। लोगों को मरते हुए देखकर कोई भयभीत भी हो सकता है, या कोई बहुत सारे लोगों को मरते देखकर अपनी संवेदना खो सकता है। कुछ बिलकुल परवाह नहीं करते। ऐसे बहुत से लोग हैं। अगर आप कब्रिस्तान या श्मशान भूमि या मुर्दाघर जैसी जगहों पर जाते हैं, तो एसी अधिकतर जगहों पर लोग परवाह नहीं करते। उन्हें लगता है कि वे अमर हैं। यह बस आपकी जागरूकता और आप इसे किस तरह देखते हैं, उस पर निर्भर करता है। अगर आप इसके लिए तैयार हैं, अगर आप एक तरह से इसके प्रति संवेदनशील हैं, तब यह आपके लिए कुछ कर सकता है। लेकिन बहुत से लोग पूरी तरह असंवेदनशील बन सकते हैं। यह व्यक्ति पर निर्भर करता है।

तो क्या ऐसे कोई अभ्यास हैं जिन्हें फिर भी आप कर सकते हैं, क्या आप अपने चारों ओर ऐसे परिवेश का निर्माण कर सकते हैं जिससे आप धीरे-धीरे, यहाँ

तक कि मृत्यु के पल में भी, अपने सिस्टम को नियंत्रण में ले सकें? एक काम जो आप कर सकते हैं वह यह है कि आप खुद को मृत्यु के बारे में, अपनी मृत्यु के बारे में याद दिला सकते हैं। हर दिन, बस पाँच मिनट खुद को याद दिलाइए कि आप नश्वर हैं और आज आप मर सकते हैं। अपने आप को बस इतना ही याद दिलाइए और आपके साथ अद्भुत चीजें होंगी। गुरजिएफ, यूरोप में रहने वाला उन्नीसवीं सदी का एक रहस्यवादी और आध्यात्मिक शिक्षक था। अपने समय में उसे दुष्ट संत कहा जाता था। दुष्ट इसलिए क्योंकि उसके तरीके बहुत कठोर थे — वह लोगों के साथ सनकी चीजें करता था। उसने दुनिया को एक समाधान दियाः उसने कहा कि अगर आप पूरी दुनिया को आत्मबोध कराना चाहते हैं तो हमें सबके शरीर में एक नया अंग लगा देना चाहिए। इस अंग का उद्देश्य होगा कि दिन में कई बार यह आपको याद दिलाए कि आप भी मर जाएंगे। स्वयं को बस लगातार यह याद दिलाते रहना कि आप नश्वर हैं और आप आज मर सकते हैं, आपके मृत्यु के डर को दूर कर देगा।

जिस शून्य ध्यान प्रक्रिया में हम लोगों को दीक्षित करते हैं वह कोई प्रत्यारोपण नहीं है, लेकिन यह भी आपको मृत्यु की याद दिलाता है। हर रोज, जब आप शून्य ध्यान के लिए बैठते हैं, तो आप देखते हैं कि आपका व्यक्तित्व विलीन हो गया है और वहाँ बस एक मौजूदगी है। ध्यान के दौरान, वह हर चीज जिसे आप 'मैं' मानते थे, वह 'कुछ-नहीं' बन जाता है। यह ऐसा है मानो आप मर गए हों। जब आप अपनी आँखें खोलते हैं तो सब कुछ वहीं पर मौजूद होता है। तो हर रोज, दिन में दो बार आप सचेतन होकर मरते हैं। अगर आप इसे पूरी चेतना में करते हैं, तो जब सच में मृत्यु का समय आएगा तब वह कोई बड़ा मुद्दा नहीं होगा। यह आपको मृत्यु के डर से मुक्त कर देगा।

और भी अभ्यास और प्रक्रियाएँ हैं जो ऊर्जा के दो आयामों, इड़ा और पिंगला, को स्पष्ट रूप से स्थापित कर सकती हैं। एक बार जब यह द्वैत आपके अनुभव में स्पष्ट हो जाता है, तब सुषुम्ना की ज्वाला का — वह ऊर्जा जो द्वैत से परे है — अनुभव होता है। अद्वैत को अनुभव करने में, जीवन और मृत्यु की द्वैतता एक हो जाएगी। यह द्वैत का भ्रमजाल और उनमें से एक के प्रति आसक्ति, मृत्यु को एक डरावनी उम्मीद बनाता है — जिसे आप जानते हैं उसके अचानक छिन जाने का डर। जीवन ऊर्जा की पाँच अभिव्यक्तियों, पंच प्राणों पर महारत हासिल करने से, या पंच तत्वों पर दक्षता प्राप्त करने से भी जीवन और मृत्यु का भेद समाप्त हो जाता है। जब जीवन और मृत्यु की सीमाएं — जो एक ही चीज के दो आयाम हैं — टूट जाती हैं और आप दोनों के साथ सचेतन रूप से काम कर सकते हैं, तब डर के लिए कोई स्थान नहीं रहता।

तो क्या मृत्यु से डरने वाले लोग हमेशा एक भयानक मृत्यु मरते हैं? दरअसल, इसमें दोनों बातें हो सकती हैं। मृत्यु से हमेशा डरने वालों में से कुछ लोग ऐसे भी हो

सकते हैं जो मृत्यु का वास्तविक क्षण आने पर बिना किसी समस्या के बस ऐसे ही चले जाएँ। वहीं दूसरी ओर, हो सकता है कि अपने आप को बहुत बहादुर मानने वाले लोगों को यह न पता हो कि उस समय इससे कैसे निपटना है। इसके बहुत सारे कारण हैं। व्यक्ति के जीवन की कर्म सामग्री सदा ही एक बड़ी भूमिका निभाती है और यह बात भी निश्चित रूप से प्रभाव डालती है कि तब तक आपने किस तरह का जीवन जिया है। लेकिन यह भी महत्त्व रखता है कि मृत्यु आप तक किस रूप में, और किस परिस्थिति में आई है। कुछ परिस्थितियों में, वे इसके प्रति अरुचि का भाव न रखते हुए भी भयभीत हो सकते हैं। कुछ मामलों में, परिस्थितियाँ ही कुछ ऐसी होती हैं कि लोग मृत्यु को सहजता से स्वीकार कर लेते हैं। इसी वजह से भारतीय संस्कृति में लोग हमेशा कहते हैं कि एक मरते हुए व्यक्ति के साथ पूरी परवाह से और पूरे सम्मान से बर्ताव करना चाहिए; और उनके आस-पास उचित माहौल बनाए रखने पर भी बहुत अधिक जोर दिया जाता है। हम इस बारे में थोड़ा बाद में बात करेंगे।

बुढ़ापे में कैसे जिएँ

मनुष्य को छोड़कर, दुनिया का हर जीव शालीनता से मरना जानता है। अगर आप किसी जंगल में चले जाएँ — वन्यजीवों से समृद्ध जंगल में भी — तो शिकारी द्वारा मारे गए किसी जानवर के अलावा, आप एक भी जानवर को यूँ ही मरा पड़ा नहीं पाएंगे। जंगल ही क्यों, यहाँ तक कि शहरों में भी जहाँ पक्षियों में इन दिनों अधिकतर कौवे हैं, आप एक भी मरे कौवे को ऐसे ही पड़ा हुआ नहीं पाएंगे। मरने का समय आने पर उन सबको पता चल जाता है, इसलिए वे एक शांत-एकांत स्थान पर चले जाते हैं और शालीनता से अपने प्राण त्याग देते हैं। यह केवल मनुष्य ही हैं जो इससे अनजान हैं और बढ़ते समय के साथ उनके मरने का तरीका भद्दा होता जा रहा है। जो लोग यही नहीं जानते कि जीना कैसे है, जब उन्हें मृत्यु आएगी तो निश्चित रूप से वे समस्याओं का सामना करेंगे।

कई तरह से, बुढ़ापा एक बहुत बड़ा वरदान साबित हो सकता है, क्योंकि आपके पीछे जीवन का पूरा अनुभव मौजूद होता है। मृत्यु की ओर बढ़ते आपके कदम एक मौका होते हैं, क्योंकि जब ऊर्जाएँ निर्बल हो जाती हैं और शरीर को छोड़ देने की ओर बढ़ती होती हैं, तब अपने अस्तित्व की प्रकृति के प्रति जागरूक होना बहुत आसान हो जाता है। जब आप एक बच्चे थे तब सब कुछ सुन्दर था, लेकिन आप बड़े होने के लिए उतावले थे क्योंकि आप जीवन को अनुभव करना चाहते थे। जब आप युवा हुए, तो आपकी बुद्धि पर आपके हॉर्मोन्स ने कब्जा कर

लिया। जाने अनजाने में आपने जो कुछ भी किया, इसने आपको बस उसी दिशा में धकेला। बहुत कम ही लोग ऐसे होते हैं जो हॉर्मोन्स की पकड़ से बाहर निकलकर अपनी बुद्धि को ऊँचा उठाने और जीवन को स्पष्टता के साथ देख पाने में समर्थ होते हैं। बाकी सब इसमें फँस जाते हैं। युवावस्था के दौरान, जब शरीर ऊर्जा से उफनता होता है तब खुद को जागरूक रख पाना बहुत मुश्किल होता है, क्योंकि आप अपने शरीर से इतनी ज़्यादा पहचान जोड़ लेते हैं कि उससे परे आपको कुछ दिखाई नहीं देता।

हालांकि, जैसे-जैसे आपकी उम्र बढ़ती है, यह घटता जाता है। जैसे-जैसे शरीर अपनी ऊर्जा खोता है, आप अधिक से अधिक जागरूक हो जाते हैं क्योंकि आप उस फीके पड़ते शरीर के साथ पहचान नहीं जोड़ पाते। जब आपको बुढ़ापा आता है, सभी लालसाएँ समाप्त हो जाती हैं और आपके पीछे पूरे जीवन का अनुभव होता है। तो एक बार फिर आप बच्चे जैसे होते हैं, लेकिन आपके पास जीवन की समझ और अनुभव होता है। यह आपके जीवन का बहुत ही लाभदायक और अद्भुत समय हो सकता है। अगर आप अपनी पुनर्यौवन प्रक्रिया का ठीक से ध्यान रखते हैं तो बुढ़ापा आपके जीवन का एक चमत्कारी हिस्सा हो सकता है। बदकिस्मती से, अधिकतर मनुष्य बुढ़ापे में इसलिए कष्ट सहते हैं क्योंकि वे अपनी पुनर्यौवन प्रक्रिया का ठीक से ध्यान नहीं रखते। बहुत ही कम लोग ऐसे होते हैं जो अपने बुढ़ापे में मुस्कुरा सकते हैं। ऐसा इसलिए है कि उन्होंने अपने जीवन में शरीर के अलावा कुछ और नहीं जाना है। एक बार जब शरीर समाप्त होने लगता है तो वे निराश हो जाते हैं। हो सकता है शरीर को कोई बीमारी न लगी हो, कैन्सर जैसी भयानक चीज का होना जरूरी नहीं है, लेकिन आपके द्वारा उठाए जाने वाले हर कदम पर, उम्र आपसे कहती है, 'यह सदा के लिए नहीं है।' अगर आप खुद को दूसरे आयामों में स्थापित कर लेते हैं तो शरीर को संभालना बहुत ही आसान काम हो जाएगा। बुढ़ापा और यहाँ तक कि मृत्यु भी एक आनंदपूर्ण अनुभव बन सकता है। इसके लिए, आपको पता होना चाहिए कि कब जाना है और शालीनता से कैसे शरीर छोड़ना है।

जब मृत्यु निश्चित रूप से अगले एक या दो सप्ताह में होने वाली हो तो जागरूक होना बहुत अधिक सरल हो जाता है। उस समय और ज़्यादा सचेतन होने के लिए कुछ चीजें की जा सकती हैं। उस समय व्यक्ति को बस लेट जाना चाहिए। अब, अगर आप कुछ और नहीं जानते हैं, अगर बाहर से कोई मदद नहीं मिल रही है, तो सबसे अच्छा है कि बस यह देखें कि आप क्या नहीं हैं, क्योंकि अगर आप यह देखने में समर्थ नहीं भी हैं कि आप क्या हैं, तो आप आसानी से देख सकते हैं कि आप क्या

नहीं हैं। अब, शरीर की जीवंतता बहुत ज़्यादा गिर चुकी होती है लेकिन जीवन अभी भी मौजूद होता है। इसलिए आप अपने भीतर झांककर, आप क्या हैं और शरीर क्या है, इसके बीच का अंतर देख सकते हैं। बेहतर यही होगा कि आप बस यह देखने में समय बिताएँ कि आपके और आपके शरीर के बीच क्या अंतर है। तब आप सहजता से चले जाएंगे।

रोजमर्रा के आधार पर भी व्यक्ति इस जागरूकता को अपने जीवन का हिस्सा बना सकता है। जब आप भूखे होते हैं और कुछ खाना चाहते हैं, तो इसे बस दस मिनट के लिए टाल दें। अपनी भूख के प्रति सचेतन रहें, किसी दूसरी गतिविधि में व्यस्त न हों। सचेतन रहते हुए अपने भोजन को टालें और इंतजार करें। यहाँ तक कि जब आप आमतौर पर भोजन के लिए बैठते हैं, तो भी भोजन की ओर देखते हुए अपनी भूख के प्रति सचेतन रहें। ऐसा सिर्फ दो मिनटों के लिए करें। ऐसे सरल तरीके धीरे-धीरे स्वयं के अनुभव और भौतिक शरीर के बीच दूरी स्थापित कर सकते हैं। बेशक, इसे करने के इससे अधिक परिष्कृत तरीके मौजूद हैं। भूख का समय ऐसा समय है जब यह अधिक स्पष्ट होता है कि आपका शरीर एक संचय है। इसलिए, सभी परम्पराओं में उपवास का इतना अधिक महत्त्व है।

भारत में, हमेशा कहा जाता था कि आपको अपने परिवार के बीच नहीं मरना चाहिए। लोग मरने के लिए जंगल में चले जाते थे; इस प्रथा को वानप्रस्थ आश्रम कहा जाता था। इसका अर्थ था कि जीवन में एक निश्चित अवस्था के बाद, लोग परिवार और समाज को छोड़कर जंगल या इसी उद्देश्य के लिए बनाए गए आश्रमों में चले जाते थे, और वहाँ आनंदपूर्वक रहते थे। लेकिन आज, दुर्भाग्य से, बुढ़ापे का अर्थ होता है 'अस्पताल आश्रम'। जब समय आता है, तो मरने के लिए सबसे अच्छा स्थान खुले आकाश के नीचे होता है, कोई अस्पताल नहीं। अगर आप पहाड़ों में जाना चाहते हैं और खुद वहाँ बैठकर मरना चाहते हैं, तो यह ठीक है। किसी समय यह प्रथा बहुत व्यापक रूप से प्रचलित थी। यहाँ तक कि धृतराष्ट्र ने भी, जो महाभारत काल के दौरान सम्राट थे, वानप्रस्थ लिया था। वे कुरुक्षेत्र युद्ध के बाद अपनी रानी गांधारी, और अपने भाई की पत्नी कुंती के साथ वन चले गए थे; वे अपने साथ संजय को एक सहायक के रूप में लेकर गए थे। वे सभी बूढ़े हो चुके थे, तो उन्होंने राजमहल में मरने के बजाय वन को मरने के लिए चुना।

हालांकि धृतराष्ट्र अंधा, भारी पक्षपाती और कई मायनों में मूर्ख था, लेकिन उसमें इतनी जागरूकता थी कि वह अपनी मृत्यु को समझदारी से संभाले। सांस्कृतिक बुद्धिमत्ता या संस्कारों का यही महत्त्व है। इसका आज की दुनिया में पूरी तरह अभाव है। कुंती जीवनभर हर तरह के कष्ट झेलती रही थी; अब उसके बेटों ने युद्ध जीत

लिया था और राजा बन गए थे, तो कम से कम अब तो वह राजमहल का आनंद ले सकती थी और आराम के बीच मर सकती थी। लेकिन उसने भी जाने और वन में मरने का निश्चय किया। यह महान ज्ञान है जो उस समय प्रचलित था, इसका श्रेय सत्य की खोज करने वाली संस्कृति को जाता है। एक दिन ऐसा हुआ कि वे चारों एक बहुत ही खड़े पहाड़ पर चढ़े और जंगल में आग लग गई। क्योंकि उनमें से तीन बूढ़े थे, इसलिए उस आग से न तो भाग सकते थे और न ही उसका मुकाबला कर सकते थे। तो उन्होंने खुद को अग्नि को सौंप देने का फैसला किया। धृतराष्ट्र ने संजय से कहा, 'तुमने अभी तक मेरी बहुत अच्छी सेवा की है, लेकिन तुम अभी भी जवान आदमी हो — दूर भाग जाओ। हम तीनों अपने आप को अग्नि के हवाले कर देंगे।' संजय ने उन्हें छोड़कर जाने से इन्कार कर दिया, और चारों अपनी इच्छा से जंगल की आग में जल गए।

जो धृतराष्ट्र और दूसरों ने किया वह चरमसीमा थी, लेकिन सामान्य आबादी अच्छी तरह तैयार किए गए वानप्रस्थ आश्रम के मार्ग पर चलती थी, जो अधिक जाँचा-परखा था और सभी के लिए बहुत अच्छी तरह काम करता था। वानप्रस्थ को और भी सुनियोजित तरीके से किया जा सकता है।

वानप्रस्थ आश्रम किसलिए

प्राचीन भारत में, जब दंपति वानप्रस्थ आश्रम ग्रहण करते थे, तो वे अक्सर साथ ही जाते थे और मृत्यु आने तक बहुत ही सरल सा बुनियादी जीवन बिताते थे। यह इस बात को सुनिश्चित करने के लिए था कि वे अच्छे तरीके से मरें या उनकी मृत्यु अच्छी हो। अब, आधुनिक मन को यह बहुत ही कठोर और तर्कहीन लग सकता है। आखिरकार, यही लगता है कि जब आप जवान और स्वस्थ हों, जब आप इसे किसी तरह संभाल सकते हैं, तब आपको समाज के बीच सभी सुख-सुविधाओं के साथ अच्छे घरों में रहने की इजाजत है, लेकिन जब आप बूढ़े हो रहे होते हैं, जब आप अस्वस्थ और कमजोर हैं, तब आपको सब कुछ छोड़कर, अपना ध्यान खुद ही रखते हुए जंगल में रहने की जरूरत है! लेकिन अगर आप इसमें गहराई से देखें तो इस प्रथा में बहुत समझदारी छुपी है। जिन लोगों के पास अपनी इच्छा से शरीर छोड़ने की महारत नहीं होती थी, उनके लिए एक अच्छी मृत्यु सुनिश्चित करने का यह एक सरल-सा उपाय था।

इस प्रथा का मूल वर्णाश्रम व्यवस्था में है, जिसमें उन्होंने मानव प्रकृति को बहुत गहराई से देखा-समझा है। उन्होंने मानव जीवन के सभी पहलुओं को ध्यान में रखा है — जैसे व्यक्ति की जरूरतें, उसकी क्षमताएँ और संभावनाएँ — और उन्होंने कई

दिशा-निर्देश निर्धारित किए जो व्यक्ति और समाज दोनों का कल्याण सुनिश्चित करते थे। उसी के अनुसार, उन्होंने जीवन के हर चरण पर की जाने वाली गतिविधियों की प्रकृति और अपनाए जाने वाले आदर्शों को नियत किया।

विभिन्न चरणों का विभाजन कट्टर नहीं था, लेकिन मोटे तौर पर दिशा-निर्देशों की तरह था कि व्यक्ति के जीवन के हर चरण पर किस बात पर बल दिया जाना है। ये सभी चरण अनिवार्य नहीं थे। व्यक्तिगत रुझान के अनुसार, व्यक्ति एक या दो चरणों को छोड़कर उनसे अगले पर भी जा सकता था।

आश्रम या चरण	आयु (वर्षों में)	विवरण	लक्ष्य
बाल्यावस्था	0–12	उद्देश्य शरीर और मस्तिष्क को पूर्ण क्षमता तक विकसित करना है। इस चरण के दौरान खाने, खेलने और सोने पर अधिक ज़ोर दिया जाता है।	शरीर और मस्तिष्क का पूर्ण विकास
ब्रह्मचर्य	12–24	इस अवधि के दौरान, आध्यात्मिक और व्यावहारिक दोनों ज्ञान प्राप्त करने के लिए छात्र आमतौर पर गुरु के साथ रहने के लिए अपना घर छोड़ देता है। विद्यार्थी के दो कर्तव्य होते हैं: जीवन के विभिन्न कौशल को सीखना और गुरुजनों के प्रति अटल भक्ति का अभ्यास करना।	ज्ञान
गृहस्थ	24–48	जीवन का यह चरण आजीविका कमाने और परिवार के लालन-पालन के लिए समर्पित है।	धन-संपत्ति और संतानोत्पत्ति

वानप्रस्थ	48–60	इस चरण में, व्यक्ति गृहस्थी की ज़िम्मेदारियों को अगली पीढ़ी को सौंप देता है और सांसारिक कार्यों से पीछे हट जाता है। उसका अधिकांश समय आध्यात्मिक ज्ञान और विवेक प्राप्त करने के लिए समर्पित होता है।	ज्ञान
संन्यास	60+	यह चरण भौतिक इच्छाओं और पूर्वाग्रहों के त्याग, और आध्यात्मिकता की निरंतर खोज को समर्पित किया गया है।	

वानप्रस्थ आश्रम का अर्थ यह नहीं है कि आप बुढ़ापे में अपने आप को बहुत कठोर परिस्थितियों में डाल दें। ऐसा करने का कोई तुक नहीं है क्योंकि बहुत ज़्यादा कठिन परिस्थितियों में कोई भी टूट जाएगा। दरअसल, वानप्रस्थ आश्रम के पीछे सोच चारदीवारी से बाहर निकलने की है। आप चारदीवारी में नहीं रहना चाहते, क्योंकि यह भ्रम पैदा करती है, एक अमरता की भावना पैदा करती है। चूंकि आप पहले ही एक चारदीवारी में हैं, पहले से ही एक ताबूत में हैं, तो ऐसा लगता है कि आप शायद सदा के लिए हैं! आपके घर की चार दीवारें अमरता का एक झूठा बोध पैदा करती हैं। लेकिन आप देखेंगे कि अगर आप बस बाहर सो जाएँ तो आप बहुत असुरक्षित महसूस करते हैं। अगर आप इसे नहीं भी समझते, तो भी जब आप बाहर सोते हैं, तो आपका शरीर इसे बहुत ही स्पष्ट तरीके से समझता है। शायद आपमें से अधिकांश लोग कुछ भी अनुभव नहीं करते हैं, क्योंकि आप अपने कमरे में संगीत सुनते हुए या अपने फोन से चिपके हुए बैठे हैं। लेकिन अगर आप बाहर जंगल में हैं, तो बिजली, गर्जन, बारिश और हवा के साथ बस एक तूफान से ही आपको अंदाजा हो जाएगा कि मानव शरीर कितना असुरक्षित है। यहाँ तक कि एक रात के लिए भी अगर आप बाहर रुकते हैं, तो अचानक आपके अंदर एक तरह का विवेक पैदा हो जाएगा।

　　इसलिए वानप्रस्थ आश्रम का अर्थ था वन या जंगल के साथ समन्वय में होना। इसमें बुनियादी विचार यह है कि जीवन भर अपने घर में रहने के बाद, अब, जैसे-जैसे अंत निकट आता है, आप प्रकृति के नजदीक आते हैं और अपनी इस भेद्यता के प्रति जागरूक बनते हैं। लोग अपने आप को अमर बनाने के लिए घर नहीं बनाते,

बल्कि इसलिए बनाते हैं कि मानव शिशु पूरी तरह बाहर विकसित होने के लिए नहीं बना है। दूसरे जानवरों के विपरीत, एक निश्चित स्तर की परिपक्वता तक पहुँचने के लिए मानव शरीर और मन को थोड़ा समय लगता है। हमने इसे यहाँ होते देखा है — एक माता हथिनी ने योग केन्द्र के द्वार के पास एक बच्चे को जन्म दिया। वह बच्चे के पास वहाँ तीन दिनों तक बस खड़ी रही और, उसके बाद, दोनों जंगल में चले गए। यह उनके लिए एक स्वाभाविक बात थी। लेकिन मनुष्य के बच्चे के साथ ऐसा नहीं है। एक मानव बच्चे को कुछ सालों के पालन-पोषण और सुरक्षा की आवश्यकता होती है। तो हमने इस सुरक्षा के लिए घर बनाने जैसी कुछ चीजें की। यह एक अलग बात है कि हमने अतिसुरक्षा और महा-अतिसुरक्षा कर दी। लेकिन, वास्तव में, घर बनाने का विचार इसलिए आया क्योंकि बच्चे बाहरी वातावरण को सहन नहीं कर सकते।

तो उस समय, बच्चों के साथ-साथ वयस्कों ने भी चार दीवारों के आराम का सुख उठाया, जो ठीक था। लेकिन फिर, उनके पास यह समझने का पर्याप्त बोध था, 'अगर मैं इसी तरह जीता रहा, तो यह सोचते हुए एक झूठ के साथ जिऊँगा कि मैं अमर हूँ।' तो इसे एकदम स्पष्ट करने के लिए, केवल बौद्धिक रूप से नहीं, बल्कि हर तरह से, पहली चीज उन चार दीवारों से बाहर निकलना थी। यही कारण है कि साधु और संन्यासी कभी भी किसी इमारत में नहीं सोते। वे केवल एक पेड़ के नीचे ही सोएंगे। अगर मौसम बहुत कठोर है तो वे किसी गुफा या प्राकृतिक रूप से सुरक्षित किसी स्थान में सोएंगे। लेकिन वे इमारतों में जाकर नहीं सोएंगे। अगर वे कोई इमारत बनाते भी हैं, तो केवल छत बनाएंगे। वह जगह चारों तरफ से खुली रहेगी। और अगर किसी कारण दीवारें बनाते भी हैं तो वे हमेशा मिट्टी की ही होंगी। विचार यह है कि आप मिट्टी और धरती के संपर्क में रहें, आप तत्वों के संपर्क में रहें, ये शरीर को लगातार याद दिलाते रहते हैं। हो सकता है आपके मन में ऐसी समझ न हो, लेकिन वह व्यवस्था निरंतर आपके शरीर को स्मरण कराएगी कि आप बस धरती के अंश हैं और एक दिन वापस चले जाएंगे। इसके पीछे यही विचार है, और इसमें बहुत बड़ा लाभ है।

ऐसा मैंने पर्वतारोहियों के साथ देखा है — उनमें एक खास गुण होता है जो दूसरी तरह से आना बहुत मुश्किल है। हाल ही में, मैं यूरोपियन और अमेरिकन पर्वतारोहियों के एक दल से मिला जिन्होंने दक्षिण अमेरिका और आल्प्स के कई पहाड़ों पर चढ़ाई की थी। जब मैं उनसे मिला, तो मैंने उन्हें वैसा ही महसूस किया जैसे वे थे। उनमें एक ऐसी स्थिरता और सहजता थी जो बहुत अधिक साधना करने पर आती है। वहाँ तक पहुँचने में बहुत ज़्यादा उद्यम करना पड़ता है। लेकिन हर रोज अपने प्राणों को संकट में डालना, हर रोज यह नहीं मालूम होना कि वे आज जीवित रहेंगे या नहीं, इन चीजों ने उनमें एक स्थिरता और सहजता पैदा कर दी थी। आप

समझते हैं कि आप नश्वर हैं; आप जानते हैं कि अगर आपने एक भी गलती की तो आप मरे हुए होंगे।

लोगों के वानप्रस्थ आश्रम में जाने का यह अर्थ नहीं है कि वे वहाँ मरने के लिए जा रहे हैं। इसका अर्थ है कि वे सचेतन हो गए हैं कि एक दिन उन्हें मरना है। वानप्रस्थ आश्रम इस शरीर में नश्वरता का गहन बोध लाने के लिए है। एक बार जब यह शरीर अपनी नश्वरता के प्रति पूरी तरह सचेतन हो जाता है तो यह अपने आप को अच्छी तरह व्यवस्थित कर लेता है। अचानक, आप हर चीज को — संपत्ति, धन, रिश्ते और वह सब — आप एक दूरी से देखने लगेंगे। आप समझते हैं कि यह एक मकड़जाल है जिसे आपने अपने जीवन संरक्षण के लिए बुना है। यह बहुत महत्त्वपूर्ण है, क्योंकि उसके बिना मनुष्य बहुत ही मूर्खतापूर्ण जीवन जिएगा। अगर वह जानता है कि वह नश्वर है, तो वह खुद को ठीक रखेगा। वह लम्बा जीवन जिएगा। वह मूर्खतापूर्ण तरीके से अपनी ऊर्जा को नष्ट नहीं करेगा।

हमने ऐसा होते हुए देखा है — भारत में इतना अधिक नहीं, लेकिन यूएस में — जो लोग ईशा के आंतरिक-विज्ञान संस्थान, टेनेसी में आए, वे अधिक स्वस्थ हो गए। भारत के योग केन्द्र में, जब हमने वानप्रस्थ आश्रम खोला, यहाँ आने वाले अधिकतर लोग युवा थे, तो हो सकता है यह उतनी स्पष्टता से न दिखे। लेकिन वहाँ आने वाले अधिकतर लोग पहले ही पैंसठ साल से ऊपर थे, कुछ तो सत्तर के भी थे। आप देख सकते हैं कि पिछले आठ-दस सालों में वे बहुत ही चुस्त, स्वस्थ और जवान से हो गए हैं। केवल बाहर रहने की वजह से ही, वे पहले से कहीं ज़्यादा बेहतर और मजबूत दिखाई देते हैं। बेशक, वे योग का अभ्यास करते हैं लेकिन वे इसलिए भी अच्छे डील-डौल में हैं क्योंकि वे लगातार पैदल चलते हैं, जंगल में काम करते हैं और प्राकृतिक तत्वों के संपर्क में आते हैं।

वानप्रस्थ आश्रम के प्रचलन में आने का दूसरा कारण यह भी था कि लोगों के लिए अपने परिवार और सगे-संबंधियों के बीच घर पर मरना अच्छा नहीं है। अभी, दुनिया में, लोग व्यक्ति के अकेले मर जाने को बुरा मानते हैं। लोग सोचते हैं कि जब वे मरें तो पूरा परिवार उनके आस-पास होना चाहिए। यह मरने का सबसे बुरा तरीका है क्योंकि आप उस समय उन सारे जाने-पहचाने चेहरों की ओर देख रहे होते हैं, और उसी वास्तविकता से खुद को जोड़ रहे होते हैं जिससे अब आप विदा ले रहे हैं।

जब आप परिवार के सदस्यों के बीच घर पर होते हैं तो दो चीजें होती हैं: आपका शरीर वहाँ मौजूद हर दूसरे शरीर से जुड़ जाता है। मैं शारीरिक या मानसिक संबंधों की बात नहीं कर रहा — वो चीजें तो वहाँ होंगी — उसके परे भी, आपका शरीर कुछ खास संबंध बना लेगा। दूसरा, एक परिवार या घर का अर्थ है आज, कल और परसों

के लिए जीवन की व्यवस्था का अतिरेक। जब आप अपने घर पर या अपने परिवार के साथ रहते हैं, तो आप उसमें फँस जाते हैं। दूसरे शरीरों के साथ यह संबंध और जीवन की अत्यधिक व्यवस्था व्यक्ति में 'स्वयं' के बढ़े हुए भाव को पैदा करेगा। यह आपके लिए चीजों को छोड़ना बहुत मुश्किल बना देगा। इसके अलावा, अगर आप परिवार के बीच मरते हैं, तो आप बहुत अधिक लगाव की भावना के साथ मरेंगे, जो उसके बाद होने वाले चीजों के लिए अच्छा नहीं है। आपको समझना चाहिए, परिवार का मतलब सिर्फ लगाव ही नहीं होता। अगर अपने जीवन के अंतिम पल में आप अपने बेटे, बेटी, पत्नी या पति की ओर देखेंगे, तो आपके भीतर केवल प्रेम ही नहीं बल्कि और भी बहुत सारी चीजें आएंगी, क्योंकि कोई भी रिश्ता केवल प्रेम के बारे में ही नहीं रहा है। अब वो सारी यादें और भावनाएँ भी आएंगी, जिनका फिर से होना कोई अच्छी बात नहीं है।

इसी कारण, इस संस्कृति में, लोग एक लगाव रहित स्थान पर मरना चाहते थे। वे इस तरह मरना चाहते थे कि उनकी मृत्यु का उनके शरीर, उनकी आसक्तियों, उनके संघर्षों और उनकी दूसरी चीजों से कोई लेना-देना न हो। वे ऐसे स्थान पर मरना चाहते थे जिसकी प्रकृति अधिक आध्यात्मिक हो। पुराने समय में भी, हर कोई धृतराष्ट्र और उसके परिवार की तरह वन में नहीं जाता था। अधिकतर लोग किसी आश्रम में चले जाते थे, जो इस देश के विभिन्न स्थानों पर बहुत सारे थे। आज की परिस्थितियों में, वानप्रस्थ आश्रम के लिए, आप जंगल में जाकर वहाँ की आग या हाथियों या बाघ के साथ जोखिम नहीं लेना चाहेंगे। इससे पहले कि आप मरें, वे आपको मार सकते हैं। या इससे भी ज़्यादा संभावना इस बात की है कि वन विभाग आपको अनाधिकृत प्रवेश के लिए गिरफ्तार कर सकता है! हाँ, वन का अर्थ है जंगल। लेकिन वन का अर्थ बगीचा भी हो सकता है। तो एक सुरक्षित बाहरी स्थान पर जाना सबसे अच्छा है।

अगर प्रकृति के बीच मरना संभव नहीं है, तो अगला सबसे अच्छा विकल्प है उन सबसे दूर हो जाना जिन्हें आप जानते हैं, विशेष रूप से रिश्तेदार और नजदीकी दोस्त। यह सबसे अच्छा है कि जो जीवन आपने जिया है, उसे याद दिलाने वाली कोई चीज आपके आस-पास न हो। अपने रिश्तों और सारे ऋणानुबंधों को एक ओर रख दीजिए; यहाँ तक कि देवी-देवताओं की भी जरूरत नहीं है क्योंकि वे भी ऋणानुबंध ही हैं — ऋणानुबंध वह रिश्ता होता है जो आप किसी से बनाते हैं। अगर आपने पर्याप्त जागरूकता बना ली है तो जाने का सर्वश्रेष्ठ तरीका यही है कि आपके पास कोई मौजूद न हो। अगर आपने आवश्यक जागरूकता पैदा नहीं की है, तो समय आने पर आप भयभीत महसूस कर सकते हैं। शायद आप चाहेंगे कि कोई आपका हाथ पकड़ ले। यह ठीक है। अगर जागरूकता में नहीं तो कम से कम आप थोड़े से प्यार और आराम से जाएंगे। ऐसा ठीक है, लेकिन आपको इसे कम से कम रखना चाहिए।

तो वानप्रस्थ आश्रम में जाने का सही समय क्या है? परम्परा में, कहा गया है कि जब आप अड़तालीस साल के हो गए हों या आपने चार सौर चक्र पूरे कर लिए हों तो वह आपके लिए वानप्रस्थ आश्रम में प्रवेश करने का सही समय है। आज की दुनिया में, हो सकता है यह उम्र जीवन के उस चरण को न दर्शाए। इसके अलावा, जीवन के ये चरण अलग-अलग व्यक्तियों के साथ अलग रूप से घटित हो सकते हैं। तो शरीर की आयु मानदंड नहीं है। जीवन के एक पड़ाव पर पहुँचने के बाद, व्यक्ति को जीवन के हर चरण पर स्थिति का मूल्यांकन करना चाहिए। एक बार ऐसा हुआः बैंगलोर में दो महिला उद्यमी थीं। एक दिन, दोनों कॉफी पर मिलीं। बातचीत के दौरान एक ने कहा, 'मैं इस बात पर जोर देती हूँ कि मेरे लिए काम करने वाले हर व्यक्ति को हर छह महीनों में कम से कम एक सप्ताह की छुट्टी लेनी चाहिए।' दूसरी ने पूछा, 'अरे वाह! ऐसा क्यों? क्या ऐसा करना महँगा नहीं पड़ता?' उसने जवाब दिया, 'नहीं, नहीं, यही एकमात्र तरीका है जिससे मुझे पता चलता है कि किन लोगों के बिना मेरा काम चल सकता है।'

तो कभी-कभी, अपने जीवन के हर चरण पर अपनी स्थिति को फिर से जाँच लेना अच्छा होता है। यह जाँचना अच्छा है कि आप अपने आस-पास की स्थिति के लिए कितने प्रासंगिक हैं, जीवन में आपकी प्राथमिकताएँ क्या हैं, और क्या आपके पीछे हटने का समय आ गया है। और जैसा कि हमने पहले देखा, वानप्रस्थ आश्रम में जाना मरने के बारे में नहीं है; यह तो अपने जीवन को एक खास तरह की जागरूकता और तैयारी के साथ जीना है, ताकि मृत्यु सर्वश्रेष्ठ संभव तरीके से हो। यह मृत्यु को निमंत्रण नहीं है बल्कि मानवीय स्थिति की एक गहन स्वीकृति है।

सल्लेखना व संथारा की प्रथा

भारतीय जीवनशैली में हम कहते हैं कि आपके पास जीने के तीन विकल्प हैं। आप एक भोगी या रोगी या योगी की तरह जी सकते हैं, लेकिन आप केवल एक योगी या रोगी की तरह ही मर सकते हैं। भोगी वह है जो सांसारिक या इंद्रिय-विषयक सुख में खोया हुआ है। रोगी वह है जिसका जीवन किसी रोग से सीमित हो गया है और वह कष्ट उठा रहा है। एक योगी वह है जिसने अस्तित्व के साथ एकत्व या सामंजस्य स्थापित कर लिया है। आप तीनों में से किसी भी अवस्था में रह सकते हैं, लेकिन मरने के लिए केवल दो ही विकल्प हैं: या तो आप रोगी की तरह मर सकते हैं या एक योगी की तरह। भोगी की तरह मरने के लिए कोई विकल्प नहीं है।

एक समय, इस संस्कृति में, लोगों की एक बड़ी संख्या योगी के रूप में मरना चुनती थी। लेकिन आज, वे सभी रोगी के रूप में मरना चुन रहे हैं। इसके लिए एक पूरा उद्योग ही खड़ा हो गया है — हो सकता है उन्हें लगता हो कि उन्हें इसमें सहायता करनी है।

मौजूदा समय में, अमेरिका में, मनुष्य के जीवन के अंतिम तीस दिनों में बहुत अधिक संख्या में बेढंगे तरीके से स्वास्थ्य हस्तक्षेप किए जा रहे हैं। आपको उस चरण में इतने हस्तक्षेप करने की क्या जरूरत है? ये प्रयास खुशहाली के लिए नहीं हैं, इसके परिणाम स्वरूप लोगों को बहुत अधिक यातना सहनी पड़ती है, अच्छी तरह से यह जानते हुए कि वैसे भी वे जल्दी ही मरने वाले हैं। तो उन आखिरी तीस दिनों से पहले, मान लीजिए, छह महीने पहले आपने अपने जीवन को धीरे-धीरे समाप्त करने का फैसला किया। अपनी नश्वर प्रकृति को संचालित करने का यह सबसे समझदारी भरा तरीका है।

कुछ लोग ही क्यों — वे भी जो आध्यात्मिक मार्ग पर नहीं हैं — अपना शरीर सचेतन रूप से छोड़ना चाहते हैं, क्योंकि वे अपने शरीर से नलियों को लटका देखते हुए नहीं मरना चाहते। हर तरह की यातनाओं से गुजरने के बजाए वे जीवन को धीरे-धीरे शांत करके शालीनता से जाना चाहते हैं। अस्पतालों में जो होता है वह नर्क से भी बदतर है। यह एक सच्चाई है। अगर आप इसे नहीं जानते, तो कृपया जाइए और भारत के सरकारी अस्पतालों के सभी सामान्य वार्डों में कुछ दिन गुजारिए। आप देखेंगे कि यह ऐसी जगह है जहाँ आप मरना नहीं चाहेंगे। इसी कारण से अमेरिका में बहुत से स्वास्थ्य पेशेवर अग्रिम रूप से 'जबरदस्ती जिंदा रखने का प्रयास न करें' निदेश-पत्र पर हस्ताक्षर करते हैं। क्योंकि सिर्फ जिंदा रखने के लिए, नलियों और सुइयों से चुभे हुए लोगों को वे अंतहीन संघर्ष से गुजरता, और उनकी पीड़ा को लंबा खिंचते देखते हैं। वे अपने मरीजों के साथ तो ऐसा कर सकते हैं, लेकिन वे चाहते हैं कि उनका समय आने पर उनके साथ ऐसा न हो।

अतीत में, इस संस्कृति में, लोगों ने इसे अलग तरह से संभाला। मान लीजिए, आप कोई योग नहीं जानते, और आपकी उम्र अस्सी साल से ऊपर हो चुकी है और आप अभी भी ठीक हैं। आप शायद ज़्यादा से ज़्यादा दस से पंद्रह साल और जिएंगे। लेकिन यह जानते हुए कि शरीर कमजोर हो रहा है, आपने एक फैसला किया, 'मेरे लिए अब समय आ गया है कि मैं इसे सचेतन रूप से समाप्त करूँ।' वैसे भी, आप इसे छोड़ने ही वाले थे; आपने इसे बस सचेतन होकर छोड़ने का निश्चय किया। तो, दिन में दो बार भोजन से, आप अगले कुछ सालों तक कम करके एक बार भोजन तक आ गए। फिर एक भोजन से आपने आधा भोजन कर दिया, और इस तरह चलता रहा। इससे व्यक्ति का जीवनकाल बहुत अधिक बढ़ सकता है, या कम हो सकता है, यह व्यक्ति की कर्म और ऊर्जा स्थितियों पर निर्भर करता है। लेकिन यह निश्चय ही लम्बे खिंचने वाले कष्ट से आजादी सुनिश्चित करेगा। अतीत में, जब लोग वानप्रस्थ आश्रम जाते थे, तो वे आमतौर पर फलों से पत्तियों पर आ जाते थे, ताजा पत्तियों से सूखी पत्तियों पर, और सूखी पत्तियों से सिर्फ पानी पर आ जाते थे, और फिर वे पानी भी

बंद कर देते थे। उसके बाद, तीन से पाँच दिनों में, वे चले जाते थे क्योंकि वे एक रोगी की तरह नहीं मरना चाहते थे।

क्या यह आत्महत्या है? निश्चित रूप से नहीं। आत्महत्या निराशा, क्रोध, भय, या कष्ट न सह पाने के कारण होती है। जबकि यह न तो आत्महत्या है और न ही इच्छा-मृत्यु। यह इतना अधिक जागरूक रहना है कि आप जानते हैं कि जीवन ने कब अपना चक्र पूरा कर लिया है और आप इससे बाहर निकल जाते हैं। यह, आपने जो भौतिकता इकट्ठा की है उससे खुद को अलग करने के लिए पर्याप्त जागरूकता विकसित करने के बारे में है। उस स्तर की जागरूकता में व्यक्ति शरीर छोड़ सकता है। अगर आप उस स्तर की जागरूकता हासिल नहीं करते, तो कम से कम आपको अपने लिए अंतिम पल को सुंदर, सुखद, और आनंदपूर्ण तो बना ही लेना चाहिए। अगर आप पहले से ही कुछ चीजों को संभाल लें तो ऐसा किया जा सकता है। अगर इनमें से कुछ भी संभव नहीं है तो कम से कम व्यक्ति हद से ज़्यादा चिकित्सकीय हस्तक्षेप लेने से इन्कार कर सकता है। यह आपके और इस धरती दोनों के लिए अच्छा होगा।

मनुष्य के जीवनकाल को किसी भी कीमत पर बढ़ाने के लिए आधुनिक समाज में जुनून बहुत अधिक बढ़ता जा रहा है। आपको समझना चाहिए कि हर कोई 100-105 सालों तक जीने के लिए नहीं बना है। अगर आप वैसा करना चाहते हैं तो अपने जीवन को बहुत तरीकों से ठीक करना होगा। बदकिस्मती से, इन अमरता चाहने वाले करोड़पतियों में से अधिकांश के लिए सच यह है कि अपने जीवन में उन्होंने बस शरीर के सुखों, मानसिक नाटक की खुशियों और पीड़ा, और अपने रहने की दुनिया में सत्ता के नशे को ही जाना है। यह सब भौतिक है और उन्होंने इस आयाम से परे कभी देखा ही नहीं। आज, उन्नत चिकित्सा हस्तक्षेपों के जरिए — जैसे हॉर्मोन्स या पोषण-पूरक या स्टेम सेल या जो कुछ भी हो — वे बस किसी तरह शरीर को जीवित रख पा रहे हैं।

जब लोगों का सॉफ्टवेयर समाप्त हो जाता है, लेकिन उनका हार्डवेयर अभी भी चालू रहता है, तो वे खाली ढांचे जैसे बन जाते हैं। इस समय पश्चिमी समाजों में इस तरह के बहुत ज़्यादा खाली ढांचे हैं। कुछ लोग जो ऐसे लोगों के साथ काम करते हैं मुझे बता रहे थे कि वहाँ पिचासी से नब्बे साले के बुजुर्ग पुरुष और महिलाएँ हैं जो अपनी पूरी याददाश्त खो चुके हैं, लेकिन उन्हें अपनी किशोरावस्था की एक बात याद है कि उन्हें विपरीत लिंग को आकर्षित करना है। वे बाकी सब कुछ भूल चुके हैं, लेकिन जीवन के उस पहलू की रासायनिक प्रकृति के कारण यह एक चीज बाकी रह गई, जो व्यक्ति के तंत्र में गहरी बैठी होती है। वे बमुश्किल चल पाते हैं, और व्हीलचेयरों पर हैं, वगैरह। लेकिन जो भी आता है — मिलने वाला, काम करने वाला, कोई भी — अगर वह

विपरीत लिंग का है तो वे उसे पकड़ना चाहते हैं। हर दिन, आकर्षक दिखने के प्रयास में वे सभी तरह की लिपिस्टिक लगाती हैं, और हर तरह का मेकअप करती हैं या दाढ़ी साफ करने के चक्कर में वे खुद को चोट लगा लेते हैं। वे जिस किसी को भी देखते हैं, उसे पकड़ने की कोशिश करते हैं। आपने देखा यह कितना दयनीय है? लेकिन आज के समाजों में इस तरह की चीजों का जश्न मनाया जाता है। अगर आप नब्बे के हैं और अभी भी किसी के साथ रोमांस कर रहे हैं तो इसे बहुत बड़ी बात माना जाता है। इसे मूर्खतापूर्ण, बेतुकी बात नहीं माना जाता, क्योंकि वे बस इसी के आदी हो चुके हैं।

इस तरह की स्थिति पैदा ही नहीं होती अगर, दूसरे जीवों की तरह, मनुष्य भी जानते कि कब और कैसे शालीनता से मरा जाए। तो, ऐसे लोग जिनमें अपनी इच्छा से शरीर छोड़ने की क्षमता नहीं है, वे शालीनता से शरीर छोड़ने के लिए क्या कर सकते हैं? आपको यह निर्णय कैसे और कब लेना है? यह सबके लिए एक जैसा नहीं है। एक व्यक्ति पिचासी साल में भी काफी हृष्ट-पुष्ट और सक्रिय हो सकता है, वहीं दूसरे को सत्तर साल की उम्र में ही जाना पड़ सकता है — यह बहुत-सी चीजों पर निर्भर करता है। शरीर की आयु मानदंड नहीं है। इसे थोड़ी स्पष्टता से जानने के लिए व्यक्ति को एक खास मात्रा में साधना करने की या जीवन में अंतर्दृष्टि की आवश्यकता होती है। तब आप आती हुई दुर्बलता को जान लेंगे, आपको पता चल जाएगा जब आपका शरीर अस्थिर होने लगेगा, और आपको आभास हो जाएगा कि आपने अपने कर्म पूरे कर लिए हैं। नहीं तो, आप दुनिया में खुद को खोया हुआ महसूस करेंगे, जो दुर्भाग्य से अधिकतर आधुनिक व्यक्तियों की स्थिति है।

प्राचीन समय में, समय आने पर, सचेतन रूप से शरीर को मंद करते हुए शालीनता से जाने का कदम उठाने वाले लोगों को समुदाय का काफी सहारा प्राप्त था। उदाहरण के लिए, जैन समाज में एक प्रथा है जिसे सल्लेखना या संथारा कहते हैं। हिंदुओं में ऐसी ही एक प्रथा को प्रयोप्वेश (अन्न-जल त्याग देना।) कहते हैं। इस परंपरा में, जब किसी को लगता था कि वह जाने की अवस्था में पहुँच गया है, और अगर वह पर्याप्त सचेतन होता था, तो वह अपने लिए फैसला कर सकता था — यह पूरी तरह स्वीकार्य था। अगर कोई जागरूक नहीं था तब वह अपने परिवार समेत आस-पास के सभी लोगों से, समाज के बड़ों से और उनके आध्यात्मिक प्रमुख से सलाह करता था। तब लोग इसे लेकर चर्चा और तर्क-वितर्क करते थे। मान लीजिए, किसी ने यह कहते हुए आवेदन दिया, 'मुझे लगता है कि मेरे लिए सल्लेखना या संथारा करने का समय आ गया है।' फिर वे बहस, चर्चा करते और कहते, 'नहीं, तुम्हारे लिए अभी समय नहीं आया है। तुम ऐसा क्यों करना चाहते हो?' वे उन चीजों की सूची बनाते थे जो उस व्यक्ति के जीवन में घटित होनी अभी बाकी थीं, और जो जिम्मेदारियाँ उसे अभी निभानी बाकी थीं। लेकिन

वह कहता, 'नहीं, नहीं। मैं सोचता हूँ कि मैंने सबके लिए काफी कर दिया है। मेरा शरीर मुझे रहने नहीं दे रहा; मुझे जाना होगा।' फिर वे कहते, 'हमें फ़लाने व्यक्ति से बात करनी होगी,' जो उस समुदाय का आध्यात्मिक प्रमुख माना जाता था।

वे एक साथ उससे सलाह करते और तय करते, 'ठीक है, मुझे लगता है कि इस व्यक्ति के लिए जाने का समय आ गया है। लेकिन शायद अभी नहीं, अगले साल।' तो इस तरह समाज की सलाह के आधार पर वह व्यक्ति अगले साल जाने का निश्चय करता। इसके बाद आध्यात्मिक प्रमुख द्वारा औपचारिक रूप से उसे एक प्रक्रिया में दीक्षित किया जाता। यह प्रक्रिया ही अपने आप में लम्बी चलने वाली और कई चरणों में हो सकती थी। हर चरण पर, आध्यात्मिक प्रमुख प्रगति की समीक्षा करता और सुनिश्चित करता कि वह प्रक्रिया उस व्यक्ति के लिए वास्तव में सही है। अगर उसके बारे में थोड़ा-सा भी संदेह होता तो उसे रोक दिया जाता, और उस व्यक्ति को उस प्रक्रिया से हटा दिया जाता था।

मान लीजिए, यह मेरे बारे में होता। शायद, मैं कहता, 'ठीक है, अगले छह महीनों में, मैं जाना चाहता हूँ।' तो मैं योग केन्द्र में लोगों से सलाह करता, 'मुझे लगता है मैं काफी कुछ कर चुका हूँ, आप लोग योग केन्द्र की बहुत अच्छी तरह देखभाल कर रहे हैं। मुझे नहीं लगता कि देवी को मेरी जरूरत है, या ध्यानलिंग को मेरी जरूरत है, या किसी और को मेरी जरूरत है। मैं सोचता हूँ कि मेरे लिए समय आ गया है कि मैं एक साल के अंदर चला जाऊँ।' वे कहते, 'नहीं सद्गुरु, आपको यहीं रहना चाहिए।' मैं कहता, 'ठीक है, कितने समय तक?' वे कहते, 'सद्गुरु, अगले बीस साल तक।' फिर मैं कहता, 'नहीं, नहीं, ज़्यादा से ज़्यादा तीन साल. . .' अगर हर कोई पर्याप्त रूप से परिपक्व और जागरूक हो तो हम इसके बारे में बात कर सकते हैं और किसी नतीजे पर पहुँच सकते हैं। वरना, आप बस मृत्यु शब्द बोलिए और देखिए, आफ़त टूट पड़ेगी।

जब पूरा समाज जागरूक हो कि मृत्यु जीवन का एक लाज़िमी हिस्सा है, तो हम बैठकर विचार-विमर्श कर सकते हैं, एक दूसरे का मार्गदर्शन कर सकते हैं, किसी नतीजे पर पहुँच सकते हैं और निर्णय कर सकते हैं कि यह इसे करने का सर्वश्रेष्ठ तरीका है। यह बस भारत में दो परिवारों द्वारा एक शादी तय करने जैसा है। मान लीजिए, आपकी बेटी शादी के लायक हो गई, तो आप सोचेंगे कि उसकी शादी कब की जाए? उसके बाद परिवार साथ बैठता है और इसके बारे में चर्चा, बहस आदि करता है। वे लड़की से उसके विचार पूछते हैं। लड़की जो कहती है उसे वे सुनते हैं, पूरी स्थिति का जायज़ा लेते हैं और फिर देखते हैं कि सबसे अच्छा क्या हो सकता है, और आखिरकार एक तारीख पर आ जाते हैं, है न? इसी तरह, मृत्यु भी आपके जीवन

का एक दूसरा हिस्सा है; तो आपको इसे भी संभालना चाहिए।

अतीत में, यह बहुत व्यापक रूप से प्रचलित था, हालांकि इसके रूप अलग-अलग थे। यहाँ तक कि राजा भी जीवन के अंतिम समय में वानप्रस्थ आश्रम और सल्लेखना या प्रायोपवेश का चुनाव करते थे। चंद्रगुप्त मौर्य एक ऐसे सुप्रसिद्ध व्यक्ति थे जिन्होंने सल्लेखना ली थी। चंद्रगुप्त, मौर्य साम्राज्य के संस्थापक थे, वे पहले सम्राट थे जिन्होंने भारत को एक राष्ट्र के रूप में जोड़ा था। उनके बाद, कोई दूसरा शासक इस उपमहाद्वीप में इससे ज़्यादा बड़ा साम्राज्य स्थापित करने में सफल नहीं हो पाया। उन्होंने 322-298 ईसा पूर्व तक शासन किया। अशोक उनका पौत्र था। जब वह बयालीस साल के हुए, तो चन्द्रगुप्त ने अपने पुत्र बिंदुसार के पक्ष में अपना सिंहासन छोड़ दिया। उसके बाद वे जैन मुनि भद्रबाहु के मार्गदर्शन में एक सन्यासी हो गए और जैन साधुओं के साथ दक्षिणी भारत की ओर चले गए। पचपन साल की उम्र में उन्होंने श्रवणबेलगोला, कर्नाटक में, सल्लेखना के माध्यम से अपना जीवन समाप्त कर दिया। आज भी, जहाँ वे सल्लेखना लेने के बाद रहे थे, वहाँ श्रवणबेलगोला में पत्थरों से बना एक छोटा बाड़ा देखा जा सकता है।

आधुनिक समय में, आचार्य विनोबा भावे जैसी बहुत-सी प्रख्यात लोक हस्तियों ने मृत्यु के रूप को चुना। तो जिस तरह आप जीने के लिए प्रयास करते हैं, उसी तरह आपको मृत्यु की तैयारी के लिए भी प्रयास करने चाहिए। आपको तय करना चाहिए, 'अगर मुझे मरना है, तो मैं इस तरह मरना चाहता हूँ।' इस समय, मान लीजिए मैं कल मरने वाला हूँ। मैं कल मरने की योजना नहीं बना रहा, लेकिन अगर मृत्यु आती है तो क्या मैं तैयार हूँ? 100 प्रतिशत! क्योंकि, पूरे जीवन भर, मैंने इसके लिए तैयारी की है। क्या इसका यह अर्थ है कि मैं कल मरना चाह रहा हूँ? नहीं। मैं वह सब कुछ करूँगा जिससे मैं अच्छी तरह जियूँ। मैं हमेशा कहता हूँ कि व्यक्ति में जीवन में सर्वोच्च के लिए जूनून होना चाहिए, सबके लिए करुणा होनी चाहिए और खुद के लिए अनासक्ति होनी चाहिए। इसी प्रकार, मैं कहूँगा कि अगर आपको अच्छी तरह मरना है, तो आपको अपनी मृत्यु के प्रति एक खास मात्रा में अनासक्ति विकसित करनी होगी। नहीं तो व्यक्ति रोता-चिल्लाता हुआ, संघर्ष करता हुआ जाएगा, जो आगे आने वाली चीजों के लिए अच्छा नहीं है।

काशी में मरने की महिमा

इस दुनिया में, दूसरा कोई भी शहर मृत्यु से इतनी गहराई से नहीं जुड़ा हुआ है जितना की काशी। यह दुनिया के सबसे पुराने, लगातार आबाद शहरों में से भी एक है। इसके, कम से कम 12,000 साल पुराना होने के प्रमाण हैं। लेकिन निश्चित रूप से यह

उससे बहुत पुराना है। काशी, न केवल हजारों सालों से लगातार बसा हुआ था बल्कि यह सबसे शक्तिशाली आध्यात्मिक चुम्बक भी था, जिसने बहुत दूर-दूर से लोगों को आकर्षित किया था। यह कहना अतिशयोक्ति नहीं होगा कि उपमहाद्वीप में ऐसा व्यक्ति खोजना असंभव था जो किसी न किसी कारण से काशी नहीं जाना चाहता हो।

काशी में मर पाना, यह सिर्फ एक पहलू था जो लोगों को इसकी ओर आकर्षित करता था। लेकिन काशी केवल मृत्यु के बारे में ही नहीं है। काशी में, जीवन और मृत्यु दोनों का उत्सव बराबर श्रद्धा और उत्साह के साथ मनाया जाता है। लोग इस स्थान की ओर इसकी शान और वैभव के कारण भी खिंचे चले आते थे। हजारों सालों में, भारत के सभी हिस्सों से लोग काशी में आकर बस गए और वे अड़ोस-पड़ोस में रहने लगे। उनमें से हरेक अपनी मूल पहचान और भाषा का थोड़ा स्वाद बरकरार रखे है। काशी, कई तरीकों से भारतीय सभ्यता का एक सूक्ष्म दर्शन और केन्द्र है।

काशी शब्द का अर्थ है प्रकाश। आध्यात्मिक अर्थ में यह नगर प्रकाश का एक स्तम्भ है। इस तरह के प्रकाश स्तम्भ के निर्माण का विचार और उद्देश्य आपको, आपके भीतर के उस आयाम तक पहुँच बनाने में सहायता करना था जिस तक आप खुद नहीं पहुँच सकते थे। एक ब्रह्माण्डीय संभावना यहाँ एक वास्तविकता के रूप में प्रकट हुई है — यही अर्थ है काशी का। काशी अकेला स्थान नहीं जिसे इस तरह बनाया गया था — ऐसे और भी बहुत सारे स्थान हैं जिन्हें इसी तरह बनाया गया था। लेकिन काशी का महत्त्व उसकी विशालता, उसकी कलात्मकता और सुंदरता के कारण है। उस समय में, कहा जाता था कि धरती पर कोई दूसरा नगर नहीं है जो काशी जितना सुंदर हो। वहाँ तीन मंजिला इमारतें थी, जिनके बारे में उस समय किसी ने नहीं सुना था। लोग उन्हें देखकर अचंभे में पड़ जाया करते थे। यह उनके अनुभव में बिल्कुल अविश्वसनीय था कि नदी के किनारों पर तीन मंजिला भवन बने हुए थे। यह अपने आप में अभियांत्रिकी की एक उपलब्धि थी।

काशी आध्यात्मिक शिक्षा का भी सर्वोच्च स्थान था। कहा जाता है कि सैकड़ों ऋषि, मुनि, गुरुजन, आत्मज्ञानी और विद्वान वहाँ निवास करते थे; जो सम्पूर्ण भारत और दुनिया के दूसरे भागों से आए हजारों विद्यार्थियों को ज्ञान प्रदान करते थे। भारतीय आध्यात्मिकता की हर परम्परा, हर संप्रदाय और उप-संप्रदाय का वहाँ प्रतिनिधित्व होता था। काशी शहर के भीतर ही 3000 के आस-पास मंदिर हैं। काशी कला, संस्कृति और संगीत का भी मूल केन्द्र था। सौंदर्य, आध्यात्मिकता की दृष्टि से, ज्ञान के आधार पर, और दूसरे हर तरीके से यह उस समय का सबसे सुंदर स्थान था। इन सब चीजों के साथ, इसने लोगों का ध्यान खींचने के लिए एक शक्तिशाली आकर्षण और आवश्यक वातावरण का निर्माण किया था। हर समय के कई प्रख्यात संत, दार्शनिक,

कवि, लेखक और संगीतज्ञ अपने जीवन के किसी न किसी दौर में काशी में रहे हैं। यहाँ तक कि शिव भी जाकर काशी में रहे थे। जब अगस्त्य मुनि को काशी छोड़नी थी, तो उन्होंने भी काशी की सुंदरता और महानता का गुणगान किया था। वे इस नगर को छोड़ना नहीं चाहते थे। लेकिन उनका काम उन्हें दक्षिण की ओर ले गया।

पारम्परिक रूप से, लोग काशी केवल तभी नहीं जाते थे जब वे अपनी मृत्यु-शय्या पर होते थे। यह मूर्खतापूर्ण होता। लोग वहाँ जाकर अपने जीवन के अंतिम पंद्रह से बीस साल बिताते थे, क्योंकि वे सबसे सुंदर स्थान में रहना चाहते थे। वहाँ रहना और वहाँ अपना शरीर त्यागना एक महत्त्वपूर्ण हिस्सा बन गए थे। तो इस नगर को बनाने का मूल विचार वहाँ पर रहने को लेकर था। धीरे-धीरे, क्योंकि उनका काम-धंधा कहीं और था तो लोग वहाँ रहे नहीं, लेकिन फिर भी, कम से कम अपने जीवन के अंतिम भाग में वे वहाँ रहना चाहते थे। इस तरह इसे मरने का नगर होने की प्रतिष्ठा हासिल हुई।

काशी नगर को एक विशाल परिधि द्वारा सीमांकित किया गया है, जो एक विशाल वृत्त के आकार जैसा है, इसे पंच कोसी मार्ग के नाम से जाना जाता है। यह लगभग 84 किलोमीटर लम्बा है। पारम्परिक तौर पर, लोग मानते थे 'काश्यम मरणम मुक्ति,' जिसका अर्थ है कि जो भी इस परिधि के भीतर मरता है उसे मुक्ति मिल जाती है। कहा जाता था कि आप जीवन भर चाहे कितने ही घटिया प्राणी रहे हों, इससे कोई फर्क नहीं पड़ता, अगर आप काशी में मरते हैं तो आप मुक्ति पाएंगे। इसे सुनिश्चित करने के लिए शिव काशी में कालभैरव रूप धारण करते हैं। कालभैरव का अर्थ है गहन अंधकार, वह जो सीमाहीन समय और स्थान का द्योतक है। काल का अर्थ समय और स्थान दोनों है। यह शिव का एक भयंकर रूप है। माना जाता है कि कालभैरव के रूप में शिव विनाशक के रूप में होते हैं। वे इसका या उसका विनाश नहीं करते बल्कि समय का विनाश कर रहे हैं। सभी भौतिक वास्तविकताएँ समय के दायरे में ही मौजूद हैं। अगर आपका समय खत्म हो जाए तो आपके लिए सब खत्म हो जाएगा। कालभैरव बस यही करते हैं।

काशी में शिव, कालभैरव के रूप में, सभी मरने वालों को 'तारक मंत्र' प्रदान करके, व्यक्तिगत रूप से मुक्ति प्रदान करते हैं। कहते हैं कि काशी की परिधि के भीतर मृत्यु के देवता यम का अधिकार क्षेत्र नहीं है। न तो वे खुद और न ही उनके यमदूत नगर में प्रवेश कर सकते हैं। जब लोग अपना भौतिक शरीर छोड़ देते हैं, तो कालभैरव उन्हें 'यातना शरीर' — एक विशेष सूक्ष्म ऊर्जा शरीर — प्रदान करते हैं, ताकि वे अपने कर्म समाप्त कर सकें। कहा जाता है कि इस यातना शरीर में कष्ट साधारण कष्ट से बयालीस गुना अधिक तीव्र होता है। चूंकि यह इतना अधिक तीव्र

होता है, यह लगभग तुरंत खत्म हो जाता है। यह सब ऐसा कहने का बहुत ही सुंदर तरीका है कि मृत्यु के बाद होने वाली सामान्य प्रक्रियाएँ लागू नहीं होती, और कुछ और ही घटित होता है जो बहुत ही अधिक तीव्र है।

पारम्परिक रूप से इसे भैरवी यातना कहा जाता है। यातना का अर्थ है चरम सीमा की पीड़ा। यह ऐसी चीज है जो आपके साथ शरीर से परे भी हो सकती है, लेकिन कालभैरव आपके लिए इसे यहीं घटित कर देते हैं। इसलिए मृत्यु के पल में, आपके कई सारे जीवनकाल जबरदस्त तीव्रता के साथ कुछ ही पलों में आपके सामने से गुजर जाते हैं। अनेक जन्मों तक फैले जो भी सुख, दुःख और दर्द आपको झेलने हैं, वो अब आपके साथ माइक्रो-सेकंड में ही हो जाएंगे। इसकी तीव्रता ऐसी होती है जिसे आप संभाल नहीं सकते। अगर यातना को शीघ्रता से खत्म होना है तो हमें इसे महा-तीव्र बनाना होगा, केवल तभी यह जल्दी समाप्त होगी। यह आपके कर्मों के भण्डार को बहुत ही तेजी से खाली करने के बारे में है। अगर यह धीमा होगा तो यह हमेशा के लिए चलता रहेगा। तो कालभैरव इतनी असाधारण पीड़ा पैदा करते हैं जिसकी संभावना की कल्पना भी आपने नहीं की थी, ताकि उसके बाद, अतीत का कुछ भी आपके अंदर नहीं बचता है। वे इसे जितना संभव हो उतना संक्षिप्त बना देते हैं।

मैं इसे कई तरीकों से कह रहा हूँ: वास्तव में, आध्यात्मिकता का अर्थ है आपके जीवन की गति को बहुत तेज कर देना। हो सकता है कि आपको बहुत अधिक पीड़ा झेलनी पड़े, क्योंकि सब कुछ तेज गति से होता है। जो आपके लिए दस सालों तक फैला हुआ था, वह एक महीने में हो जाता है। इसलिए आपकी पीड़ा की तीव्रता बहुत अधिक होती है। वहाँ आनंद और खुशी के पल भी हो सकते हैं, लेकिन आपके भीतर बहुत ज़्यादा पीड़ा तेजी से घटित हो रही है।

ऐसा केवल काशी में ही नहीं होता बल्कि किसी भी प्राण-प्रतिष्ठित स्थान पर हो सकता है। एक तरह से, एक बार जब हम किसी को दीक्षित करते हैं, तो हमने उसे भैरवी यातना पर रख दिया होता है। अगर वे चाहें तो हम इसे और भी बढ़ा सकते हैं। बस इतना है कि उन्हें इसके लिए तैयार होना चाहिए! एक प्रतिष्ठित स्थान का अर्थ बस यही है — वह एक केन्द्रीभूत जीवन है। यह कहना कि पीड़ा बयालीस गुना अधिक तीव्र है, इसका अर्थ है कि जीवन को आप जिस तरह से जानते हैं वह अपनी गति से बयालीस गुना अधिक तीव्र हो गया है। तो इसका मतलब है कि आप ईंधन को बयालीस गुना तेजी से खत्म करते हैं। इसका मतलब हर चीज ज़्यादा तेज है। कुछ समय बाद, एक बार जब आप इसके आदी हो जाते हैं तो कोई यातना नहीं रहती, यह बस जलता रहता है। आपका इंजन बहुत तेज घूम रहा है। हर प्रतिष्ठित स्थान का यही उद्देश्य होता है। काशी में मरने की यह लालसा, कम से कम आपके जीवन के

अंत में कर्मों के घड़े को पूरी तरह खाली करने के लिए है, न कि काशी के रूप में एक और चीज आपके घड़े में जोड़ देने के लिए। कर्मों को खाली करने की प्रक्रिया में सभी अनुभव बहुत ही जबरदस्त गति से घटित होते हैं।

काशी जैसे प्रतिष्ठित स्थान इसे करने में बहुत अच्छे हैं। निश्चित रूप से काशी अब पहले जैसी नहीं रही, लेकिन यह आज भी महत्त्वपूर्ण है, काफी हद तक महत्त्वपूर्ण। हालांकि, काशी ही एकमात्र स्थान नहीं है जिसे इस प्रकार बनाया गया है। बहुत से दूसरे स्थान भी हैं, लेकिन संभव है उतने बड़े न हों। ध्यानलिंग भी ऐसा ही एक स्थान है, हालांकि हम काशी जितनी संख्या में लोगों को यहाँ नहीं रख सकते। ऐसे स्थानों पर, जीवन बेहतर घटित होता है, और मृत्यु भी बेहतर ही होगी। क्या यह हमेशा ही मोक्ष की ओर ले जाएगा? ऐसा जरूरी नहीं है, हो सकता है यह आपको मोक्ष के थोड़ा नजदीक ले जाए। लेकिन यह निश्चित रूप से उससे बेहतर है जो आपने खुद से किया होता।

काशी में जीवन के अंतिम हिस्से को जीने की इच्छा के पीछे एक और कारण यह था कि किसी भी समय पर, वहाँ बहुत से आत्मज्ञानी और आध्यात्मिक रूप से विकसित लोग रहते थे। हर गली-कूचे में आत्मज्ञानी प्राणी मिल जाते थे। और उन दिनों, वहाँ घरों के अंदर स्नानघर नहीं होते थे। तो पूरा नगर सुबह और शाम डुबकी लगाने के लिए घाटों पर आता था। घाटों पर जाने वाले आध्यात्मिक रूप से सिद्ध लोगों की संख्या जब इतनी अधिक थी, तो ऐसे लोगों का ध्यान मृत्यु के निकट पहुँच चुके व्यक्तियों पर भी चला जाता था, और वह उनकी आवश्यक आध्यात्मिक सहायता कर देते थे। इसके अलावा, लोग ऐसे खास व्यक्तियों को भी जानते थे या ऐसे किसी सिद्ध व्यक्ति के बारे में आस-पास पूछकर पता कर लेते थे जो मरते हुए आदमी के लिए जरूरी सहायता प्रदान कर सके। इस संभावना के कारण, अगर उन्होंने अज्ञानता का जीवन भी जिया था, अगर उन्होंने अपने जीवन में कोई साधना नहीं भी की थी, तो भी काशी में मरने वाले लोगों को बहुत अच्छी गुणवत्ता की मृत्यु सुनिश्चित थी।

काशी को महाश्मशान के रूप में भी जाना जाता है। आमतौर पर, श्मशान भूमि गाँव या शहर से बाहर होती है। वह रिहाइशी इलाके से दूर होती है क्योंकि, जब तक आप आध्यात्मिक मार्ग पर न हों और यह आपकी साधना का हिस्सा न हो, तो जीवित और मृत दोनों का एक दूसरे के निकट रहना अनुकूल नहीं है। काशी में, यह नगर ही इस महान श्मशान भूमि के चारों ओर बना हुआ है।

आज भी, घाट दिन-रात लगातार जलते हुए शरीरों से अटे रहते हैं क्योंकि वे केवल शहर के लोगों को ही नहीं बल्कि दूर से आए लोगों को भी अपनी सेवाएँ देते हैं। जब भी काशी के चारों ओर दो सौ किलोमीटर के दायरे में कोई मृत्यु होती है, तो शरीर को दाह-संस्कार के लिए काशी लाया जाता है। इसके पीछे धारणा यह है कि भले ही

वह व्यक्ति किसी कारणवश काशी में रहने, या मरने में असमर्थ रहा हो, लेकिन वे कम से कम शरीर को काशी में जलाना चाहते हैं और उसकी राख को गंगा में बहाना चाहते हैं। कहा जाता है कि वहाँ की दाह-संस्कार की अग्नि समय की शुरूआत से ही चली आ रही है और तबसे कभी नहीं बुझी है। वहाँ एक परिवार घाट पर कई पीढ़ियों से रहता आ रहा है, जिसकी जिम्मेदारी है कि वह अग्नि को प्रज्वलित रखे और वहाँ होने वाले हर दाह-संस्कार के लिए उसे उपलब्ध कराए।

तो, समय के साथ, यह परिवर्तन आया है कि शुरू में लोग काशी में रहना चाहते थे, फिर वे काशी में मरना चाहते थे, और अब चाहते हैं कि कम से कम उनका अंतिम-संस्कार काशी में हो। लेकिन आज, लोग अपने जीवनकाल में काशी कम से कम एक बार जाना चाहते हैं, और वो भी पर्यटकों की तरह, तीर्थयात्रियों की तरह नहीं। बेशक, काशी का शहर खुद पूर्ण परिवर्तन से गुजर चुका है। अब यह अपने पुराने शानदार, भव्य रूप में नहीं है। आधुनिकता ने इसकी संरचना और स्वरूप को गंभीर नुकसान पहुँचाया है। फिर भी, सम्पूर्ण वातावरण का लोगों पर कुछ प्रभाव होता है। कर्म-संरचना प्रभावित करने से ज़्यादा, शायद यह कुछ मानसिक बोध जगा सकता है — जीवन को एक पूरी तरह से लापरवाह तरीके से चलता देखने का एक बौद्धिक एहसास। जो पर परदे के पीछे, एकांत में किया जाता है, वह यहाँ खुले में होता है। आपको मरने के लिए किसी आश्रम में नहीं जाना होगा। आप बस नदी किनारे बैठकर मर सकते हैं। आपका नदी के किनारे ही दाह-संस्कार भी किया जा सकता है। लोग इसे सामान्य, दरअसल बहुत सामान्य की तरह ही देखते हैं। तो ऐसे स्थान पर जाने का ही एक विशेष प्रभाव होता है। हालांकि इसे बुरी तरह विकृत किया जा चुका है, लेकिन आज भी काशी एक शक्तिशाली संभावना के रूप में मौजूद है। निश्चय ही प्रकाश के नए स्तम्भ बनाने का समय आ गया है।

अध्याय 7

मरने वालों की सहायता

एक देहमुक्त प्राणी पूरी तरह से एक सुरक्षाविहीन जीवन होता है। इसलिए जीवन के उस पहलू को जिम्मेदारी के साथ संचालित करना चाहिए। जब कोई इस प्राणी को अंतिम पल में थोड़ी-सी भी सहायता देता है, तो यह मदद बहुत दूर तक काम करती है। अगली बार के लिए उसकी अधिकांश साधना उस एक पल में ही हो जाती है।

जीवन के अंतिम पलों का महत्त्व

देहसहित अवस्था से देहरहित अवस्था की ओर प्रस्थान का पल इतना महत्त्वपूर्ण क्यों है? चलिए मैं आपको एक उपमा देता हूँ। इस समय, जब आप शरीर में हैं, तो आप एक नदी की तरह हैं जो एक दिशा में बह रही है। जब आप देहमुक्त हो जाते हैं, तो मानो आप भाप बनकर एक बादल जैसे बन जाते हैं। जिस ओर हवा चलेगी आप उसी ओर जाएंगे। अब आपके पास कोई दिशा नहीं रहती। कम से कम नदी साफ तौर पर समुद्र की ओर जा रही होती है, लेकिन हम नहीं जानते कि बादल कहाँ जा रहा है। जिस ओर भी हवा चलती है, यह उसी ओर चल देता है। शरीर को छोड़ने और विवेकमय मन को खो देने पर ऐसा ही होता है। अगर आपके पास विवेकमय मन होता तो आप या तो इस ओर जाते या उस ओर जाते। लेकिन आपके मर जाने पर, आप बस रुई जैसे हो जाते हैं, और अपनी कर्म प्रवृत्तियों के अनुसार इधर-उधर उड़ते रहते हैं। क्या यह कहा नहीं जाता कि देवदूत बादलों में तैरते रहते हैं? यहाँ सही उपमा का इस्तेमाल किया गया।

मनुष्य होने का महत्त्व यह है कि आपमें भेद करने और अपने जीवन के प्रवाह या गति का चुनाव करने की क्षमता है। अगर आप उसका उपयोग नहीं करते तो आप का मनुष्य जीवन उतना सार्थक भी नहीं हैं। मिसाल के लिए, मान लीजिए मैं भूखा

हूँ। लेकिन अगर खाना मेरे सामने आता है, तो मैं फिर भी भेद करके कह सकता हूँ, 'नहीं, मैं इसे नहीं खाना चाहता।' मुझमें भेद करने की योग्यता होने के कारण, मेरे शरीर में चाहे कितनी भी विवशता पैदा हो, अगर मैं नहीं चाहता तो मैं नहीं खाऊँगा। बस यही बात है। मैं भेद कर सकता हूँ। इसके बिना, आप हवा की तरह बन जाएंगे; आप केवल प्रवृत्तियों के अनुसार ही चलेंगे।

जब आपका शरीर छूट जाता है, तो आपकी भेद करने की क्षमता भी चली जाती है। सारी स्मृति और मन अभी भी मौजूद होता है: केवल भेदकारी प्रक्रिया समाप्त हो जाती है। उस पल में, अगर आप थोड़ी-सी भी अप्रसन्नता पैदा करते हैं, तो वह अप्रसन्नता लाखों गुना बढ़ जाएगी। अगर आप थोड़ी-सी प्रसन्नता पैदा करते हैं, तब वह प्रसन्नता लाखों गुना बढ़ जाएगी। ऐसा क्यों है? मान लीजिए, आज आप थोड़ा गुस्सा हो गए; आप अपने भेदकारी मन को इस्तेमाल करके उसे काबू कर सकते हैं। लेकिन अगर आपके पास यह भेदकारी मन नहीं होता तो वह थोड़ा-सा गुस्सा पागलपन के रूप में भड़क सकता है। मृत्यु का क्षण एक महत्त्वपूर्ण पल है क्योंकि उस समय मन की जैसी अवस्था होगी — दुखद या सुखद — भेदकारी मन के अभाव में वह कई गुना बढ़ जाएगी। इसीलिए, यह मायने नहीं रखता कि आप दुनिया के किस हिस्से, किस संस्कृति से आते हैं, हर संस्कृति यही कहती है कि जब कोई व्यक्ति मरता हो तो आपको उसे शांति से मरने देना चाहिए।

देहमुक्त होने की इस प्रक्रिया के दौरान, अगर आपमें सुख का भाव बढ़ जाता है, तो हम कहते हैं कि आप स्वर्ग में हैं। और अगर आपमें अप्रसन्नता बढ़ जाती है, तो हम कहते हैं कि आप नर्क में हैं। स्वर्ग और नर्क कोई भौगोलिक स्थान नहीं, बल्कि मनुष्य के अनुभव हैं। स्वर्ग या नर्क में होने के लिए आपको देह से मुक्त होने की आवश्यकता भी नहीं है; जीवित रहते हुए ही वे आपके लिए मौजूद हो सकते हैं। शरीर में यहाँ रहने का फायदा यह है कि जब कभी आप अपने अनुभव में नर्क में पहुंच जाएँ, तो आप अपनी भेदकारी क्षमता का इस्तेमाल करके उस गर्त से बाहर निकल सकते हैं। इसी तरह, कभी-कभी आप अपने अनुभव में स्वर्ग में चले जाते हैं, तो वह चाहे कितना ही सुखद अनुभव क्यों न हो, लेकिन आप अपनी भेदकारी शक्ति से उसे छोड़ सकते हैं और आगे बढ़ सकते हैं। शरीर में रहते हुए भी, अगर कोई अपनी भेदकारी क्षमता खो देता है तो एक बार अवसाद-ग्रस्त होने पर, वह लम्बे समय तक अवसाद से घिरा रहता है, जबकि सुखद अनुभव लत या व्यसन बन जाते हैं।

भारतीय संस्कृति में, इस बात को बहुत महत्त्व दिया जाता था कि मरते हुए व्यक्ति के साथ कैसा व्यवहार किया जाना चाहिए। कहा जाता था कि एक व्यक्ति को उचित स्थान पर, उचित वातावरण में, उचित भावनाओं और विचारों के साथ

मरना चाहिए। जब कोई मर रहा होता है, तो उनका कहना था कि आपको, 'अय्यो अम्मा!' नहीं कहना चाहिए। आपको 'राम' या 'कृष्ण' या 'शिव' या वैसा कुछ कहना चाहिए। इसका उद्देश्य ऐसा विचार पैदा करना है कि आप स्वयं से परे सोच सकें। यह एक जबरदस्त वैज्ञानिक प्रक्रिया है। यह कोई भावात्मक प्रक्रिया नहीं है। आप उस व्यक्ति के विचारों में जो भावनाओं का आखिरी आयाम बनाते हैं, वही उस प्राणी में मुख्य प्रवृत्ति बन जाता है। कहा जाता था, 'मरने वाला व्यक्ति चाहे आपका दुश्मन ही क्यों न हो, आपको उस समय एक उचित वातावरण बनाना चाहिए और देखना चाहिए कि वह शांति से कैसे प्राण त्याग सकता है। उसके साथ अप्रिय चीजें मत कीजिए।' हो सकता है आपने युद्ध में उसे गोली मारी हो, लेकिन जब वह मरता हो तो आपको अपनी टोपी उतार लेनी चाहिए, या 'राम राम' या जो भी आप जानते हैं, कहना चाहिए। ऐसा करने का कारण है कि ये प्रवृत्तियाँ अगले जन्मों तक जाएंगी। चाहे उन्होंने कैसा भी जीवन जिया हो, लेकिन अंतिम पल में अगर वे सही चीज पैदा कर लेते हैं, तो वे एक खराब यात्रा पर जाने के बजाए, एक अच्छी यात्रा पर जा सकते हैं। तो यह किसी के जीवन को उन्नत करने का एक जबरदस्त अवसर है।

जब कोई मर रहा होता है, तो उस पल, खेल खत्म होने की घंटी पहले ही बज चुकी होती है। तब और चोट करने की कोई तुक नहीं है। इसके अलावा, आपकी शत्रुता केवल उनके शरीर में रहने तक ही थी। उनके शरीर छोड़ते ही सारा नाटक खत्म हो जाता है। वे अब आपके दुश्मन नहीं रहे, और न ही वे आपके मित्र हैं। वे बस जीवन का एक अंश हैं, और जीवन से जीवन की ही तरह पेश आना चाहिए। जब तक जीवन रूपी नाटक चालू रहता है तो हममें से हरेक उसे अनेक ढंग से देखता है, उसके साथ जुड़ता है और प्रतिक्रिया देता है। जब पर्दा गिरता है, सब खड़े हो जाते हैं। केवल वह व्यक्ति जो सो जाता है, वैसे ही रहता है। बाकी सब, यहाँ तक कि वे भी जिन्हें नाटक पसन्द नहीं आया, खड़े होकर इस बात सम्मान करते हैं कि यह खत्म हो गया। और भी अच्छा होगा अगर नाटक या खेल के हर भाग और अभिनय को सराहा जाए या कम से कम उसे सम्मान से देखा जाए। अगर आप उसमें सफल नहीं हुए, तो कम से कम अंतिम दृश्य को — मृत्यु अंतिम दृश्य ही है — सराहा जाना चाहिए।

यही कारण है कि जब आप कहीं देखते हैं कि मृतक के साथ सम्मान का बर्ताव नहीं हो रहा है तो आपके भीतर कुछ हिल जाता है। शरीर को सम्मान के व्यवहार की जरूरत नहीं है बल्कि उस प्राणी को है जो शरीर से धीरे-धीरे निकल रहा है। यह महत्त्व नहीं रखता के वे कैसे जिए; किसी भी तरह उनका प्रस्थान अच्छा होना चाहिए। हर मनुष्य का इतना इरादा तो होना ही चाहिए। कम से कम इतना तो किसी व्यक्ति या

उस जीवन के साथ आप कर ही सकते हैं। दुनिया में हर जगह लोग इसके प्रति काफी जागरूक हैं, लेकिन भारत में यह एक सचेतन प्रक्रिया रही है।

कुरुक्षेत्र के युद्ध में, पांडव राजकुमार अर्जुन सबसे कुशल योद्धा था, लेकिन उसके भाई भीम को ज़्यादा दिलेर और शक्तिशाली माना जाता था। लेकिन उसका नाम कलंकित हो गया क्योंकि उसने प्रतिद्वंदी के शरीर को अपवित्र किया था। एक दिन के युद्ध में वह दुशासन के सामने था, जिसकी द्रौपदी के चीर-हरण में भूमिका थी। तो भीम ने उस समय द्रौपदी के अपमान का बदला लेने की प्रतिज्ञा की थी। उस निर्णायक युद्ध के दिन, भीम ने न केवल दुशासन को बेरहमी से मार डाला बल्कि प्रतिज्ञा पूरी करने के लिए उसने उसकी छाती फाड़कर उसका खून भी पिया। दोनों तरफ के योद्धा भीम के इस कृत्य को देखकर भौंचक्के रह गए। हालांकि वह केवल पहले के अन्याय का प्रतिशोध ही ले रहा था, फिर भी इस 'अपमानपूर्ण व्यवहार' के बाद भीम की प्रतिष्ठा सदा के लिए कलंकित हो गई, क्योंकि उसने शत्रु के मृत शरीर के साथ आदर न दिखाकर युद्ध के नियमों को तोड़ा था।

उस पल में हमारा आचरण इसलिए भी महत्त्वपूर्ण है क्योंकि एक देहरहित प्राणी पूरी तरह असुरक्षित जीवन होता है। इस कारण, जीवन के उस पहलू को बेहद जिम्मेदारी के साथ संचालित करना चाहिए। जब कोई इस प्राणी को अंतिम पल में थोड़ी-सी सहायता देता है, तो यह मदद बहुत दूर तक काम करती है। अगले समय के लिए उसकी अधिकांश साधना की देख-रेख उस एक पल में ही हो जाती है। अगर आप अपने चारों ओर देखें, तो आप पाएंगे कि केवल प्रेम से रहने, या नफरत या गुस्सा छोड़ने के लिए लोग कितना संघर्ष करते हैं। कभी-कभी, जब मैं लोगों को इन चीजों के साथ संघर्ष करते देखता हूँ, तो यह मुझे यह बात हैरान करती है कि वे क्यों इस तरह संघर्ष कर रहे हैं। यहाँ तक कि अपनी पुरानी भावनाओं और आदतों को छोड़ने के लिए भी संघर्ष करते दिखते हैं। लेकिन जब आप किसी व्यक्ति को अच्छी तरह मरने में सहायता करते हैं, तो ये सारी चीजें बस यूँ ही धुल जाती हैं। फिर वे अच्छे गुण लेकर पैदा होते हैं। किसी प्राणी का सुखद पुनर्जन्म सुनिश्चित करने का यह सबसे सरल तरीका है।

केवल यही सब कुछ नहीं है, और भी चीजें की जा सकती हैं। यहाँ तक कि किसी के शरीर छोड़ देने के बाद भी हम उस प्राणी का मार्गदर्शन कर सकते हैं। अगर उस व्यक्ति को आप पर पर्याप्त भरोसा है, तो उसके अंतिम पलों के दौरान आप उसे वह भी हासिल करा सकते हैं जो उसने अपने पूरे जीवन में हासिल नहीं किया। यह सब हो सकता है अगर आप उनके लिए सही स्थिति का निर्माण करें और अच्छी तरह मरने में उनकी मदद करें। यह उस प्राणी के जीवन में एक बहुत बड़ा योगदान है।

इसके अलावा, अगर कोई व्यक्ति सही मायनों में एक अच्छी मृत्यु मरता है, तो फिर उसके लिए अगली बार यहाँ वापिस आना नहीं होगा। फिर वह जीव असीम आजादी को प्राप्त कर लेता है। लेकिन यह सब किसी की अच्छी भावनाओं या अच्छे इरादों से नहीं किया जा सकता। कोई सिर्फ इसलिए स्वर्ग नहीं चला जाएगा कि आपने उसके लिए स्वर्ग की कामना की थी। अगर आप इस तरह की चीजें करना चाहते हैं तो आपको एक अलग स्तर की समझ, जागरूकता और जीवन पर महारत हासिल करने की आवश्यकता है। वरना इन चीजों का सवाल ही नहीं उठता।

मरने में पीड़ित लोगों की सहायता

जब कोई व्यक्ति बहुत ज़्यादा कष्ट भोग रहा हो, तो क्या हमें उस व्यक्ति की मरने में सहायता नहीं करनी चाहिए? देखिए, जब आप पैदा हुए थे तो आपकी माँ ने बहुत अधिक कष्ट सहा था। तो अगर हम मानते कि किसी को मारकर उसे उसके कष्टों से मुक्ति दे देना ठीक है, तो उस समय हमें उनको या आपको मार देना चाहिए था। आपको क्या लगता है कि मृत्यु-शय्या पर लेटे लोग प्रसूति वार्ड में लेटे लोगों जितना या उनसे अधिक कष्ट सह रहे हैं? ऐसा जरूरी नहीं है। इन दिनों यह सवाल बहुत उठाया जा रहा है क्योंकि हम देख रहे हैं कि बिस्तर पर असहाय और निष्क्रिय पड़े लोगों की संख्या दिनों दिन बढ़ती जा रही है। उन्हें यह लम्बी यातना नहीं भोगनी पड़ती अगर आप जीवन की प्रक्रिया के साथ अनावश्यक हस्तक्षेप नहीं करते और मृत्यु को चिकित्सा के जरिए आगे नहीं धकेलते जाते। इसके बिना, कोई भी अपने स्वाभाविक समय से अधिक नहीं टिकेगा।

तो क्या इसका अर्थ यह है कि जब आपको कोई बीमारी हो तो हमें सारी चिकित्सा सहायता हटा लेनी चाहिए? नहीं, बहुत से लोग हर तरह के नाउम्मीद हालातों से वापस लौट आए हैं। बहुत बार लोगों को किसी के लिए लगा कि वह मर जाएगा, लेकिन वे वापस आ गए और काफी समय तक जीवित रहे। तो क्या हमें इन लोगों को भी एक मौका नहीं देना चाहिए? कौन तय करेगा कि मरने में किसकी और कब सहायता की जानी चाहिए? अगर 100 प्रतिशत चिकित्सकीय पूर्वानुमान या लक्षण हैं कि व्यक्ति के ठीक होने के कोई आसार नहीं हैं, तो वे दवा बंद कर सकते हैं। लेकिन किसी को जहर या कुछ और का इंजेक्शन लगा कर मृत्यु की ओर धकेलने की आवश्यकता कहाँ है? अगर आप दवा रोक देते हैं, अगर शरीर जीवन के लिए अनुकूल नहीं है, तो जीवन उसे छोड़कर आगे बढ़ जाएगा। यह आपके तय करने के लिए नहीं है कि शरीर जीवन के लिए अनुकूल है या नहीं, जब तक आप इस हद तक जागरूक नहीं हैं कि आप खुद उसे छोड़कर जा सकते हों।

अगर आपको बुढ़ापे और कष्टों से डर लगता है, तो आप खुद को तैयार करने के लिए अभी से ही कोई साधना करना शुरू क्यों नहीं कर देते जिससे कि आप जब चाहें यहाँ से जा सकें? आप उस पल का इंतजार क्यों करना चाहते हैं जब आप अपने बेटे या बेटी से आपको जहर देने के लिए कहें? कृपया देखिए, आपके द्वारा उनसे आपको जहर देने के लिए कहना, उनके साथ गलत करना है। अगर अपनी करुणा या प्रेम वश वे आपको जहर दे भी दें तो क्या वे उस बात को कभी भूल पाएंगे? आप तो खैर चले जाएंगे, लेकिन आप उन्हें इन चीजों के बोझ तले क्यों दबा रहे हैं जिन्हें अभी लम्बे समय तक जीना है? आप इस तरह भी जी सकते हैं कि आपको किसी की दया की जरूरत ही न पड़े। आप अपना जीवन एक योजना के अनुसार जी सकते हैं। आप तब तक जिएँ जब तक वह असरदार हो और जब आपको जाना हो तब शालीनता से चले जाएँ, इच्छा-मृत्यु (मर्सी किलिंग) के जरिए नहीं। आप इन विकल्पों की खोज क्यों नहीं करते?

अभी, ऐसा लग सकता है कि दया-मृत्यु या इच्छा-मृत्यु (मर्सी किलिंग) उचित है। आज के समाज में लोग सोच सकते हैं कि यह एक क्रांतिकारी विचार है। हमेशा ऐसे लोग होते हैं जो प्रगतिशील होना चाहते हैं, जो दया-मृत्यु की वकालत कर रहे हैं। अगर आप सच में प्रगतिशील हैं, तो आप लोगों को अपनी इच्छा से शरीर छोड़ने के लिए सशक्त क्यों नहीं बनाते? मैं यही कर रहा हूँ — लोगों में एक ऐसी क्षमता विकसित कर रहा हूँ कि वे समय आने पर इच्छा से अपने जीवन को समाप्त कर सकें, लेकिन जहर से या तकिए से नहीं।

इन दिनों एक और तरह की स्थिति है: आधुनिक चिकित्सकीय हस्तक्षेप के कारण, लम्बे समय तक निष्क्रिय और असहाय स्थिति में पड़े रहने वाले लोगों के मामले अधिक से अधिक होते जा रहे हैं। और कई सालों तक उस अवस्था में रहने के बाद भी उनमें से कुछ तो वापस लौट आते हैं। तो उनके आस-पास के लोग यह तय करने के लिए जबरदस्त संघर्ष से गुजरते हैं कि अपने प्रियजनों के जीवन को खींचने की मशीनों को हटा लिया जाए या नहीं। एक बार मोरोक्को में ऐसा हुआ: शंकरन पिल्लई यूरोप रह रहा था। वह थोड़ा बूढ़ा हो चला था और टेलीविज़न पर वृद्धाश्रम और बीमारों के आश्रय के बारे में कोई कार्यक्रम देख रहा था। कार्यक्रम देखते हुए उसने अपनी मोरक्कन पत्नी से कहा, 'प्रिय, अगर कभी ऐसा हो कि मैं बिस्तर पर से लग जाऊँ तो मैं चाहता हूँ कि तुम प्लग खींच देना। मैं नहीं चाहता कि तुम्हें इन सब चीजों से गुजरना पड़े। तुम्हें बस प्लग खींचना है।' पत्नी ने उसकी ओर देखा, उठी और जाकर टेलीविज़न का प्लग खींच दिया। तो प्लग खींचने का यह निर्णय बहुत पेचीदा हो सकता है।

अब, उन लोगों के बारे में, जो निष्क्रिय अवस्था या मृत्यु के निकट जाकर से वापस जीवित हो गए। यह मत सोचिएगा कि वे मर गए थे और उन्हें वापस ले आया

गया। यह सच नहीं है। ऐसा हुआ हो सकता है कि जीवन शक्ति इतनी स्तब्ध थी कि वह बर्हिमुखी होने के बजाए बर्हिमुखी हो गई हो। यहाँ तक कि सचेतन अवस्था में भी, आप आंशिक रूप से बर्हिमुखी होते हैं, और अधिकतर अंतर्मुखी होते हैं। जीवन ऊर्जाओं का अन्तरमुख होना आपको आपकी जैविक अखंडता और जीवन की स्थिरता प्रदान करता है। बर्हिमुखी होना आपको प्रबल उपस्थिति और जीवन की अभिव्यक्ति प्रदान करता है। यह अंदर-बाहर की प्रक्रिया मनुष्यों समेत समस्त जीवन के साथ स्वाभाविक रूप से हो रही है। लेकिन मनुष्य एक खास महारत से इसे आयामी परिवर्तन का एक सचेतन चुनाव बना सकता है। इसलिए उस पल में, ऐसा हुआ हो सकता था कि आप अधिकतर बर्हिमुखी हो गए हों, और आंशिक रूप से अंतर्मुखी। तो जीवन एक निर्णय ले रहा था, 'मैं रहूँ या ना रहूँ'। यह कोई दार्शनिक प्रश्न नहीं है बल्कि एक व्यावहारिक प्रश्न है कि शरीर जीवन के रहने के लिए उपयुक्त है या नहीं। तो कुछ समय तक इस 'रहूँ या ना रहूँ' का संघर्ष करने के बाद, अगर उसने रहना चुना, तो यह चिकित्सा कर्मियों या किसी चमत्कार की वजह से नहीं था। यह संभव है कि चिकित्सा कर्मियों ने शरीर को पहले की तुलना में थोड़ा अधिक रहने योग्य बना दिया हो, लेकिन रुकने का फैसला हमेशा खुद जीवन ही करता है, क्योंकि शरीर अभी भी रहने योग्य है।

अगर किसी की चेतना जागृत है, तो प्राणमय कोष, या ऊर्जा शरीर की जीवंतता के आधार पर व्यक्ति के जीवित रहने के संभावनाओं का आकलन करना संभव है। यह बता पाना संभव है कि व्यक्ति की जीवन ऊर्जाओं की तीव्रता स्वस्थ होने के लिए पर्याप्त है या नहीं। वहीं दूसरी ओर, अगर शरीर के स्पष्ट रूप से ठीक न होने के साथ-साथ मरीज की प्राण ऊर्जाएँ भी कमजोर पड़ चुकी हैं तो ठीक होना असंभव है, फिर चाहे कैसा भी हस्तक्षेप किया जाए इससे कोई फर्क नहीं पड़ता। यह सॉफ्टवेयर का प्रश्न है। अगर सॉफ्टवेयर खत्म हो चुका है तो चाहे आप कुछ भी कर लीजिए वह अपना नवीनीकरण नहीं करेगा। लेकिन सबके पास ऐसा निर्णय लेने का बोध नहीं होता। इसलिए सबसे अच्छा यही है कि जीवन को अपना रुख खुद तय करने दिया जाए, बजाए इसके कि लोग किसी जीवन के लिए मृत्यु का प्रमाण-पत्र जारी करें।

अब दो प्रकार की निष्क्रिय या जड़ अवस्थाएँ होती हैं। एक अवस्था में, शरीर इतना निष्क्रिय हो जाता है कि आप इसे जारी नहीं रख सकते, लेकिन मन सक्रिय है, भावनाएँ सक्रिय हैं और सारे इंद्रिय बोध ठीक हैं। उस व्यक्ति के लिए यह यातना है क्योंकि शरीर हिलने से इन्कार कर देता है। यह बहुत कष्टदायक हो सकता है क्योंकि वे देख सकते हैं, सुन सकते हैं, सूँघ सकते हैं, समझ सकते हैं, लेकिन उनमें कुछ भी कर सकने की क्षमता खत्म हो चुकी होती है। वे खड़े होकर चलना चाहते हैं

लेकिन शरीर निष्क्रिय हो चुका होता है। अब, कोई फैसला करने के लिए ये बहुत ही मुश्किल हालात हैं। इसके अलावा, बहुत बार व्यक्ति अपने आस-पास होने वाली सारी बातचीत को समझता है — प्लग खींचा जाए या नहीं, वगैरह — यह बहुत ही खराब स्थिति है। ऐसा किसी के भी साथ नहीं होना चाहिए, लेकिन जब ऐसा होता है, तो इससे कैसे निपटा जाए? यह बहुत मुश्किल फैसला है — इसे करने का कोई विशेष तरीका नहीं है क्योंकि यह व्यक्तिगत संवेदनशीलता पर निर्भर करता है।

दूसरी अवस्था वह है जहाँ शरीर समुचित रूप से जीवंत और सक्रिय मालूम होता है, वह खाना पचाता है, और वहाँ सब कुछ हो रहा होता है, लेकिन मस्तिष्क निष्क्रिय हो जाता है, तो शरीर हरकत नहीं कर सकता। शरीर को फिर भी जीवित रखा जाता है क्योंकि आप इसे समस्त चिकित्सा प्रक्रियाओं के माध्यम से जारी रखे हुए हैं। यह एक खाली खोल को जीवित रखने जैसा है, जो कोई भी जवाब देने में सक्षम नहीं है। अगर ऐसी बात है तो आप इक्कीस दिनों के पाँच चक्रों तक इन्तजार कर सकते हैं और फिर फैसला ले सकते हैं। उसके बाद, अगर चीजें वैसी ही रहती हैं, उनमें कोई सुधार नहीं होता तो आप प्लग हटा सकते हैं। आप 100 प्रतिशत निश्चित हो सकते हैं कि अब जीवन दोबारा शुरू नहीं हो सकता। वैसे, यह आपको कठोर मालूम हो सकता है लेकिन इन दिनों बहुत से ईमानदार डॉक्टर जब यह जान जाते हैं कि अब उसमें दखल देने का कोई मतलब नहीं है, तो वे संबंधियों से मरीजों को घर ले जाने के लिए कह देते हैं। लेकिन, जो केवल आपको बिल थमाना चाहते हैं, वे फिर भी सब कुछ जारी रखने में ही रुचि रखते हैं।

आज, शमनकारक और दर्द निवारक चिकित्सा ऐसे मुकाम पर पहुँच गई हैं जहाँ मृत्यु-शय्या पर व्यक्ति को महसूस होने वाला अधिकांश दर्द उपयुक्त दवा के साथ दूर किया जा सकता है। लेकिन लोग पूछते हैं, क्या दर्द निवारकों का प्रयोग निकट आ चुकी मृत्यु की गुणवत्ता को किसी तरह प्रभावित करेगा? क्या मृत्यु-शय्या पर सम्पूर्ण कष्ट से गुजरने का कोई फायदा है? इन सवालों के उठने का कारण दुनिया की वे सारी नैतिक शिक्षाएँ हैं जो बताती हैं कि दर्द और कष्ट सहना सद्गुण हैं और अपने पापों के प्रायश्चित का एक तरीका हैं। कभी ऐसा हुआ : स्वर्ग में कुछ नए लोगों का जत्था उतरा। वे सभी गोल्फ खिलाड़ी थे। उन्होंने पूछा, 'क्या स्वर्ग में कोई गोल्फ का मैदान है?' संत पीटर ने कहा, 'हाँ, बिलकुल है।' उन्होंने फिर पूछा, 'क्या हम उसे देख सकते हैं?' संत ने एक पवित्र आत्मा को उन्हें एक गोल्फ गाड़ी में वहाँ तक ले जाने को कहा। तो वह उन्हें एक शानदार गोल्फ के मैदान में ले गया जो फूलों, हरियाली और बहुत-सी मनोहारी चीजों से भरा पड़ा था। जब उन्होंने तीसरे होल को पार किया, तो देखा कि वहाँ भयंकर आग जल रही थी और लोग जलते हुए रो-चिल्ला रहे थे। उन्होंने यह सब

देखा और पूछा, 'ये सब क्या है? हमने तो सोचा था कि स्वर्ग में कोई कष्ट नहीं होगा।' पवित्र आत्मा ने कहा, 'ये धार्मिक लोग हैं; उन्होंने खुद ही इसकी माँग की है!'

तो जब कोई मृत्यु-शय्या पर होता है तो क्या दर्द निवारकों का उपयोग करना ठीक है? अगर यह नॉन-सेडेटिव दर्द निवारक है और अगर आप पर्याप्त मात्रा में चेतना बरकरार रखने में समर्थ हैं, तो उन्हें लेना बिलकुल ठीक है। अगर दर्द सहने की कोई चिकित्सकीय आवश्यकता नहीं तो आप उससे क्यों गुजरना चाहेंगे? लेकिन अगर दर्द निवारक बहुत तेज सेडेटिव है और आप मुश्किल से भी होश में नहीं रह पा रहे हैं, तो यह प्रस्थान का सबसे अच्छा तरीका नहीं है।

मरते इंसान के लिए क्या करें

मैं ऐसा दिन देखना चाहूँगा जब लोग *कायांत स्थानम* ईशा द्वारा चलाया गया शव्दाग्रह में आएँ और कहें, 'मुझे लगता है मेरा समय आ गया है। क्या यहाँ कोई स्थान है जहाँ रहते हुए मैं प्राण त्याग सकूँ? किसी को भी मुझे यहाँ तक लाने की जरूरत नहीं है।' वह एक अच्छा दिन होगा। वहाँ जाना, खुशी से बैठना, न कुछ खाना, न कुछ पीना, और बस प्राण त्यागना। कोई अंतिम संस्कार नहीं, केवल दाह-संस्कार। वह एक ज्ञानी दुनिया होगी। खैर, यह तो बहुत दूर की बात है, यह अभी नहीं होगा, लेकिन कम से कम आपको ऐसे स्थानों का निर्माण करना चाहिए जहाँ लोग एक खास एकाग्रता के साथ शांति से मर सकें।

हालांकि हर कोई मरने वाला है लेकिन, आज घरों के हालात ऐसे हैं कि, दुर्भाग्य से, कोई भी किसी व्यक्ति की मृत्यु को संभालने में योग्य नहीं है। ऐसा कैसे है? संयुक्त राज्य अमेरिका में, आप देखेंगे कि वहाँ हर भोजन-कक्ष में प्राथमिक के उपचार निर्देश लगे होते हैं कि अगर (साँस नली में) भोजन अटकने से किसी का दम घुटने लगे तो क्या किया जाए। लेकिन किसी का खाने से दम क्यों घुटे? मैंने भारत में इस तरह का कभी कुछ नहीं सुना। भारत में खाने से किसी का दम नहीं घुटता, हालांकि, भारत में लोग आमतौर पर अमेरिकी लोगों से ज़्यादा भूखे हैं। लोगों का खाने से दम शायद इसलिए घुट जाता है कि शायद वे खाते हुए बातें करते रहते हैं। जब आपके उसी मार्ग से अंदर जाना और बाहर आना दोनों एक साथ होता हो तो भ्रम की स्थिति बन जाती है। अगर लोग बस चुप होकर खाना खाएँ तो मुझे नहीं लगता कि किसी का भी खाते समय दम घुटेगा।

फिर भी, जहाँ खाते हुए साँस अटकने जैसी बात पर लोगों को इसे संभालने की जानकारी देने पर इतना ध्यान और प्रयास है, वहीं मृत्यु को संभाले जाने जैसी बात पर कुछ नहीं किया गया है। हर कोई जानता है कि लोग मरने वाले हैं। आपको पता

है कि आपके दादा-दादी मरने वाले हैं, आप जानते हैं कि आपके माता-पिता मरेंगे, लेकिन जब ऐसा होता है तो किसी को नहीं पता होता कि इसे कैसे संभालना है क्योंकि कहीं न कहीं वे इससे बचने का प्रयास कर रहे होते हैं। उन्हें लगता है कि इसके बारे में बात नहीं करने से, इसके लिए तैयारी नहीं करने से, यह नहीं आएगी। बहुत कम परिवारों में इसके लिए तैयार होने की समझ होती है, वे कहते हैं, 'ठीक है, यह व्यक्ति मरने वाला है, चलो हम इसके लिए तैयारी करते हैं।' अब समय है कि हम खुद को कुछ चीजों के लिए तैयार करें जिससे हम यह सुनिश्चित कर सकें कि यह व्यक्ति जो मर रहा है, उसे अनावश्यक कष्ट से न गुजरना पड़े।

किसी के चिकित्सकीय रूप से मृत होने पर भी वह अस्तित्व के संदर्भ में मृत नहीं होता है क्योंकि मृत्यु धीरे-धीरे घटित होती है। तो कुछ तैयारियाँ हैं जिन्हें उस पल की अशांति को कम करने और उस दौरान जीवन के निकास में सहायता करने के लिए किया जा सकता है। अगर आप घर पर हैं तो सबसे अच्छा है कि आप एक साफ, सफेद कमरे में प्राण त्यागें जिसमें मध्यम नीली रोशनी हो। कोई तस्वीर नहीं, कुछ नहीं। अगर आपके आस-पास नीले रंग की आभा हो तो यह आपको अच्छी तरह जीवन छोड़ने में सहायता करेगी। दूसरा सरल काम आप यह कर सकते हैं कि उस व्यक्ति के पास चौबीस घंटे एक जलता हुआ दीपक रखें। एक घी का दीया उत्तम है, लेकिन आप मक्खन का भी इस्तेमाल कर सकते हैं। यह एक निश्चित प्रकार की आभा पैदा करता है जिससे प्रस्थान की अशांत प्रकृति को कुछ हद तक नियंत्रित किया जा सके।

अगला, सही प्रकार की ध्वनियों के साथ आप कोई मंत्र-जाप या कुछ और चला कर रख सकते हैं। ये ध्वनियाँ इस तरह की हों जो आपके अस्तित्व के मूल को छुएं। अगर ये प्राण-प्रतिष्ठित ध्वनियाँ या जाप या मंत्र हैं तो और भी बेहतर होगा। उससे भी अच्छा यह होगा कि अगर आपने इसे पहले ही आत्मसात कर लिया है, मतलब आप इसे पहले से ही जपते रहे हैं और ये आपके लिए सक्रिय अवस्था में है। जीवन और मृत्यु दोनों में, किसी जाप को आत्मसात कर लेना एक बहुत शक्तिशाली साधन हो सकता है। यह दक्षिणी भारत के संत स्वामी रामदास के जीवन में हुआ था। रामदास को उनके पिता ने 'राम, राम, राम' मंत्र के जाप के माध्यम से भगवान राम की आराधना में दीक्षित किया था। समय के साथ उनका मंत्र अभ्यास गहरा होता गया। एक बार वे एक गाँव से होकर गुजर रहे थे। तब तक उनकी पहचान साधक के रूप में नहीं बनी थी। शाम हो चली थी और गाँव में किसी दयालु व्यक्ति ने उनसे रात को अपने यहाँ ठहरने का आग्रह किया।

रामदास ने उसके द्वारा दिया गया रात्रि भोजन किया और सोने चले गए। लेकिन आधी रात को मेजबान को लगा कि कोई जोर-जोर से 'राम, राम, राम' का जाप

कर रहा है। उसे इससे परेशानी हो रही थी क्योंकि वह सोना चाहता था, इसलिए वह रामदास को देखने गया। वे गहरी नींद सो रहे था। लेकिन घर के मालिक को अभी भी 'राम, राम' सुनाई दे रहा था। वह धीरे-धीरे रामदास के निकट गया और तब उसे समझ कि वह मंत्रोचारण रामदास के शरीर से आ रही थी! उनका मंत्र का अभ्यास इतना गहन हो गया था कि सोते हुए भी उनके शरीर से 'राम, राम, राम' गूँज रहा था।

ऐसी घटनाएँ कई दूसरे संतों के जीवन में भी हुई हैं जहाँ उन्होंने ध्वनियों या मंत्रों को आत्मसात कर लिया। मेरे दिव्य गुरु के साथ भी ऐसा ही हुआ। मैं उन्हें दिव्य इसलिए कहता हूँ क्योंकि केवल उनकी उपस्थिति से ही मुझमें दिव्यता का तत्त्व *जागृत* हुआ था। पलनी स्वामी ने कभी किसी को अपना नाम नहीं बताया — शायद उन्हें ही वह याद न रहा हो। चूंकि लोगों ने पलनी पहाड़ों के आस-पास उन्हें बहुत बार विलक्षण अवस्थाओं में देखा था, तो वे उन्हें पलनी स्वामी कहने लगे थे। केवल एक स्थान पर बैठकर ही वे इतनी भीड़ को अपनी ओर खींच लेते थे कि स्थानीय मंदिर के पुरोहित थोड़े बेचैन हो गए। वे इस बात से चिढ़े हुए थे कि यह आदमी जो कुछ नहीं करता, जो अपना पेट भरने के लिए दूसरों से भीख मांगता है, इतने लोगों को आकर्षित कर रहा है, जबकि वे सुबह से शाम तक कर्मकाण्ड और अपने काम करते हुए मंदिर में बैठे रहते, लेकिन लोग वहाँ नहीं आ रहे थे; वे इस आदमी के पास जा रहे थे। तो वे उनके खिलाफ कुछ करना चाहते थे। एक दिन, उन्होंने आरोप लगाया कि पलनी स्वामी सुबह अपना नहाना-धोना करते हुए भी 'शम्भो' का जाप करते हैं जिसे पवित्रता का अनादर माना जाएगा। तो वे उन्हें ग्राम पंचायत के सामने ले गए और आरोप लगाया कि वह सुबह मल-मूत्र त्याग के समय पर भी ईश्वर का नाम जपकर उसका अनादर करते हैं। पलनी स्वामी अपनी आँखें बंद करके और मुँह बंद करके वहाँ अज्ञानी पंचों के सामने बैठे रहे। तब 'शम्भो' की तेज गूँज वहाँ इकट्ठी भीड़ के बीच सुनाई पड़ने लगी। और इस तरह उन पर लगे अभियोग का अंत हो गया।

तो आप किसी जाप को इस तरह आत्मसात कर सकते हैं जहाँ आपकी ऊर्जाएँ उस ध्वनि के साथ गूँजने लगें। आत्मसात हो जाने की उस स्थिति तक पहुँचने के लिए, आपको शुरुआत में एक निश्चित मात्रा में जोर से जाप करने की आवश्यकता होती है। अगर आप ऐसा अपने रोजमर्रा के जीवन में करते हैं तो यह मृत्यु के आने पर बहुत बड़ा सहारा हो सकता है। हमने वैराग्य नाम से पवित्र मंत्रों का एक संग्रह बनाया है। इसमें पाँच मंत्र हैं। हर मंत्र पर पूरा ध्यान देते हुए, इस अलबम को बारबार कुछ बार सुनें। हर मंत्र दस मिनट तक चलता है। जानिए कि कौन-सा मंत्र आपको सच में आकर्षित करता है। इसे बस बार-बार सुनिए। जब आपको लगने लगे कि इनमें से एक आपको वास्तव में पकड़ रहा है, तो बस उसी पर टिके रहिए। इस मंत्र को

हर समय चलते रहने दीजिए — आपकी गाड़ी में, आपके घर में, आपके आईपैड, आईपॉड, फोन, हर जगह।

उन्हें बस कुछ समय तक चलते रहने दें। शुरू में, आप इसे किसी गाने की तरह जोर से जपते रहें। धीरे-धीरे, देखिए कि क्या आप अपना मुँह बंद करके भी वही गूँज बनाए रख सकते हैं? शुरू में, जब तक आप इसे पर्याप्त ऊँची आवाज में नहीं जपते हैं, तब तक आप इसे अंदर स्थापित नहीं कर सकते। आपको अपने सिस्टम में मजबूती से इसकी गूँज स्थापित करनी होगी, जहाँ अगर आप अपना मुँह बंद कर लें तो भी मंत्र चालू रहे। कुछ समय बाद, अगर आप बस अपने को याद भी दिला दें तो यह बह निकलेगा क्योंकि आपने उस गूँज को स्थापित कर ली है।

अब, हो सकता है कि मरता हुआ व्यक्ति खुद जाप करने में सक्षम नहीं हो। मृत्यु के समय, वह व्यक्ति जो कहना चाहता है, उसे कहने के लिए उसे कुछ हद तक जागरूक होना होता है। अधिकतर लोग बेखबरी में ही मर जाते हैं। इसलिए इस संस्कृति में, अगर कोई मरता हो तो उसके पास लोग हमेशा 'राम, राम' या 'ॐ नमः शिवाय,' या जो भी वे जानते हैं उसका जाप शुरू कर देते हैं, क्योंकि वे चाहते हैं कि मरने वाला भी कोई पवित्र शब्द बोले जो उसमें जागरूकता पैदा करे। इसलिए जब कोई घर पर या कहीं और मर रहा हो, तो आप धीमी आवाज में इनमें से किसी भी एक मंत्र का जाप चला सकते हैं। अगर उन्होंने पहले से अपना जाप चुन लिया है या उसे आत्मसात कर लिया है, तो उसका प्रयोग किया जा सकता है। अगर उन्होंने नहीं चुना है, तो हर किसी के लिए *ब्रह्मानंद स्वरूपा. . .* मंत्र को चलाया जा सकता है। यह सुनिश्चित करेगा कि जीवन का अशांत रूप में निकास न हो।

हम शरीर से निकास के अधिक शक्तिशाली मंत्र भी उपलब्ध करा सकते हैं क्योंकि गूँज या प्रतिध्वनि उस जीवन के लिए चमत्कारिक हो सकती है जो पहले ही अपने निकास की योजना बना रहा हो। अगर आप सहारे के लिए शक्तिशाली गूँज पैदा करते हैं तो जीवन अपने आप को बहुत अच्छी तरह व्यवस्थित कर लेगा, और आप शरीर के भीतर प्रति ढीले हो जाएंगे। तो कम से कम आपका कुछ दिनों या कुछ घंटों का अनुभव हो सकता है जहाँ आप 100 प्रतिशत शरीर नहीं होंगे। यह किसी भी मनुष्य के लिए एक बढ़िया होगा। लेकिन यह आस-पास मौजूद लोगों को भी प्रभावित करेगी, तो जब आप इसका उपयोग करें तो कोई आस-पास नहीं होना चाहिए। इसके अलावा, हम यह नहीं जानते कि लोग इसे कैसे इस्तेमाल करेंगे। यह पक्का करने का कोई तरीका नहीं है कि इसका जिम्मेदारी से उपयोग किया जाएगा। वे गाड़ी चलाते हुए इसका प्रयोग कर सकते हैं, और वे दुर्घटना ग्रस्त होकर शरीर छोड़ सकते हैं! इसलिए सबसे अच्छा यह है कि इसे

भीड़ के साथ करने की कोशिश नहीं करनी चाहिए और इसके बजाए वैराग्य जाप जैसी कोई सामान्य चीज करनी चाहिए।

पंच प्राणों में से, उडान वायु को सही तरह के स्पंदन से प्रभावित किया जा सकता है। जैसा कि हमने पहले जिक्र किया था, उडान वायु साँस रुकने के छह से बारह घंटों के बीच शरीर छोड़ती है। जाप करके और *साम्बरानी* एक तरह कि धुप बत्ती जलाकर उडान के सहज निकास के लिए अनुकूल गूँज पैदा की जा सकती है। वरना, उडान वायु के निकलने से पहले शरीर का दाह-संस्कार करना एक खास स्तर की बेचैनी पैदा कर सकता है।

अब, अगर कोई आईसीयू या ऐसी किसी जगह पर मर रहा हो, जहाँ डॉक्टर दीपक जलाने और जाप करने जैसी चीजों की इजाजत नहीं देते, तो क्या किया जाए? सबसे पहले, लोगों को मरने के लिए आईसीयू में नहीं जाना चाहिए। लेकिन अगर ऐसी स्थिति को टाला नहीं जा सकता तो आप घर पर कुछ चीजें कर सकते हैं, लेकिन वे इतनी असरदार नहीं हैं। उदाहरण के लिए, आप उनके द्वारा इस्तेमाल किए गए कुछ कपड़ों को — कोई चीज जो उन्होंने इस्तेमाल की है — एक सफेद कपड़े में लपेटकर उनकी तस्वीर के सामने रखकर दीपक जला सकते हैं। आप वहाँ जाप चला सकते हैं। इसका कुछ असर तो होगा, लेकिन उतना नहीं जो भौतिक मौजूदगी में होता।

यह दीपक और जाप व्यक्ति के मृत घोषित होने के चौदह दिनों तक चलना चाहिए क्योंकि हो सकता है कि व्यक्ति चिकित्सकीय रूप से मर चुका हो लेकिन अस्तित्वगत रूप से वह अभी न मरा हो। मृत्यु धीरे-धीरे होती है। धरती के इस टुकड़े से — यानी शरीर से जीवन प्रक्रिया का निकास चरण दर चरण होता है। व्यावहारिक उद्देश्यों के लिए फेफड़ों, दिल और दिमाग की गतिविधि रुक जाती है, तो उन्हें मृत करार दे दिया जाता है, लेकिन अभी तक मृत्यु पूरी नहीं हुई होती है। भले ही व्यक्ति का शरीर जला दिया जाए, उसने अभी पूरी तरह प्रस्थान नहीं किया होता है, क्योंकि उनका दूसरे आयाम में जाना अभी तक आरम्भ नहीं हुआ होता है।

अब, जब मृत्यु का पल करीब आ रहा हो तो मरणासन्न व्यक्ति को घर से बाहर खुले आंगन या खुली जगह रखना सबसे अच्छा होता है। वहाँ, अच्छा हो कि आप उन्हें धरती पर कोई कपड़ा बिछाकर लिटा दें, और सिर को उत्तर की ओर और पैरों को दक्षिण की ओर रखा जाए। यह तब किया जाए जब मृत्यु निश्चित हो और आप चाहते हों कि यह सहजता से हो। अगर शरीर उस समय भी घर की बंद दीवारों के कृत्रिम वातावरण के बीच हो, तो प्राणी शरीर को सहजता से नहीं छोड़ता है।

सिर को उत्तर की ओर ही क्यों रखा जाना चाहिए? भारत में, पारम्परिक रूप से कहा जाता है कि आपको उत्तर की ओर सिर करके नहीं सोना चाहिए। यह तब लागू होता है जब आप उत्तरी गोलार्ध में हों। अगर आप दक्षिणी गोलार्ध में, मान लीजिए

ऑस्ट्रेलिया जाएँ तो आपको अपना सिर दक्षिण की ओर नहीं करना चाहिए। इस शरीर को इस तरह से बनाया गया है कि अगर आप सीधे खड़े हों तो यह आदर्श स्थिति है। अब आपका दिल आपकी कुल लम्बाई के तीन-चौथाई ऊपरी भाग पर स्थित है, क्योंकि खून को ऊपर पंप करना कठिन है और उसे नीचे धकेलना सरल है, और सारी धमनियाँ और नसें जो दिल से ऊपर की ओर जाती हैं वे बहुत पतली हैं। नीचे जाने वाली रक्तशिराएँ तुलना में बहुत मोटी हैं। जो धमनियाँ मस्तिष्क में जाती हैं वे वहाँ तक पहुँचते-पहुँचते लगभग बालों जितनी पतली हो जाती हैं। तो जब आप लेटते हैं तो रक्त को शरीर के ऊपरी हिस्से तक ज़्यादा आसानी से पंप किया जा सकता है। आपके लेटने के बाद दिल कुछ सामंजस्य भी करता है। लेकिन उसके बावजूद भी एक निश्चित प्रभाव रहता है।

अब, आयरन आपके रक्त का एक महत्त्वपूर्ण घटक है। अगर आप खून की कमी से पीड़ित हैं, तो आपका डॉक्टर आपको आयरन की गोली देता है। जैसा कि आप जानते हैं, उत्तरी ध्रुव का पृथ्वी के बाकी हिस्सों पर बहुत ही शक्तिशाली चुम्बकीय आकर्षण है। अब, अगर आप अपने सिर को उत्तर की ओर करके लेटेंगे तो यह आपके रक्त को उसी दिशा की ओर खींचेगा, जिससे आपके मस्तिष्क में रक्त प्रवाह बढ़ जाएगा। यह बहुत ज़्यादा तो नहीं है, लेकिन आपके सिस्टम को प्रभावित करने के लिए काफी है। इसी कारण, जब आप अपने सिर को उत्तर की ओर करके सोते हैं तो आपकी नींद उखड़ी-उखड़ी होगी। ऐसी नींद के कारण आपको बुरे सपने भी आ सकते हैं। बूढ़े व्यक्ति अगर अपना सिर उत्तर की ओर करके सोते हैं तो वे नींद में मर भी सकते हैं। या उनको सिर में रक्तस्राव या लकवा जैसी चीजें भी हो सकती हैं। तो जब आप उत्तरी गोलार्ध में रहते हैं तो आपको अपना सिर उत्तर की ओर नहीं करना चाहिए।

हालांकि, जब कोई व्यक्ति मर रहा हो तो आपको उसका सिर उत्तर की ओर रखना चाहिए क्योंकि यह शरीर से प्राणी के अलग होने की प्रक्रिया को सहज बनाकर उसमें सहायता करता है। अंतिम पलों के दौरान, भले ही भौतिक शरीर अपनी स्पंदनशीलता खो चुका हो, जीवन वहाँ बने रहने की कोशिश में कुछ न कुछ करता है, लेकिन उसे यह नहीं पता होता कि करना क्या है। लेकिन जिस समय आप इसे उत्तर-दक्षिण रेखा में रखते हैं, वह जान जाता है कि अब सब समाप्त हो चुका है। इसलिए वह सहजता से शरीर को छोड़ देगा। यह प्रस्थान के दौरान एक सचेतन अवस्था बनाए रखने में भी सहायता करता है। ये सरल लेकिन प्रभावी चीजें हैं जो आप मरते हुए व्यक्ति की सहायता के लिए कर सकते हैं।

मृत्यु से अंत्येष्टि तक के संस्कार

हमने पहले देखा कि जब मृत्यु की बात आती है तो भाषा का उपयोग महत्त्वपूर्ण हो जाता है। आप किसी की एक मृत के रूप में पहचान नहीं करते, बल्कि आप घोषणा करते हैं कि वह मर चुका है। यह महत्त्वपूर्ण है क्योंकि दोनों के बीच अंतर है। जब आप किसी को मृत घोषित करते हैं तो वह केवल आपके लिए ही मृत होता है। जहाँ तक उस व्यक्ति का संबंध है, एक तरह से, हुआ यह है कि वह देहमुक्त हो गया है — उसने अपना शरीर खो दिया है। जीवन भर वह यही सोचकर जीता रहा कि वह शरीर है, उसने कभी इस बात को महसूस नहीं किया कि जो भौतिक पिंड हम ढोते हैं वह इस पृथ्वी से ही बटोरा गया है। जब अचानक कोई शरीर से निकल जाता है तो वह उसके आस-पास मंडराता रहता है, क्योंकि तब कोई भेदकारी बुद्धि नहीं रह जाती है। जीवन, शरीर में चरणों में ही आया है और चरणों में ही यह निकलकर जाएगा।

भारतीय संस्कृति में यह माना जाता है कि जिस पल हमें निश्चित हो जाता है कि कोई मर चुका है, हमें कुछ चीजें करनी चाहिए क्योंकि हमारे लिए उस स्थिति में जा चुके प्राणी की सहायता के लिए बहुत अधिक संभावनाएँ होती हैं। जो व्यक्ति मृत्यु प्रक्रिया की पेचीदगियों के बारे में जानकारी रखता है, वह मृतक का बहुत भला कर सकता है, लेकिन मरते हुए व्यक्ति के आस-पास मौजूद साधारण लोग भी कुछ चीजें करके दिवंगत की यात्रा को सुगम करने में महत्त्वपूर्ण योगदान दे सकते हैं। यह मृतक के लिए तो अच्छा होगा ही, साथ ही उनके के लिए भी अच्छा होगा जो जीवित हैं।

मृत शरीर को कैसे रखें

मृत्यु हो जाने के बाद भी शरीर को उत्तर-दक्षिण दिशा में रखना अच्छा होता है, जहाँ सिर उत्तर की ओर हो। जैसा कि हमने पहले कहा, जहाँ तक मृतक का सवाल है, वह जीवन भर यही सोचकर जीता रहा, यही अनुभव करता रहा, कि वह शरीर है। अचानक वह देह से बाहर निकल गया और उलझन में पड़ गया। अस्तित्व की दृष्टि से भ्रमित, मानसिक रूप से नहीं। उसके पास सोचने के लिए भेदकारी मन नहीं है। उसे आभास नहीं होता कि सब समाप्त हो चुका है। वह इसलिए मंडराता है क्योंकि शरीर अभी भी मौजूद है। वह शरीर में वापस जाने का प्रयास करता है, जो अब जीवन को संभालने योग्य नहीं रहा। इससे उस स्थान में एक ऐसी ऊर्जा पैदा हो सकती है जो न तो मृतक के लिए अच्छी है और न ही उस स्थान में रहने वाले लोगों के लिए।

जब आप सिर को उत्तर की ओर करके शरीर को उत्तर-दक्षिण दिशा की सीध में रखते हैं तो प्राणी शरीर से दूर खिंचेगा। आपके ऐसा करने पर, छोड़े जा चुके शरीर

में चीजों में कुछ खास बदलाव ज़्यादा तेजी से होते हैं। ऐसे में प्राणी को एहसास होता है कि उस शरीर के आस-पास मंडराना बेकार है क्योंकि अब वह उस तक पहुंच नहीं सकता। प्राणी और शरीर में एक निश्चित दूरी पैदा हो जाती है, जो प्राणी के साथ आगे होने वाली चीजों के संदर्भ में बहुत अनुकूल होती है।

पैरों के अंगूठों को साथ बाँधना

मृत्यु के बाद अगला काम है, पैरों के अंगूठों को एक साथ बाँधना। ऐसा इसलिए है कि जब आप जीवित होते हैं तो आपके शरीर की हर कोशिका पूरी तरह जीवन ऊर्जाओं से भरी होती है। जब मृत्यु होती है तो ये ऊर्जाएँ धीरे-धीरे समाप्त होती हैं। व्यावहारिक रूप से, व्यक्ति मर चुका हो सकता है, लेकिन वह पूरी तरह नहीं मरता; वह धीरे-धीरे मरता है क्योंकि शरीर की सभी कोशिकाएँ अभी नहीं मरी होती हैं, और वे अभी जीवित रहने का प्रयास करती होती हैं। वे बाहर से ऊर्जा खींचने की कोशिश करेंगी। और जब वे ऊर्जा खींचने की कोशिश करती हैं तो कुछ शक्तियाँ शरीर में प्रवेश कर सकती हैं। इन चीजों को होने से रोकने के लिए लोग पैरों के दोनों अंगूठों को एक साथ इस तरह बाँधते हैं ताकि उनकी बाहरी सतह एक दूसरे को स्पर्श करें।

अभी भी, अगर आप दोनों पैरों के अंगूठों को साथ मिलाएंगे तो पाएंगे कि हमेशा आपके गुदा द्वार और मूलाधार चक्र कसकर बंद हो जाएंगे। अगर मूलाधार चक्र बंद नहीं है तो प्राण का बचा हुआ पहलू उस चक्र से निकलता है, जो अवांछनीय है। इसके अलावा, अगर मूलाधार चक्र और गुदा द्वार खुले हैं तो प्राणी के शरीर में फिर से प्रवेश करने के लिए यह एक निम्न स्तरीय मार्ग बन जाता है। यह बहुत ही नकारात्मक स्थिति पैदा कर सकता है, जो उस जीव के लिए बिलकुल अच्छा नहीं है और न ही जीवित व्यक्तियों के लिए।

एक बार मूलाधार चक्र के बंद हो जाने पर, प्राणी भीतर प्रवेश नहीं कर सकता और शरीर पर फिर से अधिकार पाना संभव नहीं होता। जरूरी नहीं कि मूलाधार चक्र के जरिए शरीर पर अधिकार पाने की यह इच्छा उसी प्राणी की हो, जिसने वह शरीर छोड़ा है। दूसरे प्राणी भी हैं जो ऐसा मार्ग खोजते रहते हैं। अगर कोई गुह्य विद्या की कुछ खास प्रक्रियाएं करना चाहता है, जहाँ ताजा मृत शरीरों का इस्तेमाल होता है, तो हमेशा मूलाधार चक्र का ही इस्तेमाल किया जाता है क्योंकि यह सबसे आसान रास्ता है। दूसरे रास्ते आसानी से उपलब्ध नहीं होंगे। इसलिए अंगूठों का बाँधा जाना गुह्य विद्याओं का अभ्यास करने वाले व्यक्तियों द्वारा शरीर का गलत इस्तेमाल किए जाने से भी सुरक्षा करेगा। ये प्रक्रियाएं उस प्राणी को कई तरीकों से बाँध देंगी।

इसका एक व्यावहारिक पहलू भी है। अगर आप पैरों के अंगूठों को साथ नहीं बाँधते, तो मृत्यु होने पर पैर स्वाभाविक रूप से अलग होकर फैल जाते हैं। एक बार शव के अकड़ जाने पर, आप उन्हें साथ नहीं रख पाएंगे और शव को संभालना मुश्किल हो जाएगा और यह अजीब भी लगेगा। तो अंगूठों को साथ बाँधना शव को विकृति से भी बचाता है।

शरीर को नहलाना और कपड़े पहनाना

भारत के कुछ समुदायों में, जहाँ वे अभी भी इन चीजों के प्रति जागरूक हैं, किसी के मरने पर वे उसके शरीर के सारे कपड़े उतार देते हैं। अगला काम वे शरीर को पानी से नहलाने का करते हैं। एक कारण यह है कि हो सकता है कि व्यक्ति अंतिम पलों में चोटग्रस्त या बीमार रहा हो, तो आप उसे साफ करना चाहते हों। लेकिन यह स्नान सिर्फ स्वच्छता के उद्देश्य से नहीं है। देखिए, आपके जीवित रहते हुए भी अगर कोई आपको नहलाने की कोशिश करता है और आपके चेहरे पर पानी डालता है तो आपको लगता है मानो आप डूब रहे हैं। अगर शरीर में कोई छोटी-सी गतिविधि भी हो रही है तो वह पूरी तरह रुक जाएगी। उद्देश्य केवल शरीर को साफ करना ही नहीं है बल्कि शरीर से जीवन के संपूर्णता से निकलने को सुगम बनाने के लिए भी है, क्योंकि बहते पानी में शरीर से कई पहलुओं को साफ कर देने की क्षमता होती है।

अब, एक बार फिर, आप शरीर को उत्तर-दक्षिण दिशा की सीध में रख दीजिए। केवल एक सफेद कपड़े से ढंकने के अलावा शरीर को नग्न रखा जाता है। यह कपड़ा भी लोगों की खातिर है, न कि मृत शरीर के लिए। एक मृत शरीर के लिए न तो कुछ ढंकने को है और न ही कुछ उजागर करने को, लेकिन जीवित लोगों की समस्याएँ होती हैं। तो एक सफेद कपड़ा, केवल एक चादर शरीर को ढंकने के लिए इस्तेमाल की जाती है। लेकिन सफेद कपड़ा ही क्यों? सफेद रंग सारी रोशनी और अधिकांश गर्मी को परावर्तित कर देता है — ये दो बातें, कोशिकाओं की विघटन प्रक्रिया में तेजी ला सकती हैं। इस चरण में विघटन का तीव्र हो जाना वांछनीय नहीं है, क्योंकि प्राण के कुछ पहलू शरीर में अभी भी आंशिक रूप से क्रियाशील हैं। काला या रंगीन कपड़ा प्रकाश और ताप दोनों को सोख लेगा, इसलिए उनसे बचना चाहिए।

बदकिस्मती से, इन दिनों लोगों ने मृत शरीर को कपड़े पहनाना और उसे सजाना शुरू कर दिया है। पश्चिम में तो अंत्येष्टि का प्रबंध करने वाले, मृत शरीरों के लिए हॉलीवुड के सितारों से भी ज़्यादा मेकअप करते हैं। यह बहुत ही फायदे का धंधा बन गया है। लेकिन इस संस्कृति में, जब आप मृत्यु की ओर वापस जाते हैं, आप नंगे ही जाते हैं, ठीक वैसे, जैसे आप पैदा हुए थे। अगर जीवित रहते हुए आपको इसका

एहसास नहीं हुआ, तो कम से कम देखने वाले दूसरे लोगों के लिए यह इस बात का एहसास करने का एक मौका है। यह उनके लिए एक सीख है जो उन्हें बताती है कि ये चीजें अब कोई मायने नहीं रखतीं।

मृत शरीर के आस-पास क्या नहीं करना चाहिए

विभिन्न संस्कृतियों में मृतक के लिए बहुत से रीति-रिवाज हैं, लेकिन कुछ चीजें ऐसी भी हैं जो आपको किसी मृत शरीर के आस-पास बिलकुल भी नहीं करनी चाहिए। एक बात तो यह कि आपको मृत शरीर के पास सोना नहीं चाहिए। ऐसा इसलिए है क्योंकि जागे हुए की अपेक्षा, नींद में हर कोई किसी भी चीज से अधिक और आसानी से प्रभावित होता है। हम पहले ही देख चुके हैं कि मृत्यु एक प्रक्रिया है और ये काफी समय तक जारी रहती है। अगर आपने शरीर को छह, बारह या चौबीस घंटों के लिए रखा है, तो प्रक्रिया अभी भी चालू रहती है, और जीवन का निकास अभी भी जारी है। तो जो लोग मृत शरीर के पास सो रहे होते हैं वे ऐसी चीजों के लिए उपलब्ध हो जाते हैं, जो उनके लिए अच्छी नहीं हैं।

दूसरी बात यह है कि किसी को भी मृत शरीर के पास भोजन बनाना या खाना नहीं चाहिए। भोजन अपनी प्रकृति से ही उस ऊर्जा को अपनी ओर आकर्षित करेगा। इसलिए अगर आप मृत शरीर के नजदीक भोजन पका या खा रहे हैं, जहाँ जीवन ऊर्जाएँ अभी भी निकास कर रही हैं, तो आप एक तरह से अपने ही उस सगे-संबंधी को खा रहे होंगे। यह बहुत कठोर वचन लग सकता है, लेकिन ऐसा इसलिए है कि भोजन इन ऊर्जाओं को आकर्षित करेगा। इसीलिए पारम्परिक रूप से, जिस घर में मृत्यु होती है वहाँ लोग चौदह दिनों तक भोजन नहीं पकाते हैं। लोग, उस घर के लोगों के लिए बाहर से खाना लाते हैं। लेकिन वहाँ भोजन करना भी अच्छा नहीं है।

खाना खाने की प्रक्रिया ही व्यक्ति बाहरी प्रभाओं को लेकर असुरक्षित बना देती है । देती है। भोजन करने और सेक्स करने के पल ऐसे पल होते हैं जब कोई मनुष्य किसी दूसरे समय के मुकाबले कहीं ज़्यादा असुरक्षित होता है क्योंकि, कुछ भीतर लेने के लिए मानव संरचना को खुलना पड़ता है। इसी कारण से, आपको बार-बार खाने की प्रवृत्ति को कम करना चाहिए, ताकि आप अपने तंत्र की अखण्डता को कायम रख सकें। आप इसे स्पष्ट देख सकते हैं : जो लोग हर समय खाते रहते हैं, भले ही वे एक बार में कम खाते हों, उनके सिस्टम की अखण्डता ठीक नहीं होती। सेक्स, भोजन और यहाँ तक कि बार-बार पानी का घूँट भरते रहना भी शरीर को विभिन्न प्रभावों की ओर खोल देगा, जो आपके लिए सकारात्मक रूप से हमेशा काम नहीं करेंगे। इसी संदर्भ में, एक योगी अपना शरीर तभी खोलेगा जब उसकी नितांत आवश्यकता

हो और वो भी एक सुनियोजित और अनुशासित ढंग से। लगातार खाना शरीर के सूक्ष्मतर आयामों की सामान्य अखंडता को ढीला बना देता है। आप देखेंगे कि जो लोग हर समय कुछ न कुछ चबाते रहते हैं वे दिमाग से ढीले पड़ जाते हैं। ऐसा नहीं है कि वे मोटे हो जाते हैं, यह समस्या नहीं है। वे हर तरीके से ढीले पड़ चुके होते हैं, उनमें शक्ति या जीवंतता या क्षमता की कोई चीज नहीं रहती, क्योंकि वे अपने सिस्टम को हर समय खोले रहते हैं। इसके अलावा, आपको कहीं भी या हर जगह नहीं खाना चाहिए। भारत में, जब आप खा रहे हों तो आप नहीं चाहते कि कोई अजनबी आपको देखे। आप यूँ ही किसी के भी साथ नहीं खाते। आप केवल उन्हीं लोगों के साथ खाते हैं जिन्हें आप जानते हैं, जिनके इरादे आपके लिए अच्छे होते हैं। लेकिन आजकल, भले ही वह आपका शत्रु हो, मुलाकातें खाने पर होती हैं। इस वजह से, कम से कम किसी मृत शरीर के पास तो आपको खाना खाने से बचना चाहिए।

व्यक्ति को मृत शरीर को अनावश्यक छूने से भी बचना चाहिए। आपके लिए छूने की आवश्यकता शव को साफ करने या नहलाने या उसे कहीं ले जाने तक ही सीमित होनी चाहिए, लेकिन अनावश्यक रूप से शव को पकड़े रहना, उसके गले लगना, ऐसी चीजें नहीं करनी चाहिए। यह आपके और उस जाते हुए जीवन दोनों के लिए अच्छा नहीं है। एक और बात यह है कि आपको शव को अकेला नहीं छोड़ना है। भारत में, अगर आपका कोई करीबी मरता है तो आपको शव के पास घी, मक्खन या तिल के तेल का दीपक जलाकर रखना होता है। लोगों को बैठकर देखना होता है — कोई भी मृत शरीर को अकेला नहीं छोड़े। दीपक की ज्योति का प्रभाव शुद्धिकारक होता है और यह क्लेश नाशन क्रिया जैसा है। बाहर निकलती ऊर्जा पर शुद्धिकारक प्रभाव के लिए, अगर यह एक सामान्य मृत्यु है तो, दीपक को पैरों के पास रखना होता है, और अगर यह एक उच्च स्तर की मृत्यु है तो दीपक को सिर की ओर रखना होता है। इससे बाहर जाती ऊर्जा पर शुद्धिकारक प्रभाव पड़ता है। अगर आपको किसी योग्य व्यक्ति की सहायता प्राप्त है, तो वह शरीर के किसी खास हिस्से के पास भी दीपक को रख सकता है। शरीर को जलाने या दफनाने के चौदह दिनों बाद तक भी दीपक को जलता हुआ रखा जा सकता है।

मृतकों को सम्मान देना

दुनिया के लगभग सभी हिस्सों में, अगर कोई मर जाता है तो उसे जानने वाले लोग आकर, वह जो था, उसके लिए अपना सम्मान व्यक्त करते हैं। लेकिन भारत में, आमतौर पर, एक मृत व्यक्ति के साथ एक दिव्य प्राणी जैसा बर्ताव किया जाता है और लोग उसकी ओर झुककर हाथ जोड़ते हैं। इससे कोई फर्क नहीं पड़ता कि जीते

जी वह व्यक्ति कैसा था। हो सकता है कि जब वह जीवित था तो किसी तरह के सम्मान का हकदार न रहा हो, लेकिन अब जब कि वह मर चुका है, लोग उसकी ओर सम्मान से झुकते हैं। यह इस खुशी के कारण नहीं है कि वह चला गया है। लोग उसकी ओर इसलिए झुकते हैं क्योंकि वह अब, वह व्यक्ति नहीं रहा। अब, जो बाकी रह गया है और मंडरा रहा है वह एक अलग प्रकृति का प्राणी है। यही जीवन है। यही जीवन का आधार है, और उसके साथ आप तर्क नहीं करते। अब आप उसकी बुद्धिमत्ता पर सवाल नहीं उठाते। आप बस झुक जाते हैं क्योंकि वह आपसे बहुत दूर है।

मृत व्यक्ति की वस्तुएँ

जब कोई व्यक्ति मर जाता है, तो वो कपड़े जो उसके शरीर के संपर्क में होते हैं, जैसे अंतर्वस्त्र, उन्हें तुरंत जला देना चाहिए। दूसरे कपड़ों, गहनों और दूसरी वस्तुओं को तीन दिनों के भीतर, किसी एक व्यक्ति को नहीं, बल्कि बहुत से लोगों में बाँट देना चाहिए। हर चीज को जितना जल्दी हो सके बाँट देना चाहिए ताकि प्राणी भ्रमित हो जाए। उसे पता ही नहीं चलेगा कि अब वह कहाँ मंडराए। अगर आप उसकी चीजों की पोटली किसी एक व्यक्ति को दे देते हैं, तो वह प्राणी वहाँ चला जाएगा क्योंकि उसके अपने शरीर की ऊर्जा अभी भी उन कपड़ों में मौजूद होगी और वह उनकी ओर आकर्षित होगा। ऐसा न केवल मृत को शांत करने के लिए है बल्कि उसके परिवार और रिश्तेदारों को शांत करने के लिए भी है, जिससे कि वे भी समझ जाएँ कि वह अब समाप्त हो चुका है। यह कोई मायने नहीं रखता कि आप मृतक से किस हद तक जुड़े हुए थे, जब वह चला जाता है, तो खेल खत्म हो जाता है।

जलाएँ या दफनाएँ

आप देखेंगे कि अगर कोई आपका बहुत प्रिय मर जाता है और उसका मृत शरीर वहाँ पड़ा है, तो आपको मतिभ्रम होता रहेगा, 'हो सकता है वह बस सो रहा हो, शायद वह उठ जाए, शायद कोई चमत्कार हो जाए। शायद कुछ और हो जाए।' आप जानते ही हैं कि यह सब चलता ही रहेगा। आप लोगों को रोता हुआ और एक बड़ा भावनात्मक नाटक होता देखेंगे। लेकिन जिस पल शरीर का दाह-संस्कार हो जाता है, तब आप पाएंगे कि हर कोई शांत हो जाता है। हमेशा ऐसा ही होता है क्योंकि अब हर कोई जानता है कि खेल खत्म हो गया है। शवों का जलाया जाना भी जीवन की एक निश्चित समझ से आया है। जलाए जाने का उद्देश्य यह है कि आपका कोई भी चिन्ह बाकी नहीं रहना चाहिए। एक बार जब आप गए, तो आप पूरी तरह से चले गए। आपका कुछ भी बाकी नहीं रहना चाहिए। लेकिन अगर कोई अपना शरीर सचेतन

रूप से छोड़ता है, या अगर सचेतन होकर नहीं भी छोड़ा है, तो कम से कम, शरीर से कोमलता से या धीरे से रिस कर गया है, तो आप उसे दफना सकते हैं। लेकिन अगर वह शरीर से झटके से निकला है, तो आपको उसे जलाना ही चाहिए।

भारत में, पारम्परिक रूप से कृषक परिवार अपने मृतकों को दफनाते हुए देखे जाते थे क्योंकि उनमें से अधिकांश बूढ़े हो जाने के कारण मरते थे — वे धीरे-धीरे शरीर से रिस जाते थे। क्षत्रीय परिवारों में, जो एक योद्धा वर्ग होता था, मृतक को हमेशा जलाया जाता था क्योंकि उनमें से अधिकांश किसी युद्ध में या कहीं और लड़ते हुए झटके से शरीर छोड़ते थे। दूसरे प्रकार के, ये वो लोग थे जो शराब पीते हुए और बहुत कुछ करते हुए तड़क-भड़क वाला जीवन जीते थे, तो अधिकांश समय वे शरीर को किसी तरह तोड़ डालते थे। ऐसे शरीरों को तुरंत जला दिया जाना चाहिए। लेकिन अब इन चीजों को पहचानने वाला कोई नहीं है, और इसके अलावा अगर आप उन्हें ताबूत में रखकर दफनाते हैं तो वे लम्बे समय तक इस धरती का हिस्सा नहीं बनेंगे। तो मैं कहूँगा कि अगर कोई युवा और भरपूर जीवंत होते हुए मर जाता है तो उन्हें जलाना ही बेहतर है। अगर कोई बुढ़ापे से मरता है, केवल तभी आप उसे दफना सकते हैं।

अगर आप जीवन को अच्छी तरह, पूर्णतः समझते हैं तो आप शरीर से इस तरह निकल सकते हैं कि आप पूरी तरह से चले जाएँ, आप सब कुछ बटोरकर जा सकते हैं। अगर आप इस तरह जाते हैं, तब भी आपको दफनाया जा सकता है। आप पूरी तरह जा चुके हैं, इसलिए कोई जल्दी नहीं है। हम आपको एक या दो दिन भी रख सकते हैं और फिर दफना सकते हैं। आमतौर पर, लोग ऐसे व्यक्तियों की समाधि बनाते हैं ताकि उनके द्वारा पीछे छोड़ी गई ऊर्जाओं से दूसरे लोग लाभ उठा सकें।

अगर हम किसी को दफनाते भी हैं, तो हमें शरीर के नीचे और ऊपर दोनों जगह नमक और हल्दी की एक परत बिछानी चाहिए। ऐसा मत सोचिए कि हम उनका मुरब्बा बना रहे हैं; उद्देश्य यह है कि हम चाहते हैं कि शरीर जल्द से जल्द नष्ट हो जाए। अगर आप शव को जमीन में ऐसी चीजों के बिना ही दफना देते हैं तो शरीर लम्बे समय तक बना रहता और कुछ अनावश्यक प्रक्रियाएँ होती हैं, जो अच्छी नहीं होती। भारत में, एक दूसरा डर यह भी था कि विभिन्न प्रकार की गुह्य विद्याओं की साधना करने वाले लोग होते थे जो हमेशा ताजा मृत शरीर ढूँढ़ रहे होते थे। अगर लोग शरीर को दफनाकर चले जाते थे, तो उनके जाते ही वे आकर उसे खोदकर बाहर निकाल लेते थे। वर्तमान समय में, आप ऐसी चीजों के बारे में ज़्यादा नहीं सुनते, लेकिन अतीत में ऐसा अक्सर हुआ करता था। अगर आप नमक डालते हैं, तो वे कब्र को खोदेंगे नहीं।

कुछ संस्कृतियाँ ऐसी भी हैं जिनमें शवों को मृत जीवों को खाने वाले पक्षियों को देने की प्रथा है। जैसा कि हम जानते हैं, नाविकों को बीच समुद्र में दफ़नाए जाने की प्रथा है। ये प्रथाएँ सुविधाओं से जन्मी हैं। कुछ मजहब ऐसी जगहों पर जन्मे, जहाँ जलाने के लिए बमुश्किल ही लकड़ी मिल पाती थी, इसलिए वहाँ दफ़नाने की प्रथा ने बड़ा रूप ले लिया। जलाए जाने का कोई सवाल ही नहीं था क्योंकि रेगिस्तान की जमीनों पर ईंधन बहुत ही कीमती था। इसके अलावा, रेत में दफ़नाना भी आसान था। केवल हाथों से ही गड्ढा खोदा जा सकता था और उसे ढंका जा सकता था। शायद बक्सों में दफ़न करने का रिवाज इसलिए प्रचलन में आया क्योंकि जंगली जानवर मृत शरीरों को सूँघकर बाहर निकाल लेते थे। धीरे-धीरे, इन बक्सों को तराश कर सुन्दर बनाया जाने लगा। समय बीतने के साथ, आज, अधिकतर ताबूत ज़्यादा से ज़्यादा सजावटी हो गए हैं जो मजबूत लकड़ी, स्टील और यहाँ तक कि कंक्रीट से भी बने होते हैं। अगर आप शरीर को ऐसे ताबूतों में दफ़नाएंगे तो वे अन्दर ही सड़ जाएंगे। वे बहुत लम्बे समय तक धरती का हिस्सा नहीं बन पाएंगे। और यह अच्छा नहीं है।

दफ़नाए जाने से बचने का एक और कारण यह सवाल है कि आप पीछे क्या छोड़कर जाते हैं। आपको इसके साथ प्रयोग करके देखना चाहिए। एक कब्रगाह में दाखिल होइए और देखिए कि कैसा महसूस होता है, फिर आप एक शमशान घाट पर जाइए और देखिए कि कैसा महसूस होता है। मान लीजिए आज पाँच दाह-संस्कार हुए हैं, ऐसे में श्मशान भूमि बहुत ही सक्रिय होगी, ऊर्जा से जीवंत होगी। यह बहुत सारा जीवन है, लेकिन अगर आपके पास एक संतुलित मन नहीं है तो यह एक प्रकार से बहुत भयभीत कर देने वाली ऊर्जा होगी। किसी और कारण से भयावह नहीं, बल्कि इसलिए क्योंकि यह किसी तरह आपको आपकी नश्वरता की याद दिलाती है। वहाँ लगभग कुछ इस तरह की ऊर्जा होती है मानो वहाँ कोई बलि दी गई हो — उस किस्म की ऊर्जा। योगी और तांत्रिक अक्सर ऐसी जगहों के आस-पास रुकना चाहते थे क्योंकि उन्होंने उन ऊर्जाओं का सकारात्मक तरीके से प्रयोग करना सीखा होता था। तो दाह-संस्कार जो पीछे छोड़ता है वह काफी जीवंत होता है, लेकिन दफ़नाने के साथ ऐसा नहीं है।

अगर आप किसी कब्रिस्तान में जाएँगे तो पाएंगे कि एक सड़ती ठहरी हुई सी ऊर्जा वहाँ फैली हुई है। सड़ना शायद उचित शब्द नहीं है क्योंकि ऊर्जा की प्रकृति का कारण शरीर का सड़ना नहीं है। यह उसी ऊर्जा का एक धीमा निकास है। इसके अलावा, क्योंकि ऊर्जा बहुत लम्बे समय तक वहीं ठहरी रहती है, तो बहुत से दूसरे जीवनों से साथ कई तरीकों से उलझ जाती है और इसका शेष नतीजा होता है एक बासी किस्म की ऊर्जा की मौजूदगी। कब्रगाहें अपने आपमें डर पैदा नहीं करतीं, लेकिन वहाँ जाने भर से ही आपके मन में बड़ी आसानी से एक तरह की उदासी या अवसाद पैदा हो जाता है, भले

ही वहाँ आपका कोई प्रियजन दफन न हो। यह कुछ वैसी भावना होती है जैसी सरकारी अस्पताल के सामान्य वार्ड में जाने पर महसूस होती है। यह न तो जीवन है और न ही मृत्यु। यह आने वाली पीढ़ियों के लिए पीछे छोड़ी जाने वाली कोई अच्छी चीज नहीं है।

शव को घर लाना

लोगों में यह प्रबल भावना होती है कि व्यक्ति कि मृत्यु चाहे कहीं भी हुई हो, उसके शरीर को दफनाने या जलाने के लिए घर लाया जाना चाहिए। किसी समय, इसकी कुछ प्रासंगिकता रही होगी क्योंकि इस देश में बहुत से पारम्परिक लोग, अपने घरों से एक दिन की पैदल की दूरी के बाद उगाया हुआ कुछ नहीं खाते थे। उस क्षेत्र से बाहर का कुछ भी नहीं खाया जाता था। जब वे यात्रा करते तो अपना भोजन भी साथ ही लेकर चलते थे। वे कहीं भी और हर जगह भोजन नहीं करना चाहते थे। तो वे जिस जमीन पर रहते थे उसके साथ उन्होंने अत्यधिक जुड़ाव और एक बहुत ही अस्तित्वगत संबंध कायम कर लिया था। अगर आपने उस तरह जीवन जिया है तो उस जगह पर मरना और उस जगह दफनाया जाना बहुत महत्त्वपूर्ण हो सकता है।

आजकल, हम जो चीजें खाते हैं वे दुनिया भर से या कम से कम देश भर से आती हैं और, इसके अलावा, हम पूरी पृथ्वी पर घूम रहे हैं। तो अब यह इतना महत्त्व नहीं रखता कि आपको कहाँ दफनाया जाता है। यह एक भावनात्मक बात अधिक है। और अगर आप पहले से ही विदेश में हैं, तो हम नहीं जानते कि आप किस हद तक उस देश को अपने भीतर कितना संजोते हैं। तो, अस्तित्वगत रूप से यह कोई मायने नहीं रखता कि आप शरीर को कहाँ जलाते या दफनाते हैं, लेकिन भावनात्मक रूप से यह लोगों के लिए महत्त्व रखता है। इसके अतिरिक्त, व्यावहारिक पहलू भी मौजूद है। सभी नाते-रिश्तेदार और दोस्त जो अंत्येष्टि में शामिल होना चाहते थे उनकी आपके घर के आस-पास होने की अधिक संभावना होती है, इसलिए शरीर को वापस लाए जाने की बात अधिक समझ में आती है क्योंकि उनमें से अधिकतर लोग उस जगह तक नहीं जा सकते हैं जहाँ उस व्यक्ति की मृत्यु हुई होती है।

घर की सफाई करना

जब भी किसी स्थान या आवास में कोई मृत्यु होती है, तो साधारण तौर पर कुछ सफाई प्रक्रियाएँ की जानी होती हैं। ऐसा केवल किन्हीं स्वच्छता कारणों से ही नहीं है; बल्कि आप उस ऊर्जा को उस जगह से पूरी तरह मिटा देना चाहते हैं। अगर आप घर या आवास को साफ करना चाहते हैं, तो आप 'पुण्य पूजा' या वैसी कोई चीज कर सकते हैं, जो काफी अच्छी तरह काम करेगी। आप पूरे घर में कपूर-ज्वाला जैसी प्रबल अग्नि

को घुमाकर भी इसे कर सकते हैं। जैसे व्यक्तिगत शरीर के लिए हम क्लेश नाशन करते हैं, ठीक वैसे ही आप पूरे घर के लिए क्लेश नाशन कर सकते हैं। उस स्थान पर किसी मंत्र का जाप करना भी बहुत फायदेमंद हो सकता है।

सफाई की यह आवश्यकता केवल वहीं नहीं होती जहाँ मृत्यु होती है। पारम्परिक रूप से, अगर आप किसी अंत्येष्टि में भी शामिल होते थे तो घर में घुसने और वहाँ किसी भी चीज को छूने से पहले, आपको नहाना होता था, खुद को अच्छी तरह साफ करना होता था और अपने कपड़े बदलने होते था। कुछ संस्कृतियों में तो जिन कपड़ों को आप अंत्येष्टि में पहनकर जाते थे उन्हें दोबारा कभी इस्तेमाल नहीं किया जाता था। उन्हें जला दिया जाता था क्योंकि उनमें मृत्यु की एक आभा इकट्ठी हो जाती है, और आप उसे लेकर घूमना नहीं चाहेंगे।

दाह-संस्कार के बाद मुंडन कराना

मरणोपरांत एक आम हिन्दू प्रथा है कि मृतक के पुरुष सगे-संबंधी अपना सिर मुंडवाते हैं। सिर के मुंडन की यह प्रथा तब चलन में आई जब लोग साधारणतः सिर पर लंबे बाल रखा करते थे। आज तो वैसे भी लोग हर महीने-दो महीने बाल कटवाते रहते हैं, तो चाहे आप मुंडन करें या न करें इससे ज़्यादा फर्क नहीं पड़ता। लेकिन सामान्य रूप से लोगों के बाल लम्बे होते थे और बाल ऐसी चीज हैं जो सरलता से एक निश्चित मात्रा में आभा को इकट्ठा कर सकते हैं। आपको पता ही है कि बाल पर स्थैतिक विद्युत (स्टैटिक) जमा हो जाती है। जिन लोगों के बहुत सारे बाल होते हैं उनमें स्टैटिक होती है — कभी-कभी किसी विशेष मौसम में चटचटाहट भी हो सकती है। बालों में यह क्षमता होती है। इसी तरह, अगर आप उस घर में गए हैं जहाँ मृत्यु हुई है या अगर आप उस व्यक्ति से संबंधित रहे हैं, तो आप मृत्यु की आभा को बटोर लेते हैं, खास तौर पर अपने बालों में। यह आपके चारों ओर रहती है।

तो अगर आपके बहुत बाल हैं तो आप उन्हें साफ कर लेते हैं जिससे कि वह आभा चली जाए। यही कारण है कि लोग नवजात शिशुओं का भी मुंडन कराते हैं। जब आप माँ के गर्भ में होते हैं तो आप उस आभा को समेट लेते हैं। जन्म के बाद, उसकी आभा अभी भी मौजूद होती है। अगर यह आभा आपके साथ रही तो आपका विकास ठीक से नहीं होगा। तभी, चार से पाँच महीनें तक इन्तजार किया जाता है ताकि शिशु अच्छी तरह बड़ा हो जाए और स्वास्थ्य में स्थिर हो जाए, और फिर वे मुंडन कर दिया जाता हैं। बच्चे का मुंडन, ऊर्जाओं को सिर की ओर ले जाकर, उसके मस्तिष्क के विकास में भी सहायता करता है।

चिता की राख का विसर्जन

मृत्यु होने के बाद, प्राणी को पूरी तरह शरीर छोड़ने में चालीस दिन तक का समय लग सकता है। भले ही आपने शरीर को जला दिया है, फिर भी प्राणी शरीर के कुछ तत्वों की तलाश करता है, जैसे राख या शायद अपने इस्तेमाल किए गए कपड़े या अपनी कोई चीज। यह शरीर का पसीना या उसकी गंध हो सकते हैं क्योंकि प्राणी को अभी भी एहसास नहीं हुआ होता है कि बात खत्म हो चुकी है। यह अवांछनीय है, और हम इसे समाप्त कर देना चाहते हैं। इसके निवारण के लिए एक चीज यह की जाती है कि चिता की राख को जितना हो सके उतनी दूर-दूर तक बिखेर देना चाहिए।

दाह-संस्कार के बाद, अगर आप राख को एक स्थान पर रखते हैं तो प्राणी में उसे तलाश करने की प्रवृत्ति होती है। इसलिए उसे नदी में बहा दिया जाता है जहाँ वह वास्तव में बिखर जाती है। इस तरह उसे खोजा नहीं जा सकता। प्राणी को यह समझाने का हर संभव प्रयास किया जाता है कि अब सब समाप्त हो चुका है। साथ ही यह जीवित के समझने के लिए भी है कि वह समाप्त हो चुका है। वरना, आप राख को किसी बर्तन में घर में रखे रहेंगे और अनावश्यक रूप से उसे लेकर भावुक होते रहेंगे।

राख को बिखेरने का दूसरा कारण यह है कि आप उसके गलत उपयोग को रोकना चाहते हैं। आमतौर पर, गुह्य विद्या के साधक जब कोई उस तरह का अनुष्ठान करना चाहते हैं तो वे हमेशा श्मशान भूमि से राख इकट्ठी करते हैं, जहाँ उनका उद्देश्य किसी देहमुक्त जीव को अपनी ओर आकर्षित करना होता है। वे इंतजार करते हैं — वे श्मशान भूमि में इस तरह बैठे होंगे मानो वे आपकी मदद करने के लिए ही वहाँ हैं। आमतौर पर, अगर वे कोई खास तरह का अनुष्ठान करना चाहते हैं तो वे शरीर को ही चुरा लेंगे। साधारणतः अघोरी ऐसा करते हैं। वे हमेशा किसी जवान, ऊर्जावान मृत शरीर की तलाश में रहते हैं जिससे कि वे मृत शरीर पर बैठकर अपनी साधना कर सकें। व्यान वायु का उपयोग करते हुए, जो अभी भी शरीर से निकल रही होती है, वे उस शरीर को सक्रिय कर देते हैं और शरीर की एक खास तरह से सवारी करते हैं। या हो सकता है कि उस शरीर से कुछ चीजें कराने के लिए वे अपनी ऊर्जाओं का इस्तेमाल करना चाहें। पहले समय में, यह सब असामान्य नहीं था। दूसरे प्रकार के लोग वे हैं जो राख की तलाश में रहते हैं, वे गुह्य विद्या के साधक होते हैं जो इसका गलत इस्तेमाल करते हैं। यह जादू-टोना है।

इन्हीं कारणों से, जब कोई आपका प्रियजन मरता है तो आप सुनिश्चित करना चाहते हैं कि उनकी राख को जितना हो सके दूर-दूर तक बिखेर दिया जाए। आप नहीं चाहते कि आपका मृत रिश्तेदार राख की तलाश में भटके या जादू-टोने का शिकार

हो जाए। तो आप राख को नदी में बहाकर बिखेर देते हैं। या फिर आप किसी पहाड़ पर जाते हैं जहाँ हवा तेज हो, और आप उसे हवा में उछाल देते हैं जिससे कि वह हर ओर बिखर जाए। पहले समय में, यह दुरुपयोग आम बात थी लेकिन आज मुश्किल से मुट्ठी भर लोग ही हैं जो इसमें समर्थ हैं। लेकिन फिर भी राख को बिखेरना ही बेहतर है जिससे वह प्राणी राख की ओर आकर्षित न हो।

क्या अंगदान करना उचित है?

मैं कहूँगा, भले ही आपने अपने जीवन को उपयोगी तरीके से न जिया हो, लेकिन कम से कम मृत्यु में आप उपयोगी हो सकते हैं! यदि कोई मृत शरीर का उपयोग कर सकता है, तो यह ठीक ही है। हम पहले ही देख चुके हैं कि सभी लोग एक तरह से नहीं मरते, ठीक उसी तरह जैसे सब लोग एक तरह से नहीं जीते। अगर आप इसकी ओर तकनीकी दृष्टि से देखें तो लोग किसी भी एक चक्र के माध्यम से मर सकते हैं। व्यक्ति इनमें से किसी भी आयाम से प्राण त्याग सकता है। अगर कोई एक खास तरीके से सचेतन रूप से शरीर का त्याग करते हुए मरा है, तो उसके शरीर को क्षत-विक्षत करना अच्छा नहीं है। लेकिन अगर कोई सामान्य तरीके से मरता है तो ऐसा करना ठीक है। लेकिन फिर से, समस्या यह है कि इतना समर्थ कौन है जो इसका निर्णय करे? इसके अलावा, जब कोई मरता है तो क्या कोई उनके प्रियजन से ऐसा कह सकता है, 'ठीक है, आपके पिता की मृत्यु चाहे बुरी हुई हो, आप शरीर की चीड़-फाड़ करके उनके अंगदान कर सकते हैं?' यह सामाजिक रूप से उचित या संभव भी नहीं है। तो इसमें कोई अपवाद बनाने के बजाय, बेहतर यही है कि अंगदान को सभी के लिए खुला रखा जाए। इसके अतिरिक्त, अगर यह किसी के लिए उपयोगी होने वाला है तो इसे करना ही बेहतर है। ईमानदारी से कहा जाए तो कुछ लोगों के लिए अंग का निकाला जाना नुकसानदेह भी है, लेकिन अगर कोई आपकी आँखों से देख पाता है या आपके अंगों के माध्यम से बेहतर जीवन सकता है, तो यह ठीक है।

अब, लोग पूछते हैं कि अगर कोई आध्यात्मिक मार्ग पर है तो क्या वह अंगदान कर सकता है? मैं सोचता हूँ कि किडनी और कुछ दूसरी चीजों को छोड़कर, आप मरने के बाद ही अंगदान करते हैं। तो दान कीजिए, समस्या क्या है? सवाल असल में यह हैः मृत्यु के बाद शरीर के साथ जो थोड़ी बहुत चीड़-फाड़ करते हैं, क्या वह एक आध्यात्मिक व्यक्ति के लिए ठीक है? व्यक्ति के मरने के बाद आप वैसे भी उसे दफनाने या जलाने वाले थे। अगर आप उसे दफनाते हैं तो अंग कीड़ों और पेड़-पौधों को दान हो जाते हैं। वे भी उनका उपयोग ही करते हैं। अगर आप आँखें निकाल लेते हैं, तो कीड़े उनकी कमी महसूस नहीं करेंगे। अगर आपकी किसी दुर्घटना या किसी और कारणवश मृत्यु हो जाती है और आपका शरीर क्षतिग्रस्त हो जाता है, लेकिन

अगर आपके अंग अभी भी अच्छी हालत में हैं तो हम उन्हें ले सकते हैं। यह ठीक है। इसका आध्यात्मिकता से कोई लेना-देना नहीं है। यह केवल एक भावनात्मक समस्या है। अगर किसी के लिए कोई चीज उपयोगी है, अगर लोग उसका उपयोग करके देख सकते हैं या जी सकते हैं, तो यह ठीक है। इसके अलावा, किसी व्यक्ति का इस इच्छा के साथ मरना कि 'मेरा शरीर दस लोगों के लिए उपयोगी हो,' — यह अच्छी बात है।

कुछ लोग अपने पूरे शरीर को शोध कार्यों के लिए दान कर देते हैं। इन शरीरों को लम्बे समय तक सुरक्षित रखा जाता है और इनके साथ अधिकतम चीड़-फाड़ की जाती है। अगर वे पहले ग्यारह से चौदह दिनों के अंदर ही शरीर की चीड़-फाड़ शुरू कर देते हैं तो वह निश्चित रूप से उसके लिए थोड़ा नुकसानदेह होता है। अगर ऐसी बात है, तो हम कुछ ऐसा कर सकते हैं जिससे वह प्राणी पूरी तरह निकल जाए। उसके बाद, उसके शरीर का किस तरह इस्तेमाल किया जाता है उससे कोई फर्क नहीं पड़ता। लेकिन मेरे विचार से, वे चौदह दिन बीत जाने के काफी बाद ही शैक्षणिक या शोध कार्यों के लिए उसकी चीड़-फाड़ की जाती है। उस समय, वह बस किसी वनस्पति की तरह होता है। चाहे आप उसे डॉक्टरों को दे दें, या दफना दें या जला दें, इससे उस प्राणी को फर्क नहीं पड़ता।

अब, कुछ लोगों को यह चिन्ता होती है कि अगर कर्म हमारे जीवन के सूक्ष्मतम पहलू में भी कूट-कूटकर भरे हुए हैं, तो प्रत्यारोपण के माध्यम से हासिल होने वाले अंगों के साथ, क्या उसके दाता के कर्म भी आ जाएंगे? ब्लड ट्रांसफ्यूज़न जैसी प्रक्रियाएँ सालों से चल रही हैं। रक्त किसी भी दूसरे अंग से कहीं अधिक महत्त्वपूर्ण है, और सारे शरीर में जाता है, हर अंग तक जाता है। आपके मस्तिष्क समेत इसकी हर चीज तक पहुँच है। यदि लोग रक्त चढ़वाकर ठीक हैं, तो अंग प्रत्यारोपण को भी ठीक होना चाहिए। निश्चित रूप से, आप कुछ तो ग्रहण करते ही हैं, लेकिन इससे होने वाला फायदा इसके जोखिमों से ज्यादा है। क्या यह करने के लिए सबसे अच्छी चीज है? नहीं। लेकिन क्या यह ऐसी चीज है जिसे जरूरत पड़ने पर किया जाए? हाँ। अगर अंग उपयुक्त नहीं है, या किसी तरह यह शरीर के साथ तालमेल नहीं बैठा पा रहा है, तो शरीर इसे वैसे भी अस्वीकार कर देगा।

समस्या यह है कि इन चीजों को लेकर हम बहुत ज़्यादा भावुक हैं। आपकी किडनियाँ बस छलनी (फिल्टर) मात्र हैं। अगर आपके पास एक डीजल कार है, तो हर 10,000 किलोमीटर पर आप ईंधन फिल्टर को बदलते हैं। तो, इसी तरह, आप अपनी किडनी रूपी छलनी को बदल रहे हैं। सवाल यह है कि आपका फिल्टर पहले से इस्तेमाल किया जा चुका है, यह पुराना फिल्टर है। तो क्या इसमें क्या समस्या है? शायद हो। तो, अब वे प्रयोगशाला में नए फिल्टर विकसित करने का प्रयास करे जा रहे हैं। वे यकृत, गुर्दे, स्प्लीन और जो कुछ भी आवश्यक है, उसे प्रयोगशाला

में विकसित कर रहे हैं और उनका भंडारण कर रहे हैं। जब आपको जरूरत होगी, आपको वे बने-बनाए मिल सकते हैं। यह एक अच्छा नया फिल्टर है। आप इसे शरीर में लगा सकते हैं क्योंकि शरीर एक यांत्रिक चीज है। अगर आपके सभी अंगों को कृत्रिम अंगों से बदल दिया जाए तो हो सकता है आप अधिक सुगमता से आध्यात्मिक बन जाएँ क्योंकि आपको अपने शरीर होने का आभास नहीं रहेगा। यह अच्छी बात है क्योंकि आपको ऐसे लोगों को बताना नहीं पड़ेगा कि 'आप शरीर नहीं हैं!' वे जानते होंगे कि वे अपना हृदय नहीं हैं, अपना यकृत नहीं हैं, अपने गुर्दे भी नहीं हैं!

शरीर को मूल तत्वों में विलीन करना

मृत्यु के बाद होने वाले सारे संस्कार मुख्यतया शरीर के सही निपटान के लिए और प्राणी को आगे की यात्रा में सहायता करने के लिए हैं। हालांकि, ऐसे लोग भी है जो अपनी सहायता स्वयं ही करते हैं और इसके लिए किसी दूसरे की सहायता की आवश्यकता उन्हें नहीं पड़ती। ये बहुत ही सिद्ध योगी होते हैं — वे न केवल अपनी इच्छा से शरीर छोड़ते हैं बल्कि उसके भौतिक तत्वों को भी खुद ही ठिकाने लगा देते हैं। यह ऐसा है मानो वे किसी को अंतिम-संस्कार की प्रक्रिया के लिए परेशान नहीं करना चाहते हों। ऐसा शरीर नष्ट नहीं होता, इसका अभौतिकीकरण हो जाता है। यह सृजन से असृजन की ओर चला जाता है। अस्तित्व में जो पूरी प्रक्रिया आप देखते हैं वह असृजन से सृजन की ओर है, अव्यक्त से व्यक्त की ओर है। लेकिन यहाँ उल्टा हो रहा है। पंच-तत्वों पर पर्याप्त महारत रखने वाला योगी अपने शरीर के साथ ऐसा कर सकता है।

ऐसे बहुत से योगी हुए हैं। जब वे जाते हैं तो उनमें से कुछ लोग राख पीछे छोड़ जाते हैं, लेकिन अधिकतर समय पीछे केवल थोड़ा-सा पानी बचता है। ऐसा कैसे किया जाता है? वास्तव में, यह शरीर पाँच तत्वों का एक खेल हैः 72 प्रतिशत जल, 12 प्रतिशत पृथ्वी, 6 प्रतिशत वायु, 4 प्रतिशत अग्नि और बाकी आकाश है। आकाश तत्व के साथ आपको कुछ नहीं करना होता है। अगर आपको पता हो कि बाकि तत्वों को कैसे अभौतिक बनाया जाए, विशेष रूप से पृथ्वी तत्व को, तो आप यहीं भाप बन जाएंगे। ये लोग जल को भी अभौतिक बना देते हैं, लेकिन चूंकि यह आपके शरीर का ज़्यादा बड़ा हिस्सा है, तो इसकी कुछ मात्रा आमतौर पर पीछे रह जाती है। यह बस निपुणता की थोड़ी कमी है, इतना ही है। ऐसा हमारे कई साधकों के साथ हुआ है जिनके घरों में लिंग भैरवी यंत्र है। किन्हीं दिनों, सुबह, उन्हें यंत्र के पास थोड़ा पानी इकट्ठा हुआ मिलता है। यह जब कि पिछली रात उन्होंने सब कुछ साफ किया था और एक दीया जलाया था, लेकिन सुबह वहाँ थोड़ा पानी पड़ा था। इसमें चिंता करने की कोई बात नहीं है। ऐसा इसलिए है क्योंकि किसी देहमुक्त जीव ने अपने कर्म शरीर का

पूरी तरह विलय करने के लिए यंत्र का उपयोग किया था और, उस प्रक्रिया में, थोड़ा पानी पीछे रह गया। सब कुछ बिलकुल ठीक है।

निकट के इतिहास में कुछ ऐसे उदाहरण भी हैं जहाँ इस तरह के अभौतिकीकरण की सूचनाएँ मिली हैं। साल 1873 में, रामलिंग अडिगल नाम के एक तमिल संत थे, जिन्हें वल्लार के नाम से जाना जाता था, उन्होंने अपना अंतिम प्रवचन दिया और घोषणा की कि वे जा रहे हैं। जनवरी 1874 में, वे अपने एक कमरे के घर में गए। सोने से पहले उन्होंने वह दीपक, जिससे वे अपने कमरे को रोशन किया करते थे, बाहर रख दिया और लोगों से उस दीपक से अपने दीपक जलाकर उनके साथ ध्यान करने के लिए कहा। उन्होंने अनुरोध किया कि कोई भी उनके कमरे को नहीं खोले, और अगर उन्होंने खोला तो वे उन्हें वहाँ नहीं पाएंगे। फिर उस समय की अंग्रेज हुकूमत ने बलपूर्वक वह कमरा खोला, और जैसी की उम्मीद थी, वह खाली मिला। ऐसे बहुत से उदाहरण हैं जहाँ संतों और योगियों ने अपने शरीरों को लेकर लोगों को परेशान न करने का चुनाव किया था।

दूसरी ऐसा घटना हाल ही में 1952 में तिब्बत में हुई थी। एक प्रसिद्ध गुरु थे जिनका नाम सोनम नामग्याल था। वे मंत्रों और पवित्र ग्रंथों को पत्थरों पर उकेरने का साधारण काम करते थे। वे किसी भी स्थापित आध्यात्मिक मठ या परम्परा से संबंधित नहीं थे। उन्होंने पारम्परिक गीतों के स्थान पर अपने गीत और मंत्र लिखे और उन्हें गाया। किसी को कोई अंदाजा नहीं था कि वे क्या कर रहे थे। लोग कहते हैं कि अपनी युवावस्था में वे एक शिकारी रहे थे और एक बार जब वे पहाड़ों में भटक रहे थे तो उन्हें एक महान गुरु से दीक्षा मिली थी। एक बार, वे बीमार पड़ गए और दुखी होने के बजाए वे बहुत खुश हो गए। उन्होंने अपने परिवार और आस-पास के सभी लोगों को बुलाया और कहा, 'मैं जल्दी ही मरने वाला हूँ, और मेरी बस यही प्रार्थना है कि जब मैं मरूँ तो मेरे शरीर को एक सप्ताह तक बिलकुल मत हटाना। उसके बाद आप इसकी खबर ले सकते हैं।'

जैसी कि भविष्यवाणी थी, वे कुछ सप्ताह के भीतर मर गए और उसके बाद, उनके परिवार ने उनके शरीर को लपेटकर घर में एक छोटे कमरे में रख दिया। उस समय, उन लोगों को ऐसा लगा कि वे (गुरु) हल्के हो गए हैं और उनका आकार भी छोटा हो गया है। सप्ताह भर, जब-जब वे कमरे में झांकते तो ऐसा लगता था मानो शरीर लगातार छोटा होता जा रहा है। उनकी मृत्यु के आठवें दिन अंत्येष्टि की व्यवस्था की गई, और जब उन्होंने ढंका गया कपड़ा हटाया, तो उनके नाखूनों और बालों के अलावा कुछ भी नहीं बचा था। वे अवश्य ही भारत में घूमे होंगे और किसी समय इस विद्या को किसी हिमालय के सिद्ध योगी से सीखा होगा क्योंकि यह साफ तौर पर हिमालय के योगियों की विशेषता है।

शरीर का अभौतिकीकरण गुह्य विद्या की प्रक्रियाओं के माध्यम से भी किया जा सकता है। यह सदियों से काफी प्रचलन में रहा है, खास तौर पर उत्तरी अमेरीकी जनजातियों के बीच। एक बार, मैसूर में मैंने ऐसा होते हुए देखा था। मैं अपनी मोटरसाइकिल पर जा रहा था और एक जगह बिना किसी कारण के रुक गया। शाम का समय था और अचानक एक दाढ़ी वाला व्यक्ति मेरे सामने प्रकट हुआ, उसकी कमर पर बस एक तौलिया बंधा हुआ था। मैंने उसकी ओर देखा और वह एक ज्वाला बन गया, बस एक जलती ज्वाला। वह दस मिनट तक जला और फिर अचानक वह गायब हो गया, वह जा चुका था। फिर वह व्यक्ति, कुछ समय तक, मेरे सामने कई प्रकार से प्रकट होने लगा। मैं उसे कुछ पैसे देने का प्रस्ताव रखता और वह बस यूँ ही गायब हो जाता।

ऐसा एक बार और भी हुआ जब हम ध्यानलिंग की प्राण-प्रतिष्ठा के लिए तैयारी कर रहे थे। यह फिर मैसूर में ही हुआ। मेरे एक मित्र ने घड़ियों का एक नया शोरूम खोला था और मुझे वहाँ आने के लिए कहा था। विज्जी और मैंने एक दिन वहाँ जाने का फैसला कर लिया। मैंने गाड़ी खड़ी की और हम सड़क पार कर रहे थे। जैसे ही हम स्टोर में दाखिल होने वाले थे, एक आदमी हमारे पास आया। उसने भी अपनी कमर पर केवल एक कपड़ा पहन रखा था। उसने आकर भिक्षा माँगी। मैंने उसकी ओर देखा और तुरंत समझ गया कि वह कोई भिखारी नहीं है। तो मैंने अपना बटुआ निकाला, और जितने भी पैसे थे सब निकालकर उसके हाथ में रख दिए। मैंने देखा तक नहीं कि कितने थे। मैंने बस सारे निकाले और उसके हाथ में रख दिए। अगले ही पल वह जा चुका थ, वह बस यूँ ही गायब हो गया था।

विज्जी, जिसने सब कुछ देखा था, भौचक्की रह गई। वह इतनी डर गई कि कुछ दिनों तक सो नहीं पाई। वह इस बात को पचा नहीं पा रही थी कि वो आदमी वहाँ खड़ा था और फिर वह गायब हो गया — बस यूँ ही। मैंने इस पर ज़्यादा ध्यान नहीं दिया। मुझे अफसोस था कि बटुआ मैंने रख लिया था — मुझे उसे सब कुछ दे देना चाहिए था। मेरे पास उसमें पैसों के अलावा भी कुछ चीजें थी, इसलिए मैंने उसे रख लिया था।

ये वो लोग हैं जिन्होंने किसी तत्व पर महारत हासिल कर ली होती है। वे इसी तरह अस्तित्व में रहते हैं। एक भौतिक शरीर के रूप में उनका प्रकट होना शायद पूरी तरह उनके नियंत्रण में नहीं है और वे उस तरह अधिक समय तक नहीं रह सकते। इसीलिए यह प्रकट होना क्षणिक होता है। तो, या तो तत्वों पर महारत हासिल करके, या वामाचार के माध्यम से लोग ऐसी चीजें करने में सक्षम हो जाते हैं।

अध्याय 8

कायाहीन प्राणियों की सहायता

जिस प्रकार जीवित के लिए हमारी जिम्मेदारियाँ हैं, उसी प्रकार मृतकों के लिए भी हमारी जिम्मेदारियाँ हैं।

मृत्यु के बाद वाले संस्कार क्यों जरूरी हैं

हम पहले ही देख चुके हैं[1] कि जब कोई व्यक्ति मरता है तब जीवन ऊर्जा एक ही बार में शरीर को नहीं छोड़ती। व्यावहारिक दृष्टिकोण से वह व्यक्ति मृत हो सकता है, लेकिन अगर आप एक ऐसे डॉक्टर हैं जिसने अपने आस-पास काफी मृत्यु देखी हैं या अगर आप एक अंत्येष्टि प्रबंधक हैं — तो आपको पता होगा कि मृत्यु एक प्रक्रिया है जो समय के एक दौर तक चलती रहती है, यह घटित होने वाली क्षणिक घटना नहीं है। इसका कारण यह है कि देह से मुक्त होने की प्रक्रिया के दौरान पंच प्राण एक साथ ही नहीं निकल जाते बल्कि चरणों में धीरे-धीरे निकलते हैं। यह बिलकुल उसी तरह है जैसे कि आप एक दिन में ही पैदा नहीं हो जाते। आपको एक पूर्ण जीवन बनने में लगभग नौ महीने लगते हैं। इसी प्रकार, व्यक्ति का प्रस्थान भी उस तरह नहीं होता। जीवन शरीर को चरणों में छोड़ता है। आमतौर पर, मरता हुआ आदमी इस चरण में थोड़ी मदद ले सकता है। जीवन के किसी न किसी पड़ाव पर आकर हर कोई मरता है, हम सभी अपने किसी प्रिय को एक न एक दिन खोएंगे। इसलिए हमारे लिए महत्त्वपूर्ण है, कि उनके साथ कुछ अच्छा घटित हो।

मान लीजिए आप किसी किराए के घर में रह रहे हैं और मकान मालिक आपसे उसे खाली करने के लिए कहता है। आप खाली करेंगे लेकिन धीरे-धीरे। आप अपना फर्नीचर ले जा सकते हैं, और रसोई का सामान छोड़ सकते हैं; या आप अपना रसोई का सामान ले जा सकते हैं लेकिन अपना बिस्तर छोड़ सकते हैं, क्योंकि अभी भी

---

1   अध्याय 2 का अनुभाग 'मृत्यु के चरण' देखें।

आपका मन उस जगह से भरा नहीं है — आप वापस आते रहना चाहते हैं और उस घर से जुड़े रहना चाहते हैं। जब मकान मालिक यह देखता है तो सब कुछ उठाकर बाहर फेंक देता है। एक तरह से, ठीक ऐसा ही आपके साथ किए जाने की आवश्यकता है।

अगर कोई ऐसा योगी हो जिसने अपनी पंच वायु पर काफी काम किया हो, तो जब ऐसे व्यक्ति को जाना होगा तो वह सब कुछ समेटकर चला जाएगा। वह किसी मृत देह में अटका नहीं रहना चाहेगा, तो जब वह उसे खाली करेगा, तो पूरी तरह से करेगा। यह जाने का एक अच्छा तरीका है, लेकिन इस तरह जाने के लिए व्यक्ति को अपनी ऊर्जाओं पर एक खास महारत हासिल करनी पड़ती है। अगर कोई इस तरह जाता है तो उसके लिए किसी भी संस्कार की आवश्यकता नहीं होती, क्योंकि वह पहले ही पूरी तरह जा चुका है। लेकिन अगर आपको नहीं पता हो कि किस तरह खाली करना है, आप जिस घर में रहे, अगर उससे बहुत ज़्यादा लगाव है, और उसे किस्तों में खाली करने की कोशिश करते हैं, तो कोई दूसरा आपको थोड़ा बाहर धकेल सकता है।

यह प्रक्रिया मृत्यु के बाद, पहले तीन से पाँच दिनों के भीतर बहुत प्रभावशाली तरीके से की जा सकती है। ग्यारह दिनों तक, काफी अच्छी संभावना बनी रहती है। चौदह दिनों तक भी इसकी संभावना रहती है, लेकिन इसके बाद यह मुश्किल हो जाता है। अगर मरने वाला व्यक्ति बहुत जवान रहा हो या शरीर छोडने के बाद भी उसकी ऊर्जा बहुत जीवंत हो, तब चालीस या अड़तालीस दिनों तक कुछ करने की संभावना होती है। उसके बाद, उस देहमुक्त जीव तक पहुँचने की हमारी क्षमता कम हो जाती है।

जब प्राणी अभी भी भ्रमित और निर्गमन की अवस्था में होते हैं, तब तक वे अधिक उपलब्ध होते हैं। यह इस तरह है, जब आपको अपने जीवन से संबंधित कोई बड़ी समस्या होती है तब आप मेरे पास आते हैं और विनती करते हैं, 'सद्‌गुरु, कृपया कुछ कीजिए।' अब, उस समय आपसे निपटना आसान होता है। लेकिन जब आप जीवन में थोड़ा अच्छा कर रहे होते हैं और आराम में होते हैं तो आपसे कोई बात नहीं कर सकता! ये प्राणी भी इसी तरह हैं। चौदह दिनों में वे अपने नए स्थान में स्थिर हो जाएंगे, और उसके बाद उन्हें मनाना थोड़ा कठिन हो जाता है।

इसके अलावा, अगर आप कुछ चीजें करके भौतिक तंत्र से निकलती हुई व्यान वायु को नष्ट कर देते हैं, तो सूक्ष्म शरीर को व्यान वायु नहीं मिल पाएगी जो उसके कायम रहने के लिए आवश्यक है। इसलिए वह नष्ट होना शुरू हो जाएगा। अभी, अगर हम आपके शरीर से व्यान वायु निकाल दें तो आपका शरीर चूर-चूर हो जाएगा। शरीर खुद को नष्ट करना शुरू कर देगा। मृत्यु के बाद अगर आप उस सूक्ष्म तंत्र में जाने वाली व्यान वायु को निकाल देते हैं या उसकी मात्रा को सीमित कर देते हैं, तो उसका सुरक्षित रखने का गुण नष्ट हो जाता है। अब, वह एक नया शरीर धारण करने

के लिए बेचैन हो जाता है। तो ये संस्कार शरीर से निकलती व्यान वायु की प्रक्रिया में हस्तक्षेप करने के लिए और इसे आगे बढ़ने से रोकने के लिए हैं। यह लगभग वैसा ही है कि वे किसी नई जगह या किसी नए देश में चले गए हों और उनके पास अभी तक कोई पहचान-पत्र न हो। इसलिए उन्हें रहने को कोई जगह नहीं मिलती, और न ही वे कहीं जा सकते हैं। वे नष्ट होने लगेंगे।

मृतक संस्कार केवल मृतक को ही उसकी यात्रा में सहयोग करने के लिए नहीं हैं, बल्कि वे उनके लिए भी लाभदायक हैं जो पीछे रह गए हैं, क्योंकि मरने वाला व्यक्ति अगर हमारे आस-पास बहुत मात्रा में अस्थिर जीवन छोड़ जाता है, तो हमारा जीवन भी अच्छा नहीं होगा। ऐसा नहीं है कि भूत आकर आपको पकड़ लेंगे। लेकिन यह वातावरण को प्रभावित करेगा। यह आपके आस-पास के लोगों को मानसिक रूप से प्रभावित करेगा। यह चारों ओर के जीवन की गुणवत्ता को भी प्रभावित करेगा। यही कारण है कि दुनिया की हर संस्कृति में मृतकों के लिए अपने रीति-रिवाज हैं। आमतौर पर, इनमें से अधिकतर अपने प्रियजनों के कुछ मानसिक पहलुओं को शांत करने के बारे में हैं। कुछ मायनो में, उनमें एक निश्चित प्रासंगिकता और विज्ञान भी था। लेकिन, शायद किसी भी दूसरी संस्कृति में इतनी विस्तृत पद्धतियाँ नहीं हैं जितनी भारतीय संस्कृति में हैं। किसी ने भी मृत्यु को भारतीय संस्कृति जितनी समझ और गहराई से नहीं देखा है। मृत्यु होने के पल से ही, या मृत्यु होने से पहले ही, व्यक्ति को सबसे लाभदायक तरीके से मरने में सहायता करने के लिए संपूर्ण पद्धतियाँ हैं। जीवन को हर संभव दृष्टि से देखने के बाद, हम मुक्ति की ओर कदम बढ़ाने में हर चीज से अधिकतम लाभ लेना चाहते हम। अगर मृत्यु आनी है, तो वे किसी तरह उसका उपयोग भी मुक्ति प्राप्त करने के लिए करना चाहते थे। इसलिए हमने मरणासन्न और मृतकों के लिए शक्तिशाली संस्कारों को बनाया।

आज, ये संस्कार और भी महत्त्वपूर्ण हो गए हैं क्योंकि अपने भीतर जीवन प्रक्रिया की आवश्यक समझ के बिना, इस धरती पर लगभग हर कोई अचेतना से ही मरने लगा है। पुराने समय में, अधिकांश लोग संक्रमणों या बीमारियों से मरते थे। तो उन लोगों ने शरीर से परे उनकी सहायता के लिए पूरा विज्ञान विकसित किया। जब वे शरीर में होते थे तो शायद आस-पास के लोग नहीं जान पाते थे कि क्या रोग है या व्यक्ति को आवश्यक उपचार नहीं मिलता था या उन्हें कुछ और हो जाता था और लोग मर जाते थे। तो कम से कम व्यक्ति की मृत्यु के बाद, वे उनकी इस प्रकार सहायता करना चाहते थे कि वे ज़्यादा समय तक भटकते न रहें और जल्दी ही घुल जाएँ। इस प्रकार इन संस्कारों के पीछे का पूरा विज्ञान विकसित हुआ। बदकिस्मती से, आज, यह काफी कुछ एक अर्थहीन संस्कार बन कर रह गया है जो आवश्यक समझ

या विज्ञता के बिना ही किया जाता है।

जिस समाज में मृतकों की ठीक से परवाह नहीं करते उस समाज में किशोरावस्था वाले बच्चे इसकी वजह से बहुत कष्ट सहेंगे। देहमुक्त प्राणी किशोर जीवन की ओर सबसे ज़्यादा आकर्षित होते हैं क्योंकि आस-पास वही सबसे सरल और सबसे अधिक संवेदनशील मानव जीवन होता है। किशोरावस्था *केंचुली छोड़ने* की प्रक्रिया के मानवीय स्वरूप जैसा है, जहाँ न केवल शारीरिक रूप से बल्कि हर तरीके से विकास बहुत तेजी से हो रहा होता है। इस कारण से, इस समय में, जीवन बाहरी प्रभावों की ओर बहुत संवेदनशील हो जाता है। अगर आस-पास कोई सकारात्मक या नकारात्मक ऊर्जा है तो किशोरावस्था के बच्चे इसे ग्रहण करने में सबसे आगे होंगे।

किशोरों में, लड़कों के मुकाबले लड़कियाँ इन चीजों की ओर और भी ज़्यादा ग्रहणशील होती हैं। लेकिन किशोरावस्था से पहले की अवस्था — आठ से दस साल तक की आयु — के बच्चे आमतौर पर इन चीजों से बचे रहते हैं। प्रकृति ने उन्हें वह सुरक्षा प्रदान की है, तो आपको उनकी अधिक सुरक्षा करने की आवश्यकता नहीं है। यह अधिकतर दस से बीस साल की उम्र के बच्चे होते हैं जो प्रभावित हो सकते हैं। जब मैं प्रभावित कहता हूँ तो मैं उन पर हॉर्मोन्स वाली चीजों या उनका शराब और दूसरे नशीले पदार्थों कि वजह से भटक जाने के बारे में बात नहीं कर रहा हूँ। वह भी हो सकता है, लेकिन दूसरे तरह के प्रभाव हैं जिनकी चपेट में वे आ सकते हैं। आज, आप देख सकते हैं कि किशोरावस्था में ही वे कितनी उथल-पुथल से गुजरते हैं। पिछली पीढ़ियों में किशोरावस्था इतनी संघर्षमय कभी नहीं थी। इसका एक कारण है कि हम जा चुके लोगों का उचित तरीके से ध्यान नहीं रख रहे हैं। यह इस तरह है मानो कोई खुला सॉफ्टवेयर मंडरा रहा है और किशोर जीवन स्वाभाविक रूप से उसके साथ उलझ जाता है। हर संस्कृति में लोगों ने सचेतन समझ या सहज ज्ञान के द्वारा किसी न किसी प्रकार किशोरों के लिए सुरक्षात्मक वातावरण बनाने का प्रयास किया है।

कई परम्पराओं ने अपने मृतकों के स्थानों को एक पवित्र स्थान के रूप में रखा, और स्त्रियों और बच्चों को उन स्थानों में प्रवेश की इजाज़त नहीं होती थी। चाहे वे मायन हों या मूल अमेरीकी या लैटिन अमेरिका के लोग — स्त्रियों और बच्चों का उन जगहों में प्रवेश वर्जित था। भारत में, बेशक इन स्थानों के लिए विस्तृत दिशा-निर्देश थे कि कौन वहाँ जा सकता है और कौन नहीं, वगैरह-वगैरह। ऐसा केवल मनोवैज्ञानिक कारणों से नहीं है। इसका हमारे तंत्र पर एक अस्तित्वगत प्रभाव होता है, और जो अधिक भेद्य हैं वे इन चीजों से अधिक प्रभावित होंगे। तो इस संस्कृति में, शरीर का निपटारा करने के बाद, उस व्यक्ति को स्वच्छ करने के लिए व्यापक प्रक्रियाएँ थी।

दुर्भाग्य से, समय के साथ लोगों ने प्रक्रियाओं को इस तरह विकृत और

पाखण्डपूर्ण बना दिया कि ये रीति-रिवाज बड़े पैमाने पर व्यापार बन गए, मानो रीति-रिवाजों का कोई तमाशा आयोजित हो रहा हो। अभी भी कुछ लोग हैं जो इन्हें अच्छी तरह कर सकते हैं, लेकिन वे बहुत दुर्लभ हो गए हैं। कुछ लोगों के लिए यह व्यवसाय की एक अनवरत संभावना है, क्योंकि अर्थव्यवस्था की चाहे जो स्थिति रहे, लोग तो मरते ही रहेंगे। तो जब ऐसा कोई अवसर आता है तो वे उसे हाथ से जाने नहीं दे सकते। जब उद्यम चलाने की वृत्ति जिंदा हो उठती है तो वह मृत को भी नहीं छोड़ती।

ऋणानुबंध — ऋण का जाल

अगर आप समझना चाहते हैं कि मरे हुए लोग हमारे जीवन को कैसे प्रभावित कर सकते हैं, तो सबसे पहले आपको यह समझना होगा कि ऋणानुबंध क्या है। यह इस तरह है : एक मनुष्य के व्यक्तित्व निर्माण में बहुत सारी चीजें लगती हैं। इनमें से, लगाव या बंधन का पहलू बहुत महत्त्वपूर्ण है। हालांकि, आधुनिक समाज ने इसकी घोर उपेक्षा की है। हमारी पाँच इंद्रियाँ जिस चीज के भी संपर्क में आती हैं, किसी न किसी रूप में, जाने-अनजाने, सचेतन रूप से या अचेतन रूप से, हम उसके साथ एक निश्चित बंधन स्थापित कर लेते हैं। हम ऐसा केवल अपने आस-पास के लोगों के साथ ही नहीं करते, बल्कि जिस धरती पर हम चलते हैं, जिस हवा में हम साँस लेते हैं और जो कुछ भी हम देखते, सुनते, चखते और स्पर्श करते हैं, उन सभी के साथ हम एक बंधन बाँध लेते हैं। ऐसा इसलिए है क्योंकि एक निश्चित मात्रा मे ऊर्जा का निवेश किए बिना इनमें से कोई भी चीज नहीं होती। आप तब तक किसी चीज को नहीं देख सकते जब तक आप उसमें कुछ ऊर्जा का निवेश न करें। आप तब तक वास्तव में कुछ नहीं सुन सकते जब तक आप उसमें कुछ ऊर्जा का निवेश न करें। अपना कुछ निवेश किए बिना आप चीजों को चख या उनका स्पर्श नहीं कर सकते। इस निवेश के साथ एक बंधन आता है। पारम्परिक शब्दों में इसे ऋणानुबंध कहते हैं।

ऋणानुबंध का अस्तित्व इसलिए है क्योंकि शरीर की अपनी स्मृति होती है। यह एक प्रकार की भौतिक स्मृति होती है जिसे आप अपने भीतर रखते हैं। यह माता-पिता से बच्चे में आने वाली आनुवांशिक चीजों से अलग है। आप जीवन के दौरान ऋणानुबंध को कई तरीकों से ग्रहण करते हैं। एक आम तरीका है संपर्क द्वारा। किसी भी भौतिक पदार्थ के साथ हुई किसी भी तरह की निकटता को आपका शरीर याद रखता है। यही कारण है कि भारत में, पारम्परिक रूप से लोग हाथ जोड़कर एक दूसरे का अभिनंदन करते हैं क्योंकि वे अतिरिक्त ऋणानुबंध नहीं चाहते, जो बंधन पैदा कर सकता है और उनकी मुक्ति प्रक्रिया में बाधा डाल सकता है। यह भी है कि कुछ

प्रकार के पदार्थों के साथ संपर्क का प्रभाव दूसरों से अधिक होता है।

भारत में, पारम्परिक लोग दूसरों के हाथों से कुछ पदार्थ, जैसे नमक, तिल, या तिल का तेल नहीं लेते क्योंकि वे ऋणानुबंध को बढ़ाने से बचना चाहते हैं। अगर आप केवल किसी के कपड़े इस्तेमाल करते हैं तो भी आप ऋणानुबंध विकसित कर सकते हैं। योग केन्द्र में, सारे ब्रह्मचारी अपने कपड़े अलग धोते हैं। इसका कारण है कि वे सभी साधना कर रहे हैं और उन सबके अपने गुण और विशेषताएँ हैं। हम नहीं चाहते सब कुछ आपस में गड्ड-मड्ड हो जाए। इसे रोकने का एक दूसरा तरीका यह है कि हर धुलाई के साथ कपड़ों पर मिट्टी की परत चढ़ा दी जाए। साधु और सन्यासी अपने कपड़ों को रंगने के लिए हमेशा बारीकी से छानी गई लाल मिट्टी का उपयोग करते हैं। वे कपड़े शुरुआत में सफेद होते हैं, लेकिन लगातार छानी गई मिट्टी से धोने के कारण वे मिट्टी के रंग के हो जाते हैं। यह इस बात को सुनिश्चित करने के लिए है कि उनका ऋणानुबंध केवल पृथ्वी के साथ ही हो — न कि लोगों और उनके आस-पास की चीजों के साथ।

ऋणानुबंध पैदा करने का दूसरा तरीका रिश्तों के माध्यम से है। अगर आप किसी का हाथ भी पकड़ते हैं तो आप ऋणानुबंध विकसित कर लेते हैं। सभी संबंधों में, दूसरे किसी भी पदार्थ के साथ संपर्क की तुलना में, यौन संपर्कों का प्रभाव सबसे अधिक होता है, क्योंकि वे सबसे अधिक मात्रा में आप पर अपनी स्मृति छोड़ते हैं। यह अपराधबोध या खुद को अपराधबोध से मुक्त करने का सवाल नहीं है। अपराधबोध एक सामाजिक घटना है। जिसके बारे में आपको अपराधबोध होता है वह दरअसल आपके समाज के मानदंडों पर निर्भर करता है। अगर आप एक समाज में किसी बात के लिए खुद को दोषी महसूस करते हैं, तो हो सकता है कि आप किसी दूसरे समाज में उस बात के लिए दोषी महसूस न करें। यह समाज के मुताबिक चलने के बारे में नहीं है — यह एक अस्तित्वगत वास्तविकता है।

चूंकि भारतीय संस्कृति मुख्यतया मुक्ति की ओर उन्मुख है, ऐसे में लोगों ने यह सुनिश्चित करने के लिए जबरदस्त प्रयास किए कि जीते जी वे अपने ऋणानुबंध को उसी हद तक रखें जहाँ तक बहुत ही आवश्यक हों। जब वे यहाँ भौतिक रूप से मौजूद थे, क्योंकि लोगों के विभिन्न प्रकार के संबंध थे — खून के रिश्ते, यौन संबंध या लेन-देन के — एक तरह की बाहरी एकरूपता आ गई। तो उस व्यक्ति के साथ ऋणानुबंध कायम हो गया। जब वह व्यक्ति मरा, तो उस व्यक्ति के साथ ऋणानुबंध को लग-भग पूरी तरह से मिटाने की हर संभव कोशिश की गई। यह संस्कृति इतनी जागरूक रही है।

अच्छे से जीने के लिए आपको मृत व्यक्ति के साथ इस संबंध को तोड़ना ही

होगा, क्योंकि जीवन की प्रकृति ही कुछ ऐसी है कि कभी-कभी आप अति संवेदनशील बन सकते हैं; तब सही और गलत दोनों तरह की चीजें आपको प्रभावित कर सकती हैं। अगर इस ऋणानुबंध को ठीक से नहीं तोड़ा गया, जैसा कि आधुनिक समाजों में होता देखा जा सकता है, तो यह निश्चित रूप से आपकी शारीरिक संरचना को प्रभावित करेगा। यह आपके शरीर और मनोवैज्ञानिक संरचना को इस प्रकार कमजोर करता है कि आप न केवल दुःख से पीड़ित होंगे, बल्कि यह जीवन को भी एक तरह से अस्त-व्यस्त कर देगा। इसी कारण, भारतीय संस्कृति ने सचेतन रूप से ऋणानुबंध को विलीन करने के लिए मृत्यु के बाद किए जाने वाले संस्कारों में कई तरीकों को विकसित किया।

कालभैरव कर्म — ईशा में मृत्यु के बाद का संस्कार

लंबे समय तक, हमारे पास आने वाले लोगों के लिए, व्यक्तिगत रूप से, हम इस सेवा को मृतकों के लिए उपलब्ध कराते थे। अगर किसी व्यक्ति की तत्काल मृत्यु हुई हो और किसी ने मुझे उसकी तस्वीर भेजी हो, तो मृत्यु के बाद के पहले तीन दिन में, मैं उसके लिए कुछ करता था। कभी-कभी हम बहुत कुछ कर पाते थे और कभी हम थोड़ा ही कर पाते थे। कभी-कभी हम संपूर्ण कार्य कर देते थे, जो इस बात पर निर्भर होता था कि वह व्यक्ति कौन था। हम उन्हें बताते नहीं थे कि हमने क्या किया है, लेकिन हम निश्चित रूप से कुछ करते थे। अभी तक, हमने यह हजारों लोगों के लिए किया है। लेकिन जैसे-जैसे इनकी संख्या बढ़ती गई, हमने सोचा कि इस सेवा को बड़े स्तर पर ले जाने की जरूरत है। अब, योग केन्द्र में, हम एक समुचित संस्कार करते हैं जिसे कालभैरव कर्म कहा जाता है। यह उस जा चुके प्राणी की आगे की यात्रा में बहुत सहायक होगा। इसमें बस मृतक की एक तस्वीर और उसके द्वारा इस्तेमाल किए गए किसी कपड़े की आवश्यकता होती है। इस संस्कार को करते समय अगर योग केन्द्र में मृतक के सगे रिश्तेदार मौजूद हों तो अच्छा होगा।

तो यह कैसे संभव है कि केवल एक तस्वीर और कपड़े के साथ हम मृतक की यात्रा में उसकी सहायता कर सकते हैं? जीवन को समझने का एक तरीका यह है कि वह हर चीज जिसे आप अभी जीवन के रूप में जानते हैं, वह एक प्रकार से एक खास स्मृति की छाप है। अब, जब मैं स्मृति कहता हूँ, तो मैं सचेतन मन में किसी चीज को याद रखने के बारे में बात नहीं कर रहा, यह उससे परे है। विकासमूलक स्मृति के कारण आप मानव रूप में हैं, जिसके दो हाथ, दो पैर वगैरह हैं। इस मानव रूप में आनुवांशिक स्मृति के कारण विशिष्ट अभिव्यक्तियाँ हैं जैसे त्वचा का रंग, नाक का आकार, आँखों का आकार, वगैरह। इन चीजों में समानता होने के बावजूद, कर्म स्मृति के कारण, हर मनुष्य कुछ तरीकों से एक दूसरे से अलग होता है। इस तरह स्मृति की कई परतें हैं। अब, व्यक्ति के मन, शरीर

और ऊर्जाओं में उपस्थित ये स्मृति विभिन्न तरीकों से जाहिर होती हैं।

वास्तव में, जिन्हें आप 'व्यक्तिपरक जीवन' कहते हैं, वे स्मृति के छोटे-छोटे बुलबुले हैं — स्मृति के विभिन्न स्तर विभिन्न प्रकार के जीव बन गए हैं। इन जीवों में, मनुष्य की स्मृति सबसे जटिल होती है। स्मृति की जटिलता के कारण क्षमताओं में वृद्धि हुई है और कष्टों की भी वृद्धि हुई है। मनुष्यों की तरह, दूसरे जीव अपनी स्मृति की पीड़ा नहीं सहते। कभी-कभी वे एक अकेली स्मृति से पीड़ित होते हैं। कुछ पक्षी और जानवर केवल एक खास याद से पीड़ित होते हैं — शायद उनका साथी मर गया हो या शायद कुछ और हुआ हो — वे उदास हो जाते हैं। उन्हें बस वही एक चीज याद रहती है और उससे दुखी होते हैं। लेकिन मनुष्य ऐसा नहीं है। वह लाखों छोटी-छोटी चीजों को याद रख सकता है और लाखों बार दुखी हो सकता है, क्योंकि मानव स्मृति बहुत विस्तृत है और उसमें एक जीवंतता है। एक हकीकत है जो वास्तविक से भी अधिक वास्तविक है। अधिकतर लोगों के लिए, जो कल हुआ वह अभी घटित हो रहे से भी अधिक वास्तविक है। यही उनके जीवन का अनुभव है। वे अपनी स्मृतियों में जीते हैं। जब आप अपनी यादों में जीते हैं तो आपका एक पैर मृत्यु की धरती पर होता है और दूसरा जीवन की धरती पर। यह यातना एक है!

अगर आप इसे बहुत ही सरल तरीके से समझना चाहते हैं तो, मान लीजिए, आप अपने बगीचे में गए। अब, अगर एक सूँघने में माहिर कुत्ते (स्निफर डॉग) को लाया जाए तो वह बस जमीन सूंघकर पता लगा लेगा कि आप किस ओर गए हैं। ऐसे कुत्ते तीन या चार दिन तक भी सब कुछ वैसे ही कर सकते हैं, और अगर अपनी स्मृति की छाप कभी-कभी इससे लम्बे समय तक पड़ा रहा हो तब भी। ऐसा इसलिए है क्योंकि आप चलते हुए अपनी स्मृति की छाप पीछे छोड़ते जाते हैं — क्योंकि हमारी अपनी गंध, हमारी जटिल स्मृति संरचना की अनोखी प्रकृति का एक परिणाम होती है। इसीलिए एक कुत्ता उसकी लकीर के पीछे जा सकता है। तो, अगर जमीन के साथ कुछ पलों के संपर्क में ही आप स्मृति के पोखर छोड़ते जाते हैं, जो कुत्ते जैसे जीव के लिए सूंघने के लिए काफी है, तो कल्पना कीजिए अपने पूरे जीवनकाल में आपने कितनी मात्रा में स्मृति छोड़ी होगी? आपको क्या लगता है, कि जो कपड़े आप पहनते हैं, जिन जगहों पर आप बैठते हैं, जहाँ आप सोते हैं, जिन वस्तुओं के संपर्क में आते हैं, उनमें आपकी कितनी स्मृति समाई होती है?

भारतीय संस्कृति में, एक बार जब कोई व्यक्ति मर जाता है तो हम हमेशा ऋणानुबंध को मिटा देना चाहते हैं, क्योंकि हम जानते हैं कि बीते कल की अपनी एक शक्ति होती है। अगर आप स्वयं को इससे मुक्त नहीं करते, तो बीता कल आपके आने वाले कल पर राज करेगा। बीते कल द्वारा आपके आने वाले कल पर

कब्जा होने का अर्थ है — आने वाला कल कभी नहीं आता। किसी ने बहुत जोर देकर यह बात कही है, 'मरे हुए को मरे हुओं पर ही छोड़ दो।' मृतक को मृतकों पर ही छोड़ देने का अर्थ यह नहीं है कि मृतकों को अनदेखा किया जाए। इसका बस यही अर्थ है कि कल जो कुछ हुआ हो, पिछले पल जो कुछ हुआ हो, आपको हमेशा सचेतन रहना चाहिए कि वह मर चुका है। व्यक्ति के मर जाने के बाद, हो सकता है वह मुक्ति पा गया हो या कहीं और चला गया हो, हम यह नहीं जानते, लेकिन चूंकि आप उनसे पैदा हुए, या आप किसी न किसी तरह से उनके संपर्क में रहे, तो आप पर उनकी स्मृति की छाप अंकित रहती है। यह छाप केवल आपके मन पर ही नहीं, बल्कि आपके शरीर और ऊर्जाओं पर भी अंकित होती है। तो मृत्यु के संस्कारों का एक महत्त्वपूर्ण अंग यह है कि आप इससे मुक्त हो जाएँ, यह बहुत आवश्यक है।

यादों से मुक्त होना और अपनी स्मृति खो देना, ये अलग-अलग बातें हैं। अगर आप अपनी सचेत स्मृति खो देते हैं तो शायद आपको वो सब याद नहीं रहेगा, लेकिन इसका अर्थ यह नहीं होगा कि आप इससे मुक्त हो गए हैं। यह आपके भीतर बहुत से अचेतन रूपों में काम करना शुरू कर देगी। इसलिए, हम अपनी स्मृति से स्वयं को दूर कर लेना चाहते हैं। हम उसे खोना नहीं चाहते; हम इसे खुद से थोड़ा ढीला रखकर आगे ले जाना चाहते हैं। बस इतना ही है। इसलिए इन मृत्यु संस्कारों के माध्यम से आप दिवंगत को मुक्त करने के लिए कुछ चीजें करते हैं लेकिन जीवित को मुक्त करना भी उतना ही आवश्यक है। कुछ दूरी बननी चाहिए।

यदि प्रबल स्मृति के बहुत सारे पिंड हैं तो ये मृतक को भी परेशान करेंगे। निकट संबंधी, खास तौर पर अगर उसका उनके साथ बहुत प्यार भरा रिश्ता रहा हो, तो यह मृतक को परेशान करेगा। यही कारण है कि इस संस्कृति में जब कोई मरना चाहता था, तो वह दूर किसी ऐसे स्थान पर चला जाता था जहाँ वह परिवार के बीच न हो। मरते समय आप अपने परिवार के बीच नहीं रहना चाहते, क्योंकि अंतिम पल तक ये लगाव चलते रहेंगे। आप, अकेले, दूर रहना चाहते हैं, क्योंकि आप इस बात को साफ तौर पर समझते हैं कि इस दुनिया में हमारे द्वारा बनाए गए सभी रिश्ते वास्तव में स्मृति मात्र हैं। एक बार इन स्मृति के मिट जाने पर कोई रिश्ता नहीं रह जाता। अब, उस आयाम के प्रति जागरूक होना, जो स्मृति से परे है, जो स्वयं जीवन है, उस आयाम को अपने भीतर स्थापित करना आसान हो जाता है। तो दिवंगत के लिए हम अधिक से अधिक स्मृति को मिटाना चाहते हैं, ताकि उसकी मुक्ति की प्रक्रिया इधर-उधर न उलझते हुए सहज, सरल हो जाए।

व्यक्ति की मृत्यु के बाद, उसके लिए संस्कार करते समय, चौदहवाँ दिन

महत्त्वपूर्ण दिन होता है। यह वह दिन है जब मृतक से खून का रिश्ता रखने वाले सभी लोगों को इकट्ठा होकर कुछ संस्कार करने चाहिए। ऐसे मौकों पर, पारम्परिक माहौल में, आप देखेंगे कि मृतक के संबंधी इस बात का हिसाब रख रहे होते हैं कि कौन आया है और कौन नहीं आया। वे ध्यान रखते हैं कि सब लोग आए हैं या नहीं, क्योंकि ये वो लोग हैं जिनकी मृतक के साथ सबसे ज्यादा यादें जुड़ी होती हैं, या ऋणानुबंध होते हैं। उन्हें अवश्य आना होता है और किसी प्रकार उनकी यादों को धोकर मृत व्यक्ति को मुक्त करना होता है। चौदह दिनों तक उन्होंने मृतक द्वारा पीछे छोड़ी गई यादों के सभी छोटे-मोटे अंश जमा किए होते हैं; अब, वे सबको इकट्ठाकर विसर्जित कर देना चाहते हैं। यह बची हुई स्मृति जारी नहीं रहनी चाहिए; इसे चले जाना चाहिए, हर संभव तरीके से गायब हो जानी चाहिए। इसलिए हर उस व्यक्ति को वहाँ उपस्थित होने की आवश्यकता होती है जिसके पास मृतक से जुड़ी स्मृति का एक हिस्सा होता है।

वे दिन बीत गए जब किसी के मरने पर पूरा वंश इकट्ठा होता था। आज की परिस्थितियों में, यह अब संभव नहीं है। केवल एक या दो व्यक्ति ही कालभैरव कर्म के लिए आते हैं। इसके ऊपर वे भुनभुनाते भी हैं, 'क्या मुझे आना होगा? क्या मैं इसे डीएचएल से भेज सकता हूँ? क्या मैं इसे फेडएक्स कर सकता हूँ?' हम नहीं जानते कि मृतक की सारी स्मृतियाँ कहाँ अटकी हुई हैं। तो हमसे जो भी सबसे अच्छा बन पड़ता है, हम करते हैं। ऐसे मामलों में, हम उनकी स्मृति का एक एहसास लेते हैं और उसे ऐसे स्थान में छोड़ देते हैं जो स्थान स्वाभाविक रूप से उलझाव को दूर करने के बारे में है। आमतौर पर, इसे किसी शिव मंदिर के आगे बाँध देते हैं क्योंकि वे एक वैरागी हैं, जो हर चीज से अछूते हैं और हमेशा भस्म में लिपटे रहते हैं। तो कालभैरव कर्म में, हम मृतक की एक तस्वीर और उसके शरीर के निकट संपर्क में रहे किसी कपड़े का उपयोग करते हैं। इन दोनों चीजों में मृतक की स्मृति के प्रबल चिह्न होते हैं। अब, हम इस स्मृति को अधिक से अधिक भंग करने के लिए एक प्रक्रिया करते हैं। जो संभव नहीं है, उसे शिव पर छोड़ देते हैं। हम इन चीजों को ध्यानलिंग में नहीं रखना चाहते, तो हम उन्हें जला देते हैं और राख को एक कपड़े में बाँधकर, जो बाकी रहा गया हो उसके निपटारे के लिए, ध्यानलिंग के प्रवेश द्वार के बाहर स्थित इमली के पेड़ से बाँध देते हैं।

कालभैरव कर्म कोई खोदकर, अंदर से साफ करने की प्रक्रिया नहीं है। हम बस सतह की सफाई कर देते हैं जिससे, जहाँ तक संभव हो, उससे कुछ भी चिपका न रहे। अधिकतर मामलों में इतना पर्याप्त होता है। ऐसी चीजों के लिए कोई एक संख्या बताना अच्छा नहीं है, लेकिन यह केवल मेरा अनुमान है कि शायद लगभग 10-15 प्रतिशत लोगों को स्मृति से मुक्त करने के लिए बहुत ही शक्तिशाली प्रक्रिया की आवश्यकता होती है। दूसरे 60-70 प्रतिशत लोगों को आप कालभैरव कर्म जैसी

बहुत सरल प्रक्रिया से मुक्त कर सकते हैं। बाकी 10-15 प्रतिशत के लिए यह बीच का मामला है, अगर उस व्यक्ति के कुछ अवशेष किसी शक्तिशाली स्थान में रखे जाएँ, जैसा कि हम कर रहे हैं, तो उससे काम बन जाएगा।

अगर हम एक संपूर्ण शुद्धि करना चाहें, जो कभी-कभी आवश्यक होती है, तो इसमें दोनों पक्षों की ओर से एक अलग स्तर की भागीदारी की जरूरत होती है — वह व्यक्ति जो संस्कार संपन्न कराता है, और मृतक के रिश्तेदार। यह पेचीदा हो जाता है। इसमें बहुत ऊँचे स्तर की भागीदारी की आवश्यकता होगी और यह हमेशा अच्छी तरह से काम भी नहीं करता। अगर इसने ठीक से काम नहीं किया तो यह जीवित व्यक्तियों के जीवन में एक अनावश्यक उलझने पैदा कर सकता है। दरअसल हम इसे ज़्यादा बढ़ावा नहीं देना चाहते, तो हम बस सतह पर मौजूद हर चीज को साफ कर देते हैं। कालभैरव कर्म यही करता है। (वहीं दूसरी ओर, कालभैरव शांति अधिकतर जीवित लोगों के लिए होती है, लेकिन कभी-कभी इसे मृतकों के लिए भी किया जाता है।)

अब, अगर मृतक की प्रबल स्मृतियों वाला कोई निकट संबंधी आकर ध्यानलिंग में पर्याप्त समय बिताता है, और भले ही कोई संस्कार न किया जाए, फिर भी यह मृतक के लिए काम कर सकता है। ऐसा कालभैरव कर्म के कारण नहीं है, इस स्थान की प्रकृति ही ऐसी है। हमारे जीवित रहते हुए भी, जब हम कहते हैं कि ध्यानलिंग आपको ध्यानशील बना देगा, तो हमारा मतलब होता है कि यह व्यक्ति के मन में चल रहे विचारों का अंतहीन प्रवाह रोक देगा। अंतहीन विचारों के रुक जाने का मतलब है कि बेकार पड़ी स्मृतियों का बहाव कम हो जायेगा। अब, अगर पेट में बिलकुल भी खाना न हो तो कोई दस्त नहीं होगा, है न? इसी तरह, अगर भीतर कोई स्मृतियाँ नहीं सड़ रही है, तो कोई विचार प्रक्रिया भी नहीं होगी, यह आपसे एक दूरी बना लेंगीं।

ध्यानलिंग को इससे कोई सरोकार नहीं है कि आप जीवित हैं या मृत। यह तो केवल अनाज को जैसे खोल से अलग करना जानता है। यह, 'जो आप हैं' उससे 'जो आप नहीं हैं' को अलग करना चाहता है। इसे यह भी परवाह नहीं है कि आपके पास शरीर है या नहीं। तो अगर मृतक की प्रबल स्मृतियों को लिए कोई संबंधी ध्यानलिंग में पर्याप्त समय बिताता है — पूर्णिमा या अमावस्या के आस-पास दो या तीन दिन — तो यह मृतक के लिए अच्छी तरह काम कर सकता है।

क्यों करते हैं कालभैरव कर्म

आमतौर पर, दुनिया भर में, जब ये मरणोपरांत संस्कार किए जाते थे, तब इसके दो भाग होते थेः एक था पीछे रह गए जीवित व्यक्तियों की भावनाओं को संभालना और दूसरा था दिवंगत प्राणी को सही दिशा दिखाना। तो कुछ संस्कृतियों में, जो संस्कार

हो रहा था उसकी समझ देने के लिए, उनके डर को शांत करने के लिए और उन्हें
आश्वस्त करने के लिए कि सब ठीक है, कुछ धर्मग्रंथों को ऊँची आवाज में पढ़ा जाता
था। उनकी भावनाओं को शांत करने के लिए कुछ मंत्र जाप और संस्कार भी किए
जाते थे। कुछ संस्कृतियों में, कोई ऊँचे स्वर में यह पढ़कर बताता था कि उस व्यक्ति
के साथ क्या हो रहा है और वह उन्हें साहस रखने और जीवन में अगले चरण की
ओर बढ़ने को कहता, इत्यादि। लेकिन, एक बार शरीर छूट जाने पर आपके पास
भेदकारी बुद्धि नहीं रह जाती, तो भाषा की कोई समझ नहीं होती। और कोई ध्वनि
या मौन भी नहीं होता। तो मृतक के लिए यह सब समझने का कोई सवाल ही नहीं
उठता। यह जीवित लोगों के लिए होता है। संस्कारों से, आप प्राणी को किसी चीज
की ओर आकर्षित कर सकते हैं, आप प्राणी को एक खास दिशा दे सकते हैं, लेकिन
आप उससे बात नहीं कर सकते।

इन संस्कारों के साथ की जा सकने वाली प्रक्रियाओं का कार्य-क्षेत्र विस्तृत है।
उदाहरण के लिए, ऐसे लोग हैं जो इन प्राणियों को विशिष्ट रूप से किसी संपन्न परिवार,
या उसी परिवार, या किसी शाही परिवार में पुनर्जन्म लेने के लिए भेज सकते हैं। ऐसी
चीजें की जा सकती हैं, लेकिन यह बेतुका है क्योंकि इस बात की कोई गारंटी नहीं है
कि केवल अमीर परिवार में जन्म लेने से ही कोई अच्छा जीवन जिएगा। जीवन की
बहुत सारी जटिलताएँ हैं जो इसका निर्णय करती हैं। इसके अलावा, उस किस्म के
जुगाड़ करना ठीक नहीं हैं। यह उस जीवन के लिए ठीक से काम नहीं करता। सबसे
अच्छी बात यह होगी कि उस 'जीवन के बुलबुले' को महीन करके छोड़ दिया जाए।
वह किसी बेहतर स्थान के लिए अपना रास्ता खुद तलाश लेगा। तो मैं व्यक्तिगत रूप
से केवल उस जीवन को जितना हो सके, छीलकर महीन करने के बारे में ही सोचता
हूँ। अगर संभव हो, तो पूरी तरह से करना, लेकिन कम से कम आप उस बुलबुले को
पहले के मुकाबले, जितना ज़्यादा हो सके महीन बना सकते हैं। उसके बाद क्या होगा,
उसका कैसे पुनर्जन्म होगा, यह आपके चिंता करने के लिए नहीं है।

मान लीजिए, हवा चल रही है। कोई वस्तु कितनी हल्की है, उस पर निर्भर
करेगा कि वह कहाँ जाकर गिरेगी। एक कागज का टुकड़ा या कोई पंख दूर जा सकता
है लेकिन एक टहनी या पेड़ की शाखा आपसे केवल थोड़ी-सी दूर जाकर गिरेगी।
कभी-कभी अगर वजन और आकार सही हो तो वह पंख गिरने से पहले महीनों
तक यात्रा कर सकता है। तो महत्त्वपूर्ण चीज है वस्तु को हल्का करना। वह कितनी
दूर तक उड़कर जाएगी, उसका क्या होगा, वह कहाँ नीचे गिरेगी, वगैरह बातें, यह
उस जीवन पर निर्भर करता है। यह ऐसी चीज है जिसे आपको निर्धारित नहीं करना
चाहिए, क्योंकि इस तरह के जोड़-तोड़ बहुत सारी मुसीबतें ला सकते हैं। अब, जब

कोई मर गया है तो लोग यह जानने में बहुत दिलचस्पी लेते हैं कि दिवंगत प्राणी कहाँ है — स्वर्ग में या नर्क में, या जो भी हो। कुछ लोग दावा करते हैं कि वे यह आपको बता सकते हैं। आप पता कर सकते हैं कि कोई जीव आराम से है या संघर्ष कर रहा है। उस के अनुसार आप उस प्राणी के लिए कुछ संस्कार कर सकते हैं। ऐसा संभव है, लेकिन उसका भौगोलिक स्थान पता करना कोरी बकवास है क्योंकि उसके लिए भौगोलिक स्थान जैसी कोई चीज नहीं होती।

अगर कालभैरव कर्म को नियत समय के अन्दर कर दिया जाए तो वह अपने लक्ष्य को खोज लेगा। अगर इसे बाद में किया जाता है तो हो सकता है यह उतना प्रभावी न हो। लेकिन यह उस प्राणी के भटकने के समय को निश्चित रूप से कम कर देगा। यह अनश्चितता के समय को अवश्य ही कम कर देगा। लेकिन कितना कम करेगा, यह हर प्राणी पर निर्भर करता है। अगर हम बुलबुले की उपमा पर वापस जाएँ तो, यह निर्भर करता है कि बुलबुला कितना बड़ा है और उसकी सतह की मोटाई कितनी है। लेकिन अगर यह ग्यारह से चौदह दिन के भीतर किया जाए तो हम उसे काफी हद तक नष्ट कर देते हैं। अगर आप बुलबुले की उपमा को आगे ले जाना चाहें — तो शरीर के छूट जाने के बाद, बुलबुला अपने आप ही लम्बे समय तक इधर-उधर भटकता रह सकता है। वह इसलिए उड़ता रहता है क्योंकि यह खुद को खोना नहीं चाहता। लेकिन एक बार कालभैरव कर्म हो जाने पर, एक तीव्र चक्र घटित होगा। कालभैरव कर्म, न केवल भटकने का समय कम कर देता है बल्कि यह उस यात्रा को भी अधिक सुखद बना देता है।

क्या हम इन संस्कारों से लोगों को मुक्ति दिला सकते हैं? क्या हम किसी को कालभैरव कर्म के माध्यम से महासमाधि प्रदान कर सकते हैं? ऐसा संभव है, लेकिन हमेशा नहीं। इसके विभिन्न पहलू हैं। जब तक कि वह बुलबुला पहले से ही बहुत पतला न हो, जरूरी नहीं कि महासमाधि मिल जाए। अगर कोई ऐसा प्राणी है जो बहुत ही बड़ा बुलबुला है लेकिन किसी कारणवश वह अपनी प्रकृति से नहीं फट पाया है, ऐसी स्थिति में कालभैरव कर्म उसे फोड़ सकता है और यह महासमाधि बन सकती है। यह नहीं भी हो तो यह बुलबुले को बहुत पतला और नाजुक बना देता है, ताकि यह अपने लिए शीघ्र एक भौतिक शरीर ढूँढ़ना चाहेगा क्योंकि यह अपने आप अधिक समय तक कायम नहीं रह सकता। किसी भी मामले में, हम निश्चित रूप से उनकी यात्रा को गति दे सकते हैं।

अगर आप जीवित रहते हुए ही अपने लिए कालभैरव कर्म करना चाहते हैं, तो यह कालभैरव क्रिया बन जाता है। मूल रूप से, कालभैरव कर्म इसलिए किया जाता है कि आपके मर जाने के बाद, हम आपके जीवन के इधर-उधर चिपके हुए टुकड़ों को

साफ कर दें। आपका कालभैरव कर्म इसलिए किया जाता है क्योंकि आप एक योगी नहीं हैं और आप खुद से सफाई करने में असमर्थ हैं। एक योगी वन में चला जाएगा और वहीं जंगल में कहीं अकेला मर जाएगा क्योंकि उसने अपने जीवन के लिए वह सब कुछ कर लिया होता है जो उसे करने की आवश्यकता थी। बाद में किसी को भी उसके लिए कुछ करने की आवश्यकता नहीं है। हर चीज खत्म हो जाती है। किसी कालभैरव कर्म की जरूरत नहीं रहती। जब वह चला जाता है, तो अपने द्वारा रोकी गई जगह को पूरा खाली कर जाता है। अगर आपने अपनी ऊर्जाओं पर उस तरह की महारत नहीं पाई है तो आप कालभैरव क्रिया कर सकते हैं। यह लोगों को सिखाई जा सकती है, लेकिन इसमें कड़े अनुशासन की आवश्यकता होगी कि आप कौन हैं और आप अपनी ऊर्जाओं और प्रणाली को किस तरह संभालते हैं।

एक बार ऐसा हुआ : एक दिल के सर्जन की कार में कोई समस्या हो गई, तो वह उसे मिस्त्री के पास ले गया। मिस्त्री ने कहा कि वह चौबीस घंटों में ठीक हो जाएगी। अगले दिन जब सर्जन कार लेने गया तो वह तैयार नहीं थी और देरी का कोई ठोस जवाब भी नहीं मिला। इसी तरह छह दिन बीत गए क्योंकि, हर दिन, मिस्त्री उसे अगले दिन आने के लिए कहता। एक सप्ताह गुजर जाने पर सर्जन ने मिस्त्री से पूछा, 'तुम मेरे साथ ऐसा क्यों कर रहे हो? मुझे काम पर जाना है, बहुत सारे काम करने हैं और मेरे पास गाड़ी नहीं है।' तो मिस्त्री थोड़ा इधर-उधर इठलाया और बोला, 'आप दिल के सर्जन हैं। आप क्या करते हैं? आप भी इंजन ठीक करते हैं, ठीक मेरी तरह। लेकिन आपको मुझसे पचास गुना ज़्यादा पैसे क्यों मिलते हैं?' तब जाकर दिल के सर्जन को समझ आया कि समस्या क्या है। उसने कहा, 'मैं इंजनों को तब ठीक करता हूँ जब वे चल रहे होते हैं। क्या तुम ऐसा कर सकते हो?' कालभैरव क्रिया भी उसी तरह है।

दिवंगत के लिए कुछ करना एक बात है। जब इंजन चल रहा हो तो खुद के साथ वही चीज करना, दूसरी बात है। अगर आप इस चीज को तभी हटा देना चाहते हैं जब प्रक्रिया अभी चालू हो, तो इसमें एक अलग स्तर का अनुशासन चाहिए होता है। अगर आप अपने जीवन में की जाने वाली हर चीज के साथ इतना अनुशासन दिखाते हैं — कि आप फूहड़ नहीं हैं, आप हर छोटी चीज को लेकर सतर्क हैं, तब आप कालभैरव क्रिया कर सकते हैं। उसके बाद, जब आप जाएंगे तो किसी को आपके लिए कुछ भी करने की जरूरत नहीं होगी। यह निश्चित रूप से किसी के जीवन में करने के लिए एक बहुत ही अच्छी चीज होगी, और स्वयं के लिए यह करने की एक जबरदस्त चीज होगी। लेकिन इसमें एक अनुशासन की भावना की आवश्यकता होगी, जो आज की दुनिया में एक बहुत दुर्लभ हो गई है।

पारम्परिक रूप से कहा गया कि अगर आप अपने लिए कालभैरव क्रिया करते

हैं तो आप अपने घर या गाँव वापस जाकर एक सामाजिक जीवन नहीं जी सकते। आपको अपना बाकी जीवन समुदाय से दूर, किसी जाति-निष्कासित की तरह बिताना होगा। ऐसा नहीं है कि उस व्यक्ति को जाति से निकाल दिया गया है। बस अब उसका वहाँ से कोई नाता नहीं रहा क्योंकि उसने एक आनुवांशिक दूरी बना ली है। उसका अब परिवार या समुदाय से कोई लेना-देना नहीं रहा क्योंकि उसके लिए वह सब खत्म हो चुका है। आप दूरी इस हद तक पैदा सकते हैं कि आपके सिस्टम के बुनियादी शारीरिक लक्षण भी बदल सकते हैं। ऐसा किया जा सकता है।

जब हमने योग केन्द्र में कालभैरव कर्म करना शुरू कर दिया, तो लोगों ने पूछा कि क्या वे अपने कुत्तों या बिल्लियों के लिए भी कालभैरव कर्म कर सकते हैं। माफ़ करें! उसकी कोई जरूरत नहीं है। अस्तित्व की दृष्टि से, पशु जीवन और वनस्पति जीवन में एक बुनियादी अंतर यह है कि एक पौधे का सूक्ष्म शरीर नहीं होता। उसमें बहुत अधिक स्पंदन होता है, लेकिन पौधे के लिए कोई सूक्ष्म शरीर नहीं होता। पौधा अपने चारों ओर एक आभा इकट्ठी कर सकता है। कुछ पेड़ या पौधे दूसरों से बहुत ज़्यादा आभा इकट्ठी करते हैं, तो उन पौधों और पेड़ों को भारत में पवित्र पौधों के रूप में पहचाना गया है, क्योंकि हम उनके निकट रहकर लाभ उठाना चाहते हैं। लेकिन पौधे इन्हें पैदा नहीं करते, क्योंकि उनका सूक्ष्म शरीर नहीं होता।

मृत्यु के बाद किए गए सभी संस्कार सूक्ष्म शरीर को सही स्थान पर पहुँचाने के बारे में होते हैं। जब सूक्ष्म शरीर पूरी तरह स्पष्ट नहीं हो, तो कुछ भी करने की जरूरत नहीं है, और न ही कुछ करने की संभावना है। पशु के पास एक सूक्ष्म शरीर होता है, लेकिन नागों और गायों के अलावा, दूसरों में यह अधिक स्पष्ट या अधिक विकसित नहीं होता है। तो आमतौर पर हम सभी दूसरे जानवरों के सूक्ष्म शरीर को अनदेखा कर देते हैं। उन जानवरों का सूक्ष्म शरीर प्रकृति के साथ आसानी से घुलमिल सकता है, इसे खुद को कहीं ले जाने की आवश्यकता नहीं होती।

गाय और नाग अलग होते हैं क्योंकि उनका एक अधिक उन्नत सूक्ष्म शरीर होता है। गाय का सूक्ष्म शरीर भावनात्मक क्षमता के कारण विकसित हुआ है। अगर आप किसी गाय पर ध्यान दें, तो पाएंगे कि वह भावनाएँ प्रदर्शित करने में समर्थ है। कभी-कभी तो वह लगभग मनुष्य जैसी भावना दिखाती है। तो वह उन्हें सूक्ष्म शरीर प्रदान करता है। वहीं दूसरी ओर, नाग का सूक्ष्म शरीर स्पंदन बोध के पैनेपन के कारण विकसित हुआ है। अधिकतर साँप निपट बहरे होते हैं, लेकिन वे अपने शरीर की पूरी लंबाई से सुन पाते हैं। उनके कान सही अर्थों में ज़मीन पर लगे होते हैं। जो अद्भुत है। इसी क्षमता के कारण उन्होंने भी सूक्ष्म शरीर विकसित कर लिया। तो मृत्यु के बाद उनके लिए कुछ करने की कोशिश का कोई मतलब है। इसी कारण इन दो जानवरों

को इस संस्कृति में विशेष आदर प्राप्त है। पारम्परिक रूप से, गायों और नागों के शवों को कभी भी यूँ ही नहीं छोड़ा जाता; उन्हें या तो जलाया जाता है या फिर दफनाया जाता है। अगर आप इनके किसी शव को पड़ा हुए देखें तो आपको उसे जलाना या दफनाना होता है।

अब, आपमें से जो लोग मेरे द्वारा दीक्षित किए गए हैं, उनके लिए यह सच है कि उन्हें किसी भी मृत्यु संस्कार से गुजरने की कोई आवश्यकता नहीं है। हालांकि, अगर आप चूक गए हों तब क्या — वे व्यक्ति जो दीक्षा प्रक्रिया से गुजरे, लेकिन उससे चूक गए? आप में से वो लोग जो मुझसे दीक्षित हुए हैं, मैं आपके जीवित रहते हुए ही आपकी प्रक्रिया को पूरी कर देना चाहूँगा, जब आपके अंदर जीवन अभी भी चल रहा हो और जोश में हो, ताकि आप मरने के बाद मुझ पर कोई बोझ न बनें। मैं आपके जीवित रहते हुए ही आप पर ध्यान देने का इच्छुक हूँ। अगर आप अयोग्य हैं तो मैं आपकी मृत्यु के बाद आप पर ध्यान देने का इच्छुक भी हूँ। लेकिन आप खुद को इस प्रकार योग्य क्यों नहीं बना लेते कि यहाँ और बाद में, दोनों जगह आप अच्छी तरह रहें? आपको इस प्रकार जीवन जीना चाहिए कि आपके लिए किसी भी मृत्यु संस्कार की आवश्यकता न हो। आपको मुझे वचन देना चाहिए कि आप मरने के बाद भी मुझे परेशान नहीं करेंगे! कृपया अपने आप को उस तरह का बना लीजिए कि मरने के बाद आपको मुझसे या किसी और से किसी भी संस्कार की आवश्यकता न पड़े। इसके बाद, चीजों को वैसे ही होना चाहिए जैसे उन्हें आपके लिए होने की जरूरत है।

मृत्यु संस्कारों के लिए प्रशिक्षण

अगर हमारे जीवन में कुछ चीजें नहीं हैं, तो हम अधिकांश समय उनके बिना काम चला सकते हैं। लेकिन मरणोपरांत संस्कार ऐसी चीजें हैं जिनके बिना कोई भी समाज नहीं रह सकता। वे पूर्ण रूप से आवश्यक हैं क्योंकि आप उन्हें स्वयं नहीं कर सकते। तो क्या यह संभव है कि हम लोगों को इन मृत्यु संस्कारों के लिए प्रशिक्षित कर सकें? बिलकुल संभव है।

भारत में, जो लोग मृतकों और मृत्यु प्रक्रियाओं का काम संभालते थे उन्हें चाण्डाल कहा जाता था। आर्यों से पूर्व, उनके काम को समाज में सबसे ऊँचा दर्जा प्राप्त था। उसके बाद अगले हजार सालों में इसके साथ एक कलंक जुड़ गया और यह सामाजिक प्रथा में सबसे नीच काम बन गया। पुराने समय में, भारत में छुआछूत बहुत अधिक प्रचलित था। कुछ जातियों के लोगों को अछूत माना जाता था और दूसरे उनका स्पर्श नहीं करते थे। यहाँ तक कि अछूत भी किसी चाण्डाल को नहीं छूते थे क्योंकि उसे नीच से भी नीच माना जाता था। दूसरी ओर, आदियोगी शिव

ने खुद को हमेशा चाण्डालों की संगति में रखा क्योंकि उनके अनुसार वे सबसे ऊँचे थे। उन्होंने देखा कि उनमें जीवन की समझ और ज्ञान बाकी सारे दूसरे काम करने वाले लोगों से कहीं बेहतर थे। तो अगर आपको इस सेवा में जाना है तो हमें इसे एक नया रूप देना होगा, हमें आपको अलग तरह से तैयार करना होगा। पुराने समय के पारम्परिक तरीके के बजाए, हमें इस पूरी चीज को बिलकुल अलग ही ढंग से आकार देना होगा। वरना, इस कलंक हो हटाना और लोगों के लिए उपयोगी साबित होना बहुत मुश्किल हो जाएगा।

इसे बिना संस्कारों के करना सबसे अच्छा है, लेकिन उसी चीज को बिना किसी संस्कार के करने के बजाए लोगों को कोई संस्कार करने के लिए प्रशिक्षित करना ज़्यादा आसान है। संस्कारों के साथ मुख्य समस्या यह है कि जब सामाजिक संरचना में ईमानदारी का स्तर गिरता है तो सारे संस्कार भ्रष्ट हो जाते हैं। ये संस्कार तब बनाए गए थे जब समाज में एक दूसरे के लिए ईमानदारी और प्रतिबद्धता की भावना इतना प्रबल थी कि किसी भी तरह के दुरुपयोग के लिए कोई स्थान नहीं था। लेकिन जब सामाजिक संरचना में ईमानदारी का सामान्य ताना-बाना नीचे चला गया हो, तब सभी संस्कार संदेह के घेरे में होंगे क्योंकि दुरुपयोग के लिए काफी मौके होते हैं।

अभी, अगर मैं किसी को सिखाऊँ कि मृतक को कैसे संभालना है तो शायद वह अपने दोस्तों को दिखाना चाहेगा कि कैसे वह मुर्दे को नचा सकता है या कोई और काल्पनिक काम करा सकता है। या शायद वह मृतकों से संपर्क करने का माध्यम बनना चाहे! इसके अलावा, अगर आपको स्पष्ट भी है कि आप ऐसा कोई भी काम नहीं करना चाहते, तो किसी के मरने पर लोग आपके निर्णय को प्रभावित करने की कोशिश करेंगे। वे आकर आपके पैरों में गिर जाएंगे और कहेंगे, 'कुछ कीजिए, मैं अपने पिता से बस एक बात कहना चाहता हूँ, मैं यह बात उनसे पिछले दस साल से कहना चाहता था लेकिन मैंने नहीं कही। लेकिन मैं अब उसे कहना चाहता हूँ।' चूंकि वे आपके आगे रोए गिड़गिड़ाए, अगर आप उनसे संपर्क करना शुरु कर देंगे तो सब खत्म समझिए। यह दुरुपयोग करना है। अगर हम आपको संस्कारों की शिक्षा देते हैं, तो आप वह सब कुछ नहीं कर पाएंगे। आपको बस संस्कार करके अपने घर चले जाना होगा। अगर हम ऐसे लोगों का निर्माण कर पाएँ जो इतने जिम्मेदार हों कि जरूरत से एक चीज भी ज़्यादा न करें, सिर्फ तभी इन चीजों को किया जा सकता है। लेकिन आज की दुनिया में शायद ये संस्कार फिट नहीं बैठ पाएंगे।

कुछ संस्कृतियों में, पारम्परिक रूप से स्त्रियों का श्मशान भूमि में प्रवेश या इन संस्कारों को करना वर्जित रहा है क्योंकि वे कुछ अवांछनीय प्रभावों के प्रति अति संवेदनशील हो सकती हैं। लेकिन, आप जो कर रहे हैं अगर वह बस नाम का संस्कार

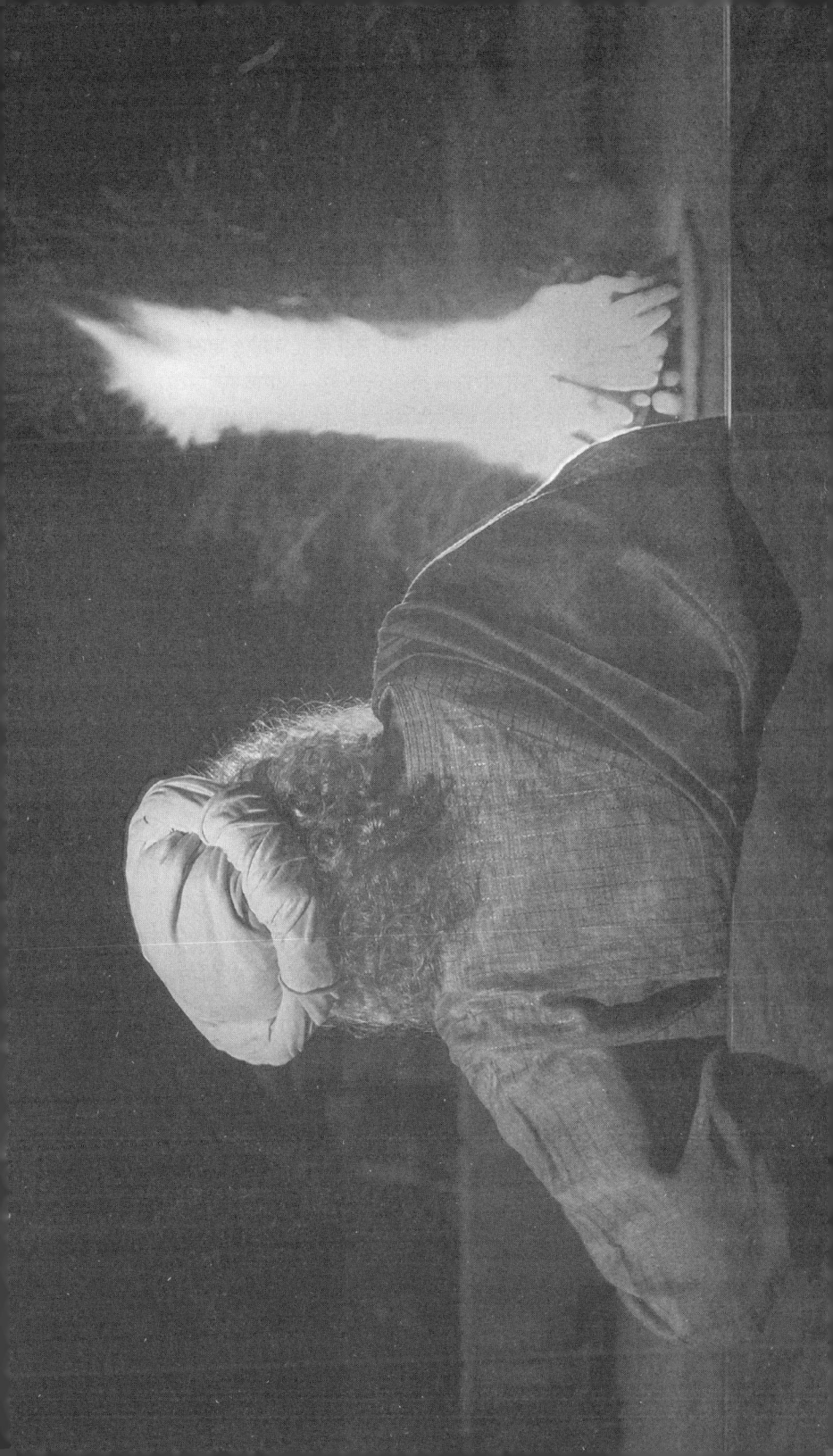

है, तो उसे स्त्रियाँ भी कर सकती हैं। अगर यह एक प्रक्रिया है जहाँ वास्तव में कुछ हो रहा है, जहाँ आप एक देहमुक्त जीवन को संभाल रहे हैं, तो उसमें स्त्रियों को शामिल करना समस्या की बात हो सकती है। इसके विभिन्न कारण हैं। उस समय में एक कारण यह था कि एक स्त्री अपने जीवनकाल में कम से कम आठ से बारह बार गर्भवती होती थी। तो अधिकतर समय, वह या तो गर्भवती होती थी या बच्चे को दूध पिला रही होती थी। ऐसे समय में, उसे ऐसी परिस्थितियों में नहीं होना चाहिए; खास तौर पर जब वह गर्भवती हो। आज भी, इसका पालन किया जाता है — अगर मृत्यु संस्कार किए जा रहे हैं तो वे गर्भवती महिलाओं को वहाँ उपस्थित होने की अनुमति नहीं देते। अगर एक स्त्री गर्भवती नहीं है और बच्चे को स्तनपान नहीं भी करा रही है, तो भी वह अपने मासिक चक्र में हो सकती है, जो फिर से उसे असुरक्षित बना देता है। यही कारण है कि स्त्रियों को श्मशान भूमि से दूर रखा जाता था। लेकिन अगर वह इन सभी परिस्थितियों से मुक्त है, तो उसके द्वारा इन संस्कारों को करने में कोई समस्या नहीं है।

एक स्त्री को ऐसी चीजों को करने में एक पुरुष से अधिक ध्यान रखने की आवश्यकता है। एक पुरुष की जैविक संरचना एक प्रकार से स्थिर रहती है; जबकि एक स्त्री की जैविक संरचना कुछ चरणों से गुजरती है, तो उसे इन चीजों को लेकर अधिक सावधान रहने की आवश्यकता है। पुरुष और स्त्री शरीरों के लिए अलग-अलग तरह की जैविक जिम्मेदारियाँ होती हैं। इस बात को समझने और इसकी सराहना करने के बजाए, हमने दुनिया में एक ऐसी मानसिकता को अपना लिया है जहाँ हर छोटे से अंतर को भेदभाव बना दिया जाता है। परिणामस्वरूप, यह पूरा लैंगिक भेदभाव उभर आया है। वरना, ये दो पहलू एक दूसरे के पूरक हैं, और इन्हें इसी तरह होना चाहिए। अगर एक निश्चित अनुशासन को बनाए रखना है तो आपको उस अनुशासन से समझौता नहीं करना चाहिए। तब स्त्रियाँ भी इसे कर सकती हैं और दरअसल यह जानी-मानी बात है कि खुद को संगठित और अनुशासित करने में पुरुषों की अपेक्षा स्त्रियों की सहायता करना कहीं ज़्यादा आसान है। जीवन संरक्षण प्रवृत्ति का गहरा बोध होने के कारण स्त्रियों में व्यवस्था को ग्रहण करने की स्वाभाविक क्षमता होती है, जो उनके प्रजनन उत्तरदायित्वों को पूरा करने के लिए आवश्यक है।

इस देश में हमारे पास इन सभी चीजों को करने के साधन थे, लेकिन अब हम अंग्रेजी-शिक्षित हैं, तो हमें इन चीजों पर शर्म आती है। ईशा में, हम कुछ लोगों का एक दल बनाने की उम्मीद करते हैं जिन्हें हम कुछ चीजों की शिक्षा दे सकें। हम कुछ बच्चों का भी पालन-पोषण कर रहे हैं और उन्हें शिक्षा दे रहे हैं, इस आशा से कि वे सही परम्परा में विकसित होंगे, तो हम उन्हें जीवन के बारे में कुछ बहुत ही सरल लेकिन महत्त्वपूर्ण बातें सिखा सकते हैं। शायद वे इंजीनियर और डॉक्टर न बनें लेकिन हम

उम्मीद करते हैं कि वे इन बातों में विकसित हो जाएंगे। इस तरह की सेवाओं के लिए हम कुछ साधकों को भी प्रशिक्षित करने की प्रक्रिया में हैं। अगर आप इसे प्रदान करने के इच्छुक हैं, तो इन चीजों को उचित प्रकार से करने के लिए हम आपको प्रशिक्षित कर सकते हैं। लेकिन आपको कभी भी इन चीजों को अपना व्यवसाय नहीं बनाना चाहिए; इसे केवल सेवा के रूप में ही करना चाहिए। जब कोई अपना शरीर खो देता है, तो वह पूरी तरह असहाय होता है; उन्हें सहायता की आवश्यकता होती है और उनकी सहायता की जा सकती है, लेकिन भ्रष्ट, दूषित हाथों के द्वारा नहीं। इसमें ऐसे व्यक्ति की जरूरत होती है जो परवाह करता हो और जिसे इसकी समझ हो।

शिशुओं की मृत्यु

क्या शिशुओं की मृत्यु वयस्कों की मृत्यु से किसी प्रकार भिन्न है? एक खास संदर्भ में, हाँ, क्योंकि जिस तरह एक बच्चे में जीवन व्यक्त होता है, वह एक वयस्क के जीवन से भिन्न है। अगर एक बच्चे की तभी मृत्यु हो जाए जब माँ उसे दूध पिला रही हो या वह चालीस महीने से कम आयु का हो, तो एक अर्थ में यह अभी पूर्ण स्थापित जीवन नहीं है। इसलिए यह एक व्यस्क की मृत्यु के समान नहीं है। वास्तव में, यह अजीब है, लेकिन आप देखेंगे कि माता-पिता आमतौर पर ऐसे मामलों में शिशु की मृत्यु से जल्दी ही उबर भी जाते हैं। अगर चार साल से अधिक की उम्र का बच्चा मर जाता है, तो उनका दुःख और पीड़ा कहीं अधिक होगी। अगर आप ऐसा कहते हैं, तो लोग बहुत गुस्सा हो जाएंगे; यह एक अलग बात है। लेकिन अगर आप उन पर ध्यान दें, तो आप देखेंगे कि असर काफी कम है, क्योंकि माता-पिता की चेतना में भी वह एक पूर्ण रूप से स्थापित जीवन नहीं है। वह अभी भी आकार लेने की प्रक्रिया में है।

जब आपका बच्चा एक शिशु होता है, उस समय उसके साथ आपका संपर्क बहुत ही गहरा होता है। जब तक वे चार साल के होते हैं, वे इधर-उधर भागने लगते हैं। आप उन्हें पकड़ नहीं सकते, वे हर जगह जाने को मचलते हैं। वे दुनिया को देखना चाहते हैं। लेकिन उनके चार साल के होने से पहले, वे काफी हद तक आपके ही साथ होते हैं; लेकिन उनके साथ भौतिक रूप से जुड़े होने के बावजूद भी उनके साथ आपका संबंध इतना मजबूत नहीं होता क्योंकि वे अपने ही भौतिक शरीर से ज़्यादा मजबूती से नहीं जुड़े होते। अगर आप जीवन को ध्यान से देखेंगे तो आप इसे जान जाएंगे। इन दिनों सहायता के लिए बहुत से चिकित्सकीय हस्तक्षेप हैं, लेकिन अब से पहले तक बहुत सारे बच्चे, बिना किसी बीमारी के, चार साल की उम्र के होने से पहले ही मर जाते थे। वे बस इसलिए मर जाते थे क्योंकि जीवन पूरी तरह स्थापित नहीं हुआ था। जब ऐसा होता है, तो कुछ खो देने की भावना होती है लेकिन माता-पिता के लिए

अधिक पीड़ा दायक नहीं होती।

शिशुओं में, लगभग चालीस से अड़तालीस महीनों तक उस जीवन के लिए प्रारब्ध कर्म की मात्रा अभी तय नहीं हुई होती है। जीवन अभी भी एक निर्णय करने का प्रयास कर रहा होता है। इसी कारण भारतीय परम्परा में इस बात पर बहुत जोर दिया जाता है कि इस समय के दौरान क्या-क्या करना चाहिए। गर्भधारण करने से पहले, गर्भाधान के समय, जन्म और उसके बाद के समय के लिए संस्कारों की एक पूरी प्रणाली है। यह बस इस बात को सुनिश्चित करने के लिए है कि वह एक ऐसा जीवन बने जो अधिकतम प्रारब्ध कर्म प्राप्त करे। अधिकतम कर्म हासिल करना इसलिए महत्त्वपूर्ण नहीं है, क्योंकि आप उसके लिए अधिक कष्ट चाहते हैं; बल्कि ऐसा उसे एक अधिक बड़ा बुलबुला बनाने के लिए है, जिसमें अधिक संभावनाएँ हों। लेकिन अधिक संभावनाओं का अर्थ शायद अधिक चुनौतियाँ भी है, जिसका बदले में अर्थ हो सकता है अधिक कष्ट। जब 'कोई चीज' अधिक संभावनाओं के साथ आती है, तो अधिक चीजों के गलत होने की संभावना भी होती है — इसमें यही जोखिम है। तो अगर यह जीवन अधिक सुदृढ़ हो जाता है तो यह अधिक चीजों को धारण करता है। अगर यह इतना सुदृढ़ नहीं है तो यह कम चीजों को धारण करता है। आप इसे जितना हो सके उतना सरल और सीमित रखेंगे। यही जीवन की प्रकृति है। और आंतरिक रूप से भी ऐसा ही है।

तो अड़तालीस महीनों का होने तक अगर जीवन पर्याप्त रूप से स्थिर और सक्षम हो जाता है तो वह काफी अधिक मात्रा में प्रारब्ध कर्म चुनता है। कभी-कभार यह प्रकृति में स्वयं ही होता है, लेकिन, आमतौर पर आप ऐसी स्थितियों का निर्माण करना चाहते हैं जहाँ आप एक बड़ा बुलबुला फुला सकें, ताकि नया जीवन एक बड़ी संभावना को धारण करे। आज की दुनिया में, लोगों को लगता है कि संभावाना का अर्थ है कि आप कितना पैसा बनाते हैं। जरूरी नहीं कि बड़ी संभावना का अर्थ यह हो कि व्यक्ति समाज की नजरों में अच्छा करे। कुछ तरीकों से यह एक ऐसा जीवन बन जाता है जिसे आप अनदेखा नहीं कर सकते। अधिकांश जीवन को अनदेखा किया जाता है। शायद कोई ध्यान ही न दे कि उनका अस्तित्व रहा था या नहीं। लेकिन एक बार जब बुलबुला बड़ा हो जाता है, फिर वह चाहे किसी रेगिस्तान में हो या किसी जंगल में, एक गाँव में हो या किसी शहर में या कहीं भी हो, उस पर ध्यान जाएगा क्योंकि वह किसी रूप में एक बड़ा बुलबुला है। क्या वह इतना बड़ा है कि पूरी दुनिया का ध्यान उस पर जाए? हम नहीं जानते, लेकिन अगर कोई थोड़ा-सा भी बड़ा बुलबुला बन जाता है, तो वह एक बड़ी संभावना होता है।

अधिकतर लोगों को चार साल से पहले का कुछ भी याद नहीं रहता, इसका

कारण है कि शैशव अवस्था ऐसा समय है जब जीवन ने यह निर्णय नहीं किया होता कि वह स्वयं को किस तरह आकार देना चाहता है। वह अभी भी खोज कर रहा होता है कि विस्तार किया जाए या संकुचित हुआ जाए और, क्या किया जाए और कितना। अगर बहुत डराने वाली और कठिन प्रकार की स्थिति है, तो वह संकुचित हो सकता है ताकि थोड़े प्रारब्ध कर्म और अधिक मजबूत सतह के साथ वह सुरक्षित महसूस करे। वह अपने आप को फैलाना नहीं चाहेगा। इसी कारण से, आप चाहे किसी भी संस्कृति से आते हों, वे सभी जोर देती हैं कि अगर कोई बच्चा आपके सामने आ जाए, तो आप चाहे कितनी भी परेशानी में हों, आपको उस बच्चे को देखकर मुस्कुराना चाहिए, आपको बच्चे के साथ प्रेम भरा व्यवहार करना चाहिए। यहाँ तक कि सबसे दूरस्थ जनजातीय संस्कृतियों में भी यह जागरूकता मौजूद है कि आपको ऐसा सुखद माहौल बनाना चाहिए कि वह खुद का अधिक से अधिक विस्तार करे। अगर आप प्रतिकूल माहौल बनाते हैं तो वह संकुचित होने का चुनाव कर सकता है। हम नहीं चाहते कि ऐसा हो। ये फैसले किसी के द्वारा सचेतन रूप से लिए जाने वाले फैसले नहीं हैं। यह तो जीवन की अपनी बुद्धिमत्ता है जो ये फैसले लेती है।

कभी-कभी थोड़े बड़े बच्चों में दूसरी तरह की मृत्यु होती है। कुछ बच्चों में, कभी-कभी, उस जीवनकाल के लिए प्रारब्ध कर्मों की मात्रा ठीक से तय नहीं हो पाती है, तो वे अचानक मर जाते हैं। स्वस्थ बच्चे बस यूँ ही मर जाते हैं। असाधारण बुद्धि के बच्चे, जो लोगों की समझ से पूरी तरह परे चीजें करते हैं, उनमें छह साल के होने से पहले ही मर जाने की प्रवृत्ति होती है क्योंकि उनके प्रारब्ध कर्म ठीक से तय नहीं हुए थे। उनमें बहुत से जन्मों की जानकारियाँ प्रकट होने लगती हैं। आमतौर पर, उसे संभालने के लिए व्यक्ति में एक अलग स्तर की जागरूकता और एक निश्चित अनासक्ति की आवश्यकता होती है; लेकिन जब यह एक बच्चे में होता है तो उसका शरीर इसे संभाल नहीं पाता और वह ढह जाता है। ये कुछ कारण हैं जो बताते हैं कि एक शिशु की मृत्यु एक वयस्क की मृत्यु से कुछ अलग क्यों होती है।

मरने के बाद माता-पिता का संतान से संबंध

भारत में, मरते समय लोग चाहते हैं कि उनके बच्चे उनके पास मौजूद रहें। खास तौर पर लोग अपने बेटों को पास चाहते हैं। यही कारण है कि भारत में लोग हर हाल में एक बेटा चाहते हैं। ऐसा इसलिए है क्योंकि बच्चों और माता-पिता के बीच एक 'जीवन संबंध' होता है, और अगर आप माता-पिता के लिए संस्कार करने में इसका उपयोग करते हैं तो वे बहुत अधिक प्रभावशाली हो सकते हैं। बेटियाँ भी इस उद्देश्य में प्रभावशाली हैं, लेकिन लोग इस भूमिका के लिए बेटों पर अधिकतर इसलिए निर्भर

थे क्योंकि पुराने समय में, केवल बेटे के लिए ही माता-पिता के मरते समय उनके पास होना संभव हो पाता था। जब बेटी योग्य आयु की हो जाती थी तो उसकी शादी कर दी जाती थी, और वह किसी और के घर चली जाती थी। जब माता-पिता की मृत्यु होती थी तो संभव था कि दूरी के कारण वह उसी समय न आ पाए। उसे किसी दूसरे महाद्वीप में होने की जरूरत नहीं थी, अगर वह बस 200 किलोमीटर दूर भी होती तो उसके आने तक दाह-संस्कार पूरा हो चुका होता था। इसके अलावा, उसके अपने बच्चे, पति और परिवार भी होते थे। वह उन्हें ऐसे ही छोड़कर नहीं आ सकती थी। उसे अपनी गैरमौजूदगी के लिए प्रबंध करने पड़ते थे। और वह अकेली यात्रा भी नहीं कर सकती थी क्योंकि हर जगह जंगल होते थे, तो किसी को उसे लेने जाना पड़ता था। ये सारे प्रबंध करने में काफी समय लग जाता था और वह समय पर पहुँचने में समर्थ नहीं हो पाती थी। लेकिन बेटा माता-पिता के साथ रहता था, इसलिए वह उपलब्ध होता था। तो, कहा जाता था कि बेटे को संस्कारों या रीति-रिवाजों के लिए होना चाहिए और बेटियों का बारहवें दिन तक पहुँचना काफी होता था।

तो माता-पिता और संतान के बीच इस संबंध की प्रकृति क्या है जिसका उस समय उपयोग किया जा सके? आमतौर पर, लोगों का एक दूसरे के साथ मेल-जोल शारीरिक, मानसिक या भावनात्मक होता है। यह उससे परे कभी नहीं जाता। लेकिन जब कोई व्यक्ति मरता है, या जब कोई अपना भौतिक शरीर छोड़ता है, तो यह सब कुछ चला जाता है। मानसिक ढांचा चला जाता है, भावनाएँ चली जाती हैं, और शरीर तो निश्चित रूप से जा चुका होता है। तो वह सब कुछ, जिसे आप अपना मानते थे, वह जा चुका होता है। सभी व्यावहारिक उद्देश्यों के लिए आपके बच्चे भी आपके लिए अब उतने ही अजनबी होते हैं जितने कि दूसरे लोग। लेकिन एक बार संतान पैदा करने पर, आपके अस्तित्व का कुछ स्थान उस प्राणी द्वारा हासिल कर लिया जाता है जिसे आप अपनी संतान कहते हैं क्योंकि आपने उस प्राणी के लिए एक शरीर उपलब्ध कराया है। माता-पिता के साथ संतान के इसी संबंध के कारण, हम कुछ ऐसी चीजें कर सकते हैं जो माता-पिता की मरने के बाद सहायता कर सके। अगर माता-पिता की मृत्यु के बाद संतान सही चीजें करती है, तो वह इस संबंध के माध्यम से उन्हें मुक्त भी करा सकती है। जो लोग पूरी तरह बेखबरी में जीते थे और अपने लिए कुछ भी नहीं करते थे, वे अपनी मुक्ति के लिए अपनी संतानों पर निर्भर रहते थे। और यह अपने आप में एक सम्पूर्ण परम्परा बन गया।

हालांकि, इसका उल्टा सच नहीं है। मृत संतान को मुक्त करने के लिए आप उसके माता-पिता का उपयोग नहीं कर सकते। हम यह पहले देख चुके हैं कि जब बच्चे चार साल से पहले मर जाते हैं, तो वह मृत्यु किसी वयस्क की मृत्यु के समान नहीं होती क्योंकि वह जीवन अभी भी अपने आप को स्थापित ही कर रहा होता है। बच्चे

के लगभग चालीस से अड़तालीस महीनों से अधिक आयु का होने के बाद, शारीरिक रूप से, उसके साथ आपका संबंध काफी तेजी से बढ़ जाता है और यह आपके शरीर में घटित होता है। ज़्यादातर लोग इसे समझ नहीं पाते। वे चार साल की उम्र से पहले तक अपने भीतर कुछ होता हुआ अनुभव करते हैं। लेकिन चार साल के बाद, वे बच्चों से संबंधित इतने सारे मुद्दों में उलझ जाते हैं, जैसे — वह कहाँ जा रहा है, इस समय कहाँ है, उसका स्कूल का दाखिला, ये, वो, न जाने क्या-क्या। इन चीजों के कारण वे इस अनुभव से चूक जाते हैं। वरना, उस समय उनका ध्यान जाता कि उनमें कुछ घटित हुआ है क्योंकि उस शरीर में अचानक कुछ होता है। जब वह चीज होती है तो आप में कुछ सहजता आ जाती है क्योंकि वह आपका एक हिस्सा बन जाती है, आपको उसे सचेतन रूप से थामकर नहीं रखना होता, यह स्वाभाविक रूप से बनी रहती है।

आपको समझना चाहिए कि आप अपने बच्चे के लिए शरीर उपलब्ध कराने का एक माध्यम मात्र हैं, आप किसी प्राणी को पैदा नहीं कर सकते। किसी प्राणी का निर्माण करना मनुष्य के हाथों में नहीं है। जब वह प्राणी आपके द्वारा उपलब्ध कराए गए शरीर से सच में जुड़ जाता है, तो आपके भीतर भी कुछ घटित होता है और आपके अपने सिस्टम के भीतर विशेष खास स्थान हासिल कर लेता है। अगर हम किसी की ऊर्जा की जाँच करें तो, इसी कारण से, हम जान जाते हैं कि उनके बच्चे हुए हैं या नहीं। इसी कारण से, कभी-कभी, भारत में ज्योतिषी आपको यह बता पाते हैं कि आपके कितने बच्चे हुए हैं, चाहे वे जीवित हों या न हों। वे आपको संतानों के लक्षण, उनके नाम और हर चीज का एक संक्षिप्त ब्यौरा भी देंगे, क्योंकि आपकी संतानें आपके भीतर एक निश्चित स्थान धारण किए होती हैं। अगर आप इस पर ध्यान देने के इच्छुक हों तो यह व्यक्ति में मौजूद होता है।

अब, यह शारीरिक संबंध बच्चे के इक्कीस साल का होने तक बहुत मजबूत रहता है। उसके बाद, यह एक बार फिर से घटने लगता है। इसी कारण से, जैसे-जैसे बच्चे बड़े होकर इक्कीस के करीब पहुँचते हैं, तब अगर आप उनकी ओर देखें तो वे पूरे अजनबी जैसे लगेंगे। आपको विश्वास ही नहीं होता कि आपने उन्हें जन्म दिया था। आपको आश्चर्य होगा, क्या ये मेरे बच्चे हैं? क्या यह वही छोटा-सा बच्चा है जिसे मैंने बड़ा किया था? आप समझ ही नहीं पाते कि वे क्या कर रहे हैं क्योंकि आपका उनमें वास नहीं होता, लेकिन वे आप में वास करते हैं। यह प्रकृति की, संतान की देखभाल करने की, उसे बड़ा करने की और जब जरूरत हो तो उसे छोड़ देने में समर्थ होने की, एक सुंदर व्यवस्था है।

अगर कोई मेरे पास आकर कहता है, 'मेरे बच्चों को आशीर्वाद दें,' तो मैं पूछता हूँ, 'उनकी उम्र क्या है?' अगर उनकी आयु इक्कीस साल से कम है तो हम सच में उन्हें आशीर्वाद देते हैं, क्योंकि अगर वे उस आयु से छोटे हैं तो आप माता या पिता

को आशीर्वाद दे सकते हैं, उसका बच्चों पर बहुत गहरा असर होता है। लेकिन अगर बच्चे इक्कीस साल से ऊपर हैं तो हम माता-पिता से बस इधर-उधर की बातें करते हैं, उनके साथ हँसी-मजाक करते हैं और उन्हें वापस भेज देते हैं क्योंकि तब उन्हें उनके बच्चों के लिए आशीर्वाद देने का कोई लाभ नहीं है। तब बच्चों को स्वयं आना होगा।

यही कारण है कि आपके माता-पिता की मृत्यु होने पर हम आपके माध्यम से उनके लिए कुछ कर सकते हैं। लेकिन अगर आपके बच्चों की मृत्यु होती है तो हम उनके लिए कुछ अधिक करने के लिए आपका उपयोग नहीं कर सकते क्योंकि उनमें वह छोटा-सा स्थान नहीं होता जिसमें आपका वास हो। ऐसा हमेशा होता है कि भावी पीढ़ी अतीत में थोड़ा स्थान ग्रहण करती है लेकिन पिछली पीढ़ी भावी पीढ़ी में कोई स्थान न तो ग्रहण करेगी और न ही कर सकती है। इन चीजों की यही प्रकृति है। तो आपके बच्चों की मृत्यु हो जाने पर, आप नियत समय के भीतर उनके लिए केवल कालभैरव कर्म कर सकते हैं। यह निश्चित रूप से कुछ महत्त्वपूर्ण कार्य करेगा। उसके अलावा, उन्हें प्रभावित करने के लिए बहुत ज़्यादा चीजें करने की कोशिश मत कीजिए। हालांकि, आपकी मृत संतान पर आपके विचारों, आपकी भावनाओं और आपके कार्यों का कोई प्रभाव नहीं होता; लेकिन अगर आप भीतर की ओर मुड़ते हैं, अगर आपके होने का तरीका सुखद हो, तो वह प्राणी प्रसन्नता का अनुभव करेगा। और ऐसा तभी तक है, जब तक कि वह जीवन एक दूसरा शरीर प्राप्त नहीं कर लेता।

अगर मैं ऐसी बातें कहता हूँ तो लोग दुविधा में पड़ जाएंगे, लेकिन अगर आप थोड़ा ध्यान देने वाले व्यक्ति हैं तो आप महसूस कर सकते हैं कि कब उस दिवंगत प्राणी ने नया शरीर खोजा है। आपने शायद इसे उन बहुत से लोगों के साथ होता देखा होगा जिन्होंने अपने बच्चों को खोया है : समय के एक पड़ाव तक वे यकीन नहीं कर पाते थे कि वे कभी अपनी संतान की मृत्यु के सदमे से उबर पाएंगे, लेकिन अचानक एक दिन ऐसा होता है कि यह ज़्यादा मायने नहीं रखता। सब कुछ सामान्य और ठीक लगने लगता है। अगर माता-पिता अपने शरीर के व्यवहार, अपनी श्वसन प्रक्रिया के व्यवहार, अपने बालों, नाखूनों की प्रकृति, अपनी त्वचा के गठन की ओर ध्यान दें, तो उस प्राणी के नया शरीर धारण करने पर वे जान जाएंगे। यह दिख जाएगा। श्वसन पर करीबी ध्यान बता देगा कि साँसों का स्वरूप छोटी और तनाव की स्थिति से एक अलग स्तर की सहजता की ओर चला गया है। यह दूसरे कई तरीकों से भी प्रकट होगा। त्वचा की स्वाभाविक जलयोजन (हाइड्रेशन) प्रक्रिया, उपकला (एपिथिलियल) की श्वसन क्रिया के कारण, सूखेपन से कोमलता में बदल जाएगी। और भी बहुत से संकेतक हैं; मैं उन सब में नहीं जाऊँगा क्योंकि लोग उन्हें देखना शुरू कर देंगे और हर

तरह की चीजों के बारे में कल्पना करना शुरू कर देंगे। अब, एक बार जब वह जीवन दूसरा शरीर खोज लेता है, तो वह हमेशा के लिए चला गया होता है। अब आपका उससे कोई लेना-देना नहीं रहता। अब, कोई दूसरा उन पर दावा करता है — 'यह मेरा बच्चा है' — और एक पूरा नया नाटक फिर शुरू हो जाता है।

पुण्यतिथि/बरसी का महत्त्व

अपने जीवनकाल के दौरान मनुष्यों की आवश्यकताओं को समझते हुए प्राचीन ऋषियों ने बहुत सारे संस्कार बनाए — व्यक्ति को जीवन से गुजरने में सहायता करने के लिए, उसको शुद्ध और परिष्कृत करने के रीति-रिवाज। वैसे तो लगभग चौंसठ संस्कार होते हैं, लेकिन इनमें सबसे महत्त्वपूर्ण सोलह संस्कार होते हैं, जिन्हें षोडश-संस्कार कहा जाता है। ये संस्कार व्यक्ति के गर्भाधान से शुरू होते हैं जिन्हें उसके माता-पिता द्वारा संपन्न किया जाता है, और इनकी समाप्ति मृत्योपरांत संस्कारों के साथ होती है जिन्हें व्यक्ति के वंशजों द्वारा किया जाता है।

इन मृत्योपरांत संस्कारों को अंत्येष्टि कहा जाता है और इन्हें मृतक के पुत्र द्वारा निभाया जाता है। यह मृतक के भावी कल्याण को सुनिश्चित करता है और जीवित को माता-पिता के ऋण या दायित्वों से मुक्त करता है। कुछ मृत्योपरांत संस्कार संतान के पूरे जीवनकाल तक चलते हैं, हालांकि ये क्रमशः छोटे पैमाने पर होते जाते हैं। इन संस्कारों को आमतौर पर श्राद्ध की तरह किया जाता है, जो अंतिम दिवंगत पूर्वज की हर पुण्यतिथि पर होता है, और इन्हें विशेष महत्त्व के दिनों जैसे अमावस्या, ग्रहण वाले दिन, आदि पर भी किया जाता है। आज, इन संस्कारों को साधारण रूप से यादगार के रूप में समझा जाता है जो गलत है, लेकिन यह मुख्य रूप से पूर्वजों के प्रति व्यक्ति के ऋणों को विसर्जित करने में सहयोग के लिए किया जाता है।

इनमें से कुछ संस्कार तो विशुद्ध रूप से भावनात्मक कारणों से, मृतक को याद करने के लिए, उनके योगदान को स्वीकार करने के लिए, इत्यादि कारणों से होते हैं। मान लीजिए, कोई मर गया और उस व्यक्ति की संतानें या उसके पोते-पोतियाँ उस समय बहुत छोटे रहे हों। उन्हें उस व्यक्ति की कोई याद नहीं है। तो माता-पिता उनमें वह याद वापस लाना चाहते हैं ताकि बच्चे उनसे जुड़ सकें, क्योंकि वे बच्चों की जड़ें किसी चीज में जमाना चाहते हैं। वह व्यक्ति चाहे जो कोई भी रहा हो, यह अवसर उसके बारे में कुछ अच्छी बातें कहने का है ताकि बच्चे उससे जुड़ पाएँ। यह एक तरह से उनके लिए विरासत है। यह इसका एक पहलू है। दूसरा है कि आप आनुवांशिक रूप से खुद को पूर्वजों से दूर कर लें या उनके साथ अपने ऋणानुबंध को समाप्त कर लें। आध्यात्मिक विकास का एक महत्त्वपूर्ण पहलू यह है कि आपको अपनी

आनुवांशिक स्मृति और विकास के क्रम में प्राप्त हुई स्मृति से स्वयं को अलग कर लेना चाहिए। अगर आप खुद को उनसे अलग नहीं करते हैं तो वहीं चीजें खुद को दोहराएंगी। आपके दादा के जीवन में जो हुआ था वह आपके जीवन में फिर से घटित हो सकता है। हो सकता है कि आप अलग दौर में हों, तो आप अलग दिख सकते हैं लेकिन वास्तव में ठीक वहीं चीजें फिर हो सकती हैं। उनके और आपके रहने के माहौल में अंतर हो सकता है। उनके द्वारा की गई गतिविधियाँ और आपकी गतिविधियाँ अलग हो सकती हैं। तो, सतही तौर पर, लोग सोचते हैं कि हर चीज अलग है। लेकिन, अनुभव के स्तर पर, वही चीज फिर घटित हो सकती है क्योंकि वह खुद को दोहराएगी। आप एक चक्रीय प्रक्रिया बन जाएंगे। आप एक ताजा, नया जीवन नहीं होंगे। जब आप एक ताजा जीवन नहीं होते तो छूट जाने कोई सवाल नहीं होता, परे जाने का कोई सवाल नहीं होता, कुछ और नया खोजने का सवाल नहीं होता।

भारत में इन पुण्यतिथि संस्कारों को किए जाने का सबसे महत्त्वपूर्ण कारण उन्हें याद करना नहीं है बल्कि स्वयं को अपने पूर्वजों से दूर करना है। आप खुद को मृतकों से अलग करना चाहते हैं। सालाना क्रियाओं को इस तरह बनाया गया है कि आप अपनी आनुवांशिक स्मृति को ज़्यादा से ज़्यादा कम करने की कोशिश करते हैं। ब्रह्मचारी दीक्षा भी इसी तरह है। भारत में, अगर आप संन्यास लेना चाहते हैं तो सबसे पहली चीज, भले ही आपके माता-पिता जीवित हों, आप उनके लिए सारे क्रिया कर्म करते हैं। यह उनकी मरने की कामना करना नहीं है, इसका अर्थ केवल इतना है कि आप अपने और अपनी आनुवांशिक स्मृति के बीच एक दूरी बना रहे हैं। अब, आप मुक्त होने के एक कदम नजदीक होते हैं।

पूर्वजों की पूजा

हमारे पूर्वजों के प्रति हमारा ऋण बहुत बड़ा होता है। लेकिन ज्ञान और प्रयास की सिलसिलेवार परतों को देखते हुए मानव सभ्यता को अभी भी बहुत आदिम कहा जाएगा। तो अधिकांश संस्कृतियों में पूर्वजों के प्रति आभार जताने की प्रथा है। कुछ संस्कृतियों में, यह पूर्वज सम्मान एक अलग ही रूप धारण करके उनकी पूजा में बदल जाता है। पूर्वजों को उपदेवता का दर्जा दिया जाता है और मार्गदर्शन व सुरक्षा के लिए उनकी ओर देखा जाता है। तो उनकी पूजा होती है। मूल अमेरिकी पूर्वज पूजा को बड़ा दर्जा देते हैं और शायद ऑस्ट्रेलियाई मूलनिवासी और अफ्रीकी जनजातियों में भी ऐसा ही है। हालांकि, भारत में पूर्वजों के लिए रीति-रिवाज अलग कारणों से बने हैं।

भारत में, हम अपने आप को पूर्वजों से दूर करते हैं; हम उनकी पूजा नहीं

करते। यहाँ लोग, या तो अपने पूर्वजों का ध्यान रखने के बारे में सोचते हैं या वे स्वयं को उनसे दूर करते हैं। लेकिन पूर्वजों द्वारा हमारा ध्यान रखे जाने की बात भारत में ज्यादा प्रचलित नहीं है। दूसरी संस्कृतियों में, यह पूजा शायद इसलिए आई होगी क्योंकि उन संस्कृतियों में बहुत ज़्यादा गुह्य विद्या का अभ्यास किया जाता है। उनके रीति-रिवाज मुख्य रूप से गुह्य विद्याओं से प्रेरित हैं, न कि आध्यात्मिक प्रक्रियाओं से। निश्चय ही ऐसी स्थितियाँ रही होंगी जहाँ मृत पूर्वजों ने युद्धों में और दूसरे नाजुक हालातों में उनकी मदद की होगी। उन्हें शायद पता था कि कैसे उन तक पहुँचा जाए और उनका उपयोग किया जाए। निश्चय ही ऐसी स्थितियाँ रही होंगी। उस कारण, यह आम धारणा आई होगी कि सभी पूर्वज आपकी सहायता करेंगे। यही बात यहाँ भी सत्य है।

वैसे, मैंने खुद कहा है कि मेरे भौतिक रूप से चले जाने के बाद, अस्सी सालों तक मैं यहाँ रहूँगा और मेरी मौजूदगी अभी से बहुत बड़ी होगी, और मैं यह सुनिश्चित करूंगा कि हर कोई जो यहाँ है उसे किसी न किसी रूप में पार लगाया जाए। दूसरे ऐसे प्राणी भी रहे हैं जिन्होंने आने वाली पीढ़ियों का मार्गदर्शन किया है। तो इस तरह की चीजें वहाँ हुई होंगी। जरूर इसी के आधार पर, एक आम धारणा बनी होगी कि हर पूर्वज ऐसा करने में समर्थ था। कुछ ने निश्चित रूप से ऐसा किया होगा, लेकिन साधारण तौर पर कहा जाए तो हर पूर्वज ऐसा करने में सक्षम नहीं है।

पिछली पीढ़ियों का सामूहिक ज्ञान निस्संदेह लाखों तरीकों से हमें लाभ पहुँचाता है। आपस में विवाह करने को लेकर अगर हम सावधानी से एक सख्त नियम की व्यवस्था करते हैं, जैसा कि प्राचीन भारत में था, तो पिछली पीढ़ियों के संचित ज्ञान तक हमारी पहुँच और उससे लाभान्वित होने की हमारी क्षमता बहुत अधिक बढ़ जाएगी। यह कठोर जाति व्यवस्था के संबंध में नहीं है, बल्कि आनुवांशिक अनुकूलता के आधार पर है। कई व्यावसायिक परिवारों ने इसे अद्‌भुत तरीकों के दर्शाया है। कुछ ने तो अपने देवी-देवता भी निर्मित किए हैं जो ऊर्जा स्वरुप में ज्ञान के इस संचय को सहयोग हैं और उन्होंने आनुवांशिक मेल-जोल को बहुत उत्साहपूर्वक संभाला है। कई तरीकों से, यह उनके धर्म से भी अधिक सख्त होता था। बहुत से स्थानों पर जमीन, पत्थरों और उस स्थान को बहुत ही देखभाल से रखा गया। कुछ संस्कृतियों में, वे उस मिट्टी और पत्थरों से कोई छेड़छाड़ नहीं करना चाहते थे जो उनके पैतृक गौरव के साक्षी रहे हों क्योंकि ये उनके ज्ञान को कायम रखने के साधन थे।

मगर मशीनों और बेतहाशा यात्राओं और मेल-जोल के इस युग में, शायद यह बहुत व्यावहारिक न हो। आज, आपके बच्चे, आपकी या आपके पूर्वजों की बातों से ज़्यादा गूगल पर भरोसा करते हैं। यह दुर्भाग्यपूर्ण है कि हम सहज-ज्ञान से

जानकारी की ओर चले गए हैं।

स्वर्ग और नर्क गमन

जिन लोगों ने खुद को नर्क बना लिया है वे हमेशा स्वर्ग जाने की चाहत रखते हैं। जब जीवन नर्क जैसा लगता है, तो हम उम्मीद करते हैं कि जब हम ऊपर जाएंगे तब सब कुछ शानदार होगा। अब सवाल यह है कि स्वर्ग में है क्या? हिंदू कथाओं के अनुसार स्वर्ग में भोजन बहुत ही अच्छा है। अगर आप खाने के शौकीन हैं तो आपको हिन्दू स्वर्ग ही जाना चाहिए। नल, सबसे महान रसोइया, खुद आपके लिए भोजन पकाएगा, और आप चाहे कितना भी खाएँ, बर्तन हमेशा भरे ही रहेंगे। अगर आप दूसरी जगह जाते हैं, तो सफेद लिबास पहने स्त्रियाँ हर समय आपके लिए वीणा बजाती हुई बादलों पर उड़ती रहती हैं। अगर आपको उस तरह का माहौल पसन्द है तो आपको वहाँ जाना चाहिए। और कहीं दूसरी जगह, आपको कुमारियों का सामना करना पड़ेगा। अगर आपको इन्हीं सब चीजों की तलाश है तो आपको वहीं जाना चाहिए। लेकिन स्वर्ग जाया कैसे जाया जाए?

एक बार अलबामा में ऐसा हुआ। रविवार के स्कूल में, शिक्षक पूरे जोश में था, लेकिन सुनने वाले आपके जैसे नहीं थे; वे नन्हे-मुन्ने बच्चे थे, जो उनकी 'छोटी उम्र से ही प्रभावित करो' नीति का हिस्सा थे। शिक्षक पूरे जोश में था और बच्चे हैरान-परेशान से बैठे थे। अचानक, वह रुका, और प्रभाव जमाने के लिए उसने पूछाः 'तुम्हें स्वर्ग जाने के लिए क्या करना होगा?' पहली बेंच पर बैठी छोटी मैरी खड़ी हुई और बोली, 'अगर मैं हर रविवार की सुबह चर्च के फर्श की सफाई करूँगी तो मैं स्वर्ग जाऊँगी।' 'बेशक!' वह बोला। एक दूसरी छोटी लड़की ने कहा, 'अगर मैं अपनी पॉकेट मनी अपने कम सौभाग्यशाली दोस्त से साझा करूँगी तो मैं स्वर्ग जाऊँगी।' 'बिलकुल ठीक!' शिक्षक ने कहा। एक दूसरे लड़के ने कहा, 'अगर मैं जरूरतमंदों की मदद करूँगा तो मैं स्वर्ग जाऊँगा।' 'सही है!' शिक्षक बोला। तो पीछे की बेंच पर छोटा टॉमी खड़ा हुआ और बोला, 'पहले आपको मरना होगा।' यही योग्यता चाहिए। अगर आपको स्वर्ग जाना है तो आपको पहले मरना होगा।

जब आप मरेंगे, तो आपकी संस्कृति के आधार पर आपको दफनाया जाएगा, जलाया जाएगा या फिर पक्षियों या जानवरों को भेंट कर दिया जाएगा। तो आपने अपना शरीर यहाँ छोड़ दिया और स्वर्ग चले गए। लेकिन शरीर के बिना आप अच्छे खाने और कुंवारियों का क्या करेंगे? आपको पता है लोग एक विशेष पात्र की बात करते हैं, जिसमें से आप कितना भी खाएँ वह कभी खाली नहीं होता — आपको समझना चाहिए कि ऐसा इसलिए है क्योंकि कोई भी शरीर के साथ वहाँ गया ही नहीं!

देहहीन लोग जो कुछ भी खाएंगे, वह वहीं रहेगा, तो स्वाभाविक रूप से वह पात्र हमेशा भरा ही रहेगा। और यही वजह है कि वे हमेशा कुंवारी ही रहती हैं।

इस तरह की कहानियों को हम बहुत लम्बे समय से सुनते आ रहे हैं। हजारों सालों से आप वही कहानी कहते नहीं रह सकते। कम से कम आपको अब एक बेहतर कहानी बनानी चाहिए — ऐसा स्वर्ग जहाँ वाई-फाई मुफ्त है! किसी कहानी का आनंद लेने में कोई बुराई नहीं है, लेकिन किसी कहानी में विश्वास कर लेना मूर्खता है। आखिर कब तक आप खुद को परी कथा सुनाते रहेंगे? अब समय है कि मनुष्यों के रूप में हम थोड़ी उन्नति दर्शाएँ। इन बेतुकी कहानियों को बंद करके, अब आपको अपने अस्तित्व के सत्य की तलाश शुरू करनी चाहिए।

आजकल, कुछ लोग आपको विश्वास दिलाना चाहते हैं कि आपके मरने पर आप स्वर्ग जाएंगे और वहाँ एक समारोह आयोजित किया जाएगा; आपके सभी नाते-रिश्तेदार और दोस्त आपका इंतजार कर रहे होंगे और आप वहाँ बहुत ही शानदार समय बिताएंगे। आपको समझना चाहिए कि जब आप मरते हैं तो आप अपना शरीर खो देते हैं, लेकिन आप फिर भी यहीं होते हैं। आप कहीं और नहीं जाते। बात केवल इतनी है कि देहसहित अवस्था से देहरहित अवस्था, स्थूल भौतिकता से सूक्ष्म भौतिकता में आयामी परिवर्तन हो गया है। यह यहाँ से स्वर्ग तक, या यहाँ से नर्क तक, या किसी और जगह तक का कोई भौगोलिक गमन नहीं है। और सबसे महत्त्वपूर्ण बात यह है कि मरने के बाद जो कुछ भी होता है वह इस पर आधारित नहीं है कि वह भगवान का दण्ड है या वह आपसे नाराज है और उसे आपको सूली पर लटकाना चाहिए या आपको आग में जलाना चाहिए या आपको खौलते तेल में डालना चाहिए।

समाज में नियंत्रण लाने के लिए, दुनिया के धर्मों द्वारा मरणोपरांत मंजिल के रूप में स्वर्ग और नर्क का बड़े पैमाने पर व्यापार किया गया। जब उन्हें पता था नहीं कि व्यक्ति या व्यक्तियों को कैसे काबू करें तो उन्हें यह विचार आया, 'ठीक है, अगर हम तुम्हें अभी दण्डित नहीं कर सकते तो हम तुम्हें वहाँ देख लेंगे। और जो भी अच्छाई तुम करोगे, अगर हम उसके लिए तुम्हें यहाँ इनाम न दे पाए, तो हम तुम्हें वहाँ इनाम देंगे।' या अगर आप दुखी थे, तो उन्होंने कहा, 'अय्यो, चिन्ता मत करो, जब तुम वहाँ जाओगे तो सब ठीक हो जाएगा।' इस तरह वे दिलासा देते थे। अगर कोई गहरी पीड़ा में है तो आप कहते हैं, 'चिंता मत करो, जब तुम वहाँ जाकर भगवान की गोद में बैठोगे, तो सब ठीक हो जाएगा।' यह एक मनोवैज्ञानिक तरीका है। ऐसा करना ठीक है जब लोग बेहद पीड़ा में हों। लेकिन इसे व्यापार बनाकर हर जगह मत बेचिए, क्योंकि यह वैसे काम नहीं करने वाला है। अगर कोई मनोवैज्ञानिक चिकित्सक ऐसी बातें कह रहा होता तो यह ठीक था। लेकिन अगर आप वास्तव में उन्हें यह विश्वास

दिलाना चाहते हैं कि कहीं जाने पर सब बेहतर हो जाएगा, तो आप यहीं पर जीवन को अस्त-व्यस्त कर देंगे।

अब, धीरे-धीरे लोगों के मन से स्वर्ग ध्वस्त होता जा रहा है क्योंकि अगर आप इसके बारे में केवल तीन सवाल पूछ लें तो यह बिखर जाएगा। मानव जाति समय के ऐसे पड़ाव पर आ गई है जहाँ मानव बुद्धि पहले से कहीं अधिक तीव्रता से काम कर रही है। मानव इतिहास में, आज लोग पहले से कहीं ज़्यादा अपने लिए सोच सकते हैं। एक बार जब मानव बुद्धि सक्रिय हो जाती है, तो उसका सवाल करना अनिवार्य है। मुझे लगता है कि अगले पच्चीस सालों में, या ज़्यादा से ज़्यादा चालीस सालों में, धर्मग्रंथ और स्वर्ग पूरी तरह ध्वस्त हो जाएंगे। यह लोगों के मन में कई तरीकों से पहले ही बिखर रहा है। फिर भी, लोगों में इसे कहने की हिम्मत नहीं है या यह अभी तक उनके मन में पूरा स्पष्ट नहीं हुआ है, लेकिन यह ध्वस्त हो रहा है। आज, लोगों पर स्वर्ग-नर्क की पकड़ कमजोर हो चुकी है। पिछली पीढ़ी में जितनी संख्या में लोग सोचते थे कि मरने के बाद वे स्वर्ग जाएंगे, उनकी तुलना में इस पीढ़ी में ऐसा सोचने वालों की संख्या में जबरदस्त गिरावट आई है। दुनिया में हर जगह, यह उम्मीद ढेर हो रही है, और आने वाले कुछ दशकों में यह और भी तेजी से गिरेगी। दुनिया के लिए इसके बहुत से परिणाम संभव हैं।

मूल रूप से मनुष्य स्वर्ग की तलाश इसलिए करते हैं क्योंकि वे सुख चाहते हैं। अगर आपके बचपन से ही आपको बताया जाता कि भगवान स्वर्ग में रहते हैं लेकिन वह बहुत ही भयानक जगह है, तो आप वहाँ नहीं जाना चाहते। आप कहते, 'नहीं, मैं यहीं से प्रार्थना कर लूँगा, लेकिन मैं वहाँ नहीं जाना चाहता।' तो, दरअसल, मनुष्य अपने अनुभव में प्रसन्नता खोजता है — शारीरिक, मानसिक और भावनात्मक रूप से। वह चाहता है कि जीवन प्रक्रिया और उसके आस-पास का माहौल सुखद हो। अगर ये चीजें हो जाएँ तो क्या हम तृप्त हो जाएंगे? नहीं, बात केवल इतनी है कि अगर आपने सुखमय होना सीख लिया है, केवल तभी आप जीवन के दूसरे आयामों की खोज कर पाएंगे। अगर आप विभिन्न अप्रिय अवस्थाओं में हैं, तो आपका पूरा जीवन केवल प्रसन्नता की खोज में ही चला जाएगा। लोग केवल खुशी पाने के लिए अपना पूरा जीवन बर्बाद कर रहे हैं। वास्तव में, यह प्रसन्नता भी नहीं है; उन्होंने उसके लिए भी हार मान ली है। आज वे बस मन की शांति चाहते हैं। यही उनके जीवन का सबसे ऊँचा लक्ष्य है।

तो एक बार जब लोगों के मन से स्वर्ग ध्वस्त हो जाता है, तो लोग यहाँ पर अपने जीवन को उच्चतम सीमा तक ले जाने की कोशिश करेंगे। चरम तक पहुँचने की शुरुआत लालच और इच्छा से होती है। लेकिन जब लोग हताश हो जाते हैं और उन्हें

एहसास होता है कि अधिक चीजों का होना किसी मायने में जीवन को अधिक नहीं बनाता, तो वे जोर-शोर से यहीं पर विकल्प तलाशते हैं। वे यहीं हर तरह का नशा कर रहे हैं। यह इस ओर नैतिकता की दृष्टि से देखने के बारे में नहीं है। यह ऐसी चीजों द्वारा मानव बुद्धि और मानव चेतना को पहुँचाई जाने वाली क्षति के बारे में है। यकीनन, स्वास्थ्य एक चिंता का विषय है, लेकिन अगर कोई कुछ साल पहले मरने की परवाह नहीं करता, तो मुझे कोई समस्या नहीं है। लेकिन इन रसायनों से मानव संभावना को जो नुकसान पहुँचता है वह हमारी समस्या है। जब 90 प्रतिशत मानव आबादी के साथ ऐसा होता है, तो हमारे द्वारा पैदा की जाने वाली अगली पीढ़ी हमसे बहुत ही कम गुणवत्ता वाली होगी। यह मानवता के विरुद्ध एक अपराध है क्योंकि जीवन की पूरी गति इस तरह है कि उसे और बेहतर होते जाना चाहिए।

एक बार जब असली नुकसान हो चुका हो, उस समय, लोगों को वापस मोड़ने की कोशिश काम नहीं करेगी। आप कैमिकल्स पर जीने वाले लोगों को सलाह नहीं दे सकते। किसी शराबी या किसी मादक पदार्थ की लत वाले को या लगातार डॉक्टरी नुस्खे की दवा पर रहने वाले को सलाह देने की कोशिश कीजिए — आप समझ जाएंगे कि मैं क्या कह रहा हूँ। आप उन्हें बस यूँ ही वापस लौटाकर नहीं ला सकते, क्योंकि रसायनों की प्रकृति ही ऐसी है। यह आपको स्वास्थ्य, शांति, खुशी, आनंद या किसी और चीज के बारे में उन्नत महसूस कराता है। चूंकि यह आपको कृत्रिम रूप से अच्छा महसूस कराता है, तो उस अवस्था से लोगों को नीचे आने का कोई तरीका नहीं है।

तो इससे पहले कि हर कोई शराब या दूसरे नशीले पदार्थों का आदी बन जाए, यह महत्त्वपूर्ण है कि चेतना को ऊँचा उठाया जाए और हम उन्हें यह सिखाने में समर्थ हो सकें कि पूरी तरह आनंदित होकर और बिना किसी मादक पदार्थ की मदद के, खुद से ही मतवाले होकर यहाँ कैसे बैठा जाए। वरना, आप देखेंगे कि अगले पचास सालों में 90 प्रतिशत मानाव आबादी किसी न किसी प्रकार के कैमिकल्स पर जिएगी।

अस्तित्व की दृष्टि से देखें तो स्वर्ग और नर्क की धारणाओं का थोड़ा बहुत आधार है। ऐसा इसलिए है क्योंकि आपका जीवन मृत्यु के साथ ही खत्म नहीं हो जाता; इसके बाद यह बस दूसरे कई रूप धारण करता है। यह सुखद रूप ले सकता है या यह बहुत अप्रिय रूप धारण कर सकता है, जो कई चीजों पर निर्भर करता है। इन्हीं सुखद रूपों को हम स्वर्ग कहते हैं, और अप्रिय या दुखद रूपों को नर्क कहते हैं। जैसा कि हम पहले देख चुके हैं, ये कोई भौगोलिक स्थान नहीं हैं — वे शरीर छोड़ने के बाद प्राणी द्वारा धारण किए गए रूप हैं। अगर आप सभी रूपों से परे चले जाते हैं, तो हम उसे मुक्ति कहते हैं। एक आध्यात्मिक साधक को स्वर्ग जाने में कोई दिलचस्पी नहीं

होती। वे न तो नर्क जाना चाहते हैं और न ही स्वर्ग। वे तो स्वर्ग और नर्क के इस द्वैत से पार जाना चाहते हैं।

पहली चीज जिस पर योग हमला करता है वह है स्वर्ग और नर्क। जब तक स्वर्ग और नर्क मौजूद हैं, तब तक आंतरिक खुशहाली की तकनीक अर्थहीन है। अपनी मुक्ति की ओर बढ़ने की प्रक्रिया अर्थहीन है, क्योंकि, अब उसके पास जाने के लिए दो जगहें हैं — या तो आप बुरी जगह पहुँच जाएंगे या आप अच्छी जगह जाएंगे। आपका पूरा जीवन अच्छी जगह का टिकट अर्जित की तैयारी में ही बीत जाता है। आप किस तरह जीते हैं इसके बारे में तो आपको चिंता ही नहीं करनी होती। मुख्यत: धर्म की सहायता से, मानवता अधिक से अधिक स्थूलता से जीती रही है। वे उपदेश देते हैं, 'इससे कोई फर्क नहीं पड़ता कि आप क्या करते हैं, अगर आप बस इसमें और उसमें विश्वास रखते हैं तो अच्छी जगह का आपका टिकट पक्का है।' तो अगर आप अभी अपने भीतर कार्यरत स्वर्ग और नर्क को नष्ट नहीं करेंगे, तो सत्य की ओर आपकी वास्तव में कोई प्रगति नहीं होगी।

योगिक विद्या में एक बहुत ही सुन्दर कथा है: एक योगी था जिसकी उम्र चौरासी साल से ऊपर थी, और वह अपने आस-पास दूसरे योगियों के सामने यह घोषणा करते घूमने लगा, 'तुम्हें पता है, मैं जल्दी ही मरने वाला हूँ और स्वर्ग जाने वाला हूँ।' इस बात से दूसरे योगियों को बड़ा मजा आया। एक दिन, उन्होंने उससे पूछा, 'तुम्हें कैसे पता तुम स्वर्ग जाने वाले हो? क्या तुम्हें पता है कि भगवान के मन में क्या चल रहा है?' तो उस योगी ने जवाब दिया, 'मुझे परवाह नहीं कि भगवान के मन में क्या है; मुझे यह पता है कि मेरे मन में क्या है।' योग आपको सुखद बने रहने की तकनीक प्रदान करता है, माहौल चाहे जैसा भी हो। वह योगी बस इतना ही कहने की कोशिश कर रहा था। स्वर्ग और नर्क दोनों फिर भी द्वैत के ही भाग हैं। जिसे हम मुक्ति कहते हैं वह पूर्ण विसर्जन है। आप न तो यहाँ जाते हैं, न ही वहाँ जाते हैं। आप कहीं नहीं जाते क्योंकि आप बस विलीन हो जाते हैं। यही कारण है कि एक आध्यात्मिक साधक के लिए लक्ष्य, न तो ईश्वर होता है और न ही स्वर्ग — केवल मुक्ति होती है।

अध्याय 9

संताप और शोक

मैं चाहता हूँ कि आप इस बात को समझें कि आपका दुःख इसलिए नहीं हैं
कि कोई मर गया है। एक जीवन का चले जान आपके लिए कोई महत्त्व
नहीं रखता। एक दिन में दुनिया में हजारों लोग मरते हैं। लेकिन उससे
आपके अंदर खालीपन नहीं आता। आप तब भी मौज-मस्ती करते हैं।
समस्या यह है कि उस एक खास जीवन के जाने से आपके जीवन में एक
खालीपन पैदा हो गया है।

संताप की मूल प्रकृति

किसी प्रियजन की मृत्यु के बाद उसके दुःख से उबरना आज की दुनिया में एक बड़ी
बात बनती जा रही है। लेकिन आपको समझना चाहिए कि आपका दुःख इसलिए नहीं
है कि कोई मर गया है। एक जीवन के चले जाने का आपके लिए कोई महत्त्व नहीं है।
हर रोज, दुनिया से हजारों लोग चले जाते हैं। दुनिया ही क्यों, यहाँ तक कि आपके
शहर में भी बहुत से लोग मर रहे हैं, बहुत से लोग अंत्येष्टियों में जा रहे हैं, बहुत से
दुखी हैं। और फिर भी वह आपको प्रभावित नहीं करता। यह आपमें कोई खालीपन
पैदा नहीं करता। आप अभी भी उसी शहर में पार्टी कर रहे होते हैं। समस्या यह है
कि उस एक खास जीवन के जाने ने आपके जीवन में एक खालीपन पैदा कर दिया
है। दरअसल, आपको दुःख इसलिए होता है क्योंकि कोई व्यक्ति, जो कई तरीकों
से आपके जीवन का एक हिस्सा था, चला गया है। तो आपके जीवन का एक हिस्सा
खाली हो गया है और आप उस खालीपन को संभाल नहीं पा रहे हैं। यह इस तरह है:
एक समूह में आप कोई खेल खेल रहे हैं, और अब अचानक एक व्यक्ति उस खेल में
से बाहर हो गया है, जिससे उस खेल में एक खाली जगह बन गई है और उस कारण
से आप उसे संभाल नहीं पा रहे हैं।

आपकी समस्या यह है कि वह खास मृत्यु आपको अधूरा बना जाती है। आपने किसी के आस-पास अपना जीवन बुना था, अपने मन में योजनाएँ बनाई थीं — 'मैं इस व्यक्ति से शादी करने वाला हूँ, मेरे दो बच्चे होंगे, मैं उन बच्चों को ये या वो बनाऊँगा,' इत्यादि। लेकिन अब, जब वह व्यक्ति आपके जीवन से गायब हो गया है, तब अचानक, वे सारे सपने बिखर गए हैं। आपको पता नहीं होता कि अब खुद के साथ क्या करें। आप का भ्रम टूट जाता है। अगर आपका भ्रम टूट गया है तो इसका अर्थ है कि आप मायूस हो गए हैं। जब आपके भ्रम नष्ट हो गए तो माया चली गई — यही समय होता है वास्तविकता तक पहुंचने का। दुर्भाग्य से, अधिकतर लोग इसे अपने भीतर एक बहुत ही कष्टदायक और विनाशकारी प्रक्रिया बना लेते हैं।

दुःख बस आपके अधूरेपन के बारे में है। यह कहना बहुत ही क्रूर लगता है, लेकिन यह सत्य है कि अधिकांश लोग अपने पति-पत्नी, माता-पिता या संतान को खोने के मुकाबले, तब ज्यादा दुखी होंगे अगर वे अपना सारा धन या आजीविका खो दें। यह निर्दयतापूर्ण लग सकता है लेकिन यह एक हकीकत है। तो आप किसी की मृत्यु हुए बिना भी दुखी हो सकते हैं। लोग इसलिए भी दुखी हो सकते हैं क्योंकि वे सफल नहीं हैं। लोग इसलिए भी दुखी हो सकते हैं कि उन्हें वह नहीं मिल पा रहा है जो वे चाहते हैं। लोग अपने घर के जल जाने से भी दुखी हो सकते हैं। वे अपनी कार के खो जाने से भी दुखी हो सकते हैं। एक बच्चा अपने टेडीबेयर के खो जाने से दुखी हो सकता है। एक बच्चा अपने माता-पिता से ज़्यादा अपने टेडीबेयर की कमी महसूस कर सकता है। वह अपने दादा के मुकाबले अपने कुत्ते के लिए ज़्यादा दुखी हो सकता है। मैंने ऐसा होते हुए और लोगों को हैरान होते हुए देखा है। लेकिन यह मानवीय प्रकर्ति है। अपने दादा की तुलना में बच्चे का कुत्ते से कहीं गहरा संबंध है। इसमें क्या किया जा सकता है?

आपको यह जांच करनी चाहिए कि किसी को खो देने पर आप अधूरा क्यों महसूस करते हैं। यह जीवन एक संपूर्ण रूप में आया है। अगर आप इस जीवन को, यह जैसा है, उसी रूप में जानते हैं तो अधूरेपन का कोई सवाल ही नहीं होगा। यह जीवन संपूर्ण है। अगर यह एक अधूरा जीवन है तो इसका अर्थ है कि सृष्टिकर्ता ने खराब काम किया है। नहीं, उसने शानदार काम किया है — अधिकतर लोग जितना समझते हैं उससे यह कहीं अधिक शानदार और जबरदस्त है। यह एक बहुत ही असाधारण, अद्भुत काम है। अगर आपने इस जीवन को वैसा ही महसूस किया हो, जैसा वह है तो कोई भी चीज आपमें खालीपन नहीं छोड़ेगी, क्योंकि यह एक संपूर्ण जीवन है। तब आप इसे अपने व्यवसाय या अपनी कार या अपने घर या अपने परिवार या किसी और चीज से भरने की कोशिश नहीं करेंगे। यह जीवन

सहभागी हो सकता है, संबंध बना सकता है, साथ दे सकता है और उनको अपने संग शामिल कर सकता है। लेकिन फिर भी, अपने आप में यह एक पूर्ण जीवन है। यह इसी तरह है। अगर आपका अनुभव ऐसा है और आप ऐसी अवस्था में हैं, तो चाहे आपकी नौकरी जाए, आपका पैसा जाए या आपका कोई प्रियजन जाए, आप दुःख नहीं मनाएंगे।

तो क्या इसका यह अर्थ है कि जाने वालों के लिए आपमें कोई भावनाएँ नहीं हैं? नहीं, आपमें उनके लिए बेहद प्रेम होगा। अभी, जब वे यहाँ हैं तो दो लोगों के बीच थोड़ी-बहुत समस्या तो हमेशा ही होती है। वे आपके चाहे कितने ही नजदीक हों और आपको कितने ही प्रिय हों, अगर आप चार से छह महीनों से ज़्यादा उनके बहुत करीब रहते हैं, तो आप थोड़े समय के लिए उनसे दूर होना चाहेंगे। आप बस कोई बहाना बनाएंगे, कम से कम बाथरूम में तो जाकर बैठ ही जाएंगे! वे आपके चाहे कितने ही करीब और अच्छे हों, आपको उनसे बचने के लिए बस कोई बहाना बना देंगे। जब लोग देह में होते हैं, तो कोई भी दो शरीर हर समय नजदीक नहीं रह सकते। कुछ समय बाद शरीरों को दूर होना पड़ता है। लेकिन जब वे देह से मुक्त हो जाते हैं तो अगाध प्रेम सामने आ जाएगा क्योंकि देह का अवरोध समाप्त हो गया है।

आपने साथ-साथ कई चीजों को जाना है, बहुत-सी अंतरंग चीजें की हैं — दो लोगों के बीच बहुत-सी बढ़िया बातें हुई हैं। लेकिन जब तक वे जीवित थे, आप किसी न किसी बात में उनके खिलाफ रहे थे और उनका विरोध किया था। अब, विरोध की वे छोटी-छोटी बातें मृत्यु के साथ ही गायब हो गईं। अब कोई समस्या नहीं है, अब वे बोलेंगे नहीं, वे आपसे तर्क नहीं करेंगे, वे आपसे असहमत नहीं होंगे। आपको उनके अस्तित्व का बस सुंदर पहलू ही देखना चाहिए। उनके साथ समस्याएँ थी, ठीक है; उनका एक अप्रिय पहलू भी था। लेकिन ये सारी चीजें केवल इस कारण थीं क्योंकि उनके पास एक शरीर और मन था। तो अगर कोई गुजर जाता है तो आपको पूरी तरह प्रेम से परिपूर्ण हो जाना चाहिए। लेकिन, बदकिस्मती से, आप दुःख से भर जाते हैं। दुःख एक अपंग कर देने वाली शक्ति है क्योंकि यह आपमें एक बड़ा सुराख़ छोड़ जाती है। फिर आपको पता नहीं होता कि आगे क्या करें क्योंकि आपने जीवन को उसी रूप में महसूस नहीं किया, जैसा कि वह है।

दुःख का एक अस्तित्वगत आधार भी हो सकता है। लेकिन ऐसा केवल उन मामलों में होता है जहाँ किसी माता-पिता ने अपनी संतान को खोया हो। और ऐसा भी पिता से अधिक माँ के साथ होता है। अगर माँ इक्कीस साल से छोटी संतान को खोती है तो उसका एक अस्तित्वगत आधार होता है। वरना, यह विशुद्ध रूप से मनोवैज्ञानिक होता है। संतान की हानि सबसे अधिक पीड़ा तब देती है जब वह चार

से इक्कीस की उम्र के बीच रही हो। चार साल की उम्र तक यह स्मृति ज़्यादा अच्छी तरह से अंकित नहीं हुई होती है। इक्कीस की आयु के बाद यह स्मृति फिर अलग होना शुरू हो जाती है। अगर किसी बच्चे की मृत्यु बीच में होती है, तब माता-पिता की और उसमें होने वाली पीड़ा बहुत शारीरिक होती है। बेशक, यह हर व्यक्ति में अलग तरह होती है, जो भावनात्मक और शारीरिक जुड़ाव और निर्भरता पर आधारित होती है।

बहुत ज़्यादा गहराई से जुड़े पति-पत्नियों के बीच भी दुःख की भौतिक अभिव्यक्ति संभव है। जब उनमें से एक मरता है, तो दूसरे के शरीर के शरीर में भी एक खास पलटाव आता जिससे उन्हें पीड़ा हो सकती है। हो सकता है ऐसे लोग अपने पति या पत्नी की मृत्यु के बाद छह माह के भीतर ही प्राण त्याग दें। जरूरी नहीं कि ऐसा मानसिक आघात से हो, बल्कि दो जीवन के आपस में गुँथे होने के कारण ऐसा होता है। लेकिन यह हमेशा सच नहीं होता। बहुत ही कम लोग उतने करीब होते हैं। अधिकांश समय, दुःख अस्तित्वगत होने के बजाय मनोवैज्ञानिक या मानसिक अधिक होता है। लेकिन मानसिक दुःख किसी भी तरह कम महत्त्वपूर्ण नहीं है। मानवीय भावनाएँ व्यक्ति के जीवन का एक शक्तिशाली हिस्सा हैं। मानसिक और भावनात्मक भाग किसी भी तरह शारीरिक भाग से कम नहीं हैं। मैं कहूँगा कि यह उतना ही शक्तिशाली या उससे भी ज़्यादा शक्तिशाली है।

संताप से छुटकारा

हम इसकी कामना नहीं करते, लेकिन अगर ऐसा होता है कि हमारे बच्चों या भाई-बहनों या किसी और प्रियजन की हमारे सामने मृत्यु होती है, तो हम उस दुःख से कैसे पार जाएं? जब हम किसी चीज से परे जाने की बात करते हैं, तो यह उसे भूलने के बारे में नहीं है। आप अपनी संतान को भूल नहीं सकते। आप अपने आप से ऐसा नहीं कह सकते, 'यह ठीक है, यह सब स्वाभाविक है।' आप यह नहीं कर सकते। यह सच है कि जो व्यक्ति आपके लिए बहुत कीमती था, आपके लिए जिसके बहुत मायने थे, वह जा चुका है। लेकिन जीवन की सच्चाई यह है कि जब कोई चीज आपके जीवन के दायरे से परे चली जाती है, जब वह उस सीमा के पार चली जाती है, तो फिर वह आपकी नहीं रहती। मैं चाहता हूँ आप यह समझें कि जब आपके माता-पिता, संतान या कोई मित्र मर जाता है, तो न तो आप उनकी परवाह कर सकते हैं और न ही उनके प्रति बेपरवाह हो सकते हैं। ये दोनों चीजें केवल जीवित के लिए हैं। दूसरे शब्दों में, उन्होंने एक सीमा रेखा पार कर ली है, जिसके परे न तो आपका दायरा है और न ही आपका मतलब है।

आपको समझना चाहिए कि लोगों के साथ आपका संबंध बहुत शारीरिक है। कुछ संबंध शारीरिक नहीं होते, लेकिन अधिकतर 99.99 प्रतिशत लोगों के लिए, लोगों के साथ उनका संबंध पूर्णतया शारीरिक होता है। कोई आपकी माँ है, कोई आपका पिता है, कोई आपका पति है, कोई आपका भाई है, कोई आपकी पत्नी है — यह सब केवल शारीरिक कारणों से हैं। इससे आपकी भावनाएँ जुड़ी हो सकती हैं, लेकिन अस्तित्व के स्तर पर भावनाओं का कोई अर्थ नहीं होता। अगर मैं आपकी स्मृति मिटा दूँ तो आप सारी भावनाएँ भूल जाएंगे। आप इसे बहुत अधिक महत्त्व देते हैं, लेकिन यह बहुत सतही है। यहाँ तक कि आपका सबसे गहरा संबंध भी शारीरिक ही है।

अब, आपका भाई या दोस्त या संतान या माता-पिता या किसी की भी मृत्यु हुई हो, जब वे जीवित थे तो ऐसी कौन-सी बातें थी जो आप उनके बारे में जानते थे? आप उनके शरीर से परिचित थे। उन्होंने अपने मन के कुछ उद्गार आपके सामने प्रकट किए होंगे। फिर भी उन्होंने आपके सामने उसे पूरा कभी नहीं खोला होगा — इस तरह का भ्रम मत पालिए। उन्होंने अपनी भावनाओं के कुछ ही पहलू आपके सामने उजागर किए होंगे। उसके अलावा उन्होंने आपके सामने कुछ भी उजागर नहीं किया होगा। अब, जब वे मर चुके हैं, तो वे अपने शरीर को साथ लेकर नहीं गए। तो परिचय का बड़ा भाग तो समाप्त हो गया। उनके मन में जो भी मौजूद था, आपके बारे में उनकी स्मृति, और उनकी अपनी स्मृति भी पीछे छूट गई। जब कोई एक बार अपना शरीर छोड़ देता है तो, आप चाहे इसे पसन्द करें या न करें, उसको आपसे कोई लेना-देना नहीं रह जाता। आप यहाँ जिंदा बैठकर फिर भी सोच सकते हैं कि कोई आपका भाई है। लेकिन जो शरीर छोड़ गया है उसके लिए कोई भाई, बहन, पिता, माँ नहीं है, वह उससे परे चला गया है। केवल जब आप शरीर धारण किए होते हैं तभी आपकी माता होती हैं, आपके पिता होते हैं, आपका भाई होता है, आपकी बहन होती है। उसके बाद, ऐसी कोई चीज नहीं होती।

जब कोई मरता है तो लोग सोचते हैं कि उन्हें उस व्यक्ति के साथ अपनी शत्रुता को छोड़ देना चाहिए और उनकी मित्रता को पोषित करना चाहिए। यह मूर्खतापूर्ण है। जो मर चुका है वह न तो आपका दोस्त है और न ही आपका दुश्मन। यह खत्म हो चुका है। धंधा खत्म हो चुका है। आप इस बात से समझौता करने के लिए तैयार नहीं हैं, इस कारण दुःख बैठ जाता है। जैसे-जैसे आप इसे स्वीकार करते हैं, दुख घटता जाता है, क्या ऐसा नहीं है? वैसे भी, दस साल बाद आप उन्हें भूल जाएंगे। आमतौर पर, इसमें दस साल भी नहीं लगते लेकिन अगर इतना समय लग भी जाता है, तो दस साल बाद आप अच्छी तरह खा रहे होंगे, हँस रहे होंगे, खुशियाँ मना रहे

होंगे, और आप सब कुछ कर रहे होंगे। मैं कहता हूँ कि ग्यारह दिनों का शोक रखिए और उसके बाद, आप सब कुछ कीजिए, इसमें समस्या क्या है? कहीं न कहीं लोगों को अपराधबोध महसूस होता है कि वे अभी भी जीवित हैं जबकि कोई मर गया है। लेकिन आप भी मरेंगे। आपको बस इंतजार करना है। यह बहुत ही कठोर दृष्टिकोण लगता है, लेकिन यही जीवन की सच्चाई है।

हमें अपने जीवन में तय करना होगा कि हमें मुक्त करने वाला सत्य चाहिए या काल्पनिक झूठ, जो तसल्ली देता हो। अगर आप कहते हैं कि आपको दिलासा चाहिए, तो मैं आपको एक अलग कहानी सुनाऊँगा। अगर आप कहें कि आपको सत्य चाहिए, आपको इससे मुक्ति चाहिए, तब यह पूरी तरह एक अलग चीज होगी। मैं आपको ऐसा किसी संवेदनहीनता कि वजह से नहीं कह रहा हूँ, लेकिन अब समय है कि हम इसे वैसा ही स्वीकार करें जैसा यह है। जब मृत्यु होती है, तो वह समय पीछे मुड़कर देखने और जो हुआ है उसे संजोने का होता है, वह उसे स्वीकार करने और यह देखने का समय होता है कि जो जीवन यहाँ है उसके साथ आप क्या कर सकते हैं।

अभी, मान लीजिए कि आपका बेटा या बेटी या पोता या कोई और प्रिय व्यक्ति गुजर गया। ऐसे में बैठकर खुद को बर्बाद करने के बजाए आप अपने चारों ओर क्यों नहीं देखते? कितने बेटे और बेटियाँ और पोते-पोतियाँ हैं, जिनकी देखभाल करने वाला कोई नहीं है। आपके इस प्रेम और देख भाल को लाखों अलग-अलग तरीकों से व्यक्त करने के लिए पर्याप्त अवसर मौजूद हैं। आपके चारों ओर कितना अधिक जीवन है जिसे इस देखभाल की जरूरत है और आपको अपने अंदर के इस प्रेम और देखभाल के लिए अभिव्यक्ति की तलाश है, तो कृपया ऐसा कीजिए। अगर आप ऐसा नहीं करेंगे तो आपका दुःख सदा बना रहेगा। यह आप में बंद रहेगा और जीवन भर आपको यातना देगा। जिस एक बेटे को आपने खो दिया, उसकी खातिर आप दस को अपने बेटों के रूप में अपना सकते हैं और अपने प्रेम और पितृत्व या मातृत्व की पूरी अभिव्यक्ति पा सकते हैं। आप पाएंगे कि यह आपके जीवन को उससे कहीं अधिक सुंदर बनाने की एक नींव बन जाएगा, जो बस एक बेटे से हुआ होता। आप इसे वैसा बना सकते हैं। आपको यह कदम उठाना होगा। वरना, आप बस उसी के साथ रहेंगे जिसे आप बदल नहीं सकते।

मैं चाहता हूँ कि आप याद रखें कि जो कुछ भी हमारे भीतर हो रहा है — इससे कोई फर्क नहीं पड़ता कि यह किस वजह से हो रहा है — वह हमारे ही द्वारा बनाया गया है। अगर हम चाहें तो उसे बदल भी सकते हैं। जब तक आप जीवित हैं, यह महत्त्वपूर्ण है कि आप यह देखें कि जीवित लोगों के लिए कैसे योगदान करें, क्योंकि नियत समय में कुछ रीति-रिवाज करने के अलावा आप मृतक के लिए कुछ और नहीं

कर सकते। इसके अलावा, अगर आप मानते हैं कि जिस व्यक्ति के लिए आप दुःख मना रहे हैं उसने आपके जीवन को समृद्ध बनाया है, तो उस संवर्धन को अपने जीवन जीने के तरीके में प्रदर्शित कीजिए। अगर आप बाकी जीवन भर रोते रहने वाले हैं, तो इसका अर्थ यह होगा कि वह व्यक्ति अब आपके जीवन में सबसे बड़ी समस्या है, है न? कोई आपके जीवन में आया और चला गया — अगर उसने आपके जीवन को समृद्ध बनाया है तो आपको खुशी से जीना चाहिए। उन्होंने आपके लिए जो कुछ भी किया है उसे स्वीकार कीजिए, ऐसा मत दिखाइए कि वे आपके जीवन में जहर घोलकर चले गए हैं।

मैं चाहता हूँ कि आप यह समझें: इस दुनिया में कोई व्यक्ति चाहे कितना भी बड़ा हो, अगर कल सुबह मैं मर जाऊँ या आप मर जाएँ, तो हमारे बिना भी यह दुनिया अच्छी तरह — या शायद उससे भी बेहतर — चलती रहेगी! यह अच्छी बात है कि लोग मरते हैं। क्या हम मरे हुओं को वापस ले आएँ? इस समय, आपकी भावनाएँ ऐसी हैं कि आप स्वाभाविक रूप से कहेंगे, 'कृपया मेरे मरे हुए भाई को वापस ले आइए।' लेकिन सिर्फ आपके ही भाई को क्यों, क्या मैं आपके दादा और उनके पिता और उनके पिता और हर किसी को वापस ले आऊँ? क्या आप कल्पना कर सकते हैं कि अगर वे सभी लोग वापस आ जाएँ और यहाँ घूमने लगें तो इस दुनिया का क्या होगा? यह अच्छा है कि वे मर चुके हैं, है न? यह सोचना ठीक नहीं है कि किसी को मरना नहीं चाहिए। लोगों को मरना चाहिए। हम चाहते हैं कि वे अपना पूरा दौर खत्म करके मरें। हम उनके लिए असमय मृत्यु नहीं चाहते, बस यही एक ध्यान देने की बात है। लेकिन आज वह समझ मौजूद नहीं है क्योंकि लोग अपने भौतिक शरीरों में बुरी तरह आसक्त हैं। यही कारण है कि अगर वे नब्बे या सौ साल के हैं तो भी आप उन्हें मरने नहीं देना चाहते।

आपको समझना चाहिए कि आपके जीवन में चाहे कैसी भी स्थिति आए, आप और अधिक सशक्त होकर उससे बाहर निकल सकते हैं या उससे टूटकर बिखर सकते हैं। आपके पास यह विकल्प है। हर मनुष्य के पास यह विकल्प है। किसी स्थिति को लेकर हमारे पास हमेशा विकल्प नहीं होता कि वैसी स्थिति होनी चाहिए या नहीं होनी चाहिए। हम कुछ हद तक ही उसे प्रभावित कर सकते हैं लेकिन बहुत सारी परिस्थितियाँ हमारी पहुँच से बाहर घटित होती हैं। लेकिन हर बार, हमारे पास विकल्प होता है कि शालीनता से या एक बिखरी हालत में गुजरें। यह विकल्प हमारे पास हमेशा होता है।

अब, क्या कुछ संस्कारों के माध्यम से दुःख से उबरना संभव है? हाँ, ऐसा हो सकता है। कुछ चीजें हैं जिन्हें आप कर सकते हैं, लेकिन सवाल यह है कि क्या यह

वाकई करने लायक है। आपको समझना चाहिए कि हर चीज के लिए संस्कार बना देना पीछे की ओर कदम बढ़ाना है। किसी संस्कार को करने का अर्थ है कि आप कुछ करने के इच्छुक नहीं हैं, आप बस चाहते हैं कि कोई व्यक्ति या कोई और चीज आपके दुखों को संभाले। जब एक तरीका मौजूद है, जहाँ एक निश्चित मनोभाव और जागरूकता के साथ आप इससे बाहर आ सकते हैं, तो आपको संस्कारों के पीछे जाने की आवश्यकता क्यों है? जीवन के कुछ पहलुओं के लिए संस्कारों का उपयोग करना ठीक है, लेकिन जीवन के हर पहलू के साथ ऐसा करना ठीक नहीं है। अगर आपका कोई प्रिय व्यक्ति मर जाता है, तो आपको इससे उबारने के लिए किसी संस्कार या किसी दूसरे हस्तक्षेप की उम्मीद करने के बजाए, आपको इसे खुद संभालना सीखना चाहिए। अगर कोई बहुत निराशाजनक स्थिति में है, तो हाँ, हम कुछ करेंगे लेकिन वह समाज के लिए एक तरीका नहीं बनना चाहिए। यह कुछ समय बाद बहुत ज़्यादा उलझा हुआ हो जाएगा।

दुःख से उबरने के लिए जिस साधन का आप उपयोग कर सकते हैं, वह कालभैरव कर्म है। कालभैरव कर्म आपको आपकी आनुवांशिक स्मृति से दूर कर देगा। अगर इसे ठीक से किया जाए तो एक स्पष्ट दूरी बन जाती है। अचानक, सब ठीक लगने लगता है, क्योंकि आपके और आपके मृत संबंधी के बीच एक दूरी बन जाती है। यही कारण है कि जो लोग कालभैरव कर्म के लिए आते हैं, वे उसके बाद अचानक बहुत हल्का महसूस करते हैं मानो उन पर से कोई बहुत बड़ा भार उतार दिया गया हो। कालभैरव कर्म आपके दुःख को संभालने का संस्कार नहीं है, लेकिन यह जो करता है उसके कारण यह दुःख को भी संभाल सकता है।

मृतकों की चीजें

एक बार एक स्त्री ने, जिसकी दादी कुछ महीने पहले गुजर गई थी, एक घटना सुनाई जो उसे परेशान कर रही था। एक दिन, अपनी अल्मारी साफ करते हुए उसने अपनी दादी के कपड़े पहन लिए। उसने अपनी दादी की खानदानी अंगूठी भी पहन रखी थी। उसे महसूस हुआ कि उसकी दादी इसे लेकर अपनी नापसन्दगी जता रही थी और वह अपने पास दादी की मौजूदगी को महसूस कर रही थी। इसके अलावा, उसने अपनी दादी की कुछ आदतों को भी अपना लिया था। मिसाल के लिए, वह धूम्रपान करने लगी थी, जबकि वह पहले ऐसा नहीं करती थी, लेकिन उसकी दादी धूम्रपान करती थी। ऐसी कुछ और भी चीजें थी और वह इनसे परेशान थी। वह चाहती थी कि मैं इस सबसे मुक्त होने में उसकी सहायता करूँ।

आमतौर पर, बहुत-सी ऐसी चीजें लोगों की कल्पना शक्ति के कारण होती हैं, लेकिन कभी-कभी इनका एक आधार भी हो सकता है। अगर आप ऐसी

चीजों से आजाद होना चाहते हैं तो सबसे पहला काम यह करें कि मृतकों से खुद को जोड़ना बंद कर दीजिए। आपको यह समझने की जरूरत हैः वे आपको चाहे कितने ही प्रिय रहे हों, वे आपके साथ चाहे कितने ही अंतरंग रहे हों, जिस पल वे अपना शरीर छोड़ते हैं, उनके मन, बुद्धि और भावना का सामान्य भाव, जो उनके साथ आपके रिश्ते का आधार था, वह समाप्त हो जाता है। उनके बारे में आप जो कुछ भी जानते थे वह सब समाप्त हो चुका है। कुछ दूसरा तत्व अभी भी जारी रहता है, लेकिन उस तत्व से आपका कभी कोई संबंध नहीं रहा। आपका संबंध दूसरे पहलुओं से था, और वे सारे पहलू उस व्यक्ति की मृत्यु के साथ खत्म हो गए। तो किसी के मरने पर आपको केवल उनके साथ जिए सुंदर पलों को संजोना चाहिए — बस इतना ही। अगर कुछ सुंदर था तो आपको उसे संजोना चाहिए, नहीं तो उसके बारे में भूल जाना चाहिए। मृतक के माध्यम से अपने अपराधबोध और अपनी समस्याओं पर काम करने की कोशिश मत कीजिए। यह बहुत ज़्यादा उलझ सकता है।

आपको, मृतकों को मृतकों पर ही छोड़ देना चाहिए। जब तक आपने अपने जीवन पर एक निश्चित महारत हासिल नहीं कर ली है, तब तक उनके साथ आपका कोई काम नहीं है। आपको उस दिशा में देखना भी नहीं चाहिए, क्योंकि आप कोई नासमझी भरा काम करने की कोशिश में अपने जीवन को पूरी तरह से बिगाड़ सकते हैं। और वैसे भी, यह कोई मायने नहीं रखता कि आपकी दादी का अपने कपड़ों या किसी और चीज से कितना लगाव था, वह उन्हें तभी तक पहन सकती थीं जब तक उनके पास एक शरीर था, और आप अच्छी तरह जानते हैं कि वे उसे खो चुकी हैं। तो वे दादी के किसी काम के नहीं हैं। कोई ऐसा जिसके पास शरीर नहीं है, उसका भोजन या कपड़ों या किसी भी और चीज से कोई लेना-देना नहीं है। केवल एक शरीर होने पर ही आपको खाने और कपड़ों की ओर जाना चाहिए। एक बार शरीर के छूट जाने पर खाने और कपड़ों का आपके लिए क्या काम है? यहाँ तक कि एक शरीर के होते हुए भी आपको इन चीजों की ओर ज़्यादा नहीं जाना चाहिए, लेकिन कम से कम ऐसा करने के लिए आपके पास एक अच्छा बहाना तो है! आपको इसे ढंकना तो है ही, तो आप इसे अच्छे से ढंकना चाहते हैं, यह ठीक है। लेकिन जब आपने अपना शरीर खो दिया है, तो आप अपने कपड़ों को कहाँ धारण करेंगे, और उन्हें पहनकर कहाँ घूमेंगे?

आमतौर पर, जब उस स्थिति में बहुत सारी भावनाएँ गड्ड-मड्ड हो जाती हैं, तो आपके भीतर और बाहर बहुत सारी चीजें घटित होंगी। जब आप अपनी दादी के घर जाएँ, तो जो भी काम करने की जरूरत है बस वही करें, अपनी साधना करें, अपने दादा के साथ रहें जो अभी जीवित हैं, लेकिन मृतक के साथ बने रहने की कोशिश मत करें।

अपनी दादी के साथ विभिन्न प्रकार की काल्पनिक चीजें करने के बजाय यह देखें कि जब तक आप वहाँ हैं, अपने दादा और खुद के जीवन को कैसे समृद्ध बना सकते हैं।

यह संभव है कि आपकी दादी का कुछ बचा हुआ तत्व उनके कपड़ों में छूट गया हो। और वह कुछ चीजों का कारण बन सकता है। लेकिन उसमें शामिल होने की कोई आवश्यकता नहीं है। भारत में इन सभी चीजों का उन विभिन्न रीति-रवाजों द्वारा खयाल रखा जाता है जिन्हें इस संस्कृति में शामिल किया गया था। लोगों ने इन चीजों को सामान्य घटनाओं की तरह स्वीकार किया था। जब कोई व्यक्ति मरता था, तो उसके शरीर के सभी कपड़ों को जला दिया जाता था। उन्हें कभी भी नहीं रखा जाता था। जिन कपड़ों को मृतक कभी-कभी पहनता था उन्हें केवल किसी सगे रिश्तेदार को ही दिया जाता था, किसी दूसरे को नहीं। और ऐसा करने पर भी, उन कपड़ों को पहले एक साल तक नहीं पहना जाता था।

ये चीजें इसलिए की जाती थीं कि हम जिस वस्तु के संपर्क में रहते हैं, एक निश्चित मात्रा में, हमारी ऊर्जा उसमें चली जाती है। अगर आप उन्हें खास तरह का अवसर दें, तो वे कपड़े अजीब ढंग से व्यवहार करने लगेंगे। आपकी दादी को आने की जरूरत नहीं है, ये कपड़े अपने आप से ही अजीब व्यवहार करना शुरू कर देंगे। आप स्थैतिक विद्युत (स्टेटिक इलेक्ट्रिसिटी) से परिचित होंगे, जहाँ कुछ पदार्थों के संपर्क में आने पर कपड़े विद्युत चार्ज इकट्ठा कर लेते हैं। इसी तरह, जो कुछ भी आपके शरीर से निकट संपर्क में रहता है उसमें थोड़ी मात्रा में आपका गुण आ जाएगा। आप पर गुह्य विद्याओं का इस्तेमाल वाले लोगों की प्राथमिकता आपके नाखूनों या बालों को हासिल करना होता है। ये वास्तव में आपके शरीर के वह भाग हैं जिन्हें समय-समय पर काटा जाता है, तो उनके माध्यम से उन्हें आप तक सीधी पहुँच मिल जाती है। अगर उन्हें ये न मिलें तो अगली चीज वे उन कपड़ों की तलाश करते हैं जो आपके शरीर के संपर्क में रहे हों। इनमें से, पहला निशाना अंतर्वस्त्र होते हैं। यही कारण है कि लोग इस बात का बहुत ज़्यादा ध्यान रखते हैं कि उनके अंतर्वस्त्र कभी भी दूसरों के हाथ न लग पाएँ। इन दिनों सारे कपड़े धोबी के पास जाते हैं, वरना, पारम्परिक रूप से, हमारे घरों में यह सब किसी टोकरी में ढंककर रखा जाता था। इन्हें घर के अन्दर ही धोना चाहिए — कभी बाहर लेकर नहीं जाना चाहिए क्योंकि सिर्फ इस कपड़े के साथ लोग आपके साथ चीजें कर सकते हैं। इन कपड़ों के इसी गुण के कारण, जब एक व्यक्ति मरता है, और उनमें अगर एक निश्चित तरह की ऊर्जा सक्रिय है, तो उसके कपड़े थोड़ा बहुत तड़क जाते हैं।

ऐसे मामले भी हैं जहाँ चीजें वास्तव में अपनी जगह से इधर-उधर हो गई हैं। खास तौर पर वो चीजें जिनका उन्होंने ज्यादा इस्तेमाल किया था — वो चीजें अपने

आप ही यहाँ-वहाँ सरकने लगीं। ऐसा नहीं है कि उस व्यक्ति ने आकर उन चीजों को खिसकाया हो। बस इतना है कि जो ऊर्जा उन वस्तुओं के साथ जुड़ी थी अब वह वापस सिमट रही। तो उस सिमटने या निकलने की प्रक्रिया से थोड़ी बहुत हलचल हो जाती है। यह ऐसा है कि जब आप अपनी कार का इंजन बंद करते हैं, जब यह शांत हो रहा होता है तो कार को थोड़ा-सा ज़्यादा झटका देता है। वह रुक रहा होना है, तो असल में इसे धीमे होते जाना चाहिए, लेकिन ऐसा नहीं होता। इसी तरह, जब जीवन एक रूप से दूसरे रूप में जाता है, तो थोड़ा प्रतिध्वनि अधिक होंगे। उस अतिरिक्त प्रतिध्वनि को भटकते प्रेत के रूप में समझ लिया जाता है।

अगर आप उस व्यक्ति के लिए कालभैरव कर्म जैसा कुछ करते हैं, तो यह सुनिश्चित करेगा कि उस व्यक्ति का कोई भी अवशेष पीछे न रहे जाए। अब, मृतक को पूरी तरह पैक करके भेजा जा सकता है और जीवित अपना जीवन जारी रख सकते हैं। अगर जीवित मृत के साथ ज़्यादा शामिल हो जाते हैं, तो वे कई तरीकों से अपनी जान गवाँ देंगे। यह सारी डराने वाली बातें एक तरह से अपनी ओर खेंचती हैं, लेकिन यह आपके जीवन को कई तरीकों से नष्ट कर सकती हैं जो बिलकुल भी सुखद नहीं होगा। इसका यह अर्थ नहीं है कि मृत व्यक्ति आपके जीवन को खेंच लेने की कोशिश कर रहा है। नहीं। केवल मृतक के साथ जुड़ने की कोशिश करने से ऐसा हो सकता है। जब तक आप पर्याप्त रूप से स्थापित न हों और एक निश्चित स्तर की क्षमता न रखते हों, आपको उस दिशा में नहीं देखना चाहिए। यह आवश्यक नहीं है।

जुड़ाव के कारण मृत्यु

कुछ पक्षियों के साथ ऐसा होता है, कुछ पशुओं और मनुष्यों के साथ भी ऐसा होता हैः अगर वे एक जोड़ा थे या वे आपस में बहुत करीब थे; ऐसे में जब उनमें से एक मरता है तो तीन से छह महीनों में दूसरा भी मर जाएगा। ऐसा होने का एक कारण है कि भारत में जब लोगों की शादी होती थी, तो उनकी ऊर्जाएँ एक खास तरीके से बांध दी जाती थीं। इस देश में यह उस समय की बात है जब परंपरागत में जोड़ों को अलग होने की अनुमति नहीं थी। उस समय, लोग उन्हें ऊर्जा के स्तर पर बाँध देते थे क्योंकि वैसे भी जोड़े अलग नहीं होते थे। ये चीजें बस यूँ ही करने के लिए नहीं होतीं।

आप शायद यह जानते होंगेः भारत में, पारम्परिक रूप से स्त्रियों को शादी के बाद पैरों की उंगलियों में बिछिया पहनती थीं। तमिलनाडु में इसे मेट्टी कहा जाता है। ऐसा इसलिए था क्योंकि विवाह को स्त्री के लिए इतना बड़ा अनुभव माना जाता था कि उसके शरीर तक छोड़ देने की संभावना होती थी। आमतौर पर, उनकी शादी आठ या दस साल की उम्र में हो जाती थी। पति और पत्नी अलग रहते थे और चौदह या पंद्रह

के होने तक वे एक-दूसरे को नहीं देखते थे। इस दौरान, जहाँ एक ओर लड़के को उस लड़की की शारीरिक और मानसिक रूप से सुरक्षा करने के लिए प्रशिक्षित और तैयार किया जाता था, जो उसके प्रति समर्पित है, और लड़की को (भावनात्मक रूप से अधिक सक्षम होने के कारण) यह मानने के लिए भावनात्मक और शारीरिक रूप से तैयार किया जाता था कि उसका पति ही उसका भगवान है। उसके मन में यह भावना बैठा दी जाती थी। जब वह शारीरिक रूप से परिपक्व हो जाती थी, केवल तभी उसे उसके ससुराल लाया जाता था। तो जब वह आकर अपने पति से मिलती थी तो उसके लिए यह इतना बड़ा अनुभव होता था कि उसके भीतर जीवन का विस्फोट हो जाता था। उस समय, उसके शरीर से फिसल जाने की संभावना होती थी। इसे रोकने के लिए, मेट्टी के रूप में वे लड़की के शरीर पर कोई धातु धारण करवाते थे। शरीर पर धातु को धारण करना हमेशा ही ऐसी घटनाओं को होने से रोकता है। जब हम लोगों को किन्हीं विशेष साधनाओं पर रखते हैं, तब भी ऐसा किया जाता है। उन्हें कोई धातु की अंगूठी या कड़ा या इसी तरह का कोई आभूषण दिया जाता है। उन्हें गुरु के अनुमति के बिना उसे नहीं हटाना होता है। यह उनके अचानक शरीर से फिसल जाने को रोकने के लिए होता है।

इस संस्कृति में, चाहे वह व्यवसाय हो या विवाह या बच्चे या परिवार पालना — हर चीज को व्यक्ति की मुक्ति के साधन के रूप में उपयोग किया जाता था। इसी कारण, वे नवविवाहित लड़की या लड़के का इस तरह पालन-पोषण करते थे कि चार से छह साल तक उन्होंने एक-दूसरे को नहीं देखा होता था, लेकिन उन्हें यह विश्वास दिलाया जाता था कि जब वे मिलेंगे तो कुछ बहुत बड़ा घटित होगा। तो बच्चे के मन में यह एक बहुत बड़ी संभावना के रूप में विकसित हो जाता था। यह केवल दो मन या भावनाओं का ही मिलन नहीं था, बल्कि वे एक खास प्रक्रिया की जाती थी जहाँ शादी से दो जीवन मिलकर एक कर हो जाते थे।

जब एक स्त्री का विवाह होता था, तब वह अपने गले में मंगलसूत्र पहनती थी। मंगल का अर्थ है शुभ और सूत्र का अर्थ है डोरी। मंगलसूत्र एक ऊर्जा की डोरी है जिसे आपको हर साल बदलना होता है। कोई जो यह जानता हो कि यह वास्तव में क्या है, वह आपको एक जीवंत मंगलसूत्र देता है, जो पति और पत्नी की ऊर्जाओं को इस तरह मिला देता है कि वे केवल शरीर, मन और भावनाओं में ही नहीं बंधते, बल्कि दोनों जीवन के रूप में भी बंध जाते हैं। यह इस तरह है, अगर आपके पास उचित प्रकार की डोरी होगी तो आपकी पतंग अच्छी तरह उड़ेगी। ठीक इसी प्रकार, मंगलसूत्र आपकी शादी को अधिक अर्थपूर्ण और सफल बनाने के लिए था। लेकिन आज लोग मोटी सोने की चेन पहनते हैं जो मंगलसूत्र का विकल्प नहीं हो सकती, यह मंगलसूत्र का स्थान नहीं ले सकती। यह सूत्र आपके विवाह-बंधन

में उड़ान भरने के लिए था, लेकिन यह सोने की चेन गुलामी का प्रतीक है। दुर्भाग्य से, ऐसा परिवर्तन आ गया है।

उन दिनों, लोग यह समझते थे कि एक विवाह में यह महत्त्वपूर्ण नहीं है कि शरीर, मन और भावनाएँ किस तरह मेल खाती हैं। महत्त्वपूर्ण यह था कि दो जीवन एक साथ गूँथ दिए जाएँ ताकि एक तरह का एकत्व पैदा हो। इसके लिए, उन्होंने बहुत से साधनों को अपनाया। बहुत से जोड़ों ने तो विवाह से पहले एक-दूसरे से कभी बात तक नहीं की, लेकिन इस रीति से विवाह होने पर, वह विवाह एक अकथनीय बंधन पैदा कर देता था, क्योंकि विवाह दो जीवन को इस तरह से बांध देने की वैज्ञानिक प्रक्रिया था कि बेमेल होने का सवाल ही नहीं था। अगर आपकी किसी शैतान से भी शादी होती थी तो भी इससे कोई फर्क नहीं पड़ता था। आप फिर भी जुड़ाव महसूस करते थे और आप केवल आपके भीतरी एकत्व की वजह से अंदर से आनंदित होते थे, न कि दूसरे के द्वारा कुछ किए कार्यों के कारण। जब आप इस तरह जुड़ जाते हैं तो आपके पति या पत्नी ने कुछ भी किया हो उसका महत्त्व नहीं होता। इस तरह होना ही अपने आप में एक विस्फोटक अनुभव होता था। चूंकि मनुष्य का अनुभव 100 प्रतिशत भीतर से होता है, तो वह जीवन के शिखर को छू सकता था, उसके साथी के गुण चाहे कैसे भी हों, इससे कोई फर्क नहीं पड़ता था।

चूंकि विवाह इस प्रकार किए जाते थे तो जब एक व्यक्ति चला जाता था, तो कई बार, दूसरा व्यक्ति भी उसके कुछ समय बाद चला जाता था। आज आंकड़े बताते हैं कि पति-पत्नियों द्वारा एक दूसरे की मृत्यु के छह महीनों के भीतर प्राण त्यागने के मामलों का अनुपात अधिक है, लेकिन ऐसा किसी दूसरी वजह के बजाय जीवन के भंग हो जाने की वजह से अधिक था। मान लीजिए, एक दम्पति अपने बुढ़ापे तक साथ जीता है। चूंकि हम बड़े संयुक्त परिवारों के बजाय बहुत छोटे परिवारों में सिमट गए हैं, तो जब उनमें से एक मरता है, तो अक्सर बचने वाले की देखभाल के लिए कोई नहीं होता। अब, जीवन में इस तरह व्यवधान आने पर, उनमें मरने की इच्छा बहुत प्रबल हो जाती है। जब तक वे दोनों जीवित थे, हालांकि वे कमजोर हो चुके थे, लेकिन वे एक दूसरे के लिए मौजूद थे। जब एक व्यक्ति मर जाता है, तो दूसरा भी चला जाना चाहता है क्योंकि आमतौर पर उसके लिए कोई दूसरा सहारा नहीं होता, बशर्ते वे अपने बच्चों के साथ न रह रहे हों जो उनसे प्यार करते हों और उनकी देखभाल करते हों। जरूरी नहीं था कि एक जीवन के अंत के बाद, दूसरे की मृत्यु हो जाना साथी को खो देने या भावनात्मक विच्छेद के कारण हो। दो जीवन, जो एक तालमेल में जीते थे, जो ऊर्जा के स्तर पर एक दूसरे से बंधे थे, वे उस घटना की प्रतिक्रिया के रूप में समाप्त हो जाते थे। ऐसा वैचारिक स्तर पर नहीं होता; यह उससे भी गहरा होता है।

बड़े पैमाने पर मौतें और उनके परिणाम

हमने देखा कि अगर कोई हिंसात्मक या अस्वाभाविक मृत्यु होती है, तो प्राणी भटकता रहता है, और परिणामस्वरूप यह उस स्थान को प्रभावित करता है। अब, युद्धों में, जहाँ बहुत सारे लोग हिंसात्मक तरीके से मारे जाते हैं, क्या उस जगह कोई नकारात्मक परिणाम होते हैं? इसे दो भागों में देखा जाना चाहिएः अगर आप प्राचीन युद्धों को देखेंगें तो वे तलवारों और भालों से लड़े जाते थे, जहाँ लोग एक दूसरे पर पूरे वेग से झपटते थे। मुझे नहीं लगता कि उस स्थिति में ज़्यादा डर लगता होगा। मृत्यु और विनाश कुछ हद तक अचानक होता था। आधुनिक युद्ध के साथ भी अक्सर ऐसा ही होता है। ऐसे देखें तो इस किस्म का कोई ज़्यादा अवशेष नहीं बचता।

ऐसा केवल तभी होता है जब आप उन्हें डरने का मौका दिया जाता था — अगर वे घिर जाते थे, या ऐसा कुछ होता था, कि वे आतंकित हो जाते थे। लेकिन पुराने युद्धों में ऐसा बड़े स्तर पर नहीं होता था। हालांकि, अगर आप प्रथम विश्व युद्ध या द्वितीय विश्व युद्ध को लें, तो उनका अधिकांश हिस्सा खंदकों में लड़ा गया था। उन खंदकों डर का वास होता था। लोगों को ठंड और भूख़ लग रही होती थी, उनके हाथ-पैरों की उंगलियाँ भयंकर सर्दी, दर्द आदि से सुन्न हो जाती थीं। उनका डर वहाँ बैठे हुए मृत्यु का इंतजार करने की वजह से थी। इसके बजाए, अगर आप राइफल लेकर चिल्लाते हुए बाहर चले जाएँ तो या तो आप मारे जाएंगे या दुश्मन मारा जाएगा। यह एक अलग बात होगी। यह एक कार दुर्घटना जैसा होगा। अगर आप पूरी स्पीड से गाड़ी चला रहे हैं और वह अचानक भिड़ जाए — या तो वे मारे जाएंगे या आप मारे जाएंगे। लेकिन जब वे उन खंदकों में बैठे हुए प्रतीक्षा करते थे — उन हालातों में केवल कुछ से लोगों में ही उतना डर नहीं होता था — ये वो लोग होते थे जिनका दृष्टिकोण विशाल था कि वे ऐसा अपने देश के लिए कर रहे हैं, वगैरह। दूसरी ओर, बहुत से ऐसे लोग होते थे जिनमें बलिदान की ऐसी भावना नहीं थी लेकिन वे युद्ध के उस खेल के मोहरे बन गए थे। वे हैरान होते होंगे कि आखिर वे उस देश में पैदा ही क्यों हुए क्योंकि वे अब खंदकों में फँसे थे और किसी भी पल मारे जा सकते थे। ऐसे लोग हद से ज़्यादा भयभीत रहे होंगे।

चाहे वे मरे हों या न मरे हों, लेकिन उस डर ने एक जबरदस्त नकारात्मक ऊर्जा पीछे छोड़ी होगी। मेरे विचार से, यूरोप ने जितने लम्बे समय तक उस तरह के डर और यातना को झेला है, उतना इस पृथ्वी पर किसी और स्थान ने नहीं झेला। तो इतने सारे जीवन का समाप्त हो जाना कहीं भी प्रभाव छोड़ेगा। लेकिन जब लोग बड़े पैमाने पर डर से मरते हैं, तो बहुत ही बीमार अभिव्यक्तियाँ प्रकट हो सकती हैं। इसका प्रभाव मनोवैज्ञानिक हो सकता है और लोगों के जीवन में शामिल होकर ऊर्जा संबंधी उथल-

पुथल मचा सकता है। सबसे बड़ी एक बात यह होगी कि वे खुशी को नहीं जानेंगे, वे प्रेम को नहीं जानेंगे। जब आपके चारों ओर ये सब चीजें होंगी तो ये दो चीजें दुर्लभ हो जाएंगी। वे जुनून को जान सकते हैं, वे कामुकता को जान सकते हैं, वे सुखों को जान सकते हैं, लेकिन वे किसी से प्रेम करने के सरल आनंद और सरल बंधन को नहीं जान सकते। तो आनंदित या प्रेममय रहने की सरल मानवीय चाहत की जटिल अभिव्यक्तियाँ बाहर आएंगी।

कुछ ऐसा ही कुरुक्षेत्र युद्ध के बाद महाभारत में भी कहा गया था। कुरुक्षेत्र युद्ध बड़ा भीषण युद्ध था। कहा जाता है कि 1,00,000 से ज़्यादा लोग उस युद्ध में मारे गए थे। उस समय की आबादी के हिसाब से 1,00,000 बहुत बड़ी संख्या थी, और वह भी केवल तलवारों और तीरों से। अगर आपको बिना किसी बम, बिना किसी बारूद के, सिर्फ तलवारों और तीरों से 1,00,000 लोगों को मारना है, तो होने वाली लड़ाई का स्तर बहुत ही विशाल होना चाहिए। अजीब बात यह है कि हम इस युद्ध के बारे में इतना कुछ जानते हैं और वहाँ हुई हर छोटी चीज का पूरा विस्तृत ब्यौरा मौजूद है। युद्ध के बाद, पांडवों ने छत्तीस सालों तक राज्य किया — उसके बारे में हम एक शब्द भी नहीं सुनते। पूरी कहानी में, असली कहानी तो युद्ध के बाद की होनी चाहिए थी क्योंकि उसी के लिए उन्होंने युद्ध लड़ा था — यह तय करने के लिए कौन और कैसे शासन करेगा — लेकिन उसके बारे में एक शब्द भी नहीं सुनाई देता क्योंकि उनके जीवन में कुछ भी महत्त्वपूर्ण घटित नहीं हुआ।

उन्होंने एक खुशहाल जीवन नहीं जिया। वे बस जीवित रहे और शासन किया। उन्होंने अपने साम्राज्य के लिए जरूर कुछ किया होगा — शायद उसका विस्तार किया, लेकिन कुछ महत्त्वपूर्ण नहीं किया। मानवीय अनुभव में कुछ भी अर्थपूर्ण घटित नहीं हुआ क्योंकि उनके जीवन में एक तरह का बंजरपन था। ऐसा केवल उन पाँच लोगों या उनके परिवार के साथ ही नहीं था बल्कि सम्पूर्ण आबादी के साथ भी ऐसा ही था। यह इस कारण नहीं था कि वे किसी को खो देने से मानसिक रूप से प्रभावित हुए थे। हाँ, वह प्रभाव भी वहाँ रहा होगा, लेकिन इससे बढ़कर, यह चारों ओर हुई मृत्यु की भयानकता का असर था।

चूंकि वह स्थान रक्त से इतना भीगा हुआ है, तो आज भी, कहा जाता है कि कुरुक्षेत्र में मरना अच्छा है। लोग वहाँ मरने के लिए जाते हैं क्योंकि उनका मानना है कि वह मरने के लिए एक अच्छा स्थान है। हो सकता है यह किसी ने यह बात गढ़ ली हो या शायद यह वाकई अच्छा स्थान हो, मैं नहीं जानता। लेकिन उस समय, निश्चित रूप से, उनके बाद अगली कुछ पीढ़ियों के संस्कारों में मृत्यु की भयानकता असर रहा होगा। तो उन्होंने कभी भी वास्तव में लोगों के साथ जुड़ने का आनंद नहीं जाना होगा,

और न ही जीने के सरल आनंद को जाना होगा। उन्होंने कड़ी मेहनत की होगी, उन्होंने निर्माण किए होंगे और भी काफी चीजें की होंगी। थोड़े-बहुत हँसे होंगे, जिए होंगे, उन्होंने सब कुछ जाना होगा, लेकिन वहाँ आनंद का असली भाव नहीं रहा होगा। मेरा मानना है कि यूरोपीय देशों के साथ भी यही हुआ, अगर दक्षिणी भाग को छोड़ दें तो।

तो क्या इसे पहले जैसा ठीक किया जा सकता है? हाँ, किया जा सकता है। बहुत सारे प्राण-प्रतिष्ठित स्थानों का निर्माण करना इसे ठीक करने का एक तरीका होगा। अगर आप सच में शक्तिशाली प्रतिष्ठित स्थानों का निर्माण करते हैं जो सुनियोजित स्थानों पर स्थापित किए गए हों, तो वे बहुत कुछ ठीक कर सकते हैं। लेकिन 'ज्ञानम्, ध्यानम्, आनंदम्' ईशा योग को प्रचारित करने के लिए एक समय तमिलनाडु में इस्तेमाल किया गया स्लोगन जैसा कुछ नहीं! ज्ञानम् सत्य के बारे में जागरूकता है। ध्यानम् ध्यानमय होना है। और आनंदम् की स्थिति पहले दो का परिणाम है। असल में, ये चीजें बस कोई उक्तियाँ नहीं हैं। ये दुनिया बदल सकती हैं!

शोक कब तक

कई संस्कृतियों में, ऐसी व्यवस्था और नियम बनाए गए थे कि मृतक के निकट-संबंधियों को मृत्यु के बाद एक निश्चित समय तक क्या करना चाहिए और क्या नहीं करना चाहिए। ऐसा मुख्य रूप से जीवित और दिवंगत के बीच एक कर्मगत दूरी पैदा करने के लिए था ताकि दोनों की अपनी-अपनी यात्राओं में ज़्यादा रुकावट न आए।

पिछले एक अध्याय में हमने देखा कि कैसे हम जीवन में हर उस व्यक्ति, वस्तु और स्थान के साथ ऋणानुबंध का स्थापित करते हैं जिसके साथ हमने कोई मेल-जोल या लेन-देन किया हो। लेकिन सभी संबंधों के लिए ऋणानुबंध समान स्तर पर नहीं होता। तो, ऋणानुबंध की तीव्रता के आधार पर, उसी हद तक, किसी व्यक्ति की मृत्यु दूसरे व्यक्ति को प्रभावित करती है। उदाहरण के लिए, कभी-कभी, कारण से अनजान, कोई सुबह उठते ही अजीब-सी घबराहट महसूस करता है। ऐसा विभिन्न कारणों से हो सकता है लेकिन यह भी संभव है कि कोई व्यक्ति जिसका आपसे बहुत ही मजबूत ऋणानुबंध हो, वह किसी परेशानी में हो या वह मर गया हो या कुछ और हुआ हो। हो सकता है आप उस व्यक्ति को जानते न हों, आप उससे कभी मिले न हों, लेकिन बस ऐसे ही, आपका तंत्र उस व्यक्ति के साथ हो रही घटना के प्रति प्रतिक्रिया दे रहा हो। यह काफी हद तक संभव है। ऐसी चीजों के बारे में बोलने की समस्या यह है कि लोग हर तरह की चीजों की कल्पना करना शुरू कर देंगे। कल, अगर कोई अच्छा महसूस नहीं करेगा, तो वह किसी डॉक्टर को दिखाने या यह पता लगाने की कोशश कि कल उन्होंने क्या ठीक नहीं किया था, उसकी बजाय कल्पना करना शुरू

कर देगा कि जरूर कहीं उनका कोई प्रियजन कहीं मर गया है और फिर हर किस्म की उलझने शुरू हो जाएँगी।

भारत में, शोक मनाने की एक निराली परम्परा है, जो मृत व्यक्ति के वंश से संबंधित होने पर आधारित है। लोगों को अपने आपको मंदिरों या सामाजिक कार्यक्रमों या उत्सवों से चालीस दिन तक अलग रखना होता है। ऐसा इसलिए है क्योंकि प्राचीन भारत में कुल व्यवस्था को माना जाता था, जिसका आधार काफी हद तक आनुवांशिक था। कुलों की संरचना मुख्य रूप से पीढ़ी दर पीढ़ी से एक स्पष्ट आनुवांशिक श्रंखला कायम रखने के लिए की गई थी। इस संबंध के माध्यम से, उन्होंने शारीरिक और आनुवांशिक स्तर पर ऋणानुबंध स्थापित किया। कुल देवताओं के सृजन के माध्यम से कुलों की जाती थी और उन्हें कायम रखा जाता था। हर कुल की विशिष्ट देवी या देवता होता था, और उससे जुड़े विशेष रीति-रिवाज होते थे। पुराने समय में, हर कोई प्रत्येक मंदिर में नहीं जाता था। कुछ मंदिर थे जो सामान्य खुशहाली के लिए थे जिनमें सभी जाते थे। लेकिन विशेष उद्देश्यों के लिए लोग केवल अपने कुल देवता के पास जाते थे। यही नहीं, अगर एक निश्चित प्रकार की आनुवांशिक श्रंखला कायम रखी जाती है, तो आप एक निश्चित ऊर्जा का निर्माण कर सकते हैं जो एक पूरे कुल या वंश को प्रभावित करती है। अभी भी, कुछ हद तक ऐसा हो रहा है, चिकित्सा विज्ञान ऐसी दवाएँ लेकर आ रहा है जो खास तरह की डीएनए संरचना के लिए ही होती है। भविष्य में, शायद किसी दवा को हवा में छिड़कने से ही, जिन लोगों का डीएनए उस तरह का होगा उन्हें उससे तुरंत लाभ मिल जाएगा।

इसी तरह, केवल एक ही स्थान पर, पीढ़ी-दर-पीढ़ी, पूरे कुल के लिए आध्यात्मिक रूप से लाभदायक चीजें करना संभव है। मिसाल के लिए, जब कुलों को कायम रखा जाता था, तब उस कुल में हर किसी को मंदिर जाने की जरूरत नहीं थी। अगर एक व्यक्ति जाकर प्रार्थना करता था, या एक बड़ा अनुष्ठान किया जाता था तो सबको लाभ हो सकता था, चाहे वे लोग उस जगह भौतिक रूप से मौजूद हों या न हों, क्योंकि सभी आपस में जुड़े होते थे और ऊर्जा उस जुड़ाव में सबको प्रभावित करती थी।

हजारों सालों तक, लोगों ने आनुवांशिक पथ को अपने तरीके से कायम रखा। कभी उसे उलझाया नहीं, कभी कुछ ऐसा नहीं किया जो उसे अस्तव्यस्त कर दे। इससे उनकी वंश परंपरा बनी रही। उनकी पूरी व्यवस्था थी कि कैसे विवाह करना है, या भिन्न कुल में विवाह करना है और अपने ही कुल में विवाह नहीं करना है। ये सारी चीजें एक बहुत ही मजबूत ऋणानुबंध पैदा करती थीं, जिसने उस कुल का कायम रहना

और उसकी खुशहाली सुनिश्चित की । आज, कुल को जाति समझा जाता है और हम बस उन अत्याचारों पर प्रतिक्रिया देते हैं जो उसके नाम पर की गई हैं। हमें लगता है कि हर चीज को तोड़ देना चाहिए।

वैसे भी अब यह सब बिखर गया है और लगभग समाप्त ही हो गया है। आज, लोगों की सारी आनुवांशिक सामग्री आपस में उलझ चुकी है। समाज बदल चुका है। आज, आपका बेटा पड़ोस की लड़की के प्यार में पड़ सकता है और वह किसी भी जाति, धर्म या वंश से हो सकती है। तो अब यह उसी तरीके से काम नहीं करेगा। आज, इस तरह की चीजों को कायम रखने की अपेक्षा आपकी पसंद अधिक महत्त्वपूर्ण हो गई है। तो ऐसी चीजें अप्रासंगिक हो गई हैं। आप उन्हें पुनर्जीवित नहीं कर सकते लेकिन इसमें एक गहन विज्ञान था जिसके असाधारण फायदे थे। इसने उन समाजों के लिए अद्भुत रूप से काम किया जिन्होंने इसे कायम रखा था। जब चीजों को इस तरह कायम रखा जाता था, तब किसी खास दौर में मंदिर न जाना बहुत प्रासंगिक बात थी। यह जीवन की एक अद्भुत समझ थी, आनुवांशिक विज्ञान और इसकी कार्य-प्रणाली की एक शानदार समझ थी।

जब कुल व्यवस्था प्रासंगिक थी, तब अगर कुल में कोई मृत्यु हो जाती तो उस कुल के वे सभी सदस्य जो मृतक से किसी तरह संबंधित थे, उन्हें मृत्यु के बाद चालीस दिन तक मंदिर जाने से मना किया जाता था। यह केवल कुल देवता के मंदिर के लिए ही था। इसका कारण यह था कि मृतक के साथ जीवित व्यक्ति की आनुवांशिक सामग्री की गहरी समानता होने कि वजह से देवता (या देवी) जीवित व्यक्ति को मृतक समझ सकता था। वे इस संभावना से बचना चाहते थे। देवता आपकी ऊर्जा और मृतक की ऊर्जा को समान माने सकते थे और यह आपके तंत्र को अशांत कर सकता था; यह शरीर में अस्थिरता पैदा कर सकता था। कुछ मामलों में तो इससे मृत्यु भी हो सकती थी। तो जब आपके आस-पास वह ऊर्जा भटक रही हो तो आपको कुल देवता के पास नहीं जाना चाहिए, लेकिन आप शिव मंदिर या कालभैरव मंदिर जा सकते हैं।

स्मारक, समाधि-स्थल और पिरामिड

अपने प्रियजनों या महत्त्वपूर्ण और प्रसिद्ध व्यक्तियों की मृत्यु के बाद उनके लिए स्मारक बनाना दुनिया की सभी संस्कृतियों में एक आम बात रही है। मिसाल के लिए, भारत का प्रसिद्ध ताज महल एक राजा द्वारा अपनी एक प्रिय पत्नी की याद में बनाया गया था। यह व्यक्ति के दुःख को संभालने का भी एक तरीका है। इन स्मारकों का एक सामाजिक या राजनैतिक महत्त्व भी होता है जहाँ ये हमें हमारी पहचान बनाने

में मदद करते हैं। अब, इन कारणों के अलावा, क्या इनकी कोई आवश्यकता या कोई अस्तित्वगत महत्त्व है? यह बहुत-सी चीजों पर निर्भर करता है।

एक बार ऐसा हुआः एक पाँच साल का लड़का अपनी माँ के साथ कब्रिस्तान गया। वह अपने जीवन में कभी कब्रिस्तान नहीं गया था। जब उसकी माँ एक कब्र के पास बैठी थी, तब वह लड़का हर जगह कब्रों पर खुदे शब्द पढ़ता हुआ घूम रहा था। उसके बाद वह अपनी माँ के पास वापस आया और उसने पूछा, 'माँ, बुरे लोगों को कहाँ दफनाया जाता है?' हर कब्र पर लिखा था कि वहाँ सबसे शानदार व्यक्ति था, तो वह जानना चाहता था सभी बुरे लोगों को कहाँ दफनाया जाता है! आमतौर पर, लोग मरने वालों की अच्छी यादें रखना चाहते हैं, तो उनके स्मारक भी उनके बारे में अच्छी बातें कहते हैं। लेकिन भारत में लोग दूसरे तरह के स्मारक बनाते थे जिन्हें समाधि कहा जाता है। ऐसी समाधियों का एक आध्यात्मिक महत्त्व होता है और लोग किसी समाधि पर केवल मृतक को याद करने या सम्मान जताने नहीं जाते, बल्कि उसकी उपस्थिति में होने और ध्यान करने के लिए भी जाते हैं।

भारत में, अगर कोई किसी खास तरीके से मरा है तो लोगों ने यह समझा कि उस स्थान को सुरक्षित करने में उन्हें लाभ है, वे चाहते थे कि ऐसे लोगों द्वारा पीछे छोड़ी गई ऊर्जाएँ लोगों के लिए उपलब्ध हों। उदाहरण के लिए, योग केन्द्र में विज्जी की समाधि है। अगर आप वहाँ जाकर बस बैठें तो देखेंगे कि समाधि की अपनी आभा और ऊर्जा है, ऐसा विज्जी के एक खास तरीके से शरीर छोड़ने के कारण हुआ। यह एक प्रकार का विलायक है। यह एक घुल जाने वाली ऊर्जा है। साधारण तौर पर, कुछ लोगों के मामले में, मैं उन्हें वहाँ अधिक समय तक नहीं बैठे रहने के लिए कहता हूँ क्योंकि वह एक तरह से शरीर से अलग हो जाने ऊर्जा है। यह धीरे-धीरे आपको विघटित सकती है। इसे इस उद्देश्य से साथ स्थापित किया गया था कि योग केन्द्र में एक ऐसा कोना हो जो पूरी तरह एक बहुत ही अलग तरीके की ऊर्जा को पोषित करे। यह सौम्य और सूक्ष्म है। यह बहुत ही सुंदर और सुखद भी है। अगर आप बस वहाँ बैठें, कोई आकांक्षा लिए बिना या किसी भी चीज से संबद्ध हुए बिना या चीजों की कल्पना का प्रयास किए बिना, तो यह आपको देहहीनता का बोध करा सकती है। साधना करने वाले व्यक्ति के लिए ऐसे स्थान में होना अच्छा है। यह स्थान मूल रूप से अनाहत चक्र का है। बहुत सारे लोग शायद वहाँ जिज्ञासावश जाते हैं, लेकिन अगर आप नियमित वहाँ जाने वाले लोगों को देखेंगें तो पाएंगे कि वे खास तरह के लोग हैं। वे अनाहतेउन्मुख लोग हैं जो उस ओर सहज ही खिंचे चले जाते हैं। वे ध्यानलिंग की बजाए समाधि में बैठना चुनते हैं क्योंकि वे खास उसी तरह के लोग हैं।

भारत में इस तरह के बहुत सारे स्थान हैं। ऐसा ही एक स्थान कुमार पर्वत है, जो कर्नाटक में कुक्के सुब्रमण्य मंदिर के पास पश्चिमी घाट में स्थित है। ऐसी मान्यता है कि शिव के छोटे पुत्र, कार्तिकेय, या सुब्रमण्यम ने, जैसा कि उन्हें तमिलनाडु से बाहर जाना जाता है, इसी पहाड़ की चोटी पर अपना शरीर छोड़ा था। वे एक भयंकर योद्धा योगी थे, जहाँ कहीं भी अन्याय होता दिखता वे वहाँ विनाश का कहर बरपा देते थे। कहा जाता है कि एक दिन उन्हें अपने काम की निरर्थकता का एहसास हुआ और उन्होंने इसका अंत करने का निश्चय कर लिया। उन्होंने कुमार पर्वत की तलहटी में बहती नदी में रक्त से सनी अपनी तलवार को अंतिम बार धोया और पर्वत पर चढ़ गए। फिर वे कभी नीचे नहीं आए — कहा जाता है कि उन्होंने पर्वत के शिखर पर अपना शरीर छोड़ दिया। ऐसा कहा जाता है कि वे इतने सिद्ध योगी थे कि उन्होंने खड़े-खड़े में अपने शरीर का त्याग किया। उनकी ऊर्जाएँ आज भी वहाँ वैसी-ही मौजूद हैं।

लगभग बीस साल पहले, हम योग केन्द्र से एक दल को लेकर वहाँ गए। पर्वत की आधी चढ़ाई पर एक घर आता है जहाँ दो भाई रहते हैं। पहाड़ पर जाते और आते समय लोग अक्सर वहाँ रुकते हैं। जब हम उस जगह पहुँचे तो मैं जान गया कि मैं ऊपर तक नहीं जा पाऊँगा। वहाँ ऊर्जाएँ इतनी शक्तिमान थीं कि मुझे पता था कि जीवन के उस दौर में मेरा शरीर इस प्रकार की ऊर्जा का सामना नहीं कर पाएगा। पूरी रात मैं सो नहीं सका। हर बार जब मैं बैठने या लेटने की कोशिश करता तो मेरा शरीर बस उछलकर खड़ा हो जाता। मैं एक टेन्ट में था और मेरा शरीर झटके से सीधा खड़ा हो जाता और टेन्ट को गिरा देता था। तो मुझे पूरी रात खड़े रह कर बितानी पड़ी।

दूसरी बार ऐसा अनुभव तब हुआ जब मैं तमिलनाडु के एक छोटे से गाँव, वेलायुथाम्पालयम में था। मैं वहाँ एक कार्यक्रम संचालित कर रहा था और एक छोटी पहाड़ी के सामने एक घर में ठहरा हुआ था। तमिलनाडु में, हर पहाड़ पर मंदिर होना अनिवार्य है। बहुत कम पहाड़ी चोटियाँ ऐसी हैं जो खाली हैं। तो इस पहाड़ी की चोटी पर भी एक मंदिर था और हर रोज मैं लोगों को ऊपर-नीचे आते-जाते हुए देखता था। मैं इस गाँव में कुछ बार गया था, लेकिन कभी उस पर्वत पर नहीं गया। तब उन्होंने मुझे बताया कि वहाँ ऊपर एक गुफा है और कोई 2400 साल पहले कुछ जैन मुनि वहाँ ठहरे थे और एक स्थानीय राजा ने उनके लिए पत्थर में बिस्तर खुदवाए थे। मैंने इसके बारे में सोचा — 2400 सालों का अर्थ है कि वे सीधे महावीर के शिष्य थे या ठीक उनके बाद के समय के थे। तो अब उसमें मेरी दिलचस्पी बढ़ गई।

एक दिन मैं पहाड़ी पर चला गया। वह किसी चिड़िया के घोंसले की तरह था, जो जोखिम भरे रस्ते में पहाड़ी की चोटी पर कुछ बड़े शिलाखंडों के बीच में स्थित

था। इस स्थान का ठीक से रख-रखाव नहीं किया गया था, और वहाँ कोई रोक-टोक नहीं थी। वहाँ खाली शराब की बोतलें और इस तरह की चीजें पड़ी थीं। दीवारों को उन भद्दी प्यार की घोषणाओं से गंदा कर दिया गया था जिन्हें आप आमतौर भारत में देखते हैं — 'पीकेटी लव्स एसकेपी' और इस तरह की बकवास। एक कोने में, मैंने चट्टान पर खुदे हुए बिस्तर देखे। वहाँ तकियों के लिए 2 इंच के उभार भी थे। मैं उनमें से एक बिस्तर पर बैठा और मेरा शरीर सचमुच ऊपर नीचे उछलने लगा। मैंने कहा, 'यह स्थान ऊर्जा से भरा हुआ है। इसे साफ करते हैं, हम यहाँ रात में आकर सोएंगे।' उस रात, हममें से लगभग नौ लोग उस गुफा में सोने के लिए गद्दे लेकर वहाँ पहुँचें गए। कोई एक पल के लिए भी नहीं सोया क्योंकि वहाँ ऊर्जा अलग ढंग से फूट रही थी। और मैं साफ तौर पर देख सकता था कि जो व्यक्ति उस बिस्तर पर सोया करता था जिस पर मैं जाकर सोया, उसके बाएँ घुटने से नीचे का पैर नहीं था। क्या हुआ था, यह हम नहीं जानते, लेकिन उसका बायाँ पैर नहीं था। वे इतने ऊर्जावान व्यक्ति रहे होंगे कि 2000 सालों के बाद भी उनकी ऊर्जाएँ वहाँ स्पष्ट रूप से उछल रही थीं।

भारत में इस तरह के बहुत से स्थान हैं। कुछ को बहुत ही आदर-सम्मान के साथ संभाला गया है, लेकिन अधिकांश गुमनाम और खराब हालत में हैं। अगर आप ऐसी एक ऊर्जा को बहुत बड़े पैमाने पर, अधिक बहुआयामी रूप में, महसूस करना चाहते हैं तो आपको वेल्लियनगिरि पर्वतमाला के सातवें पर्वत पर जाना चाहिए। सद्गुरु श्री ब्रह्मा ने वहाँ अपना शरीर सभी सात चक्रों के माध्यम से छोड़ा था। इसलिए ऊर्जा के संबंध में वह स्थान आज भी विस्फोटक है। यह कुछ ऐसा है जिसका अनुभव व्यक्ति को जरूर करना चाहिए। यह एक जबरदस्त आयाम और संभावना है।

हालांकि साधारण जीवन जीकर मर जाने वाले लोगों को अगर आप याद करना चाहते हैं और उनका सम्मान करना चाहते हैं तो वह आप पर है। लेकिन आपको यह मालूम होना चाहिए कि यह बहुत सारी अचल संपत्ति बनाने के अलावा कुछ और नहीं है। यह एक विशेष भावना है और आप अपनी उस भावना का निवेश कर रहे हैं। हो सकता है कि उसका कोई अस्तित्वगत महत्त्व न हो। मिसाल के लिए, ताज महल को ही लीजिए। कम से कम शाहजहाँ ने कुछ सुंदर बनाया। क्या वह उसकी पत्नी, मुमताज की ऊर्जा से स्पंदित है? ऐसा कुछ नहीं है। यह बस कारीगरी का एक सुंदर नमूना है। एक रत्न है। कोई भी वहाँ उसके लिए शोक करने नहीं जाता। लोग बस उस शिल्पकला का आनंद लेने के लिए जाते हैं। उस महिला का नाम कहीं लिखा हुआ हो सकता है, लेकिन अस्तित्वगत रूप से अभी उस स्मारक का उन दोनों से कोई लेना-देना नहीं है। हालांकि, उसे बनाने वाले लोगों से जरूर उसका कुछ संबंध है।

प्राचीन मिस्रवासी इस पूरे स्मारक के व्यवसाय को एक पूरे अलग स्तर पर ले गए। यहाँ, वर्तमान को बाद से साथ जोड़ने में किए गए अब तक के सभी प्रयासों में शायद मिस्र के पिरामिड भौतिक रूप से सबसे विशाल और सबसे भव्य प्रयास हैं। उन्हें बनाने में एक जबरदस्त चिंतन, इंजीनियरी और मेहनत लगी है। भौतिकता के हिसाब से देखें तो, मृतकों के कल्याण को सुनिश्चित करने के लिए शायद कोई और मानवीय प्रयास इतने दुस्साहसी रहे हैं। तो इन पिरामिडों का क्या आध्यात्मिक महत्त्व होगा? मृतकों का कल्याण सुनिश्चित करने में वे कितने आगे तक जाते हैं? क्या ये प्रयास वर्तमान समय में अनुसरण करने योग्य हैं?

मिस्रवासियों ने पिरामिड बनाने इसलिए शुरू किए क्योंकि वे बहुत ही मृत्योन्मुख थे। यह सुख के प्रति उनके आसति का परिणाम है। मृत्यु और सुख काफी-कुछ सीधी तरह जुड़े हैं। लोग हमेशा सोचते हैं कि जीवन और सुख आपस में जुड़े हैं। नहीं, मृत्यु और सुख सीधे रूप में जुड़े हैं। उन्होंने जो कुछ बनाया, पिरामिड उसका केवल एक पहलू हैं। उन्होंने कुछ बहुत ही भव्य मंदिरों का निर्माण भी किया, लेकिन पिरामिड बहुत लोकप्रिय हो गए क्योंकि कुछ आधुनिक मृत्योन्मुखी लोगों ने उन पर किताबें लिख दीं।

पिरामिड का मूल उपयोग सुरक्षित रखना है। कुछ लोग पिरामिड का प्रचार ध्यान के लिए कर रहे हैं। एक पिरामिड का ध्यान से कोई लेना-देना नहीं है। किसी पिरामिड के अन्दर बैठकर ध्यान करना निरी अज्ञानता है। अगर आप इसे स्वास्थ्य उद्देश्यों से कर रहे हैं, तो यह ठीक है। यह निश्चित रूप से स्वास्थ्य को संभालता है, लेकिन अगर लोग सोचते हैं कि पिरामिड के अन्दर बैठकर ध्यान करना उन्हें चेतना के उच्च स्तरों तक ले जाएगा, तो यह बहुत गलत धारणा है। पिरामिड के साथ आप स्वास्थ्य बना सकते हैं, जैविक एकता ला सकते हैं, और शायद अपने जीवनकाल को भी कुछ हद तक बढ़ा सकते हैं, लेकिन यह कोई आध्यात्मिक प्रक्रिया नहीं है। संरक्षण करने में भौतिक वस्तुओं को संभालने के अलावा यह मृतक की किसी भी तरह सहायता नहीं करता।

पिरामिड संरक्षण का काम करते हैं। अगर आप एक कागज का पिरामिड भी बनाते हैं जिसके कोण सभी चारों दिशाओं और चोटी पर सटीक 51.5 डिग्री के हों तो यह काम करेगा। आप उसके अंदर कोई सब्जी भी रख सकते हैं और आप देखेंगे कि जो चीज आमतौर पर लगभग तीन दिनों में सड़ जाती है, वह तीन सप्ताह बाद भी खराब नहीं होगी। वह सिकुड़ सकती है लेकिन सड़ेगी नहीं। ऐसा इसलिए है क्योंकि अगर आप एक पिरामिड का आकार बनाते हैं तो व्यान वायु वहाँ स्वाभाविक रूप से अटक जाती है। व्यान वायु शरीर के संरक्षण का कार्य करती है। तो अगर आप उसे

रोके रख सकते हैं, तो किसी चीज को लम्बे समय तक सुरक्षित रखा जा सकता है। इसी तरह हजारों सालों तक ममियों को सुरक्षित रखा जाता था।

भारत में, मृत शरीर को सुरक्षित रखना आखिरी चीज होगी जो हम करना चाहेंगे। नियम यह है कि अगर कोई मरता है, तो मृत्यु के चार से छह घंटों के भीतर आपको शव का दाह-संस्कार कर देना चाहिए। पारम्परिक रूप से, कहा जाता है कि एक बार मृत्यु हो जाने पर — अगली संध्या या सूर्योदय से पहले, जो भी पहले आए — शरीर को जला देना चाहिए। शरीर को तुरंत नष्ट करना मृत और जीवित दोनों के लिए बहुत अच्छा है। शरीर को सुरक्षित रखना उस जा चुके प्राणी के लिए केवल एक यातना ही है।

भाग 3

मृत्यु के बाद जीवन

शाश्वत अंधकार

अपने अंतर में, जब पहली बार सुना मैंने,
अंधकार और मौन की ध्वनियों को मिलते हुए,
नन्हा मन तर्क करने लगा, प्रकाश के लिए,
सद्गुण, शक्ति और सौन्दर्य के लिए
प्रकाश जो घटित हुआ क्षण भर को, मुझे नहीं थाम सका
सर्वव्यापी अंधकार ने मुझे अपने भीतर समेट लिया।
अनादि और अनंत अंधकार के आगे जो हुआ है, हो रहा या होना है बौने हैं सब।
शाश्वत को चुन कर
अंधकार बन गया मैं
श्यामल, जैसा कि हूँ मैं
दिव्यता और शैतान कुछ और नहीं, लघु अंश हैं मेरे
दिव्यता सहज बांटता हूँ मैं
पर अगर शैतान से हो जाए सामना तो थम जाना वहीं

अध्याय 10

भूत-प्रेत का जीवन

एक तरह से, हर कोई एक भूत है। सवाल केवल यह है कि क्या आप देहीभूत हैं या देहहीन भूत।

भूत-प्रेत क्या हैं

भूत, दुनिया की सभी संस्कृतियों की लोक-कथाओं का हिस्सा हैं। शायद ही दुनिया का कोई बच्चा प्रेत-कथाओं की एक बड़ी खुराक के बिना बड़ा हुआ हो। बच्चों को प्रेतों के जीवन, उनके कृत्यों और उनकी खासियतों के बारे में काफी कुछ सुनाया जाता है। तो ये भूत-प्रेत क्या हैं? वे कैसे अस्तित्व में आए? उनके अस्तित्व का आधार क्या है? वे हमारे आस-पास होते ही क्यों हैं? इसकी सही समझ की कमी इसलिए है क्योंकि, अभी, आप शरीर में होने को ही जीवन समझते हैं। ऐसा इसलिए नहीं है क्योंकि यह आपकी सोच है, बल्कि केवल इसलिए है कि आपके जीवन का अनुभव यही है। लेकिन जीवन शरीर से आगे भी है। यही कारण है कि जिन्हें आप प्रायः भूत कहते हैं, वे भी मौजूद हैं।

एक बार ऐसा हुआ : एक बहुत ही शर्मीला व्यक्ति था। वह मेडिकल जाँच के लिए अस्पताल में भर्ती हुआ। एक बहुत सुंदर नर्स उसके पास आई। उसने उसके रक्तचाप की जाँच की, खून की जाँच, मूत्र की जाँच की और एनिमा वगैरह सब कुछ दिया। फिर वह कुछ समय के लिए बाहर चली गई और, इस बीच, इससे पहले कि वह बिस्तर से उठ पाता उसकी आंतों ने उन पर किए गए उन सभी अत्याचारों के खिलाफ विद्रोह कर दिया, और बिस्तर पर ही उसकी निकल गई। वह खुद पर नियंत्रण नहीं रख सका। शर्मीला होने के कारण, उसे बहुत ज़्यादा शर्मिंदगी महसूस हुई। वह नहीं चाहता था कि वह सुंदर नर्स उस गंदगी को देखे। जब उसने नर्स के

आते हुए कदमों को सुना तो उसने बिस्तर पर पड़ी उस चादर को लपेटा और पाँचवीं मंजिल की खिड़की से बाहर फेंक दिया।

नीचे, एक आदमी किसी पार्टी से घर लौट रहा था। देखिए, दुनिया में यह कितने अन्याय की बात है कि एक आदमी को इस गोल धरती पर सीधा चलना पड़ता है, तब जबकि वह तेजी से घूम रही भी हो! बड़ी मुश्किल से वह संतुलन बनाता हुआ सड़क के किनारे चल रहा था और वह चादर उसके ऊपर आकर गिरी और उसे ढंक लिया। वह चिल्लाया और उस चादर के साथ संघर्ष करने लगा। चादर को अपने ऊपर से हटाने में उसे कुछ मिनटों का समय लग गया। तब तक, सुरक्षा कर्मी दौड़ता हुआ वहाँ आया और पूछा, 'यह क्या शोर हो रहा है?' वह आदमी आश्चर्यचकित-सा नीचे पड़ी चादर की ओर देख रहा था। वह बोला, 'लगता है मैंने किसी प्रेत को मार-मारकर उसकी लीद निकाल दी है।'

भूत-प्रेत असल में हैं क्या? सारे प्राणी समय, स्मृति और ऊर्जा का एक मेल होते हैं। इन तीन में से, समय आपके हाथ में नहीं है, लेकिन जिस तरह आप अपना जीवन जीते हैं, उसी के अनुसार यह निर्धारित होता है कि आप कितनी स्मृतियाँ इकट्ठी करेंगे या नष्ट करेंगे। मान लीजिए, बहुत सारी गतिविधियों और एक खास एकाग्रता से आपने बहुत सारी स्मृतियों का — उसके प्रारब्ध कर्मों वाला भाग — बहुत जल्दी उपयोग कर लिया। अब, अगर आप संचित कर्मों का भण्डार खोलने में असमर्थ हैं, तो आपकी असमय मृत्यु हो सकती है, क्योंकि ऊर्जा अभी भी तीव्र होती है लेकिन आपकी स्मृति समाप्त हो चुकी होती है। एक बार आपकी स्मृति के समाप्त हो जाने पर, या तो आपकी मृत्यु हो सकती है या आप एक निष्क्रिय अवस्था में जा सकते हैं। लेकिन आमतौर पर यह होगा कि आप जीवित नहीं रहेंगे, क्योंकि स्मृति के नष्ट हो जाने पर बहुत-सी ऐसी चीजें हैं जो काम नहीं कर पाएंगी। हालांकि, अगर आपकी ऊर्जा खत्म हो जाती है और स्मृति बनी रहती है, तब भी आप मर जाएंगे, लेकिन एक प्रेत के रूप में आप अस्तित्व में बने रहेंगे।

प्रेत की एक अभिव्यक्ति होती है लेकिन चूंकि शरीर को कायम रखने और उसे चलाने के लिए पर्याप्त ऊर्जा नहीं होती, तो शरीर खत्म हो जाता है। लेकिन स्मृति अभी भी प्रबल होती है, इतनी प्रबल कि लोगों द्वारा महसूस की जा सके। एक तरह से, आप कह सकते हैं कि हर कोई एक प्रेत है। अब आप शरीरधारी प्रेत हैं या देहहीन प्रेत, यही एकमात्र सवाल है। और सभी प्राणी, शरीरधारी या शरीरहीन, अपने जीवन को केवल अपनी कर्म संरचनाओं के आधार पर ही चला रहे हैं। एकमात्र अंतर यही है कि जब आप शरीर में होते हैं तो आपकी अपनी इच्छा का उपयोग करने की अधिक संभावना होती है। बस इतना ही है।

भूत-प्रेत कहलाने वाले प्राणी वो होते हैं जिन्होंने, आमतौर पर, अपने शरीर को

अस्वाभाविक तरीके से छोड़ा होता है। उनके प्रबल प्रारब्ध कर्म बाकी होते हैं, लेकिन वे किसी दुर्घटना, बीमारी, आत्महत्या या हत्या के कारण मर जाते हैं। किसी तरह, उनका शरीर इतना टूट गया हो कि वह जीवन को और अधिक कायम नहीं रख सकता। ऐसे प्राणियों की एक सघन मौजूदगी होती है और उनकी प्रवृत्तियाँ बहुत प्रबल होती हैं। वे एक खास तरह से सक्रिय होते हैं कि आप उन्हें महसूस कर सकते हैं या उन्हें अधिक आसानी से देख भी सकते हैं। एक प्रेत के रूप में मौजूदगी या एक प्रेत का जीवन — अगर आप इस तरह कहना चाहें — अवांछनीय माना जाता है क्योंकि यह अनावश्यक रूप से एक लम्बे समय तक खिंच सकता है। मान लीजिए, एक व्यक्ति की मृत्यु हो गई जिसके खाते में मरते समय अपूर्ण प्रारब्ध कर्मों की कुछ मात्रा बाकी थी। अगर वह भौतिक शरीर में होता, तो हो सकता था कि उसके प्रारब्ध कर्म और बीस साल तक चलते। अब, जब कि कोई भौतिक शरीर नहीं है, तो कर्मों का विसर्जन सचेतन कार्यों के द्वारा न होकर, केवल प्रवृत्तियों के द्वारा होगा। परिणामस्वरूप, उसका जीवनकाल बीस साल के बजाए 200 से 2000 सालों तक आगे बढ़ सकता है।

एक प्रेत का आमतौर पर कोई सचेतन उद्देश्य नहीं हो सकता क्योंकि उसकी बुद्धि जा चुकी होती है। लेकिन वे प्रवृत्ति या रुझान से काम कर सकते हैं। मान लीजिए, जब व्यक्ति जीवित था तब उसकी प्रवृत्ति लोगों को चिकोटी काटने की थी। अब उसके शरीर के चले जाने के बाद भी वह लोगों को चिकोटी काटना चाहेगा। यह मायने नहीं रखता कि किसे, वह बस चिकोटी काटना चाहेगा। मान लीजिए, कोई जीवन भर खी-खी करके हँसता रहता था। उसका प्रेत भी फिर खी-खी करता रहेगा। ये हरकतें प्रवृत्ति से होती हैं, किसी सचेतन उद्देश्य से नहीं। अगर आप किसी प्रेत को देख लेते हैं, तो आपके अपने ही अवरोधों और सीमाओं के कारण आप सचमुच विक्षिप्त हो सकते हैं। अधिकतर, यह आपकी मनोवैज्ञानिक प्रतिक्रिया होती है। इसका उस प्राणी से कोई लेना-देना नहीं होता। मान लीजिए आपने आस-पास किसी व्यक्ति को चलते हुए देखने के बजाए हवा में तैरते देखा, तो आपमें कई अजीब भावनाएँ उमड़ने लगेंगी। ये जरूरी नहीं है और इसका उस प्राणी से कोई लेना-देना भी नहीं है। लेकिन बदकिस्मती से, उन्हें इसके लिए बहुत अधिक निंदा सहनी पड़ती है।

अंग्रेजी शब्द 'गोस्ट' एक अपरिष्कृत और व्यापक ढंग से इस्तेमाल होने वाला शब्द है जो सभी देहहीन प्राणियों को एक ही श्रेणी में रख देता है। लेकिन इन प्राणियों में विविधता का संदर्भ यह है कि वे कहाँ से आए हैं, उनकी क्षमता क्या है और वे कहाँ जा रहे हैं। कुछ ऐसे हैं जिन्होंने अपने प्रारब्ध कर्म समाप्त करने से पहले ही शरीर खो दिया है और अब भटकते फिर रहे हैं। फिर देहहीन योगी हैं जो घूम रहे हैं और

लगातार अपने विलय की संभावनाएँ तलाश रहे हैं। फिर दिव्य प्राणी हैं जो किसी छुट्टी पर हैं। कुछ दूसरे पूरी तरह एक अलग आयाम के हैं और उनकी आपके जीवन के लिए कोई प्रासंगिकता नहीं है। उसके बाद कुछ ऐसी शक्तियाँ हैं जिन्हें लोग आमतौर पर दैवी शक्तियाँ कहते हैं, जो अपनी इच्छा से कोई भी रूप ले सकती हैं। तो इस तरह वास्तव में विभिन्न चीजें हैं और आप उन सबको एक साथ नहीं रख सकते।

इन चीजों को वर्गीकृत करने में सक्षम होना, एक को दूसरे से अलग करके पहचानना ही अपने आप में बहुत जटिल काम है। पारम्परिक रूप से, देहहीन अस्तित्व के विभिन्न स्तरों को भूत, प्रेत, पिशाच, चौडी, यक्ष, किन्नर, गंधर्व, देव, वगैरह कहते हैं। ये सब उन्नति या विकास के अलग-अलग स्तरों पर होते हैं, या हम कह सकते हैं कि वे विभिन्न प्रकार की छुट्टियों पर हैं। कोई प्रथम श्रेणी में है, कोई द्वितीय श्रेणी में, कोई किसी और श्रेणी में, जबकि कोई खराब दशा में होता है, जिसे आप नर्क कहते हैं। वास्तव में, वे सभी किसी न किसी तरह की छुट्टी पर हैं, लेकिन उनकी छुट्टियाँ किसी समय खत्म हो जाएगी और वे दूसरा भौतिक शरीर धारण कर लेंगे। कोई भी हमेशा के लिए भूत या प्रेत या यक्ष या गंधर्व या देव नहीं रहता। वह उस अवस्था का एक निश्चित समय के लिए या तो आनंद उठाता है या उसकी पीड़ा भोगता है, और तब फिर से एक भौतिक शरीर धारण कर लेता है।

सरलता के लिए, जो प्राणी जागरूक हैं और उन्होंने नया शरीर धारण करने से इन्कार कर दिया है, और अपने विलय होने के रास्ते तलाश रहे हैं, उन्हें हम मोटे तौर पर दिव्य प्राणी कहेंगे। उनके पास अभी भी थोड़ा विकल्प और विवेक है क्योंकि वे एक खास जागरूकता के साथ जिए और मरे हैं। दूसरे देहमुक्त प्राणी बस विवशता में कार्य कर रहे हैं, ठीक आपकी तरह। यही वे प्राणी हैं जिनके साथ आपके संपर्क में आने की सबसे ज़्यादा संभावना रहती है। फिर से, सरलता के लिए, हम उन्हें बस बल, मध्यम और नम्र प्रकार में वर्गीकृत कर सकते हैं।

जो प्रचंड हैं उनकी एक अधिक सक्रिय मौजूदगी होती है और लोग उन्हें महसूस कर सकते हैं। उनकी एक आकृति या रूप भी हो सकता है जो कम से कम दूसरे लोगों के अनुभव में लगभग भौतिक होता है। मध्यम प्रकार के वैसे नहीं होते, लेकिन वे लोगों के साथ कुछ चीजें घटित होने का कारण बन सकते हैं। अगर आप प्रबल प्रकार के प्राणियों के साथ सीधे संपर्क या लेन-देन करते हैं तो निश्चित रूप से डरावनी चीजें घटित होंगी। उनकी प्रवृत्तियाँ बहुत तीव्र होंगी तो वे एक खास तरह से व्यवहार करेंगे। वह एक बहुत तीव्र प्रतिक्रिया होगी। कुछ प्रबल लेकिन शांत हो सकते हैं, लेकिन आमतौर पर वे किसी न किसी तरह से बंधे होते हैं।

अगर आप मध्यम प्राणियों से मिलते हैं, तो अनजाने में ही, लोग कुछ परेशानियों

से गुजरेंगे, जैसे किसी को बुखार आ सकता है या कोई अकारण ही अशांत हो सकता है। ऐसा नहीं है कि कोई भूत-प्रेत आपके सिर पर बैठा हुआ है — वह ऊर्जा आपके तंत्र को अस्तव्यस्त कर सकती है क्योंकि वे एक तरह से हर जगह हैं। उनमें से कई शायद इतने प्रबल नहीं होते कि एक अलग रूप कायम रख सकें, लेकिन वे मौजूद होते हैं। नम्र प्राणियों का आपके तंत्र पर लगभग कोई प्रभाव नहीं होता, यदि आप अति-संवेदनशील न हों, पर कुछ लोग होते हैं। ऐसे प्रभावों को दूर करने के लिए ही क्लेश नाशन जैसी क्रियाएँ की जाती हैं।

यहाँ समस्या यह है कि कैसे पता लगाया जाए कि क्या वास्तविक है और क्या बस एक मनोवैज्ञानिक घटना है। यह एक गंभीर चुनौती है क्योंकि हर बेवकूफ सोचता है कि उसने किसी भूत को देखा है या किसी प्रेत ने उस पर कब्जा कर लिया है। उसे पूरी तरह नकारना मूर्खता होगी। हालांकि ये प्राणी प्रयोजन रखने में अक्षम होते हैं, लेकिन हो सकता है कि वे विवश होकर कुछ करें। और उनमें अपनी आनुवांशिक स्मृति को खोजने की प्रवृत्ति होती है। शायद वे कहीं और सहज महसूस न करें। वे अपनी आनुवांशिक स्मृति को खोजना चाहते हैं। तो वे उन्हीं जगहों पर भटकते रहते हैं जहाँ वे स्मृति मौजूद होती हैं। लेकिन क्या उनका इरादा आपको नुकसान पहुँचाना है? बिलकुल नहीं। इन प्राणियों की अपने आप में किसी मनुष्य के मिलने-जुलने करने की कोई प्रवृत्ति नहीं होती। उनके पास चुन सकने की भेद-बुद्धि नहीं होती कि 'मैं इस व्यक्ति या उस व्यक्ति के साथ संपर्क या मिलना-जुलना करना चाहता हूँ।' ऐसा आपकी अपनी मनोवैज्ञानिक प्रक्रिया से होता है।

मेरे विचार से यह पूरी समस्या इसलिए है क्योंकि लोग अनुमान लगाते रहे हैं कि ये प्रेत हमारी प्रतीक्षा कर रहे हैं और वे आप पर झपट पड़ेंगे या किसी न किसी रूप में आपको नुकसान पहुँचाएंगे। यह सब कुछ उन लोगों द्वारा रचा गया है जो इससे कोई फायदा उठाना चाहते हैं — आप उन्हें पेशेवर प्रेत कह सकते हैं। यह सब उन फिल्मों के कारण है जहाँ दिखाया जाता है कि मरा हुआ व्यक्ति किसी बादल पर आपका इंतजार कर रहा है, जो आपसे बात करना चाहता है या सुनना चाहता है कि आप क्या कह रहे हैं। इन सारी बातों ने मानव मस्तिष्क को इतनी गहराई से प्रभावित किया है कि वे वास्तविकता और उनके मन द्वारा रची गई बातो के बीच अंतर नहीं कर सकते। लोगों की मनोवैज्ञानिक वास्तविकताएँ उनके लिए इतनी असली हैं कि उन्हें लगता है कि वही सच्चाई है। इन चीजों ने आपके द्वारा सुनी गई भूत-प्रेतों की कहानियों को काफी लोकप्रियता प्रदान की है।

अमेरिकी मूल निवासी मृतकों को रखने की जगहों के लिए सख्त नियम रखते

हैं। एक बार जब वे मृतकों के लिए कोई स्थान बना लेते हैं, जहाँ वे पक्षियों के लिए छोड़ देते हैं, या और कुछ, तो वहाँ कोई प्रवेश नहीं करता। इसका एक कारण उनकी अपनी सुरक्षा है। दूसरा कारण है कि वे उनके लिए बाधा नहीं डालना चाहते। वे चाहते हैं कि वे आराम से अपना समय पूरा करें। यही कारण है कि पारम्परिक रूप से, श्मशान भूमि और कब्रिस्तान मानव बस्तियों से बाहर होते हैं — मृतकों को थोड़ी जगह दी जानी चाहिए। यह बहुत बुद्धिमानी का काम है।

अब, लोग पूछते हैं कि क्या सभी देहहीन प्राणी मनुष्यों से आए हैं या कोई गैर-मानवीय देहहीन प्राणी भी हैं? वैसे तो गैर-मानवीय देहहीन प्राणी जैसी कोई चीज नहीं होती। मिसाल के लिए, क्या कोई टिड्डा बिना शरीर के उछलता घूम सकता है? वास्तव में तो नहीं। इसके कुछ अपवाद हैं — नाग उनमें से एक हैं। हम पहले ही देख चुके हैं कि नाग और गाय सूक्ष्म शरीर रखने में सक्षम हैं। ऐसा कहना तार्किक रूप से पूरी तरह सही नहीं होगा, लेकिन यह ऐसा कहने जैसा है जैसे मनुष्यों के मानवीय प्रेत होते हैं, उसी तरह कुछ नाग प्रेत भी होते हैं जो किसी मनुष्य पर हावी भी हो सकते हैं।

भारतीय संस्कृति में, यह जानकारी आम है कि नाग दोष जैसा कुछ है। नाग दोष तब होता है जब कोई देहमुक्त नाग किसी तरह आपको स्पर्श करता है। हमें यह बात समझ लेनी चाहिए कि एक देहमुक्त प्राणी का अपना कोई प्रयोजन नहीं होता। वह उद्देश्य रखने में असमर्थ है, लेकिन उसकी प्रवृत्तियाँ होती हैं। तो जब आप उसके संपर्क में आते हैं, तो वह आपको प्रभावित कर सकता है। जब लोगों को नाग दोष होता है, तो यह विशेष रूप से आपकी त्वचा की कुछ परतों को प्रभावित कर सकता है। आमतौर पर, ऐसे लोगों की त्वचा में चकत्ते पड़ जाते हैं। यह त्वचा रोग जैसा दिखता है लेकिन यह वास्तव में त्वचा रोग नहीं होता। त्वचा परतों में उधड़नी शुरू हो जाती है। यह स्थिरता और संचालन का एक बहुत अजीब भाव भी पैदा कर सकता है, जहाँ अगर इसे ठीक से सँभाला नहीं गया तो इससे मनोवैज्ञानिक पीड़ा हो सकती है। वरना, यह लोगों में गंभीर रूप से सुनने में रुकावट पैदा कर सकता है। केवल नाग पूजा और ऐसी ही चीजों को करने से मैंने लोगों को इन चीजों से पूरी तरह ठीक होते देखा है।

जब कोई देहमुक्त नाग किसी को प्रभावित करता है, तो प्रभाव का समय ज़्यादा लम्बा नहीं होता क्योंकि उसकी अपनी संरचनात्मक अखण्डता संकट में होती है। यह खुद को नष्ट कर लेगा क्योंकि स्वयं को अधिक समय तक थामकर रखने के लिए उसमें आवश्यक अखंडता नहीं होती। यह अवधि आमतौर पर सत्ताईस से चौव्वन दिनों तक होती है। यह बस इतनी ही होती है। लेकिन नाग दोष के प्रभाव से होने वाली बीमारी लम्बे समय तक रह सकती है। ऐसा तभी होता है जब उसने आपको नकारात्मक तरीके से प्रभावित किया हो। अगर उसने आपको सकारात्मक तरीके से

प्रभावित किया है, तो आप देखेंगे कि आपकी रीढ़ की शक्ति, उसकी कार्य-प्रणाली और आपका बोध उन्नत हो गए हैं। इसका कारण यह है कि देहमुक्त नाग अपनी मृत्यु के कुछ देर बाद तक बना रहता है। भारत में, अगर लोग किसी मृत नाग को देखते हैं तो वे उसका संपूर्ण अंतिम-संस्कार करते हैं।

नागों और उनके प्रभाव की बात करें तो, मैंने उनके सकारात्मक और नकारात्मक दोनों तरह के प्रभावों को अनुभव किया है। एक बार इसने मुझे मार ही दिया था, लेकिन एक बार इसने कई तरीकों से मेरे जीवन को सँवारा। ध्यानलिंग की प्राण-प्रतिष्ठा के बाद मेरा स्वास्थ्य की स्थिति काफी खराब थी। ठीक होने के लिए हमने कई ऊर्जा संबंधी प्रक्रियाएँ कीं और कुछ लोगों ने मुझे फिर से अच्छा करने के लिए वास्तव में अपना जीवन समर्पित कर दिया, लेकिन मेरे शरीर के कुछ हिस्से — खास तौर पर नाभि के ठीक पास मेरा दायाँ हिस्सा — शून्य स्थान जैसे हो गए थे और समस्या पैदा कर रहे थे। वहाँ ट्यूमर बनने शुरू हो गए थे। एक दिन वे उभरते, और कुछ दिन बाद गायब हो जाते। डॉक्टरों ने कहा कि लाल आरबीसी की संख्या बहुत बढ़ा गई थी क्योंकि मेरा लिवर फेल होना शुरू हो गया था। हम इसे ठीक कर सकते थे, लेकिन मुझे इसके लिए समय चाहिए था — स्वयं के लिए कम से कम एक या दो महीने — लेकिन अपने कार्यक्रमों के कारण मुझे वह समय कभी नहीं मिल रहा था। तो यह हालत और भी खराब होती चली गई। कभी-कभी हमने यहाँ-वहाँ इस पर थोड़ा-बहुत काम किया, लेकिन हमने वास्तव में इस सिस्टम पर कभी उचित ध्यान नहीं दिया।

दिसम्बर 2001 की एक रात, मैं ईशा योग केन्द्र में अपने कमरे में लेटा हुआ था। यह लगभग सुबह 4:45 का समय था। जब मैंने अपनी आँखें खोली तो अपने पास एक विशाल देहमुक्त नाग को देखा। यह सामान्य आकार से ज़्यादा बड़ा था। उसका फन तना हुआ था। मैंने हमेशा अपने बिस्तर के पास एक छोटा पीतल का नाग रखा है; वही हर सुबह मुझे सुप्रभात कहता है, और अब एक विशाल नाग अपना बड़ा सा फन ताने मेरे सामने था। मैं उसकी ओर देख रहा था और तब वह मेरी ओर आया और मुझे नाभि के पास काट लिया। मैंने अपनी आँखें बंद कर लीं। वह कुछ देर वहाँ रहा और फिर चला गया, उसके बाद कभी दिखाई नहीं दिया।

उस नाग के काटने से मेरे पेट के घाव हो गए — साँप के चार दांतों के निशान थे जिनमें से खून निकल रहा था। मैंने उन्हें कुछ लोगों को दिखाया भी था। हालांकि, उस दिन से, वह शुन्य स्थान मिट गया; उस रहस्यमय या दिव्य नाग से हुई इस मुलाकात ने उसे दूर कर दिया था।

भूत-प्रेत की समस्याएं

हालांकि भूत-प्रेतों को देखने, सुनने और उसके कारण होने वाले बुरे प्रभावों के ज़्यादातर दावे मुख्य रूप से व्यक्ति विशेष की मनोवैज्ञानिक अभिव्यक्तियाँ होती हैं, लेकिन भौतिक शरीर से परे भी एक वास्तविकता है।

अधिकांश देहहीन प्राणी खुद का कोई इरादा रखने में असमर्थ होते हैं। तो वे किसी व्यक्ति को नुकसान नहीं पहुँचा सकते। हालांकि, उनके कारण आपको नुकसान हो सकता है। वे सीधे तौर पर आपको नहीं मार सकते, लेकिन ज़्यादातर, किसी पर हावी होकर या कोई डरावनी स्थिति पैदा करके वे घातक साबित हो सकते हैं। जब किसी व्यक्ति पर ऐसे प्राणी कब्जा कर लेते हैं तो, आमतौर पर, मृत्यु जल्दी हो जाती है, क्योंकि वे ऐसी स्थिति पैदा करेंगे जहाँ व्यक्ति किसी कुएँ में गिर जाएगा या किसी पहाड़ से गिर जाएगा, या कुछ ऐसा घटित होगा। वह प्राणी हर चीज पर कब्जा कर लेगा, आपकी बुद्धि, भावनाओं और आपके शरीर पर। आपका एक हिस्सा अभी भी संघर्ष कर रहा होगा लेकिन वे सीधे जाकर पहाड़ से नीचे गिर सकते हैं। यह उनका शरीर नहीं है, उन्हें इससे कोई चोट नहीं लगती, लेकिन इस प्रक्रिया में आप मर जाते हैं। यह ऐसे है जैसे जब कोई आपकी कार चलाता है तो उसे उसकी परवाह नहीं होती। वह उसे हर चीज से टकराते हुए जा सकता है।

ऐसा नहीं है कि वे जिसके साथ चाहें ऐसा कर सकते हैं। उस व्यक्ति में कुछ संवेदनशीलता होनी चाहिए। अगर कोई व्यक्ति अच्छी तरह स्थापित है, तो इन चीजों का उस पर कोई अधिकार नहीं होगा। अगर कोई व्यक्ति ध्यान करता है, अगर उसमें ध्यानमय होने का कुछ गुण आ गया है, तो ऐसे व्यक्ति पर कोई प्राणी कब्जा नहीं कर सकता। यह संभव ही नहीं है, लेकिन ये प्राणी आपके सामने बहुत विकृत रूपों में प्रकट होकर आपमें दहशत पैदा कर सकते हैं। मान लीजिए, आप बाहर गए और आपने एक विकृत प्राणी को देखा। उसे कुछ करने की आवश्यकता नहीं है। अगर वह बस वहाँ खड़ा रहता है, तो यही काफी होगा। यदि कोई अपना सिर हाथ में लिए वहाँ खड़ा है तो यह आपको डराने के लिए काफी होगा, है न? अगर आप बहुत ही संतुलित व्यक्ति हैं, तो आप शायद बस उसकी ओर देखेंगे और चले जाएंगे। फिर वह कुछ नहीं कर सकेगा। एक बिना सिर के व्यक्ति को सँभालना सबसे आसान है — पत्नियों से पूछ कर देखिए! लेकिन अगर आप डरपोक हैं, तो यहाँ वहाँ प्रकट होकर वह किसी व्यक्ति को मनोवैज्ञानिक तरीके से मार सकता है। केवल दहशत या खौफ ही जान ले सकता है।

एक देहहीन प्राणी आपको एक भौतिक शरीर की तरह देख तक नहीं सकता। वह आपको एक ऊर्जा रूप की तरह देखती हैं। आपने सुना होगा कि किसी व्यक्ति

पर किसी दूसरे प्राणी ने कब्जा कर लिया या उसे यातना पहुँचाई। हो सकता है आपने इस तरह की परिस्थितियाँ देखी भी हों। ऐसा आमतौर पर तभी होता है जब ऊर्जा के साथ उनका किसी प्रकार संबंध हो। वे रिश्तेदार या समान कर्म तत्त्व के हो सकते हैं। एक तरह से, ये प्राणी उस विशिष्ट व्यक्ति की ओर आकर्षित होते हैं जिसमें उस किस्म की चीजें मौजूद होती हैं। मान लीजिए, आपके परिवार में कोई अधूरे प्रारब्ध कर्मों के साथ मर गया। और अगर आप उसके कपड़े पहन लेते हैं, तो अनजाने ही वह आप पर आ जाएंगे। ऐसा नहीं है कि वह आपको तलाश रहा है। बात केवल यह है कि उन कपड़ों में, एक तरह से उनके शरीर और उनकी ऊर्जा का एक हिस्सा होता है, तो वे उस दिशा में आकर्षित होते हैं।

इसीलिए, पारम्परिक रूप से यह कहा जाता था कि जब कोई व्यक्ति मरता है तो आपको उसकी अंगूठियाँ कभी नहीं पहननी चाहिए। अगर कोई प्रबल प्रारब्ध कर्म लेकर मरा है और आप उनकी अंगूठी अपनी अनामिका में धारण करते हैं, तो उस प्राणी के लिए आपमें प्रविष्ट होना बहुत आसान हो जाता है। ऐसे में आप उनके लिए उपलब्ध हो जाते हैं। वे आपको यातना देने की कोशिश नहीं कर रहे हैं। वे कुछ करने की कोशिश नहीं कर रहे हैं। उनके ऐसे कोई इरादे नहीं हैं। वे बस अपनी प्रवृत्तियों के अनुसार कार्य करेंगे, जो एक तरह से आपके लिए यातना बन जाएगा। वरना, किसी देहहीन प्राणी के द्वारा आकर आपको उत्पीड़ित करने या आपको दिखाई देने की स्थिति पैदा नहीं होती।

अगर आपने स्वयं को जागरूकता के उस स्तर तक उठा लिया है जहाँ आप इन प्राणियों को महसूस कर सकते हैं, तो आपको उनके साथ कोई परेशानी नहीं होगी। जब तक कि आप किसी ऐसे काम में शामिल नहीं हैं जिसमें इन प्राणियों को अपनी ओर आकर्षित करना और उनके साथ कुछ खास चीजें करना शामिल है, तब तक आपको स्वयं को उनसे सुरक्षित करने के लिए कुछ भी करने की आवश्यकता नहीं है। केवल तभी, आपके द्वारा खुद की सुरक्षा किए जाने का सवाल पैदा होता है। वरना, आपको इसके बारे में चिंता करने की जरूरत नहीं है। अगर आप ध्यानमय हो जाते हैं तो वे आपको कुछ नहीं कर सकते। दरअसल, वे अच्छे साथी बन जाएंगे। अगर आप ध्यानमय नहीं हैं, तो आप अपने शरीर पर रुद्राक्ष या एक लिंग भैरवी लॉकेट धारण कर सकते हैं। ये कुछ साधारण चीजें हैं जो आपकी रक्षा कर सकती हैं।

न करने वाली एक चीज यह है — अपने अंगूठे में धातु की अंगूठी धारण करना। इन दिनों, अनजाने में, खासकर इन नए जमाने के लोगों ने अपने अंगूठों में अंगूठियाँ पहनना शुरू कर दिया है। यह हाल का चलन है। मुझे नहीं पता कि वे ऐसा करने के लिए कैसे प्रेरित हुए, या फिर यह केवल संयोगवश है और जहाँ कहीं पर भी वे कोई चीज पहन सकते हैं, वे बस पहन रहे हैं। कहीं भी, किसी भी संस्कृति में,

लोगों ने कभी अंगूठों में अंगूठियाँ धारण नहीं की हैं। अगर आप अँगूठे में अंगूठी पहनते हैं, तो आप कुछ ऐसी शक्तियों को आकर्षित कर लेंगे जिन्हें शायद आप सँभाल न पाएँगे। जिन शक्तियों को आप आकर्षित करेंगे, जरूरी नहीं कि वो सुखद हों। वो सँभाल सकने की आपकी समझ और क्षमता से परे हैं, तो वो आसानी से रोग, दुर्घटनाएँ ला सकती हैं या व्यक्ति के जीवन में भारी परेशानियाँ पैदा कर सकती हैं। तो अंगूठे पर कोई भी धातु धारण नहीं करन चाहिए। कभी भी नहीं। केवल जादू-टोने या काले जादू में सक्रियता से शामिल लोग ही अपने अंगूठों पर अंगूठियाँ पहनते हैं।

भूत-प्रेत की मुक्ति

देहहीन प्राणियों को फँसा जा सकता है। एक तांत्रिक, या गुह्य विद्याओं में पारंगत व्यक्ति ऐसा कर सकता है। यह ऐसे है जैसे सद्‌गुरु श्री ब्रह्मा जैसे महान संत को भी अंग्रेजी हुकुमत के दौरान एक अपरिपक्व सामाजिक व्यवस्था द्वारा सलाखों के पीछे डाल दिया गया था। इसी प्रकार, एक अलग स्तर पर, आप इन प्राणियों को भी फँास सकते हैं। अगर मेरे पास एक प्राणी हो जिसकी शरीर नहीं है, और उसे यहाँ से वहाँ जाने के लिए किसी सवारी की जरूरत न हो तो, कल्पना कीजिए कि मैं उसके माध्यम से कितनी चीजें कर सकता हूँ? लेकिन मैं कभी भी, किसी भी तरीके से उनका इस्तेमाल नहीं करूँगा। मेरी दिलचस्पी केवल उनकी मुक्ति में है; उनके साथ मेरी भागीदारी केवल उसी स्तर पर है। लेकिन ऐसे लोग हैं जो उनका इस्तेमाल करते हैं। वे किसी लाभ के लिए देहहीन प्राणी को किसी व्यक्ति के शरीर में डाल देंगे; अब, वह व्यक्ति वही करेगा जो वे चाहेंगे।

किसी को फाँसने की अपनी सीमाएँ भी होती हैं। आप किसी भी चीज को सदा के लिए फाँसकर नहीं रख सकते। कम से कम जब गुह्य विद्या वाले व्यक्ति की मृत्यु होती है, तो प्राणी की रिहाई हो जाती है। लेकिन अधिकतर लोगों के लिए जो इन गुह्य विद्याओं में लिप्त होते हैं, उनकी शक्ति उनकी मृत्यु तक नहीं ठहरती; यह उससे पहले ही चली जाती है। एक समय पर आकर वे उस पर से अपनी पकड़ खो देते हैं। जब ऐसा होता है, तो ये चीजें अपने आप ही चली जाती हैं। आमतौर पर, जहाँ इस तरह के लोग होते है, वहाँ ये चीजें नहीं मंडराएंगी। वे इसे आसानी से महसूस कर सकती हैं। एक बेखबर या अनजान प्राणी आसानी से फँस सकता है, लेकिन जो थोड़े जागरूक हैं वे इतनी आसानी से फंदे में नहीं आते। उन्हें पता होता है कि वह सब क्या है। वे उनके आस-पास की ऊर्जा को महसूस कर सकते हैं और बहुत सावधान रहते हैं।

ऐसे प्राणियों को फाँसना और उनका इस्तेमाल करना बहुत ही नकारात्मक कर्म है, क्योंकि, एक तरह, ये प्राणी बहुत ही असहाय प्राणी हैं। यह एक बच्चे को सताने

जितना ही अधर्मी कार्य है। इसके अलावा, यह किसी भी पल आप पर उल्टा पड़ सकता है। लेकिन, आमतौर पर ऐसे लोगों का अपना सुरक्षा तंत्र होता है। वे एक खास तरीके से खुद को बचाकर ऐसा करते हैं। एक आध्यात्मिक व्यक्ति कभी भी ऐसा कोई काम नहीं करेगा। लेकिन ऐसे लोग हैं जिन्हें किसी को आतंकित करने में बहुत सुख मिलता है। यह उनके लिए पैसे कमाने का जरिया बन सकता है। हालांकि, आमतौर पर, ऐसे प्राणियों को इस्तेमाल करने वाले लोग बहुत भयानक मृत्यु को प्राप्त होते हैं; समय के साथ यह उन्हीं पर हावी हो जाता है।

क्या देहहीन प्राणियों को मदद की जरूरत होती है? क्या उन्हें विलय किया जा सकता है? हाँ। देहधारी और देहहीन प्राणियों में बस यही अंतर होता है: जब आप देह में होते हैं तो आपमें विवेक अधिक होता है। जैसे-जैसे आप अधिक जागरूक होते हैं, आपका विवेक बढ़ता है। जब आपकी जागरूकता घटती है, आपका विवेक भी कम हो जाता है। एक बार जब आप मनुष्य के रूप में शरीर में होते हैं, तब या तो आप विकास कर सकते हैं या पतन की ओर जा सकते हैं। आपके लिए दोनों संभव हैं। बुद्धि होने की यही खूबसूरती है कि भेद कर सके और चुनाव कर सके। एक मनुष्य के रूप में, अगर आप अपनी जागरूकता और विवेक का उपयोग नहीं करते, अगर आप मनुष्य जीवन को बर्बाद कर देते हैं, तो आपके लिए कोई संभावना या उम्मीद नहीं रह जाती! हालांकि, ये देहमुक्त प्राणी जागरूकता के केवल उसी स्तर पर रह सकते हैं जिसमें उन्होंने शरीर छोड़ा था। वे जागरूकता को न तो बढ़ा सकते हैं और न ही खो सकते हैं। वे एक तरह से अनिश्चय की स्थिति में रहते हैं। यह एक ठहराव की अवस्था है — एक बिजली के बल्ब की तरह, इनका भी एक निश्चित जीवनकाल होता है, उसके बाद वो जलकर बुझ जाएंगे। बल्ब तय नहीं कर सकता कि वह कितने समय तक जलेगा या वह कब बुझेगा। वह कुछ घंटों तक जलता है और फिर बुझ जाता है। ये प्राणी भी इसी प्रकार होते हैं। न तो इनकी उन्नति हो सकती है और न ही पतन हो सकता है। जो कुछ इनके पास होता है, ये बस उसे अनुभव करते हैं, इतना ही। तो वो देहमुक्त प्राणी जो थोड़े जागरूक हैं, थोड़ी सहायता से प्रगति भी कर सकते हैं।

बाकी सारे अस्तित्व से अलग, एक इकाई के रूप में अपने को कायम रख पाने का एकमात्र कारण उनकी कर्म संरचना है। भौतिक शरीर को छोड़ा जा चुका है, लेकिन कर्म शरीर अभी भी बरकरार है। कर्म शरीर मौजूद होने के कारण ही उनका एक रूप है और उसकी एक विशेषता है। उनकी भी अपनी पसन्द-नापसन्द, विवशताएं और इच्छाएँ होती हैं। लेकिन जिन देहहीन प्राणियों को हम दिव्य प्राणी कहते हैं, उन्होंने किसी उच्चतर लक्ष्य की लालसा रही और वहाँ पहुँच गए। लेकिन वे भी थोड़ी सहायता से पार हो सकते हैं। यह कुछ इस तरह है। किसी व्यक्ति ने अमीर बनने की लालसा

की और वह अमीर बन गया। लेकिन केवल अमीर व्यक्ति ही अपने संघर्षों, अपनी समस्याओं को जानता है। सड़क पर घूमता गरीब व्यक्ति यह कभी नहीं समझता कि मर्सीडीज़ चलाने वाला व्यक्ति को भी संघर्ष करना पड़ता है, लेकिन अमीर व्यक्ति की अपनी समस्याएँ होती हैं और उसे पता होता है कि उसकी अमीरी उसे कहीं नहीं ले जाने वाली वह उसकी खुशी में कोई योगदान नहीं दे रही है। अब, उसके लिए यह समझना आसान हो जाता है कि उसे भीतर की ओर मुड़ने की आवश्यकता है। दिव्य प्राणियों के साथ भी ऐसा ही मामला होता है।

अब, उस प्राणी के विलय के संबंध में हमें केवल इतना ही करना होता है कि उसके कर्मों के ढांचे को तोड़ दें। आप किसी के कर्मों को कैसे तोड़ते हैं? कर्म आपके मन, भौतिक शरीर, अनुभूतियों और ऊर्जा के स्तर पर जमा होते हैं। एक बार किसी के शरीर छोड़ देने पर अनुभूतियाँ नहीं रहती। मन मौजूद होता है, लेकिन उसने अपनी तार्किक प्रकृति खो दी होती है। तो, मूल रूप से, एक देहविहीन प्राणी के लिए कर्म उसके ऊर्जा शरीर में होते हैं। प्राचीन काल में, गणिकाएँ बहुत सारे गहने पहनती थीं। अपने गहनों के माध्यम से, वे अपने पास आने वाले पुरुषों के साथ विस्तृत खेल खेलती थीं। उनका पूरा शरीर आभूषणों से ढका होता था। व्यक्ति इच्छा से भरा हुआ ऐसी स्त्री के पास आता, लेकिन वह उसके आभूषणों को उतार नहीं पाता था। लेकिन स्त्री यह एक बार में ही करने की तरकीब जानती थी। केवल एक पिन होती थी और, जब वह उसे काफी परेशान कर चुकी होती थी, तो वह केवल उस पिन को खींच देती और सारे गहने गिर जाते थे।

मानसिक और ऊर्जा शरीर दोनों इसी तरह हैं। आपके सारे कर्मों को कुछ पिनों ने थाम रखा है। ये पिनें आपके शरीर के किन्हीं खास बिंदुओं में होती हैं। एक तरह से, हम कह सकते हैं कि वे पिनें चक्र हैं। जरूरी नहीं कि केवल सात चक्र ही हों; दूसरे बिंदु भी मौजूद हैं। तो हमें बस उन प्लगों को खींचना होता है और कर्म शरीर ढह जाता है। हर तरह के तिगड़मी चक्रों को सक्रिय करने और उनके साथ गैर-जिम्मेदाराना चीजें करने की बात कर रहे हैं। यह बहुत खतरनाक है। अगर आप अनजाने में इन चीजों के साथ दखलअंदाजी करते हैं तो यह विनाशकारी हो सकता है। चक्र पिनों की तरह हैं। अगर मैं बस उन्हें खींच दूँ, तो मैं आपको अभी मुक्त कर सकता हूँ, लेकिन आप अपने भौतिक शरीर को थामकर नहीं रख पाएंगे। आप मुक्त हो जाएंगे, लेकिन जहाँ तक दुनिया का संबंध है, आप मर जाएंगे।

ऐसा ही देहमुक्त प्राणियों के लिए भी किया जा सकता है। सभी प्राणी विलय होना चाहते हैं, चाहे वे इस बारे में जागरूक हों या न हों। अपनी सीमाओं, डर, और गलतफहमियों के कारण उन्हें लग सकता है कि वे इसे नहीं खोज रहे, लेकिन हर

प्राणी विलीन होना चाहता है। हमेशा। अगर आपका शरीर हमारे हाथों में नहीं गिरे, तो आपको विलय करना बहुत आसान हो जाएगा। इसीलिए एक गुरु हमेशा आपके शरीर के पूरी तरह तैयार हो जाने तक इंतजार करता है। जब मृत्यु का पल स्वाभाविक रूप से आता है, तो गुरु हस्तक्षेप करके वह करेगा जो उसे करना है। हो सकता है वह आपको कुछ दिन पहले ही प्रस्थान करा दे, लेकिन वह पिन खींचकर आपको पूरी तरह विलीन कर देगा।

निश्चल प्राणियों की मुक्ति

ऐसे कई देहविहीन प्राणी हैं जिनसे मेरा सामना हुआ है और मैंने उनसे संचार किया है। एक अमेरिकी मूल निवासी प्राणी के साथ मेरा एक विचित्र स्थिति में सामना हुआ। अमेरिकी मूल निवासियों को हमेशा बहुत ही स्वाभिमानी, चुस्त और मजबूत व्यक्तियों के रूप में दर्शाया जाता है। वे अच्छे योद्धा होते थे, अपनी संस्कृति पर उन्हें गर्व होता था और वे बहुत ही सच्चे लोग थे। वे इस तरह के व्यक्ति थे कि अगर आप उन्हें अपना भाई भी कह देते तो वे आपके लिए हर समय लड़ने के लिए तैयार रहते, वे आपके लिए अपनी जान तक दे सकते थे। वे ऐसे ही थे। उनके लिए, युद्ध में मारना और मरना सम्मान की बात थी। उन्होंने कभी पता नहीं था कि कोई आकर उनकी जमीन हड़प सकता है या उनसे छीन सकता है। उन्हें यह बात समझ ही नहीं आती थी। वे धरती को एक जीवित शक्ति के रूप में देखते थे जो उनका पोषण करती थी। यह दुनिया की उन कुछ संस्कृतियों में से एक थी जो किसी के भगवान कहने पर ऊपर की ओर नहीं देखती थी। वे धरती को उस शक्ति के रूप में देखते थे जिसने उन्हें बनाया और उनका पालन-पोषण किया था।

अगर आप अमेरिकी इतिहास को जानते हैं, तो टेनेसी से ठीक दक्षिण की ओर एक रास्ता जाता है, जिसे 'ट्रेल ऑफ़ टियर्स (आँसुओं का पथ)' कहते हैं, क्योंकि उन्नीसवीं सदी के मध्य में, यूरोपीय उपनिवेशियों के लिए जमीन खाली कराने के उद्देश्य से सभी जनजातीय कौमों को बलपूर्वक पश्चिम की ओर धकेल दिया गया था। तो सम्पूर्ण जनजातियाँ पलायन कर गईं। उनके हथियार छीन लिए गए, क्योंकि हथियारों के साथ वे खतरनाक हो सकते थे। हथियारों के बिना, वे खाने के लिए शिकार भी नहीं कर सकते थे, तो भूख से मरते हुए वे चलते रहे थे। जो बूढ़े और कमजोर थे, वे मर गए। मूल अमेरिकियों का तरीका ऐसा था कि अगर वे अपने मृतक को कहीं दफनाते थे तो उन्हें उस जगह का ध्यान रखना पड़ता था। अब, चूंकि वे यात्रा कर रहे थे तो अपने मृतकों को दफना नहीं सकते थे। तो वे उन मृतकों को अपने साथ ढोते रहे। उनके शरीर सड़कर गल गए, और वे रोते-रोते आगे बढ़ते रहे। जब तक वे अपने गंतव्यों पर पहुँचे, उनमें से लगभग 70 प्रतिशत मर चुके थे। तो इसे आँसुओं का पथ कहा जाता है।

ये बहुत ही मिट्टी से जुड़े हुए लोग थे — उनमें धरती के लिए एक खास बोध था। उनके लिए, उनका धर्म, उनके तंत्र-मंत्र, उनकी रीतियाँ, सब धरती के बारे में ही थीं। पृथ्वी के साथ उनका एक बहुत ही गहरा नाता था। जब इन लोगों ने कष्ट झेले, तो हर जगह वे यातनाओं के छाप छोड़ते गए जो वहाँ अब भी मौजूद हैं। कुछ सालों पहले जब मैं टेनेसी में एपलाशियन के पर्वतों के एक हिस्से में घूम रहा था, तो मैंने एक आदमी को निराशा और शर्मिंदगी की एक खास स्थिति में जमा हुआ, निश्चल खड़ा देखा। मैंने देखा कि वह प्राचीन मूल जनजातियों की पूरी गरिमा के साथ वहाँ बिनल हिले खड़ा था — वह समय में जम गया था। जब भी मैं किसी को बहुत ज़्यादा गतिविधि में या बहुत ज़्यादा स्थिर देखता हूँ, तो मैं खुद को उसमें शामिल कर लेता हूँ क्योंकि मेरे लिए ये दोनों स्थितियाँ कुछ करने की संभावनाएँ होती हैं। बहुत ज़्यादा गतिविधि में रहने वाले लोग एक संभावना होते हैं। जो लोग नितांत निश्चल हैं, वे भी एक संभावना हैं। मैं स्वयं को इन दो तरह के लोगों से दूर नहीं रख सकता। उसके बीच की, मध्यम गतिविधि अधिक महत्त्व नहीं रखती।

तो, मैंने देखा कि लगभग 200-300 सालों से वह व्यक्ति वहाँ जड़वत खड़ा था। मैंने उसके पिछली परिस्थिति में झांका तो पाया कि उस व्यक्ति पर अपने बड़े भाई की सुरक्षा की जिम्मेदारी का सौभाग्य प्राप्तथा, जो उस समुदाय का एक तरह का नेता या मुखिया था। वह उसके दाएँ हाथ की तरह था, जो उसकी हर तरह से सुरक्षा करता था। अब, उस परम्परा में, एक भाई का अर्थ यह नहीं कि वह एक ही माता या पिता से पैदा हुआ हो। आप उसी तरह भाई बना सकते थे जैसे आप दोस्त बनाते हैं। वह व्यक्ति अपने उस भाई का बहुत आदर करता था और उसके साथ चलना और उसकी रक्षा करना अपना सौभाग्य मानता था।

एक ऐसी परिस्थिति आई जहाँ उसने कुछ गोरे सैनिकों के साथ मुखिया की एक मुलाकात आयोजित की। किसी तरह, गोरे लोगों ने उस मुखिया को धोखा देकर मार दिया। उसने खुद को इस घटना के लिए इस कदर जिम्मेदार समझा कि वह घोर निराशा, विफलता, पीड़ा और शर्मिंदगी के साथ बस वहाँ खड़ा रह गया। उसमें इतनी प्रबल भावनाएँ थी कि वह कुछ सदियों से बस वहीं खड़ा हुआ था। जब मैंने उसे देखा, तब भी वह वहीं खड़ा था। भौतिक शरीर में नहीं — बेशक, मिट्टी मिट्टी में मिल चुकी थी — लेकिन उसका बाकी वजूद वहीं खड़ा था, ठीक वैसे ही जैसे वह उस पल में था। तो मैंने सोचा कि उसके आगे बढ़ने का समय आ गया है। शर्मिंदगी में बहुत अधिक समय, हार की भावना के साथ बहुत अधिक समय अच्छा नहीं है। मैंने उस स्थिति से आगे बढ़ने में उसकी सहायता की।

यह वो कविता है जो मैंने उस घटना के ठीक बाद लिखी थी।

अमेरिका

इन जंगलों के चिंतामग्न अंधेरे
पोषित हैं मूल-निवासियों के रक्त से
गिरे पेड़ों के टेढ़े-मेढ़े ढेर में
खड़ी रही मृत इंडियन की आत्मा
ओ भाइयों तुम्हारी पहचान है एक गलती
जो समुद्र पार करने वालों ने की
सोने और जमीन के लालच में
नष्ट किया ज्ञान और शालीनता के भाव को
जिन्होंने हत्या से हासिल किया, उनकी संतानें
अछूती हैं अपने पूर्वजों के कलंक से
पर जो साहस और गर्व के दूध से पोषित हुए
खड़े हैं हार और शर्म की रूह जैसे
ओ आहत और हत्यारे
आओ गले लगो हमेशा के लिए शांत कर दूँगा मैं तुम्हारी रूहों को

शायद वह पल — उस प्राणी से मेरा सामना होना — मेरे जीवन का सबसे ज़्यादा तकलीफदेह पल था। और तब से मैंने ध्यान देना शुरू किया कि कैसे उस इलाके के कई हिस्सों में पीड़ा की एक गहरी छाप थी, जो मानव जीवन में अपनी भूमिका अदा करेगी चाहे हम इसके प्रति सचेतन हों या न हों। अगर एक पत्थर पीड़ित हो सकता है तो एक मनुष्य तो निश्चित ही नहीं बचेगा। बिना किसी कारण के अनकही पीड़ा घटित होगी। जिस पृथ्वी पर आप रहते हैं, जब उस पर इस तरह की पीड़ा की छाप अंकित हैं, तो आप कभी नहीं जान पाएंगे कि आपके जीवन में सच्ची खुशहाली क्या है। आप एक बड़ा घर बना सकते हैं, आप एक बड़ी बंदूक लेकर चल सकते हैं और जिस पर चाहें गोली चला सकते हैं, लेकिन आप अपने जीवन में आराम का एक पल भी नहीं जानेंगे। जिस धरती पर आप चलते हैं, वह जब ऐसी स्थिति में हो, जब आपको पता नहीं हो कि आपका सृजन करने वाली सामग्री का कैसे ध्यान रखें, तो आप अपने जीवन में कभी खुशहाली का एक पल भी नहीं जानेंगे।

एक और स्थिति थी जो लम्बे समय तक बनी रही। ध्यानलिंग प्राण-प्रतिष्ठा के दौरान, एक देहमुक्त स्त्री थी जो अक्सर मेरे घर की छत पर आया करती थी। प्रतिष्ठा

से पहले, हमने ऐसे प्राणियों के साथ बहुत-सी चीजें की थीं और उनका विलय किया था, लेकिन यह देवहिन प्रेत डेढ़, या शायद दो साल से अधिक समय तक भटकती रही थी। प्रतिष्ठा के बाद, मेरा शरीर अस्थिरता की एक खास अवस्था में था और मैं उससे निपटना नहीं चाहता था। ऐसे देहहीन प्राणियों में अच्छे-बुरे कि पहचान नहीं होती। उनकी बस एक लालसा होती है। यह ऐसे है जैसे कोई इच्छा की एक गहन अवस्था में हो और उसमें जीवन के प्रति कोई अच्छे-बुरे कि पहचान न हो। कोई पीना चाहता है, कोई बलात्कार करना चाहता है, बस यही है। ऐसा नहीं है कि वे अच्छे हैं या बुरे हैं, तो वे ऐसा कर रहे हैं। उनमें जीवन के प्रति कोई अच्छे-बुरे कि पहचान नहीं है, उनमें केवल लालसाएँ हैं। उनके कर्मों के अनुसार, उनकी कुछ वासनाएँ या प्रवृत्तियाँ हैं, और वे बस उन्हीं के अनुसार चलते हैं।

दूसरे तरह के प्राणी हैं जिनका आकार या रूप पूरी तरह से बेडौल हो गया है। वे अपने मानवीय रूप को बनाए नहीं रख पाए हैं। वे सूक्ष्म हो गए हैं। लेकिन यह एक ऐसी स्त्री थी जिसने अपने रूप में स्त्रीत्व के उन्नत भाव को बनाए रखा था। दुनिया में कोई भी स्त्री वैसी नहीं होगी। वह बहुत ज़्यादा सुंदर थी और सामान्य से कहीं बड़े आकार की थी। उसने सुंदर परिधान पहनने और खुद को सलीके से पेश करने का भ्रम भी पैदा किया हुआ था। उसकी वासना नारीत्व रुपी थी, जो हमेशा पुरुषत्व की विरोधी होती है। तो अगर आप उससे दखलअंदाजी करने की कोशिश करते तो, स्वाभाविक रूप से, वह एक स्त्री के रूप में सामने आती। उसे कोई दूसरा तरीका नहीं पता था। इससे कई अनावश्यक स्थितियाँ पैदा हो सकती थी, लेकिन वह खुद से कुछ नहीं करती थी। अगर मैंने घर के मंदिर में उसे विलय होने के लिए आमंत्रित किया होता तो, एक ही पल में, यह सब समाप्त हो गया होता।

लेकिन, जैसा मैंने पहले बताया, प्रतिष्ठा के बाद उन दिनों मेरा शरीर एक कमजोर और अस्थिर अवस्था में था, तो मैं उसके साथ कोई जोखिम नहीं उठाना चाहता था। रात में, वह मेरे घर के भीतरी गलियारे में चलती थी, उसकी पायल आवाज करती थीं: छन, छन, छन, छन। केवल मैं ही नहीं था जिसने उसे सुना था। जो भी उस घर में रुका था, उसे रात भर चलते हुए सुनता था। यदि आप दरवाजा खोलकर गलियारे में आते, तो उसे छत पर एक लाचार-सा चेहरा लिए बैठा हुआ पाते। वह लगभग दो साल तक वहाँ बैठी रही। वह मंदिर में प्रवेश नहीं करती थी। उसने हिम्मत ही नहीं की, लेकिन वह घूमती रही और इंतजार करती रही। मैंने उसके साथ कुछ नहीं किया। मैंने उसे वहीं छोड़ दिया। थोड़ी चिंता की बात तो थी क्योंकि उस समय मेरी बेटी आठ साल की थी और उसने भी पायलों की आवाज सुनी थी। इस तरह के देहमुक्त प्राणी छोटी लड़कियों को नुकसान पहुँचा सकते हैं, इसलिए मुझे बेटी के कमरे के

लिए एहतियाती उपाय करने पड़े। हालांकि, उस स्त्री ने कोई भाव नहीं दर्शाए सिवाय लाचारी के, न दिलचस्पी न हिंसा।

मैंने उसे दूर करने की कोई कोशिश नहीं की क्योंकि वह इतनी लाचार थी और उसमें कुछ पाने की लालसा थी। जब मेरा शरीर अधिक स्थिर हो गया तो मैंने उसे विलीन करने का फैसला लिया। क्योंकि उसका शरीर इतना सूक्ष्म हो गया था, तो किसी देहधारी मनुष्य की तुलना में उसकी पिनों को खींचना बहुत आसान था। मैं यह नहीं चाहता था कि वह भय या परेशानी की अवस्था में चली जाए, मैं चाहता था कि वह बहुत ही अनुकूल माहौल में जाए। तो मैं उसे अन्दर ले आया और उसे मंदिर के आगे झुकने के लिए कहा। जब उसने ऐसा किया, तो मैंने उसका प्लग खींच दिया और उसे विलीन कर दिया। अब सब खत्म हो चुका था। वह अब नहीं रही थी।

अगर सही हालात हों तो लोगों को उनकी देहहीन स्थिति में विसर्जित करना अपेक्षाकृत काफी आसान चीज होती है। उदाहरण के लिए, अगर धरती की सारी स्त्रियाँ फैसला कर लें कि अगले एक साल तक इस धरती पर कोई गर्भाधान नहीं होगा, तब वो सभी प्राणी जिनका समय पूरा चुका है और जिन्हें एक गर्भ की जरूरत है, वे सभी अनिश्चितता की स्थिति में भटकते रहेंगे। उनकी अचेतन इच्छा एक गर्भ तलाशने की होगी, लेकिन कोई गर्भ उपलब्ध नहीं होगा — यह उनके एक और जन्म के चक्र में पड़ने से पहले ही, उन्हें विलीन करने के लिए मेरे लिए एक आदर्श स्थिति होगी। जब वे हाल ही में मरे होते हैं और भटक रहे होते हैं, तब आप उन्हें ठिकाने नहीं लगा सकते क्योंकि वे बहुत अधिक अचेतन होते हैं। लेकिन जब उनका प्रारब्ध कर्म उन्हें एक गर्भ खोजने के लिए विवश कर रहा हो, और कोई भी स्त्री सहयोग न कर रही हो, तो उन्हें विसर्जित करने के लिए यह एक आदर्श स्थिति होगी।

हमारे साथ बहुत-सी युवा स्त्रियाँ हैं जो गर्भवती नहीं हुई है और वे होंगी भी नहीं, क्योंकि उन्होंने गहराई से जुड़े रहने का जीवन चुना है कि उनकी जैविक प्रवृत्तियाँ महत्त्वहीन हो गई हैं। लेकिन अगर इस ग्रह पर सभी स्त्रियाँ अगले एक साल तक गर्भवती न होने का निर्णय करें, तो इसका अर्थ होगा कि कम से कम 13 करोड़ देहविहीन प्राणी एक गर्भ की प्रतीक्षा कर रहे होंगे।

जिनके शरीर है उनके साथ ऐसा करना भी आसान है, लेकिन अंतिम पल आने से पहले लोग अपने व्यक्तित्व को छोड़ने को तैयार नहीं होते। एक बार ऐसा हुआ : मटिल्डा और अगाथा बहनें थी। एक झगड़े के कारण सैंतीस सालों तक उन्होंने एक दूसरे से बात नहीं की थी। एक दिन मटिल्डा गंभीर रूप से बीमार हो गई, तो उसने

अपनी, बहन को एक पत्र लिखा। वह इस तरह शुरू हुआ, *अगाथा*, — प्रिय अगाथा नहीं, क्योंकि वह अभी भी नाराज थी — *अब जब कि मैं मर रही हूँ तो मैं तुम्हें उन सभी गलत चीजों के लिए माफ करती हूँ, जो तुमने मेरे साथ कीं। मटिल्डा।* फिर उसने कुछ देर सोचा और जोड़ा: *पुनश्च: अगर मैं ठीक हो गई तो सब कुछ पहले जैसा ही रहेगा।* जब मृत्यु आपके दरवाजे पर दस्तक देती है, तो आपका जीवन एकाग्र चित हो जाएगा और स्वाभाविक रूप से आप भीतर की ओर मुड़ जाएंगे क्योंकि बाहर का कुछ अब किसी काम का नहीं रहता। जब लोग मृत्यु की ओर बढ़ रहे होते हैं, तो उनका व्यक्तित्व ढह जाता है और बाहरी चीजों के साथ जो झूठा अभिमान वे ढो रहे होते हैं, वह महत्त्वहीन हो जाता है।

निर्माणकाया

आध्यात्मिक समुदायों में हमेशा ही ऐसे योगियों के बारे में बातें होती रही हैं जो बहुत समय पहले इस धरती पर रहते थे लेकिन अब स्वेच्छा से अपने भौतिक शरीरों को प्रकट-अप्रकट करके दुर्लभ दर्शन देते हैं। इन दिनों लोगों में अपनी इच्छा से शरीर को प्रकट और गायब करने में योग्य होने को लेकर काफी दिलचस्पी है क्योंकि इन दिनों हर जगह बाबाजी (महादेव बाबाजी जो दूसरी सदी के आध्यात्मिक गुरु थे) की बहुत अधिक चर्चा हो रही है। भारत में उनके बारे में बहुत सारी कहानियाँ चल रही हैं कि वे एक ऐसे व्यक्ति हैं जो हमेशा रहते हैं और अपनी इच्छा से बार-बार प्रकट होते रहते हैं। ऐसा नहीं है। लोगों के लिए ऐसी चीजों के बारे में बातें करने का चलन हो गया है क्योंकि लोगों को किंवदंतियाँ पसंद हैं। उन्हें जीवित लोग पसन्द नहीं हैं क्योंकि आपको किंवदंतियों को तोड़ने-मरोड़ने या उन्हें बढ़ा-चढ़ाकर बताने की आजादी होती है। मिसाल के लिए, अगर आप मेरे बारे में कुछ बढ़ा-चढ़ाकर कहते हैं तो मैं आपको झंझोड़कर आपको बता दूँगा कि ऐसा कुछ नहीं है।

इस बारे में कुछ भ्रांति इसलिए है क्योंकि ऐसे योगी मौजूद हैं जो निर्माणकाया हैं। 'निर्माण' का अर्थ होता है बनाना या रचना करना, 'काया' का अर्थ है शरीर। ऐसा होना बहुत दुर्लभ है, लेकिन कुछ प्राणी ऐसे रहे हैं जिन्होंने ऐसा किया है। ये सर्वोच्च क्षमताओं के योगी होते हैं और अपनी इच्छा से भौतिक शरीर को प्रकट कर सकते हैं। वास्तव में, वे एक सचेतन ऊर्जा शरीर का निर्माण करते हैं, जो पूरा उन्हीं का बनाया होता है लेकिन वह भौतिक शरीर के शारीरिक कार्यों को संपन्न करने के लिए नहीं होता। आप जानते हैं, कम से कम आपका 20 प्रतिशत ऊर्जा शरीर आपके शारीरिक कार्यों को पूरा कर रहा है। तो ये योगीजन एक बड़ा ऊर्जा शरीर निर्मित करते हैं जिसका कोई शारीरिक संबंध नहीं होता लेकिन यह बस

शारीरिकता में स्थित होता है। तो उनके दो ऊर्जा शरीर होते हैं — एक वह, जिसके साथ वे जन्मे थे और दूसरा उस चीज का संचार करने के लिए जिसका वे संचार करना चाहते हैं, जो दूसरे आयाम का होता है। वे दूसरे ऊर्जा शरीर के बिना संचार नहीं कर सकते। जहाँ तक दूसरे लोगों के समझने का संबंध है, दोनों शरीर एक ही हैं। उदाहरण के लिए, इस प्रकार की व्यवस्था के बिना, केवल नियमित शरीर के साथ, सम्यमा जैसे कार्यक्रम का संचालन करना असंभव है। वहाँ किए जाने वाली चीजों की विशुद्ध तीव्रता और जटिलता का सामना यह शरीर नहीं कर सकता। यह वहीं मर जाएगा।

अब, भौतिक शरीर की मृत्यु के बाद भी, सूक्ष्म शरीर को वे सुरक्षित रखते हैं और उसे कभी-कभी प्रकट करते हैं। जरूरी नहीं कि यह हाड़-माँस का पूरा शरीर हो, यह बस दृष्टिगोचर हो जाता है। बस इतना ही। आमतौर पर, ये वो योगी हैं जिन्होंने ऐसी भूमिका अपनाई होती है जहाँ वे बहुत सालों बाद एक बार फिर प्रकट होंगे। इसका यह अर्थ नहीं कि वे कहीं रह रहे हैं। वे शरीर के सूक्ष्मतर पहलू को अखण्ड रखते हैं, लेकिन उनका भौतिक शरीर जा चुका होता है। वे उसे कभी-कभार पुनर्निर्मित करते हैं। वे दोबारा पैदा नहीं होते, और न ही यह हमेशा के लिए होता है।

जब आप किसी गर्भ से जन्म लेते हैं, तो आप भी एक शरीर बनाते हैं। आपकी अपनी ऊर्जा ही ऐसा करती है। आप अपनी माँ से पोषक तत्व लेते हैं, लेकिन शरीर आप बनाते हैं। माँ उसे नहीं बनाती। आपके पैदा होने के बाद भी आप ही इस शरीर को बना रहे होते हैं, है न? आप इसे उसी तरीके से बनाते हैं — भोजन, हवा, और पानी के माध्यम से पोषक तत्व लेना। आपके जन्म लेने से पहले, वह प्रणाली अभी स्थापित नहीं हुई होती है। तो शरीर को आकार देने के लिए आप अपनी माँ के खाने, पीने और साँस लेने की प्रणाली का उपयोग करते हैं, लेकिन यह आपकी अपनी ऊर्जाएँ होती हैं जो ऐसा करती हैं। अब, कोई व्यक्ति माँ के गर्भ की सहायता के बिना ही एक शरीर निर्मित करने की क्षमता हासिल कर सकता है। आप इसे खुद से बना सकते हैं। जरूरी नहीं कि यह एक छोटा शरीर ही हो। छोटा शरीर इसलिए बनता है क्योंकि वही माँ के गर्भ में समा सकता है। लेकिन जब आप खुद बैठकर इसे बनाते हैं, तो आप एक औसत आकार का शरीर बना सकते हैं या फिर ऐसा शरीर जो 20 फुट ऊँचा हो। साधारण तौर पर, लोग अपने युवा रूप का निर्माण करना चुनते हैं।

तो, ये निर्माणकाया सूक्ष्म अवस्थाओं में होते हैं और विस्तृत प्रक्रियाओं का उपयोग करते हैं। उन्होंने उस अवस्था में रहना चुना है। वे अति सूक्ष्म तरीके से रहते हैं। उन्होंने उस अवस्था में रहना या तो अपने आपसे चुना होता है, या उन्हें अपने

गुरुओं से आदेश मिला होता है, 'अपनी मुक्ति के बारे में चिंता मत करो, बस ऐसा करो।' कभी-कभी, वे वापस आकर कुछ चीजें पूरी करने के लिए स्थूल शरीर का निर्माण कर सकते हैं। वे केवल न्यूनतम मात्रा में कार्य कर सकते हैं, क्योंकि हर बार जब वे अपना शरीर निर्मित करते हैं तो उनके पास एक निश्चित समयावधि होती है और उनकी गतिविधि पर भी एक सीमा होती है। अधिकतर समय, वे केवल एक उपस्थिति ही दर्शा सकते हैं। उनके इस तरह दर्शन देने का दौर सामान्य मानवीय अर्थों में बहुत लम्बा हो सकता है। यह दो हजार सालों से लेकर 10,000 साल तक भी हो सकता है, लेकिन उसकी भी एक निश्चित समयावधि होती है। अंतत: वे भी पूरी तरह विलीन हो जाएंगे।

अधिकांश समय, वे ऐसा इसलिए करते हैं क्योंकि वे अपनी परम्परा को सुरक्षित रखना चाहते हैं। वे प्रकट होना चाहते हैं, ताकि उनकी परम्परा में कुछ छोटे-मोटे सुधार किए जा सकें। वे सामान्य आबादी के साथ कुछ ज़्यादा कार्य नहीं कर सकते। अब, उदाहरण के लिए, ईशा एक खास तरह का योग है, यह एक परम्परा है। चूंकि समय के साथ लोग मार्ग से भटक सकते हैं, तो कुछ विकृतियाँ अंदर आ जाएंगी। अब, मैं ऐसी चीजें नहीं करूँगा, तो आपको डरने की जरूरत नहीं है कि कहीं मैं वापस न आ जाऊँ। मैं नहीं आऊँगा। लेकिन मान लीजिए, हम यह सुनिश्चित करना चाहते हैं कि हर 100 सालों में सुधार किए जाएँ। तो हर 100 साल में, मैं फिर से प्रकट हो सकता हूँ और कुछ सुधार करके वापस जा सकता हूँ। दोबारा प्रकट होकर ऐसी चीजें कर सकने के लिए बहुत ही छोटी समयावधि होती है।

आपको पता होना चाहिए, जो निर्माणकाया बनाते हैं, उनमें हर कोई उसे दुनिया के साथ समान तरीके से उपयोग नहीं करता। हर कोई उसे दुनिया के सामने प्रकट और अप्रकट होने के लिए इस्तेमाल नहीं करता। यह इस तरह है मानो आपके पास एक शानदार कार हो, लेकिन आप उसे कैसे इस्तेमाल करते हैं यह आप पर है। आप शायद उसे लेकर ऑफिस जाना चाहें, या उससे रेस करना चाहें, या उसे बस मजे के लिए चलाना चाहें — यह आप पर निर्भर करता है। यह आपकी सवारी है। अगर आप उसके साथ कुछ न भी करना चाहें, फिर भी आप उसके मालिक हो सकते हैं। चीजें इकट्ठा करने वाले ऐसे लोग भी होते हैं, जो कार को गराज में खड़ी रखना चाहते हैं! निर्माणकाया के साथ भी ऐसा ही है। ऐसी चीजें विरले ही होती हैं, लेकिन कुछ ऐसे प्राणी रहे हैं जिन्होंने उस प्रकार की चीजें की हैं। उनके बिना, मुझे इतना ज्ञान नहीं होता। लेकिन ऐसी घटनाओं को बहुत अधिक बढ़ाया-चढ़ाया गया है और कई विकृत तरीकों से प्रस्तुत किया गया है।

प्राणियों को डाउनलोड करना

लगभग 35,000 साल पहले, सुनिरा नाम के एक योगी थे। इस योगी ने एक विशेष प्राणी को प्रतिपादित किया। इसके पीछे विचार एक आदर्श प्राणी का निर्माण करने का था जो एक ही बार में पूरी दुनिया को रूपांतरित कर सके। वह प्राणी काफी समय से मौजूद है। बहुत से दूसरे योगियों ने भी उसमें अपने अंशों का निवेश किया है। यहाँ तक कि गौतम बुद्ध भी इसके बारे में बात करते हैं, और उन्होंने भी उसमें अपने अंश का निवेश किया है। खुद कृष्ण ने भी इस प्राणी के बारे में कुछ किया था। गौतम ने भविष्यवाणी की थी कि उनके समय से लगभग 2500 से 3000 वर्षों के आसपास, यह जीव परिपक्व होगा और दुनिया में एक शरीर पाएगा और वह सृष्टि में गुरु उच्चतम होगा।

हम ऐसा कुछ नहीं करने वाले थे। बात बस इतनी है कि बहुत सारे उन्नत प्राणी हैं जो लगातार हमारे पीछे हैं कि हम उनके लिए कुछ करें। उनमें से कुछ को हमने, थोड़े समय के लिए, अपने शरीर में स्थान भी दिया है। एक मौके पर, जब हम खास प्रकार की साधनाओं में और खास अवस्थाओं में थे तो, हमारी अनुमति के बिना ही, इनमें से कुछ प्राणी हमारे अंदर प्रवेश कर गए और कुछ समय के लिए हमारे साथ ठहरे। हमने उन्हें काफी समय तक अपने भीतर रखा, शारीरिक रूप से यह आसान नहीं था, क्योंकि वे किसी तरह अभिव्यक्ति पाने के लिए बहुत उतावले थे। उस दौरान, ऐसे मौके होते थे जब हमारे आस-पास रहने वाले लोगों के लिए यह सब पूरी तरह उलझाने वाला हो जाता था। बहुत बार ऐसा होता था जब यह विज्जी को पागल बना देता था, क्योंकि हम बस किसी कुर्सी में बैठे होते थे, और जब वह कहीं दूसरी देखकर फिर वापस मुड़कर देखती, तब तक हम पूरी तरह कोई और ही बन चुके होते थे। वह डर जाती थी — भयभीत और बेहद घबरा जाती थी! हमने उन चीजों को कुछ समय के लिए होने दिया क्योंकि हम ध्यानलिंग की प्राण-प्रतिष्ठा पर काम कर रहे थे।

तो कुछ समय के लिए हमने उनमें से कुछ प्राणियों को डाउनलोड करने के बारे में विचार किया। ये अति-विकसित जीव हैं और नया शरीर धारण करने के अनिच्छुक हैं। उनके पास इतना है — उन्हें विवश करके किसी गर्भ में नहीं खींचा जा सकता। वे पर्याप्त जागरूक हो गए हैं और यह चुनाव का मामला बन गया है। तो वे एक उपयुक्त माध्यम की तलाश में रहते हैं जिसके जरिए वे अपने जीवन के अंतिम चरण को पूरा कर सकें। तो अगर आप अपना शरीर उपलब्ध कराते हैं — ऐसा केवल तभी होगा जब आपने पर्याप्त साधना और तैयारी की हो और पूरी तरह इसके इच्छुक हों — तब उन्हें आपके शरीर में उतारा जा सकता है। ऐसी किसी चीज के लिए लोगों को

पर्याप्त ग्रहणशील बनाने के लिए काफी साधना और तैयारी की आवश्यकता होगी। उन्हें पर्याप्त मजबूत होना चाहिए लेकिन बहुत ज़्यादा मजबूत नहीं। उन्हें पर्याप्त संवेदनशील होना चाहिए लेकिन बहुत ज़्यादा संवेदनशील नहीं, यह एक पूरी तरह अलग स्तर की साधना है।

अगर किसी व्यक्ति को, उस प्राणी को अपने ही शरीर में एक और प्राणी की तरह रखना है तो उस व्यक्ति को भी उन्हीं गुणों का होना चाहिए। वरना, वे उसके लिए बुरी संगत साबित होंगे! वे नुकताचीन हैं — इतने नुकताचीन कि उन्हें इस दुनिया में प्रवेश करने योग्य कोई गर्भ ही नहीं मिलता। जब वे इतने नुकताचीन हैं, तो उनके साथ आपका समय बहुत मुश्किल का होने वाला है, है न? ऐसे प्राणी के साथ रहना मुश्किल है। तो आपके साथ क्या होगा, आप कहाँ जाएंगे। आप कहीं नहीं जाते। आपका अस्तित्व समाप्त हो जाता है। क्या आप इसे कब्जा करना कहेंगे? नहीं, यह विलुप्त होना है। मैं अधिक सकारात्मक शब्द का इस्तेमाल कर सकता था — मुक्ति। इसे मोक्ष कहते हैं। अगर आप नकारात्मक शब्दावली का इस्तेमाल करना चाहते हैं, तो इसे निर्वाण कहिए।

अगर ऐसी चीजें की जाती हैं, तो मौजूदा प्राणी को इच्छुक होने की एक खास सीमा तक काम करना होता है, जहाँ जीवन प्रक्रिया को पूरी तरह खोला जा सके और मौजूदा प्राणी का संबंध-विछेद किया जा सकें, ताकि वह उन्नत प्राणी सदा के लिए उस शरीर को ग्रहण कर ले। अब, अगर भौतिक शरीर अभी भी कायम है, अगर उसे एक खास स्थान में रखा गया है और अगर दूसरे प्राणी को काफी लुभाया गया है, तो उन्हें उस शरीर में उतारा जा सकता है। यह एक जटिल प्रक्रिया है और ऐसी चीजों के साथ हर बार सफलता नहीं मिलती। यह लोगों द्वारा अंतरिक्ष यान से बाहर आकर कोई मरम्मत का कार्य करके वापस अंदर जाने से भी ज़्यादा पेचीदा है। मैं कहूँगा कि बहुत ही अधिक पेचीदा है क्योंकि शरीर को जीवित अवस्था में रखते हुए प्राणी को उससे रिहा करना बहुत अधिक कठिन हो सकता है। लोगों को किराए के घर से बस बाहर निकालना — किसी किरायेदार को घर से बाहर करना कितना मुश्किल होता है। तो व्यक्ति को उसके शरीर से तब बाहर निकालना, जब शरीर अभी चुस्त-दुरुस्त हो, बिलकुल भी आसान काम नहीं है। इसमें बहुत अधिक लुभाना पड़ता है। आप किसी व्यक्ति को बहुत सारी चीजों के लिए लुभा सकते हैं लेकिन किसी को उसके शरीर से बाहर आने के लिए लुभाने की कोशिश करना सबसे मुश्किल काम है। लेकिन जरूरी तैयारी के साथ, ऐसा किया जा सकता है। हम एक जीवन से उसकी भौतिक संरचना को क्षति पहुँचाए बिना उससे खाली कराने के बारे में बात कर रहे हैं, ताकि वह शरीर दूसरे जीवन को चलाने के लिए अच्छे रूप में रहे।

मेरे विचार से हम ऐसे समाज में रहते हैं जो जीवन के दूसरे पहलुओं के प्रति बहुत तार्किक और अपरिपक्व है। तो हम वह करने की कोशिश कर रहे हैं जो उन्हें समझ आता हो — पेड़ लगाना, हॉस्पिटल, स्कूल आदि चलाना। यहाँ तक कि लोग मुझे 'पेड़ लगाने वाला' कहने लगे हैं! यह डाउनलोड केवल मनोरंजन के लिए नहीं है। यह समाज के लिए एक अद्भुत, असाधारण वरदान साबित होगा। लेकिन यहाँ इतने लम्बे समय से होने के बावजूद भी, अगर हम उस उन्नत स्तर के पर्याप्त प्राणी पैदा नहीं कर पाए, तब हमें उन्हें कहीं और से आयात करना होगा। मैं आशा करता हूँ कि हमें ऐसी आवश्यकता नहीं पड़नी चाहिए, हम अच्छा काम कर रहे हैं। यहाँ कार्य बहुत ही प्रबल है और हमारे साथ बहुत सारे गतिशील और स्थिर ज्वालामुखी-सरीखे लोग हैं। जब यह सब कुछ यहाँ है, तो मैं उम्मीद कर रहा हूँ कि हमें प्राणियों को आयात करने की कोई जरूरत नहीं होनी चाहिए। तो चलिए हम उन लोगों के साथ काम करते हैं जो पहले ही गर्भ से बाहर आ गए हैं। आप सभी यहाँ हैं! इससे कोई फर्क नहीं पड़ता कि आप कैसे आए, आइए देखें कि हम आपके साथ क्या कर सकते हैं।

अध्याय 11

पुनर्जन्म की पहेली

इस समय, अधिकतर लोग अपने इस जीवन में घटित होने रही चीजों को ही सँभालने में असमर्थ हैं, तो वे अपने पिछले जन्मों को क्यों खोदना चाहते हैं? वे यही नहीं जानते कि इस जीवन के विचारों, भावनाओं और संबंधों को कैसे सँभालें। तो वे कई जन्मों के विचारों, भावनाओं और संबंधों को कैसे सँभालेंगे?

नया शरीर धारण करना

गर्भाधान के तुरंत बाद, एक स्त्री के गर्भ में भौतिक शरीर धीरे-धीरे विकसित होना शुरू हो जाता है। लेकिन यह केवल एक घोंसले की तरह है। प्रकृति में, कुछ पक्षी हैं जो घोंसले बनाते हैं लेकिन कोई दूसरे पक्षी आकर उनमें अंडे दे देते हैं और वहाँ जीवन का निर्माण करते हैं। यह इसी तरह है। दो लोगों ने एक साथ आकर एक शरीर का निर्माण करना शुरू किया। कोई दूसरा जो उसके लिए तैयार बैठा है और एक शरीर खोज रहा है, वह आकर उसमें निवास करने लगता है। उससे पहले, भ्रूण एक प्राणी नहीं था, ऐसा शरीर के छोटे आकार के कारण नहीं था बल्कि इसलिए था क्योंकि वह खाली था; उसमें कोई प्राणी मौजूद नहीं था। यह बस कोशिकाओं के एक पुलिंदे की तरह था। इसके बाद, दूसरा जीवन गर्भ में प्रवेश करता है और कोशिकाओं का वह पुलिंदा एक प्राणी बन जाता है। हो सकता है कि वह अभी तक एक पूरा इंसान न हो, लेकिन कई मायनों में वह एक इंसान ही है।

आमतौर पर, गर्भ में भौतिक शरीर चालीस दिनों बाद रहने के लिए तैयार होता है। मैं कहूँगा कि 99.9 प्रतिशत मौकों पर, गर्भाधान के बाद चालीस से अड़तालीस दिनों के बीच जीवन गर्भ में प्रवेश करता है और भौतिक शरीर में बैठ जाता है। कभी-कभी, विरले मामलों में, इसमें थोड़ा अधिक समय लग सकता है। कुछ प्राणी जो एक

निश्चित सीमा से अधिक सचेतन बन गए हैं, वे गर्भ में शरीर के थोड़ा और विकसित होने की प्रतीक्षा करते हैं। लेकिन वे किसी दूसरे प्राणी को उस गर्भ में प्रवेश नहीं करने देंगे। जब ऐसी चीजें होती हैं, तो उन्हें जानना आसान होता है। मैं विस्तार में नहीं जाऊँगा, क्योंकि फिर लोग हर गर्भवती स्त्री की ओर यह जानने के लिए देखना शुरू कर देंगे कि उसके गर्भ में एक सचेत संतान है या अचेत संतान!

गर्भावस्था के दौरान, कई संकेत हैं जो स्पष्ट तौर पर दर्शाते हैं कि जीवन ने गर्भ में प्रवेश किया है या नहीं। अगर हम थोड़ा बहुत प्रशिक्षण दें तो एक माँ यह बड़ी आसानी से महसूस कर सकती है। अगर गर्भाधान के अड़तालीस दिनों के बाद भी जीवन ने गर्भ में प्रवेश नहीं किया है, तब उस संतान के साथ निश्चय ही कुछ असाधारण होने वाला है। इसमें कोई संदेह नहीं है। आपने सुना होगा कि किसी ने गौतम की माँ को देखा और कहा, 'आप एक अद्भुत प्राणी को जन्म देने वाली हैं।' ऐसी चीजों की भविष्यवाणी की जा सकती है क्योंकि कोई जान सकता है कि जीवन ने उस गर्भ में अड़तालीस दिनों में प्रवेश नहीं किया है बल्कि उससे थोड़ी देर बाद किया है। यह एक असाधारण प्राणी के आगमन का संकेत है। ऐसा कुछ गुणों के कारण है कि वह गर्भ की सुरक्षा करता है लेकिन उसमें प्रवेश नहीं करता। वह शरीर के थोड़ा और विकसित होने का इंतजार करेगा और उसके बाद ही प्रवेश करेगा।

इस तरह कि स्थिती माँ को व्यथिति या किसी तरह से असुविधापूर्ण लग सकती है। यह कोई भौतिक आराम का अभाव नहीं बल्कि इसमें एक तरह की अस्तित्व-संबंधी घबराहट, चिंता होती है। गर्भावस्था में पैंतालीस से पैंसठ दिनों के बीच, अगर आप सामान्य मातृत्व की भावनाओं के अलावा यदि आप बिना किसी खास कारण उसके आँसू छलकते हुए देखते हैं या माता कभी-कभी दमकते-नीले रंग की चमक देखती है या उसे सपने में बहुत ही सौम्य तरीके से साँप दिखते हैं, तो इसका अर्थ है कि कोई संत या कोई मायावी या कोई महान विजेता आने वाला है। जब ऐसे संकेत देखे जाते हैं, तो जन्म लेने वाले के रूपांतरण के लिए विभिन्न प्रक्रियाएँ की जाती हैं। एक संत या मायावी या विजेता का अर्थ है एक निश्चित स्तर की क्षमता या सामर्थ्य। उनमें अंतर केवल उद्देश्य का होता है। किस उद्देश्य के लिए वह अपनी क्षमता का उपयोग करेगा उसी से सारा अंतर पड़ता है। इसीलिए गर्भाधान होने के बाद, एक सर्व-समावेशी उद्देश्य स्थापित करने के लिए बहुत से प्रयास किए जाते हैं, क्योंकि यह निश्चय ही हमारा उत्तरदायित्व है कि हम किस प्रकार का जीवन इस दुनिया में लाते हैं और जब वह जीवन इस दुनिया से जाता है तो हम किस स्तर की चेतना पीछे छोड़ते हैं।

केवल उसके बाद, चौरासी से नब्बे दिनों के बीच कहीं जाकर सही अर्थों में शरीर के साथ इस जीवन का कार्य शुरू होता है। तब तक वह जीवन केवल जाँचता है कि

वह गर्भ उसके लिए उपयुक्त है या नहीं। यह कोई सचेतन चुनाव नहीं होता, बल्कि एक अचेतन चुनाव होता है। प्रवृत्ति के अनुसार, वह गर्भ को जाँच रहा होता है कि वह उसके अनुरूप है या नहीं। पारम्परिक रूप से, हम इन प्रवृत्तियों को वासनाएँ कहते हैं। आपकी वासना के अनुसार ही आप एक उपयुक्त शरीर की तलाश करते हैं। इस दौरान, प्राणी की चेतना के स्तर के आधार पर उसके पास थोड़ा-बहुत चुनाव होता है कि वह किस तरह के शरीर को चुने।

जब मैं चुनाव कहता हूँ तो, इसका अर्थ यह नहीं है कि आप किसी दुकान में जाकर यह या वह कमीज खरीद लेते हैं। चुनाव कर्मगत होता है। प्राणी की एक निश्चित दिशा में जाने की, एक विशेष गर्भ की ओर जाने की, एक निश्चित शरीर की ओर जाने की एक स्वाभाविक प्रवृत्ति होती है। यहाँ तक कि जब आप भौतिक शरीर में होते हैं, तब भी आपमें खास तरह के लोगों की ओर जाने की एक स्वाभाविक प्रवृत्ति होती है, क्योंकि आपके कर्म उसी प्रकार के होते हैं। इसी तरह, जब आपके पास भौतिक शरीर नहीं होता, तब भी आप वही करते हैं। तब यह ज़्यादा अचेतन होता है, लेकिन जो कर्म तत्त्व आप अपने साथ ढोते हैं, वह एक विशेष प्रकार का शरीर तलाशता है।

यह इस तरह है : अगर हम लोगों के एक पूरे समूह को पहली बार किसी हॉल में ले जाएँ, तो सभी अपने-अपने हिसाब से बैठ जाएंगे। यह चुनाव पूरी तरह बेतरतीब नहीं है। यह काफी हद तक आपके कर्मों पर आधारित है। आपका कर्म पीठ दर्द वाला हो सकता है, ऐसे में आप जाकर दीवार के सहारे बैठेंगे। आपका कर्म हमेशा छुपकर देखने का हो सकता है। आप उस मौके में मौजूद होना चाहते हैं, लेकिन आप किसी को दिखाई नहीं देना चाहते। तो आप किसी बड़े व्यक्ति को खोजेंगे और उसके पीछे जाकर बैठ जाएंगे। आपका कर्म हो सकता है कि आप हमेशा आगे की पंक्ति में होना चाहते हैं, तो आप वहाँ जाकर बैठ जाएंगे। हो सकता है कि यह अचेतन रूप से हो रहा हो, लेकिन आप इसे इसी तरह करते हैं। वह आपका कर्म ही है जो आपको किसी जगह पर बैठाता है। इसी तरह, लाखों गर्भ मौजूद हैं और लाखों प्राणी शरीर तलाश रहे हैं। वे अपने गुणों और प्रवृत्तियों के अनुसार गर्भ ग्रहण करेंगे।

एक बार उसके शरीर खोज लेने पर, यह प्राणी के प्राण की जीवंतता होती है जो भौतिक शरीर की गुणवत्ता को बढ़ाती है। इस पल के बाद से, वह केवल माँ ही नहीं होती जो शरीर को बनाती है। यही कारण है कि लाखों ऐसे मामले हैं जहाँ मुमकिन है कि माँ कमजोर रही हो, सड़क पर हो, कुपोषित रही हो और फिर भी उसने एक बहुत ही स्वस्थ बच्चे को जन्म दिया हो। लेकिन कभी ऐसा भी हो सकता है कि माँ किसी ऐसे परिवार से हो जहाँ हर चीज का ध्यान रखा जाता है और सब अच्छा भोजन करते हैं,

लेकिन माँ एक बहुत ही कमजोर बच्चे को जन्म देती है। यह प्राणी का प्राण-तत्त्व, या प्राण की जीवंतता है जो उस शरीर पर कार्य करती है। उसी के अनुसार नया जीवन एक नया शरीर धारण करता है।

चक्र भी शरीर में धीरे-धीरे विकसित होना शुरू होते हैं। कहीं बारहवें सप्ताह के आस-पास, केवल एक ही चक्र बना होता है, जो मूलाधार चक्र होता है। पहले अट्ठाइस से तीस सप्ताह के भीतर, भ्रूण के विकास की गुणवत्ता के आधार पर, विशुद्धि चक्र तक के पहले पाँच चक्र पूरी तरह स्थापित हो जाते हैं। बाकी के दो — आज्ञा चक्र और सहस्रार चक्र — हर मनुष्य में समान स्तर तक स्थापित नहीं होते। मैं कहूँगा कि लगभग 30-35 प्रतिशत नवजात शिशुओं में संभव है कि आज्ञा चक्र विकसित न हुआ हो। अगर आप उनकी आँखों की पुतलियों की हरकत से जान जाएंगे कि शिशु का आज्ञा चक्र स्थापित हुआ है या नहीं। इसीलिए जिस पल एक शिशु का जन्म होता है, इस संस्कृति में शिशु को नहलाने के बाद सबसे पहले उसकी भौहों के बीच थोड़ी-सी विभूति लगाते हैं। तमिलनाडु में वे शिशु की भौहों के बीच एक खास पेड़ की राल से सिक्के के आकार की बड़ी बिंदी बना देते हैं। जैसे-जैसे वह सूखती है, राल वहाँ की त्वचा को खींचती है और भौहों के बीच उस स्थान पर तीव्र संवेदना पैदा करती है। ऐसा केवल उसी मामले में करते हैं जहाँ आज्ञा चक्र अभी तक विकसित नहीं हुआ होता है। हम चाहते हैं कि बच्चा उस दिशा में ध्यान-केंद्रित करना शुरू कर दे।

पारम्परिक रूप से, बस आँखों की पुतलियों की हरकत को देखकर लोग बता सकते थे कि शिशु कोई संत या ऋषि बनेगा। एक संत का अर्थ यह नहीं है कि कोई जाकर किसी जंगल या गुफा में बैठेगा। एक ऋषि या द्दष्टा वह होता है जो उन चीजों के देखता है जिन्हें दूसरे नहीं देख सकते। वह एक दूरदर्शी व्यवसायी या दूरदर्शी नेता भी हो सकता है — ऐसा व्यक्ति जो दूसरों के मुकाबले चीजों को अधिक स्पष्टता से देखता है। इसका यह अर्थ नहीं है कि अगर किसी का आज्ञा चक्र जन्म के समय विकसित नहीं हुआ है तो वह उसके जीवनकाल में कभी होगा ही नहीं — अगर वे उस पर काम करें तो उसे विकसित कर सकते हैं। लेकिन उन्हें दूसरों से थोड़ा अधिक काम करना होगा।

अधिकांश शिशुओं का सहस्रार चक्र, आमतौर पर, जन्म के समय विकसित नहीं हुआ होता है। यह उसके बाद धीरे-धीरे विकसित होता है। जैसा कि पहले बताया गया है, सिर के ऊपर, एक स्थान होता है जिसे ब्रह्मरंध्र कहते हैं। रंध्र एक संस्कृत शब्द है; इसका अर्थ है मार्ग, जैसे कोई छोटा छेद या सुरंग। शरीर में यही वह स्थान होता है जिसके जरिए जीवन भ्रूण में उतरता है। जब एक बच्चे का जन्म होता है, तो सिर पर एक कोमल स्थान होता है जहाँ बच्चे के एक निश्चित आयु के हो जाने तक हड्डी

विकसित नहीं हुई होती है। ऐसा इस कारण है क्योंकि जीवन प्रक्रिया में अपने विकल्प खुले रखने की जागरूकता है कि वह शरीर उसे थामे रखने में समर्थ है या नहीं। तो वह कुछ समय तक उस चोर-दरवाजे को खुला रखता है, जिससे अगर वह शरीर उसे अपने रहने के लिए अनुपयुक्त लगे तो वह उसे छोड़ सके। वह किसी दूसरे मार्ग से शरीर से नहीं जाना चाहता; वह उसी रास्ते जाना चाहता है जिससे वह आया था, जैसे कि एक अच्छा मेहमान हमेशा मुख्य द्वार से आता है और उसी द्वार से वापस जाता है। जिस दिन आपको जाना होता है, तब अगर आप सचेतन रूप से शरीर के किसी भी हिस्से से जाते हैं, तो यह ठीक है। लेकिन अगर आप ब्रह्मरंध्र से जा सकें, तो यह जाने का सर्वश्रेष्ठ तरीका है।

पुनर्जन्म का अंकगणित

पुनर्जन्म के बारे में लोगों का पहला सवाल होता है कि अगर दुनिया की आबादी बढ़ रही है, तो क्या ज़्यादा जानवर मनुष्य बनते जा रहे हैं? क्या हाल में दुनिया में पशुओं की संख्या कम होने का यही कारण है? क्या मनुष्यों और पशुओं को साथ मिलाकर दुनिया की आबादी — एक निश्चित संख्या है? ये सवाल अस्तित्व को संख्या के आधार पर मानने और सोचने की अज्ञानता से पैदा हुए हैं। जब आप जीवन ऊर्जा की बात करते हैं, तो यह संख्या के हिसाब से नहीं है। आप इस तरह नहीं सोच सकते, 'ठीक है, केवल एक व्यक्ति मरा है, लेकिन आज दस लोग कैसे पैदा हो गए?' यह इस तरह अंकों पर आधारित नहीं है। संख्या केवल शरीरों के लिए है। जीवन अंकों में घटित नहीं होता। जब आप असीम की बात करते हैं, तो ऐसा कोई अंकगणित नहीं होता।

जब आप जीवन की बात करते हैं, तो शायद आप सोच रहे हैं कि यह एक प्राणी है। लेकिन अगर कोई प्राणी ही न हो तो? इसीलिए गौतम ने कहा कि आप अनात्मा हैं। हिंदुओं के लिए यह पूरी तरह से पवित्रता का अनादर था। उन्होंने ऐसा इसलिए कहा क्योंकि अगर यह आत्मा है, तो उनकी कोई भी संख्या हो सकती है। लेकिन अगर यह अनात्मा है, तो फिर उनकी संख्या कितनी हो सकती है? आप कितने अप्राणियों को पैदा कर सकते हैं। आप कितनी 'रिक्तताओं' की रचना सकते हैं? अब यह सवाल बेतुका लगता है। आप हमेशा अंकों के संदर्भ में सोचते हैं क्योंकि वे आपके अनुभव के उस आयाम से आते हैं, जो बहुत सीमित है।

वास्तव में, अगर आप शरीरों का निर्माण करते जाएंगे, तो उन्हें वैसे भी ग्रहण कर लिया जाएगा। जीवन घटित होगा। तो फिर उनके लिए कर्म कहाँ से आएंगे? उनके लिए कर्म-तत्त्व कहाँ है? अस्तित्व में यह तत्त्व प्रचुर मात्रा में है। असल में, अगर आप चाहें,

तो यह व्यक्ति जो अभी यहाँ एक व्यक्ति के रूप में बैठा है, वह उसी कर्म सामग्री के साथ, जो उसके पास अभी है, लाखों शरीर धारण कर सकता है। ऐसा संभव है। ऐसी कई परिस्थितियाँ रही हैं जहाँ योगियों ने दो शरीर धारण किए हैं। उसी कर्म तत्त्व के साथ उन्होंने दो शरीर धारण किए। तो संख्या के बारे में यह सवाल प्रासंगिक नहीं है। यह एक तार्किक, अंकगणितीय सवाल है। लेकिन जीवन उस तरह घटित नहीं होता।

जीवन केवल एक है। संख्याएँ सिर्फ आपके मन में हैं। अस्तित्व में ऐसी कोई चीज नहीं है। मान लीजिए, पानी से भरा एक तालाब है और आप बाल्टी डुबोकर उसमें पानी भर लेते हैं। क्या आप कह सकते हैं कि मैंने यह विशेष पानी निकाला है? यह बस थोड़ा पानी है। एक बार फिर अगर आप बाल्टी को तालाब में डालते हैं, तो आपको थोड़ा और पानी मिल जाएगा। लेकिन यह पानी या वह पानी जैसी कोई चीज नहीं है। जीवन के साथ भी ऐसा ही है। मूल जीवन शक्ति संख्या के संदर्भ में नहीं है। बस एक काफी है। एक ही सब कुछ आबाद कर सकता है। जिसे हम प्राणी कह रहे हैं वह भौतिक से परे है। जब भौतिक नहीं रहता तो सीमाएँ भी नहीं रहतीं। जिसकी कोई सीमा नहीं है, उसके लिए एक, दो, दस, या लाख भी नहीं है। तो सोचने का यह तरीका सही नहीं है।

पिछले कुछ दशकों से विज्ञान वनस्पति जीवन का प्रतिरूप (क्लोन) बनाने में सफल रहा है। हाल के वर्षों में, यह भेड़ों और कुत्तों जैसे जानवरों का प्रतिरूपण करने में सफल रहा है। आजकल, अनुसंधान के कई प्रयास मनुष्य का प्रतिरूपण करने की ओर भी बढ़ रहे हैं और आम धारणा यह है कि उनके सफल होने में अब देर नहीं है। प्रतिरूपण का कर्म के सिद्धांत से कैसे संबंध स्थापित होगा? प्रतिरूपित जीवन के लिए सॉफ्टवेयर कहाँ से आएगा?

आपको समझना चाहिए कि प्रतिरूपण से आप बस एक मानव शरीर ही बना रहे हैं। अगर यह पर्याप्त रहने योग्य है, अगर सारे घटक मौजूद हैं, जीवन उसे ग्रहण कर लेगा। इससे कोई फर्क नहीं पड़ता कि आपने इसे कैसे बनाया है। लेकिन जब इतनी सारी स्त्रियाँ हैं जो बच्चे पैदा करने में पूरी तरह समर्थ हैं, तो मुझे समझ नहीं आता कि इसे किसी प्रयोगशाला में करने के लिए करोड़ों डॉलर क्यों नष्ट किए जा रहे हैं। जब बच्चों को पैदा करने का एक सुखदायक तरीका मौजूद है, तो आपको उन सभी परख नलियों और दूसरी चीजों के साथ, जिनमें से बच्चा बाहर आएगा, इसे इतना निर्लज्ज और बदसूरत बनाने की जरूरत नहीं है। सबसे बढ़कर, स्त्री बच्चे को सिर्फ एक शरीर ही नहीं देती; जब वह उसके गर्भ में होता है तो वह उसे ढालती है। अपनी गर्भावस्था के दौरान वह जिस तरह होती है, उसके अनुसार बच्चे के गर्भ में रहने के दौरान उसके लिए काफी सारी चीजें विकसित होती हैं। इस देश में, एक बार किसी स्त्री के गर्भ

धारण कर लेने के बाद उसकी विस्तृत देखभाल की जाती थी। हर कदम पर उसे क्या करना चाहिए, क्या नहीं करना चाहिए, कोई चीज उसे किस तरह करनी चाहिए, उसे किसका चेहरा देखना चाहिए, किसका नहीं देखना चाहिए — इन सभी चीजों को नियंत्रित किया जाता था क्योंकि अजन्मे बच्चे पर हर चीज का प्रभाव पड़ता है। ऐसा इसलिए है क्योंकि वह केवल एक शरीर ही प्रदान नहीं कर रही है, बल्कि जन्म लेने वाले व्यक्ति की चेतना को भी ढाल रही है। आपको समझना चाहिए कि आप लोगों की अगली पीढ़ी का निर्माण कर रहे हैं। यह दुनिया कल कैसी होगी, इसका फैसला अभी आपके शरीर में हो रहा है। यह एक बहुत बड़ी जिम्मेदारी है। इसे उसी तरह सँभाला जाना चाहिए।

अब, तकनीक की मदद से हम जानते हैं कि बाहरी दुनिया में कुछ काल्पनिक चीजें कैसे की जा सकती हैं, इसका यह अर्थ नहीं है कि हम हर वो चीज करें जो हम कर सकते हैं। यह बहुत ही बचकाना है। यह इस धरती पर विनाश का स्रोत है। एक नस्ल तौर पर इंसान दिमागी रूप से परिपक्व नहीं हुए हैं। हमें यह फैसला इस आधार पर लेन होगा होगा कि क्या करना है और क्या नहीं करना है, और किसकी चीज जरूरत है, न कि इस आधार पर कि हम क्या कर सकते हैं।

अब, क्या यह संभव है कि एक स्त्री उच्च चेतना के प्राणी को अपनी संतान के रूप में पाने की संभावना के लिए खुद को तैयार कर सकती है? निश्चित रूप से कर सकती है। लेकिन अगर किसी स्त्री की ऐसी अभिलाषा है, तो बेहतर होगा कि वह गर्भाधान से पर्याप्त पहले स्वयं पर काम करे, क्योंकि गर्भावस्था के दौरान, आमतौर पर, उनकी परिस्थितियाँ ऐसी हो जाती हैं कि वे इन बारीकियों पर ध्यान नहीं दे पातीं। तो, उस समय पर, उनके लिए एक निश्चित स्तर की चेतना बनाए रखना मुश्किल हो सकता है, लेकिन यह असंभव नहीं है। कुछ दूसरी चीजें हैं जिन्हें किया जा सकता है, लेकिन हो सकता है कि वह उन्हें खुद न कर पाए। अगर वह सही किस्म के स्रोत से सहायता लेती है, तो उसके लिए यह किया जा सकता है। लेकिन अधिकतर, वह खुद से यह कर सकती है कि वह ध्यानशील हो जाए। अपने शरीर में ऐसी स्थिति पैदा होने से पहले अगर वह अपने अंदर यदि यह गुण ले आती है, तो परिणाम अच्छे होंगे। ध्यानशील होना, बहुत प्रेममय होना, एक सुखद प्राणी के आगमन को सुनिश्चित कर सकता है। लेकिन ऐसा होना जरूरी नहीं है क्योंकि इसके कुछ दूसरे पहलू भी हैं। लेकिन कुल मिलाकर, यह एक सुखद जीव के आगमन को सुनिश्चित करेगा।

अब, अगर आप एक आदर्श प्राणी पैदा करने का विचार कर रहे हैं तो, हाँ, इसे करने के उपाय हैं। आप कुछ चीजें कर सकती हैं ताकि श्रेष्ठतम संभव जीव आपके गर्भ में शुरू हुए जीवन के छोटे से अंश में निवास करे। इसके लिए, आप जो कर्म

तत्त्व या कर्म सॉफ्टवेयर अपने भीतर ढोते हैं, उससे परे जाना होगा और कुछ ऐसा आकर्षित करना होगा जो आपके वजूद से एक अलग ही प्रकृति का हो। इसके लिए पूरी तरह एक अलग ही तरह का कार्य करना होगा। साधारण तौर पर, माता इसे खुद से नहीं कर पाएगी और उसे किसी ऐसे व्यक्ति की सहायता की जरूरत होगी जो उसके लिए अनुकूल स्थिति का निर्माण कर सके।

एक समय हमने सोचा था कि हम प्रक्रियाओं की एक पूरी प्रणाली तैयार करेंगे और ध्यानलिंग में ये व्यक्ति उनसे होकर गुजरेंगे। दूसरा, अगर गर्भाधान के दिन से, स्त्री हर रोज इस तरह के वातावरण में रहती है, तो निश्चित रूप से वह एक खास तरह के प्राणी को आकर्षित करेगी। लेकिन ऐसा करना ध्यानलिंग को उद्देश्य-विशिष्ट बना देगा। वरना, इस तरह के प्रतिष्ठित वातावरण में रहना एक विशेष प्रकार के प्राणी को आकर्षित करेगा।

अगर हम कुछ और चीजें करें, तो हम उस तरह के प्राणियों को भी उतार सकते हैं जो उतरने और पुनर्जन्म लेने के अनिच्छुक हैं, लेकिन पूरी तरह विलीन होने योग्य नहीं हुए हैं। ये वो प्राणी हैं जो देहहीन अवस्था में कुछ सीमाओं से परे जा चुके हैं, जहाँ वे इतने जागरूक हैं कि प्रवृत्तियों से संचालित नहीं होते, फिर भी इतने आजाद नहीं हैं कि बुलबुले को फोड़कर चले जाएँ। उन्होंने अपनी परम मुक्ति नहीं पाई है लेकिन वे आजादी के एक निश्चित मुकाम पर पहुँच गए हैं। ऐसे प्राणियों को उतारा जा सकता है। ऐसी परिस्थितियाँ भी रही हैं जहाँ इस दायरे से ताल्लुक न रखने वाले जीवों को भी मानवीय गर्भों में उतारा गया है। इसके लिए कई शर्तें होती हैं, अगर उन सब को पूरा किया जाता है, तो हम निश्चित रूप से पक्का कर सकते हैं कि खास तरह के प्राणी आकर्षित हों।

बच्चों में पूर्व-जन्मों की यादें

बच्चों के ऐसे कई उदाहरण दर्ज किए गए हैं जहाँ उन्हें अपने पिछले जन्मों का स्पष्ट रूप से स्मरण रहा है। पिछले कुछ दशकों में इन बच्चों द्वारा दिए गए विवरण और जानकारियों को शोधकर्ताओं द्वारा प्रमाणित किया गया है। लेकिन, यह घटना उन अध्ययनों के नतीजों से भी अधिक व्यापक है। मैं कहूँगा कि तीन-छह माह से कम उम्र के बच्चों में कम से कम 70-80 प्रतिशत को अपना पिछला जीवन याद रहता है क्योंकि एक जन्म से दुसरे जन्म की स्मृति के बीच बनने वाला परदा अभी स्थापित नहीं हुआ होता है। जीवन को अभी तय करना बाकी रहता है कि कितना धारण किया जाए; वह अभी भी अस्थिर होता है। उस चरण में, जीवन संरक्षण प्रवृत्ति ही एक शिशु को माता की ओर खींचती है। वरना, शिशु को कोई परवाह नहीं होती कि कौन क्या

है। अगर आप उनकी ओर गौर करेंगे तो पाएंगे कि जो भी उनके प्रति मधुर होगा, वे उसके पास चले जाएंगे। ऐसा लगता है कि बच्चा अपनी माँ से प्रेम करता है। नहीं, उन्हें किसी की परवाह नहीं होती क्योंकि अभी तक उनका कोई व्यक्तित्व स्थापित नहीं हुआ होता है। केवल जीवित रहने की प्रवृत्ति ही उन्हें माता के स्तनों की ओर उन्मुख रखती है। उन्हें पता होता है कि उन्हें वहाँ जाना है।

इस दौरान, उनमें अनेक जन्मों की स्मृतियाँ कई तरीकों से आती-जाती रहती हैं। धीरे-धीरे, वह स्थिर होती हैं। स्तनपान इसका एक महत्त्वपूर्ण हिस्सा है। स्तनपान के साथ, प्रकृति बच्चे के स्मृति चक्र को उसके इस जीवन के साथ स्थापित करने का प्रयास करती होती है। अगर कोई वैज्ञानिक अध्ययन किया जाए तो संभव है कि उन्हें शिशुओं में स्तनपान और अतीत के जन्मों के स्मरण के बीच के संबंध का पता चले। जिस बच्चे को स्तनपान नहीं कराया गया हो, हो सकता है उसके लिए परदे उतनी दृढ़ता से स्थापित न हुए हों, जितने स्तनपान करने वाले बच्चे के लिए हुए हैं। शायद वे परदे थोड़े अधिक झीने हों, और यह जीवन के सभी मामलों में उलझन के रूप में प्रकट हो सकता है, जिसका कारण स्पष्ट न हो।

इस संस्कृति में, खासकर राजघरानों में यह मान्यता थी कि जब किसी राजा के यहाँ कोई बच्चा जन्म लेता था, और उसे एक अच्छा राजा बनाना हो तो उसे तीन महिलाओं द्वारा स्तनपान कराया जाना चाहिए। जब रानी गर्भवती होती थी, तो वे दो और स्त्रियों को चिन्हित करते थे जो गर्भावस्था की समान अवस्था में होती थीं। जब राजकुमार पैदा होता था, तो वे उन स्त्रियों को महल में आकर रहने के लिए कहते थे। और रानी समेत वे तीनों स्त्रियाँ उस बच्चे को स्तनपान कराती थीं। इसका एक कारण तो उसका श्रेष्ठ पोषण सुनिश्चित करना था, और दूसरा बालक को उसके मूल के प्रति भ्रमित करना था। एक राजा को किसी प्रकार का लगाव नहीं होना चाहिए, यहाँ तक कि अपने माता-पिता के प्रति भी नहीं, वरना वह एक अच्छा राजा नहीं बन पाएगा। तो वे हमेशा कहते थे कि एक राजा के बेटे को तीन महिलाओं द्वारा स्तनपान कराया जाना चाहिए।

लोग अक्सर मुझसे पूछते हैं कि क्या कोई व्यक्ति उसी लिंग में पैदा होगा जिसमें वह पिछले जन्म में था। ऐसा जरूरी नहीं है। मुझे कुछ लोगों के साथ कई अलग-अलग तरीकों से इसका निकटतम अनुभव है। मेरे आस-पास ऐसे लोग मौजूद हैं जिनका लिंग, अपने पिछले जन्म से अलग हैं। आप कौन-सा लिंग या रूप धारण करेंगे यह आपके द्वारा पैदा की जाने वाली इच्छा पर निर्भर करता है। यह आपकी प्रवृत्तियों से तय होता है। अगर किसी की कर्म प्रवृत्ति बहुत अधिक ज़नाना है, तो वह पुरुष का शरीर धारण करेगा। अगर किसी की प्रवृत्ति बहुत अधिक मर्दाना है तो वह स्त्री शरीर धारण करेगा, क्योंकि द्वैतताओं को मिलना होता है। अगर कर्म

प्रवृत्तियाँ हद से ज़्यादा मर्दाना हैं, और अगर उसे पुरुष शरीर मिल जाता है, तो वह टेढ़े व्यक्तित्व का आदमी होगा।

पिछले जन्मों की खोज

आध्यात्मिक समुदायों में, पिछले जन्मों के संबंधों को लेकर मतिभ्रम बहुत ज़्यादा है। मुझे यकीन है कि योग केन्द्र में भी बहुत लोग इसके बारे में बात करते घूमते हैं, 'मैं सद्गुरु के पिछले जन्म में और उससे भी पिछले जन्म में उनके साथ था,' वगैरह। मैं कहता रहता हूँ कि जो पिछले जन्म में मेरे साथ रहने के बाद भी यहाँ हैं वे असफल उम्मीदवार हैं, ताकि वे इसे किसी मेडल की तरह लेकर न घूमें। आप तब वहाँ थे और आपने अवसर गँवा दिया और मेरा जीवन और प्रयास बेकार कर दिया, अब मुझे परेशान करने के लिए आप फिर से यहाँ हैं! इस अवस्था में होना कोई अच्छी बात नहीं है।

तो क्या पिछले जन्मों की यह जानकारी, मेरे वर्तमान संबंधों की मुश्किलों को सुलझाने में मेरी सहायता नहीं करेगी? अब, आप अतीत की किसी भी चीज से अपना संबंध केवल विचारों, भावनाओं, अनुभवों और संबंधों के माध्यम से ही जोड़ सकते हैं। चाहे आप किसी दूसरे शरीर में रहे हों या इस शरीर में, इससे कोई फर्क नहीं पड़ता — आप इसी तरह याद रखते हैं। मान लीजिए, अभी आप और मैं किसी बात को लेकर लगातार झगड़ रहे हैं। हम पीछे झांककर देख सकते हैं कि मेरे पिछले जीवन में आप मुझे कैसे परेशान कर रहे थे, तो अब मैं आपको परेशान करने की कोशिश कर रहा हूँ। मान लीजिए, हमने यह पता लगा लिया। तो अब हम क्या करेंगे? शायद, हम इस झगड़े को अगले जन्म तक ले जाएंगे! वास्तव में, हम ऐसा ही करेंगे! मान लीजिए इससे मुझे सारी उन भयानक चीजों का पता चल गया जो आपने मेरे साथ पिछले जन्म में की थी, तो क्या ऐसे में मैं उससे मुक्त हो जाऊँगा, या आपको इस जन्म में परेशान करने का मेरा इरादा और पक्का हो जाएगा।

लोग कहते हैं कि जीवन पेचीदा भी है। वह क्या है जो पेचीदा है? जीवन अपने आप में पेचीदा नहीं है। जब आप दुनिया को एक निश्चित दिशा की ओर धकेलना चाहते हैं, केवल तभी यह थोड़ा पेचीदा हो सकता है। लेकिन अगर आप दुनिया को किसी तरह से धकेलने की कोशिश नहीं कर रहे हैं, आप जो भी खा-पी रहे हैं अगर आप उसके साथ सहज हैं, तो यह पेचीदा कहाँ है? यह केवल आपकी स्मृति है जो हर चीज को पेचीदा बना देती है। गौर कीजिए, कई ऐसे लोग हैं जो बहुत तनाव में हैं, परेशान है, और पागल हुए जा रहे हैं। लेकिन मान लीजिए, उन्हें अल्ज़ाइमर बीमारी हो गई। अब, आप देखेंगे कि वे अचानक बहुत ही सरल और मधुर हो गए हैं। जीवन अपने आप ही घटित हो रहा है।

अब, अगर तीन या दस जन्मों की स्मृति आपमें उतर आए तो मुमकिन है कि आपके मन का पटल उसे थाम नहीं पाएगा, वह टूटकर ढह जाएगा। यहाँ तक कि मेरे साथ भी, जिस स्तर की स्मृतियाँ मुझमें उतरीं उन्होंने मुझे पूरी तरह उलटकर रख दिया था। इसे सँभालना इतना ही मुश्किल है। इस प्रकार की अनुभवजन्य स्मृति को पचा पाना मन की क्षमता से बाहर है। अगर मेरे पास आवश्यक मानसिक दृढ़ता नहीं होती तो इसने मुझे तोड़ दिया होता। जब तक आपने इसके लिए एक निश्चित प्रकार से तैयारी नहीं की हो, आपके द्वारा इसे सँभाल पाने की संभावना ही नहीं पैदा होती। इसीलिए हम साधना, साधना, साधना कहते रहते हैं। साधना स्मृति को डाउनलोड करने के लिए नहीं है बल्कि इस जीवन की स्मृतियों को कम से कम इस तरह थामने योग्य होने के लिए है कि आप जो चाहें चुन सकें और बाकी के समय यह आपको छू भी न पाए। जानकारी तभी उपयोगी है जब आप जो चाहे उसमें से चुन सकें। अगर यह जानकारी हर समय आपके सिर में नाचती रहेगी तो भला यह किस तरह उपयोगी हुई?

आजकल, अधिकतर लोग इस जीवन में होने वाली घटनाओं और इस जीवन की स्मृतियों को ही नहीं सँभाल पा रहे हैं, तो वे अपने पिछले जन्मों को क्यों खोदना चाहते हैं? मान लीजिए, आपको एहसास हुआ कि आपके पड़ोसी का कुत्ता आपके पिछले जीवन में आपका पति था, तो मुझे नहीं पता कि आप जाकर उसका चुंबन करेंगी या उस पर पत्थर फेंकेंगी! दोनों तरह से यह खतरनाक है क्योंकि उसे याद नहीं है। इसके अलावा, उसकी ओर पत्थर फेंककर आप अपने पड़ोसी से मुसीबत मोल ले लेंगी। अगर आप उसका चुंबन करेंगी, तो आप कुत्ते के साथ मुसीबत में पड़ जाएंगी। तो, दोनों तरीकों से, यह आपके लिए सुरक्षित नहीं है। अगर अतीत खुल जाता है, तो प्रेम, घृणा, नाराजगी और स्नेह की बहुत सारी भावनाएँ आ सकती हैं।

जब आप ऐसी स्थिति में हैं जहाँ आप दस साल पहले हुई बात के लिए ही पीड़ा उठा रहे हैं, तो अगर आपको पिछले दस जन्मों की सारी बातें याद आ जाती हैं, तो वो तो आपको पागल कर देंगी! पिछले दस जन्मों का ही क्यों, अगर आपको इस जन्म का ही सब कुछ याद आ जाए — आपके विचार, भावनाएँ, अनुभव, जब आप दस के थे तो किसी ने क्या कहा था, आपके दोस्त ने क्या किया था, आपके शिक्षक ने क्या किया था — अगर यह सब कुछ अभी आपके दिमाग में घूमने लगे, तो आप एक सामान्य जीवन नहीं जी सकते। अगर उन जन्मों से सारा प्रेम, घृणा, नाराजगी, स्नेह आपके मौजूदा जीवन में उंडेल दिया जाए तो आप पागल हो जाएंगे।

इसके अलावा, मेरे द्वारा बताई गई इन चार चीजों में से — प्रेम, घृणा, नाराजगी, स्नेह — आप दो चीजों — प्रेम और स्नेह — को सकारात्मक मान रहे

हैं। दरअसल, ये सभी नकारात्मक हैं, क्योंकि ये सभी आदतन हैं। अगर मेरे मन में आपके प्रति गहरी नाराजगी है — 'मैं तुमसे नफरत करता हूँ, मैं तुमसे नफरत करता हूँ, मैं तुमसे नफरत करता हूँ' — तो आप समझते हैं कि यह अच्छा नहीं है। लेकिन अगर मुझमें अनावश्यक रूप से आपके प्रति स्नेह है — 'मैं तुमसे प्रेम करता हूँ, मैं तुमसे प्रेम करता हूँ, मैं तुमसे प्रेम करता हूँ' — यह भी अच्छा नहीं है। मान लीजिए केवल हम दो लोग ही सड़क पर जा रहे हैं। आप मुझे नहीं जानते, मैं आपको नहीं जानता, लेकिन मेरे मन में आपके प्रति अपार स्नेह है, क्या आप इसे पसन्द करेंगे? अगर मुझमें आपके लिए बहुत सारी नाराजगी है, तो आपको परवाह नहीं होगी। 'ठीक है, तुम अपनी नाराजगी में जलो। मुझे इससे क्या मतलब?' लेकिन अगर मुझमें आपके प्रति बहुत ज़्यादा स्नेह होगा तो आप इसे पसन्द नहीं करेंगे।

तो यह स्नेह या नाराजगी का सवाल नहीं है। यह प्रेम या घृणा बाध्यकारी हैं और वही समस्या है। प्रेम, स्नेह, नाराजगी, घृणा की ये आदत उतनी ही तंग करने वाली और उतनी ही उलझाने वाली है। आपको सचेतन रूप से उत्तर देना सीखना चाहिए, आपको खुद को उस स्तर तक लेकर जाना चाहिए जहाँ आपका उत्तर निर्बाध और निष्पक्ष हो। आपको ऐसा होना चाहिए कि आप किसी भी स्थिति में उत्तर दे सकें। आपके साथ यह नहीं होना चाहिए कि, 'इसका मैं उत्तर दे सकता हूँ, इसका नहीं।' आप किसी भी चीज का उत्तर दे सकते हैं। जब तक ऐसी स्थिति नहीं बनती, तब तक अतीत एक समस्या होता है और भविष्य एक समस्या होता है। तब तक दोनों को नहीं खुलना चाहिए। अगर वे खुल जाते हैं तो केवल परेशानी ही बनेंगे। अतीत में पाई जाने वाली बात वर्तमान में हो रही चीज का स्पष्टीकरण हो सकती है। लेकिन यह आपको मुक्ति की ओर बढ़ाने के बजाए उल्टा और अधिक गहरा उलझा देगी।

चलिए इसे समझते हैं। जिस मुक्ति की हम बात कर रहे हैं वह कोई हिन्दुओं का अविष्कार नहीं है। मुक्ति इस जीव की लालसा है। यह जीव सृष्टि बनना चाहता है। यही मुक्ति है। सृष्टि का जीव होने के बजाए यह खुद सृष्टि बन जाना चाहता है। यह विलीन हो जाना चाहता है। यह कोई हिन्दू या भारतीय धारणा नहीं है। यह जीवन है ही इसी तरह। हम चाहते हैं कि जीवन कम से कम बाधाओं के साथ आगे बढ़े; उस संदर्भ में, आदतन प्रेम और आदतन घृणा, दोनों ही समस्याएँ हैं।

इसे देखने का एक और तरीका है। इसे अतीत का जीवन और वर्तमान जीवन कहने के बजाए, इसे स्मृति के अलग-अलग प्रकोष्ठों के रूप में देखिए। वे बस यही हैं। चूंकि यह आपकी स्मृति में है, केवल इसीलिए यह बाहर आ रहा है। यह कहीं आकाश में लटका हुआ नहीं है। यह पूरा आपके तंत्र में मौजूद है। मान लीजिए इन प्रकोष्ठों में

सेंध लग गई और अचानक आपकी विकासमूलक स्मृति खुल गई — तब यह आपके जीवन में तबाही मचा देगी। उतनी दूर जाने की भी जरूरत नहीं है। मान लीजिए आप सुबह सोकर उठे, और पिछले तीन जन्मों की स्मृतियाँ आपमें खुल गई और सब मिलकर एक हो गई। अभी, जो दस साल पहले हुआ वह एक प्रकोष्ठ है, जो कल हुआ वह दूसरा प्रकोष्ठ है। तो आपमें एक अल्पकालिक स्मृति, एक दीर्घकालिक स्मृति और यह सारी चीजें हैं। सामान्य जीवन में, एक जन्म पहले हुई बातों पर परदा पड़ा होता है, वे ढंकी रहती हैं। वह परदा गिर गया, तो जो एक जन्म पहले हुआ था वह कल की सी बात लगने लगेगा। अब, मान लीजिए कि अपने पिछले जन्म में आप कुछ और थे। कहिए, आप तब एक स्त्री थे और अब आप एक पुरुष हैं। तब, सुबह उठने पर दिन की शुरूआत करने के लिए आप गलत बाथरूम में चले जाते हैं! मुसीबत, है न? इस तरह की बहुत सारी चीजें खुल जाएंगी और वे मनुष्य के भीतर बड़े स्तर पर उलझन और संघर्ष पैदा कर देंगी क्योंकि यह सँभालने के लिए बहुत अधिक सामग्री है।

पिछले जन्मों की इस सारी खोज-बीन का उद्देश्य क्या है? सवाल यह है कि आप इसका कारण खोजना चाहते हैं, या आप कोई समाधान पाना चाहते हैं। मेरा सारा रोना इसी बात का है कि आप समाधान को पिछले जन्मों में खोज रहे हैं जबकि हम आपको इनर इंजीनियरिंग जैसी सरल सी चीज सिखा रहे हैं। समाधान इसमें है। अगर आप इसकी ओर पर्याप्त ध्यान देते हैं तो यह सब कुछ सँभाल लेती है। इस एक अभ्यास को अपने भीतर उतार लीजिए — बस इस बात का एहसास होना कि मैं पूरी तरह, 100 प्रतिशत जिम्मेदार हूँ — यह आपके अतीत, वर्तमान और भविष्य को सँभाल लेगा। एक बार उत्तर देने की आपकी क्षमता निर्बाध हो जाती है, तो आप जानेंगे कि किसी भी स्थिति में कैसे उत्तर देना है, चाहे उसका कारण कुछ भी हो। असल में, अतीत और वर्तमान दोनों आपके अनुभव का हिस्सा बन जाएंगे। अब, अगर आप उत्तर देने की निर्बाध अवस्था में हैं, तब अगर अतीत खुल भी जाता है, भले ही दस जीवन खुल जाएँ, इसमें कोई समस्या नहीं होगी। अगर भविष्य भी खुल जाए, तो भी कोई समस्या नहीं होगी। लेकिन अगर आप उत्तर देने की चयनात्मक अवस्था में या उत्तर देने की भेदकारी अवस्था में हैं, तब अगर अतीत खुलता है, तो यह एक तरह की समस्या पैदा करेगा, और अगर भविष्य खुलता है तो वह दूसरी तरह की समस्या लाएगा।

मुझे पता है कि पिछले जन्मों की खोज में दुनिया में बहुत सारी अजीब चीजें हो रही हैं। वे बस बेतुकी मनोवैज्ञानिक प्रक्रियाएँ हैं। अगर आप सच में अतीत का कुछ देखना चाहते हैं, तो आपको खुद को जागरूकता के बहुत ही ऊँचे स्तर तक उठने में सक्षम करना होगा, जहाँ वह स्मृतियों की सीमाओं के पार जा पाएगी। जिसे आप

अतीत का जन्म कहते हैं वह, स्मृतियों के संदर्भ में, बस अचेतन मन की परतें हैं। अगर आप खुद को जागरूकता के ऊँचे स्तर तक ले आते हैं, तो मन की इन अचेतन परतों को, जो आप पर भीतर से शासन कर रही हैं, तोड़ा जा सकता है, इन्हें घोला जा सकता है।

हम सम्यमा में कुछ ऐसा ही कर रहे हैं। मान लीजिए, आप बैठकर ध्यान कर रहे हैं, कुछ समय बाद आप पूरी तरह सचेत हैं लेकिन अचानक आप पाते हैं कि आपका शरीर एक साँप की तरह सरकने लगा है। आपको पता है कि यह हो रहा है, आप इसे रोकना चाहते हैं, लेकिन शरीर बस सांप की तरह रेंग रहा है। जब आप ध्यान से बाहर आते हैं, तो आप पूरी तरह सामान्य होते हैं। आप दोबारा ध्यान के लिए बैठते हैं, और शरीर फिर से रेंगने लगता है। फिर हो सकता है कि यह किसी पक्षी की तरह फुदके, शायद यह किसी कुत्ते, या शेर या कुछ और की तरह घूमने लगे — यह कई रूप ले सकता है। इन दिनों हमने इसमें अधिकतर रोक लगा दी है; केवल कभी-कभार ही कोई इस सुरक्षा में सेंध लगा पाता है। ये चीजें इसलिए होती हैं क्योंकि हम विकासमूलक स्मृति को खोल देते हैं। यह पूरे शरीर के रूप में कार्य कर रही है। कुछ लोग इस स्मृति के प्रति सचेतन हो जाते हैं और उन्हें उससे हटाने के लिए हमें चीजें करनी पड़ती थीं। मान लीजिए कोई इस बात के प्रति सचेत हो गया कि वह कहीं वनमानुष, या लोमड़ी या लकड़बग्घा था; अगर यह स्मृति अनजाने में आ जाती है, तो आप सुबह जागकर हर तरह की आवाजें निकालने लगेंगे! क्या आप इससे निपट सकते हैं?

ऐसा इसलिए हो रहा है क्योंकि मन की अचेतन परतों में बहुत सारे आयाम होते हैं जिन तक आप नहीं पहुँच पाते, लेकिन वे आपकी की जाने वाली हर चीज को प्रभावित कर रहे हैं। तो अगर आप एक ऐसी प्रक्रिया से गुजरते हैं जहाँ जागरूकता के ऊँचे स्तरों के साथ, आप मन की अचेतन परतों को सचेतन अवस्थाओं तक ले आते हैं — स्मृति के मायने में नहीं बल्कि ऊर्जा और अनुभव के मायने में — तो आप इन चीजों को निपटा सकते हैं और अपने भीतर खुद को पूरी तरह मुक्त कर सकते हैं। उस संदर्भ में, यह प्रासंगिक है, लेकिन स्मृति के आधार पर कुछ याद रखने का कोई परिणाम नहीं है। यह केवल आपके जीवन को अस्तव्यस्त करके पेचीदा बना देगा।

आपमें इसे सँभालने की क्षमता तभी होगी जब उत्तर देने की आपकी योग्यता भेदभावरहित और निर्बाध हो। अगर आपका उत्तर चयनात्मक है तो आप केवल कर्मों को ही बढ़ाएंगे। मान लीजिए आपको पता चलता है कि दस जन्मों पहले मैं आपको बहुत प्रिय था, तब आप मुझे एक तरह से उत्तर देंगे। लेकिन अगर आपको पता चले कि कई जन्मों पहले मैं आपका शत्रु था तो आप मुझे अलग तरह से उत्तर

देना शुरू कर देंगे। आप इसे यूँ ही दूर नहीं कर सकते, क्योंकि उत्तर देने की आपकी क्षमता सीमित है। एक बार आपकी उत्तर देने की क्षमता सीमित हो जाने पर आपकी स्मृति एक परेशानी बन जाती है और जितना अधिक आप इसे खोलते हैं, यह उतनी ही तकलीफदेह हो जाती है। अब, अगर आपके पास ऐसी कोई चीज न हो और जैसा अभी जरूरी हो उसके अनुसार आप उत्तर देते हैं, तब अगर आपको याद भी आ जाता है कि दस जन्मों पहले आप मुझे जानते थे, इससे कोई फर्क नहीं पड़ेगा, क्योंकि वैसे भी आप उसी तरह होंगे। वरना, आपके लिए अतीत के खुल जाने पर आप केवल अपने कर्मों में ही वृद्धि करेंगे।

बालक हिटलर

कभी-कभी लोग मुझसे यह भी पूछते हैं, 'हिटलर इतना भयानक इन्सान था, वह द्वितीय विश्व युद्ध और लाखों लोगों की मृत्यु के लिए उत्तरदाई था, वह किस रूप में पुनर्जन्म लेगा? क्या वह किसी पशु के रूप में पैदा होगा? गाँधी किस रूप में पुनर्जन्म लेंगे? क्या वे अमीर, प्रसिद्ध और लोकप्रिय होंगे?' वे इस प्रश्न को यह जानने के लिए पूछते हैं कि पुनर्जन्म किस तरह काम करता है।

सबसे पहले तो, यह किसने कहा कि हर किसी को पुनर्जन्म लेना होगा? इसके अलावा, आपको लगता है कि आप उनके जीवन के बारे में बहुत कुछ जानते हैं, लेकिन यह जरूरी नहीं कि दुनिया उन्हें जिस तरह जानती है वे भीतर से भी वैसे ही रहे हों। अस्तित्वगत रूप से वे भीतर से कैसे थे, केवल इसी बात का महत्त्व है। जीवन इसकी परवाह नहीं करता कि आपकी किसी संत की तरह पूजा की जाती है या किसी अत्याचारी की तरह निंदा की जाती है। इसलिए मृत्यु के बाद क्या होता है यह भी इस बात पर निर्भर नहीं करता।

आपके समाज में, एक तानाशाह दुष्ट हो सकता है और एक सन्त महान हो सकता है, लेकिन अस्तित्वगत रूप से यह उल्टा भी हो सकता है। मैं यह नहीं कह रहा कि ऐसा ही है, लेकिन यह संभव है। यह उल्टा हो सकता है क्योंकि हम नहीं जानते कि वे अपने भीतर कितनी यातना में थे। यह काफी संभव है कि एक व्यक्ति जिसने हर किसी को यातना दी है वह अपने भीतर अच्छी तरह जिया हो, और एक व्यक्ति जिसने हर किसी के लिए अच्छा करने की कोशिश की हो उसने खुद को ही यातना दी हो। लेकिन यह दर्शाता है कि आपके या समाज के द्वारा जो समझा जाता है, अस्तित्वगत रूप से जीवन उससे कितना अलग हो सकता है। पुनर्जन्म उस पर निर्भर नहीं करता।

अब, क्या एक मनुष्य का किसी जानवर के रूप में पुनर्जन्म लेना संभव है? लोगों की कुछ लालसाएँ और इच्छाएँ होती हैं। यह इच्छा ही है जो कर्म बन जाती है। यह

जीवन के प्रति इरादा और रवैया है। बुनियादी रूप से, आप कह सकते हैं कि यह इच्छा ही है। मान लीजिए, इस समय आपकी कुछ इच्छाएँ हैं जो पूरी नहीं हुई हैं। कहिए, आपकी इच्छा एक अरब रुपए इकट्ठा करने की थी। लेकिन आपके पास इतने रुपए कमाने के लिए न तो दिमाग था और न ही आपमें इतनी हिम्मत या क्षमता थी कि आप किसी बैंक को लूट सकते। आप उस तरह बने ही नहीं थे। तो अगर आपको दस रुपए मिलेंगे तो आप पाँच बचाएंगे। आप खुद को भूखा रखेंगे, पैसे बचाने के लिए आप हर प्रकार की कठिनाइयों से गुजरेंगे। इकट्ठा करने की इस प्रक्रिया के साथ, मान लीजिए, आपकी मृत्यु होने तक आप केवल कुछ लाख ही बचा पाए।

अब, आपके भीतर और अधिक इकट्ठा करने की बड़ी प्रबल इच्छा है, लेकिन आप उससे पहले ही इकट्ठा करने की उस लालसा को लिए ही मृत्यु को प्राप्त हो गए। आपके कर्मों को नहीं पता कि आप क्या इकट्ठा करना चाहते हैं, चाहे वह धन हो या पत्थर। वह क्या कूड़ा इकट्ठा करना चाहता है, यह मायने नहीं रखता। वह केवल इतना जानता है कि उसे इकट्ठा करना है। उसमें भेदकारी शक्ति नहीं है। यह लगभग आपके जीन्स की तरह है। यह कोई भौतिक जीन न होकर, एक अधिक सूक्ष्म जीन है। इसे केवल इतना पता है कि आपको इकट्ठा करना पसंद है। तो अगली बार, यह जीन तय कर सकता है, 'अरे! मेरा स्वामी तो केवल इकट्ठा करना चाहता है। इकट्ठा करने के लिए मेरे लिए उपयुक्त रूप कौन-सा होगा? शायद मुझे एक चींटी बन जाना चाहिए या शायद मुझे एक मधुमक्खी बन जाना चाहिए।' आप वह बन सकते हैं, हम नहीं जानते। आप शहद इकट्ठा करते हैं, कोई दूसरा उसे खाता है।

अगर कोई विशेष गुण आपमें बहुत प्रबल है, तो आपके कर्म, आपकी उस गुणवत्ता को पूरा करने के लिए उसी प्रकार के शरीर और भौतिक स्थिति की तलाश करेंगे। मान लीजिए आपका पूरा रुझान खाने पर है — आप बस खाना, खाना, और खाना चाहते हैं। समझिए, आप अपनी मृत्यु-शय्या पर खाने के बारे में सोचते हुए, बिना खाए, अतृप्त मर गए। अगली बार, आप किसी के पालतू सूअर के रूप में आ सकते हैं और आपको भरपूर खिलाया जाता है। लोग सोचते हैं कि सूअर के रूप में वापस आना एक दण्ड है। यह आपके लिए दण्ड नहीं है। प्रकृति पुरस्कार या दण्ड के संदर्भ में नहीं सोचती। आपकी प्रवृत्तियों के अनुसार, जो कुछ भी आपके भीतर अतृप्त है, आपको उसी तरह का शरीर मिलता है जो आपकी उन प्रवृत्तियों की पूर्ति के लिए श्रेष्ठ है। जरूरी नहीं कि वह कोई पशु का ही रूप हो; वह उस तरह की स्थितियों में, उस तरह के वातावरण में, उस तरह का मानव रूप चुन सकता है, जहाँ वह प्रवृत्तियाँ तृप्त हो सकें। लेकिन यह किसी भी तरह से हो सकता है।

यह साँप-सीढ़ी के खेल की तरह है। आप कदम दर कदम चलते हैं, कभी कूदते हैं, कभी लांघते हैं, कभी पीछे सरक जाते हैं। आप एक सीढ़ी चढ़ते हैं, लेकिन जब तक वहाँ साँप मौजूद हैं वे आपको निगल सकते हैं और आपको जहाँ के तहाँ वापस ले आते हैं। आप कुछ दिनों तक ऊपर चढ़ते हैं और फिर से नीचे आ जाते हैं। बस यह चलता रहता है। जब आप सक्रिय आध्यात्मिक मार्ग पर होते हैं, तो हम आपको एक यंत्र देते हैं जिसकी सहायता से आप सभी साँपों को हटा सकते हैं। अगर आप बस जिम्मेदारी ले लें तो आपके खेल में कोई साँप नहीं रहेगा। फिर आप कोई कर्म निर्मित नहीं कर सकते; यह समाप्त हो जाता है।

जिस पल आप अपना पूरा ध्यान स्वयं पर लगाते हैं, आप देखेंगे कि यहाँ होने वाली हर एक चीज का स्रोत आप ही हैं। जिस पल आपमें यह जागरूकता आ जाती है, आप और अधिक कर्मों का निर्माण नहीं कर सकते; यह खत्म हो जाता है। अब, आपको केवल उसे सँभालना है जो पहले से जमा है। और यह बहुत आसान है। वरना, आप एक ओर से खाली करते रहेंगे और दूसरी ओर से इसे भरते रहेंगे। इसका कोई अन्त ही नहीं होगा। तो अपने लक्ष्य पर ध्यान केन्द्रित रखना और ऐसी चाह पैदा करना, जो इन सभी सीमाओं से परे है, यह सुनिश्चित करने का सर्वश्रेष्ठ तरीका है कि प्रकृति को पता ही न चले कि आपके साथ क्या करना है।

जब प्रकृति को यह पता नहीं होता कि आपके साथ क्या करना है, तो यह आपके लिए अच्छा है क्योंकि तब आप चीजों को बहुत ही सहजता से पूरा कर सकते हैं। जब प्रकृति को पता हो कि आपके साथ क्या करना है, तो आपको इस कक्ष या उस कक्ष में रखा जाएगा — जो पुरुष कक्ष या स्त्री कक्ष या सूअर कक्ष या तिलचट्टा कक्ष या कोई और कक्ष होगा। शरीर बस एक कक्ष है। तो अगर आप ऐसी लालसा रखते हैं जो इसके या उसके लिए नहीं है तो प्रकृति नहीं जान पाएगी कि आपके साथ क्या करना है। वह आपको इस ओर या उस ओर नहीं धकेल पाएगी। यह आप पर कोई निर्णय नहीं कर पाएगी। यह आपको फायदे स्थिति में रखता है। यही समभाव का महत्त्व है।

जनम-जनम के साथी

एक पति और पत्नी अपना अधिकांश जीवन साथ बिताते हैं। वे शायद किसी भी दूसरे रिश्ते की तुलना में सबसे ज़्यादा चीजें आपस में साझा करते हैं। अधिकांश लोगों के लिए, पति और पत्नी के बीच का संबंध सबसे गहरे मानवीय संबंधों में से एक है। तो अगर कोई चीज मृत्यु से बाद तक कायम रहती है और जीवन के अगले चरण तक जाती है, तब लोग उम्मीद करते हैं कि यही एक रिश्ता इसके योग्य है। यह भी, कुछ हद तक, इस कहावत के आधार पर है कि शादियाँ स्वर्ग में तय की

जाती हैं। लेकिन वास्तविकता में, क्या यह सच है? क्या पति और पत्नी अगले जन्म में भी साथ आते हैं?

इन दिनों, पश्चिम में लोग लगातार इस बात की तलाश में हैं कि उनका जीवनसाथी कौन है। कई बार शादियाँ कर लेने के बाद भी वे खोजते रहते हैं! लेकिन भारत में, लोग जानना चाहते हैं कि क्या पिछले जन्म में भी उनकी शादी अपने उसी जीवनसाथी के साथ हुई थी। लेकिन वे असल में पूछ रहे होते हैं, 'आखिर मैंने तुमसे शादी ही क्यों की?!' अगर आपके मन में ऐसा सवाल आता है, तो आपको खुद को देखना चाहिए कि आपके साथ क्या हो रहा है। विवाह के इतने सालों बाद अगर आप अभी भी यही सोच रहे हैं, 'मैंने तुमसे शादी ही क्यों की?' तो आपको वास्तव में पिछले जन्मों की ओर देखने के बजाए इस जीवन की ओर देखने की आवश्यकता है जो आप अभी जी रहे हैं। मेरे विचार से, 1970 और 1980 के दशक के भारतीय सिनेमा द्वारा 'जनम जनम का साथी' जैसे गानों के माध्यम से इसका खूब प्रचार हुआ। यह समस्या आज की पीढ़ी में ज़्यादा नहीं है। आज की फिल्मों में, वे रिश्तों को लेकर उनकी समाप्ति की तारीख वगैरह के बारे में सोचते हैं। अगर आप व्यावसायिक सिनेमा से प्रेरणा लेकर सत्य की खोज करते हैं तो आपके साथ ऐसी चीजें होती हैं।

यह विश्वास या उम्मीद शायद इसलिए आई होगी क्योंकि कहीं किसी ने कह दिया कि पति और पत्नी सात जन्मों के लिए साथ आते हैं। अगर मैं कहूँ कि यह सच है, तो शायद अधिकतर लोग शादी ही नहीं करना चाहेंगे! लेकिन इस संभावना को पूरी तरह नकारना भी सही नहीं है। अगर एक निश्चित तरीके से विवाह किया गया हो तो जोड़ों का फिर से साथ आना संभव है। अगर विवाह कराने वाले व्यक्ति ने उन दो जीवन को एक साथ ऐसे शक्तिशाली तरीके से इस संबंध में बाँधा है कि वह परम एकत्व की ओर बढ़े, तो यह संभव है। लेकिन ऐसा बहुत विरले मामलों मे होता है।

आज, लोग इसे जानना चाहते हैं क्योंकि उन्हें रिश्ते को कायम रखने के लिए कोई खास कारण चाहिए। अगर किसी का साथ निभाने का एकमात्र तरीका यह विश्वास करना है कि आप कई जन्मों के लिए एक साथ फँस गए हैं, तो यह जीने का बहुत ही भयानक तरीका है। अपने जीवन में ऐसी दहशत पैदा मत कीजिए। मैं अभी आपके साथ इसलिए हूँ क्योंकि मैं आपके साथ होना चाहता हूँ — यह किसी के साथ होने का बहुत सुंदर तरीका है। इसके अलावा, अगर आप तीन जन्मों से साथ रहे हैं, तो हो सकता है कि अब अलग होने का समय आ गया हो! लोग हर समय मुझे इन पचड़ों में डालते रहते हैं। वे पूछते हैं, 'सद्गुरु, क्या पिछले जन्म में मैं आपके साथ था?' आपने किस आधार पर सोच लिया कि पिछले जन्म में आपको देखने के बाद, मैं इस जन्म में फिर कभी आपके सामने आऊँगा?

जो कल हुआ उसका कोई महत्त्व नहीं है, लेकिन, जो हो सकता था, आप उसके लिए एक परिणाम पैदा करने की कोशिश कर रहे हैं। यह स्मृति आपको अपाहिज बना रही है। यह आपको अपने मन को गहराई में जाने की तरह, जीवन के आयामों को खोलने वाले साधन की तरह इस्तेमाल करने से रोक रही है। अगर आप केवल उसी तरीके से अपने पति या पत्नी से जुड़ सकते हैं, तो यह लोगों के साथ जुड़ने का कितना दयनीय तरीका है! आपको अपने सामने बैठे मनुष्य की कीमत उसके मौजूदा वजूद के अनुसार ही तय करनी चाहिए, न कि इसलिए कि वह कहीं और भी मौजूद था।

आधुनिक समाज की एक उपलब्धि यह है कि हम आपके पिता की हस्ती की वजह से आपकी कद्र नहीं करते; हम आपकी कद्र, आप जो हैं उसके लिए करते हैं। आपने खुद को अभी कैसा बनाया है, यह महत्त्वपूर्ण है, न कि यह कि आपके पिता कौन थे। यह एक बड़ा परिवर्तन है जो हमने जीवन के सामंती तरीके से आधुनिक समाज तक किया है। अगर आप पचास से सौ सालों पहले भारत आते, तो कोई भी आपको देखकर यह नहीं पूछता कि आप कौन हैं। वे केवल यही पूछते कि आपके पिता कौन हैं। यह उल्लेखनीय ढंग से बदल गया है। हम थोड़े अव्यवस्थित हैं, लेकिन यह फिर भी काफी महत्त्वपूर्ण कदम है।

अब, यह पूछना कि आप पिछले जन्म में क्या थे, यह पूछने से भी बदतर है कि आपके पिता कौन हैं। आप अभी क्या हैं, आपने अपने जीवन से अभी क्या बनाया है, यही सबसे महत्त्वपूर्ण है। इसलिए अतीत में खोदने में अपना समय और जीवन बर्बाद न करें। जब तक कोई आध्यात्मिक कारण न हो या कोई ऐसा कार्य करना हो जिसमें अतीत से संबंधित लोगों का शामिल होना जरूरी हो, तब तक इस आयाम को बिलकुल भी नहीं खोलना चाहिए। अधिकतर लोग एक ही जीवन की स्मृति, विचारों और भावनाओं को सँभाल नहीं पा रहे हैं। तो कई जन्मों को खोला जाना खुशहाली नहीं लाएगा।

एकमात्र स्थायी संबंध

आध्यात्मिक कथाओं में, अक्सर यह कहा जाता है कि अगर आपके जीवन में एक गुरु है, तब अगर आप फिर जन्म लेते हैं, तो आप उसी गुरु के शिष्य बनेंगे। तो, आमतौर पर, अगर दूसरे संबंध जीवनकालों तक नहीं चलते, तो नियम में यह अपवाद कैसा है?

सबसे पहले, आपको यह समझने की जरूरत है कि संबंध क्या है और मानवीय संबंध क्यों होते हैं। अब, आपने अपने जीवन में विभिन्न उद्देश्यों के लिए विभिन्न प्रकार के संबंध बनाए होंगे। कुछ आपकी भावनात्मक आवश्यकताओं के लिए हैं,

कुछ शारीरिक आवश्यकताओं के लिए हैं, कुछ आर्थिक आवश्यकताओं के लिए हैं, कुछ सामाजिक आवश्यकताओं के लिए हैं, कुछ मनोवैज्ञानिक आवश्यकताओं के लिए हैं, कुछ सुख-सुविधाओं के लिए हैं, इत्यादि। बहुत सारे तरीकों से आपने संबंध बनाए हैं। आप किसी भी तरह का संबंध बनाएँ, चाहे वह भावनात्मक हो, मानसिक हो, सामाजिक हो, आर्थिक या शारीरिक हो, मूल रूप से इसका संबंध शरीर से ही है। जब संबंध शरीर में आधारित होता है, तो शरीर के समाप्त हो जाने पर, संबंध बस गायब हो जाता है। वही उस संबंध का अंत है।

अगर कोई संबंध भौतिक सीमाओं से परे चला जाता है, केवल तभी उस संबंध के भौतिक शरीर की सीमाओं से परे जाने की संभावना होती है। ऐसा संबंध जीवनकाल से आगे तक जा सकता है या कई जीवनकाल तक जारी रह सकता है। जब आप किसी प्रकार भौतिक सीमाओं को पार कर जाते हैं, केवल तभी इसका विस्तार कई जीवनकाल तक हो सकता है। जब मैं भौतिक कहता हूँ, तो मैं मानसिक संरचना का भी भौतिक के रूप में उल्लेख कर रहा हूँ और भावनात्मक संरचना भी भौतिक के रूप में ही है। ऐसे पति, पत्नियाँ और प्रेमी रहे हैं जो कई जीवनकाल तक बार-बार साथ आए हैं क्योंकि उनका प्रेम इतना प्रबल था कि उसने आवश्यकता-आधारित संबंध की बुनियाद को पार कर लिया था। भौतिक सीमाओं से पार जाने वाले कुछ दूसरे संबंधों के उदाहरण भी हो सकते हैं, लेकिन वे सभी बहुत ही दुर्लभ हैं। आमतौर पर, यह केवल गुरु-शिष्य संबंध ही है जो अनेक जन्मों तक आगे बढ़ता है। बाकी सारे रिश्ते भौतिक की सुविधा के लिए साथ आते हैं; एक बार भौतिकता के समाप्त होने पर ये टूट जाते हैं।

भले ही शिष्य को गुरु के होने का कोई भान नहीं हो, लेकिन गुरु का मतलब केवल शिष्य के होने से है। यह संबंध हमेशा ऊर्जा-आधारित होता है। यह भावना-आधारित नहीं है, यह मन-आधारित नहीं है, और न ही यह शरीर-आधारित है। एक ऊर्जा-आधारित संबंध को यह एहसास भी नहीं रहता कि विभिन्न जीवनकालों के दौरान शरीर बदले हैं या नहीं। यह तब तक जारी रहता है जब तक ऊर्जा का विसर्जन नहीं हो जाता। ऊर्जा के लिए कोई पुनर्जन्म नहीं है। यह केवल शरीर है जिसका पुनर्जन्म होता है। ऊर्जा तो बस एक प्रवाह की तरह जारी रहती है और उसी के अनुसार संबंध को आगे बढ़ाती है।

यहाँ हमारे साथ ईशा में बहुत से ऐसे लोग हैं जो अतीत में हमारे साथ जुड़े थे। लेकिन वे सभी गुरु-शिष्य तरीके के अनुसार नहीं जुड़े हैं। कुछ करीब 400 साल से भी पहले के कुछ कर्मगत कारणों से जुड़े हुए हैं। वे लोग केवल वही नहीं हैं जिन्होंने हमारा समर्थन किया, बल्कि वे भी हैं जिन्होंने हमें सताया, हमें यातना दी, वे भी किसी

तरह आज अधिकतर कोयम्बतूर में ही हैं। सभी हमारे साधक नहीं हैं, लेकिन वे हमारे साथ हैं। यह ऐसे ही है। जीवन इसी तरह काम करता है।

अब, ये सारे लोग एक ही जगह पर क्यों आ टपके? क्या आप जानते हैं कि हवा एक खास दिशा में ही क्यों बह रही है और किसी दूसरी दिशा में क्यों नहीं? दुनिया में हवा की पूरी गति ऐसी ही है : यह उच्च-दबाव और उच्च-घनत्व वाले क्षेत्रों से कम-दबाव और कम-घनत्व वाले क्षेत्रों की ओर बहती है। दिन के समय, जब धरती गर्म हो जाती है तो घनत्व कम हो जाता है। जहाँ कहीं भी घनत्व कम होता है, हवा उस ओर भागती है। फिर यह ठंडी होती है या कभी-कभी बारिश भी हो जाती है और फिर वहाँ उच्च-घनत्व हो जाता है और हवा पीछे की ओर जाती है। प्रकृति में, जहाँ कहीं भी रिक्तता होती है, हर चीज उसी ओर भागती है।

कर्मों के साथ भी ऐसा ही है। जब किसी के कर्मों का थैला खाली हो जाता है, तो कर्मों के बाकी वो सारे थैले जो किसी न किसी रूप में कई जन्मों तक उस थैले से जुड़े रहे थे, वे जाने या अनजाने में — अधिकतर अनजाने में — उस दिशा की ओर भागते हैं, क्योंकि उन सभी के लिए अब वहाँ एक संभावना होती है। जब एक थैला खाली हो जाता है, तो उससे जुड़े हर थैले के लिए खाली होने की संभावना पैदा हो जाती है। लेकिन जब तक इन चीजों का कोई आध्यात्मिक महत्त्व न हो, तब तक हम अतीत के संबंधों की ओर ध्यान नहीं देते।

उनमें से अधिकांश व्यक्ति एक दूसरे जीवनकाल के पिछले कर्मों के कारण मेरी ओर आकर्षित हुए हैं, न कि उनके सचेतन चुनाव द्वारा। कई बार, उनकी वर्तमान मानसिकता और उनके द्वारा बनाई गई उनके जीवन की व्यवस्थाएँ, यहाँ होने की उनकी इच्छा के विरुद्ध हैं। कई लोग, अपनी कर्मगत भूमिका पूरी करने के बाद हैरान होते हैं कि वे यहाँ हैं ही क्यों। जिन्होंने इस जीवन में परे की कोई चीज अर्जित की है, वे रहेंगे, और जो अपने पुराने कर्मों की वजह से यहाँ हैं उन्हें, दुर्भाग्यवश, यहाँ से जाना पड़ सकता है। मेरी प्रतिबद्धता केवल आध्यात्मिक दायित्व पूरा करने की है लेकिन मैं इन टिकाऊ संबंधों के भावनात्मक और सामाजिक पहलुओं को हमेशा पूरा नहीं कर सकता।

एक हजार चंद्र-चक्र के बाद जीवन

जो लोग चौरासी वर्ष की आयु के बाद मरते हैं या, दूसरे शब्दों में, जिन्होंने 1008 से ज़्यादा पूर्णिमाएँ देखी होती हैं, वे एक ऐसी मृत्यु पाते हैं जो दूसरी तरह की मृत्युओं से बहुत अलग होती है। अगर ऐसे व्यक्ति ने मूर्खतापूर्ण जीवन भी जिया हो, अगर उन्होंने जीते-जी सिर उठाकर कभी आकाश की ओर भी नहीं देखा हो, तो भी ऐसे

व्यक्ति का पुनर्जन्म नहीं होगा। एक बार हम संयुक्त राज्य अमेरिका में अपने एक पड़ोसी के यहाँ जा रहे थे। हम बिना बताए चले गए, तो जब हम गेट के अंदर दाखिल हुए तो पड़ोसी बंदूक लिए यह देखने के लिए बाहर आया कि कौन आया है। वह बहुत ही बुजुर्ग व्यक्ति था, और उसे एक बंदूक से साथ बाहर आते देखना अपने आप में थोड़ा अजीब था। तो मैंने उससे पूछा, 'कौन आया है, यह देखने के लिए आप बंदूक क्यों लाए हैं? क्या आपके बहुत सारे दुश्मन हैं?' उसने बस कंधे उचकाए और कहा, 'नहीं, वे सारे बदमाश मर चुके हैं।' तो अगर आप बस पर्याप्त लंबा जीवन जिएँ, तो आप अपने दुश्मनों से आगे भी जा सकते हैं! यह इसी तरह है।

जब कोई 1008 चंद्रमाओं के दौर को पार कर लेता है, जो लगभग बयासी साल की उम्र के बराबर है, तो व्यक्ति के भीतर कुछ शानदार घटित होने लगता है। बयासी से छियासी वर्ष की आयु के बीच में कहीं, अचानक, इतना लम्बा जीने वाले व्यक्तियों के भीतर एक एक खास ढीलापन आ जाता है। आप गौर करेंगे कि उनमें से अधिकतर अचानक बहुत ही मधुर हो जाते हैं। उनका रूखापन जा चुका होता है, अब वे शिकायत नहीं करते, वे काफी सहज हो जाते हैं क्योंकि उनके जीवन पर कर्म की पकड़ ढीली हो गई है। व्यक्ति के चौरासी वर्ष की आयु पार कर लेने के बाद यह प्रक्रिया परिपक्वता के एक उच्च स्तर पर पहुँच जाती है। प्राकृतिक रूप से, चौरासी साल की उम्र भौतिक संरचना के तात्त्विक और प्राणगत संगठन की बुनियादी अखंडता से संबंधित है। इन पड़ावों को स्वस्थ और सचेतन रूप से पार करना, व्यक्ति को हमेशा समझ और संतुलन के एक असामान्य बोध की ओर ले जाता है, जो वास्तव में जीवन और मृत्यु का भ्रम मिटने का परिणाम है।

हमारे जन्म की भौतिकता चंद्रमा और पृथ्वी के बीच रची गई एक चाल है। हमारे जन्म की जड़ हमारी माताओं के मासिक-धर्म में स्थित है, और वह चक्र, चंद्र चक्रों से जुड़ा है। फिर सूर्य मौलिक ऊर्जा और आस-पास का वातावरण उपलब्ध कराता है जो जीवन को बनाने के लिए आवश्यक है। स्त्रियों के चक्र और चंद्रमा के चक्र मानव तंत्र में इस तरह के मेल में आ गए हैं कि हम और आगे शारीरिक विकास की आकांक्षा नहीं कर सकते। तो इसका स्वाभाविक परिणाम यह हुआ कि विकास चेतना के संदर्भ में हुआ या भौतिक के अलावा दूसरे तरीकों से विकास का प्रयास हुआ।

जीवन के रूप में हम इस धरती पर जो तमाम चीजें करते हैं, उनमें से तीन पहलू सबसे महत्त्वपूर्ण हैं — एक है आत्म-रूपांतरण का जिसमें व्यक्ति सभी पहचानों से परे चला जाता है, दूसरा है जन्म लेने वाले की गुणवत्ता को सुनिश्चित करना, और तीसरा है प्रस्थान कर चुके जीवन को विकसित करना या उसकी परम मुक्ति को जुटाना। इन सभी सबसे महत्त्वपूर्ण तीन पहलुओं को पूरा करने में चंद्रमा के चक्रों की

एक महत्त्वपूर्ण भूमिका है। अगर हम थोड़ी समझ के साथ पूर्णिमा और अमावस्या की स्थितियों का उपयोग करें तो हमें बहाव के विरुद्ध तैरने की जरूरत नहीं पड़ेगी।

यहाँ तक कि हमारे जीवन चक्र के दौरान भी, चंद्रमा के चक्र हमारी शारीरिक और मानसिक अवस्थाओं के अनेक पहलुओं में एक महत्त्वपूर्ण भूमिका निभाते हैं, लेकिन गर्भाधान में चंद्र चक्रों का प्रभाव वास्तव में बहुत विशाल है। जो जोड़े जागरूक हैं, वे पूर्णिमा से बारह से सोलह दिनों पहले गर्भाधान के प्रयास करेंगे जिससे कि गर्भ में प्रवेश करने वाला प्राणी अगली पूर्णिमा के दिन ऐसा कर सके। और भी बहुत सारे पहलू हैं जिनकी इसमें भूमिका है। अगर कोई जीवन प्रक्रिया को एक पवित्र कर्तव्य के रूप में आगे बढ़ाने को इच्छुक है, अगर यह एक-दूसरे के प्रति वासना, और लालसा और शारीरिक सुख की पूर्ति का परिणाम नहीं है, तो हम गर्भाधान के समय चयन और उसकी प्रकृति के बारे में और अधिक विस्तार में जा सकते हैं।

इसका मृत्यु की प्रक्रिया पर भी इसी तरह का प्रभाव होता है। जब शरीर 1008 पूर्ण चंद्रमा देख चुका होता है तो ऊर्जा शरीर अस्थिरता के एक निश्चित स्तर पर आ जाता है। जब मैं अस्थिरता कहता हूँ, तो मैं सकारात्मक तरीके से बात कर रहा हूँ। यह उस संरचना को बहुत स्पष्टता से कायम रखने में समर्थ नहीं है। बुलबुले की दीवारें पतली हो रही हैं क्योंकि यह अपने पूरे चक्र से गुजर चुका है। तो जब वह व्यक्ति मरता है तो वह दूसरा गर्भ नहीं तलाश सकता क्योंकि उसमें आवश्यक कर्मगत अग्नि शेष नहीं होती। तो वे बस घूमते रहते हैं। अब, उन्हें मुक्त करना बहुत आसान होता है। अगर वह कोई शरीर धारण करता भी है तो वह निश्चित रूप से पहले से कहीं अधिक बड़ा बुलबुला होगा। लेकिन यह संभव है कि वह कुछ समय के लिए बस मंडराता रहे और फिर फट जाए। यह बहुत लोगों के लिए सच है। लेकिन कुछ प्राणी एक काफी बड़े बुलबुले और अधिक सार्थक जीवन के रूप में फिर शरीर धारण कर सकते हैं। अगर लोग चौरासी साल की उम्र तक रुके रहें, और उन्होंने अपना जीवन चाहे कैसे भी जिया हो, तो यह संभव है — मैं यह तो नहीं कहता कि इसकी गारंटी है — लेकिन संभव है कि वे महासमाधि प्राप्त कर लें। अब संभावना काफी अधिक है, सिर्फ इसलिए क्योंकि मूर्ख काफी लम्बे समय तक टिके रहे!

कई बार, लोग 1008 पूर्ण चंद्रमाओं को पार करने के स्वाभाविक लाभ को खो देते हैं क्योंकि, तब तक, वे स्मृति या कर्मगत स्मृति के भंडार तक पहुँच के मामले में पूरी तरह अचेतन हो चुके होते हैं। अगर आप चौरासी साल से ऊपर हैं, लेकिन आपने उस तत्त्व के साथ संबंध खो दिया है जो आपका निर्माण करता है, तो आप एक प्रेत की तरह या जीवित मृत की तरह बन जाएंगे, क्योंकि यह कर्म तत्व ही है जो आपको उस तरह का इंसान बनाता है। प्रारब्ध कर्म, या स्मृति का एक प्याला जो इस जीवन के लिए

भरा गया, वह खाली हो चुका है, लेकिन आप यह नहीं जानते कि खुद को जारी रखने के लिए, उस प्याले को संचित कर्मों की बाल्टी में कैसे फिर से डुबोकर भरा जाए। अगर आपको पता हो कि कर्मों का एक और प्याला, और एक और प्याला कैसे भरा जाए या अगर आप पूरी बाल्टी को ही खोलकर उपयोग कर लें, तो आप 200 सालों तक जी सकते हैं, इसमें कोई समस्या नहीं है। अब, जब आपने सब कुछ समाप्त या खाली कर दिया है, तो आप मुक्ति पा जाएंगे और आप चले जाएंगे। लेकिन अगर आप दूसरा प्याला भरने में असमर्थ हैं और फिर भी शरीर को चलाते रहते हैं, तो आप प्रेत सरीखे हो जाएंगे। इसी कारण से अस्वाभाविक साधनों के जरिए अमरता और लम्बे जीवन के पीछे भागना बहुत सारे खतरों से भरा है।

जन्म : एक शुरुआत

यदि आत्मज्ञानी लोग पुनर्जन्म लेते हैं, तो क्या वे आत्मज्ञानी ही पैदा होंगे? क्या आत्मज्ञान अगले जन्म में भी जारी रहता है? और विशेष रूप से, मेरे मामले में, लोग पूछते हैं कि अगर मेरे पिछले दो जीवन आत्मज्ञानी थे, तो चामुण्डी पर्वत पर हुए अनुभव को मेरे पच्चीस साल का हो जाने तक इंतजार क्यों करना पड़ा?

हमने पहले ही देखा है कि अधिकतर लोगों के लिए, उनके आत्मज्ञान का क्षण और उनके शरीर छोड़ने का क्षण एक ही होता है। जब उनकी ऊर्जाएँ एक विशेष उच्च स्तर तक पहुँचती हैं, तो वे शरीर छोड़ देते हैं। उनके शरीर छोड़ने का क्षण आत्मज्ञान का क्षण भी होता है। तो जब तक शरीर की प्रणाली पर उनको एक निश्चित महारत हासिल न हो, और वो शरीर को कायम रखने में समर्थ हों, क्योंकि उन्हें कुछ खास कार्य संपन्न करने हैं, तब तक वापस आने का सवाल नहीं उठता। अगर आपका उद्देश्य केवल मुक्ति है, तो आत्मज्ञान और शरीर का छूटना हमेशा साथ ही होगा। अपने भीतर हुई आजादी के साथ अगर आपका उद्देश्य कुछ और करना है, तब इसके लिए कुछ अधिक करना होगा।

यह बस इस तरह है : मान लीजिए, आपने जेल से एक कैदी को रिहा किया; वह आजाद हो गया। वह वहाँ से चला गया। वह फिर कभी वापस जेल में नहीं जाना चाहता। लेकिन कुछ ऐसे लोग होते हैं जो काफी महत्त्वाकांक्षी या मूर्ख होते हैं, जो न केवल जेल से मुक्त होना चाहते हैं बल्कि जेल को चलाना भी चाहते हैं। वह एक कैदी था, लेकिन अब वह जेल का अधिकारी बनना चाहता है। जब आपको इस प्रकार की कोई समस्या होती है, तभी आप शरीर को कायम रखते हैं। वरना, सामान्य कैदियों की चाह किसी तरह उससे बाहर निकल जाने की होती है। वे जेल में रोजगार की तलाश नहीं करेंगे। ऐसा करने के लिए मेरे जैसे मूर्ख चाहिए होते हैं।

तो क्या आत्मज्ञानी व्यक्ति आत्मज्ञानी ही पैदा होगा? अगर आप एक आम का पौधा लें, तो उसमें आम के पेड़ के सभी गुण मौजूद होते हैं — वह आम पैदा करने में सक्षम है। लेकिन उसके जमीन से निकलते ही उसमें आम लगने नहीं शुरू हो जाते। इसमें समय लगता है। प्रकृति इस समय को आम के पौधे की जड़ें जमाने के लिए एक निश्चित दृढ़ता, मजबूती, परिपक्वता, संतुलन और क्षमता को विकसित करने में उपयोग करती है। केवल तभी उसमें फूल और फल आते हैं। जैसे ही दो पत्तियाँ फूटती हैं, उसी क्षण अगर आम निकल आएँ तो वह पेड़ खत्म हो सकता है। तो प्रकृति उसके एक निश्चित ऊँचाई और दृढ़ता तक आ जाने की प्रतीक्षा करती है, उसके बाद ही उसमें आम लग पाते हैं।

इसी तरह, एक आत्मज्ञानी व्यक्ति के कुछ गुण होते हैं जो उसमें संजोए हुए होते हैं, और उन्हें उससे दूर नहीं किया जा सकता। लेकिन वे वैसे ही जन्म लेते हैं, जैसे हर कोई लेता है। वे गुण अभी भी वहीं, उनके अंदर निहित होते हैं। वे एक ऐसे खास समय और स्थान की प्रतीक्षा करते हैं जहाँ वे अपनी अभिव्यक्ति पा सकें। यह प्रकृति की बुद्धिमत्ता है। यह स्पष्ट रूप से जानती है कि कब इसे खिलना है ताकि यह अधिकतम फल दे सके। अगर वह बहुत जल्दी खिल गया, तो इसे अपने पूरे फल नहीं मिलेंगे। तो वह इंतजार करेगी। वह किस तरह का कार्य हाथ में लेना चाहता है, उसी के अनुसार वह विकसित होगा।

हम भारत में इसे लम्बे समय से देख रहे हैं : कई बाल योगी छह या सात साल की आयु तक आत्मज्ञानी हो गए। उनमें से अधिकांश ने तो कभी पच्चीस या तीस वर्ष की आयु भी पार नहीं की। वे उससे पहले ही चले जाते हैं, क्योंकि वे उस तीव्रता पर पहुँचकर शरीर को कायम नहीं रख पाते। तो अगर प्रकृति पर्याप्त समय देती है कि उस व्यक्ति में उस आयाम के जागृत होने से पहले मन, शरीर और भावनाएँ एक खास तरीके से विकसित और परिपक्व हो जाएँ, तो वह उसे काफी बेहतर तरीके से सँभाल सकते हैं।

यही मेरे लिए भी सच है। हालांकि दो जीवनकाल तक आत्मज्ञानी जीवन जीने का अनुभव मेरे पास था, फिर भी उसकी अभिव्यक्ति होने से पहले मुझे पच्चीस साल की उम्र तक इंतजार करना पड़ा। इस कारण है कि इस बार इस शरीर को मूल रूप से ध्यानलिंग की प्राण-प्रतिष्ठा के लिए धारण किया गया था। इसके लिए, यह केवल आत्मज्ञान ही नहीं है — आपको कई तरीकों से एक परिपूर्ण शरीर की आवश्यकता है। जब मैं परिपूर्ण कहता हूँ, तो मैं एक खिलाड़ी वाले हृष्ट-पुष्ट शरीर की बात नहीं कर रहा, बल्कि अपनी ऊर्जाओं के प्रबंधन और आप उसके साथ क्या कर सकते हैं, इसकी बात कर रहा हूँ। ऐसा एक बच्चे में होना संभव नहीं है। जब मैं पीछे मुड़कर

उन पच्चीस सालों की ओर देखता हूँ, तो जिस तरह से मेरे जीवन में घटनाएँ हुईं, जिस प्रकार की गतिविधियाँ हुईं, वे सभी मेरे उद्देश्य के लिए एक आदर्श क्रम में हुईं। हर चीज इस तरह हुई कि वह सब कुछ जो इस शरीर और मन के विकास, और मेरी भावनाओं को स्थिर करने के लिए आवश्यक था, वह सब जीने की प्रक्रिया के रूप में स्वाभाविक रूप से घटित हुआ।

उदाहरण के लिए, बारह साल की उम्र में, हालांकि मैं निरंकुश था और खेलता, पेड़ पर चढ़ता, पहाड़ियों में पैदल घूमता और ऐसी चीजें करता था, लेकिन दक्षिण भारत में उपलब्ध सबसे अच्छे योग शिक्षक मेरे पास आए और किसी तरह मुझे योगाभ्यास सीखने के लिए प्रेरित किया। और बिना एक शब्द या विचार के मैंने उसे शुरू कर दिया। लगभग बारह वर्षों बाद, मेरे साथ बड़ी चीजें घटित हुईं। तो यह प्रक्रिया, कि इसे कब होना चाहिए, यह प्रकृति की बुद्धिमत्ता है। आप प्रकृति की बुद्धिमत्ता पर कभी सवाल नहीं उठाते, क्योंकि आपकी बुद्धिमत्ता प्रकृति की बुद्धिमत्ता पर सवाल उठाने के लिए बहुत छोटी है। स्वाभाविक रूप से होने वाली चीज हमेशा सही होती है, इसमें कोई संदेह नहीं है। बात केवल इतनी है कि हो सकता है कि जो हो रहा है उसके साथ आपके अल्पकालिक लक्ष्य और उद्देश्य तालमेल में न हों, तो आप उसके साथ संघर्ष करते हैं। लेकिन वास्तविक अर्थों में, यह गलत नहीं हो सकती। यह हमेशा सही दिशा में बढ़ती है क्योंकि प्रकृति चीजों को विचारों और भावनाओं के साथ तय नहीं करती। यह बस आपकी प्रवृत्तियों के अनुसार ही चीजें तय करती है। यह कोई विचार नहीं है। विचार के साथ, आप हमेशा कोई गलती कर सकते हैं, लेकिन प्रवृत्तियों के साथ, कोई गलती नहीं होती।

देखिए, आज किसी चीज के लिए आपको लग सकता है कि वह करने के लिए सही है। लेकिन कल अगर आप बस विपरीत दिशा में सोचना शुरू कर दें तो उस दिन के अन्त तक, आप स्पष्ट तौर पर इस नतीजे पर पहुँच सकते हैं कि वह करने के लिए सबसे अच्छी चीज नहीं थी। विचार की प्रकृति ही ऐसी है। विचार के साथ, आप हमेशा कोई गलती कर सकते हैं क्योंकि यह बहुत ही सीमित जानकारी के साथ काम करता है। और अधिकतर विचार बस एक गलती ही होते हैं। लेकिन प्रकृति प्रवृत्तियों के अनुसार काम करती है। एक आम का पेड़ यह नहीं सोचता कि किस तरह उसे आम पैदा करना है। उसकी प्रवृत्ति ही ऐसी है। यह बस उस दिशा में बढ़ता है और वही करता है जो उसे करना है और सब कुछ सही समय पर होता है।

मेरी युवावस्था में, मैं कोई ऐसा व्यक्ति नहीं था जो आध्यात्मिकता की ओर आकर्षित था। लेकिन उस समय मेरे जीवन में, यूँ ही, अनजाने में, संयोगवश, यहाँ-वहाँ, आध्यात्मिक मार्ग पर चलने वाले लोगों से मेरी मुलाकात होने लगी। उस समय,

बस ऐसे ही, सही चीजें होती चली गईं क्योंकि प्रवृत्तियाँ धीरे-धीरे सतह पर आ रही थीं और उनकी अभिव्यक्ति के लिए आवश्यक सहारा भी मिला। तो ऐसे आत्मज्ञानी व्यक्ति के लिए जिसने पुनर्जन्म लिया हो, यह इस बात पर निर्भर करता है कि उस व्यक्ति के पास अपने जीवन के उद्देश्य के लिए किस तरह का कार्य है। उसी के अनुसार, सही समय पर, चीजें घटित होंगी। आत्मज्ञान वैयक्तिकता से परे जाने और सर्वभौमिकता को उपलब्ध होने के बारे में है।

लामाओं का पुनर्जन्म

तिब्बत के लोगों का समुदाय ऐसा है जो गुरुओं के पुनर्जन्म को बहुत अधिक महत्त्व देता है। आपको समझना चाहिए कि तिब्बती लामा मूल रूप से हिमालय क्षेत्र के ऊपरी भागों के वो तांत्रिक हैं जो बौद्ध धर्म में परिवर्तित हो गए। उनकी संस्कृति तांत्रिक है। नेपाल एक ऐसा देश है जो तंत्र से भरपूर है। वहाँ तांत्रिक अनुष्ठानों और प्रक्रियाओं को करने के लिए पाँच मंदिर हैं। उस समय भारत से बौद्ध भिक्षु आक्रामक धर्म-प्रचारकों की तरह तिब्बत गए और बड़ी आबादी को परिवर्तित किया। उनकी बुनियादी तांत्रिक संस्कृति कायम रही, लेकिन वे बौद्ध बन गए। उन्होंने अपनी मूर्तियाँ बदल दीं, लेकिन मूल तांत्रिक संस्कृति बनी रही। तो तिब्बती संस्कृति जीवन की बौद्ध और तांत्रिक रीतियों का मिश्रण बन गई। असल में, दोनों एक दूसरे के बिलकुल विपरीत हैं। तंत्र रीति-रिवाजों से भरा है, लेकिन गौतम और रीति-रिवाज एक साथ नहीं चल सकते। गौतम का प्रमुख कार्य सभी कर्मकाण्डों को नष्ट करना और जीवन को ध्यानमय बनाना था। आज, तिब्बती बौद्ध कर्मकाण्डी बौद्ध हैं। वे ऐसे कर्मकाण्डों का अभ्यास करते हैं जो हिन्दू रीति-रिवाजों से भी विस्तृत हैं।

उस संस्कृति में कुछ लोग अपना पुनर्जन्म और ऐसी चीजें निर्धारित करने में निश्चित रूप से सक्षम थे, और कुछ गुरुओं ने बार-बार वापस आने का चुनाव भी किया था। कुछ मामलों में स्पष्ट अभिलेख हैं जहाँ वही व्यक्ति तीस जन्मों तक वापस आया। आमतौर पर, ऐसा व्यक्ति मरने से पहले कहता था, 'मेरे अगले जीवन में, मैं इन संकेतों के साथ वहाँ जन्म लूँगा। तुम आकर मुझे पहचान लेना।' तो वह दुनिया में जहाँ कहीं भी होता वे उसकी खोज में जाते और उस बच्चे को मठ में वापस ले आते। लेकिन सारे गुरु ऐसा नहीं करते हैं। उनमें से कई विलीन हो जाते हैं। लेकिन समय के साथ, पुनर्जन्म की यह भविष्यवाणी और उस अवतार को पहचानना, यह सब एक आदत बन गया।

मान लीजिए, किसी मठ में ऐसा हुआ कि एक गुरु मर गया, और उसकी मृत्यु के ग्यारहवें दिन उसने किसी प्रकार अपने पुनर्जन्म के बारे में संकेत दिया। अब, समय के

साथ, धीरे-धीरे उन्होंने इसे एक परंपरा बना दिया कि जब कभी भी कोई गुरु या वरिष्ठ भिक्षु की मृत्यु होगी, तो वह भी एक खास तरीके से पुनर्जन्म लेगा। अगर वैसा कुछ नहीं होता, तो आपको या तो स्वीकार करना पड़ेगा कि वह गुरु एक उन्नत प्राणी नहीं था या आपको कोई चमत्कार गढ़ना होगा और उस किंवदंती को आगे बढ़ाना होगा। आमतौर पर, लोग किसी चमत्कार की रचना करना चुनते हैं क्योंकि वे मठ की प्रतिष्ठा को मिट्टी में नहीं मिलने देना चाहते। तो यह एक परंपरा बन गई। यह दुर्भाग्यपूर्ण है कि दुनिया इन चमत्कारों से प्रभावित हो जाती है।

एक जीवित आध्यात्मिक प्रक्रिया का एक मृत परंपरा में बदल जाने की त्रासदी किसी खास क्षेत्र या समुदाय तक ही सीमित नहीं है। बहुत-सी संस्कृतियों में यह एक दुर्भाग्यपूर्ण सच्चाई रही है। इसे एक निर्जीव परंपरा न बनने देकर एक जीवित प्रक्रिया के रूप में कायम रखना एक ऐसी चुनौती है जिसके लिए सभी आध्यात्मिक प्रक्रियाओं को प्रयास करने की आवश्यकता है। तिब्बती बौद्धवाद ने कई शानदार गुरुओं को पैदा किया है और उसका महत्त्व बहुत अधिक है। पद्मसंभव कई मायनों में उस परम्परा के स्तंभ हैं जो एक त्रिशूल और दो पत्नियों के साथ चलते थे। लोग उन्हें तिब्बती शिव के रूप में मानते हैं, निश्चित रूप से वे उन्हें किसी परम्परा का बौद्ध भिक्षु नहीं मानते।

मेरे पूर्व जीवन

मेरी स्मृति में मेरे न जाने कितने जीवनकाल संचित हैं लेकिन मैं उनमें से किसी पर भी ध्यान नहीं देता। उदाहरण के लिए, ज़ाम्बिया में मेरा एक जीवन रहा है, लेकिन मैं केवल उन्हीं पर ध्यान देता हूँ जो किसी प्रकार आध्यात्मिक रूप से महत्त्वपूर्ण रहे हों। शेष के कोई मायने नहीं हैं। आज मेरे आस-पास ऐसी कई चीजें हैं जो मेरे अतीत की विरासत हैं। लेकिन मैंने केवल उन्हीं चीजों को आगे बढ़ाया है जिनका आध्यात्मिक महत्त्व है। उन सभी पिछले जन्मों में, मेरी माता कौन थी, मेरे पिता कौन थे, मेरे भाई कौन थे, कौन मेरी बहनें थी, मेरी संतानें कौन थी, मैं उन्हें बड़ी आसानी से खोज सकता हूँ — लेकिन मैं ऐसा नहीं करूँगा। मैंने उनकी ओर कोई ध्यान भी नहीं दिया। केवल वो जो भावना में मेरे साथ थे — शरीर में नहीं — मैं उनका पोषण करता हूँ। जो मेरे साथ शरीर में थे, मैं उन्हें धरती के लिए छोड़ता हूँ, क्योंकि उनका संबंध धरती से ही है। उन अर्थों में, मैं केवल अपने पिछले चार जन्मों को महत्त्वपूर्ण मानता हूँ।

बिल्वा

16वीं सदी की शुरुआत में, मध्य भारतीय राज्य छत्तीसगढ़ के एक छोटे गाँव में (वर्तमान में रायगढ़ का शहर) एक युवक रहता था। उसका नाम बिल्वा था। वह एक आदिवासी

था जो एक स्वतंत्र और जोशीला जीवन जीता था। भारत में एक खास परंपरा है जहाँ कुछ लोग, जिन्हें बुडबुड्कु कहा जाता है, आमतौर पर सुबह के उस समय गलियों से गुजरते हैं जब अँधेरा छंटा नहीं होता है। वे अपने ढोल-नगाड़ों से आपको जगाते हैं। अपने सहज ज्ञान से, अगर वे कुछ देखते हैं तो वे आपको बता देंगे। मिसाल के लिए, वे कह सकते हैं कि दो सप्ताह के समय में फलाने घर में मृत्यु होगी, या कहीं कोई बीमार पड़ जाएगा, वगैरह। आमतौर पर, लोग ऐसी सहज बातों पर ध्यान दिया करते थे क्योंकि उनके कथन सच होने के लिए जाने जाते थे। अगर उस दिन उनके सहज ज्ञान में कुछ नहीं आता, तो वे बस शिव के स्तुति गीत गाते थे। इसके बाद वे जाकर कुछ समय के लिए मंदिर में बैठते, जहाँ लोग जाकर उन्हें कुछ भेंट दे देते थे।

यह शैव संस्कृति में एक परंपरा थी, जिसमें इस विशिष्ट जनजाति के लोग सपेरों का काम भी करते थे। साँप और शिव गहराई से जुड़े हुए हैं। बिल्वा ऐसी ही एक जनजाति से संबंध रखता था। बिल्वा को अपना काम बहुत प्रिय था। ये ऐसे लोग थे जो जीवन को सम्पूर्णता में जीते थे, जीवन जो था, उससे वे प्रेम करते थे। वे चीजों को इकट्ठा करने वाले नहीं थे। उन्हें धन, संपत्ति का कोई बोध नहीं था। वे तो बस जीते थे और शिव उनके जीवन के सबसे महत्त्वपूर्ण अंग थे।

बिल्वा को साँपों से प्यार था। ध्यान दें, साँप आमतौर पर जहरीले प्राणी होते हैं। अगर आप ऐसे व्यक्ति हैं जो जहरीले जीवों से प्रेम करता है तो आपको एक अलग ही तरह का इन्सान होना होगा। एक साँप को चूमने के लिए आपको बहुत साहसी होना चाहिए। वह एक ऐसा व्यक्ति था जिसके लिए प्रेम ही सब कुछ था; बाकी सब कुछ गौण था। यहाँ तक कि जीवित रहना भी उसके लिए गौण था। वह उसी किस्म का व्यक्ति था। वह ऐसा व्यक्ति था जो सामाजिक ढाँचे में फिट नहीं हो पाया और उसे एक विद्रोही के रूप में देखा गया। उसके द्वारा किए गए कई विद्रोही कृत्यों में से एक के लिए — प्रचलित जातिगत भेदभाव का सम्मान न करना — उसे एक पेड़ से बाँधकर, नाग से कटवाकर बहुत ही कम उम्र में मार दिया गया।

उस समय, आप वास्तव में उसे एक आध्यात्मिक व्यक्ति नहीं कह सकते थे; वह शिव का भक्त था। लेकिन उसके जीवन के उन अंतिम कुछ पलों के दौरान, उसने अपनी साँस पर ध्यान दिया। वह कुछ और नहीं कर सकता था और साँस को देखना बस यूँ ही हो गया। नाग का जहर उसके शरीर में प्रवेश कर गया और उसे साँस लेने में बहुत कठिनाई होने लगी। मृत्यु बस कुछ ही पल दूर थी। इस समय, उसने अपनी साँसों पर ध्यान लगा दिया। यह सचेतन जागरूकता की बजाय कुछ ऐसा था जो हो गया। उसे एक नाग से कटवाकर मरने के लिए छोड़ दिया गया था, वह लगभग मरा हुआ औंधे मुँह पड़ा था। फिर भी वह जीवन

के उन अंतिम कुछ क्षणों में जागरूक रहने में सफल रहा। यह किसी साधना के बजाए किसी कृपा के कारण अधिक था। उन कुछ पलों के श्वास-अवलोकन से, एक नई आध्यात्मिक प्रक्रिया शुरू हुई जिसने उस व्यक्ति के भविष्य को कई तरह से बदल दिया।

शिवयोगी

अपने अगले दो जन्मों में, वह परम प्रकृति का गहन खोजी था। उसका मार्ग थे शिव। दोनों ही बार वह शिवयोगी के रूप में जाना गया। साधना के पहले जीवन में, वह सैंतीस साल की उम्र में मर गया। उसे कोई रोग नहीं था, केवल भूख और तीव्र साधना ने उसके साथ ऐसा किया। वह आत्मज्ञानी के रूप में नहीं मरा, लेकिन वह पूर्ण गरिमा में मरा। वह चीखते-चिल्लाते या रोते हुए नहीं मरा, बल्कि साधना का प्रयास करते हुए, ध्यानशील रहते हुए उसने मृत्यु पाई। दूसरी बार, उसने बेहतर किया। वह पचपन साल की उम्र तक जिया। उसने जी तोड़ साधना की, लेकिन फिर भी अंतिम बोध नहीं हुआ। इस पड़ाव पर, उसे परम कृपा की प्राप्ति हुई।

आमतौर पर, मैं अपने गुरु के बारे में बात नहीं करता। उन्हें पलनी स्वामी कहा जाता था और वे एक विशाल प्राणी थे। वह उनका वास्तविक नाम नहीं था, लेकिन उन्हें इस नाम से इसलिए पुकारा जाता था क्योंकि उन्होंने तमिलनाडु में पलनी कस्बे के पास समाधि की एक खास अवस्था प्राप्त की थी। वे लगभग ढाई साल तक उस अवस्था में रहे थे। उसके बाद, वे कई लोगों को आत्मबोध प्रदान करते हुए पूरे देश में घूमे। शिवयोगी के दूसरे जीवनकाल में वे उसके पास आए और एक असहाय साधक को अपनी कृपा प्रदान की।

जब इस शिवयोगी ने उन्हें देखा तो उसने पहचान लिया कि वे ही उसके गुरु हैं। उससे पहले तक, वह किसी भी मनुष्य को अपने गुरु के रूप में स्वीकार नहीं करता था। उसके लिए, शिव ही एकमात्र गुरु थे। वह चाहता था कि शिव आकर उसे दीक्षा दें, लेकिन जब उसने श्री पलनी स्वामी को देखा तो पहचान लिया कि ये प्राणी चेतना के शिखर पर हैं और उसने स्वयं को अर्पित कर दिया। लेकिन कहीं न कहीं अभी भी थोड़ा प्रतिरोध था क्योंकि वह अपने आप को एक दूसरे आदमी को अर्पित नहीं कर पाता था। वह स्वयं को केवल शिव को ही पूरी तरह अर्पित करना चाहता था। तो गुरु ने करुणावश खुद ही शिव का रूप ले लिया। शिवयोगी ने समर्पण कर दिया। श्री पलनी स्वामी ने उसे अपने हाथ या पैर तक से नहीं छुआ; उन्होंने बस अपनी छड़ी ली और उससे शिवयोगी के आज्ञा चक्र, या माथे पर छू दिया। उसी क्षण, शिवयोगी अपनी परम प्रकृति को प्राप्त हो गया।

गुरु के साथ यह संपर्क केवल कुछ घंटों का ही रहा। उसके बाद, वे दोबारा कभी नहीं मिले, लेकिन वे निरंतर संपर्क में रहे। श्री पलनी स्वामी ने वेल्लियंगिरी पर्वतों में महासमाधि प्राप्त की। किसी तरह, उन्होंने ध्यानलिंग की स्थापना के लिए शिवयोगी की एक योग्य व्यक्ति के रूप में पहचान की और यह कार्य उसे सौंप दिया। बोलकर नहीं, शब्दों में नहीं, बल्कि निःशब्द रूप से उन्होंने ध्यानलिंग की प्रतिष्ठा के लिए आवश्यक अपार तकनीक का संचार कर दिया। तो शिवयोगी ध्यानलिंग की स्थापना की ओर काम करने लगा। सीमित संसाधनों और सहयोग के अभाव के कारण, वह उस जीवनकाल में अपने गुरु की परिकल्पना को पूरा नहीं कर पाया। तो उस जीवनकाल में उसने अपना बाकी समय अधिकतर अपनी आँखें बंद रखे हुए बिताया।

सद्गुरु श्री ब्रह्मा

ध्यानलिंग के निर्माण के कार्य को जारी रखने के लिए, शिवयोगी सद्गुरु श्री ब्रह्मा के रूप में वापस आए। उन्होंने तमिलनाडु में इस ओर काम शुरू किया। उन्होंने राज्य में व्यापक रूप से यात्रा की और कई छोटी संस्थाएँ स्थापित कीं लेकिन ध्यानलिंग पर उनका काम कोयम्बतूर के इर्द-गिर्द केन्द्रित रहा। यहाँ उन्हें लोगों के सामाजिक विरोध का सामना करना पड़ा। चूंकि ध्यानलिंग दिव्यता की सर्वोच्च अभिव्यक्ति है, तो इसमें जीवन के सभी पहलू और अभिव्यक्तियाँ शामिल हैं। तो इसकी प्राण-प्रतिष्ठा के लिए स्त्रियों और पुरुषों को बहुत प्रबल प्रक्रियाओं में शामिल होना होता है। अगर एक पुरुष और स्त्री साथ बैठते हैं, तो लोग केवल एक ही चीज के बारे में सोच सकते हैं। तो बहुत सारा विरोध हुआ और उन्हें वास्तव में उस स्थान से खदेड़ दिया गया। वे बहुत क्रोधित हो गए क्योंकि वे अपने गुरु की इच्छा पूरी नहीं कर पाए और उन्होंने प्रचण्ड क्रोधाग्नि में जलते हुए कोयम्बतूर छोड़ दिया।

वह सद्गुरु श्री ब्रह्मा के जीवन का सबसे बुरा समय था। लेकिन कई वजह से, उस समय कुछ सबसे अच्छा भी घटित हुआ। कई जीवनकालें की साधना और फिर गुरु की अद्भुत कृपा से उत्साहित होकर उन्हें बिलकुल पक्का था कि जो कार्य वे करने निकले थे वह पूरा होगा। लेकिन जब बहुत साधारण और औसत दर्जे के ऐसे लोगों ने उसे उनसे छीन लिया, जिन्हें उन्होंने कम समझा था, तो वे क्रोधाग्नि में जलने लगे। उन्हें एहसास हुआ कि अज्ञानता की ताकत को कभी कम नहीं आंकना चाहिए। यह बहुत शक्तिशाली है और यही दुनिया को अधिकांश समय चलाती है। आपको लगता है कि आपके ज्ञान, आपके तेज, आपके आत्मज्ञान से चीजें होंगी, लेकिन आत्मज्ञानी हमेशा अकेला व्यक्ति ही होता है, और अज्ञानियों की भीड़ होती है। उसमें जबरदस्त शक्ति होती है।

उन्होंने दुनिया में कार्य करने के लिए आवश्यक सांसारिक संभावनाओं की गणना नहीं की थी। ऐसा इसलिए नहीं था क्योंकि वे इसमें असमर्थ थे, बल्कि केवल इसलिए क्योंकि उन्हें लगा कि उनका उत्साह और उनका ज्ञान कार्य करेगा। लेकिन दुनिया हमेशा इस तरह काम नहीं करती। दुनिया का सांसारिक पहलू, विभिन्न प्रकार के मनुष्य, इन सबको उन्हीं के अनुसार उचित रीति से सँभालना पड़ता है। वरना, यह काम नहीं करेगा। और यह सभी के लिए एक बढ़िया सीख है — एक ऐसी सीख जो मैं अपने जीवन में एक पल के लिए भी नहीं भूला हूँ — भले ही आप अपने भीतर दिव्य प्रकाश लेकर चलें, अंधकार आपके पीछे रहेगा। तो जब तक आप अपने पीछे बहुत सारे छोटे-छोटे प्रकाश पैदा नहीं करते, तब तक आपको बार-बार पीछे मुड़कर देखते रहना होगा कि क्या हो रहा है।

सद्गुरु श्री ब्रह्मा अकेले थे। उन्होंने यहाँ-वहाँ कुछ लोगों को प्रकाशवान बनाया था, लेकिन उन्हें यह पसन्द नहीं था कि कोई उनके पीछे चले, तो वे अकेले थे। चूंकि वे अकेले थे तो उनके पीछे अंधकार था, और उसने उनका पीछा किया और उन्हें अपने जीवन के उद्देश्य को पूरा नहीं करने दिया। यह हर किसी के लिए एक अच्छा सबक है : यहाँ तक कि सद्गुरु श्री ब्रह्मा जैसे तेजस्वी व्यक्ति, जो ऐसी चीजें कर सकते थे जिन्हें मानवीय रूप से संभव नहीं माना जाता, वो भी उस कार्य को पूरा नहीं कर पाए जिसके लिए वो आए थे। और आप चाहे कितनी भी चीजें करें, इससे कोई फर्क नहीं पड़ता, अगर आप उस उद्देश्य को पूरा नहीं कर सकते जिसके लिए आप खड़े हुए हैं, तो उसे विफलता ही माना जाता है। सद्गुरु श्री ब्रह्मा असफल हो गए और उन्हें यह पसन्द नहीं आया; उन्हें यह लेशमात्र भी अच्छा नहीं लगा। वे केवल एक ही भावना जानते थे — तो वे क्रोधित हो गए। वे हमेशा ही क्रोधित रहते थे — किसी चीज या किसी व्यक्ति से नहीं, बल्कि उनके प्रचंड अस्तित्व के लिए क्रोध ही उनकी सवारी थी।

उस क्रोध में, वे यूँ ही चल पड़े, किसी खास दिशा में नहीं। उनकी प्रचंडता को देखकर, कोई भी उनके पास जाने का साहस नहीं कर पाता था, केवल उनके एक शिष्य विभूति को छोड़कर जो उनके पीछे-पीछे आया था। सद्गुरु श्री ब्रह्मा तीन-चार दिन तक लगातार चलते रहे, यहाँ तक कि वे खाने, सोने और बैठने के लिए भी नहीं रुके। उस दौरान, वह शिष्य पीछे बना रहता, वह जानने का प्रयास करता कि उसके गुरु किस दिशा में जा रहे हैं, वह भोजन बनाता और अपने गुरु तक पहुँचने के लिए दौड़ लगाता और भोजन उनके आगे रखकर, एक ओर हट जाता और इस उम्मीद में इंतजार करता कि वे कुछ खाएंगे।

वे कहाँ जाते? आखिरकार वे उस दिशा में चलने लगे जहाँ उनके लिए कृपा की सुगंध थी। तो वे आंध्र प्रदेश राज्य में, कडप्पा के कस्बे की ओर चले पड़े। शुरूआत

में, जब वे चले थे तो उन्होंने सोचा भी नहीं कि वे कहाँ जा रहे हैं। वे बस अपने दिमाग को थोड़ा ठंडा करने के लिए अंधाधुंध चलते जा रहे थे। लेकिन अंजाने में वे उस दिशा में गए क्योंकि वहाँ कडप्पा में वह मंदिर था जहाँ श्री पलनी स्वामी ने स्वयं काफी सारा समय गुजारा था। शायद, उन्होंने उसका पुनर्निर्माण कराया था। तो सद्गुरु श्री ब्रह्मा उस दिशा की ओर गए।

जब वे अंत में कडप्पा के उस मंदिर में पहुँचे, तब भी उनका क्रोध शांत नहीं हुआ था। चार-पाँच महीने बीत जाने के बाद भी वे क्रोधित थे। कोई भी सद्गुरु श्री ब्रह्मा और उनके शिष्य के पास नहीं फटक सकता था। ऐसा नहीं था कि उन्होंने कुछ किया हो या किसी को नुकसान पहुँचाया हो, बल्कि वे इतने उग्र थे — जंगली जानवरों से भी उग्र — अगर वे बस बैठे भी होते तो भी कोई उनके पास नहीं जाना चाहता। कुछ ही दिनों के भीतर मंदिर के सारे पुजारी चले गए, क्योंकि वे उस प्राणी की प्रचंडता के कारण वहाँ ठहर नहीं सके। सद्गुरु श्री ब्रह्मा जानते थे कि उनके पास अधिक समय नहीं है। वे जानते थे कि कुछ कर्मगत सीमाओं के कारण उन्हें अगले दो वर्षों के भीतर अपना शरीर छोड़ना पड़ेगा।

जब उनका दिमाग थोड़ा शांत हुआ और जब वे विफलता की शर्मिंदगी और नाराजगी को थोड़ा कम करने में समर्थ हुए, तो वे कुछ सांसारिक गणनाएँ करने के लिए तैयार हुए। एक उग्र, प्रचंड, शैतान के प्रति बेपरवाह किस्म के योगी से, उन्होंने जमीनी गणना करने वाले, अति व्यावहारिक, नियंत्रित अग्नि वाले का रूप ले लिया। वे अपने शिष्य के साथ बैठे और योजना बनाई कि अगले जीवन में ध्यानलिंग को कैसे साकार किया जाए। बहुत सारी बातें तय की गईं — जैसे प्रतिष्ठा की प्रक्रिया में कौन शामिल होने चाहिए, उन्हें कहाँ, किस गर्भ में, कैसे और किस समय पर जन्म लेना चाहिए। उन्होंने हर जरूरी पहलू की योजना बनाई और कई बाधा डाल सकने वाले मुद्दों के समाधान तय किए। सद्गुरु श्री ब्रह्मा ने यह भी निर्धारित किया कि उन्हें किस तरह के व्यक्ति के रूप में जन्म लेना चाहिए, और उनका भौतिक शरीर और मानसिक अवस्था कैसी होनी चाहिए। सब कुछ वहीं रच लिया गया। ध्यानलिंग की बुनियादी रूपरेखा को उस कडप्पा के मंदिर में तैयार किया गया।

उसके बाद सद्गुरु श्री ब्रह्मा आखिरी बार कोयम्बतूर वापस आए। वे वेल्लियंगिरी पर्वत की ओर जा रहे थे, जहाँ उनके गुरु की समाधि भी स्थित थी। उस दिन तलहटी में बहुत सारे लोग इकट्ठा हुए थे। वहाँ उनके सामने उन्होंने घोषणा की, 'यह व्यक्ति वापस आएगा।' वे आखिरी बार पहाड़ पर चढ़ गए। अब, विफलता, और अपने गुरु की इच्छा पूरी न कर पाने से अति आवेशित सद्गुरु श्री ब्रह्मा ने एक अत्यधिक दुर्लभ कार्य को अंजाम दिया — उन्होंने एक साथ सभी सात चक्रों के माध्यम से अपना

शरीर त्यागा। वे उन कुछ गुरुओं में से एक थे जिन्हें सभी सात चक्रों पर महारत हासिल थी और उन्हें चक्रेश्वर कहा जाता था।

उस समय वे केवल बयालीस वर्ष के थे। उन्होंने इस अद्भुत विरले कार्य को ध्यानलिंग की प्रतिष्ठा की तैयारी के रूप में अंजाम दिया था। हालांकि वे जानते थे कि उनकी विफलता सामाजिक स्थितियों के कुप्रबंधन के कारण थी, फिर भी वे अपने लिए सुनिश्चित कर रहे थे कि यह उनकी अपनी क्षमता में चूक के कारण नहीं था। सभी सात चक्रों के माध्यम से शरीर छोड़ने का अर्थ था कि इस व्यक्ति को सभी 114 चक्रों पर पूरी महारत हासिल है। उसी महारत के कारण ही अब हम हर कहीं लोगों में विस्फोटक जबरदस्त अनुभव पैदा कर सकते हैं। उन्होंने इस अविश्वसनीय अद्भुत कार्य के लिए वेल्लियंगिरी पर्वत के शिखर को चुना, क्योंकि उनके गुरु की समाधि इन्हीं पर्वतों में थी — एक तरह से यह उनके गुरु की गोद थी। इस प्रकार, उन्होंने खुद को आश्वासित किया कि अगली बार कोई विफलता या चूक नहीं होगी।

आज भी वह स्थान मौजूद है जहाँ उन्होंने समाधि ली थी और अपना शरीर छोड़ा था। यह स्थान बहुत अधिक जीवंत है; यह ऊर्जा से स्पंदित हो रहा है। वहाँ जाने वाले लोग इसे महसूस कर सकते हैं और इसका अनुभव कर सकते हैं। सातवीं पहाड़ी की चोटी पर इस स्थान का यह गुण — पहाड़ के किनारे पर जहाँ लगातार ठंडी, तेज हवाएँ चलती रहती हैं — उस आदमी के बारे में सब कुछ कह देता है। वहीं जाकर उन्होंने सबसे अधिक आराम महसूस किया था। यह एक बहुत शक्तिशाली स्थान है। यदि आप एक साधक हैं, यदि आप थोड़े भी संवेदनशील हैं, तो वहाँ जाने पर आप पागल हो जाएंगे। यह स्थान ऐसा इसलिए है क्योंकि उन्होंने एक निश्चित उद्देश्य के साथ प्रस्थान किया था। उन्हें एक विशेष उद्देश्य को पूर्ण करना था, तो वे एक खास तरीके से गए। यह केवल मुक्ति और विसर्जन के बारे में नहीं है। उन्होंने अपनी ऊर्जाओं और यहाँ तक कि अपनी मृत्यु को भी भविष्य की स्थापना या इसकी अभिव्यक्ति के लिए उपयोग किया कि वे किस तरह होना चाहते थे।

अपना शरीर छोड़ने से पहले सद्गुरु श्री ब्रह्मा ने अपने अधूरे कार्य को पूरा करने का एक और व्यर्थ प्रयास किया। मध्य भारत में एक योगी ने छब्बीस साल की उम्र में अपना शरीर छोड़ा था। वह एक बाल योगी था जिसने ग्यारह वर्ष की आयु में आत्मज्ञान प्राप्त कर लिया था। इस योगी ने लगभग साढ़े-तीन साल समाधि में बिताए थे। जब वह बाहर आया तो अपना अनुभव बाँटने के लिए उत्सुक था, लेकिन ग्रहण करने के लिए उसे केवल पाँच या छह शिष्य ही मिले। यहाँ तक कि वे भी पूर्ण रूप से निष्ठावान नहीं थे। तो वह क्षुब्ध हो गया और उसने अपना शरीर छोड़ दिया।

सद्गुरु श्री ब्रह्मा ने तुरंत उस बाल योगी के शरीर को धारण कर लिया और उसके माध्यम से अपने उद्देश्य को पूरा करने का प्रयास किया। उन्होंने ऐसा इसलिए किया क्योंकि उनमें दोबारा जन्म लेने और जीवन की प्रक्रिया से फिर से गुजरने का धैर्य नहीं था। कुछ महीनों तक, सद्गुरु श्री ब्रह्मा एक साथ दो अलग-अलग भौतिक शरीरों में रहे। ध्यानलिंग निर्माण के इस प्रयास में उन्होंने अपने आस-पास कुछ शिष्यों को इकट्ठा कर लिया और जबरदस्त तीव्रता से उनके साथ काम करने का प्रयास किया, क्योंकि उपलब्ध समय की अवधि बहुत सीमित थी। जब लोग उनकी उम्मीदों पर खरे नहीं उतरे, तो उन्होंने उस प्रयास को आगे के लिए टाल दिया और इस घोषणा के साथ विदा हुए कि 'यह व्यक्ति वापस आएगा।'

क्या मैं फिर आऊँगा

लोग मुझसे पूछते हैं : 'बौद्ध परम्परा में कई आध्यात्मिक गुरु अपने अनुयायियों के लिए बार-बार वापस आए हैं। आत्मबोध के बाद अपने गुरु के सपने को पूरा करने के लिए आपने स्वयं दो और जन्म लिए हैं। अगर हम इस बार सफल नहीं हो पाते हैं, तो बस एक आखिरी बार क्या आप फिर वापस आएंगे?'

चलिए मैं एक बार फिर आपके लिए इसकी पुष्टि कर देता हूँ : मैं यकीनन दोबारा नहीं आने वाला हूँ, क्योंकि मेरी एक्सपायरी डेट कब की पूरी हो चुकी है। कुछ लोग जिनका बोध थोड़ा अधिक है, वे साफ तौर पर देख सकते हैं कि मेरा अस्तित्व ही नहीं है। ऐसा वास्तव में हुआ था : हर साल हम ईशा साधकों के एक बड़े दल को हिमालय में लेकर जाते हैं, और तपोवन उन जगहों में से एक है। उस साल, किसी कारण से, मैं पीछे गोमुख में ही रुक गया। मैं तपोवन तक उनके साथ नहीं गया। तपोवन में बंगाली माँ नाम की एक महिला हैं। वे वहाँ कई सालों से रह रही हैं। उन्होंने हमारे साधकों से पूछा, 'आप लोग कौन हैं? कहाँ से आ रहे हैं?' उन्होंने कहा, 'हम ईशा के साधक हैं और अपने गुरु के साथ आए हैं।' महिला ने कहा, 'क्या मैं उनकी तस्वीर देख सकती हूँ?' तो उन्होंने मेरी एक तस्वीर निकाली और उन्हें दिखाई। उन्होंने तस्वीर को देखा और कहा, 'अरे, ये व्यक्ति तो शानदार हैं लेकिन ये तो काफी समय पहले ही जा चुके हैं।' वे बोले, 'नहीं, नहीं, वे हमारे साथ आए हैं, यहाँ हमारे साथ घूम रहे हैं।' वह बोलीं, 'हो ही नहीं सकता! ये जा चुके हैं।'

तो ये लोग गोमुख वापस आए। उन्हें लगा कि जब वे ऊपर जा रहे थे उस दौरान मैं सिधार गया। मुझे देखकर वे थोड़ा डर गए, और फिर जो हुआ था वो उन्होंने मुझे बताया। मैंने सोचा कि मैंने अपने आप को अच्छी तरह ढंक कर रखा था, लेकिन अगर वो यह देख पा रही थीं तो जाहिर था, कि मैंने यह अच्छी तरह नहीं किया था।

मैं वास्तविक हूँ या मैंने खुद को अधिकतर लोगों से अधिक वास्तविक बना लिया है। लेकिन मानवता के बही-खातों से मैं लम्बे अर्से पहले जा चुका हूँ। हालांकि, यह सब मुझे बहुत अधिक स्वतंत्रता देता है। लेकिन इसे एक और बार के लिए खींचना उचित बात नहीं है। इस बार भी यह सिर्फ इसलिए हुआ क्योंकि मैं ध्यानलिंग की प्रतिष्ठा की परियोजना में उलझ गया था। वरना, यह भी नहीं होता।

ऐसा है कि जीवन को जारी रखने के लिए आवश्यक पूरी बुनियादी संरचना ढह चुकी है, लेकिन मैं फिर भी हूँ। यह अच्छी बात नहीं है। अस्तित्वगत रूप से, यह अच्छा नहीं माना जाता। एक बार जीवन को चलाने वाले आवश्यक बुनियादी ढांचे के नष्ट हो जाने पर, उस व्यक्ति का यहाँ कोई काम नहीं है; उसे चले जाना चाहिए। मुक्ति की हमारी लालसा में, हमने सारी संरचना को ध्वस्त कर दिया। तब, चूंकि हम एक असंभव परियोजना लेकर उतरे, तो हमने लगातार चलते रहने की कोशिश की। अब, जब वह भी पूरी हो चुकी है, और कोई नहीं जानता कि आखिर अभी भी हम लगातार यहाँ क्यों बने हुए हैं। शायद कुछ और पूर्णिमाएँ देखने के लिए! वास्तव में नहीं, क्योंकि मुझे इतनी सारी पूर्णिमाएँ याद हैं और यह कम्बख्त चाँद बदल भी नहीं रहा है।

एक बार जब आप अस्तित्व के मौलिक सिद्धांतों पर से पर्दा उठा लेते हैं, फिर कल अगर एक पूरी तरह नई सृष्टि की रचना भी हो जाती है, तो भी वहाँ जाने के लिए पर्याप्त दिलचस्प नहीं होगी। यह इस तरह हैः मान लीजिए, एक शानदार, जबरदस्त होटल है जिसमें लाखों कमरे हैं। अगर आप वहाँ एक ग्राहक के रूप में जाते हैं, तो वे आपको एक चाबी देंगे जिससे आप केवल अपना कमरा खोल सकते हैं। आप बस एक कमरे में प्रवेश करने वाले हैं, तो उसमें दाखिल होते समय आप बहुत ही उत्साहित होते हैं। अब, अगर होटल का प्रबंधक आपको बताता है कि उससे भी बेहतर दृश्य वाला एक और कमरा है और वह आपसे पूछता है कि क्या आप उसे लेना चाहेंगे, आप कहते हैं, 'हाँ, जरूर। मैं उत्साहित हूँ।' लेकिन वहाँ एक सफाई वाली है — उसके पास एक साधारण-सी चाबी है जिससे सभी कमरे खुलते हैं। लेकिन वह शानदार नजारे वाले नए कमरे को लेकर उत्साहित नहीं है क्योंकि वह सारे कमरे देख चुकी है। वह देख चुकी होती है कि एक कमरे से दूसरे कमरे के बीच सारी सतही छोटी-मोटी सजावटी चीजें ही बदल जाती हैं।

मुझे यकीन है कि उसने सभी लाखों कमरों को नहीं खोला होगा, लेकिन क्योंकि वह इतने सारे कमरे देख चुकी है और यहाँ तक कि हर रोज उनकी सफाई भी करती है, तो वह एक और नए कमरे में जाने को लेकर उत्सुक नहीं है। ऐसे ही, आत्मज्ञान में साथ भी है। एक बार जब आपके पास यह चाबी होती है, तो आप कितने भी कमरे

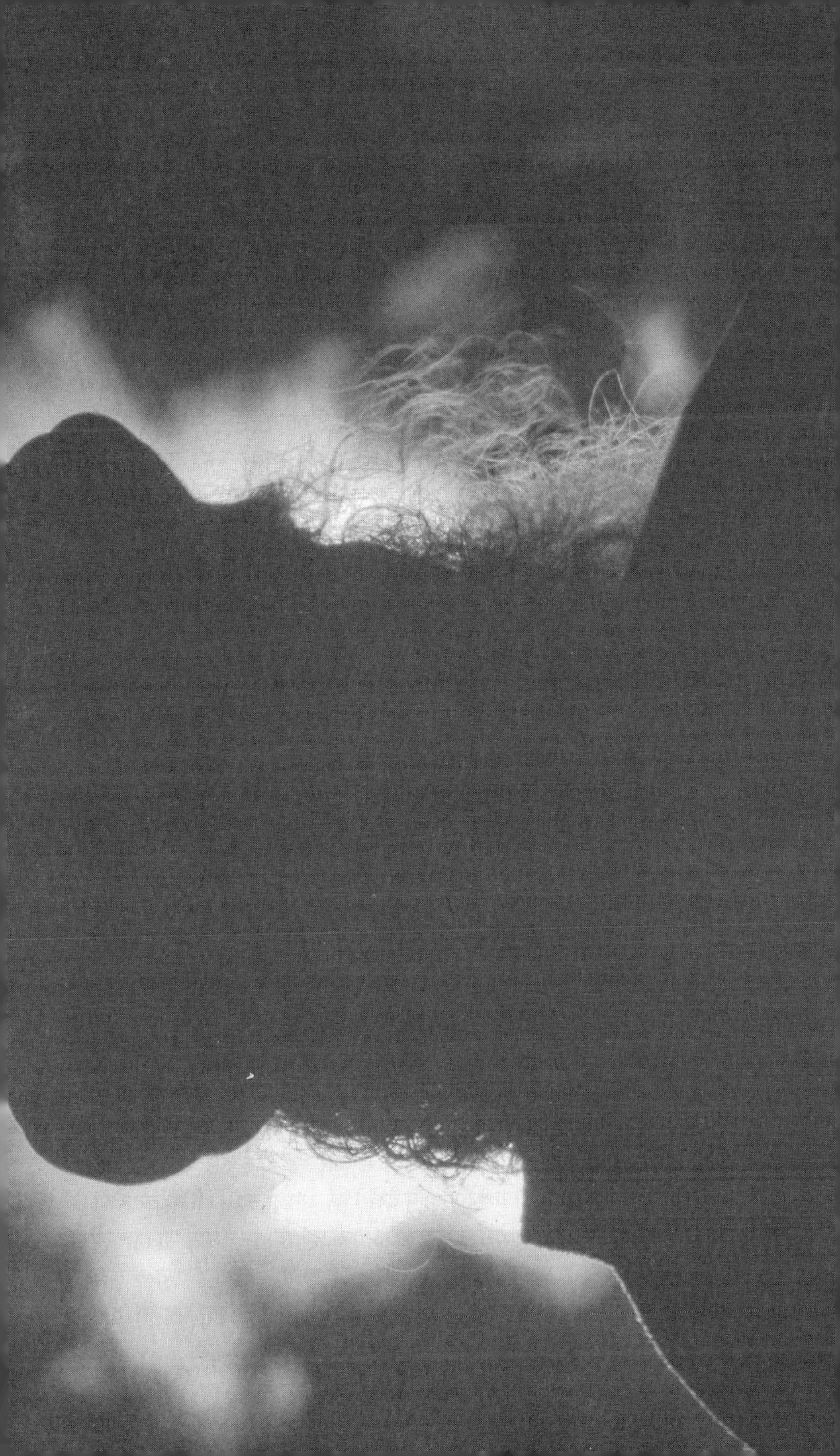

खोल सकते हैं। क्या आपने हर चीज खोली है? नहीं। अगर आपके पास समय और रुझान हो तो हर कमरे को खोलना संभव है, लेकिन एक कमरा दूसरे से बहुत ज़्यादा अलग नहीं है। इसी तरह, अगर आप एक नए ब्रह्माण्ड में दाखिल होते हैं, तो हर चीज अलग लग सकती है लेकिन वह उतनी भी अलग नहीं होती। सब में बुनियादी बातें समान ही हैं। तो जब आप काफी देख चुके होते हैं, तब आप जीवन को कायम रखने के लिए जरूरी बुनियादी संरचना को ध्वस्त करना शुरू करते हैं।

एक खास दौर होता है जिसमें जीवन चल सकता है। अभी भी, मैं अपने आस-पास कुछ लोगों से जो सहारा लेता हूँ, उसके बिना मैं अपने शरीर को बनाए नहीं रख सकता। मैं अच्छा कर रहा हूँ, लेकिन अपने आस-पास थोड़े-बहुत सहारे के बिना मेरे शरीर की अखण्डता को बनाए रखना बिलकुल भी संभव नहीं होगा, क्योंकि यह अपनी एक्सपायरी डेट को कब का पार चुका है। इसके अलावा, तकनीकी दृष्टि से भी, मेरा वापस आना पुरानी तकनीक है। हम चीजों को करने के थोड़े बेहतर तरीके स्थापित कर रहे हैं। इसके अलावा, यह सोचना बहुत गलत है कि अगर यह व्यक्ति यहाँ नहीं हुआ तो क्या होगा? यह वाकया तब हुआ जब कामराज (1903-75), तमिलनाडु के मुख्यमंत्री थे। आपको पता होना चाहिए कि राज्य में दिखने वाली अधिकांश मूलभूत सुविधाओं का काम उनके समय में ही किया गया था। हम अभी भी उनके द्वारा किए गए कार्यों का लाभ उठा रहे हैं।

एक बार कामराज जब मुख्यमंत्री थे, तब वे राज्य का दौरा कर रहे थे। वे मदुरई के आस-पास कहीं थे। वह कोई गाँव था और उन्होंने हाल ही में वहाँ से एक पुलिस सब-इंस्पेक्टर का तबादला किया था। वह अधिकारी वहाँ कुछ सालों से था और वह वहाँ के लोगों के साथ काफी जुड़ गया था और उनके लिए उसने काफी कुछ किया था। वह एक बहुत ही लोकप्रिय सब-इंस्पेक्टर था और लोग उसका ट्रांसफर किए जाने से काफी नाराज थे। भारत में, ऐसा बहुत ही कम देखने को मिलता है जहाँ लोग किसी पुलिस वाले से प्रेम करते हों। लेकिन इस वर्दीधारी ने लोगों का प्रेम अर्जित कर लिया था और लोग उसके तबादले का विरोध कर रहे थे। जब मुख्यमंत्री वहाँ आए, तो लोगों ने कहा, 'हम इस सब-इंस्पेक्टर का तबादला नहीं चाहते।' कामराज ने उत्तर दिया, 'यह बहुत अच्छी बात है कि यहाँ एक ऐसा शानदार पुलिस सब-इंस्पेक्टर है। लेकिन मैं आपको बताना चाहता हूँ कि हम में और भी बहुत सारे शानदार पुलिस सब-इंस्पेक्टर पैदा करने सामर्थ्य हैं। आप देखेंगे कि अगला उससे भी बेहतर होगा।' एक राजनेता में भी इतनी बुद्धिमत्ता थी। सौभाग्य से, हमारे पास देश में शानदार लोग रहे हैं, लेकिन दुर्भाग्य से, कुछ करने के लिए उनके हाथों में कभी पर्याप्त अधिकार नहीं रहे। तो इस भाव में मत बहिए, 'सद्गुरु, कृपया वापस आइए! सद्गुरु, वापस

आ जाइए!' नहीं। यह जरूरी नहीं है। हमारे द्वारा पैदा की जाने वाली अगली पीढ़ी हमसे कहीं बेहतर होनी चाहिए।

मैं जब भी प्रस्थान करूंगा — वह जब भी होता है — उसके बाद अस्सी सालों तक, मेरी मौजूदगी अधिक प्रबल होगी; यह अभी जैसी है, उससे कहीं अधिक प्रबल होगी। यह इस बात को सुनिश्चित करने के लिए है कि मेरे जाने से पहले आप सभी मर चुके हों! हाँ। ऐसा इसलिए है क्योंकि एक बार जब आप लोगों को एक निश्चित प्रक्रिया में शुरू कर देते हैं, तो उसे पूरा करने की आपकी एक जिम्मेदारी होती है। तो मैं यह सुनिश्चित करना चाहता हूँ कि हर वह व्यक्ति जो किसी तरह मेरे द्वारा छुआ गया है, वह मेरे पूरी तरह चले जाने से पहले, इस पृथ्वी से साफ हो जाए। चूंकि उन्होंने इनर इंजीनियरिंग में आपको वे सभी तकनीके सिखाई हैं जो आपको 160 वर्षों तक जीवित रख सकती हैं, तो शरीर के जाने के बाद मैं इसे अस्सी सालों तक और रख रहा हूँ — शायद आप खुद को 160 तक ले जाएँ! इसीलिए ये अस्सी वर्ष हैं। अस्सी साल लगभग एक दूसरे जीवनकाल की तरह हैं, लेकिन कोई भौतिक उपस्थिति नहीं होगी। भौतिक उपस्थिति के लिए, हम पर्याप्त प्रणालियाँ स्थापित करेंगे, लेकिन उपस्थिति अभी से कहीं, कहीं अधिक सशक्त होगी, क्योंकि तब भौतिक शरीर को ढोने का बोझ नहीं होगा।

तो क्या मैं एक देहहीन प्राणी होने वाला हूँ? स्पष्ट रूप से, अगर मेरा शरीर दफनाया या जलाया जाता है, तो मैं देहहीन हो जाऊँगा, यदि आप ऐसा कहना चाहें तो। लेकिन शरीर कई अलग-अलग परतों पर होता है। जो आप धरती से लेते हैं उसे आपको वापस करना होता है। बाकी का शरीर — अगर इसे आधुनिक शब्दावली में रखें — एक सॉफ्टवेयर की तरह है। सॉफ्टवेयर अभी भी एक न्यूनतम स्तर पर रहता है। इस समय, यह एक मजबूत, भौतिक स्तर पर है। अगर यह स्तर चला जाता है, तो यह एक बहुत न्यूनतम स्तर पर रहेगा। यह दूसरी भौतिक मंच ग्रहण नहीं करेगा। वहाँ विभिन्न चीजों के कारण यह भौतिक स्तर पर होने के मुकाबले कहीं अधिक कार्यकुशल होगा।

तो हमेशा के लिए क्यों न रहा जाए? हमेशा के लिए होने जैसी कोई चीज नहीं होती, चाहे वह बड़ी हो या छोटी। अगर इसकी जरूरत हो, तो कोई रुक सकता है और उस तरह की चीजें कर सकता है। लेकिन इसकी आवश्यकता नहीं है क्योंकि हमने उस उद्देश्य के लिए एक अधिक परिष्कृत व्यवस्था स्थापित की है। हम और भी बहुत सारी आध्यात्मिक प्रक्रियाएँ लेकर आएंगे जिन्हें बिना अधिक तैयारी के सर्वसाधारण तक पहुँचाया जा सकता है। यह अभी भी एक शुद्ध पद्धति है, कोई नकली सामान नहीं है। अभी, मुझे लगता है कि ऐसा करना प्रासंगिक नहीं है

क्योंकि मैं अभी मौजूद हूँ; मैं सामूहिक प्रक्रियाओं को अधिक बारीकी से कर सकता हूँ। मैं एक विशेष जनसमूह के लिए किसी बहुत जटिल प्रक्रिया को व्यवस्थित करके चीजों को घटित कर सकता हूँ। इसे उस तरह करना अभी भी हमारे लिए काफी संभव है, लेकिन सामूहिक प्रक्रियाएँ कुछ समय बाद धीरे-धीरे समाप्त हो जाएंगी, क्योंकि फिर वह दीर्घकालिन होगी। सबसे बढ़कर, ध्यानलिंग तो है ही। तो सदा के लिए रहने की वास्तव में कोई आवश्यकता नहीं है।

आप क्यों चिंता करते हैं? वैसे भी, आप मर जाएंगे और जा चुके होंगे।

अध्याय 12

अंतिम चरण

हम आपके लिए इस जीवन को आखिरी जनम बना सकते हैं लेकिन हम इसे सबसे शानदार जीवन नहीं बना सकते। यह केवल आपको ही करना है। उसके लिए, आपको साधना करनी चाहिए। आपको मुझे यह वचन देना होगा।

अध्यात्म की एक बूँद

जब मैं पच्चीस साल का था, तब अचानक, यह बड़ा आध्यात्मिक अनुभव मुझ पर फूट पड़ा। उसके बाद, मैंने सोचा कि मैं सारी दुनिया को परमानंद में रहना सिखा दूँगा — सचमुच परमानंद में। मैंने सोचा कि बस इतना ही तो है, इसे सिखाने में क्या समस्या है? हर कोई इसे पा सकता है। लेकिन अब जैसे-जैसे मेरी उम्र हो रही है और मेरे बाल सफेद होने लगे हैं, मैं परिपक्व हो गया हूँ। अब, मैं सोच रहा हूँ कि अगर हम लोगों को अच्छी तरह जीना नहीं सिखा पाते, तो हम कम से कम यह देखें कि क्या हम उन्हें अच्छी तरह मरना सिखा सकते हैं। मैं इसे लेकर बहुत चिंतित हूँ क्योंकि मैं देखता हूँ कि इस धरती पर अधिकतर लोग बुरी तरह मरते हैं। जो लोग अच्छी तरह जीना सीख जाते हैं, उनके लिए यह शानदार है। लेकिन कम से कम अगर दूसरे लोग अच्छी तरह मरना सीख लें, तो यह बहुत अच्छा होगा।

लोगों को अच्छी तरह जीना सिखाने में थोड़ी अधिक मेहनत लगती है; शायद हम इसे हर किसी के लिए न कर सकें। लेकिन कम से कम उन्हें अच्छी तरह मरना चाहिए। यह महत्त्वपूर्ण है क्योंकि देहहीन अवस्था में जीवन की अवधि, देही अवस्था की तुलना में बहुत, बहुत अधिक होती है। जब कोई प्राणी देहविहीन होता है, तब उसके जीवन का अनुभव स्वर्गिक बनता है या नारकीय बनता है, यह काफी हद तक

315

इस पर निर्भर करता है कि वह कैसे मरता है। पूरी तरह तो नहीं, लेकिन काफी हद
तक। तो अगर हम पूरी आबादी को अपने जीवन के हर पल को सुंदरता से जीने का
तरीका नहीं भी सिखा सकते, तो कम से कम हम उन्हें उनके जीवन के अंतिम क्षण
को समझदारी से सँभालना तो सिखा ही सकते हैं, तब यह उन्हें देहहीन अवस्था से
बहुत सुंदरता से गुजारेगा।

हो सकता है कि लोगों को विश्वास हो कि वे अच्छी तरह जी रहे हैं, लेकिन ऐसा
नहीं है। वे अच्छे घरों में रहते हैं, अच्छी गाड़ियाँ चलाते हैं, अच्छे कपड़े पहनते हैं,
इसलिए उन्हें लगता है कि वे अच्छी तरह जी रहे हैं क्योंकि वे दूसरे उन लोगों को
देखते हैं जिनके पास वे चीजें नहीं हैं और उन्हें इस बारे में खुशी होती है। यह अच्छी
तरह जीना नहीं है। यह एक बीमार जीवन है। वे अपने आप की ऐसे व्यक्ति के साथ
तुलना करके खुश होते हैं जो उनके जितना अच्छा नहीं कर रहा है। अधिकतर लोगों
के जीवन में पूरी खुशी बस यही है। तो मैं इसे अच्छी तरह जीना नहीं कहता।

मेरे लिए, अच्छी तरह जीना वह है जब आप इस तरह बैठ सकें कि कुछ भी
महत्त्व नहीं रखता हो; चाहे आपके पास कुछ हो या न हो, यहाँ तक कि आपके पास
खाने के लिए भोजन हो या न हो, तो भी आपको कोई फर्क नहीं पड़े। आप बस अच्छे
रहते हैं। ऐसा नहीं है कि आप अपना भोजन और दूसरी चीजें कमाने में सक्षम नहीं
हैं, लेकिन वह सब यह तय नहीं करता कि आप अभी कौन हैं। आप किस तरह के
कपड़े पहने हुए हैं, वो तय नहीं करता कि अभी आप कौन हैं। आप किस तरह के घर
में रहते हैं, वो तय नहीं करता कि आप अभी कौन हैं। कोई दूसरा आपके साथ किस
तरह का व्यवहार करता है इससे तय नहीं होता कि अभी आप कौन हैं। कोई आपसे
क्या कहता है, वो तय नहीं करता कि अभी आप कौन हैं। किस तरह आपको ऊँचा
या नीचा देखा जाता है, यह तय नहीं करता कि अभी आप कौन हैं। अगर आप इस
तरह हैं, तो आप निश्चय ही अच्छी तरह जी रहे हैं। आप चाहें कहीं भी बैठें, आपके
जीवन का अनुभव सुंदर होगा।

मैं इस बारे में विशेष रूप से चिंतित हूँ क्योंकि निकट अतीत में, मैंने कुछ ऐसे
लोगों को बहुत बुरी तरह जाते हुए देखा है जो मुझे प्रिय थे। ये ऐसे लोग नहीं थे जो
असफल हो गए थे, बल्कि ऐसे थे जो मानते थे कि वे अच्छी तरह जिए हैं। उन्होंने
जीवन में जो कुछ भी चाहा वह उनके लिए घटित हुआ। उन्हें शिक्षा मिली, नौकरी
मिली, उनकी शादी हुई, उनके बच्चे हुए, उनके बच्चे बड़े हुए, उनकी शादियाँ हुईं
और वे विदेश में बस गए और उनके पोते-पोतियाँ हुईं। अधिकतर लोगों के लिए,
यह उनके सपनों का जीवन है। उनके जीवन उनके सपनों के अनुसार ही घटित हुए,
और जब वे अपने जीवन के अंतिम चरण, अपने जीवन के अंतिम मील पर आए,

तो वे पूरी तरह बुझ गए थे। वे पूरी तरह बिखरे हुए लोग थे और उनकी मृत्यु अच्छे ढंग से नहीं हुई। जिन लोगों को यह लगता है कि वे सफल हैं और अच्छी तरह जी रहे हैं, उनमें से भी लगभग 90 प्रतिशत बुरी तरह मरते हैं क्योंकि आधुनिक समाज न तो जागरूक हैं और न ही उन्होंने इस महत्त्वपूर्ण पहलू का ध्यान रखा है कि अच्छी तरह कैसे मरें।

तो मैंने महसूस किया कि हमें कम से कम एक ऐसी सरल आध्यात्मिक प्रक्रिया प्रदान करनी चाहिए जो कुछ ही मिनटों में दी जा सके, ताकि लोग कम से कम अपने जीवन के एक पल को समझदारी से, शानदार ढंग से सँभाल सकें। मेरा सपना अभी भी यही है कि लोगों को आनंदपूर्वक जीना चाहिए — ऐसा संभव है। लेकिन, आप जानते ही हैं, उनमें से बहुत से लोगों ने हार मान ली है, उनमें से कई जिद्दी दुखी लोग हैं। आप चाहे जो कर लें, वे दृढ़ प्रतिज्ञ हैं; वे अपने दुखों में ही निवेश करना चाहते हैं। तो अब मैं सोचने लगा हूँ, 'ठीक है, अगर हम सबको आनंद में जीना नहीं सिखा सकते, तो कम से कम उन्हें अच्छी तरह मरने में समर्थ होना चाहिए।' यह एक बहुत ही खराब समझौता है, लेकिन आप जानते हैं कि यहाँ कुछ अरब लोग हैं। आप सात दिनों तक, हर रोज, तीन घंटे, सात अरब लोगों को अपने जीवन में इन अभ्यासों को बैठकर सीखने और इन्हें करने के लिए मना नहीं कर सकते। ऐसा नहीं होने वाला है। हम अभी भी उम्मीद करते हैं कि लोग इसकी ओर जाएंगे। लेकिन अगर वे जिद्दी, दुखी लोग हुए तो कम से कम उन्हें अच्छी तरह मरने की गरिमा तो मिलनी ही चाहिए — उन्हें भ्रमित होकर मरना, हैरान होकर मरना, दुखी होकर मरना नहीं चाहिए। कम से कम इतना तो होना ही चाहिए।

मैंने सोचा था कि मैं अपने जीवन में ऐसा कभी नहीं करूँगा, लेकिन आप जानते हैं कि मैं व्यावहारिक बन रहा हूँ। मैं इस वास्तविकता के साथ समझौता कर रहा हूँ क्योंकि संभावना और हकीकत के बीच एक दूरी होती है, जिसे हर कोई तय करने का इच्छुक नहीं होता। और जब तक कोई इच्छुक न हो, इसे करने का कोई तरीका नहीं है। आप उन्हें बहला सकते हैं, आप उन्हें फुसला सकते हैं, उन्हें थोड़ा-बहुत धकेल सकते हैं; उससे आगे, आप कुछ अधिक नहीं कर सकते। अगर आप उससे आगे बढ़ते हैं, तो वे चले जाएंगे। इसे लेकर मुझे कोई भ्रम नहीं है। लगभग हर कोई, अगर आप उन्हें एक निश्चित सीमा के आगे धकेलते हैं, तो वे चले जाएंगे, मैं यह जानता हूँ।

अगर वे हमारे पास एक हवा-बंद डिब्बे में होते, तब मैं उनके लिए अच्छी तरह जीने की उस संभावना को नहीं छोड़ता, लेकिन हमारे पास दुनिया की पूरी आबादी एक डिब्बे में उपलब्ध नहीं है। यहाँ तक कि ईशा योग केन्द्र में भी ऐसा नहीं है। ज़्यादा से ज़्यादा, हम मुट्ठीभर लोगों को ही एक हवा-बंद डिब्बे में रख सकते हैं, जिन्हें हम

पूरी तरह धकेल सकते हैं। लेकिन मुझे यकीन है कि हम हर किसी को अच्छी तरह मरना सिखा सकते हैं क्योंकि इसमें इतना अधिक समय नहीं लगता। यह सरल है, यह आसान है, और मैं ऐसे तरीके खोज रहा हूँ जहाँ, वे चाहे इच्छुक हों या न हों, हम उन्हें सिखा सकते हैं। हम उनमें कुछ ऐसा डाल सकते हैं जो उस पल के आने पर सक्रिय हो जाएगा।

आध्यात्मिक प्रक्रिया लोगों को न केवल अच्छी तरह जीना सिखाने के बारे में है, बल्कि लोगों की अच्छी तरह मरने में सहायता करने के बारे में भी है। लोगों की अच्छी तरह मरने में सहायता करने का यह अर्थ नहीं है कि उनकी मरने में उस तरह मदद की जाए, जिसकी दया-मृत्यु के समर्थक वकालत करते हैं। लोगों की मरने में सहायता करने का अर्थ है कि भौतिकता से परे जाने के पल को, देही स्थिति से देहहीन स्थिति में जाने के पल को, परम जागरूकता और कृपा के साथ सँभालने में उनकी मदद करना। अगर कोई इस विकल्प का खुद उपयोग करना चाहता है, तो एक निश्चित मात्रा में तैयारी की आवश्यकता होती है। जीवन में इस जागरूकता को पैदा करने के कई तरीके हैं जिससे कि जब मृत्यु का पल आए, तो यह आपको कृपा के साथ लेकर जाए। लेकिन, दूसरे प्रकार से, हम वह पल हर मनुष्य के लिए पैदा कर सकते हैं, अगर वह व्यक्ति सहयोग करने और अभी अपने आप पर थोड़ा ध्यान देने को तैयार हो।

प्राचीन काल में अधिकांश दीक्षाएँ इसी तरह दी जाती थी। एक योगी एक स्थान पर बैठ जाता था और लोगों को इसी तरह दीक्षित करता था। क्या होता था? कुछ नहीं। कोई बहस कर सकता है, 'मेरे जीवन में कुछ नहीं हुआ।' इससे फर्क नहीं पड़ता। जब जाने का वह पल आता था, तब वो चीज सक्रिय हो जाती थी। ऐसा नहीं है कि हमने ऐसा नहीं किया है। हमने किया है, लेकिन इतने सक्रिय रूप से नहीं। अब हम बड़े पैमाने पर इसे सक्रिय रूप से करना चाहते हैं, ताकि हर किसी के जीवन में कोई चीज रहेगी। अगर यह अभी नहीं चलता है, तो कम से कम जब वह पल आएगा तो यह यकीनन चल जाएगा।

कई बार, जो लोग बहुत ही बूढ़े और बीमार हैं वे मुझसे उन्हें देखने आने के लिए कहते हैं। या कभी-कभी ऐसे लोग मुझे अपने माता-पिता की एक तस्वीर भेजते हैं, जो बहुत ज़्यादा बूढ़े हो गए होते हैं और कष्ट उठा रहे होते हैं। अगर मुझे उनमें पर्याप्त परिपक्वता दिखाई देती है और वे मुझसे उन्हें ठीक करने के लिए न कहकर उन्हें मुक्त करने के लिए कहते हैं, या अगर उनके प्रारब्ध कर्म लगभग समाप्त हो चुके होते हैं, तब, अगर मैं उस व्यक्ति के पास जाता हूँ, या मैं उस व्यक्ति की तस्वीर को देखता हूँ, तो सात से आठ दिनों के भीतर वे चले जाते हैं, क्योंकि सॉफ्टवेयर के बिना वह जीवन वैसे भी कगार पर ही होता है।

हालांकि, यह दोनों तरह से भी काम करता है क्योंकि कभी-कभी किसी के जीवन को खींचना अच्छा होता है और कभी-कभी उनके जीवन को छोटा कर देना अच्छा होता है। यह इस तरह है : मान लीजिए, आप एक नाव में यात्रा कर रहे हैं। किनारे पर पहुँच जाने पर आपको नाव से उतर जाना चाहिए। अगर आप किसी कारणवश अभी भी नाव से नहीं उतरते, तो आप बिना वजह बहते रहेंगे। तो दोनों काम करने पड़ सकते हैं। कभी-कभी आप उनके जीवन को बढ़ा देते हैं क्योंकि वह व्यक्ति वहाँ नहीं पहुँचा होता है जहाँ उसे पहुँच जाना चाहिए था लेकिन उसकी उर्जा खत्म हो चुकी होती है, और कभी-कभी वे पहुँच चुके होते हैं लेकिन अभी भी उर्जा बाकी होती है, तो आपको उर्जा निकाल देनी होती है। जीवन में दोनों की आवश्यकता है।

क्या यह संभव है कि वे मुक्त हो जाएंगे? किसी का सदा के लिए मुक्त होना केवल तभी संभव है जब व्यक्ति ने अपना प्रारब्ध पूरा कर लिया हो। अब, जब सब कुछ खत्म हो चुका होता है, तो वे एक ऐसे मुकाम पर होते हैं जहाँ एक कर्म-विराम होता है। बहुत से ऐसे लोग हैं जो बुढ़ापे से मरते हैं; उन्होंने अपना जीवन निपट मूर्खों की तरह जिया हो सकता है, लेकिन अंतिम कुछ दिनों में, अचानक, उनके भीतर समझदारी का एक नया भाव आ जाता है, उनमें जागरूकता का एक नया भाव आ जाता है, क्योंकि उनके आवंटित कर्म समाप्त हो चुके होते हैं। बस कुछ छोटी-मोटी चीजें बाकी रहती हैं और कर्मों की अगली खेप अभी तक आई नहीं होती है, तो वह एक धन्य समय होता है। यहाँ तक कि एक अज्ञानी जीवन जीने वाले व्यक्ति के लिए भी, आप देखेंगे कि अचानक वे जान जाते हैं, 'अगले तीन दिनों में मैं मर जाऊँगा।' ऐसे लोगों का विसर्जन बड़ी आसानी से किया जा सकता है क्योंकि वे एक ऐसी धन्य अवस्था में आ गए होते हैं जहाँ कोई कर्मगत बोझ नहीं होता। कहीं और एक भण्डार होता है, लेकिन बीच में एक थोड़ा-सा कर्महीन समय होता है। अचेतन अवस्था में मरने के बजाए हम उनको चेतना में मरने में सहायता कर सकते हैं। अगर एक अनुकूल वातावरण है, तो विलीन होना संभव है। उन्हें मुक्त किया जा सकता है। लेकिन जब वे प्रारब्ध कर्म पूरे होने से पहले किसी बीमारी से मर जाते हैं, तब अगर कोई उन्हें विसर्जित करने की कोशिश करता है तो वह काम नहीं करेगा। और न ही मैं ऐसी कोई चीज करूँगा। हम उनके लिए केवल इतना कर सकते हैं कि उन्हें जागरूकता के साथ मरने में सहायता करें; तब कहीं और उनका थोड़ा उन्नत जीवन होगा।

अगर वह व्यक्ति मुझे नहीं जानता हो, तो भी क्या ऐसा करना संभव है? देखिए, जब मैं इस स्तर पर बात कर रहा हूँ, तो मैं अपने बारे में एक व्यक्ति के रूप में, आदतों और ढर्रों और चीजों के रूप में बात नहीं कर रहा। एक व्यक्ति के रूप में, आप मुझे

जान सकते हैं या नहीं जान सकते हैं, लेकिन इस स्तर पर, ऐसा कोई नहीं है जो मुझे नहीं जानता हो, क्योंकि यहाँ, वो जिसे मैं 'मैं' कहता हूँ वो आप भी हैं। उस आयाम में, कोई विशिष्ट व्यक्ति नहीं होता। तो इससे फर्क नहीं पड़ता कि एक व्यक्ति के रूप में आप मुझे जानते हैं या नहीं। मैंने अक्सर कहा है कि मेरे द्वारा दीक्षित किए गए लोगों में, उनकी संख्या ज़्यादा है जिनसे मैं नहीं मिला हूँ बजाए उनके, जिनसे मैं मिला हूँ। यह भी उसी तरह है।

मेरे साथ बैठने की गलती . . .

मृत्यु का पल किसी के द्वारा हस्तक्षेप करने के लिए एक जबरदस्त संभावना होता है। मैं अच्छी तरह मरने में आपकी सहायता कर सकता हूँ, लेकिन मैं अच्छी तरह जीने में भी आपकी सहायता कर सकता हूँ! बेहतर होगा अगर आप अच्छी तरह जिएँ, और केवल अच्छी तरह मरने को ही लक्ष्य न बनाएँ। अगर आप सैंकड़ों बार वापस आने की योजना बना रहे हैं, तो आप एक मूर्खतापूर्ण जीवन जी सकते हैं। लेकिन अगर आप इसे अपना अंतिम जीवन बनाना चाहते हैं, तो आपको खास तौर पर अच्छी तरह जीना सीखना चाहिए। यात्रा का अंतिम चरण सबसे शानदार चरण होना चाहिए, है न?

जब चीजें निर्णायक स्थिति में पहुँच गई हों, जब स्थिति इस हद तक परिपक्व हो गई हो कि वह जीवन और मृत्यु बन गई हो और दूसरा कुछ महत्त्व नहीं रखता हो, तब यह मेरे लिए बस एक पल का काम है। लेकिन वहाँ तक पहुँचने में आप कितना समय लेने वाले हैं वह आप पर है। आप इसे इसी शाम को संभव कर सकते हैं, या कुछ जन्मों तक इंतजार कर सकते हैं। एक बार जब आप मेरे पास आ गए हैं, तो मैं आपको कुछ जन्मों का विकल्प नहीं दूँगा। लेकिन आप अपने जीवन के अंत तक प्रतीक्षा कर सकते हैं। अगर आप इसे तब तक टालते रहेंगे, और जब मृत्यु दरवाजे पर दस्तक देगी, तो आप हताश हो जाएंगे। जब मृत्यु दस्तक देती है, तो अचानक, आप पाते हैं कि यह शरीर कोई मायने नहीं रखता। आपकी सारी योग्यताएँ कोई मायने नहीं रखेंगी। आपके पति, पत्नी और बच्चे कोई मायने नहीं रखेंगे। आपके आकर्षक कपड़ों का कोई अर्थ नहीं होगा। आप हताश होंगे। एक गिद्ध की तरह, मैं उस पल का इंतजार करूँगा, क्योंकि, तब, आप इच्छुक बन जाएंगे। लेकिन अगर आप बुद्धिमान हैं, अगर आपमें कोई समझदारी है, तो आप उस स्वेच्छा को अभी पैदा करेंगे।

अगर आप अपने भीतर उस स्वेच्छा को पैदा नहीं करते, तो आप उस चीज का विरोध करेंगे जिसके होने की जरूरत है। जब आपके पास एक भेदकारी मन हो, और

अगर आप अवरोध की एक दीवार के साथ यहाँ आते हैं, तो हम उसे कमजोर करने की कोशिश करेंगे। हो सकता है यह पूरी तरह ध्वस्त न हो, लेकिन हम इसे कमजोर कर देंगे। यह एक लम्बी और उबाऊ प्रक्रिया है। जो मर चुका है उसके पास भेदकारी मन नहीं होता, तो आपकी तुलना में उसे प्रभावित करना बहुत आसान होता है। यह इस तरह है : आप शरीर के साथ एक जिद्दी प्रेत हैं। आपकी तुलना में देहहीन प्रेत को सँभालना आसान है क्योंकि उसके पास भेदकारी मन नहीं होता। आप जो कुछ भी कहेंगे वह ग्रहण कर लेगा। केवल एक समस्या यह है कि आप उसके साथ अंग्रेजी में बात नहीं कर सकते क्योंकि वह शरीर के साथ अपने कान भी खो चुका होगा! तो आपको उसके साथ एक अलग भाषा में बात करनी होगी, लेकिन वह सुनने का इच्छुक है। वह पूरी तरह इच्छुक है क्योंकि उसके पास भेदकारी मन नहीं है। वह विरोध नहीं कर सकता। तो हम उससे कुछ मधुर कहते हैं और वह तुरंत मधुर हो जाएगा, और फिर हम वह कर सकते हैं जो उसके साथ करने की आवश्यकता है। लेकिन अगर आप इच्छुक हैं, तो आपको तब तक प्रतीक्षा करने की जरूरत नहीं है।

जिन्होंने खुद को पूरी तरह मुझे समर्पित कर दिया है, अगर एक पल के लिए भी ऐसा किया है, तो उन्हें अपनी मुक्ति के बारे में चिंता करने की जरूरत नहीं है। उनकी मुक्ति पक्की है। जीवन जीना शालीनता से किया है या नहीं, यह पक्का नहीं है। वह एक ऐसी चीज है जो आपको स्वयं अर्जित करनी है, लेकिन मुक्ति पक्की है। तो यह कैसे काम करता है? एक आम शब्द, जो पूर्व के आध्यात्मिक दायरों में हमेशा से प्रचलित रहा है, वह है माया। हम इसका उपयोग नहीं करते, लेकिन यह एक जबरदस्त शब्द है। यह ठीक वही बात कहता है जो हम कहना चाहते हैं, लेकिन समय के साथ इसका इतना भीषण दुरुपयोग किया गया है कि हम आमतौर पर इसका इस्तेमाल करने से इन्कार करते हैं। माया का अर्थ है कि जिस तरीके से आप अभी अस्तित्व में हैं, जीवन के प्रति आपका बोध और समझ, भ्रामक हैं। इस भ्रम का सबसे महत्त्वपूर्ण हिस्सा है — खुद के एक प्राणी या एक व्यक्ति के रूप में होने की आपकी सोच। यह भ्रामक है। अब, अगर मैं आपसे पूछता हूँ, 'क्या आप पृथ्वी से जुड़े हैं?' आप कहेंगे, 'हाँ।' यह सच नहीं है। यह सच है, लेकिन आपके अनुभव में यह एक सच्चाई नहीं है। यह सच इसलिए नहीं है क्योंकि आप पृथ्वी से बंधे हुए हैं, बल्कि इसलिए है क्योंकि आप धरती का एक टुकड़ा हैं। लेकिन अपनी इस भ्रामक सोच को — कि आप केवल पृथ्वी से बंधे हुए हैं और पृथ्वी का ही एक टुकड़ा नहीं हैं — इसे छोड़ पाने की असमर्थता के कारण, आप एक अलग इकाई के रूप में मौजूद हैं।

ईशा योग केन्द्र में, सभी ब्रह्मचारियों के सिर मुंडे होने और सभी के एक से कपड़े पहनने का कारण यह है कि अगर वे चारों ओर देखें तो उन्हें पता नहीं चलना चाहिए

कि वो 'यह' हैं या 'वह' हैं। लेकिन छोटी-छोटी बातों में भी, जैसे, जिस प्रकार वे अपने माथे पर विभूति लगाते हैं, उसे वे अपने ही तरीके से करना चाहते हैं, हालांकि बाकी सब कुछ एक-सा होता है। दुनिया में जीने की प्रक्रिया में, हर कोई लगातार अपने आस-पास की बाड़ को, अपनी सीमाओं को मजबूत करने की कोशिश में लगा है। ब्रह्मचर्य का अर्थ है कि आप दिव्यता के मार्ग पर हैं। दिव्यता का मार्ग क्या है? दिव्यता का मार्ग यह है कि कोई वैयक्तिकता नहीं है। यह एक सार्वभौमिक प्रक्रिया है। तो अपनी सीमाओं को मजबूत किए बिना, अगर आप यहाँ एक पल के लिए भी बैठते हैं, तो यह जबरदस्त बात होगी। आप एक पेड़ के साथ ऐसा नहीं कर सकते। लेकिन, विभिन्न कारणों से, आप मेरे साथ ऐसा आसानी से कर सकते हैं। एक पेड़ के साथ कुछ गलत नहीं है, लेकिन चूंकि न तो पेड़ और न ही आप सचेतन हैं, और दो अचेतन इकाइयाँ एक साथ नहीं आ सकतीं, वे हमेशा अपने-अपने दो अलग बुलबुलों के रूप में रहेंगे, भले ही उनके बीच हवा का आदान-प्रदान हो रहा है।

तो यह भ्रम कि आप एक अलग इकाई हैं, एक बड़ी समस्या है। एक गुरु के साथ बैठने की सोच यह है कि आप बिना सीमाओं के बैठते हैं। अगर आप बस यूँ ही बैठते हैं, तो यह घटित होगा। इसीलिए मैंने कहा है कि अगर आप मेरे साथ एक पल के लिए भी बैठते हैं, अगर आप पूर्ण रूप से मेरे साथ हो सकते हैं, तब यह हो जाता है। यह दीक्षा के रूप में हुआ हो सकता है या यह बस एक दृष्टि पड़ने से हुआ हो सकता है। यह तब भी हो सकता है जब उन्होंने मुझे देखा तक न हो, बल्कि उन्होंने मेरे बारे में बस सुना ही हो। ऐसे बहुत से लोग हैं। उन्होंने मुझे भौतिक रूप से नहीं देखा है। केवल एक तस्वीर देखने मात्र से वे खुल गए। न जाने कितने ही लोगों ने इसका अनुभव किया है।

किसी चीज के साथ पूरी तरह होने की प्रक्रिया का अर्थ बस यही है कि आप एक पल के लिए अपनी सीमाएँ निर्धारित नहीं करते। अगर आप एक दिन के लिए ऐसा कर सकते हैं — कि आपने कोई सीमा निर्धारित नहीं की, आप बस यहाँ यूँ ही मौजूद रहे — तो हम आपकी पूजा करेंगे क्योंकि जिसकी कोई सीमाएँ नहीं होतीं वह दिव्य होता है। तो एक पूरा दिन नहीं, अगर आपने इस सीमा रहित अवस्था को एक पल के लिए भी महसूस किया है, तो आपके लिए कोई पुनर्जन्म नहीं होगा।

मैं कुछ चीजें कहने से बचता हूँ क्योंकि मुझे डर है कि आप कल सुबह आलसी बन सकते हैं। लेकिन अगर आप एक पल के लिए — घंटों या दिनों के लिए नहीं — बस एक पल के लिए ही अगर आप सच में मेरे साथ रहे हैं, तो यह आपका अंतिम जन्म है। लेकिन इस आश्वासन के साथ, मैं नहीं चाहता कि आप आलसी बन जाएँ। आपका अंतिम जीवन सबसे शानदार जीवन भी होना चाहिए। हम आपके लिए इस

जीवन को आखिरी बना सकते हैं, लेकिन हम इसे सबसे शानदार जीवन नहीं बना सकते। यह केवल आपको ही करना है। उसके लिए, आपको साधना करनी चाहिए। आपको मुझे यह वचन देना होगा।

एक बार हम कैलाश पर्वत की यात्रा कर रहे थे। दिन में हम चलते थे और शाम को सत्संग होता था। यह लोगों का छोटा-सा दल था, तो माहौल काफी अनौपचारिक था और हम कई चीजों के बारे में बात कर रहे थे — जीवन, मरणोपरांत जीवन, एलियन जीवन, वगैरह। तो एक अमेरिकी साधक ने पूछा, 'सद्गुरु, आपका शिष्य होना हमारे लिए बहुत बड़ी बात है। आपको हमारा गुरु होकर कैसा लगता है?' केवल एक अमेरिकी ही ऐसा पूछ सकता है! मैंने कहा, 'देखिए, एक योगी होना शानदार है, मैं किसी दूसरे तरीके से नहीं होना चाहूँगा। लेकिन एक गुरु होना निराशापूर्ण होता है क्योंकि जो एक पल में किया जा सकता है, लोग उस के लिए एक पूरा जीवनकाल लगा देते हैं।' अगर आप एक पल के लिए खुद को मुझे सौंप देते हैं, तो मैं सुनिश्चित कर सकता हूँ कि आप वाकई मर जाएँ। आप जानते हैं कि अगर कोई आपको बंदूक से गोली मारता है, तो आप कहीं न कहीं फिर से प्रकट हो जाएंगे। लेकिन अगर आप मुझे अनुमति दें, तो मैं आपको इस तरह गोली मारूँगा कि आप फिर कभी किसी गर्भ में प्रकट नहीं होंगे। बस एक पल — एक जीवनकाल नहीं!

एक बार जब आपने मेरे साथ बैठने की गलती कर ली है, तो कुछ तरीकों से आप पहले ही ठिकाने लग चुके हैं, जब तक कि आप सच में पटरी से नहीं उतरना चाहते और सच में अपने भीतर इसके खिलाफ नहीं जाना चाहते। वरना, कई तरीकों से आपको छाँट दिया गया है। मैं आपके जीवन में दखलंदाजी नहीं करता, लेकिन आपकी मृत्यु, साधारणतः मैं उसे अपने हाथों में रखता हूँ . . .

ईशा फाउंडेशन

1992 में सद्‌गुरु द्वारा स्थापित, ईशा फाउंडेशन, मानवीय संभावनाओं व क्षमता के विकास के लिए एक अंतर्राष्ट्रीय लाभ-रहित संस्था है। आंतरिक रूपांतरण लाने वाले इसके सशक्त योग कार्यक्रमों से लेकर, इसकी प्रेरणा प्रदान करने वाली सामाजिक तथा पर्यावरण संबंधी योजनाएँ, ईशा की सभी गतिविधियाँ विश्व शांति और विकास के लिए एक संयुक्त संस्कृति पैदा करने के उद्देश्य से रची गई हैं।

ईशा फाउंडेशन दुनिया भर में फैले 300 से भी अधिक शहरी केंद्रों से कार्य करता है; यह 30,00,000 से भी अधिक स्वयंसेवकों के योगदान द्वारा चलाया जाता है।

व्यक्तिगत विकास में मदद करने, मानवीय चेतना जागृत करने, समुदायों को पुनःस्थापित करने और पर्यावरण सुधार के लिए ईशा फाउंडेशन बडे पैमाने की मानव सेवी योजनाओं पर भी अमल करता है। इसमें शामिल हैं:

ग्रामीण कायाकल्प कार्य (एक्शन फॉर रूरल रेजुवेनेशन), स्वास्थ्य-सेवा और रोग से बचाव, समुदाय के पुनरुद्धार, महिला सशक्तीकरण, स्थायी रोजगार और योग कार्यक्रमों के जरिये ग्रामीण जीवन की गुणवत्ता को बेहतर बनाता है। ईशा विद्या उत्तम शिक्षा के साथ ग्रामीण बच्चों को सशक्त बनाती है। प्रोजेक्ट ग्रीनहैंड्स (पीजीएच) बड़े स्तर पर पौधारोपण को प्रेरित करता है और इस धरती को भावी पीढ़ियों के लिए रहने लायक बनाने के लिए उचित संस्कृति बहाल करने की दिशा में कार्य करता है। नदी अभियान, सूखने की कगार पर खड़ी भारत की नदियां को पुनर्जीवित करने का एक अभियान है।

मानवीय क्षमता के विकास में ईशा के अनोखे दृष्टिकोण को दुनिया भर में पहचान मिली है। संयुक्त राष्ट्र के आर्थिक व सामाजिक परिषद (इकोसोक) में ईशा फाउंडेशन को विशेष सलाहकार का दर्जा प्राप्त है।

फाउंडेशन का मुख्यालय ईशा योग केंद्र में है, जो दक्षिण भारत में वेलिंगिरि पर्वत की तलहटी में स्थित है, तथा अमेरीका में, मध्य टेनेसी में कंबरलैंड पठार में स्थित ईशा इंस्टिट्यूट ऑफ इनर साइंस में है।

ईशा योग केंद्र

ईशा फाउन्डेशन के तत्वधान में स्थापित ईशा योग केंद्र, वेलिंगिरि पर्वत की तराई में स्थित है। सैकड़ों एकड़ की हरी-भरी भूमि में फैला यह योग केंद्र, इंसान के आंतरिक विकास को समर्पित है। यह शक्तिशाली स्थान विश्व के हरेक कोने से लोगों को आकर्षित करता है तथा योग के चार मुख्य मार्ग — ज्ञान, कर्म, क्रिया, और भक्ति प्रदान करने में अपने आप में एक अनूठा स्थान है और साथ ही गुरु-शिष्य परंपरा को पुनर्जीवित करता है।

ईशा योग केंद्र लोगों के जीवन शैली को स्वथ्य बनाने, आपसी संबंधों को सुधारने, आत्म-संतुष्टि को तलाशने और अपनी पूर्ण क्षमता में विकसित होने के लिए एक अनुकूल वातावरण प्रदान करता है।

ईशा योग केंद्र कोयंबतूर के पश्चिम में 30 किमी की दूरी पर है। कोयंबतूर से ईशा योग केंद्र के लिए नियमित बस और टैक्सी सेवाएं उपलब्ध हैं। दर्शनार्थियों को ईशा योग केंद्र पहुंचने के पहले ही आवास की उपलब्धता और आरक्षण के लिए केंद्र से संपर्क कर लेना चाहिए, क्योंकि आम तौर पर वे पूरी तरह आरक्षित होते हैं। संपर्क के लिए : 0422-2515471, 2515472 या ईमेल करें: ishastay@ishafoundation.org

ध्यानलिंग

गहरे ध्यान को अनुभव करने का स्थान ध्यानलिंग, ऊर्जा का एक बहुत शक्तिशाली और अनूठा रूप है। यह योग विज्ञान का सार है। पिछले 2000 वर्षो में, अपने ढंग का यह पहला मन्दिर है, जिसकी प्राण-प्रतिष्ठा पूरी हुई है। सद्‌गुरु ने तीन वर्षों तक चलने वाली एक तीव्र प्रक्रिया के बाद ध्यानलिंग की प्रतिष्ठा की।

ध्यान के उद्देश्य से बनाया गया यह पवित्र स्थान, किसी खास मत या संप्रदाय से संबंध नहीं रखता, ना ही यहां पर किसी विधि-विधान, प्रार्थना या पूजा की जरूरत होती है।

वे लोग जो कभी ध्यान के अनुभव से नहीं गुजरे हैं, वे भी ध्यानलिंग की स्पंदित ऊर्जा में ध्यान की गहरी अवस्था का अनुभव करते हैं। इस तेजोमय आकृति से निकलने वाली चैतन्य ऊर्जा जीवन की मूल प्रकृति को उजागर करती है। हर हफ्ते, हजारों जिज्ञासु आंतरिक शांति और आनंद की खोज में इस अनोखे ईशा योग केंद्र की यात्रा करते हैं।

ध्यानलिंग, एक सबसे अधिक विकसित इंसान के ऊर्जा शरीर के रूप में विराजमान है। आप इसे भगवान शिव का ऊर्जा शरीर कह सकते हैं। ध्यानलिंग एक

गुरु की तरह है जो आपके शरीर, मन, और भावनाओं से परे आपके अंतरतम को छुता है। देखें: dhyanalinga.org

लिंग भैरवी देवी

भरपूर खुशी और समृद्धि स्वरूपिणी लिंग भैरवी देवी, वेलिंगिरि पहाड़ियों की तराई में विराजमान हैं। लिंग भैरवी, देवी का एक बिल्कुल ही अलग, अनोखा रूप है- यह एक ज्वालामयी, शक्तिशाली और जीवंत देवी हैं। प्रचंड ऊर्जा वाली यह देवी चैतन्य को पूर्ण स्त्री स्वरूप में प्रकट करती हैं — सूक्ष्म और मौलिक, शक्तिशाली और जीवंत, उल्लासपूर्ण और साथ ही साथ करुणामयी — यह देवी बहुत ही सहज, मानवीय और कृपालु हैं तथा अपने मातृ-स्नेह में विराजमान हैं। जनवरी 2010 में सद्‌गुरु ने प्राण-प्रतिष्ठा द्वारा देवी की स्थापना की।

लिंग भैरवी देवी शारीरिक और मानसिक कुशलता बढ़ाती हैं तथा सांसारिक सुख-शांति देती हैं। भक्त अपनी-अपनी जरूरतों के अनुसार विभिन्न तरह के चढ़ावे चढ़ा सकते हैं, जैसे कि अभय-सूत्र, घी के दिये, मांगल्य बल-सूत्र, सर्प सेवा, दिया सेवा, केश अर्पणम् और अन्नदानम्। देवी की कृपा और मौजूदगी में कई तरह के विशेष मांगलिक संस्कार किए जाते हैं- जैसे नामकरण संस्कार, सगाई, विवाह, षष्टीपूर्ति यानी कि पति के साठवें जन्म दिन पर विवाह का जश्न मनाना, इत्यादि।

हर पूर्णिमा की शाम में, देवी मंदिर में विशेष अभिषेकम् किया जाता है। बड़ी धूम-धाम से देवी की शोभा यात्रा निकलती है, जिसमें ध्यानलिंग मंदिर के सामने आरती आयोजित की जाती है और उत्सव मनाया जाता है। देवी मंदिर में हर दिन तीन बार अभिषेकम् होता है, जिसमें विभिन्न तरह के ग्यारह चढ़ावे देवी को अर्पित किए जाते हैं। भक्त इसमें भाग लेकर इन रस्मों से लाभ उठा सकते हैं।

जहां ध्यानलिंग जीवन के उच्चतर आध्यात्मिक आयामों की ओर ले जाता है, वहीं लिंग भैरवी सांसारिक सुख-शांति और स्वास्थ्य, जैसे भौतिक आयामों को बढ़ाती हैं। देखें: lingabhairavi.org

इनर इंजीनियरिंग

इनर इंजीनियरिंग प्रोग्राम अपने बोध को गहरा बनाने का और भीतरी रूपांतरण का एक अनूठा अवसर है। इससे अपने जीवन, कार्य और दुनिया को देखने के आपके तरीके में आमूल परिवर्तन आता है।

इसे व्यक्तिगत विकास के लिए एक गहन कार्यक्रम के रूप में भेंट किया जाता

है। ये सेहत व सफलता के साथ-साथ जीवन के उच्च आयामों की खोज करने की संभावना भी प्रदान करता है।

इनर इंजीनियरिंग ऐसे साधन और समाधान भेंट करता है, जिससे आप आपने जीवन को वैसा बनाने के काबिल हो जाते हैं, जैसा आप चाहते हैं। यह योग-विज्ञान की प्राचीन विधियों का उपयोग करके, जीवन को गहराई में तलाशने का एक द्वार है।

यह प्रोग्राम आपने शरीर, मन, भावनाओं और जीवन-ऊर्जा को बेहतर ढंग से सँभालने के व्यावहारिक तरीके प्रदान करता है। इनर इंजीनियरिंग में एक ज़बरदस्त रूपांतरण लाने वाली योग क्रिया — शाम्भवी महामुद्रा सिखाई जाती है। शाम्भवी महामुद्रा 21 मिनट की एक ऊर्जा-प्रक्रिया है, यह एक बहुत ही शक्तिशाली और शुद्धिकारक प्रकिया है, जो आपके अन्दर आनंद का रसायन पैदा करती है। आपके पूरे सिस्टम को संतुलित करने की यह एक विधि है। अब आप इस प्रोग्राम को ऑनलाइन कर सकते हैं। देखें: www.innerengineering.com/hi/online

ईशा क्रिया: ध्यान की एक शक्तिशाली प्रक्रिया

ईशा क्रिया ध्यान की एक सरल और शक्तिशाली प्रक्रिया है। यह योग के शाश्वत विज्ञान पर आधारित है। आज की भागदौड़ भरी जिंदगी में, इसका रोजाना अभ्यास करने से एक नई तरह की ताजगी और स्फूर्ति का एहसास होता है। अगर आप हर दिन यह 12 मिनट का अभ्यास करते हैं, तो इसमें जीवन को रूपांतरित करने की क्षमता है। इसका मकसद इंसान को खुशहाल बनाना है। इस क्रिया का अभ्यास करने के लिए Ishakriya.com देखें। यहां यह भारत के सभी प्रमुख भाषाओं में उपलब्ध है।

इनर इंजीनियरिंग – आनंदमय जीवन के सूत्र

'इनर इंजीनियरिंग पुस्तक सद्गुरु की अंतर्दृष्टि और उनकी शिक्षाओं का एक दिलचस्प संकलन है। अगर आप तैयार हैं, तो यह आपकी उस भीतरी बुद्धि को जगाने का एक साधन है, जो ब्रह्मांड की प्रज्ञा को प्रतिबिंबित करती है।' — दीपक चोपड़ा

इनर इंजीनियरिंग पुस्तक, पाठकों को एक प्रबुद्ध मार्गदर्शक की तरह खुद को सशक्त बनाने के तरीके भेंट करती है। ये योग विज्ञान पर आधारित ऐसे साधन भेंट करती है, जिनसे आप अपने भीतर संतुलन और खुशहाली स्थापित कर सकते हैं।

इस पुस्तक के बारे में बताते हुए सद्गुरु कहते हैं, 'इस पुस्तक के माध्यम से मेरा उद्देश्य है कि आनंद आपका हमेशा का साथी बन जाए। इसे एक वास्तविकता बनाने के लिए यह पुस्तक आपको कोई उपदेश नहीं, बल्कि एक विज्ञान भेंट करती है; कोई शिक्षा नहीं, बल्कि एक तकनीक भेंट करती है, कोई नियम नहीं, बल्कि एक मार्ग भेंट करती है। हमारी बाकी सारी किताबें प्रेरक हैं, जबकि यह पुस्तक आपके अंदर रूपांतरण लाएगी।'